Köller
Philosophie der Grammatik

Wilhelm Köller

Philosophie der Grammatik

Vom Sinn grammatischen Wissens

J.B. Metzlersche
Verlagsbuchhandlung
Stuttgart

CIP-Titelaufnahme der Deutschen Bibliothek

Köller, Wilhelm:
Philosophie der Grammatik : vom Sinn grammat. Wissens /
Wilhelm Köller. – Stuttgart : Metzler, 1988
  ISBN 3-476-00632-8

ISBN 3 476 00632 8

© 1988 J.B.Metzlersche Verlagsbuchhandlung
und Carl Ernst Poeschel Verlag GmbH in Stuttgart

Satz: Typobauer Filmsatz GmbH, Scharnhausen
Druck: Gulde-Druck GmbH, Tübingen
Printed in Germany

Inhaltsverzeichnis

V Semantik und Grammatik 72

VI Feldgedanke und Grammatik 97

VII Evolution und Grammatik 106

VIII Schrift und Grammatik 154

IX Logik und Grammatik 173

X Erkenntnis und Grammatik 211

XI Hermeneutik und Grammatik 311

XII Vom Sinn grammatischen Wissens 382

Schlußbemerkungen 415

Anmerkungen 418

Literaturverzeichnis 436

Personenregister 448

Sachregister 451

Denn wo Gespenster Platz genommen,
Ist auch der Philosoph willkommen.

Mephisto

's ist ein Gesetz der Teufel und Gespenster:
Wo sie hereingeschlüpft, da müssen sie hinaus.

Mephisto

Neue Blicke durch die alten Löcher.

Lichtenberg

Es gibt keine Antworten, nur Querverweise.

Bibliotheksweisheit

Fortschritt bedeutet,
heute auf Fragen keine Antwort zu wissen,
die man gestern noch gar nicht gestellt hat.

Bülow

Man glaubt gar nicht, wie schwer es oft ist,
eine Tat in einen Gedanken umzusetzen!

Kraus

Die Tiefe muß man verstecken. Wo?
An der Oberfläche.

von Hofmannsthal

Der Mitgegenwart des Krempeltierchens,
das eine Antwort findet, die zur Frage wird.

Sich vorzustellen, daß Zeus in einer schwachen oder starken Stunde auch eine Muse der Grammatik gezeugt haben könnte, die alle Erdenkinder zu inspirieren und zu erotisieren vermag, übersteigt wohl selbst die produktive Einbildungskraft der ärgsten Grammatikliebhaber. Realitätsnäher wirkt da wohl schon das allegorische Bild, das Martianus Capella im 5. Jahrhundert entworfen hat, um die Grammatik in der Reihe der sieben freien Künste zu charakterisieren. Er hat nämlich die *Grammatik* als hochbetagte Greisin dargestellt, die in einem elfenbeinernen Kästchen Messer und Feile mit sich führt, um die Sprachfehler der Kinder chirurgisch zu behandeln.[1]

Ebenso apart wie aufschlußreich ist auch, daß nach Capella die Grammatik von Ägypten über Attika nach Rom gekommen ist und daß sie sich der Abstammung von *Osiris* rühmt. Osiris ist nämlich in der ägyptischen Mythologie ein geheimnisvoll ambivalenter Gottkönig, der sowohl als Herr der Toten und der Unterwelt gilt als auch als Gott der Fruchtbarkeit, Auferstehung und Erneuerung. In Osiris wird, zusammen mit Isis als der Mutter Erde, die Zeugungskraft der Sonne verehrt. Er wird aber auch als das Land gedeutet, das im Wasser ertrinkt und eben dadurch wieder fruchtbar wird, oder als das Getreidekorn, das in der Erde verschwindet und vergeht und eben dadurch wieder wirksam wird.

Die Dialektik von Tod und Leben, die Osiris mythisch verkörpert, ist für das Verständnis des Phänomens *Grammatik* sehr aufschlußreich. Wer die Grammatik bewußt kennenlernt, für den stirbt die Sprache als ein unmittelbar handhabbares Mitteilungsmedium; gleichzeitig wird sie aber eben dadurch auch wieder auf neue Weise wahrnehmbar. Einerseits sind deshalb grammatische Reflexionen untergründig immer mit einer melancholischen Trauer um den Verlust des naiv-spontanen Sprachgebrauchs verbunden, der zugleich auch einen Verlust des Urvertrauens zur Sprache beinhaltet. Andererseits entsteht aber eben dadurch auch wieder eine erwartungsvolle Spannung auf neue Erfahrungen an und mit der Sprache.

Die Möglichkeit und der Zwang, seinen Sprachgebrauch grammatisch zu kontrollieren, kann den eigenen Sprachformen etwas von ihrer vitalen Kraft nehmen, aber ihnen zugleich auch die Festigkeit mechanischer Ordnungen verleihen, wenn nicht gar ein Stück Totenstarre. Insbesondere im *schriftlichen* Sprachgebrauch ermöglicht die bewußte grammatische Kontrolle von Äußerungen ein Maß an semantischer Präzision, das die Sprache erst zu einem wirklich autonomen Sinnbildungsinstrument werden läßt.

Wer sich von der Grammatik faszinieren läßt, der scheint auf den ersten Blick dem prallen Leben ganz entrückt zu sein. Zumindest scheint er nicht mehr durch das beflügelt zu werden, was üblicherweise beflügelt. Wer sich auf die Grammatik einläßt,

der hat sich gewollt oder ungewollt immer schon irgendwie auf die Philosophie einge-
lassen. Ebenso wie die *Philosophie* gehört offenbar auch die *Grammatik* zu den Nacht-
vögeln aus dem Horste der Minerva. Noch später als die philosophische Eule, die nach
Hegels Überzeugung erst in der Dämmerung ihren Flug beginnt, scheint die grammatische Eule ihren Flug begonnen zu haben bzw. beginnen zu können. Deshalb ist es wohl
auch nicht verwunderlich, wenn die Grammatik vielen eher als Schreckgespenst der
Nacht erscheint denn als heiliger Vogel der Weisheitsgöttin.

Die Art und Weise, in der wir üblicherweise die *Grammatik* kennenlernen, macht es
sicherlich schwer, ihr gegenüber in Liebe zu entbrennen. Vermutlich würden wir eher
dem Teufel als ihr eine Kerze anzünden. Dennoch sollten wir uns aber bemühen, die
Grammatik nicht mit dem ausgestopften Vogel zu identifizieren, den die Grammatiker
zu Demonstrationszwecken aus ihr gemacht haben. Wir sollten sie auch nicht mit den
grauen Bildern verwechseln, die in dicken Folianten von ihr gemalt worden sind.
Vielmehr sollten wir uns anstrengen, sie dort kennenzulernen, wo sie lebt und fliegt.
Vielleicht lassen sich dann im vermeintlich nachtgrauen Gefieder der grammatischen
Eule doch noch einige bunte Federn entdecken bzw. an ihren Lebens- und Flugformen
Eigenschaften, die uns in Erstaunen zu versetzen vermögen. Gerade weil die grammatische Eule sich dem Blickfeld unserer Alltagsgeschäfte entzieht und gerade dann aktiv
wird, wenn wir keinerlei Aktivität mehr vermuten, kann sie zu einem Faszinosum für
handverlesene Liebhaber werden.

Über die Grammatik als Inventar sprachlicher Ordnungsformen ins *Staunen* zu
geraten, das nach Sokrates[2] ja den Anfang aller Philosophie ausmacht, ist im Prinzip
eigentlich nicht allzu verwunderlich. Ein etwas genauerer Blick zeigt nämlich schnell,
daß die grammatischen Ordnungsformen der Sprache zugleich auch *geistige* Ordnungsformen sind, durch die unser Denken in der Wolle eingefärbt wird, ohne daß wir
uns dessen im alltäglichen Leben recht bewußt werden. Die Grammatik kann insbesondere deswegen zu einem genuinen Gegenstand *philosophischen Staunens* werden,
weil dieses sich im Gegensatz zu dem üblichen Staunen dadurch auszeichnet, daß es
nicht durch etwas Exorbitantes ausgelöst wird, das unsere natürliche Fassungskraft
übersteigt, sondern gerade durch das, was im alltäglichen Bewußtsein völlig natürlich,
selbstverständlich, ja trivial erscheint.

Über das scheinbar Selbstverständliche ins Staunen zu geraten ist nun allerdings
nicht jedermanns Sache; und über die Grammatik ins Staunen zu geraten ist sicher
wenigen vorbehalten. Staunen wird der unbefangene Zeitgenosse wohl weniger über
die Grammatik selbst als darüber, daß jemand über die Grammatik ins Staunen
geraten kann. Über das eigentlich Selbstverständliche in Verwunderung zu geraten
wird aus der Perspektive des praktischen Lebens meist als Zeichen von Weltfremdheit
und Skurrilität gewertet, obwohl es weder leicht noch unproblematisch ist.

Leicht ist das philosophische Staunen deswegen nicht, weil es nur dann zu verwirklichen ist, wenn wir unser *Alltagsbewußtsein* aufgeben und uns einen neuen Ausgangspunkt für unsere Wahrnehmungen suchen. Nur dann haben wir nämlich die
Chance, dasjenige in den Blick zu bekommen, was wir praktisch verwenden, ohne es
theoretisch zu durchschauen, bzw. das, was wir zu beherrschen glauben, obwohl wir
auch von ihm beherrscht werden. Unproblematisch ist das philosophische Staunen vor

allem deshalb nicht, weil dabei die stabilisierenden Grundaxiome unseres Denkens leicht ins Wanken geraten können. Worüber man staunen kann, das büßt seinen natürlichen Geltungsanspruch ein, eben weil man es sich auch ganz anders denken kann, als es tatsächlich ist. Was man sich aber auch anders denken kann, das bedarf der Rechtfertigung, wenn es weiterhin eine verpflichtende Norm bleiben soll.

Über grammatische Formen kann man philosophisch sowohl staunen, daß es sie überhaupt gibt, als auch darüber, daß es sie in den einzelnen Sprachen so gibt, wie es sie gibt. Gerade weil grammatische Formen eigentlich gar nichts Spektakuläres an sich haben, dürfen sie unsere philosophische Aufmerksamkeit beanspruchen. Sie bieten nämlich dem Denken die Chance, sich vom Alltagsbewußtsein mit seinem Interesse für die Welt der Sachen zu lösen und seine Aufmerksamkeit ganz auf die *Mittel* zu konzentrieren, mit deren Hilfe wir uns in ihm die Welt der Sachen konkretisieren und repräsentieren.

Die hier vorgetragenen Überlegungen sollen dazu anregen, etwas sehen zu lernen, was üblicherweise nicht sichtbar ist, und über etwas ins Staunen zu geraten, was es für das sachbezogene Alltagsdenken gar nicht gibt. Sich an Gegenständen abzumühen, die im praktischen Lebensvollzug gar nicht zu existieren scheinen und die wir uns erst mühsam vergegenständlichen müssen, wird sicher vielen als ein Symptom kauziger Absonderlichkeit erscheinen oder gar als ein magisch-circensischer Trick, bei dem man an einem Seil hinaufklettert, das man sich vorab selbst in die Luft geworfen hat. Den meisten wird das Studium der Grammatik wohl immer eine dürre Weide bleiben. Dennoch kann ihm aber auch der Reiz eines geistigen Spiels zuwachsen, das eine besondere anthropologische Funktion und Dignität hat.

Es scheint nämlich ein menschliches Grundbedürfnis zu sein, etwas über die Genese, Geschichte, Kraft und Funktion der Mittel in Erfahrung zu bringen, die der menschliche *Geist* im Laufe seiner Entwicklung hervorgebracht hat, um sich selbst zu entfalten und zu konkretisieren. Grammatische Reflexionen sind nicht nur eine Luxusbeschäftigung menschlicher Geistestätigkeit an lauen Sommerabenden, sondern auch ein Stück geistiger Grundhygiene, die man nicht ungestraft vernachlässigen sollte. Grammatische Reflexionen werden immer einen purgatorischen Charakter behalten, weil sie ohne Arbeit, Mühe und Schweiß nicht denkbar sind. Die Katarakte der ersten Begeisterung versiegen deshalb bei ihnen auch immer wieder schnell im Sande. Gleichwohl kann sich in ihnen aber auch die spielerische Lust geistiger Akrobatik entzünden. Dann stehen die Chancen nicht schlecht, daß aus ihnen nicht nur eine Amateur, sondern sogar ein amator der Grammatik hervorgeht.

Die Philosophie der Grammatik darf Ziele verfolgen, die quer zu denen liegen, die üblicherweise in Grammatiken bzw. grammatischen Theorien angestrebt werden. In ihr muß die Grammatik weder praktisch noch theoretisch ›erledigt‹ werden. Vielmehr darf sie den Wunsch anregen, die Grammatik immer intimer kennenzulernen und sich immer mehr in sie zu verwickeln; denn die schönsten Gefangenen sind ohnehin diejenigen, die einen selbst gefangen nehmen. Und falls es jemandem wie dem Lehrling zu Sais gehen sollte, wenn er den Schleier der Grammatik zu lüften wagt – es wäre kein Fehler. [3]

I

Der Problemzusammenhang

Die philosophische Frage nach der Grammatik beinhaltet etwas anderes als die sprachwissenschaftliche Frage nach ihr, weil die philosophische Aufklärung eines Gegenstandsbereiches ganz andere Zielsetzungen hat als die fachwissenschaftliche. Die *fachwissenschaftliche* Forschung durchleuchtet einen vorab eingegrenzten Gegenstandsbereich mit Hilfe von vorgegebenen oder neu zu entwickelnden Methoden und
Ordnungsbegriffen, um ihn mit Hilfe dieser Verfahren und Raster praktisch und theoretisch *beherrschbar* zu machen. Im Rahmen der Wenn-Dann-Relation, durch die alles
theoretische Denken bestimmt wird, konzentriert sich das fachwissenschaftliche Denken vor allem auf das *Dann-Relat*. Hypothesen, Methoden und Ordnungsbegriffe sind
für dieses Denken nicht an sich interessant, sondern nur im Hinblick auf Handhabbarkeit und Fruchtbarkeit bzw. im Hinblick auf ihre Effektivität bei der Beherrschung des
jeweiligen Gegenstandsbereiches.

Das *philosophische* Denken konzentriert sich dagegen eher auf das *Wenn-Relat* der
Wenn-Dann-Relation und versucht zu ergründen, wie ein solches Wenn-Relat sich
bildet und welche präformierende Wirkung es auf das Dann-Relat hat. Anders ausgedrückt; das philosophische Interesse konzentriert sich eher auf die *Frage*, die man an
einen Gegenstandsbereich richtet, und das fachwissenschaftliche Interesse eher auf die
Antworten, die man einem Gegenstandsbereich abzugewinnen versucht. Natürlich ist
auch die Philosophie an Antworten interessiert, aber ihr primäres Interesse gilt nicht
einem unmittelbar verwertbaren Herrschaftswissen, sondern der *Entstehung*, der *Voraussetzung* und der *Qualifizierung* von Wissen überhaupt. Deshalb hat die philosophische Frage nach der Grammatik notwendigerweise auch andere Dimensionen und
Erwartungen als die sprachwissenschaftliche, was Überschneidungen natürlich nicht
ausschließt.

Philosophie und Fachwissenschaft haben gemeinsam, daß der *Systemgedanke* für sie
eine konstitutive Rolle spielt. Die Philosophie ist insbesondere daran interessiert, welche Prinzipien der Bildung von Systemen zugrunde liegen, welche Auswirkungen Systembildungen für den Wissenserwerb haben und wie sich Systeme transformieren
lassen, um neue Erfahrungen zu machen. Die Fachwissenschaft ist dagegen primär
daran interessiert, Systeme zu bilden und zu optimieren, um dem Wissen eine systematische Form zu geben. Systeme sind nicht unproblematisch, weil sie eine immanente
Tendenz haben, Wissen in bestimmten Formen erstarren zu lassen. Sie sind aber
dennoch unverzichtbar, weil sie nach Lichtenberg nicht allein den Nutzen haben, »*daß
man ordentlich über die Sachen denkt, nach einem gewissen Plan, sondern, daß man
überhaupt über Sachen denkt . . .*«[1]

Für die Philosophie der Grammatik bedeutet es, daß sie einerseits die unreflektierten

Voraussetzungen der Systembildungen in den Fachwissenschaften aufzuklären und in ihrem Geltungsanspruch zu relativieren hat und daß sie sich andererseits auf einer höheren Ebene auch immer wieder systemhaft formieren muß, ohne allerdings in einer Systemgestalt erstarren zu dürfen bzw. eine Betrachtungsweise absolut setzen zu dürfen. Schlegels Athenäumsfragment gilt deshalb auch für die Philosophie der Grammatik. »*Es ist gleich tödtlich für den Geist, ein System zu haben, und keins zu haben. Er wird sich also wohl entschließen müssen, beides zu verbinden*«.[2]

Die philosophische Frage nach einem Gegenstandsbereich setzt die Bereitschaft voraus, vertraute Denkkategorien, Wissensformen und Blickwinkel aufzugeben und notfalls seine eigenen Denkstrukturen radikal zu ändern, um bestimmte Einsichten machen zu können. Gerade in philosophischen Theoriebildungen wirkt die sakrale Herkunft des Theoriebegriffs noch sehr deutlich nach. Als *Theorie* wurde nämlich ursprünglich die Erfahrung des Nicht-Alltäglichen und qualitativ Höheren in einem religiösen Fest bezeichnet, die nur durch die äußere und innere Abkehr von der profanen Welt der Alltäglichkeit und der in ihr herrschenden Zweckkorrelationen möglich wird.[3]

Wenn die philosophische Theoriebildung ihre religiöse Dimension inzwischen auch verloren hat, so ist ihr doch bis heute das Moment eigen, daß sie keine unmittelbar praktische Verwertbarkeit hat und daß sie es erforderlich macht, sich gerade auf das zu konzentrieren, was in unserem Alltagswissen keine große Rolle spielt bzw. diesem immer schon vorausgeht oder zugrunde liegt. Die philosophische Frage nach der Grammatik hat deshalb ihre Hauptaufmerksamkeit darauf zu lenken, was wir meinen können, wenn wir von *Grammatik* sprechen, wie wir unser Denken verändern müssen, um mehr von ihr wahrnehmen zu können, und in welchen Zusammenhängen etwas von ihrer Macht und Kraft sichtbar gemacht werden kann.

Jede philosophische Beschäftigung mit der Grammatik muß sich natürlich auch der Tatsache bewußt sein, daß der Prozeß unserer Wissensbildung über die Grammatik nicht in einem linearen Sinne ganz von vorn anfangen kann, daß er einen *Beginn* hat, aber eigentlich keinen *Anfang*, und daß er deshalb auch nicht bei einem definiten Ergebnis enden kann. Im Gegensatz zur sprachwissenschaftlichen Frage nach der Grammatik muß die philosophische Frage nach ihr auch ständig den Rahmen problematisieren, in dem sie sich bewegt, so daß sie als eine besonders exemplarische Form des *hermeneutischen Zirkels* angesehen werden kann.

Zur philosophischen Beschäftigung mit der Grammatik gehört auch, daß man zumindest streckenweise gar nicht recht weiß, was man eigentlich sucht, daß man blind ist für das, was man schon gefunden hat, und daß man schließlich doch etwas findet, was man gar nicht vermutet hat und nach Lage der Dinge auch nicht vermuten konnte. Die philosophische Beschäftigung mit der Grammatik ist eine genuine Ausdrucksform des wühlenden Geistes und hat deshalb auch eine *Maulwurfsfunktion*.

Ebenso wie der Maulwurf auf den ersten Blick nur lästig ist, weil er schön geordnetes Terrain verunziert und uns durch seine Arbeitsergebnisse auf unseren alltäglichen Wegen leicht ins Stolpern bringt, so ist auch die Philosophie der Grammatik auf den ersten Blick nur lästig. Sie stört nicht nur das schöne Wissensterrain der Sprachwissenschaft durch ihre penetranten Fragen und Behauptungen, sondern verunsichert uns auch in unserem alltäglichen Sprachvertrauen. Ebenso wie der Maulwurf aber auf Dauer unverzichtbar ist, weil er unbeabsichtigt der Verfestigung der Erde entgegenarbeitet und so untergründig ihre Fruchtbarkeit befördert, ohne es selbst zu wissen, so kann vielleicht auch die Philosophie der Grammatik etwas befördern, was wir zu Beginn allerhöchstens zu ahnen vermögen und was wir am Ende wahrscheinlich nie ganz wissen und begreifen können.

Was ist das aber nun, worauf die Philosophie der Grammatik zumindest vordergründig so aus ist wie der Maulwurf auf den Engerling, selbst wenn sie nicht recht weiß, was sie letztlich mit ihren Aktivitäten bewirkt? Nach welchem wirklichen oder vermeintlichen Schatz gräbt sie im Weinberg der Sprache?

Was ist Grammatik? Diese einfache Frage nach dem Wesen der Grammatik ist keineswegs so harmlos, wie sie dem unbefangenen Zeitgenossen auf den ersten Blick erscheint. Mindestens in drei Hinsichten kann sie einem Stich in ein Wespennest gleichkommen und wohlgehütete Tabus verletzen. Erstens kann man durch diese Frage die *Sprachwissenschaft* als zuständige Bezugswissenschaft in arge Not bringen, weil sie in ihren Antwortversuchen den fraglichen Gegenstand in der Regel eher vernebelt als aufklärt. Zweitens enthüllt man mit einer solchen Frage seinen eigenen *Reflexionsstand* und gibt seine Brust den Spottpfeilen der Wissenschaftstheoretiker preis. Drittens stößt man mit dieser Frage zu den *Grundproblemen* von Philosophie und Wissenschaftstheorie vor und löst Diskussionslawinen aus, die den ursprünglichen Sinn und das ursprüngliche Ziel der Frage bald aus dem Auge verlieren.

1. Das Wesen der Grammatik und die Sprachwissenschaft

Jeder, der einmal versucht hat, *Wesensfragen* vom Typ – Was ist Grammatik? – zu beantworten, weiß, daß sie unausweichlich in ein Paradoxon führen, wenn man seine Wahrnehmungs- und Erkenntnisinteressen nicht vorsätzlich einschränkt. Je mehr man sich bemüht, solche Fragen auf eine nicht-dogmatische Weise angemessen zu beantworten, desto unbeantwortbarer werden sie. Je schärfer man ihren Bezugsbereich und die verwendbaren Erklärungsbegriffe einzugrenzen versucht, desto willkürlicher und problematischer werden alle Grenzziehungen. Das wohl berühmteste Beispiel für die paradoxe Brisanz von Wesensfragen hat sicher Augustin gegeben, als er nach dem Wesen der Zeit fragte. »*Was ist also ›Zeit‹? Wenn mich niemand danach fragt, weiß ich es; will ich einem Fragenden es erklären, weiß ich es nicht.*« [4]

Falls man eingedenk der Erfahrungen Augustins nicht selbst eine Antwort auf die Frage nach dem Wesen der Grammatik versucht, sondern im Vertrauen auf eine über zweitausendjährige Grammatikforschung sich an die Sprachwissenschaft wendet, so wird die Ratlosigkeit eher größer als kleiner. Einerseits macht man die deprimierende Erfahrung, daß selbst diejenigen, die ›dicke Grammatiken‹ schreiben, es nicht für nötig erachten, den Begriff der *Grammatik* zu definieren, sondern so tun, als ob es völlig selbstverständlich sei, was man darunter zu verstehen habe. Andererseits muß man auch feststellen, daß eine Fülle unterschiedlicher Grammatikbegriffe im Umlauf sind,

die sich nur zum Teil durch Zusätze begrifflich spezifizieren: *normative Grammatik,*
inhaltsbezogene Grammatik, Transformationsgrammatik, Dependenzgrammatik usw.
Wie man es auch anstellt, man wird in der Sprachwissenschaft eine Menge über
Grammatik erfahren und möglicherweise auch auf eine Reihe expliziter Grammatikdefinitionen stoßen, aber am Ende der Suche wird man über die *Natur* der Grammatik
noch ratloser sein als am Anfang.

Nun kann man sich fragen, ob es nicht ein eklatantes Armutszeugnis der Sprachwissenschaft ist, wenn sie nach über zweitausend Jahren Forschungsarbeit nicht in der
Lage ist, einen plausiblen Grammatikbegriff auszuarbeiten, der explizit festlegt, welche sprachlichen Phänomene in das Reich der Grammatik fallen (Begriffsumfang) und
welche begrifflich beschreibbaren Eigenschaften sprachliche Phänomene haben müssen, um diesem Reich zugeordnet werden zu können (Begriffsinhalt). Der Hinweis
darauf, daß es *die* Sprachwissenschaft eigentlich nicht gebe, sondern nur verschiedene
Sprachwissenschaften mit je unterschiedlichen Erkenntnisinteressen, beschreibt zwar
einen zutreffenden Tatbestand und erklärt, warum es ein Glücksfall ist, wenn zwei
Sprachwissenschaftler bzw. zwei sprachwissenschaftliche Schulen dasselbe unter dem
Terminus *Grammatik* verstehen, aber angesichts der Frage nach dem Wesen der Grammatik befriedigt ein solcher Hinweis keinesfalls.

Was soll man nun von der Sprachwissenschaft oder den sprachwissenschaftlichen
Schulen halten, wenn es ihren Vertretern nicht einmal gelingt, über ihren nach dem
Begriff der Sprache wohl wichtigsten Grundbegriff Einigkeit zu erzielen, wenn alle den
Terminus *Grammatik* benutzen und jeder etwas anderes darunter versteht? Ist der
Verzicht auf eine explizite und methodisch kontrollierte Definition des Grammatikbegriffs nach Umfang und Inhalt ein Symptom für die desolate Situation der Sprachwissenschaft oder ist dieser Verzicht eine sachliche Notwendigkeit und damit ein Vorzug?
Eine Entscheidung für eine der beiden Positionen ist nicht leicht, und womöglich muß
auch die ganze Alternative als zu simpel zurückgewiesen werden. Selbst wenn man
keine allgemein verbindliche Grammatikdefinition von der Sprachwissenschaft verlangt, so könnte man zumindest von denen, die ›Grammatiken‹ schreiben, eine solche
verlangen.

Zur Verteidigung des *Verzichts* der Sprachwissenschaft auf eine allgemein verbindliche Grammatikdefinition läßt sich folgendes geltend machen. Die Erfahrung zeigt,
daß eine Wissenschaft durchaus erfolgreich arbeiten kann, ohne ihre Grundbegriffe
exakt zu definieren, ja daß es geradezu ein Kriterium für die Lebendigkeit einer
Wissenschaft sein kann, wenn in ihr die Kontroversen um die Definition ihrer Grundbegriffe und damit um ihre Erkenntnisziele nicht zur Ruhe kommen. Wenn in der
Biologie der Begriff *Leben*, in der Physik der Begriff *Materie*, in der Jurisprudenz der
Begriff *Gerechtigkeit* und in der Sprachwissenschaft der Begriff *Sprache* bzw. *Gram-*
matik abschließend geklärt worden wären, dann, so könnte man argumentieren, gäbe
es keine Forschung mehr, sondern nur noch Nachlaßverwaltung oder systematisie-
rende Scholastik. Abschließende Definitionen von Grundbegriffen wären nur dann
notwendig, wenn man abschließende Wissenssysteme konstruieren wollte. Man
könnte in diesem Zusammenhang auch auf ein erhellendes Diktum Nietzsches über
den Status komplexer Begriffe verweisen. »*Alle Begriffe, in denen sich ein ganzer*

Prozeß semiotisch zusammenfaßt, entziehen sich der Definition; definierbar ist nur das, was keine Geschichte hat.«[5]

In Bezug auf die Sprachwissenschaft bedeutet das, daß man an vagen und konkurrierenden Grammatikbegriffen durchaus Geschmack finden kann, weil durch sie sichergestellt wird, daß der Forschungsprozeß lebendig bleibt und sich die Sprachwissenschaft nicht die Form einer dogmatischen Scholastik geben kann. Nur wenn ihre Grundbegriffe *nicht* abschließend geklärt sind, kann sie sich ihre vitalisierende Fragehaltung erhalten und auf einer geistigen Höhe mit ihren komplexen Gegenständen bleiben.

So einleuchtend eine solche Argumentation auch sein mag, so wenig wird sie denjenigen befriedigen, der wissen will, was es denn mit der *Grammatik* auf sich habe. Der Verdacht auf eine ideologische Verschleierungsfunktion von Argumentationen dieser Art liegt dann auch nicht mehr weit. Sollte die Sprachwissenschaft daran interessiert sein, sich bestimmte Probleme offen zu halten, damit der Apparat fortbestehen kann, der zu ihrer Lösung etabliert worden ist? Unterliegen nicht Institutionen und Forscher immer wieder gewollt oder ungewollt der Versuchung, einen wissenschaftlichen Theaterdonner zu inszenieren, um sich selbst und anderen ihre Existenzberechtigung zu beweisen? Gehört die Grammatik wirklich zu den historisch gewachsenen Phänomenen, die dem Wandel der Zeit ausgesetzt sind und die sich deshalb schwer oder gar nicht definieren lassen, oder gehört die Grammatik nicht vielmehr in das Reich der zeitenthobenen Logik?

Trotz dieser Verdachtsmomente und trotz der mangelnden Bemühungen um explizite Grammatikbegriffe ist ein allgemeiner und verbindlicher Grammatikbegriff in der Sprachwissenschaft wohl weder möglich noch wünschenswert. Wünschenswert wären zwar präzise Grammatikdefinitionen für definierte Erkenntnisinteressen und Forschungsstrategien; nicht wünschenswert wäre aber ein allgemein verbindlicher Begriff der Grammatik, der den Anspruch erhöbe, eine *Wesensexplikation* des Phänomens *Grammatik* zu sein, weil ein solcher Begriff das Denken und Lernen eher blockiert als fördert.

Da in der Sprachwissenschaft die Forschungsperspektiven auf die Grammatik inzwischen so vielfältig und disparat geworden sind, wäre es auch völlig sinnlos, nach einem einheitlichen Grammatikbegriff Ausschau zu halten. Er wäre nämlich entweder unfähig, die verschiedenen Wissensinhalte zusammenzufassen, die inzwischen mit dem Terminus *Grammatik* in Verbindung gebracht werden können, oder er wäre so abstrakt und allgemein, daß er keine kognitiven Ordnungsfunktionen mehr hätte und deshalb völlig nichtssagend wäre. Wir werden uns deshalb gelassen damit abfinden müssen, von der Sprachwissenschaft keinen allgemein verbindlichen Grammatikbegriff geliefert zu bekommen, sondern allenfalls *spezielle* Grammatikbegriffe für spezifische sprachwissenschaftliche Erkenntnisinteressen. Hüten müssen wir uns allerdings vor dem *Imperialismus* der speziellen Grammatikbegriffe sprachwissenschaftlicher Schulen und Moden, die ihren eigenen Stellenwert nicht mehr wahrnehmen können und daher stolziert kommen, als seien sie der sprachwissenschaftlichen Weisheit letzter Schluß.

Angesichts des imperialistischen Anspruchs einzelner sprachwissenschaftlicher Schulen, in ihren Grammatikbegriffen das Wesen der Grammatik zu explizieren, hat die Philosophie die Aufgabe, sprachwissenschaftliche Modebäume nicht in den Himmel wachsen zu lassen und ihre Geltungsansprüche so zu stutzen, daß auch noch andere Bäume Lebenschancen behalten. Damit fällt der Philosophie im Garten der wuchernden Fachwissenschaften eine neue historische Rolle zu, die nicht unproblematisch, aber absolut notwendig ist.

Nach einer alten Tradition ist das Ziel der Philosophie die *Wesenserkenntnis*. Auf dieses Ziel hat sie sich immer wieder konzentriert und zuweilen auch geglaubt, es erreicht zu haben. In einem solchen Fall hat sie sich dann auch nicht gescheut, *Wesensbegriffe* zu setzen und die Fachwissenschaft aufgefordert, diese im Detail auszuarbeiten und zu präzisieren. Dieses Selbstverständnis ist der Philosophie, abgesehen von ihren ideologischen Kegeln, inzwischen abhanden gekommen, weil ihr der ursprüngliche Anspruch auf Wesenserkenntnis selbst immer mehr suspekt und anachronistisch geworden ist. Statt dessen ist ihr heute die Aufgabe zugewachsen, deutlich zu machen, daß das, was in den Fachwissenschaften naiv als Wesenserkenntnisse ausgegeben wird, keineswegs solche sind, sondern Partialerkenntnisse, die nur unter ganz spezifischen Bedingungen Wahrheits- bzw. Geltungsansprüche erheben können.

Die *Philosophie der Grammatik* hat deshalb heute auf keinen Fall die Aufgabe, der Sprachwissenschaft vorzuschreiben, in welchem Rahmen sie Grammatikforschung zu betreiben hat, sondern eher die Aufgabe, den Stellenwert sprachwissenschaftlicher Forschungsansätze zum Grammatikproblem aufzuklären und immer wieder auf Fragemöglichkeiten aufmerksam zu machen, die entweder vergessen oder übersehen worden sind. Warum der Anspruch auf Wesenserkenntnis der Philosophie selbst inzwischen so suspekt geworden ist und warum sie entsprechende Ansprüche in den Fachwissenschaften bekämpfen muß, mögen die folgenden Überlegungen verdeutlichen.

2. Die Implikationen der Wesensfrage

Jeder, der heute nach dem Wesen eines Begriffs oder nach dem Wesen eines Phänomens in einem nicht-ironischen Sinne mit der Hoffnung auf eine bündige Antwort fragt, gibt sich als jemand zu erkennen, der sich eine elementare, wenn auch recht naive Neugier erhalten hat. Er zeigt, daß er sein Denken noch nicht durch wissenschaftstheoretische Reflexionen kontrolliert und kanalisiert hat und daß ihn die alte sokratische Erfahrung nicht schreckt, sich durch solche Wesensfragen in die Weglosigkeit von Aporien zu manövrieren. Wer so fragt, der geht von metaphysischen und sprachtheoretischen *Prämissen* aus, die im Zeitalter des Strukturdenkens reichlich anachronistisch geworden sind, wenn auch anthropologisch recht sympathisch bleiben.

Wer nach dem Wesen des Grammatikbegriffs fragt, der gibt sich gleichsam unfreiwillig als *Platoniker* in dem von Aristoteles negativ akzentuierten Sinne zu erkennen, nämlich als Anhänger einer *Zwei-Welten-Lehre*. Nach dieser Lehre gibt es zwei Realitätsebenen, die Ebene der einfachen und komplexen empirischen *Einzelphänomene* und die Ebene der ewigen *Ideen*, die gleichsam als Urbilder die konkreten Einzelphänomene erst so ermöglichen, wie das Siegel die Siegelbilder ermöglicht. Die Frage nach dem Wesen des Grammatikbegriffs impliziert einen semantischen Platonismus bzw. die Auffassung, daß der Terminus *Grammatik* eine vorgegebene autonome *geistige Wesenheit* bezeichne. Bei einer solchen Frage wird nicht bedacht, daß sprachliche Termini möglicherweise nicht vorgegebene geistige Realitäten bzw. Ideen abbilden, sondern *geistige Konstrukte* des Menschen, die dieser für bestimmte kognitive Ordnungsfunktionen gebildet hat.

In unserem Alltagsdenken sind wir alle mehr oder weniger Platoniker. Mit Begriffen verbinden wir üblicherweise die Vorstellung, daß es sich bei ihnen um ewige geistige Urbilder handelt, die eine autonome metaphysische Existenz haben, aber nicht um vom Menschen selbst hergestellte, pragmatisch motivierte kognitive Ordnungskonstrukte, die es ermöglichen, unterschiedliche Erfahrungen zu machen und Erfahrungsinhalte auf unterschiedliche Weise zu ordnen. Wir sprechen immer wieder unbefangen vom Wesen eines Begriffs, weil wir darauf vertrauen, daß Begriffe die geistigen *Urbausteine* der Welt darstellen bzw., religiös gesprochen, die Gedanken Gottes vor der Schöpfung. Die Auffassung liegt uns normalerweise ganz fern, daß Begriffe *zweckfunktionale Ordnungskonstrukte* des Menschen sein könnten und daß sich in ihnen der ordnungsstiftende Geist des Menschen immer wieder selbst begegnet.

Das Alltagsvertrauen in die metaphysische Autonomie von Begriffen kommt natürlich nicht von ungefähr. Natürlich sind Begriffe nicht rein willkürliche, sondern *motivierte* Konstrukte, sei es, daß sich in ihnen biologisch verankerte Differenzierungsmöglichkeiten des Menschen dokumentieren, sei es, daß sie sich in der biologischen und kulturellen Evolution des Menschen als Differenzierungshypothesen bewährt haben, sei es, daß sie sich in konkreten zweckrationalen Handlungsprozessen als effektiv erwiesen haben. Alle praktische Bewährung von Begriffen kann uns aber letztlich nicht darüber hinwegtäuschen, daß Begriffe *Kulturprodukte* sind, und keine autonomen metaphysischen Entitäten.

Auch wenn wir die Frage nach dem Wesen der Grammatik nicht platonisch als Frage nach dem Wesen des Grammatikbegriffs verstehen, sondern aristotelisch als Frage nach dem Wesen des Phänomens *Grammatik*, und auch wenn wir die Grammatik als eine autonome ontische *Entität* auffassen, die wir uns mit Hilfe von sprachlichen Begriffen so gut wie möglich zu erschließen trachten, dann haben wir uns keineswegs aus den metaphysisch-anachronistischen Verstrickungen befreit, die generell mit Wesensfragen verbunden sind. Es stellt sich nun nämlich das Problem, ob es wirklich eine autonome Wesenheit *Grammatik* gibt, die sich im Prinzip klar, wenn auch praktisch schwer, als eigenständige Wesenheit innerhalb der Sprache herauspräparieren und von anderen Wesenheiten wie etwa der *Lexik* eindeutig abgrenzen läßt.

Unser Alltagsbewußtsein und uneingestanden vielleicht auch unser wissenschaftliches Bewußtsein ist wohl von der Hoffnung geprägt, daß es solche festen, im Prinzip wohlabgrenzbaren autonomen *ontischen Substanzen* gibt, die als aufklärungswürdige und aufklärungsfähige Gegenstände den menschlichen Erkenntnisbemühungen gegenüberstehen. Die Hoffnung auf die ontische Festigkeit solcher Phänomene wirkt psychisch beruhigend, weil der Mensch sich seiner selbst gerade dadurch sicherer wird, daß er sich sicheren Gegenständen gegenüber sieht. Nur wenn es solche ontischen

Wesenheiten bzw. Substanzen gibt, scheint auch die Wahrheitsfrage ihren traditionellen Sinn behalten zu können.

Der *Funktionalismus* und *Konstruktivismus* der Neuzeit[6], der im Mittelalter im Zuge der Zerstörung der aristotelischen Substanzenontologie durch den Nominalismus entstanden ist, belehrt uns nun aber, daß unsere Erfahrungsgegenstände keine Substanzen mit einem festen Wesensgehalt sind, sondern chamäleonartige Phänomene, die sich selbst ständig verändern und die sich uns je nach Betrachtungsperspektiven und Korrelationsbezügen auch ganz unterschiedlich darbieten. Keine alltägliche und keine wissenschaftliche Wahrnehmung von einem Phänomen kann deshalb als Wesenserfassung deklariert und absolut gesetzt werden, weil jede Wahrnehmung prinzipiell eine Teilwahrnehmung ist, die ergänzt oder überholt werden kann. Wahrnehmbar sind uns dementsprechend nicht die Dinge als Substanzen, sondern allerhöchstens als *Erscheinungen* in spezifischen Wahrnehmungszusammenhängen.

Für das streng funktionale Denken ist das Wesen der Dinge nicht verschlossen, für dieses Denken haben die Dinge gar kein Wesen, ja für dieses Denken gibt es überhaupt keine wohl abgrenzbaren Wesenheiten. Die Wahrnehmungsphänomene können kein festes ontisches Wesen haben, weil sie streng genommen eigentlich nur *Variable* sind, die sich in unterschiedlichen Relationszusammenhängen je unterschiedlich konstituieren und konkretisieren können. Sie sind deshalb ontologisch gesehen eigentlich auch nur *Relata* bzw. *Funktionen* der Relationen, in denen sie stehen oder wahrgenommen werden.

Dieser Tatbestand hat für das funktionalistische Denken die zunächst paradoxe, aber im Prinzip völlig logische Konsequenz, daß man Phänomene nicht dadurch kennenlernt, daß man auf sie selbst sieht und an ihnen Wesentliches von Unwesentlichem scheidet, sondern dadurch, daß man zunächst auf *etwas anderes* sieht, nämlich auf das Gefüge von Funktionen und Relationen, in denen sich die Phänomene als Phänomene konstituieren. Die Vorstellung von einem festen *Wesen* der Dinge kann eigentlich nur deswegen aufkommen, weil die Dinge in pragmatisch-natürlichen Funktionszusammenhängen stehen, weil sie von uns meistens aus derselben Perspektive wahrgenommen werden und weil wir uns die Dinge aus einer psychologisch verständlichen Bedürftigkeit und Trägheit gerne als wohlabgegrenzte stabile Wesenheiten vorstellen, auf deren Wesen bzw. Natur Verlaß ist.

Wenn man sich den Weg des philosophischen Denkens von der Substanzen- zur Funktionenontologie vor Augen hält, dann ist klar, warum die Frage nach dem Wesen der Grammatik erkenntnistheoretisch als anachronistisch gelten muß. Wir können heute guten Gewissens weder davon ausgehen, daß es eine autonome *Idee* der Grammatik gibt, noch davon, daß es ein autonom existentes *Phänomen* Grammatik gibt. Wir können nicht erwarten, daß die Grammatik ein ontisch stabiles Wesen und natürliche Grenzen hat und daß man grammatische Phänomene eindeutig von anderen abgrenzen kann. Wir können uns natürlich Grammatikbegriffe bilden und das Phänomen Grammatik methodisch von anderen Phänomenen abgrenzen, aber wir müssen uns bewußt sein, daß alle solche Definitionsversuche letztlich auf Plausibilitätsurteile und pragmatische Differenzierungsinteressen zurückgehen und nicht auf die Natur der Sache. Das heißt nicht, daß alle Definitionsversuche gleichen Rang haben, sondern nur, daß sie nicht den Anspruch erheben können, das Wesen der Grammatik oder die Uridee abzubilden, die hinter ihr steht.

Die Vorstellung, daß es gar kein festes Wesen der Grammatik gibt, welches die Forschung sukzessive zu entschleiern hat, und daß der Begriff und der Gegenstandsbereich der Grammatik etwas ist, was wir entsprechend unseren Bedürfnissen unterschiedlich konstituieren können, ist zugleich bedrückend und befreiend. Bedrückend ist der Gedanke deswegen, weil zumindest unser Alltagsdenken sich feste ontische Korrespondenzen und feste ontologische Betrachtungskategorien wünscht, um nicht den Boden unter den Füßen zu verlieren. Befreiend ist der Gedanke deswegen, weil er keinen Platz für eine Autorität läßt, sei es die Autorität des vermeintlichen Gegenstandes selbst, die der Wahrnehmungstradition oder die der Wissenschaft, welche ein für alle Mal festlegt, was Grammatik ist und in welchen Perspektiven man sie zu betrachten hat.

Jede *philosophische* Aufklärung der Grammatikproblematik bleibt in eine unaufhebbare Spannung eingebunden. Einerseits muß sie das Alltagsbedürfnis nach einem klaren und faßbaren Bild von der Grammatik ernst nehmen, durch das unser Wissen von der Grammatik stabilisiert und systematisiert wird. Andererseits darf sie sich nicht nur auf den schon ausgetretenen Trampelpfaden der Tradition bewegen, sondern muß sich bemühen, neue Sichtweisen auf einen wohl nie erschöpfend beschreibbaren Gegenstandsbereich zu eröffnen, um ihm Aspekte abzugewinnen, die sonst nicht sichtbar werden können, und um vage Ahnungen von ihm so zu konkretisieren, daß sie die Form einer strukturierten Wahrnehmungsgestalt bekommen.

3. Die Wahrnehmungsmöglichkeiten für das Grammatikproblem

Wenn wir heute nach der Grammatik fragen, dann können wir nicht mehr naiv die Wesensfrage stellen – *Was ist Grammatik?* –, sondern müssen Fragestellungen folgenden Typs ausarbeiten. Was wollen wir mit dem Terminus *Grammatik* bezeichnen? Wie können wir uns die Grammatik als *Phänomen* sichtbar machen? In welchen *Perspektiven* und *Korrelationszusammenhängen* wollen wir grammatische Phänomene diskutieren? Welche *Ziele* verfolgen wir bei grammatischen Analysen?

Diese Veränderung der Fragestellung scheint auf den ersten Blick gar nicht so tiefgreifend zu sein, in Wirklichkeit hat sie aber weitreichende sachliche und methodische Konsequenzen. Die Konstitution des Grammatikbegriffs und die Abgrenzung des Grammatikphänomens wird nun nämlich von rein *pragmatischen* Motiven abhängig gemacht und nicht mehr an bestimmten metaphysischen oder ontologischen Grundüberzeugungen orientiert. Zwar spielen auch innerhalb der neuen Frageweisen ontologische Hypothesen eine wichtige Rolle, aber sie haben keine absolut normative Wirkung mehr.

Die neue Fragestellung impliziert, daß wir auf den Begriff der Grammatik keineswegs verzichten können, weil die Vernunft sonst kein Arbeitsfeld hat, auf dem sie analytisch und synthetisch wirksam werden kann. Wenn wir geistig tätig werden wollen und uns intersubjektiv verständigen wollen, dann brauchen wir faßbare *Begriffe*, ob wir es nun wollen oder nicht. Wenn wir theoretisch über Sprache reden wollen, dann können wir nicht den Begriff oder die Idee der Grammatik zur Disposition stellen, sondern nur den konkreten Gehalt eines bestimmten Grammatikbegriffs oder den ontologischen Status einer bestimmten Grammatikidee. Als Reflexions- und Ordnungsmittel sind Begriffe bzw. Ideen unverzichtbar, nur dürfen wir ihnen nicht mehr einen ontologischen, sondern müssen ihnen einen *psychologischen* Status geben. Kant hat deshalb zu Recht die Idee als einen »*focus imaginarius*« bezeichnet und ihren psychologischen Charakter sowie ihre regulative Funktion betont. »*Die psychologische Idee kann auch nichts andres als das Schema eines regulativen Begriffs bedeuten.*« [7]

Um die regulative Funktion der *Idee der Grammatik* für die Tätigkeit der Vernunft und die pragmatische Analyse sprachlicher Ordnungsstrukturen erfassen zu können, müssen wir uns fragen, welcher Gehalt dieser Idee bisher gegeben worden ist bzw. überhaupt gegeben werden kann. Die *historische Rekonstruktion* unterschiedlicher Grammatikbegriffe hat dabei mehr als eine bloß antiquarische Funktion. Dadurch kann nämlich nicht nur deutlich gemacht werden, welche regulative Funktion die Idee der Grammatik zu verschiedenen Zeiten gehabt hat und auf welche Problemzusammenhänge sich das Hauptinteresse grammatischer Reflexionen jeweils gerichtet hat, sondern auch ein Eindruck davon vermittelt werden, welche Spannweite die unterschiedlichen Ideen der Grammatik haben können. Die historische Rekonstruktion und die systematische bzw. spekulative Konstitution von Grammatikbegriffen hat die Funktion, etwas sichtbar zu machen, was bisher noch nicht sichtbar war, bzw. das Grammatikproblem mit *Sachproblemen* in Zusammenhang zu bringen, die normalerweise außerhalb unseres Wahrnehmungshorizontes für grammatische Phänomene liegen.

Philosophische Forschungsfragen haben insbesondere im Rahmen des funktionalistischen Denkens einen merkwürdig schillernden Charakter, weil sie als Fragen in gewisser Weise immer schon Antworten sind und weil sie eigentlich auf keine endgültigen und abschließenden Antworten aus sind. Das, was bei ihnen in Frage steht, ist kein schon vorab wohl abgegrenzter Gegenstands- und Problembereich, sondern etwas, was durch die Frage erst als Gegenstands- und Problembereich konstituiert und strukturiert wird. Mit philosophischen Fragen nach bestimmten Phänomenen eröffnet man auf konstruktive Weise einen hermeneutischen Zirkel, weil man durch sie Prämissen setzt, Horizonte eröffnet und Perspektiven festlegt, durch die amorphe Gegebenheiten erst zu konkreten *Wahrnehmungsgegenständen* werden. Da philosophische Fragen in diesem übergeordneten Sinn immer schon Antworten sind bzw. diese zumindest präformieren, muß auf ihre Ausarbeitung besondere Sorgfalt verwendet werden.

Philosophische Fragestellungen exemplifizieren auf eindrucksvolle Weise, daß kognitive Situationen immer *perspektivischer* Natur sind, daß man Wissen nur in einem vorab gegebenen oder entworfenen Horizont gewinnen kann, daß jeder Gegenstand sich als Gegenstand nur in einem Bewußtseinsfeld von anderen Bewußtseinstatsachen konkretisieren kann und daß jedwede Sinnproblematik nur als Korrelations- oder

Einbettungsproblematik beschrieben werden kann. Da philosophische Fragen anders als reine Wissensfragen unsere Aufmerksamkeit nicht auf schon fest vorstrukturierte Tatbestände richten, sondern uns auffordern, vagen Vorahnungen von Tatbeständen eine konkretere Form zu geben oder altbekannte Tatbestände neu zu sehen, lassen sie sich in konkreten Fragesätzen auch nur unzureichend sprachlich repräsentieren. Sie können auch in *Theorien, Denkperspektiven* und *Kontexten* zum Ausdruck kommen, die mit dem jeweiligen Gegenstandsbereich in Verbindung gebracht werden, weil sich auch dadurch ein geistiger Entfaltungsvorgang bzw. die Arbeit der Strukturbildung dokumentieren läßt.

Das philosophische Wissen über einen Gegenstandsbereich speist sich mindestens ebenso sehr aus der Ausarbeitung von Frageweisen für diesen Gegenstandsbereich als aus den Antworten auf diese Frageweisen. Es will nämlich nicht nur ein Wissen über den jeweiligen Sachverhalt sein, sondern zugleich auch ein Wissen über die Entstehungsgeschichte und den Stellenwert dieses Wissens. Es will ein Wissen sein, das die Erfahrung des Weges zu diesem Wissen nicht ausklammert und das auch das Koordinatensystem kennen will, in dem sich dieses Wissen konstituiert hat. Die *Perspektivität* und *Horizontgebundenheit* des philosophischen Wissens ist psychisch nicht immer leicht zu ertragen, weil wir ein starkes Bedürfnis haben, in einer abschließend geordneten Welt zu leben. Deshalb gibt es immer wieder und insbesondere in den Fachwissenschaften die Tendenz, den jeweiligen Theorien eine globale Endgültigkeitsfarbe zu geben und zu vergessen, daß sie spezifische Antworten auf spezifische Fragen sind. Diese Gefahr läßt sich nur dadurch bannen, daß man sich immer wieder der Mühe unterzieht, den Stellenwert alter Antworten zu qualifizieren und neue Wahrnehmungsweisen für altbekannte Phänomene zu entwickeln, die es ermöglichen, sie in einem neuen Lichte auch neu kennenzulernen.

Im folgenden soll nun erprobt werden, unter welchen Horizonten und in welchen Perspektiven sich das Phänomen *Grammatik* sehen, konkretisieren und strukturieren läßt. Naturgemäß können die hier aktualisierten Wahrnehmungweisen weder dem Inhalt noch der Zahl nach erschöpfend sein. Allenfalls können sie vielfältig, aufschlußreich und neuartig sein und es ermöglichen, neue Gedanken zu entwickeln und alte übersichtlich zu ordnen.

Forschungslogisch ist die Aufklärung der Grammatikproblematik wie überhaupt der Sprachproblematik besonders kompliziert. Zum einen sind Grammatik und Sprache keine Naturphänomene, sondern *Kulturphänomene*. Bei ihrer Erforschung muß der Geist etwas aufklären, was er selbst hervorgebracht hat, was aber dennoch im Laufe der Zeit eine vom individuellen Denken unabhängige Existenzform gewonnen hat und nun als ein transzendentaler Faktor auf das Denken zurückwirkt, aus dem es hervorgegangen ist. Mit der Erforschung der Dimensionen der Grammatik ist deshalb immer auch ein Stück Selbstaufklärung des Geistes verbunden, da dieser bei einem solchen Vorhaben immer wieder auf seine eigenen Organisationsformen Bezug nehmen muß und sich praktisch immer wieder selbst begegnet. Zum anderen hat jede Philosophie der Sprache und der Grammatik im Gegensatz zu anderen Formen der Kulturphilosophie darüber hinaus noch mit dem Problem zu kämpfen, daß sie sich genau in dem *Medium* artikulieren muß, das sie aufzuklären versucht. Diese besonderen Schwierigkeiten der Philosophie der Grammatik sind methodisch nur dadurch zu bewältigen, daß ganz besondere Sorgfalt darauf gerichtet wird, die einzelnen Fragestellungen und Betrachtungsebenen klar voneinander abzugrenzen und logisch zu stufen, um die Münchhausen-Situation zu bewältigen, in der man mit dem Licht der Sprache das Licht der Sprache beleuchten muß.

Die hier angestellten Überlegungen gehen weder von einem vorab eindeutig *definierten* Grammatikbegriff aus, noch steuern sie auf einen solchen zu. Solche Definitionen könnten in dem hier gewählten Denkansatz auch nur *Nominaldefinitionen* sein, d.h. Präzisierungen des Bedeutungsgehaltes der verwendeten Termini, aber nicht *Realdefinitionen*, d.h. Wesensbestimmungen der jeweiligen Sachgegenstände. Nominaldefinitionen können für bestimmte Zwecke nützlich sein und zuweilen sogar unabdingbar, insbesondere dann, wenn sie als Arbeitshypothesen benutzt werden, um andere Phänomene aufzuklären. Sie sind aber problematisch, wenn sie sich auf den Gegenstandsbereich beziehen, der philosophisch aufgeklärt werden soll, weil sie dann gewollt oder ungewollt der Tendenz Vorschub leisten, Fragemöglichkeiten abzuschneiden und Blickwinkel einzuengen.

Der Verzicht auf eine explizite Grammatikdefinition insbesondere am Anfang der Überlegungen kann aber nicht bedeuten, daß man auf jedes *Vorwissen* darüber verzichten könnte, was mit dem Terminus *Grammatik* bezeichnet wird. Die Gestaltpsychologie hat uns gelehrt, daß jeder sinnliche und kognitive Wahrnehmungsvorgang ein produktiver Vorgang ist, in dem aus vagen Vorgestalten über Zwischengestalten nach und nach eine prägnante Endgestalt entsteht. Diese kann wegen ihrer Komplexität zwar nicht oder nur unzureichend begrifflich repräsentiert werden, sie kann aber für ein Individuum dadurch vorstellungsmäßig eine konkrete Prägnanz bekommen, daß es den Bildungsprozeß mitvollzieht, aus dem die Gestalt hervorgeht. Ein solcher Gestaltbildungsprozeß wird auch hier im Hinblick auf die Konstitution derjenigen Vorstellung angestrebt, die sich mit dem Terminus *Grammatik* verbinden läßt.

Als *Vorgestalt* soll hier der sehr vage umgangssprachliche Grammatikbegriff fungieren, der allerdings bis auf die Textebene ausgedehnt wird. Dieser Grammatikbegriff hat einen so großen Umfang, daß alle sprachlichen Ordnungsformen vom Wort über den Satz bis zum Text unter ihn fallen, sofern sie nicht lexikalischer Natur sind. Die Ausdehnung des Grammatikbegriffs auf die Textebene, die grammatischen Ordnungsformen sehr unterschiedliche Komplexitätsgrade beschert, und die Abgrenzung grammatischer Ordnungsformen von lexikalischen Ordnungsformen sind natürlich besonders *neuralgische* Punkte dieser Umfangsbestimmung des Grammatikbegriffs.

Der Inhalt des Grammatikbegriffs wird vorerst nur insoweit festgelegt, daß er nicht nur die *Morphologie* grammatischer Ordnungsformen betrifft, sondern auch die *Funktion* dieser Formen. In den Grammatikbegriff soll konsequent die Kategorie der *Bedeutung* integriert werden, was sich am besten dadurch bewerkstelligen läßt, daß grammatische Formen als *grammatische Zeichen* interpretiert werden. Diese Festlegung ist weder selbstverständlich noch unproblematisch, aber sie wird als fruchtbar angesehen. Sie wirft große methodische Probleme auf, weil sich dadurch das Relationsspektrum für die Grammatik gewaltig ausweitet und insbesondere die Abgrenzung von Grammatik und Lexik dadurch sehr schwierig wird. Für bestimmte sprachwissenschaftliche

Zwecke mag ein *asemantischer* Grammatikbegriff notfalls noch zu vertreten sein, wenn er insgesamt auch ziemlich steril ist, wie ein Blick auf den amerikanischen Strukturalismus der Bloomfield-Schule zeigt, für philosophische Betrachtungsweisen ist er aber geradezu unsinnig.

Darstellungsmäßig wird so vorgegangen, daß nach einem kurzen Abriß der Geschichte des Grammatikbegriffs verschiedene Wahrnehmungsperspektiven ausgearbeitet werden, in denen ganz unterschiedliche Aspekte und Dimensionen des Grammatikphänomens sichtbar werden sollen. Dazu erweist es sich als notwendig, bestimmte Sachverhalte und Relationszusammenhänge recht ausführlich zu entfalten, die auf den ersten Blick nichts mit dem Grammatikproblem zu tun zu haben scheinen, die aber auf den zweiten Blick doch in einer *Wechselwirkung* mit ihm stehen. Nur auf diese Weise wird es möglich, den Blickwinkel auf das Phänomen *Grammatik* so zu verändern und den Abstand so zu vergrößern, daß es zugleich auf eine neuartige und umfassende Weise sichtbar werden kann.

Die aus diesem Verfahren sich ergebenden unterschiedlichen Konkretisationsweisen des Grammatikphänomens sollen nicht zu einem additiven Konglomerat führen, sondern als Resultante eine komplexe *Vorstellungsgestalt* für das Phänomen *Grammatik* ergeben, die nicht diskursiv durch eine Definition nach dem traditionellen Schema der Angabe der nächsthöheren Gattung (genus proximum) und des artbildenden Unterschieds (differentia specifica) eingefangen werden kann. Solche Definitionen sind nur im Rahmen einer kategorial schon durchstrukturierten Welt möglich und versagen, wenn die Welt erst noch erschlossen werden muß, in der das jeweilige Phänomen angesiedelt ist, oder wenn das zu definierende Phänomen so komplex ist, daß es nicht auf *einer* Abstraktionsebene begrifflich zureichend erfaßt werden kann.

Die Abfolge der Kapitel in der Darstellung unterliegt keiner logischen Notwendigkeit oder stringenten Linearität, wenngleich zuweilen auch Gedankengänge des einen Kapitels in dem folgenden weitergeführt werden. Die Reihenfolge der Kapitel gleicht in gewisser Weise einem *Rundgang* um eine Skulptur, bei der ein Gegenstand in unterschiedlichen Perspektiven und Lichtverhältnissen zugleich phänotypisch als ein anderer und genotypisch doch als derselbe wahrgenommen wird. Bei dieser Darstellungsweise sind Überschneidungen und Wiederholungen zum Teil unvermeidlich und müssen in Kauf genommen werden, um den jeweiligen Betrachtungsperspektiven keinen allzu fragmentarischen und isolierten Charakter zu geben. Dennoch liegt der Abfolge der Kapitel gleichwohl ein gewisses Ordnungskriterium zugrunde, insofern von *elementaren* Fragestellungen zur Grammatik zu immer *komplexeren* übergegangen wird. Das bedeutet nicht, daß die ersten Kapitel weniger wichtig wären, sondern nur, daß sie für den Gestaltbildungsprozeß elementarer sind als die späteren. Insgesamt soll die hier gewählte Darstellungsweise auch verdeutlichen, daß das Phänomen *Grammatik* weder schnell erfaßt noch schnell auf den Begriff zu bringen ist, sondern nur dann zureichend kennengelernt werden kann, wenn man auch die Erfahrung des *Weges* zu ihm nicht scheut, was nicht heißen soll, daß der Weg schon das Ziel ist.

II

Geschichte des Grammatikbegriffs

Es ist eine offenkundige Tatsache, daß mit dem Terminus *Grammatik* im Laufe der Geschichte sehr unterschiedliche Sachverhalte bezeichnet und sehr unterschiedliche Begriffe repräsentiert worden sind. Aus dem Blickwinkel einer fortschrittsoptimistischen Wissenschaft muß die *Rekonstruktion* von alten und inzwischen historisch überholten Begriffen als eine unproduktive Fossilienjägerei, wenn nicht Leichenfledderei gelten, die nicht einmal die Pietät aufbringt, Abgestorbenes und Überholtes dort zu lassen, wo es hingehört, nämlich auf den Friedhof der Geschichte oder ins Kuriositätenkabinett. Die Ehrfurcht vor alten Begriffen erscheint in diesem Blickwinkel ebenso skurril wie die Ehrfurcht der Schlange vor ihren abgestreiften Häuten.

Der Philosophie ist ein solches Denken, abgesehen von einigen rationalistischen Schulen sowie Hegel und seinen Jüngern, eigentlich fremd, insbesondere dann, wenn sie sich hermeneutisch versteht. Natürlich kennt auch die Philosophie den geschichtlichen Wandel und den Wechsel von Denkhorizonten, aber abgesehen von der Aufklärung spezieller Sachprobleme kennt sie eigentlich keinen *Fortschritt*, weil ihr der *Maßstab* fehlt, an dem er zu messen wäre. Die in der Philosophie aufeinander folgenden Denksysteme lösen einander nicht in dem Sinne ab, daß die alten Denksysteme ihr Existenzrecht verlieren und den Status von Schrott bekommen. Da philosophische Denkgebilde Antworten auf ganz unterschiedliche Fragen sind, läßt sich in der Philosophie von einem linearen Erkenntnisfortschritt schwerlich sprechen.

In der Geschichte des Denkens machen neue Konzeptionen alte ebenso wenig überflüssig wie in der Kunst. Im Gegenteil, beide scheinen wechselseitig aufeinander angewiesen zu sein, um einander sichtbar und zugänglich zu machen. Fortschritt scheint es offenbar nicht in den grundlegenden metaphysisch orientierten Wissensinhalten und Wissensformen zu geben, sondern allenfalls in dem theoretischen Wissen, das sich als *Herrschaftswissen* technisch nutzen läßt. Aus dieser Nutzung ergibt sich ein Maßstab für den Fortschritt, den die Philosophie selbst nicht hat.

Natürlich könnte man nun auch mit Hegel die These vertreten, daß das spätere Wissen das frühere immer in sich aufnehme, und eben dabei von seinen unbrauchbaren Schlacken trenne. Dann würde das spätere Wissen immer auch umfassender, reicher und besser sein und das frühere Wissen im mehrfachen Sinne des Wortes *aufheben*, d.h. beseitigen, bewahren und anheben. Falls das Wissen seine eigene Vorgeschichte wirklich in dieser Weise inkorporieren könnte, dann stellte sich gleichwohl noch die Frage, ob es sich dabei nicht an sich selbst verschlucke oder sich zu einem amorphen Monstrum fettfresse.

Das Bewußtsein dafür, daß die Geschichte einer Wissenschaft nicht zu einer kontinuierlichen Wissensakkumulation führt, ist den Kulturwissenschaften eigentlich nie

ganz verloren gegangen, da sich ihr Wissen im Gegensatz zu dem der Naturwissenschaften immer einer direkten praktischen Verwertbarkeit und Meßbarkeit entzogen
hat. Bezeichnenderweise hat nun aber der Naturwissenschaftler Kuhn[1] nachdrücklich betont, daß es auch in den Naturwissenschaften keine kontinuierliche Wissensakkumulation gebe und daß auch die Geschichte der Naturwissenschaft durch *Revolutionen* gekennzeichnet sei, in denen es zur Konstitution völlig neuartiger Grundbegriffe
komme, ohne daß die alten widerlegt oder kontinuierlich verbessert würden, wie es die
Falsifikationstheorie von Popper nahelege. Solche Umbrüche bezeichnet Kuhn als *Para-
digmenwechsel*. Unter einem Paradigma versteht er dabei einen umfassenden Denkrahmen, der den einer explizit formulierten Theorie weit überschreite, weil in das
Paradigma neben explizit formulierten und formulierbaren Thesen auch intuitive Annahmen über die Struktur von Gegenständen, über die Zulässigkeit von Methoden und
über die Ziele von Erkenntnisprozessen einflössen.

Neue und alte Paradigmen, wie etwa das ptolemäische und kopernikanische Weltbild, seien eigentlich unvergleichbar, weil ganz andere Sinnbildungsintentionen hinter
ihnen stünden und kein gemeinsamer Beurteilungsmaßstab für sie existiere. Durch
neue Paradigmen würden neue Denk- und Wahrnehmungsmöglichkeiten möglich, die
in den alten als *Möglichkeiten* gar nicht existiert hätten. Dafür müsse man aber den
Preis zahlen, daß alte Wahrnehmungsmöglichkeiten und Wissensformen vergessen
würden, die quer zu den Zielen und Organisationsformen des neuen Paradigmas lägen.
Alte Paradigmen würden durch die neuen nicht direkt falsifiziert, sondern stürben
schlicht mit ihren Anhängern aus.

Um diese Theorie Kuhns hat es einen lebhaften Streit gegeben, weil sie die These zu
implizieren scheint, daß die Wissenschaften auf *irrationalen* Grundlagen und Entscheidungen aufbauten und daß der sogenannte wissenschaftliche Fortschritt eigentlich
kein klar angebbares Ziel habe. Solange man sich in den Naturwissenschaften nicht
auch darauf einigt, daß das menschliche Denken durch unterschiedliche Rationalitäts-
formen geprägt ist und daß die Konstituierung von Paradigmen ganz andere Rationali-
tätsanforderungen stellt als ihre Anwendung, solange wird dieser Streit wohl auch
kaum lösbar sein.

Kuhns Theorie des Paradigmenwechsels, nach der in den Wissenschaften neue Wissensinhalte dadurch Geltung bekommen, daß alte abgeschattet, außer Kraft gesetzt
oder schlicht vergessen werden, hat im Hinblick auf die Geschichte der Sprachwissenschaft und Grammatiktheorie zweifellos eine unmittelbare Plausibilität, wenn man
auch einräumen muß, daß unterschiedliche Paradigmen nebeneinander bestehen und
sich in verschiedenen Formen fortzeugen können. Tatsächlich sind viele sprachwissenschaftliche Schulen nicht direkt miteinander vergleichbar, weil sie ihre Gegenstände –
Sprache bzw. Grammatik – jeweils ganz anders konstituieren und mit ganz unterschiedlichen Kategorien aufzuklären versuchen. Dennoch wird man in den Kulturwissenschaften bei dem Wechsel von Forschungsparadigmen kaum von *grundsätzlichen*
historischen Traditionsbrüchen ausgehen können, zumindest solange nicht, wie man
sich in und mit der natürlichen Sprache artikuliert und nicht auf künstliche Zeichensysteme oder formalisierte Fachsprachen ausweicht.

Der Gebrauch der natürlichen Sprache stellt sicher, daß sich altes und neues Denken irgendwie miteinander *vermitteln* müssen, weil sich die mit den einzelnen Wörtern verbundenen Begriffe nur kontinuierlich wandeln können. Solange wir die gleichen Wörter benutzen, sind diese sowohl Repräsentanten der alten wie der neuen Denkweisen, weil die natürliche Sprache es nicht gestattet, Wörter abrupt aus ihren alten Funktionen und Kontexten zu lösen und dem neuen Denken dienstbar zu machen. Da wir uns beim rezeptiven Gebrauch der natürlichen Sprache, insbesondere nach der Erfindung des Buchdrucks, immer auch auf verschiedenen historischen Ebenen der Sprache bewegen, reißen Begriffskontinuitäten nicht ab. Vielmehr steigen unsere Fähigkeiten, mit denselben Wörtern kontextuell ganz andere Begriffsinhalte zu verbinden.

Begriffsgeschichtliche Analysen können uns helfen, für *Kontinuitäten* und *Diskontinuitäten* in Begriffen und Forschungsparadigmen sensibel zu werden. Gerade weil der Grammatikbegriff ein sehr geschichtsträchtiger Ordnungsbegriff ist, der viele Häutungen und Gestaltwandlungen durchgemacht hat, eignet er sich besonders gut für begriffsgeschichtliche Rekonstruktionsversuche. Durch sie kann man auf eine historisch natürliche Weise mit dem Phänomen *Grammatik* bekannt werden, weil man dabei nicht nur sehr unterschiedliche Denkhorizonte kennenlernt, unter denen man sich dieses Phänomen sichtbar machen kann, sondern zugleich auch Dimensionen des Phänomens selbst sieht, die im Rahmen der gegenwärtigen Grammatikvorstellungen gar nicht mehr recht sichtbar werden. Methodologisch steht hinter einem solchen Verfahren außerdem die hermeneutische Überzeugung, daß es nicht nur hilfreich, sondern sogar geboten ist, sich komplexen Phänomen dadurch zu nähern, daß man sich auf kontrollierte Weise vor Augen führt, wie sie bisher wahrgenommen worden sind.

Die Struktur von Begriffsbildungsprozessen einerseits und die Funktionen von begriffsgeschichtlichen Reflexionen andererseits läßt sich sehr gut durch ein Bild von Kierkegaard veranschaulichen. Er hat dieses Bild zwar entworfen, um das eigentümliche Verhältnis von Zukunft und Vergangenheit zu strukturieren; aber da gute Bilder immer mehr als nur einen einzigen Sachverhalt aufklären können, läßt es sich auch gut dazu nutzen, die komplexen Strukturverhältnisse zu kennzeichnen, die bei der Bildung und geschichtlichen Abfolge von Grammatikbegriffen vorliegen.

> »Was wird kommen? Was wird die Zukunft bringen? Ich weiß es nicht, ich ahne nichts. Wenn eine Spinne von einem festen Punkt sich in ihre Konsequenzen hinabstürzt, so sieht sie stets einen leeren Raum vor sich, in dem sie nirgends Fuß fassen kann, wie sehr sie auch zappelt. So geht es mir; vor mir steht ein leerer Raum; was mich vorwärts treibt, ist eine Konsequenz, die hinter mir liegt. « [2]

Kierkegaards Spinnenbild verführt zu einer allegorischen Ausdeutung, aber den Charme seiner potentiellen Analogien zum Grammatikproblem sollte man dennoch nicht überstrapazieren, weil es sich sonst durch Ambivalenzen schon zu rächen wüßte. Dennoch ist es aufschlußreich, versuchsweise zu prüfen, welche Einsichten sich ergeben, wenn man den »*festen Punkt*« mit dem Phänomen *Grammatik* identifiziert, die »*Spinne*« mit dem *menschlichen Geist* und den *Spinnenfaden*, der hier »*ihre Konsequenzen*« genannt wird, mit der *Grammatiktheorie* bzw. der geschichtlichen Abfolge von sich wandelnden, aber aneinander anknüpfenden Grammatikbegriffen.

Wenn der menschliche Geist einfache oder komplexe Grammatikkonzepte aus sich heraus spinnt, dann will er damit, jedenfalls nach der Suggestionskraft dieses Bildes, nichts abbilden, sondern seine Theoriefäden nur an ein bestimmtes Phänomen *anknüpfen*, um es sich auf diese Weise dienstbar zu machen. Außer acht müssen wir bei dieser Deutung allerdings lassen, daß das, woran der menschliche Geist bei seiner Theoriebildung anknüpft, kein von ihm unabhängiges Naturphänomen ist, sondern ein von ihm in früheren Generationen selbst hergestelltes Kulturprodukt, und daß jede explizite Theoriebildung eine vage Vortheorie von dem braucht, was sie erfassen will. Um an das Grammatikphänomen anknüpfen zu können, braucht der menschliche Geist dieses Phänomen nicht vollständig zu kennen, es genügt, wenn er instinktsicher geeignete Anknüpfungspunkte für seine Theoriebildungen findet. Das werden in der Regel elementare Erfahrungen an und mit der Sprache sein, die so ins Auge springen, daß sie zur Bildung grammatischer Theoriefäden provozieren.

Bei seinen Theoriebildungen ist der menschliche Geist nun frei und gebunden zugleich. Gebunden ist er an das Phänomen Grammatik bzw. an seine elementaren Erfahrungen mit ihr, weil er einen oder mehrere feste Anknüpfungspunkte an diesem Gegenstandsbereich braucht, wenn er nicht in den freien Raum der Spekulation fallen und nach einer kurzen Phase absoluter Freiheit und Euphorie tödlich aufschlagen will. Frei ist er von dem Phänomen Grammatik, weil er nicht nur an etwas anderem hängt, sondern auch an sich selbst bzw. an dem, was er in früheren Phasen aus sich selbst herausgesponnen hat und was ihm die Mobilität verleiht, sich von seinem Ausgangspunkt zu entfernen oder sich ihm wieder zu nähern. Außer acht müssen wir in diesem Zusammenhang auch wieder lassen, daß der individuelle menschliche Geist seine Theoriefäden nicht aus *nichts* spinnt, sondern aus eigenen Erfahrungen und aus assimilierten Theorien von anderen.

Je weiter der menschliche Geist seine grammatischen Konzepte fortspinnt, je mehr Spinnpotenz und Spinnmaterial er hat, desto größeren Überblick gewinnt er über das, woran er angeknüpft hat, und desto mehr Anknüpfungsmöglichkeiten für neue Theoriefäden kann er entdecken. Je weiter er sich von seinem Anknüpfungspunkt entfernt und je mehr Konzepte er aus sich herausspinnt, desto größeres Vertrauen muß der menschliche Geist auch in die Haltbarkeit seiner Konstrukte und die Stabilität seines Anknüpfungspunktes setzen, um nicht von der Angst des Absturzes gepeinigt zu werden. Wie er es auch anstellt, immer hängt der Geist *an* und *in* seinen eigenen Konsequenzen.

Im Hinblick auf das Problem der historischen Kontinuität und Diskontinuität der verschiedenen Grammatikkonzepte eröffnet das Spinnfadenbild zwei unterschiedliche, aber ergänzungsbedürftige Sichtweisen. Entweder geht man davon aus, daß ein Grammatikkonzept ans andere gesponnen wird und spätere mit früheren notwendigerweise zusammenhängen, oder man geht davon aus, daß die unterschiedlichen Grammatikkonzepte immer wieder neu an dem Phänomen Grammatik anknüpfen und sich nur in dem Ausmaße fortspinnen lassen, wie es die jeweiligen Anfangsprämissen erlauben.

Die letzte Interpretation erscheint erklärungskräftiger als die erste, weil sie sowohl die Idee des Paradigmawechsels als auch die der Paradigmakontinuität als auch die der Paradigmaparallelität gut veranschaulichen kann. Dennoch besitzt es aber vorerst noch eine gravierende Schwäche. In ihm läßt sich nicht repräsentieren, daß mit Hilfe von unmittelbar übernommenen oder transformierten Wissensinhalten aus anderen Grammatikkonzepten ein neues und womöglich besonders strapazierbares Grammatikkonzept gesponnen werden kann.

Nichts hindert uns aber, in dem ›Buch der Natur‹ weiter zu lesen und die Beobachtung zu deuten, daß Spinnen ihre alten oder funktionsuntüchtigen Netze wieder auffressen, um sich das Spinnen neuer Fäden zu erleichtern. Warum sollten also auch wir nicht in der Lage sein, uns das Spinnen neuer Grammatikkonzepte dadurch zu erleichtern, daß wir das in alten Grammatikkonzepten niedergelegte Wissen uns aneignen, an unsere speziellen Bedürfnisse assimilieren und in spezifisch transformierter Weise wieder verwenden.

Gleichgültig, ob wir nun animiert sind, an bestimmten historischen Theoriefäden weiterzuspinnen, oder ob uns der Sinn danach steht, uns historische Theoriesubstanz zu assimilieren, um unsere Spinnpotenz und Spinnkapazität zu vergrößern, auf jeden Fall ist es nützlich, die *Anknüpfungspunkte* und die *Qualität* der Theoriefäden kennenzulernen, die bisher gesponnen worden sind. Dabei können wir nicht nur etwas über das Grammatikphänomen lernen, sondern auch etwas über die Techniken und Verfahren, an ihm anzuknüpfen sowie es sichtbar und dienstbar zu machen. Womöglich gelingt es uns dann sogar besser, unsere grammatischen Theoriefäden auch an nicht-grammatischen Phänomenen zu befestigen, um auf diese Weise Netze zu knüpfen, in denen sich ungeahnte Beute verfangen kann.

1. Die Antike

Der Terminus *Grammatik* leitet sich etymologisch von der griechischen Bezeichnung für den Buchstaben (gramma) ab. Das macht plausibel, warum der Terminus ursprünglich dazu diente, die *Kunst* des Lesens und Schreibens zu bezeichnen. Ein *Grammatiker* (grammatikos) war derjenige, der sich durch die Beherrschung dieser Kunst in seinem Wissen und Denken vom Analphabeten unterschied. Obwohl diese Etymologie für das heutige Verständnis des Grammatikbegriffs natürlich keine normative Wirkung mehr haben kann, ist sie doch von mehr als nur antiquarisch-anekdotischer Bedeutung. Sie macht nämlich auf einen Faktor aufmerksam, der für jede Theorie der Grammatik von grundlegender Bedeutung ist, nämlich auf den Faktor *Schrift*.

Grammatische Reflexionen und grammatisches Wissen hängen nämlich genetisch und funktional auf dreierlei Weise unmittelbar mit dem schriftlichen Sprachgebrauch zusammen. Erstens *konserviert* die Schrift sprachliche Äußerungen aus früheren Zeiten bzw. aus anderen Situationszusammenhängen, wodurch die Kunst des Lesens notwendigerweise mit der Kunst des Verstehens von fremdartigen Sprachformen verbunden werden muß. Zweitens ermöglicht es erst die Schrift, die Sprache zu einem Beobachtungsgegenstand zu *verselbständigen*, der systematisch untersucht werden kann. Drittens führt die schriftliche Sprachverwendung zu der Entstehung einer grammatisch *normierten* Schriftsprache mit überregionalem Geltungsanspruch und autonomer

Sinnbildungskraft. Ausgelöst durch diese Implikationen des Schriftgebrauchs und verstärkt durch die Entstehung der Philosophie ergab sich dann in Griechenland eine neuartige Einstellung zur Sprache, die eine grammatische Theoriebildung auslöste, welche bis heute das abendländische Sprachdenken geprägt hat.

Die *Grammatik* wurde bei den Griechen ursprünglich als eine *Fertigkeit* oder *Kunst* (techne) betrieben, die den praktischen Zweck hatte, vor Mangel zu schützen und den Verstand zu schärfen.[3] Der Grammatiker wurde ein Spezialist, der die Aufgabe hatte, sich um das *sprachliche* und *sachliche* Verständnis der überlieferten Texte zu kümmern. Dazu mußte er sich historische und systematische Kenntnisse über die Sprache aneignen bzw. bilden, weil er sonst die kulturellen Vermittlungsfunktionen von Texten nicht befördern konnte. Als Bezeichnung für eine spezielle Fertigkeit verband sich deshalb mit dem Terminus *Grammatik* auch ein doppelter Sinn. Mit ihm konnte nämlich sowohl die Interpretation von Texten bezeichnet werden als auch das Inventar von Kenntnissen, das zur Ausübung dieser Kunst notwendig war. Im Kontext der Entfaltung der Rhetorik stellte sich dann bald außerdem noch die Frage nach der Wirksamkeit sprachlicher Formen.

Unter diesen Umständen überrascht es nicht, daß bei Dionysios Thrax, der im 2. Jh. v. Chr. das Sprachwissen seiner Zeit zusammenfaßte, mit *Grammatik* eine Wissenschaft bezeichnet wurde, die wir heute als *Philologie* bzw. als *Sprach- und Literaturwissenschaft* bezeichnen würden. Aufgabe der Grammatik war seiner Auffassung nach nämlich die *Textkritik* in einem umfassenden Sinne. Dem Grammatiker stellte Dionysios Thrax im einzelnen folgende Aufgaben: 1. Lesen des Textes in der richtigen Aussprache; 2. Erklärung von literarischen Figuren; 3. Bedeutungsanalyse schwieriger Wörter und Redewendungen; 4. Etymologische Worterklärungen; 5. Formenlehre; 6. Echtheitskritik und literarische Wertung.[4] Wenn Dionysios Thrax dem Grammatiker generell die Aufgaben eines Textwissenschaftlers überträgt, so müssen wir dabei allerdings berücksichtigen, daß in der Antike zwischen den deskriptiven und normativen Aufgaben der Textkritik methodisch noch nicht streng unterschieden worden ist.

Das umfassende Verständnis von *Grammatik* als *Textwissenschaft* ist in der ganzen Antike bis zu Augustin nicht verloren gegangen. Dennoch ist aber die Tendenz zu beobachten, den Umfang des Grammatikbegriffs auf die Bezeichnung des *sprachtheoretischen Wissens* einzuschränken und die Exegese und Bewertung von Texten mehr und mehr auszuklammern. Diese Tendenz scheint insbesondere mit den Stoikern einzusetzen und hat sich dann in römischer Zeit bei Varro und Quintilian immer mehr verstärkt.

Bedingt ist diese Einschränkung des Grammatikbegriffs auf das Gebiet der Sprachtheorie durch die intensive sprachtheoretische Forschung der Stoiker, die die *Sprachtheorie* zu einer eigenständigen philosophischen Disziplin gemacht haben. In der Stoa ist insbesondere eine differenzierte grammatische Terminologie entwickelt worden, die über Dionysios Thrax und Varro bis in die heutige Zeit tradiert worden ist. Besonders aufschlußreich ist in diesem Zusammenhang, daß die Stoiker die Grammatikforschung im Rahmen der *Logik* betrieben haben, die sie in einem umfassenden Sinne als Lehre vom menschlichen Verstande auffaßten und die neben der Physik und der Ethik als eine der drei großen Säulen der Philosophie betrachtet wurde.[5]

Bestimmend für die Grammatikreflexion scheint seit der Stoa bis in die römische Zeit hinein die Kontroverse zwischen den sogenannten *Analogisten* und *Anomalisten* gewesen zu sein. Diese Kontroverse, die im Prinzip methodologischer Natur war, hat sich äußerst stimulierend auf die Grammatikforschung ausgewirkt. Sie hat eine Parallele in der Jurisprudenz gehabt und hat möglicherweise sogar aus der Medizin auf die Grammatikforschung übergegriffen, in der schon früh ein Streit darüber entbrannt war, ob sie sich als empirische Erfahrungswissenschaft etablieren solle oder als logisch-deduktive Wissenschaft.[6]

Im Bereich der Grammatik gingen die *Analogisten* von der Prämisse aus, daß in der Sprache im Prinzip eine ähnliche Harmonie, Symmetrie und Logik herrsche wie in der Natur und daß sich deshalb der Reichtum der sprachlichen Erscheinungen auf Regeln, Normen und Systeme zurückführen lasse. Das *Analogieprinzip* war ihnen dabei nicht nur ein heuristisches Forschungs- und Erklärungsprinzip, sondern zugleich auch ein Rechtfertigungsgrund, normierend in die Sprache einzugreifen und beispielsweise die Beseitigung abweichender Formen in Flexionssystemen zu propagieren. Demgegenüber vertraten die *Anomalisten* den Standpunkt, daß es in der Sprache keine durchgehende *Ratio* gebe und daß es deshalb aussichtslos sei, logisch geschlossene Systemordnungen in der Sprache rekonstruieren zu wollen, weil Besonderheiten und Zufälligkeiten zur Natur der Sprache gehörten, weshalb man sie auch vor allem empirisch zu untersuchen habe.

Der Streit zwischen Analogisten und Anomalisten hat die Grammatikforschung deshalb so befruchtet, weil die Analogisten im Kampf gegen die Gegenbeispiele der Anomalisten ihre meist deduktiv konstruierten Systeme immer wieder revidieren und verbessern mußten, um den empirischen Beobachtungen theoretisch gerecht werden zu können. Ergebnis dieser Auseinandersetzung, die im 1. Jh. n. Chr. einschlief, war dann ein grammatisches Wissen, in dem als Erklärungs- und Beschreibungsprinzipien sowohl der Gesichtspunkt der *Systemordnung* (ratio) sein Recht bekam als auch der Gesichtspunkt der *Zufälligkeit* (consuetudo).[7]

Keine der beiden Schulen hatte gesiegt, weil beide ihre sprachtheoretischen Prinzipien so modifizieren mußten, daß die Kontroverse schließlich ihre Berechtigung verlor. Aus der Sicht des heutigen sprachtheoretischen Bewußtseins läßt sich sagen, daß die *Analogisten* lernen mußten, daß die grammatische Ordnung der Sprache ein historisch gewachsenes Gebilde ist, in dem Systemordnungen unterschiedlichen Typs und unterschiedlicher Zeiten ineinander verwachsen sind, und daß alle Versuche scheitern müssen, diese Ordnung als ein logisch kohärentes System darzustellen. Die *Anomalisten* mußten lernen, daß die grammatische Ordnung einer Sprache kein Konglomerat zufälliger Konventionen ist, sondern ein Strukturgebilde, das einem immanenten Zwang zur Systematisierung ausgesetzt ist, weil es sonst als Instrument nicht mehr überschaubar und handhabbar ist, und daß viele grammatische Widersprüchlichkeiten und Inkonsequenzen sich als solche von selbst auflösen, wenn man die Entwicklung der grammatischen Systemordnungen in seine Betrachtungen einbezieht. Was in einer *synchronen* Analyseperspektive als Anomalie erscheint, das kann sich in einer *diachronen* als ein historisch gebrochenes Analogiephänomen erweisen.

So facettenreich der antike Grammatikbegriff auch war, weil er hermeneutische, logische, funktionale und empirische Gesichtspunkte in sich vereinigte, evolutionäre Gesichtspunkte waren ihm noch fremd. Diese hat der Grammatikbegriff erst in der späten Neuzeit in sich aufgenommen.

2. Das Mittelalter

Im Hinblick auf das Mittelalter lassen sich vielleicht drei große Grammatikvorstellungen unterscheiden, die antike Traditionen fortführen und transformieren. Es handelt sich dabei um eine *vorscholastische* Grammatikkonzeption, die vor allem die Werke der spätrömischen Grammatiker Donatus (4. Jh.) und Priscian (6. Jh.) pflegt und ausgestaltet, um eine *scholastische* Grammatikkonzeption, die im Kontext der Aristotelesrezeption der Grammatik eine ontologische Orientierung zu geben versucht, und um eine *nominalistische* Grammatikkonzeption, die eine grundsätzliche Kritik an scholastischen Denkpositionen übt und die grammatische Reflexionen mit psychologischen Kategorien in Verbindung zu bringen trachtet.

Unabhängig von den verschiedenen inhaltlichen Ausgestaltungen des Grammatikbegriffs und den grammatischen Erkenntnisinteressen ist eine institutionelle Bedingung für den Einfluß der mittelalterlichen Grammatikkonzeptionen von außerordentlicher Wichtigkeit. Das Studium der Grammatik war ein, wenn nicht *der* zentrale Studieninhalt der sogenannten *Artistenfakultät*, die alle Studenten durchlaufen mußten, bevor sie zum Studium der Spezialwissenschaften (Theologie, Philosophie, Jurisprudenz, Medizin) zugelassen wurden. Die *Grammatik* gehörte zu den sieben *freien Künsten* (Trivium: Grammatik, Rhetorik, Dialektik; Quadrivium: Arithmetik, Geometrie, Astronomie, theoretische Musik), die nicht der unmittelbaren Berufsausbildung dienen sollten, sondern dem Erwerb eines allgemeinen Grundwissens und der allgemeinen Schärfung der Geisteskräfte. Da sich jeder Student obligatorisch mit Grammatik beschäftigen mußte, bekamen die hier entwickelten Fragestellungen und Denkinhalte zwangsläufig auch einen Einfluß auf die Denkperspektiven in den Einzelwissenschaften. Die inhaltliche Füllung des Grammatikstudiums und das mit diesem Studium verbundene Erkenntnisinteresse variierte allerdings sehr stark nach Zeit und Ort.

Bis zum Beginn des 12. Jh. wurde die Grammatik als Disziplin der Artistenfakultät mehr oder weniger als vorbereitende Wissenschaft für die literarische Kultur verstanden bzw. als *Schlüssel* zum Textverständnis. Man rezipierte und kommentierte die Werke von Donatus und Priscian, die das antike Wissen über die Sprache deskriptiv und normativ zusammengefaßt hatten, ohne dabei philosophische Interessen einzubeziehen. Der Hauptzweck des Grammatikstudiums bestand darin, die überlieferten Texte lesen und verstehen zu können und selbst adäquate Texte herstellen zu können. Kennzeichnend für diese Grammatikauffassung, die Grammatikkenntnisse anstrebte, um die lateinische Sprache aktiv und passiv besser zu beherrschen, ist die schon erwähnte allegorische Darstellung der *Grammatik* als betagte Greisin durch Martianus Capella, die mit Messer und Feile Sprachfehler chirurgisch behandelt. [8]

Diese traditionell und philologisch orientierte Grammatikkonzeption, die in Orléans und Chartres ihre Zentren hatte, wurde dann durch ein Grammatikkonzept aus der Artistenfakultät von Paris abgelöst, welches das grammatische Erkenntnisinteresse im Sinne eines Paradigmawechsels weitgehend umorientierte. Dabei traten Probleme in den Mittelpunkt der Aufmerksamkeit, die im 18. Jh. und 20. Jh. unter den Stichworten *philosophische Universalgrammatik* und *Metagrammatik* wieder zentrale Aufmerksamkeit auf sich gezogen haben.

Die Entwicklung der neuen, philosophisch orientierten Grammatikkonzeption im 13. Jh. steht im Zusammenhang mit der Rezeption der Originalschriften von Aristoteles und stellt den groß angelegten Versuch dar, dessen *Kategorienlehre* für die Sprachbetrachtung fruchtbar zu machen. [9] Es entstand die Idee einer *apriorischen* Grammatik, weil sich das Interesse von der Betrachtung konkreter sprachlicher Ordnungsformen insbesondere der lateinischen Sprache auf das Interesse für die *Prinzipien* und *Invarianten* von sprachlichen Ordnungsstrukturen überhaupt verschoben hatte. Die philologisch ausgerichtete Betrachtungsweise der Sprache wich einer philosophisch-spekulativen, in der die grammatischen Reflexionen insbesondere eine Neuorientierung an der Logik suchten. Der Inhalt des Terminus *Grammatik* wurde dadurch so verändert, daß er ungefähr dem entsprach, was wir heute mit den Termini *Sprachlogik* oder *Sprachphilosophie* bezeichnen würden. Aus der Grammatik als einer empirischen und normativen Hilfswissenschaft für den Umgang mit Texten (grammatica positiva) wurde auf diese Weise die *grammatica speculativa* (lat. speculum = Spiegel) als autonome Wissenschaft. Das Herzstück der *grammatica speculativa* als sprachkritischer Erkenntnistheorie war neben der sogenannten *Suppositionslehre* die sogenannte Lehre von den *modi significandi*.

Die *Suppositionslehre* [10] hatte die Aufgabe, den Sachbezug (suppositio) sprachlicher Zeichen zu untersuchen und zu klassifizieren. In der Unterscheidung von wörtlicher, ironischer, metaphorischer oder sprachbezogener Bedeutung nahm sie Problemstellungen vorweg, die in der sprachanalytischen Philosophie der Gegenwart eine zentrale Rolle spielen. Insbesondere die ganze Metaproblematik in der Sprache ist hier schon sehr differenziert thematisiert worden.

Die Lehre von den *modi significandi* als die Lehre von den Bedeutungsweisen und Bedeutungsformen sprachlicher Formen stellte sich die Aufgabe zu klären, wie sprachliche Ordnungsstrukturen mit logischen und ontologischen zusammenhängen und wie sie sich kategorial ordnen lassen. Daraus ergab sich dann die Notwendigkeit, das Grammatikproblem in umfassende metaphysische Konzepte zu integrieren. Die Lehre von den *Bedeutungsformen* sprachlicher Zeichen (modi significandi) mußte mit einer Lehre von den *Wahrnehmungsformen* (modi intelligendi) und *Seinsformen* (modi essendi) verbunden werden. Das Hauptziel der Anhänger dieser philosophischen Konzeption, der sogenannten *Modisten*, war dementsprechend die Entwicklung einer philosophischen *Universalgrammatik* als Hintergrundsgrammatik für alle speziellen grammatischen Aussagen. [11]

Diese *philosophische* Ausweitung des Grammatikbegriffs und der Grammatikreflexion hat der konkreten Grammatikforschung Vorteile und Nachteile zugleich gebracht. Einerseits befreite sie den Grammatikbegriff von der sterilen Reduktion auf eine reine Formenlehre und regte die Frage nach der immanenten *Semantik* grammatischer Formen an bzw. nach der *Relation* zwischen *Sprachformen, Wahrnehmungsformen* und *Seinsformen.* Andererseits implizierte diese Ausweitung des grammatischen Erkenntnisinteresses und die Suche nach invarianten universalen Ordnungsstrukturen in der Welt und in der Sprache aber auch die Gefahr, daß die grammatischen Untersuchungen ihre *empirische* Basis aus den Augen verloren und daß das Interesse für universale Ordnungsstrukturen in der Sprache blind machte für individuelle Ordnungsstrukturen. Diese Gefahr war um so bedeutsamer, weil Objekt und Medium der grammatischen Reflexionen im Mittelalter ohnehin eigentlich nur die lateinische Sprache war.

Insgesamt muß die *grammatica speculativa* eher als sprachlich orientierte *Erkenntnistheorie* und *Logik* angesehen werden denn als Theorie sprachlicher Ordnungsformen, weil sie als eine Fundamentalwissenschaft betrieben wurde, die allen Einzelwissenschaften vorgeschaltet war. Sie stellte den groß angelegten Versuch dar, sprachliche Regeln mit den Gesetzen des Denkens und der Natur der Dinge zu analogisieren bzw. daraus abzuleiten. Die Bemühungen um den Aufbau einer Universalgrammatik, in der geistige Strukturen auf ontische Strukturen bezogen werden sollten, mußten notwendigerweise die Basis der Grammatik *außerhalb* der Sprache bzw. der Sprachen ansetzen.

Bei der ontologischen Überhöhung und Überfrachtung des Grammatikbegriffs in der *grammatica speculativa* setzte dann auch die scharfe Kritik des *Nominalismus* ein, der die Prämissen dieses ganzen Ansatzes grundsätzlich in Zweifel zog. Im Kontext des sogenannten *Universalienstreites,* in dem es um den ontischen Realitätsgehalt von Allgemeinbegriffen (universalia) ging, verlor die Idee einer ontologisch zu fundierenden und zu rechtfertigenden Universalgrammatik immer mehr an Glaubwürdigkeit und Berechtigung.

Mit guten Gründen verwies Ockham unter Fortführung der Suppositionslehre auf die *instrumentellen* Motive bei der Begriffsbildung und sprachlichen Bedeutungskonstitution und verwarf die Lehre von der natürlichen *Kongruenz* von Seinsstrukturen und Sprachstrukturen[12]. Sprachliche Zeichen bzw. Begriffe würden vom Intellekt nach Bedarf (ad placitum) hergestellt. Von sprachlichen Formen könne nicht direkt auf Realitätsformen geschlossen werden und umgekehrt. Als Hilfsmittel der Realitätserfassung hätten sprachliche Bedeutungseinheiten höchstens Ähnlichkeiten mit Realitätseinheiten.

Im 14. Jh. polemisierte Aurifaber grundsätzlich gegen die Idee einer Universalgrammatik. Sprachliche Formen seien willkürliche Zeichen und die Sprache insgesamt sei nur ein pragmatisch und instrumentell motiviertes Etikettensystem, das je nach Bedarf verändert werden könne. Interessant seien nicht die *modi significandi* der Sprache, die keinen direkten Wirklichkeitsbezug hätten, sondern die *modi agendi* des Intellekts, die Operationsformen des Geistes, für die die sprachlichen Formen nur als Hilfsmittel fungierten.[13]

Es ist offensichtlich, daß auf der Basis dieser *nominalistischen* Anschauungen, die zugleich als Ursprünge des modernen philosophischen und wissenschaftlichen Denkens gelten können, die Idee einer ontisch legitimierten Universalgrammatik relativ sinnlos wurde, weil die prinzipielle Kongruenz zwischen Sprachformen und Realitätsformen in Frage gestellt worden war. Die Ziele, die sich die *grammatica speculativa* gesetzt hatte, wurden mehr und mehr als unlösbar angesehen, obwohl dieses Grammatikkonzept im Hinblick auf die Suppositionslehre sprachlogische Einsichten erbracht hatte, die erst im Lichte der modernen Logik recht zu würdigen sind. Die nominalistische Kritik schnitt der Grammatikforschung die *ontischen* Fundierungen und die *ontologischen* Legitimationen ab, aber sie eröffnete dafür Relationen zur *Psychologie*, die erst heute richtig konkretisiert werden. Sie relativierte das Konzept einer Universalgrammatik, aber ermutigte Tendenzen, Spezialgrammatiken für Einzelsprachen auszuarbeiten.

3. Die frühe Neuzeit

Zu Beginn der Neuzeit wurden die mit dem Grammatikbegriff verbundenen Erkenntnis- und Ordnungsinteressen immer vielfältiger und spezieller. Verschiedene Denkansätze liefen nebeneinander her, und von einem einheitlichen Grammatikparadigma kann schwerlich gesprochen werden. Die Individualisierung von Grammatikbegriffen wurde außerdem auch noch von sozialen und kulturellen Umwälzungen gefördert.

Die wachsende Bedeutung der Volkssprachen für die Literatur und Kultur, die beispielsweise von Dante nicht nur praktisch gefördert, sondern auch theoretisch gerechtfertigt wurde, sowie die Ausweitung der Schriftkultur über die Klöster hinaus führte dazu, daß das Latein bei sprachtheoretischen Überlegungen nicht mehr automatisch und selbstverständlich als Bezugssprache fungierte. Durch die Mystik verstärkte sich einerseits die kulturelle Bedeutung der Volkssprachen, andererseits aber auch die Sprachskepsis, weil nun die Sprache als ein Instrument erfahren wurde, das dem, was man ausdrücken wollte, nicht oder nur indirekt Ausdruck geben konnte. Durch den Humanismus kam es zu intensiven griechischen Sprachstudien, die die Verwendung neuer grammatischer Begriffe erforderlich machten. Außerdem wuchs das Bewußtsein für die Differenz zwischen dem selbst verwendeten Latein und dem Latein der klassischen Autoren. Die Entstehung von Nationalstaaten und die Ausweitung der Handelsbeziehungen machte es außerdem auch immer unausweichlicher, Fremdsprachen zu erlernen.

Im 16. Jh. erschienen dann eine Fülle von volkssprachlichen Grammatiken, die deskriptiv orientiert waren, weil sie das Erlernen fremder Sprachen erleichtern sollten. Diese Grammatiken bezogen sich keineswegs nur auf die europäischen Volkssprachen, sondern im Zusammenhang mit den Missionsanstrengungen auch auf exotische Sprachen Amerikas und Asiens. Durch diese Entwicklungen wurde die Trennung eines *sprachpraktisch* und *deskriptiv* orientierten Grammatikbegriffs von einem *philosophisch* orientierten immer unabweisbarer. Gleichzeitig wuchs das Bewußtsein dafür, daß grammatische Formen keine neutralen sprachlichen Ordnungsformen sind, sondern einen ganz speziellen kognitiven Gehalt haben.

Anfang des 17. Jh. beschäftigte sich Francis Bacon im Rahmen seiner *Idolenlehre* mit unterschiedlichen Typen von Vorurteilen. Dabei nahm er neben den Vorurteilen, die in der *Natur* des Menschen selbst angelegt sind (Idole der Gattung), den Vorurteilen, die aus der jeweiligen *Wahrnehmungssituation* resultieren (Idole der Höhle), den

Vorurteilen, die in philosophischen, wissenschaftlichen oder literarischen Lehren anzutreffen sind (Idole des Theaters), auch Bezug auf die Vorurteile der *Gesellschaft* (Idole des Marktes), die sich in der *Sprache* konkretisieren und den Verstand zu falschen Annahmen verleiten[14]. Die Idole des Marktes manifestieren sich für Bacon zwar weitgehend auf der Ebene der Lexik, aber der Schritt für die Ausweitung dieses Gedankens auf die Ebene der Grammatik ist für ihn nicht weit.

Im Hinblick auf grammatische Erkenntnisinteressen unterschied Bacon ganz konsequent zwischen einer *grammatica literaria*, die dem Erlernen und der besseren Beherrschung einer Sprache zu dienen hat, und einer *grammatica philosophica*, die das Verhältnis von Sprachstrukturen und Sachstrukturen zu untersuchen hat. Schon lange vor den sprachtypologischen Überlegungen des 19. Jh. stellte Bacon die Hypothese auf, daß der Formenreichtum der alten Sprachen an *Deklinations-, Konjugations-* und *Zeitformen* im Vergleich zu der Formenarmut der neueren Sprachen ein Hinweis auf eine schärfere und feinere Geistestätigkeit früherer Zeiten sei[15]. Mit der Unterscheidung von deskriptiven *philologischen* Einzelgrammatiken und erkenntniskritischen *philosophischen* Grammatiken löste Bacon die unmittelbare Verquickung von Grammatik und Ontologie in methodisch überzeugender Weise auf, die die scholastischen Grammatikreflexionen sowohl befruchtet als auch belastet hatten. Diese Unterscheidung war um so überzeugender, als er gleichzeitig noch die Idee einer allgemeinen *vergleichenden* Grammatik entwickelte, die die Gebrüder Schlegel dann im 19. Jh. konkret ausführten.

Neben diesen Neuansätzen in der Grammatikreflexion ist im 17. Jh. auch das scholastische Konzept einer ontologisch und logisch orientierten Universalgrammatik weiter verfolgt worden. Die Idee einer *philosophischen Universalsprache*, die geeignet sein sollte, der Philosophie und Wissenschaft die gleiche Präzision zu geben wie der Mathematik, hat das Zeitalter des Rationalismus von Descartes bis Leibniz fasziniert. Die Idee einer Universalsprache auf der Basis einer logischen *Universalgrammatik* war dabei nicht zuletzt von der Annahme inspiriert, daß der Mensch über angeborene Vernunftprinzipien verfüge, denen in einer solchen Sprache bzw. Grammatik Ausdruck zu geben sei.

Seinen klarsten Ausdruck fand das Programm einer rationalistischen Universalgrammatik in der *Grammatik* und *Logik*, die im Kloster Port Royal in der Nähe von Paris ausgearbeitet worden sind[16]. Hier ging man von der Annahme aus, daß die Sprache eine Ausdrucksform der menschlichen *Ratio* sei und daß man deshalb die Formen der Sprache und die Formen der Vernunft miteinander parallelisieren könne. Aus der Grammatik der griechischen, lateinischen und französischen Sprache glaubte man grammatische Ordnungskategorien ableiten zu können, die im Prinzip universale Geltung für alle Sprachen beanspruchen könnten, weil alle Menschen im Prinzip über die gleiche *Ratio* verfügten.

Die rationalistische Idee, daß sich hinter den sehr unterschiedlichen grammatischen Strukturen der Einzelsprachen eine angeborene Universalgrammatik verberge, hat die Philosophie und Sprachwissenschaft bis heute fasziniert und zu der Unterscheidung von *Tiefengrammatik* und *Oberflächengrammatik* geführt. Insbesondere Chomsky hat auf die Ideen der französischen Rationalisten des 17. Jh. zurückgegriffen, um seine

Version einer Universalgrammatik zu rechtfertigen und zu begründen[17]. Aber auch im Kontext biologisch orientierter Sprachtheorien ist dieser Denkansatz nicht folgenlos geblieben, insofern man die Hypothese aufstellte, daß zumindest bestimmte grammatische Ordnungsformen biologisch fundiert sein könnten, da sie sich als praktikabel bei der kognitiven Bewältigung der Welt herausgestellt hätten[18].

4. Das 19. und 20. Jahrhundert

Von einem einheitlichen Grammatikbegriff kann im 19. und 20. Jh. weniger denn je gesprochen werden, weil ganz unterschiedliche Grammatikkonzeptionen nebeneinander existieren und sich oft nur teilweise hinsichtlich ihrer Gegenstandskonstitutionen und Erkenntnisinteressen überschneiden. Obwohl einzelne Konzeptionen immer wieder die Dominanz einer Mode bekommen haben, ist es ganz unwahrscheinlich, daß die bisher historisch erarbeiteten Betrachtungsweisen für das Grammatikphänomen von einer einzigen Grammatikkonzeption verdrängt werden können. Realistischer ist es anzunehmen, daß es auch in Zukunft sowohl spezielle als auch umfassende Grammatikkonzeptionen geben wird, die in je unterschiedlicher Weise historische Traditionen der Grammatikforschung in sich aufnehmen.

Wenn wir insbesondere in der neueren Zeit mit dem Terminus *Grammatik* operieren, dann müssen wir uns immer bewußt sein, daß er mindestens auf *drei* ganz unterschiedliche Referenzebenen bezogen werden kann, die allerdings alle in Kontakt miteinander stehen. Erstens können wir mit *Grammatik* das Inventar aller morphologisch faßbaren grammatischen *Ordnungseinheiten* vom Morphem bis zum Text bezeichnen sowie die *Regeln* für die Kombination von Subeinheiten zu komplexeren Einheiten. Zweitens können wir mit *Grammatik* das System von *Aussagen* über die grammatischen Ordnungseinheiten und Kombinationsregeln bezeichnen. Drittens können wir mit *Grammatik* auch die *Bücher* bezeichnen, in denen grammatische Aussagen niedergelegt worden sind.

Der psychologische Grund dafür, daß wir den Terminus *Grammatik* auf drei ganz verschiedene Referenzebenen beziehen können, liegt offensichtlich darin, daß wir in unserem alltäglichen Denken großes Vertrauen darauf setzen, daß die wissenschaftlichen Aussagen über einen Gegenstandsbereich diesen auch kongruent abbilden und daß die Theorien in einer symmetrischen Relation zu den Sachverhalten stehen, auf die sie bezogen sind. Erst in metareflexiven Denkprozessen werden wir uns in der Regel der Tatsache bewußt, daß jede Wahrnehmung eines Sachverhaltes perspektivisch gebunden ist, was die vielfältigen Konkretisationsweisen des Phänomens *Grammatik* im 19. und 20. Jh. eindrucksvoll demonstrieren.

Zu den schon bekannten *ontologisch, logisch, rationalistisch* und *philologisch* orientierten Betrachtungsweisen der Grammatik gesellte sich am Anfang des 19. Jh. eine *historisch-genetisch* orientierte Grammatikkonzeption, die ein ganzes Jahrhundert großen Einfluß hatte. Angeregt durch Herders Frage nach der historischen Entwicklung der Sprachen und der romantischen Frage nach der geschichtlichen Individualität von Sprachen entwickelte sich in deutlicher Opposition zu normativen und rationalistischen Grammatikkonzeptionen eine neue, die historisch, genetisch und individualistisch ausgerichtet war.

Die Gebrüder Schlegel entwickelten die Idee und die Grundlagen einer *historisch-vergleichenden* Grammatik, die über die innere Struktur und Genealogie der einzelnen Sprachen ebenso Aufschluß geben sollte wie die vergleichende Anatomie über die Struktur und Genealogie der Lebewesen. Jacob Grimm bemühte sich um eine rein *deskriptive* Grammatik, in der die historische Entwicklung und Singularität grammatischer Ordnungsformen erfaßt werden sollten und in der ausdrücklich betont wurde, daß auch Anomalien und Mängel zur Natur der Sprache gehörten und neben den grammatischen Regeln ebenfalls ein Existenzrecht hätten[19]. Hermann Paul vertrat die Auffassung, daß die Sprache als Erzeugnis der Kultur nur geschichtlich betrachtet werden könne, daß alle sprachlichen Schöpfungen stets nur das Werk von Individuen seien und daß »*jede grammatische Kategorie*« sich »*auf Grundlage einer psychologischen*« erzeuge und deswegen als »*Erstarrung einer psychologischen*« anzusehen sei[20]. Zuweilen ging man sogar soweit, die Sprache als einen eigenständigen *Organismus* zu betrachten, der sich nach inneren Gesetzen fortentwickle, wobei man dann die Grammatik einer Sprache als einen Reflex solcher Entwicklungsgesetze ansah.

Neben, aber zum Teil auch verquickt mit den historisch-genetisch orientierten Grammatikkonzeptionen, gab es dann Perspektiven auf die Grammatik, die die *transzendentalen* Funktionen grammatischer Formen für das Denken in den Mittelpunkt ihres Interesses stellten. Diese Konzeptionen waren durch Hamann und die Romantiker angeregt worden und fanden bei Humboldt eine umfassende Ausgestaltung, die bis in das 20. Jh. nachgewirkt hat und weiter nachwirkt. Insbesondere in der *inhaltsbezogenen Grammatik* Weisgerbers und der sogenannten *Metalinguistik* ist diese Grammatikkonzeption dann fortgeführt worden.

Nach der Jahrhundertwende entstanden dann in deutlicher Opposition zu philosophisch und historisch-genetisch orientierten Grammatikauffassungen rein *systemorientierte* Grammatikkonzeptionen, für die der sprachwissenschaftliche Ansatz de Saussures das bekannteste Beispiel ist. Er hat kein genuines Interesse mehr an dem historischen Werden und dem kognitiven Gehalt grammatischer Formen, sondern an ihrem Systemzusammenhang und an ihrer sozialen Obligatorik. Aufschlußreich für sein Primärinteresse an grammatischen Systemordnungen ist die von ihm vorgenommene Parallelisierung der Regeln der Sprache mit denen des Schachspiels und seine Rede von der »*Grammatik des Schachspiels*«[21]. Die Idee, das Grammatikproblem von allen historischen und philosophischen Implikationen zu befreien und ausschließlich als Systemproblem zu untersuchen, hat dann die Sprachwissenschaft in ihren vielen strukturalistischen Ausprägungen nachhaltig geprägt.

Unabhängig von der Sprachwissenschaft ist das Grammatikproblem auch für die sogenannte *sprachanalytische Philosophie* im 20. Jh. aktuell geworden. Die Spannweite des Interesses an der Grammatik ist dabei entsprechend den unterschiedlichen Ausprägungen dieser philosophischen Denkrichtung sehr groß. Einerseits hat man durch *Sprach-* und *Grammatikkritik* versucht, die Philosophie als Wissenschaft auf eine sichere Grundlage zu stellen, indem man mehrdeutige und ungenaue grammatische Formen aus dem philosophisch-wissenschaftlichen Sprachgebrauch auszuschließen versuchte. Ja, man ging, wie etwa der frühe Carnap, sogar davon aus, daß viele philosophische Probleme eigentlich *Scheinprobleme* seien, die aus unzuverlässigen grammatischen Formen oder dem nachlässigen Gebrauch von grammatischen Formen resultierten[22]. Andererseits versuchte man insbesondere im Rahmen der *Philosophie der normalen Sprache*, mit philosophischen Analysen am natürlichen Sprachgebrauch anzusetzen, um zu klären, was man voraussetzt, meint und intendiert, wenn man bestimmte grammatische Formen benutzt. Diese Denkansätze haben dann sehr dazu beigetragen, unsere Sensibilität für die funktionale Vielfalt und Flexibilität grammatischer Formen zu erhöhen.

Wichtige Impulse für das Verständnis des Grammatikphänomens sind im 20. Jh. auch von der Psychologie ausgegangen. Insbesondere die *kognitive Psychologie* hat herausgearbeitet, welche wichtige Rolle grammatische Strukturordnungen für die Gestalt und den Verlauf kognitiver Operationen haben, welch dominierende Rolle Denk- und Sprachschemata in Informationsverarbeitungsprozessen haben, wie sich durch grammatische Formen die Aufmerksamkeit lenken und konzentrieren läßt und wie das in grammatischen Formen manifestierte Alltagswissen mit dem Wissen verbunden ist, das in anderen Formen niedergelegt ist. Nicht zuletzt hat auch die Spracherwerbsforschung wichtige Aufschlüsse über die Dimensionen des Grammatikproblems erbracht.

In der Sprachwissenschaft der Gegenwart kreuzen sich viele Traditionslinien, so daß ein einheitlicher Grammatikbegriff in weite Ferne gerückt ist. Dennoch läßt sich in den unterschiedlichen sprachwissenschaftlichen Ansätzen eine gewisse Konvergenz beobachten, die meist als *pragmatische Wende* bezeichnet wird. Sie ist dadurch gekennzeichnet, daß von rein systemorientierten, strukturalistischen und morphologischen Sprachbetrachtungsweisen abgegangen worden ist und eine Betrachtungsweise favorisiert wird, die nach den pragmatischen Funktionen von Sprache bzw. sprachlichen Formen fragt. Dadurch hat sich in Form der *Textlinguistik* auch wieder eine Annäherung der Grammatikforschung an die Literaturwissenschaft und insbesondere an die Stilistik ergeben.

Für die Grammatikforschung impliziert diese Abkehr von rein systembezogenen Betrachtungsweisen und die Zuwendung zu pragmatisch orientierten Fragestellungen eine große Ausweitung des Betrachtungsspektrums und die Notwendigkeit, die Arbeitsergebnisse von Nachbarwissenschaften in die eigenen Überlegungen einzubeziehen. Zu diesen Nachbarwissenschaften gehören dann nicht nur traditionelle Nachbarwissenschaften wie *Philologie, Philosophie, Logik* und *Geschichte*, sondern auch neuere Wissenschaften wie *Soziologie, Psychologie, Handlungstheorie, Systemtheorie* oder *Biologie*. Durch diese Ausweitung des Wahrnehmungs- und Interessensspektrums läßt sich zwar die recht sterile rein formale Betrachtung des Grammatikproblems überwinden, aber gleichzeitig wird es auch unmöglich, den Grammatikbegriff nach Umfang und Inhalt einigermaßen befriedigend festzulegen, weil die Grammatik nun mit nahezu *allem* in Verbindung gebracht werden kann, was irgendwie als Kulturphänomen zu betrachten ist.

Um dennoch die nachfolgenden Untersuchungen bei aller Vielfalt durch ein bestimmtes Grundkonzept zusammenzuhalten, wird Hilfe bei der *Semiotik* gesucht. Als allgemeine Zeichenlehre stellt die Semiotik nämlich so etwas wie eine *Metawissenschaft* für alle Kulturwissenschaften dar, weil sie Aufschluß über die Prinzipien gibt, nach denen in einer Kultur Sinn konstituiert und vermittelt werden kann. Mit Hilfe der Semiotik soll das ganze Grammatikproblem so transformiert werden, daß es sich als *Zeichenproblem* darstellt und daß die Frage nach der Grammatik gleichbedeutend ist mit der Frage nach der Form und Funktion grammatischer Zeichen.

Dieser kurze Abriß der Geschichte des Grammatikbegriffs hat hoffentlich sowohl deutlich gemacht, daß es sich lohnt, das Grammatikproblem philosophisch zu betrachten, als auch gezeigt, daß jede Konstitution des Phänomens *Grammatik* durch die jeweils aktuellen philosophischen Denkansätze eingefärbt wird. Auch der hier beabsichtigte Untersuchungs- und Darstellungsansatz bestätigt durchaus die These Meillets, daß jedes Jahrhundert die Grammatik seiner Philosophie hat *(Chaque siècle a la grammaire de sa philosophie).* [23]

III

Phänomenologie und Grammatik

Den konkreten Überlegungen zur semiotischen Transformation des Grammatikproblems soll ein Kapitel über den Zusammenhang von Phänomenologie und Grammatik vorausgeschickt werden, das eine doppelte Brückenfunktion zu erfüllen hat. Einerseits ist es dazu bestimmt, von den historischen zu den systematischen Betrachtungsweisen überzuleiten und zu verdeutlichen, daß beide Betrachtungsweisen keine Gegensätze darstellen, sondern sich ergänzende und ineinander integrierbare Sichtweisen. Andererseits ist es dazu bestimmt, den Stellenwert und die Struktur des hier gewählten Untersuchungsansatzes in einem umfassenden Sinne zu erläutern und zu rechtfertigen, weil dieser Ansatz phänomenologischen Verfahrensweisen sehr verpflichtet ist.

Phänomenologie und Semiotik lassen sich sehr gut miteinander verbinden, da beide Denkansätze die starre kategoriale Trennung von *Objektsphäre* auf der einen und *Subjektsphäre* auf der anderen Seite für unangemessen und unfruchtbar halten und statt dessen davon ausgehen, daß gerade aus der Analyse des *Interaktionszusammenhangs* zwischen beiden Sphären die wertvollsten Einsichten zu gewinnen sind. Beide Denkschulen gehen davon aus, daß Objekte dann am besten erfaßt werden können, wenn man die Korrelationszusammenhänge aufzudecken versucht, in denen sie stehen oder in die sie gebracht werden können. Die Einbeziehung der Phänomenologie in die hier thematisierten Zusammenhänge läßt sich deshalb sowohl methodologisch als auch methodisch rechtfertigen. Dabei haben drei Rechtfertigungsgründe ein besonderes Gewicht.

Erstens lassen sich mit Hilfe der Phänomenologie die Zielsetzungen, Strukturformen und Prämissen des hier gewählten methodischen Verfahrens präzisieren, weil uns die Phänomenologie als Erscheinungslehre Aufschluß darüber zu geben vermag, auf welche *Weise* uns Objekte als Wahrnehmungsphänomene bewußtseinsmäßig präsent werden bzw. wie wir sie uns bewußtseinsmäßig präsent machen können. Insbesondere ist in diesem Zusammenhang das Spannungsverhältnis zwischen alltäglicher und methodisch organisierter wissenschaftlicher Erfahrung von den Dingen von großem Interesse. Die Phänomenologie fungiert so gesehen gleichsam als eine methodologische Metawissenschaft für alle konkret praktizierten methodischen Untersuchungsverfahren.

Zweitens läßt sich die Phänomenologie in einem ganz spezifischen Sinne als eine Metawissenschaft zur Semiotik verstehen, weil sie sich mit der Struktur von Wahrnehmungsprozessen beschäftigt, deren Inhalte wir uns durch *Zeichen* der unterschiedlichsten Art zu konkretisieren und zu stabilisieren versuchen. Das bedeutet, daß die Phänomenologie sich sowohl mit dem zu beschäftigen hat, was konkreten Zeichenbildungen immer schon vorausgeht, als auch mit dem, was Zeichenbildungen beeinflußt und was zu einem nicht geringen Teil wiederum Zeichen sind.

Drittens kann die Phänomenologie uns dabei helfen, Aufschluß darüber zu bekommen, welche Aspekte der Grammatik elementar und welche weniger elementar sind bzw. welche in alltäglichen Lebensbezügen faßbar werden und welche nur in methodisch organisierten Analysestrategien. Mit Hilfe der Phänomenologie können wir uns Rechenschaft darüber ablegen, welche hilfreichen und welche verstellenden *Vorurteile* wir immer schon haben, wenn wir uns mit dem Grammatikphänomen beschäftigen, bzw. was wir in bestimmten Denkperspektiven von der Grammatik wahrnehmen und was nicht.

1. Die Zielsetzungen der Phänomenologie

Der Terminus *Phänomenologie* hat in der Philosophie seit der Aufklärung eine wichtige Rolle gespielt, obwohl sein begrifflicher Gehalt keineswegs als klar und stabil anzusehen ist. Hier soll vor allem die Spielart der Phänomenologie in den Mittelpunkt der Aufmerksamkeit gerückt werden, die von Husserl und Heidegger ausgearbeitet worden ist und die als *Methodenlehre* zu verstehen ist. Nach diesem Verständnis hat sich die Phänomenologie im Prinzip nicht mit dem *Was* der Gegenstände zu beschäftigen, sondern mit ihrem *Wie*, d.h. mit den Formen und Verfahren, in denen wir Zugang zu der Welt der Objekte finden. Heidegger sieht deshalb auch ganz konsequent phänomenologische Untersuchungen als Beiträge zu einer *Hermeneutik des Daseins* an bzw. als adäquate Zugangsarten zu dem, was traditionell Thema der Ontologie war oder werden soll. Ontologie ist nach Heidegger *»nur als Phänomenologie möglich«*, weil die möglichen Gegenstände unserer Wahrnehmung uns eigentlich nur in verdeckten, verstellten, gebrochenen, verschütteten oder erst noch zu entwickelnden Formen zugänglich sind und deshalb als eigentliche Phänomene erst noch freigelegt werden müssen.[1]

Die von Husserl und Heidegger ausgearbeiteten phänomenologischen Analyseprinzipien fanden von der Philosophie her rasch Eingang in die Kulturwissenschaften. Das ist auch nicht verwunderlich, weil die Kulturwissenschaften als verstehende Wissenschaften sich immer wieder vor das Problem gestellt sahen zu klären, auf welche Weise sich komplexe Sachverhalte in unserem Bewußtsein zu Phänomenen konkretisieren und wie sich die Beziehungen enthüllen lassen, in die sie eingebettet sind bzw. in denen wir zu ihnen stehen oder stehen können. Folgende Aspekte der Phänomenologie als Methodenlehre sind für die hier thematisierten Probleme von besonderem Interesse.

Obwohl die Phänomenologie im Prinzip eine Erscheinungswissenschaft und keine Seinswissenschaft ist, haben phänomenologische Analysen dennoch ein doppeltes Gesicht bzw. sind durch eine unaufhebbare innere Spannung gekennzeichnet. Einerseits sind sie auf eine *Gegenstandserkenntnis* ausgerichtet, d.h. auf die Freilegung der in den Gegenständen vorhandenen Ordnungsstrukturen. Andererseits sind sie aber auch auf eine *Wahrnehmungserkenntnis* ausgerichtet, d.h. auf die Freilegung der tatsächlichen oder möglichen Wahrnehmungsweisen, mit deren Hilfe die jeweiligen Gegenstände von den jeweiligen Wahrnehmungssubjekten erfaßt werden können.

Unter diesen Umständen ist die sogenannte *phänomenologische Wesensschau* mit
ihrer Maxime – *zu den Sachen selbst* – nicht so zu verstehen, daß die reale oder ideelle
ontische Substanz der Dinge freigelegt werden soll, sondern nur so, daß durch phänomenologische Analysen die Verschleierung, Verstelltheit oder Verschüttung von Gegenständen thematisiert bzw. aufgehoben werden soll, um die Dinge in ihrem reinen
Grundtypus und ihren elementaren Eigenschaften kennenzulernen. Deshalb ist die
Phänomenologie auch auf eine genuine Weise *typologisch* orientiert. Um den reinen
Grundtypus der Dinge herauszuarbeiten, wird das Verfahren der *Einklammerung* bzw.
der *Reduktion* angewendet, eine Methode, die dem cartesianischen Prinzip des Zwei-
felns verpflichtet ist. Dieses Verfahren ist unabdingbar, weil wir eine natürliche Neigung haben, die unmittelbare Wahrnehmung von Dingen schon für gültig zu halten,
Wünsche und Vormeinungen auf die Gegenstände unserer Erfahrung zu projizieren
und unseren Wahrnehmungsgegenständen Merkmale zuzuschreiben, die ihnen selbst
gar nicht zukommen, sondern nur den Wahrnehmungsweisen, in denen wir sie erfassen.

Die phänomenologischen *Reduktionen* können unterschiedlich ansetzen und unterschiedliche Ziele verfolgen. Sie können von allen Merkmalen absehen, die ein Gegenstand aufgrund seiner individuellen empirischen und historischen Existenzweise hat,
aber die für den jeweiligen Typus unerheblich sind. Sie können alle Merkmale ausklammern, die einem Gegenstand aufgrund der jeweiligen subjektiven Sichtweise zugeschrieben werden. Sie können alle Merkmale eliminieren, die einem Gegenstand traditionell zugeordnet werden, ohne ihm wirklich zuzukommen. Insgesamt sind die Reduktionen dazu bestimmt, den Typus, der sich in Erfahrungsgegenständen
repräsentiert, so klar herauszupräparieren, daß wir in ähnlicher Weise über ihn Aussagen machen können, wie der Mathematiker Aussagen über ideale geometrische Formen machen kann, die er sich aus den empirisch gegebenen Formen herausabstrahiert
hat. Die phänomenologische *Wesensschau* will nicht den platonischen Ideenrealismus
wieder beleben, sondern durch die Reduktionsverfahren die Gemeinsamkeit ähnlicher
Gegenstände herausarbeiten, um auf diese Weise den Atomismus des Empirismus zu
überwinden. Phänomenologische Reduktionen sind so gesehen Abschälungsvorgänge,
in denen der konstitutive Kern von Phänomenen von allem Randständigen befreit
werden soll.

Zu Recht ist heute die Skepsis darüber gestiegen, ob wir durch Reduktionsverfahren
die Gegenstände des Denkens wirklich von allen sachfremden Ummantelungen und
Trübungen befreien können, so daß ihr *Typus* rein im Bewußtsein hervorzutreten
vermag. Die Skepsis richtet sich dabei sowohl auf die Durchführbarkeit eines solchen
Programms als auch auf den potentiellen Erkenntnisgewinn eines solchen Vorhabens.

Fortentwicklungen des ursprünglichen Denkansatzes von Husserl, die sich bei Heidegger schon andeuteten, akzentuieren deshalb stärker die *hermeneutischen* und *operativen* Zielsetzungen der phänomenologischen Analysen. Sie nehmen den Einwand
sehr ernst, daß alle unsere Erkenntnisakte mit pragmatischen Motiven durchsetzt sind,
daß wir unsere Erkenntnisgegenstände immer nur in der Abschattung durch eine
bestimmte Wahrnehmungsweise erfassen können und daß sich deshalb nicht der wirkliche Kern der Phänomene freilegen läßt, sondern nur lebensweltlich elementare und

weniger elementare Aspekte des jeweiligen Gegenstandes. Daraus wird dann der Schluß gezogen, daß es der Phänomenologie eigentlich nicht darum gehen könne, die Perspektivität und Abschattung von Wahrnehmungen zu beseitigen, sondern eher darum, die *Horizontgebundenheit* unserer Wahrnehmungen in reflexiven Akten zu identifizieren und zu kontrollieren, wodurch die Phänomenologie dann in einen engen Kontakt zur Hermeneutik kommt.

Rombach kommt im Zusammenhang mit Überlegungen von Merlcau-Ponty sogar zu dem Schluß, daß die Perspektivität eine Vorbedingung des Realismus sei[2]. Gegenstände seien uns immer nur in perspektivischer Weise gegeben. Je allgemeiner eine Perspektive werde, desto abstrakter und leerer würden die in ihr erfaßbaren Gegenstände. Umgekehrt führe die Einschränkung der Perspektive zu einer größeren Wahrnehmungskonzentration und damit zu einer größeren Realitätsdichte, so daß oft erst durch den Entzug von bestimmten Wahrnehmungsmöglichkeiten etwas wahrnehmbar werde, was vorher nicht wahrnehmbar war.

Mehr und mehr hat sich das Interesse der Phänomenologie inzwischen darauf konzentriert herauszuarbeiten, in welchen Formen wir überhaupt Erfahrungen von Gegenständen machen können und wie sich die unterschiedlichen Erfahrungsformen in einen konstruktiven Zusammenhang bringen lassen. Dabei spielt dann insbesondere die Spannung zwischen vorwissenschaftlichen und wissenschaftlichen Erfahrungsformen eine wichtige Rolle sowie die Frage nach den fundamentalen und den abgeleiteten Kategorien, mit denen wir Erkenntnisse erzeugen und ordnen können. Diese Entwicklung der Phänomenologie war schon dadurch angelegt worden, daß Husserl und Heidegger besonderen Wert darauf legten, die allgemeine *Lebenswelt* zum Ausgangspunkt phänomenologischer Analysen zu machen und elementare Grunderfahrungen aus der Alltagswelt nicht einfach als trivial zu überspringen. Heute kann deshalb die Phänomenologie weitgehend als *Aprioriforschung* oder *Horizontforschung* angesehen werden.

Als Horizontforschung ist die Phänomenologie durch eine unaufhebbare innere Dynamik geprägt, die der natürlichen Neigung aller Erkenntnisprozesse nach statischer Objektivierung ihrer Gegenstände und nach abschließenden Sachaussagen entgegenwirkt. Das Eigentümliche eines Horizontes ist es nämlich, daß er zwar eine notwendige Vorbedingung ist, um einen Gegenstand zu lokalisieren, daß er sich im Erkenntnisprozeß selbst aber ständig transformiert bzw. auf unseren Erkenntniswegen mitwandert und immer wieder ein anderer ist.[3] Die Horizontforschung für spezifische Erkenntnisgegenstände wird deshalb im Prinzip unabschließbar, weil jede Präzisierung von Erkenntnisinhalten in einem bestimmten Wahrnehmungshorizont notwendigerweise neue Horizonte eröffnet. Horizontkonkretisation, Horizontpräzisierung und Horizonttransformation sind deshalb in der Phänomenologie unausweichlich aneinander gebunden. Der jeweilige *Horizont* bildet immer eine natürliche Grenze für eine spezifische Wahrnehmung, aber als Grenze hat er immer auch die natürliche Doppelfunktion von *Abgrenzung* und *Übergang*.

Obwohl sich in der Phänomenologie das ursprünglich angestrebte Ziel, die Gegenstände und die Erfassungsweisen für Gegenstände klar zu unterscheiden, nicht rein realisieren ließ, hat sich das phänomenologische Forschungskonzept insbesondere für die Kulturwissenschaften doch als sehr fruchtbar erwiesen. Die Phänomenologie hat geholfen, vermeintlich längst zureichend erfaßte Gegenstände in neuen Perspektiven und Horizonten auch neu wahrzunehmen. Sie hat uns dafür sensibilisiert, daß *Wahrnehmen* und *Handeln* in einem gegenseitigen Bedingungszusammenhang stehen, weil in Handlungsprozessen Wahrnehmungsperspektiven auf Gegenstände eröffnet werden, die jeder kontemplativen Betrachtung verschlossen bleiben.

Heidegger hat in überzeugenden Analysen gezeigt, daß unser elementarer Wahrnehmungshorizont für Gegenstände handlungsorientiert ist.[4] Ursprünglich und vorwissenschaftlich nähmen wir die Dinge immer in ihrer »*Zeugstruktur*« wahr, d.h. in ihrer Dienlichkeit und Verwendbarkeit. Wir lernten sie immer in ihrer »*Zuhandenheit*« kennen bzw. im praktischen Handeln und nicht in ihrer »*Vorhandenheit*« bzw. im theoretischen Betrachten. Die rein theoretische und vom praktischen Umgang abgelöste Betrachtung der Dinge sei ein spätes Produkt abstraktiver Anstrengung. Sie berge die Gefahr, die elementaren Gegebenheitsweisen der Dinge zu verfehlen und sie nur noch zu »*begaffen*«, wenn auch auf eine hochkultivierte und methodisch abgesicherte Weise. Die pragmatische, handlungsorientierte Wahrnehmungsweise der Dinge sei nicht atheoretisch im Sinne einer Horizontlosigkeit, sondern im Gegenteil ein eigenständiger Verstehensrahmen von elementarer Qualität, den keine phänomenologische Analyse überspringen dürfe.

Vorwissenschaftliche, meist pragmatisch und sinnlich fundierte Wahrnehmungsweisen von Sachverhalten, und wissenschaftliche, meist theoretisch und abstraktiv fundierte Wahrnehmungsweisen, können ganz unterschiedliche Vorstellungsformen von denselben Sachverhalten schaffen. Wenn wir im praktischen Leben vom *Licht* sprechen, dann beziehen wir uns auf ein Phänomen, das wir mit unseren Augen sinnlich wahrnehmen können und das wir in unendlich verschiedenen Abstufungen und Funktionen kennengelernt haben. Wenn wir in der Physik vom *Licht* als einer Form von elektromagnetischen Wellen oder von Quanten sprechen, dann haben wir uns einen Wahrnehmungshorizont für Licht geschaffen, der mit dem des praktischen Lebens und dem der Wahrnehmungsmöglichkeiten der Augen nahezu nichts mehr gemeinsam hat. Die beiden Wahrnehmungsweisen von Licht sind nicht gegeneinander aufrechenbar oder in ihrem Wahrheitsgehalt zu stufen, weil sie völlig *verschiedenen* Wahrnehmungshorizonten angehören, die beide ihr Recht haben, obwohl sie ganz unterschiedliche Erfahrungsinhalte für den gleichen Sachbereich ermöglichen. Die wissenschaftliche Erfahrung des Lichts als elektromagnetischer Welle oder als Quantenphänomen ist dabei allerdings so, daß sie im Prinzip auch von einem Blinden gemacht werden kann. Dagegen ist die lebensweltliche Erfahrung des Lichts gerade so, daß sie einem Blinden immer verschlossen bleibt.

Ähnlich wie wir vom Licht vortheoretische und theoretische Erfahrungen haben können, so auch im Hinblick auf die Grammatik. Der alltägliche aktive und passive Sprachgebrauch schafft uns einen ganz spezifischen Verstehens- und Wahrnehmungsrahmen für das Phänomen *Grammatik*, der sich erheblich von dem unterscheidet, den bestimmte Grammatiktheorien eröffnen. Die lebensweltliche Erfahrung der Grammatik unterscheidet sich sicher genauso massiv von der Erfahrung der Grammatik, die wir beispielsweise im Rahmen der generativen Transformationsgrammatik von ihr machen können, wie sich die lebensweltliche Erfahrung des Lichts von der unterscheidet, die wir beispielsweise im Rahmen der elektromagnetischen Wellentheorie von ihm machen können. Ebenso wie ein Blinder im Rahmen der Wellentheorie ein Wissen über das Licht erwerben kann, ohne es jemals gesehen zu haben, so kann man auch im Rahmen der generativen Transformationsgrammatik ein grammatisches Wissen über eine Sprache erwerben, ohne jemals grammatische Formen dieser Sprache für kommunikative Zwecke verwendet zu haben.

Diese Hinweise haben vielleicht verdeutlicht, daß wir Wissen immer nur in ganz bestimmten *Erfahrungshorizonten* machen und konkretisieren können, wobei diesen Erfahrungshorizonten hinsichtlich ihres Zusammenhangs mit unserer elementaren Lebenswelt ein ganz unterschiedlicher Status, ja Rang zukommen kann. Die philosophische Erfassung eines Sachverhaltes wie etwa dem der Grammatik kann sich nicht auf die elementaren, lebensweltlich unmittelbar relevanten Wahrnehmungsweisen beschränken, weil sich sonst unser Wissen von den Dingen nicht wirklich ausweiten würde. Sie darf die elementaren Wahrnehmungsweisen aber auch nicht so überspringen, wie es die Wissenschaften zuweilen machen, weil sonst das philosophische Wissen nicht nur seine Lebensbezüge verlöre, sondern auch seine regulativen Funktionen für die Fachwissenschaften.

Phänomenologisch gesehen bedeutet das zweierlei. Einerseits muß die Philosophie der Grammatik theoretische Konstrukte entwickeln, um in diesen Wahrnehmungshorizonten etwas wahrnehmbar zu machen, was sonst nicht oder nur vage wahrnehmbar ist. Andererseits muß die Philosophie der Grammatik sich bemühen, solche Wahrnehmungshorizonte für die Grammatik zu schaffen, die unseren elementaren praktischen und geistigen Bedürfnissen gerecht werden und die an die lebensweltlichen Erfahrungen mit der Grammatik und der Sprache anknüpfen. Dadurch gerät die Philosophie der Grammatik sowohl in ein *Kooperations-* als auch in ein *Spannungsverhältnis* zu der Sprachwissenschaft als der zuständigen Fachwissenschaft für die Grammatik.

Eine phänomenologisch orientierte Philosophie der Grammatik muß methodisch bei unseren alltäglichen Erfahrungsformen von Grammatik ansetzen und diese zu präzisieren versuchen. Sie muß danach streben, unser komplexes praktisches Wissen theoretisch zu kategorisieren und perspektivisch zu konkretisieren. Damit tritt die Philosophie der Grammatik in einen hermeneutischen Zirkel ein, bei dem das praktische Wissen von der Grammatik gleichsam als ein Urhorizont für alles weitere Verstehen fungiert. Dieser Urhorizont für präzisierende Verstehensakte läßt sich auch durch die Termini *Intuition* und *Evidenz* bezeichnen, die in der Phänomenologie eine wichtige Rolle spielen.

Das *intuitive* und *evidente* Wissen läßt sich weder durch logische Schlußverfahren erarbeiten noch in solchen verwenden. Aber es ist auch nicht mystisch oder zufällig, sondern es stellt eine Form der Erkenntnis dar, die aus unserem praktischen Umgang mit den Dingen resultiert und die so komplex ist, daß sie kaum auf den Begriff zu bringen ist. Diese Wissensformen können uns täuschen, aber ohne sie kommt kein Verstehensprozeß aus, weil er nie an einem Nullpunkt einsetzen kann, sondern immer schon auf ein Vorverständnis der jeweiligen Sache angewiesen ist. Deduktionen können ohne Intuitionen und Evidenzen auskommen, Interpretationen dagegen nie.

Intuitionen und Evidenzen resultieren nicht nur aus dem praktischen lebensweltlichen Wissen, sondern sind Gegebenheiten, die in allen komplexen Denkzusammenhängen anzutreffen sind. Durch den Wechsel von Denkhorizonten können sich Evidenzen durchaus auflösen, aber eigentlich nur so, daß gleichzeitig wieder neue entstehen. Wenn hier die Grammatik in sehr verschiedenen Denkhorizonten untersucht wird, die alle eine unterschiedliche Nähe zur allgemeinen Lebenswelt des praktischen Sprachgebrauchs aufweisen, dann ergeben sich auch ganz unterschiedliche Typen von Evidenzen, von denen die Argumentation auszugehen hat bzw. durch die sie gesteuert wird.

2. Die Grammatik als phänomenologisches Analyseproblem

Wenn man mit dem Terminus *Grammatik* Ordnungsformen der Sprache bezeichnet, nach denen sich sprachliche Einheiten kategorial ordnen lassen und durch die sich aus einfachen Einheiten komplexere Einheiten herstellen lassen, dann ergeben sich für die phänomenologische Analyse des Grammatikproblems etwas andere Probleme als für die sprachwissenschaftliche. Die Phänomenologie muß noch *hinter* die Fragestellungen der Sprachwissenschaft zurückgehen, um gerade das in den Blick zu bekommen, was die Sprachwissenschaft immer schon übersprungen hat oder was ihr trivial erscheint. Nur dann kann sie verdeutlichen, welchen Stellenwert sprachwissenschaftliche Aussagen zur Grammatik haben. Was uns üblicherweise als selbstverständlich und trivial erscheint, ist es meist gar nicht, sondern wirkt nur deshalb so auf uns, weil wir uns an bestimmte Wahrnehmungsperspektiven so gewöhnt haben, daß wir sie nicht als konstituiert, sondern als naturgegeben betrachten.

Zunächst ist festzustellen, daß im Kontext der alltäglichen Lebenswelt weder die Sprache im allgemeinen noch die Grammatik im besonderen ein Wahrnehmungsgegenstand für uns ist. Wenn wir als Sprecher oder Hörer Sprache verwenden, dann sind wir bewußtseinsmäßig immer bei den jeweils intendierten Gegenständen, aber nicht bei dem *Medium*, mit dem wir uns diese Gegenstände vergegenwärtigen. Die Sprache hat für uns auf einer elementaren Bewußtseinsebene keinen Zeichencharakter, weil die Differenz zwischen Zeichen und Sache erst auf einer höheren Bewußtseinsebene als Ergebnis einer besonderen Reflexionsanstrengung faßbar wird. Dieser Tatbestand dokumentiert sich auch sehr deutlich in der Schriftentwicklung. Bei der Entwicklung der Schrift waren alle Zeichen zunächst Zeichen für Sachen und nicht Zeichen für Wörter als Lautgestalten.

Die Elemente und Formen der Sprache lernen wir im natürlichen Spracherwerb so kennen, daß wir praktisch mit ihnen umgehen können, aber nicht so, daß wir theoretisch Aussagen über sie machen können. Da der Gebrauch der Sprache kein gegenständliches Wissen von ihr voraussetzt, sondern nur ein intuitives Wissen, kann sich unser Sprachvermögen durchaus im Modus der *Selbstvergessenheit* entfalten. In der natürlichen Spracheinstellung fallen Sprache und Sache bewußtseinsmäßig zusammen.

Als ein von der Sachwelt abhebbarer Gegenstand des Wissens und der Erkenntnis tritt die *Sprache* erst dann ins explizite Bewußtsein, wenn Situationen der Ausdrucksnot oder des Nicht-Verstehens entstehen. In solchen Situationen kommt es zur Rückwendung des Denkens (Reflexion) von der Welt der Gegenstände auf die Welt der Mittel zur Repräsentation der Gegenstände. Die gegenstandsorientierte Bewußtseinsebene 1. Ordnung (intentio recta) wird in einer reflexiven Rückwendung des Denkens zu einer Bewußtseinsebene 2. Ordnung (intentio obliqua), d.h. zu einem eigenen Denkgegenstand. Nur wenn die Sprache nicht mehr reibungslos funktioniert, werden wir angeregt, unser Interesse von der Welt der Sachen auf die Welt der Sprache umzuorientieren.

Die Situationen, in denen die Sprache als eigenständiger Gegenstandsbereich in Erscheinung tritt, sind keineswegs immer solche, in denen auch die Grammatik als eigenständiger Problembereich wahrnehmbar wird. Abgesehen von der Sondersituation des Spracherwerbs richten sich die reflexiven Bewußtseinsakte, in denen die Sprache zum Thema wird, erst einmal auf die *lexikalische* und nicht auf die *grammatische* Ebene der Sprache. In sprachlichen Problemsituationen geht es in der Regel um die richtige Wahl von lexikalischen Einheiten. Die Struktur und Funktion der grammatischen Ebene der Sprache ist reflexiven Akten offenbar sehr viel schwieriger zugänglich als die lexikalische Ebene. Grammatische Formen scheinen für uns von so grundlegender Bedeutung zu sein, daß sie uns normalerweise als Naturgegebenheiten vorkommen, über deren Adäquatheit sich jegliche Diskussion erübrigt.

Unser natürliches Wissen von der Grammatik ist ein *Handlungswissen* und kein Gegenstandswissen. Als sehr elementare Wissensform ist es offenbar so komplex und in so tiefen Bewußtseinsschichten angesiedelt, daß es im Vollzug der Sprache expliziter Kontrolle nicht sehr bedürftig ist und sich deshalb auch begrifflich nur sehr schwer darstellen läßt. Sicher ist nur, daß wir über die Sprache im allgemeinen und über die Grammatik im besonderen immer mehr wissen, als wir aussagen können, und daß alle grammatischen Theorien unser grammatisches Wissen nur sehr fragmentarisch abbilden.

Phänomenologisch ist an der Grammatik am auffälligsten, daß sie in der alltäglichen Lebenswelt völlig *unauffällig* ist, ja gar nicht zu existieren scheint. Unser praktisches Grammatikwissen dokumentiert sich eigentlich nur in einem mehr oder minder ausgeprägten *Sprachgefühl*. Aufgabe der Sprachpsychologie wäre es deshalb, näher zu erklären, was man sich unter dem Sprachgefühl im einzelnen vorzustellen hat, welche Rolle es beim aktiven und passiven Sprachgebrauch spielt und mit welchen Kategorien es zu beschreiben ist. So vage das Sprachgefühl im Einzelfall auch sein mag, so unabdingbar ist es für den Sprachgebrauch im ganzen.

Bei der phänomenologischen Analyse des Grammatikproblems stellt sich die Grundsatzfrage, in welcher Perspektive es auf die fruchtbarste Weise thematisiert werden kann. Wenn man grammatische Formen in der Perspektive der *Vorhandenheit* untersucht, dann wird man sich automatisch auf die Morphologie und die Systemordnung des grammatischen Formeninventars konzentrieren. Diese Betrachtungsperspektive hat eine lange historische Tradition und ist zweifellos berechtigt, um die Basisfakten des Grammatikproblems zu ermitteln. Offensichtlich ist aber auch, daß in diesem Wahrnehmungshorizont bestimmte Relationsbezüge der Grammatik ganz ausgeblendet bleiben.

Bei der Untersuchung des Grammatikproblems in der Perspektive der *Zuhandenheit* weitet sich der Betrachtungshorizont entschieden aus, weil nun die Form-Funktions-Korrelation bei der Grammatik in den Mittelpunkt des Interesses rückt. Grammatische Formen sind nun nicht mehr nur als morphologische Formen interessant, sondern auch als Formen, die pragmatische Funktionen haben bzw. die in eine *Um-zu-Struktur* eingebettet sind.

Phänomenologisch lassen sich bei grammatischen Formen zwei Funktionsziele idealtypisch unterscheiden. Einerseits können in grammatischen Formen sehr fundamentale kognitive Differenzierungsbedürfnisse zum Ausdruck kommen (Numerus, Tempus), die nahezu in allen Sprachverwendungssituationen von Bedeutung sind. Andererseits können grammatische Formen in kognitiver Hinsicht relativ leer sein und sich im wesentlichen darauf beschränken, in geregelter Weise aus einfachen sprachlichen Formen komplexere Formen herzustellen (Attributsrelationen, Satzmuster).

Mit der Unauffälligkeit der Grammatik in Kommunikationsprozessen hängt ein weiterer Tatbestand zusammen, der phänomenologisch und logisch höchst bedeutsam ist. Die Sprache im allgemeinen und die Grammatik im besonderen sind ganz exzeptionelle Forschungs- und Reflexionsgegenstände, weil bei ihnen *Analyseobjekt* und *Analysemittel* weitgehend zusammenfallen. Da es für uns unmöglich ist, uns die Sprache zu einem Forschungsgegenstand zu vergegenständlichen, den wir gleichsam von einem archimedischen Punkt außerhalb der Sprache betrachten und analysieren können, müssen wir uns damit begnügen, uns mit Hilfe methodischer Hilfskonstruktionen Partialaspekte der Sprache für Analyseprozesse zu vergegenständlichen. Dabei hat sich insbesondere die logische Unterscheidung von *Objektsprache* und *Metasprache* methodisch als sehr hilfreich erwiesen. Bei sprachlichen Aussagen über sprachliche Phänomene unterliegen wir immer der Gefahr, uns in einen unauflösbaren logischen Zirkel zu verstricken und uns wie Münchhausen am eigenen Schopf aus dem Sumpf unserer Unkenntnis zu ziehen.

Besonders prekär wird der Tatbestand, daß bei grammatischen Analysen das Analyseobjekt und die Analysemittel zusammenfallen, wenn wir Aussagen über die determinierenden Funktionen grammatischer Formen für unsere Wirklichkeitserfahrung bzw. unsere Denkprozesse zu machen versuchen. Seit der These Humboldts von der spezifischen *Weltansicht*, die in jeder Sprache inkorporiert sei, und der These Whorfs von der *sprachlichen Relativität* hat es eine lebhafte Auseinandersetzung über die Determinationskraft der Grammatik für das Denken gegeben. Dabei hat sich herausgestellt, daß es über das Ausmaß dieser Determinationskraft und über die Möglichkeiten, diese explizit zu kontrollieren, Streit geben kann, über die Tatsache selbst aber nicht.

Kognitiv und semantisch orientierte grammatische Analysen haben notwendigerweise sowohl *ontologische* als auch *psychologische* Bezüge, weil bei ihnen zu fragen ist, wie weit und wie gut grammatische Ordnungsstrukturen in einem abbildenden oder operativen Sinne auf die Ordnungsstrukturen der Realität oder des Denkens passen. Phänomenologisch gesehen sind grammatische Analysen deshalb zugleich auf *Realitäts-* und auf *Denkanalysen* bezogen bzw. in diese verwickelt. Bei der Festlegung des semantischen Gehalts von grammatischen Ordnungskategorien muß man sich Rechenschaft darüber ablegen, ob sie primär dazu bestimmt sein sollen, die Ordnungsstrukturen der Realität zu erfassen oder die Denkstrukturen, mit denen wir die Ordnungsstrukturen der Realität zu erfassen versuchen. Obwohl beide Betrachtungsperspektiven für die Phänomenologie nicht auseinanderfallen, sondern korrelativ miteinander verknüpft sind, macht es logisch und methodologisch doch einen erheblichen Unterschied, ob wir grammatische Kategorien direkt auf die Realität zu beziehen versuchen oder indirekt über die Zwischenstufe der kulturspezifischen Denkkategorien zur Erfassung der Realität.

Wenn wir grammatische Ordnungsmuster direkt auf ontische Ordnungsmuster beziehen wollen, dann müssen wir schon eine fest vorgegebene Vorstellung von der Realität selbst haben, von der her wir den ontischen Gehalt grammatischer Ordnungsmuster beurteilen können. Die Frage ist allerdings, woher wir dieses *normgebende* Realitätsbild haben und wie wir seinen Wahrheitsgehalt legitimieren können. Wenn wir statt dessen grammatische Ordnungsmuster auf die Denkmuster beziehen, mit denen wir uns die Realität zu erschließen versuchen, dann verlieren wir den Maßstab, von dem her wir grammatischen Ordnungsmustern einen festen ontischen Gehalt zuordnen können. Statt dessen werden die grammatischen Ordnungsmuster zu demiurgischen Werkzeugen, durch die strukturierte Realitätserfahrungen erst möglich werden. Unter diesen Umständen bekommen grammatische Ordnungsmuster dann realitätserschließende apriorische Funktionen.

Dieser Sachverhalt läßt sich im Hinblick auf die grammatische Analyse des Tempussystems gut exemplifizieren. Bei Tempusanalysen können wir methodisch so vorgehen, daß wir die von der klassischen Physik entwickelte Zeitvorstellung als ontisch gegebene Realität betrachten. Dann brauchen wir uns nur noch darum zu bemühen, den kognitiven Gehalt der einzelnen Tempusformen so festzulegen, daß sie den Zeitdifferenzierungen gerecht werden, die im Rahmen dieses Zeitkonzeptes möglich sind. Schwierig wird es allerdings, wenn wir das Zeitkonzept der Relativitätstheorie als gegebene ontische Realität ansehen und versuchen, unsere Tempusformen als Subdifferenzierungen dieses Zeitkonzeptes zu charakterisieren.

Wir können methodisch aber auch so vorgehen, daß wir danach fragen, auf welche Weise die einzelnen Sprachen mit Hilfe ihrer Tempusformen – vorausgesetzt sie haben überhaupt solche – das Phänomen *Zeit* konstituiert, konkretisiert und differenziert haben. Dann stellt sich im Zusammenhang der grammatischen Analyse die phänomenologische Aufgabe zu prüfen, welche Überschneidungen und Diskrepanzen zwischen den grammatischen und den nicht-grammatischen Formen der Zeitkonstitution bestehen. Weiterhin wäre zu untersuchen, ob die in den grammatischen Formen enthaltenen Zeitvorstellungen sich lebenspraktisch bewährt haben bzw. ob sie inzwischen anachronistisch geworden sind.

Wenn man in diesem Sinne grammatische Analysen phänomenologisch als Beiträge zur Hermeneutik des Daseins bzw. zur Horizontforschung versteht, dann muß man einräumen, daß sie nur unter ganz spezifisch strukturierten Bedingungen möglich sind. Sie lassen sich eigentlich nur in Situationen der Zeitdehnung und der Vergegenständlichung der Sprache durch die Schrift verwirklichen, wenn wir uns aus den alltäglichen Lebensbezügen ausklinken, um in einer philosophischen Rückwendung über die Bedingungsfaktoren und die Struktur der alltäglichen Lebensvollzüge zu reflektieren.

Nur in solchen Situationen sind wir in der Lage, den naiven, aber für den praktischen Sprachgebrauch absolut notwendigen Glauben aufzuheben, daß grammatische Ordnungsformen selbstverständlich gültige *Naturformen* sind, und uns mit dem Gedanken vertraut zu machen, daß grammatische Ordnungsformen historisch erarbeitete *Kulturformen* sind, die sowohl realitätsaufschließende als auch realitätsverstellende Funktionen haben können.

IV

Semiotik und Grammatik

Die Semiotik als die Lehre von den Zeichen geht davon aus, daß sich alle geistigen Inhalte durch *Zeichen* konkretisieren und manifestieren müssen, wenn auch durch Zeichen sehr unterschiedlichen Typs. Durch Zeichen bilden wir nach Auffassung der Semiotik allerdings die Realität nicht kongruent auf einer symbolischen Ebene ab, sondern machen sie uns nur entsprechend unseren jeweiligen Bedürfnissen perspektivisch geordnet wahrnehmbar und verfügbar, wobei die Defizite des einen Zeichensystems durch die Leistung eines anderen ausgeglichen werden können.

In zeichengenetischer Hinsicht ist die Semiotik mit der *Phänomenologie* verflochten, insofern diese aufzuklären hat, wie wir uns Sachverhalte als wahrnehmbare Phänomene konstituieren und welche anthropologischen und kulturellen Faktoren dabei eine Rolle spielen. In verstehenstheoretischer Hinsicht ist die Semiotik mit der *Hermeneutik* verflochten, insofern diese aufzuklären hat, welcher Sinngehalt mit den jeweils verwendeten Zeichen verbunden ist und in welchen Interpretationshorizonten uns die Phänomene durch die jeweils verwendeten Zeichen wahrnehmbar werden.

Im Ensemble der Zeichensysteme, mit denen wir uns die Realität aufschlüsseln und verfügbar machen, spielen die sprachlichen Zeichen zweifellos die wichtigste Rolle. Umstritten ist allerdings, wie sich die sprachlichen Zeichen subklassifizieren lassen und nach welchen Kriterien sich insbesondere die grammatischen Zeichen aus ihnen aussondern lassen. Um diesen Problembereich näher zu untersuchen, ist es notwendig, die Zielsetzungen der Semiotik und den Begriff des Zeichens näher zu klären, damit verständlich wird, worum es geht, wenn von sprachlichen Zeichen im allgemeinen und von grammatischen Zeichen im besonderen gesprochen wird. Erst vor diesem Hintergrund wird auch deutlich, was es bedeutet, von einer *semiotischen Transformation* des Grammatikbegriffs zu sprechen und sich von rein morphologisch orientierten Grammatikbegriffen abzuwenden.

1. Grundlagen und Ziele der Semiotik

Die umfassendste Zeichenlehre, die gleichzeitig auch als methodologisches Konzept für alle Wissenschaften gedacht ist, in denen die Zeichenproblematik eine konstitutive Rolle spielt, stammt von Charles Sanders Peirce. Die Eigenart der Peirceschen Semiotik, die hier zur Grundlage aller Überlegungen gemacht wird, läßt sich programmatisch in folgender These zusammenfassen: *Die Semiotik ist die Lehre von den Zeichen als Mitteln der Sinnkonstitution und Sinnzirkulation.*

Diese Bestimmung der Semiotik macht auf zwei fundamentale Dimensionen der Zeichenproblematik aufmerksam. Einerseits thematisiert sie die Verknüpfung der Semiotik mit der *Phänomenologie* im allgemeinen und mit der *Erkenntnistheorie* im besonderen und erinnert daran, daß gerade erkenntnistheoretische Überlegungen Peirce zur Entwicklung seiner Zeichentheorie angeregt haben. Andererseits verweist sie auf die engen Bezüge der Semiotik zur *Hermeneutik* bzw. zu allen Problemen, die mit zeichengebundenen intersubjektiven Verständigungsprozessen zusammenhängen. Da grammatische Ordnungsstrukturen ganz offensichtlich kognitive und kommunikative Implikationen haben, ist es sicher fruchtbar, die Überlegungen der Semiotik zu dem Problem der Sinnkonstitution und Sinnzirkulation auch auf den Bereich der Grammatik zu beziehen.

Die enge Verknüpfung der Semiotik mit der Erkenntnistheorie und Hermeneutik, die den Peirceschen Denkansatz vorteilhaft von anderen Zeichenlehren mit wesentlich reduzierteren Erkenntnisinteressen abhebt, dokumentiert sich in drei Basisentscheidungen, die sich wechselseitig bedingen und erläutern. Peirce bettet erstens die Semiotik in den *philosophischen Pragmatismus* ein, er verlagert zweitens das erkenntnistheoretische Interesse von der Vernunftkritik auf die *Zeichenkritik* und er bemüht sich drittens, die Erkenntnisproblematik nicht nur als spekulative, sondern auch als *soziale Problematik* zu begreifen. Diese drei Basisentscheidungen bedürfen der Erläuterung, um die Reichweite der Peirceschen Semiotik zu verstehen.

a) Pragmatismus und Semiotik

Der *philosophische Pragmatismus*, den Peirce parallel zu seiner Semiotik entwickelt, läßt sich als Versuch kennzeichnen, die Opposition von erkenntnistheoretischem Realismus und Idealismus zu überwinden und die erkenntnistheoretischen Bemühungen von Kant auf eine neue, zeichentheoretische Basis zu stellen, um dadurch den Wissenschaften eine verläßlichere Grundlage zu geben. Die traditionelle Kontroverse zwischen dem erkenntnistheoretischen *Realismus*, der davon ausgeht, daß die Objekte unserer Erkenntnis eine autonome, fest umrissene Existenzform außerhalb unseres Bewußtseins haben, die im Forschungsprozeß zu rekonstruieren ist, und dem erkenntnistheoretischem *Idealismus*, der davon ausgeht, daß die Objekte unserer Erkenntnis erst durch die synthetisierenden Tätigkeiten unseres Bewußtseins als spezifisch konturierte Erkenntniseinheiten konstituiert werden, hält Peirce für sinnlos, weil durch diese Kontroverse von den eigentlichen erkenntnistheoretischen Problemen abgelenkt werde.

Nach Peirce wird in dieser traditionellen Kontroverse die fundamentale Tatsache außer acht gelassen, daß alle unsere Erkenntnisinhalte direkt oder indirekt schon *zeichenvermittelte* Inhalte sind, insofern jeder Erkenntnisakt immer schon eine soziale Dimension hat. Erkenntnistheoretische Überlegungen seien ohne zeichentheoretische Überlegungen sinnlos, weil alle Erkenntnisakte immer schon mit sozial akzeptierten Zeichen operierten oder diese implizit voraussetzten.

Um die Realismus-Idealismus-Kontroverse zu überwinden, betont Peirce einerseits immer wieder, daß er sich als Realist betrachte, insofern er nicht daran zweifele, daß es eine vom erkennenden Bewußtsein unabhängige Realität von stabiler Ordnungsstruktur gebe und daß sich unsere Erkenntnisbemühungen mit eben dieser Ordnungsstruktur beschäftigten und nicht mit unseren eigenen Projektionen. Andererseits betont er aber auch, daß die Frage nach der objektiven Realität bzw. den *Dingen an sich* keinen Sinn habe, weil uns die Welt der nackten Tatsachen prinzipiell unzugänglich sei. Im Erkenntnisprozeß könnten wir uns nicht die objektive Realität rekonstruieren, sondern nur versuchen, uns ein konsistentes und sinnvolles Bild von der Realität zu machen. Alle Daten, die wir normalerweise als Fakten für den Beginn von Interpretationsprozessen betrachteten, seien bei näherer Betrachtung selbst schon Ergebnisse von vorangegangenen Interpretationsprozessen, weil wir uns die Dinge gar nicht anders vorstellen könnten als so, daß wir uns eine sinnvolle Meinung über sie bildeten.[1]

Wenn nun aber jeder Erkenntnisakt und damit auch alles, was wir als Faktum ansehen, ein Ergebnis von Interpretationsbemühungen ist, dann muß jeder Erkenntnisinhalt zwangsläufig unter einem Gültigkeitsvorbehalt stehen. Er gilt nur so lange, wie kein überzeugenderes Interpretationsergebnis erzielt werden kann. Daraus ergibt sich die zeichentheoretische Konsequenz, daß die Flexibilität von Interpretationsprozessen ihr Korrelat in der Flexibilität von Zeicheninhalten finden muß, mit denen Interpretationsergebnisse manifestiert werden, da wir nicht für jede Interpretationsvariante eine neue Zeichenform bilden können. Das Verfahren, mit dem wir unsere Interpretationsergebnisse kontinuierlich verbessern können, bezeichnet Peirce mit dem Terminus *Pragmatismus*.

Typisch für den philosophischen Pragmatismus ist die Überzeugung, daß die sichersten Quellen verläßlicher Erkenntnis weder spontane Einsichten noch beharrliche Kontemplationen sind, sondern *Handlungsprozesse* praktischer und theoretischer Art. Nur wo es die Freiheit zum praktischen und theoretischen Experimentieren gibt, bietet sich nach Peirce die Chance, zu verläßlichen Interpretationsergebnissen zu kommen. Der Peircesche Pragmatismus ist deshalb im wesentlichen ein methodisches Verfahren zur Erzeugung von verläßlichem Wissen, das sich gegen dogmatische Positionen aller Art wendet.

Im Rahmen des Pragmatismus klärt man Begriffe nicht dadurch, daß man auf abstrakte Weise ihre Merkmale aufzählt, sondern dadurch, daß man prüft, wie man sie praktisch verwendet bzw. wie man sie am besten verwenden kann.[2] In der Suche nach den abstrakten Urbausteinen von Begriffen sieht der Pragmatismus wenig Sinn, weil dadurch der kognitive Wert und die kognitive Funktion von Begriffen eher verfehlt als erfaßt werde. Den Wert von Erkenntnisinhalten bemißt der Pragmatismus vor allem daran, wie weit diese dazu befähigen, ein in sich konsistentes und erfolgreiches *Handeln* zu ermöglichen. Da sich nun alle geistigen Handlungsprozesse mittels Zeichen vollziehen, ist der Pragmatismus unlösbar mit der Semiotik als der Lehre von der Sinnkonstitution und Sinnzirkulation mittels Zeichen verbunden.

Wenn sich die Semiotik mit der sinnkonstitutiven Kraft von Zeichen beschäftigt, dann betrachtet sie Zeichen als kognitive Werkzeuge, die dazu dienen, die Realität für uns handhabbar zu machen. Zeichen werden gebildet, um das komplexe Kontinuum der Realität durchzustrukturieren bzw. um auf verschiedenen Abstraktionsstufen Subeinheiten herauszuarbeiten, die praktische Relevanz für uns haben. Diese kognitive

Anstrengung, deren Ergebnis sich in der Bildung von Zeichen dokumentiert, ist das, was mit dem Terminus *Sinnkonstitution* bezeichnet werden kann.

Zeichen sind für die Semiotik Mittel, um sinnvolle und praktikable Realitätsinterpretationen und Realitätsdifferenzierungen sozial und historisch zu stabilisieren. In kognitiver Hinsicht sollen mit Zeichen nicht schon eindeutig vorgegebene ontische Einheiten abgebildet bzw. repräsentiert werden, sondern sollen aus einer unendlichen Fülle von Möglichkeiten, die Realität in Einheiten aufzugliedern, diejenigen konkretisiert und stabilisiert werden, welche sich für praktische und theoretische Handlungsprozesse als besonders vorteilhaft erweisen und sich eben deshalb in einem pragmatischen Sinne als Sinneinheiten darbieten. Das bedeutet, daß man sich bei der Konstitution von zeichenmäßig konkretisierten kognitiven Einheiten sowohl nach den Ordnungsstrukturen in dem jeweiligen Gegenstandsbereich zu richten hat als auch nach den Differenzierungsinteressen, die aus den jeweiligen Handlungszielen resultieren, zu denen die Zeichen gebildet worden sind.

Diese Denkposition ist von Peirce nachdrücklich in seinem Pragmatismuskonzept vertreten worden, sie ist aber im Prinzip nicht neu. Schon Sokrates hat sie im Kratylosdialog Platons in einer bestimmten Gesprächsphase vertreten, als er Erkenntnisakte mit Handlungsakten parallelisierte und das Wort als ein »*belehrendes Werkzeug*« bezeichnete, das dazu diene, in einem Kontinuum von Erscheinungen etwas von etwas anderem zu unterscheiden und abzusondern. Die Bildung kognitiver Muster hat nach Sokrates Ähnlichkeiten mit dem Vorgang des Schneidens. Wenn wir etwas für bestimmte Zwecke zerschneiden wollen, dann müßten wir uns dabei sowohl der Natur dessen anpassen, was zerschnitten werde, als auch den Zielvorstellungen, wozu es zerschnitten werden solle. [3]

b) Vernunftkritik und Zeichenkritik

Von hier aus wird nun auch verständlich, warum sich in der Semiotik die Vernunftkritik auf die *Zeichenkritik* verlagert hat. Peirce akzeptiert die Einsicht Kants, daß wir die Welt nur so wahrnehmen könnten, wie es uns die Struktur unserer Vernunft gestatte. Die Unterscheidung Kants zwischen der unerkennbaren Welt der *Dinge an sich* und der erkennbaren *Erscheinungswelt* hält Peirce allerdings für eine unfruchtbare Unterscheidung, die in eine Sackgasse führe, weil wir über die Dinge an sich sowieso nie Aussagen machen könnten.

Eine fruchtbare Erkenntniskritik hat nach Peirce nicht bei der Vernunftkritik anzusetzen, sondern bei der Zeichenkritik, weil Zeichen die Manifestationsmedien der Vernunft seien, die man zu akzeptieren oder zu transformieren habe. Zeichen sind für Peirce die konkreten *Vermittlungsinstrumente* zwischen der *Subjektwelt* und der *Objektwelt*, ohne die es keine zielgerichteten Denk- und Erkenntnisprozesse geben könne. Die Zeichenkritik ist deshalb für ihn der Ansatzpunkt für alle Erkenntniskritik bzw. für alle sinnkritische Präzisierung von Erkenntnisinhalten. [4] Alle kognitiven Probleme manifestieren sich für Peirce als Zeichenprobleme, sei es als Probleme der Zeichenkonstitution, sei es als Probleme der Zeicheninterpretation.

Die Verlagerung des Interesses von der Vernunftkritik auf die Zeichenkritik hat so gesehen bei Peirce auch wichtige *hermeneutische* Motive. Da seiner Meinung nach alle Erkenntnisakte in der einen oder der anderen Weise durch vorangegangene Erkenntnisakte bestimmt sind und nicht voraussetzungslos bei einem Nullpunkt beginnen, stellt sich ihm natürlich die Frage, wie die Voraussetzungen von konkreten Denkakten am besten kontrollierbar sind. Es ist nun offensichtlich, daß das Denken seine eigenen Voraussetzungen am besten dadurch faßbar machen kann, daß es sein Interesse auf die Zeichen konzentriert, die sich in einer Kommunikationsgemeinschaft sozial stabilisiert haben und in denen sich die kognitiven Differenzierungsanstrengungen und Differenzierungsergebnisse der vorangegangenen Generationen manifestiert haben.

Dabei ist zu berücksichtigen, daß wir keineswegs immer ein explizites Bewußtsein all der Zeichen haben, die in einer Kommunikationsgemeinschaft wirksam sind, und daß wir keineswegs die kognitive Qualität einzelner Zeichen immer zureichend genau explizit bestimmen können. Sicher ist nur, daß wir bei jedem Gebrauch von sozial stabilisierten Zeichen immer schon in einen hermeneutischen Zirkel eingetreten sind, ob wir uns dessen nun bewußt sind oder nicht. Gerade im Bereich der Grammatik bzw. der grammatischen Ordnungsformen scheint sich ein prädeterminierendes Wissen für unsere kognitiven Prozesse zu manifestieren, dessen Reichweite und Strukturierungskraft uns in der Regel gar nicht bewußt ist und auch nur schwer bewußt gemacht werden kann.

c) Die soziale Dimension der Erkenntnis

Der Tatbestand, daß jedes Wissen auf einem Vorwissen aufbaut und daß jeder Denkakt Denkakte nutzt, fortführt oder verändert, die sich in den jeweils benutzten konventionalisierten Zeichen konkretisiert haben, zeigt sehr deutlich, daß die Erkenntnisproblematik neben der spekulativen auch immer eine *soziale* Dimension hat. Diese offenbart sich nicht nur darin, daß jeder Erkenntnisakt auf schon realisierte Erkenntisakte aufbauen muß, sondern auch darin, daß er für sich selbst immer intersubjektive Gültigkeit und soziale Anerkennung beansprucht. Erkenntnisinhalte müssen sich deshalb in sozial konventionalisierten Zeichensystemen darstellen bzw. Zeichensysteme sozial so konventionalisieren, daß sie durch diese vermittelt werden können.

Da Erkenntnisinhalte für Peirce so gesehen immer soziale Implikationen haben, favorisiert er wahrheitstheoretisch eine *Konsensustheorie*. Danach hat all das als *wahr* zu gelten, was nach langer kritischer Prüfung und praktischer Bewährung von einer Kommunikationsgemeinschaft explizit oder implizit als wahr anerkannt wird. So gesehen vermitteln Zeichen nicht nur zwischen den Erkenntnissubjekten und den Erkenntnisobjekten, insofern sie die Realität strukturieren und damit für das praktische Handeln verfügbar machen, sondern sie vermitteln auch zwischen den einzelnen Subjekten, weil sie Interpretationsgemeinschaften bzw. Sinnbildungsgemeinschaften erzeugen und stabilisieren. Wer dieselben Zeichen benutzt, organisiert sein Denken und Wahrnehmen auch ähnlich.

Die nachdrückliche Akzentuierung der sozialen Dimension der Erkenntnisproble-

matik durch Peirce bedeutet nicht, daß das Wahrheitsproblem ein Problem von Mehr-
heitsentscheidungen ist. Der Wahrheitsgehalt von Sätzen bzw. von in Zeichen manifestierten Ordnungshypothesen muß sich nach Peirce im praktischen Handeln immer
erst als fruchtbar bewähren, um anerkannt zu werden und anerkannt zu bleiben. Die
einzelnen Sinnkonstitutionen, die in Zeichen, Aussagen und Theorien niedergelegt
werden, sind für Peirce kein Würfelspiel, sondern haben für ihn letztlich ihre Grundlage in einer natürlichen *Affinität* des menschlichen Erkenntnisvermögens zum Universum. Trotz aller möglichen Fehlleistungen können deshalb aus diesem Erkenntnisvermögen immer wieder überzeugende und adäquate Interpretationen und Ordnungshypothesen hervorgehen. [5]

d) Der Peircesche Zeichenbegriff

Grundlegend für das Zeichenverständnis der Semiotik von Peirce ist dreierlei. Erstens
versteht er unter einem Zeichen nicht ein sinnlich faßbares Phänomen, sondern ein
dreistelliges Relationsgebilde, von dem im Prinzip nur eines der drei Relate, nämlich
das materielle Substrat des Zeichens, direkt sinnlich wahrnehmbar ist. Zweitens sind
Zeichen für Peirce die typischsten Manifestationsformen der Kategorie der *Drittheit*,
die für ihn nach der Kategorie der Erstheit und Zweitheit die oberste aller denkbaren
Seinskategorien darstellt. [6] Zu der Kategorie der Drittheit rechnet er alle Phänomene,
deren Seinsmodus so beschaffen ist, daß über ein Erstes ein Zweites und Drittes
miteinander in Beziehung gesetzt werden. Drittens betont Peirce, daß der kognitive
Gehalt eines Zeichens immer auch in andere Zeichen und Zeichensysteme *übersetzt*
werden kann bzw. durch andere Zeichen interpretierbar ist, wodurch sich Zeichenprozesse im Prinzip unendlich fortspinnen lassen (Semioseprozeß), weil jede Zeicheninterpretation neue Zeicheninterpretationen erforderlich macht.
    Als dreistelliges Relationsgebilde hat das Zeichen drei Relate, die sich als *Zeichen-
träger, Zeichenobjekt* und *Zeicheninterpretant* bezeichnen lassen, um deutlich zu machen, daß erst alle drei zusammen das *Zeichen* ausmachen. [7] Der *Zeichenträger* ist
der sinnlich faßbare Repräsentant des Zeichens, der akustisch, visuell, taktil oder
olfaktorisch wahrnehmbar ist und der einfacher oder zusammengesetzter Natur sein
kann. Das *Zeichenobjekt* ist die kognitive Einheit, die für bestimmte Zwecke aus dem
Kontinuum der Wirklichkeit herausgeschnitten und objektiviert wird und deren Existenz bzw. Konstitution gleichsam den Grund für die Zeichenbildung darstellt. Zeichenobjekte können Einzelphänomene sein oder Klassen von Phänomenen bzw. Begriffe, d.h. Einheiten aller Art, die von anderen Einheiten sinnvoll abgrenzbar sind.
Der *Zeicheninterpretant* ist der komplexe Interpretationshorizont für die Relation von
Zeichenträger und Zeichenobjekt, der seinerseits wiederum nur durch andere Zeichen
konkretisiert werden kann. Das Konzept des Zeicheninterpretanten stellt sicher, daß
der kognitive Differenzierungsgehalt eines Zeichens durch andere Zeichen interpretiert
werden kann bzw. in andere übersetzt werden kann. Das letzte interpretierende Zeichensystem stellt in der Regel die natürliche Sprache dar, mit deren Hilfe schließlich

alle von uns verwendeten Zeichen und Zeichensysteme beschrieben und qualifiziert werden können.

Da das Zeichen für Peirce streng genommen kein Gegenstand ist, sondern ein dreistelliges Relationsgebilde, muß im Prinzip streng zwischen dem Zeichen an sich und dem materiellen Substrat des Zeichens, dem Zeichenträger, unterschieden werden. Das führt allerdings oft zu einer Umständlichkeit und Gespreiztheit, die eher verwirrt als hilft. Da wir in funktionierenden Zeichenprozessen das materielle Substrat des Zeichens gar nicht als isolierte Sache wahrnehmen können, sondern immer nur als Repräsentant eines Zeichens, ist es deshalb psychologisch verständlich, wenn wir in einer Kurzterminologie den Zeichenträger bzw. die sinnlich faßbare Zeichenform schon als Zeichen bezeichnen. Falls nämlich Zeichenträger von uns nicht als Relate von Zeichen und damit gleichsam als Repräsentanten von Zeichen wahrgenommen würden, existierten sie für uns nur als Dinge, Sachverhalte oder Fakten ohne jeden Sinngehalt. Wenn deshalb hier in Zukunft von grammatischen Zeichen oder grammatischen Formen gesprochen wird, so sind damit morphologisch identifizierbare grammatische Gebilde unterschiedlicher Komplexität zu verstehen, die einen spezifischen kognitiven Gehalt haben, d.h. mit einem Objekt und einem Interpretanten korreliert sind. Falls sich das methodische Interesse allerdings ausschließlich auf das morphologische Gebilde selber richtet, dann wird von dem Zeichenträger eines grammatischen Zeichens gesprochen.

Wenn man die Grundsätze und Erkenntnisinteressen der Semiotik von Peirce auf das Grammatikproblem anwendet, dann ergeben sich vor allem zwei große Problemkreise. Einerseits stellt sich die Frage, ob und wie sich die Grammatikproblematik als Zeichenproblematik interpretieren läßt und welche Schwierigkeiten und Einsichten sich dabei ergeben. Andererseits stellt sich die Frage nach den konkreten Funktionen grammatischer Zeichen und ihrer typologischen Abgrenzung von anderen Zeichenformen in der Sprache.

Die semiotische Verwendung des Terminus *Grammatik* muß sich darum bemühen, die drei *Grade der Klarheit* herzustellen, die Peirce hinsichtlich der Bedeutung von Wörtern für wichtig hält.[8] Der *erste* Grad von Klarheit ergibt sich dann, wenn wir ungefähr wissen, auf welchen Erfahrungsbereich sich ein Wort bezieht. Diese grobe Grundorientierung vermittelt uns in der Regel die bloße Kenntnis der Muttersprache. Der *zweite* Grad der Klarheit ergibt sich dann, wenn wir in der Lage sind, die Kategorien explizit zu benennen, die für die Explikation eines Begriffes konstitutiv sind, wenn wir also das Objekt und den Interpretanten des Wortes *Grammatik* beschreiben können. Der *dritte* Grad der Klarheit ergibt sich dann, wenn wir in der Lage sind, auf fruchtbare Weise mit dem jeweils konstituierten Begriff zu arbeiten, wenn wir also mit ihm neue Erfahrungen machen und alte ordnen können.

2. *Semiotische Transformation des Grammatikbegriffs*

Die semiotische Transformation des Grammatikbegriffs hat das Ziel, grammatische Formen nicht nur als morphologische, sondern darüber hinaus auch als kognitive und kommunikative Phänomene zu verstehen. Das bedeutet, daß man nicht mehr die Frage nach dem Inventar von grammatischen Formen und Kombinationsregeln in den Mittelpunkt der Aufmerksamkeit zu stellen hat, sondern die Frage nach den morphologischen Realisationsweisen und den pragmatischen Funktionen grammatischer Zeichen. Eine semiotisch orientierte Grammatik darf sich nicht als Gebildelehre verstehen, sondern muß sich als *Funktionslehre* konstituieren.

Diese Umorientierung des grammatischen Erkenntnisinteresses von der reinen Formproblematik auf die Zeichenproblematik erscheint auf den ersten Blick so, als ob es nur darum ginge, Formanalysen durch Funktionsanalysen zu ergänzen und neben dem Kernbereich der Grammatik nun auch ihren Randbereichen Aufmerksamkeit zu schenken. Diese Vorstellung trügt aber. In Wirklichkeit geht es bei der semiotischen Transformation des Grammatikbegriffs nicht um eine quantitative Ausweitung des Erkenntnisinteresses, sondern um eine qualitative Neustrukturierung des ganzen Problemfeldes.

Die Verankerung der Grammatik in der Semiotik und Pragmatik und die Frage nach den Formen und Funktionen grammatischer Zeichen schafft auch neue Wahrnehmungshorizonte für die morphologischen und systemtheoretischen Dimensionen des Grammatikproblems, die traditionell die Hauptaufmerksamkeit auf sich gezogen haben. Wenn nämlich das Formproblem nicht mehr nur aus der Perspektive der Morphologie gesehen wird, sondern aus der der Semiotik bzw. der des grammatischen Zeichens, dann gewinnt es ein ganz anderes Profil und ganz andere Bezüge zu anderen Problemstellungen.

Im folgenden soll im Rahmen von vier Fragestellungen versucht werden, die Implikationen und Konsequenzen zu erläutern, die sich aus der semiotischen Transformation des Grammatikbegriffs ergeben. Wie sind Form- und Funktionsgesichtspunkte bei der Etablierung grammatischer Kategorien bzw. grammatischer Zeichen aufeinander zu beziehen? Unter welchen Gesichtspunkten lassen sich die Differenzierungsfunktionen bzw. der Sinngehalt grammatischer Zeichen beschreiben? Wie umfangreich ist das Inventar grammatischer Zeichen? Wie lassen sich grammatische Zeichen typologisch ordnen bzw. welche grammatischen Ebenen lassen sich unterscheiden?

a) Form- und Funktionsgesichtspunkte

Seit Anbeginn war es ein heikler Punkt der Grammatikforschung, klare Kriterien dafür anzugeben, was als grammatische Bauform einer Sprache anzusehen ist und was nicht. Immer wieder zeigte sich nämlich, daß sinnvolle grammatische Kategorien nicht allein nach morphologischen Gesichtspunkten gebildet werden konnten, sondern daß dabei notwendigerweise immer auch auf funktionale Gesichtspunkte zurückgegriffen werden mußte. So hat man beispielsweise die 8 verschiedenen morphologischen Möglichkeiten der deutschen Sprache, den Plural anzuzeigen, nicht als 8 unterschiedliche grammatische Kategorien betrachtet, sondern nur als 8 morphologische Realisationsweisen einer einzigen grammatischen Kategorie. Obwohl eine Kongruenz zwischen grammatischen Formen und grammatischen Kategorien logisch immer als wünschenswert angesehen worden ist, war eine solche nie rein durchzuhalten.

Im Rahmen eines semiotisch transformierten Grammatikbegriffs macht die mangelnde Kongruenz zwischen morphologisch unterscheidbaren Sprachformen und grammatischen Kategorien keine prinzipiellen methodologischen Schwierigkeiten, weil der Begriff des grammatischen Zeichens von vornherein auf den funktional orientierten Begriff der grammatischen Kategorie bezogen ist. Grammatische Kategorien bzw. grammatische Zeichen etablieren sich für die Semiotik im Prinzip nicht durch dieselben Zeichenträger, sondern durch dieselben kognitiven Differenzierungsfunktionen bzw. durch die Konstitution derselben Zeichenobjekte.

Zwar sieht es auch die Semiotik als wünschenswert an, daß Funktionsdifferenzierungen so eindeutig wie möglich durch Formdifferenzierungen markiert werden, aber das dreistellige Zeichenmodell und die Idee des Interpretanten machen es nicht erforderlich, daß mechanische oder streng symmetrische Zuordnungsrelationen zwischen Formen und Funktionen vorgenommen werden müssen. Deshalb erweist sich die Semiotik Peircescher Prägung auch als besonders hilfreich bei der Analyse historisch gewachsener Zeichensysteme, die im Gegensatz zu den künstlich konstruierten sehr viele systematische Inkonsequenzen aufweisen.

Die mangelnde Kongruenz zwischen grammatischen Formen und grammatischen Funktionen in den natürlichen Sprachen läßt sich historisch und systematisch erklären. Die Tatsache, daß unterschiedliche morphologische Mittel bzw. Zeichenträger dieselben kognitiven Differenzierungsfunktionen erfüllen können (z.B. unterschiedliche Pluralmorpheme bei den Substantiven, unterschiedliche Präteritumsmorpheme bei den starken und schwachen Verben) ist historisch dadurch begründet, daß man bei der Entwicklung grammatischer Formen zunächst nicht abstrakt systematisch dachte, sondern konkret von Fall zu Fall Einzelprobleme zu lösen versuchte. Das hat dazu geführt, daß man sehr unterschiedliche grammatische Mittel einsetzte, um dieselben Differenzierungsfunktionen zu realisieren und daß in manchen Sprachen viele dieser morphologischen Mittel überlebt haben, während sie in anderen Sprachen zugunsten eines einzigen Markierungsmittels eliminiert wurden.

Umgekehrt können in einer natürlichen Sprache mit einer grammatischen Form unterschiedliche kognitive Differenzierungsfunktionen verbunden sein. So kann beispielsweise die deutsche Konjunktion *oder* in einem ausschließenden oder parallelisierenden Sinne gebraucht werden, während im Lateinischen streng zwischen dem ausschließenden *aut* und dem parallelisierenden *vel* unterschieden wird. Die unterschiedlichen kognitiven Differenzierungsfunktionen, die mit einer morphologischen Form verbunden sein können, lassen sich folgendermaßen erklären. Ursprünglich sind in der Sprache nur sehr allgemeine und grobe grammatische Differenzierungen vorgenommen worden, was sich im Laufe der Zeit als unzweckmäßig erwies. Das hat dann dazu geführt, daß man für spezielle Differenzierungsfunktionen auch spezielle Zeichenträger konventionell festlegte oder daß das Funktionsspektrum eines Zeichenträgers sich so auffächerte, daß er in unterschiedlichen Kontexten bzw. in Relation mit unterschiedlichen Interpretanten auch unterschiedliche Differenzierungsfunktionen wahrnehmen konnte.

Aus diesen Überlegungen ist vielleicht deutlich geworden, daß semiotische Form- und Funktionsanalysen grammatischer Zeichen nicht additiv nacheinander durchgeführt werden dürfen, sondern immer nur *integrativ* miteinander vorgenommen werden müssen, weil sich vor allem in den natürlichen Sprachen jede starre Zuordnungsmechanik von selbst verbietet. Was als grammatisches Zeichen anzusehen ist und welche Differenzierungsfunktionen mit ihm verbunden sein können, ergibt sich letztlich nur aus der Verschränkung von morphologischen und funktionalen Analysen. Funktionskräftige grammatische Zeichen brauchen ein klar identifizierbares morphologisches Fundament bzw. einen klar faßbaren Zeichenträger mit traditionell gefestigten Funktionen, aber morphologisch unterscheidbare Formen verweisen keineswegs automatisch auf unterschiedliche Differenzierungsfunktionen. Umgekehrt kann mit der gleichen grammatischen Form potentiell ein ganzes Spektrum von varianten Differenzierungsfunktionen verbunden sein, von denen in der konkreten Verwendung nur eine einzige aktualisiert zu werden braucht. Außerdem ist in Betracht zu ziehen, daß grammatische Formen im Laufe der Zeit ihre Differenzierungsfunktionen ändern können.

b) Differenzierungsfunktionen grammatischer Zeichen

Die Frage nach den Gesichtspunkten, mit deren Hilfe sich die Differenzierungsfunktionen grammatischer Zeichen beschreiben lassen, betrifft im Prinzip das Problem der Semantik grammatischer Formen, das in einem besonderen Kapitel noch ausführlich thematisiert werden wird. Deshalb sollen hier nur ein paar grundsätzliche Hinweise dazu gegeben werden, wie sich in semiotischer Perspektive das Problem der Bedeutung grammatischer Formen stellt.

Nach den allgemeinen Überlegungen zu den Grundlagen und Zielen der Semiotik ist offensichtlich, daß in dieser Theoriebildung alle Denkansätze in die Sackgasse führen, die davon ausgehen, daß grammatische Zeichen wohl abgegrenzte Seinseinheiten abbilden oder abbilden sollen. Die Semiotik muß sowohl für lexikalische als auch für grammatische Zeichen alle Formen einer *Ontosemantik* zurückweisen. Als Ontosemantik wird in diesem Zusammenhang die dem naiven Sprachbewußtsein relativ selbstverständliche Auffassung verstanden, daß das Inventar von sprachlichen Zeichen in einer symmetrischen Korrespondenz zu vorgegebenen ontischen Einheiten steht, seien es nun Einzelobjekte, Begriffe oder Relationsverhältnisse. Dieser Denkansatz, der im Hinblick auf lexikalische Zeichen zunächst ganz plausibel erscheint und der im Hinblick auf den Glauben an die realitätsabbildenden Funktionen wissenschaftlicher Begriffe eine besonders klare Ausprägung gefunden hat, ist teilweise auch auf grammatische Zeichen bezogen worden. Nicht zuletzt spielt er dort eine Rolle, wo grammatische Ordnungsstrukturen mit zeitenthobenen logischen Ordnungsstrukturen identifiziert worden sind.

Im Denkrahmen der Semiotik müssen alle ontosemantischen Denkansätze abgelehnt werden, weil sie der Fundierung der Semantik in der *Pragmatik* zuwiderlaufen. Nach Auffassung der Semiotik dienen Zeichen nämlich nicht dazu, die Realität auf der Ebene künstlicher Symbole gleichsam zu verdoppeln, sondern vielmehr dazu, kognitive Ordnungsmuster zu stabilisieren, mit denen man in Erkenntnis- und Kommunikationsprozessen erfolgreich handeln kann. Grammatische Zeichen repräsentieren für die Semiotik ebensowenig wie andere Zeichen vorgegebene ontische Einheiten, sondern höchstens kulturell erarbeitete Differenzierungsmuster, die sich im Laufe der Zeit bei der kognitiven und kommunikativen Bewältigung der Realität als praktikabel erwiesen haben. Insofern man für die semantischen Erkenntisinteressen der Semiotik in Opposition zu der sogenannten Ontosemantik einen programmatischen Begriff sucht, dann kann man vielleicht von einer *Differenzierungssemantik* sprechen, die sowohl auf lexikalische als auch auf grammatische Zeichen zu beziehen ist.

Wenn man im Rahmen der Semiotik nach der Bedeutung grammatischer Zeichen fragt, dann kann es nicht darum gehen, Spekulationen darüber anzustellen, wie gut oder wie schlecht durch sie ontische Ordnungsstrukturen abgebildet werden, sondern nur darum, aufzuklären, welche pragmatischen *Differenzierungsfunktionen* sie jeweils erfüllen und welche Motive hinter ihrer Entwicklung gestanden haben. Für grammatische Zeichen ergeben sich dabei zwei verschiedene Problemkreise. Einerseits kann danach gefragt werden, welche Differenzierungsleistungen sie bei der Bildung von Ordnungsmustern erbringen, mit denen wir unsere physischen, sozialen und geistigen Erfahrungswelten zu strukturieren versuchen. Andererseits kann danach gefragt werden, welche Differenzierungsleistungen sie bei der Bildung von Ordnungsmustern erbringen, mit denen wir aus einfachen sprachlichen Zeichen komplexe sprachliche Zeichen wie Satzglieder, Sätze und Texte herstellen. Es ist offensichtlich, daß diese beiden Frageweisen nach der kognitiven Strukturierungskraft und der organisierenden Ordnungskraft grammatischer Zeichen auf ganz unterschiedliche Typen von Bedeutung ausgerichtet sind, die noch näher zu untersuchen sind.

c) Das Inventar grammatischer Zeichen

Die Frage nach dem Umfang des Inventars grammatischer Zeichen ist zugleich eine Frage danach, ob schon alle grammatischen Zeichen identifiziert und klassifiziert worden sind. Im Rahmen des semiotischen Denkansatzes ist diese Frage keinesfalls so harmlos wie sie auf den ersten Blick erscheint. Insbesondere zwei Gesichtspunkte sind in diesem Zusammenhang näher zu berücksichtigen. Zum einen schafft die Verlagerung des Erkenntnisinteresses von der morphologischen auf die *pragmatische* Ebene ganz neue Möglichkeiten, grammatische Ordnungsmuster in der Sprache zu identifizieren und zu charakterisieren. Dazu sind allerdings sehr komplizierte metasprachliche Reflexionsprozesse notwendig, weil diese Betrachtungsweise sehr vielfältige Gesichtspunkte miteinander korrelieren muß und Informationsleistungen zu objektivieren hat, die uns normalerweise nur vorbewußt über das Sprachgefühl zugänglich sind. Zum anderen ergeben sich aus der Ausweitung des Gegenstandsfeldes der Grammatik von der Satz- auf die *Textebene* ganz neue Problembereiche und Tatbestände für die

Erfassung grammatischer Ordnungsstrukturen, was die Textlinguistik eindrucksvoll dokumentiert hat.

Die qualitative und quantitative Erweiterung des Suchfeldes für grammatische Zeichen im Rahmen der Semiotik und das Bestreben, durch neue Fragen neue grammatische Problemstrukturen und neue grammatische Zeichen zu entdecken, ist zwar inspirierend, aber durchaus nicht unproblematisch. Es besteht nämlich die Gefahr, daß man alle möglichen sprachlichen Konventionen, die irgendwie morphologisch faßbar sind, zu grammatischen Zeichen erklärt und dadurch den Umfang des Grammatikbegriffs so ausweitet, daß er ganz unspezifisch wird. Je unterschiedlicher die sprachlichen Phänomene sind, die man als grammatische Zeichen klassifiziert, desto unschärfere Aussagen muß man über sie machen. Je umfassender der Anspruch ist, das Sprachgefühl zu explizieren und vorbewußtes Handlungswissen in bewußtes Gegenstandswissen umzuformen, desto mehr läuft man Gefahr, triviale oder rein spekulative Aussagen zu machen.

Dennoch muß auch im Hinblick auf den Bereich der Grammatik die Tatsache ernst genommen werden, daß wir in Kommunikationsprozessen viel mehr Zeichen wahrnehmen und verarbeiten, als wir uns *bewußt* vergegenwärtigen können. Die morphologische Grammatikforschung ist selbst ein gutes Beispiel dafür, daß es unendlich mühsam ist, grammatische Ordnungsmuster zu entdecken und zu systematisieren, und daß neue Frageweisen auch immer wieder neue Erkenntnisse ermöglichen. Es ist sicher eine Illusion zu glauben, daß der Berg der Grammatik schon voll vermessen wäre. Die Grundthese der Semiotik, daß alle beobachtbaren Fakten bzw. Sachverhalte zu *Zeichen* und damit zu kognitiven Phänomenen erklärt werden können, wenn sie auf etwas anderes verweisen bzw. wenn man ihnen eine sinnvolle Interpretation zuordnen kann, ist für die Grammatikforschung Segen und Fluch zugleich. Sie zwingt dazu, die unterschiedlichsten sprachlichen Formen daraufhin zu befragen, ob sie einen Zeichencharakter haben, der als grammatisch qualifiziert werden kann. Sie zwingt weiter dazu, sich die Frage zu stellen, ob es neben den grammatischen Zeichen, die sich durch morphologisch klar faßbare Zeichenträger dokumentieren, auch noch grammatische Zeichen gibt, die ganz aus dem Rahmen unserer traditionellen Wahrnehmungsgewohnheiten für grammatische Phänomene fallen, weil sie entweder sehr *komplexe* Zeichenträger haben, die sich aus der spezifischen Kombination untergeordneter Zeichenträger bilden, oder weil sie Zeichenträger haben, die mit anderen morphologisch so *verwachsen* sind, daß sie kaum noch isoliert werden können. Kaznelson kommt deswegen wohl zu Recht zu der folgenden These: »*Die Grammatik gleicht einem Eisberg, dessen größter Teil unter dem Wasser liegt.*« [9]

Die Wahrnehmung und Interpretation von grammatischen Zeichen, deren Zeichenträger nicht direkt und klar in der Oberflächenstruktur der Sprache faßbar sind, sondern aus semantischen Implikationen, syntaktischen Kombinations- und Transformationsmöglichkeiten, topologischen Positionen usw. abgeleitet und erschlossen werden müssen, ist äußerst schwierig, aber unverzichtbar, wenn die grammatische Ordnungsstruktur der Sprache voll aufgeklärt werden soll. Insbesondere die *generative Transformationsgrammatik* und die *Textlinguistik* haben uns verdeutlicht, daß die traditionelle Grammatikforschung keineswegs alle Ordnungsstrukturen der Sprache zureichend erfaßt und beschrieben hat und daß ihre Aussagen keineswegs unser grammatisches Handlungswissen voll repräsentieren.

d) Ebenen der Grammatik

Die Frage nach den Möglichkeiten, grammatische Zeichen typologisch zu ordnen und bestimmten grammatischen Ebenen zuzuweisen, hängt eng mit dem semiotischen Problem zusammen, wie klar sich die Zeichenträger grammatischer Zeichen identifizieren und isolieren lassen. Die *typologische* Ordnung grammatischer Zeichen bedarf sorgfältiger empirischer Spezialforschung und muß nach Einzelsprachen bzw. Sprachfamilien differenziert werden. Für die *flektierenden, agglutinierenden* und *isolierenden* Sprachen stellen sich in diesem Zusammenhang jeweils ganz andere Probleme. Differenzierungsfunktionen, die in der einen Sprache mit lexikalischen Mitteln realisiert werden, werden in der anderen Sprache mit grammatischen Mitteln realisiert; Differenzierungsfunktionen, die in der einen Sprache mit Flexionsmorphemen realisiert werden, werden in der anderen Sprache durch spezifische Stellungsmuster von lexikalischen Zeichen realisiert; Differenzierungsfunktionen, die in der einen Sprache durch intonatorische Mittel realisiert werden, werden in der anderen Sprache durch topologische Mittel realisiert usw. Jede Sprache hat nicht nur ihr spezielles Inventar grammatischer Kategorien entwickelt, sondern auch spezielle Formen von Zeichenträgern, um diesen Kategorien Ausdruck zu geben.

Wenn man grob die formalen Möglichkeiten kategorial typisieren will, die als Zeichenträger für grammatische Zeichen in der deutschen Sprache in Frage kommen, so lassen sich vielleicht folgende Varianten nennen: 1. *Selbständige grammatische Morpheme* wie Konjunktionen, Präpositionen, Artikel, Pronomen, Partikeln; 2. *unselbständige grammatische Morpheme* wie Flexionsmorpheme und Wortbildungsmorpheme; 3. *Stellungsmuster* wie etwa die Subjektposition, die Stellung des adjektivischen Attributs vor dem Bezugsnomen oder die Position von Thema und Rhema im Satz; 4. *intonatorische Mittel* wie die Tonführung im Aussage- oder Fragesatz.

Diese typologische Kategorisierung möglicher Formen von Zeichenträgern für grammatische Zeichen ist noch sehr grob und betrifft nur die Ebene der Grammatik, die Humboldt[10] als »*ausdrückliche Grammatik*« bezeichnet hat und die er von der »*stillschweigenden*« unterschieden wissen will, welche er besonders in der flexionslosen chinesischen Sprache verwirklicht sieht. Kaznelson[11] spricht in diesem Zusammenhang im Anschluß an andere russische Sprachwissenschaftler von der »*evidenten Grammatik*«, die er von der »*latenten Grammatik*« absetzt.

Zu der *latenten Grammatik* rechnet Kaznelson diejenigen grammatischen Ordnungsstrukturen einer Sprache, die keinen klaren morphologischen Ausdruck finden bzw. keine klar isolierbaren Zeichenträger haben, sondern als Implikationen von einfachen oder komplexen Zeichen auftreten bzw. auf eine kaum auflösbare Weise mit anderen Zeichenträgern verwachsen sind. Zu dem Bereich dieser latenten Grammatik lassen sich beispielsweise die verschiedenen *Wortarten* rechnen, die morphologisch nicht immer klar markiert sind, sondern sich oft nur aus der syntaktischen Verwendungsweise der jeweiligen sprachlichen Zeichen ableiten lassen. Auch die *Valenz* von Verben wäre zu der Ebene der latenten Grammatik zu zählen, da sie morphologisch nicht direkt an der Verbform abgelesen werden kann, sondern sich aus der Menge der Zuordnungselemente ergibt, die dem Verb zugeordnet werden oder werden können. Auch die sogenannten *Nullmorpheme* wären in diesem Zusammenhang zu nennen. Als Nullmorpheme bezeichnet man morphologisch nicht existente Markierungen, die vom System grammatischer Oppositionen eigentlich zu erwarten sind, aber tatsächlich nicht auftreten, weil beispielsweise in Zweierparadigmen die morphologische Nicht-Markierung von grammatischen Informationen in Opposition zu einer Markierung pragmatisch gesehen durchaus die Funktion einer Markierung hat. Ein solches grammatisches Nullmorphem gibt es im Deutschen beim Plural des unbestimmten Artikels, der im Gegensatz zum bestimmten Artikel morphologisch keinen expliziten Ausdruck gefunden hat.

Das Problem der evidenten und latenten Grammatik hat auch Whorf[12] thematisiert, als er zwischen *offenliegenden* und äußerlich gut gekennzeichneten grammatischen Klassen (overt classes) einerseits und *verdeckten* und nicht explizit gekennzeichneten grammatischen Klassen (covert classes) andererseits unterschieden hat. Ein Beispiel für eine offenliegende grammatische Klasse ist ihm die Geschlechtsdifferenzierung bei *lateinischen* Substantiven. Ein Beispiel für eine verdeckte grammatische Klasse dokumentiert sich für ihn in der Geschlechtsdifferenzierung bei *englischen* Substantiven, die nur rudimentär über die jeweils verwendbaren Pronomen zu erschließen ist *(ship-she)*. Ein anderes Beispiel findet er in der Navajo-Sprache, wo bestimmte Gegenstände nicht durch die jeweiligen Bezeichnungen als *rund* oder *lang* gekennzeichnet werden, sondern allein durch die *Verben*, die mit den Bezeichnungswörtern jeweils kombiniert werden.

Auch die Unterscheidung von *Phänotypen* und *Kryptotypen* dient Whorf dazu, die evidente Grammatik von der latenten abzugrenzen. Alle traditionellen, morphologisch gut faßbaren grammatischen Kategorien bzw. Zeichen ordnet Whorf der Klasse der Phänotypen zu. Die klassische Grammatik ist für ihn im Prinzip eine Grammatik der *Phänotypen*, die durch eine Grammatik der Kryptotypen zu ergänzen ist. Unter *Kryptotypen* versteht Whorf die verdeckten grammatischen Kategorien, durch die sehr subtile Differenzierungen vorgenommen würden, die begrifflich schwer zu fassen seien und die sich vornehmlich auf der stilistischen Ebene bemerkbar machten. Solche grammatischen Kryptotypen zeigten sich beispielsweise darin, daß bei der Wortbildung bestimmte *Präfixe* und *Suffixe* nur mit bestimmten Wörtern kombinierbar seien, wodurch sich wiederum innerhalb der jeweiligen Wortarten spezielle Wortklassen bildeten. Auch die Zugehörigkeit von Wörtern zu bestimmten *Stilebenen* und *Wortfeldern* bzw. bestimmte *Kombinationskonventionen* oder *lexikalische Solidaritäten (Pferd-wiehern)* wären im Sinne von Whorf den sogenannten Kryptotypen zuzuordnen.

Es liegt in der Natur der Kryptotypen bzw. der Kategorien der latenten Grammatik, daß sie morphologisch schwer zu fassen und begrifflich schwer zu beschreiben sind, weil durch sie keine Basisdifferenzierungen vorgenommen werden, sondern eher nuancierende Feindifferenzierungen, die für Sinnbildungsprozesse auf der stilistischen Ebene allerdings unabdingbar sind. Gerade die Transformationsgrammatik mit ihrer

Unterscheidung zwischen *Oberflächenstruktur* und *Tiefenstruktur* einer Sprache und ihrer Analyse der *Selektionsbeschränkungen* bei der Kombination lexikalischer Einheiten hat uns für die Existenz der latenten Grammatik sensibilisiert und aufgezeigt, daß es auch dort noch grammatische Ordnungsstrukturen der Sprache gibt, wo wir diese eigentlich gar nicht mehr vermuten.

Die Programmierungsprobleme bei Computern für automatische Übersetzungen haben außerdem eindrucksvoll dokumentiert, wie viele grammatische Ordnungsstrukturen es in der Sprache noch gibt, die *unterhalb* der Wahrnehmungsschwelle der traditionellen Grammatik liegen. Diese Ordnungsstrukturen sind deshalb so schwierig zu fassen, weil sie einerseits nicht klar morphologisch markiert sind und weil sie andererseits als evolutionär gewachsene Ordnungen keine durchstrukturierten Paradigmen und Systeme bilden.

Die *Ausweitung* des grammatischen Erkenntnisinteresses von der Ebene der *evidenten* auf die Ebene der *latenten* Grammatik ist nicht unproblematisch, aber im Hinblick auf die semiotische Transformation des Grammatikbegriffs dennoch notwendig. Problematisch ist diese Ausweitung, weil der Begriff des grammatischen Zeichens funktionslos zu werden droht, wenn morphologisch keine klar faßbaren Zeichenträger auszumachen sind. Notwendig ist diese Ausweitung aber, weil auch auf dieser Ebene grammatische Beiträge zu Sinnbildungsprozessen geleistet werden, die zwar nicht so massiv wirksam sind wie auf der Ebene der evidenten Grammatik, die aber dennoch bei der Erzeugung von Konnotationen oder von ironischen Sprachstrukturen von großer Bedeutung sein können. Bei der Beherrschung einer Fremdsprache treten auf dieser grammatischen Ebene natürlicherweise die schwierigsten Probleme auf.

Selbst wenn die *latente* Grammatik einer Sprache nur annäherungsweise begrifflich und zeichentheoretisch erfaßt werden kann, so trägt dieses Konzept doch dazu bei, uns zu vergegenwärtigen, daß das Inventar grammatischer Zeichen in einem semiotischen Sinne noch nicht vollständig erfaßt ist, weil es nicht identisch mit den Formkategorien der traditionellen Grammatik ist. Von vielen grammatischen Zeichen haben wir zwar produktiv und rezeptiv ein faktisches *Handlungswissen*, das wir üblicherweise als Sprachgefühl bezeichnen, aber noch kein zureichend präzisiertes theoretisches *Gegenstandswissen*. Da die Semiotik nachdrücklich darauf aufmerksam macht, daß prinzipiell alle Sachverhalte Zeichencharakter haben können, sensibilisiert sie uns für die Aufgabe, auch dort noch *Zeichen* zu entdecken, wo auf den ersten Blick gar keine mehr zu erwarten sind.

3. Betrachtungsmöglichkeiten für sprachliche Zeichen

Im alltäglichen Sprachgebrauch betrachten wir die Termini *sprachliches Zeichen* und *Wort* üblicherweise als gleichbedeutend. Für die Unterscheidungsbedürfnisse der Sprachwissenschaft und der Semiotik ist diese Gleichsetzung allerdings viel zu grob. In ihrem Denkrahmen ist zu berücksichtigen, daß die Abgrenzung der sprachlichen Einheit *Wort* weithin durch bestimmte Rechtschreibkonventionen bestimmt ist, die allerdings nicht willkürlich sind, sondern auf bestimmten semantischen und syntaktischen Eigenschaften von sprachlichen Einheiten beruhen. Dennoch erweist es sich als sehr schwierig, stringente Normen für die Konstitution der sprachlichen Einheit *Wort* herauszuarbeiten.

Die Semiotik kann sich aus prinzipiellen Gründen nicht damit zufrieden geben, nur Wörter als sprachliche Zeichen anzusehen. Sie muß sich grundsätzlich alle Möglichkeiten offen halten, identifizierbare und isolierbare sprachliche Einheiten, in welcher Form und Komplexität auch immer, als sprachliche Zeichen klassifizieren zu können, sofern sie als Sinneinheiten interpretierbar sind. Die Sprachwissenschaft hat zwar immer wieder Wörter als Exempel benutzt, wenn sie in zeichentheoretische Diskussionen eingetreten ist, aber in der Praxis morphologischer und semantischer Analysen von sprachlichen Gebilden hat sie die *Wortebene* sowohl in Richtung auf das *Morphem* unterschritten als auch in Richtung auf den *Satz* und den *Text* überschritten.

Die Frage, welche sprachlichen Gebilde man als sprachliche Zeichen ansehen soll und wie man diese subklassifizieren kann, läßt sich nicht apriorisch beantworten, sondern nur relational im Hinblick auf ganz bestimmte zeichentheoretische Erkenntnisinteressen und Fragestellungen. Unter semiotischen Gesichtspunkten sind bei der Klassifizierung und Typologisierung von sprachlichen Zeichen insbesondere die Kriterien der *Abstraktivität*, der *Komplexität*, der *informativen Funktionalität* und der *semantischen Selbständigkeit* von großem Interesse. Diese Kriterien eröffnen für sprachliche Zeichen im allgemeinen und für grammatische Zeichen im besonderen eigenständige Erfassungsperspektiven, die dabei helfen können, den Rahmen aufzuklären, in dem von der Semantik grammatischer Zeichen gesprochen werden kann.

a)　Die Abstraktivität sprachlicher Zeichen

Wenn man sprachliche Zeichen als Differenzierungsmittel betrachtet, dann ergibt sich sofort die Frage, wie grob oder fein sie jeweils differenzieren bzw. welchen *Umfang* und welchen *Inhalt* die Begriffe haben, die sie repräsentieren sollen. Der Umfang eines Begriffs zeigt dabei an, welche gegebenen Sachverhalte unter einen Begriff fallen, und der Inhalt zeigt an, welche Merkmale alle Sachverhalte haben müssen, um unter den jeweiligen Begriff zu fallen. Daraus ergibt sich, daß Umfang und Inhalt eines Begriffs umgekehrt proportional zueinander sind. Je größer der Begriffsumfang ist, desto weniger Merkmale lassen sich anführen, die alle Einzelsachverhalte aufweisen müssen, um unter ihm zusammengefaßt werden zu können. Je umfangreicher ein Begriff ist, desto abstrakter und unspezifischer ist er *(Tulpe, Blume, Pflanze)*.

Für lexikalische Zeichen ist nun typisch, daß wir in der Regel für fast alle Sachbereiche Zeichen unterschiedlicher Abstraktivität haben. So können wir beispielsweise ein bestimmtes Wahrnehmungsphänomen kategorial als *Betriebskapital, Lebewesen, Säugetier, Kuh* oder *Dora* einstufen und somit je nach Kommunikationssituation in unterschiedlicher Differenzierungsgenauigkeit auf denselben Gegenstand Bezug nehmen. Diese Variabilität der begrifflichen Zuordnung ist pragmatisch sehr wichtig, weil dadurch implizit signalisiert wird, was jeweils thematisch sein soll und was nicht.

Durch den Abstraktionsgrad der verwendeten lexikalischen Zeichen können wir gleichsam auf indirekte Weise die Betrachtungsebene für die jeweiligen Sachverhalte festlegen.

Die Frage nach dem Abstraktionsgrad bzw. dem Umfang der mit ihnen verbundenen Begriffseinheiten läßt sich bei *grammatischen Zeichen* aus mehreren Gründen sehr viel schwerer beantworten als bei lexikalischen Zeichen. Zum einen beziehen sich grammatische Zeichen auf kognitive Ordnungseinheiten, deren Mitglieder sinnlich nicht wahrnehmbar sind, sondern selbst gedankliche Konstrukte sind. Sie verweisen gleichsam auf Abstraktionen von Abstraktionen, wenn man die sinnliche Wahrnehmung von empirischen Gegebenheiten als Basisebene ansieht. Zum anderen ist es schwierig, den Abstraktionsgrad grammatischer Zeichen festzulegen, weil sie sich hinsichtlich ihres Begriffsumfangs nicht wie lexikalische Zeichen in konzentrischen Kreisen ordnen lassen. Auf denselben Sachbereich kann nicht mit unterschiedlich abstrakten grammatischen Zeichen Bezug genommen werden. *Konjunktionen, Kasus* oder *Präpositionen* lassen sich in der Regel nicht hierarchisch nach Abstraktionsrang ordnen, sondern nur nach Differenzierungsfunktionen auf einer Referenzebene. Nur in Ausnahmefällen gibt es bei komplexen grammatischen Subsystemen wie etwa dem *Tempussystem* neben der Opposition auf der horizontalen Ebene auch noch Oppositionen auf der vertikalen Ebene, worauf noch näher in den Überlegungen zur Struktur grammatischer Felder eingegangen wird.

Der Tatbestand, daß grammatische Zeichen sich hinsichtlich ihres Abstraktionsgrades im Gegensatz zu lexikalischen Zeichen schlecht ordnen lassen, läßt sich genetisch und funktionell erklären. Grammatische Zeichen leisten in der Sprache offenbar so elementare kategoriale *Grunddifferenzierungen*, daß alle Feindifferenzierungen den lexikalischen Zeichen überlassen werden können. Die durch grammatische Zeichen realisierten Ordnungsstrukturen bilden offenbar ein Grundgerüst von kognitiven Differenzierungen, das immer und überall sinnvoll verwendet werden kann. Grammatische Grunddifferenzierungen haben sich sprachgeschichtlich so stabilisiert und bewährt, daß sie uns heute nicht mehr als kulturell erarbeitete Produkte menschlicher Differenzierungsanstrengungen erscheinen, sondern als naturgegebene Denkformen. Lexikalische Zeichen repräsentieren dagegen kognitive Differenzierungsanstrengungen, die nicht so fundamental sind wie die der grammatischen Zeichen und die sich deshalb nach Abstraktionsgrad und Abstraktionsinhalt sehr viel leichter verändern lassen.

Für diese Sichtweise spricht auch, daß grammatische Zeichen geschlossene Gruppen mit relativ wenigen, aber historisch sehr stabilen Mitgliedern bilden, während lexikalische Zeichen offene Gruppen bilden, denen ohne Schwierigkeiten neue Mitglieder für Differenzierungsleistungen auf horizontaler und vertikaler Ebene zugeordnet werden können. Daraus ergibt sich sprachgeschichtlich dann, daß sich die kognitiven Differenzierungsfunktionen, die mit lexikalischen Zeichenträgern verbunden sind, wesentlich schneller verändern können, als die, die mit grammatischen Zeichenträgern verbunden sind.

Die kognitiven Differenzierungsleistungen grammatischer Zeichen können von Sprache zu Sprache sehr verschieden sein, woraus zum Teil sehr schwierige Übersetzungsprobleme entstehen. Die kognitive Strukturierungskraft grammatischer Zeichen ist aber immer so fundamental, daß unser ganzes Sprach- und Denksystem nachhaltig gestört wird, wenn wir einzelne grammatische Zeichen eliminieren oder falsch gebrauchen. Den *metaphorischen* Gebrauch lexikalischer Zeichen können wir uns offenbar nur deshalb leisten, weil der metaphorische Gebrauch grammatischer Zeichen weitgehend ausgeschlossen ist.[13] Grammatische Zeichen bilden gleichsam den festen Stamm der Sprache, der garantiert, daß die lexikalische Krone sich üppig entwickeln kann. Wie beim Baum der Übergang vom Stamm zur Krone fließend ist, so ist auch der Übergang von grammatischen zu lexikalischen Zeichen fließend. Das ist eigentlich auch nicht erstaunlich, weil jeder Zeichenkonstitution das Prinzip der Abstraktion zugrunde liegt und weil die Abstraktivität grundsätzlich graduell steigerbar ist.

b) Die Komplexität sprachlicher Zeichen

Ebenso wie man sprachliche Zeichen nach dem Grad ihrer kognitiven Abstraktivität unterscheiden kann, so kann man sie auch nach dem Grad ihrer *morphologischen Komplexität* unterscheiden. In beiden Fällen läßt sich der Grad allerdings nicht absolut festlegen, sondern nur relational zu einem anderen Zeichen bzw. einer Grundnorm. So sind Sätze und Texte komplexere Zeichen als Wörter, aber Wörter komplexere Zeichen als Morpheme. Semiotisch gesehen ist es wichtig, daß sich komplexe Zeichen analytisch in einfachere Zeichen zerlegen lassen und einfache Zeichen synthetisch zu komplexeren kombiniert werden können. Dieser Sachverhalt hat wichtige systemtheoretische Implikationen, die direkt das Problem der operativen Funktionen grammatischer Zeichen betreffen.

Die *Gestaltpsychologie*[14] hat sich intensiv mit dem Problem beschäftigt, wie sich aus Teilen neue Ganzheiten bzw. Gestalten bilden und wie Ganzheiten in Teile zerlegt werden können. Dabei hat sie die alte These bekräftigt, daß das Ganze immer vor den Teilen da sei bzw. daß das Ganze mehr sei als die Summe seiner Teile. Diese *Übersummativitätsthese* der Gestaltpsychologie, die einerseits in Frage stellt, daß sich Ganzheiten bzw. Sinneinheiten aus der Addition von Teilen ergeben, und andererseits bestreitet, daß sich Sinneinheiten erschöpfend in ihre konstitutiven Bausteine aufgliedern lassen, zeigt, daß dem Phänomen der *Komplexität* nicht so einfach beizukommen ist. Die morphologische Ebene sprachlicher Komplexität ist zur Not noch einigermaßen stringent aufzuklären, damit ist aber die semantische Ebene sprachlicher Komplexität noch keineswegs aufgeklärt. So unverzichtbar die Kenntnis sprachlicher Regeln zur Bildung komplexer sprachlicher Zeichen ist, so wenig darf man glauben, daß man aus der Kenntnis sprachlicher Zeichen und sprachlicher Kombinationsregeln den Sinngehalt komplexer sprachlicher Zeichen stringent ableiten könnte.

Selbst die Addition von Elementen ist schon eine Form der Komplexität, die komplizierter ist, als es der erste Blick vermuten läßt. Der Physiker Eddington[15] hat eindrucksvoll verdeutlicht, welche Sinnprobleme sich im Zusammenhang mit allen Formen der Komplexität stellen. Wenn wir *eins* genau studiert hätten, dann glaubten wir, auch schon alles über *zwei* zu wissen, weil *zwei* ja nichts anders sei als *eins* und *eins*.

Was wir bei diesem Schluß aber voreilig übersähen, sei die Notwendigkeit des genauen Studiums von *und*.

Eddington will darauf aufmerksam machen, daß die genaue Kenntnis von isolierbaren Subeinheiten noch nicht die Kenntnis der jeweiligen komplexen Einheit garantiert, weil die Relationen zwischen den einzelnen Subeinheiten immer mit in Betracht gezogen werden müssen. Aus diesen Relationen resultiert das *Mehr* der Ganzheit gegenüber den Teilen. Aus semiotischer Perspektive müssen wir hinzufügen, daß zum Verständnis komplexer sprachlicher Zeichen das Verständnis der Relationen zwischen den einfachen Zeichen zwar eine notwendige, aber keineswegs eine zureichende Bedingung ist, um den Sinngehalt komplexer Zeichen zu verstehen.

Wichtig an der Argumentation von Eddington ist in phänomenologischer, semiotischer und grammatischer Hinsicht, daß wir bei komplexen Phänomenen den *Relationen* zwischen den Elementen mehr Aufmerksamkeit schenken müssen, als wir üblicherweise gewöhnt sind. Dazu bedarf es einer besonderen methodischen Konzentration unseres Erkenntnisinteresses, weil die Relationen zwischen den Elementen auf einer anderen logischen Ebene liegen als die Elemente selbst. Gegenstand grammatischer Reflexionen darf deshalb nicht nur der kognitive Gehalt bzw. die Abstraktivität grammatischer Zeichen sein, sondern muß auch ihr morphologischer und semantischer Beitrag zur Konstitution komplexer sprachlicher Zeichen bzw. sprachlicher Sinneinheiten sein. So ist es sicher auch kein Zufall, daß Eddington gerade das grammatische Zeichen *und* zum Ausgangspunkt seiner Überlegungen für das gemacht hat, was er »*Secondary Physics*« oder *Organisation* nennt.

Auch Humboldt hat im Zusammenhang mit seinen Überlegungen zum Status der *Konjunktionen* darauf aufmerksam gemacht, daß das Studium komplexer sprachlicher Einheiten methodisch bei den sprachlichen Mitteln anzusetzen habe, die die Relationen zwischen den jeweiligen Subeinheiten spezifizierten. Da die Konjunktion als sprachliches Zeichen die Beziehung zweier Sätze aufeinander anzeige, liege »*ein doppeltes Zusammenfassen, eine verwickeltere Synthesis in ihr.*« [16]

Wenn wir Eddingtons und Humboldts Denkansatz bei der Analyse komplexer Sinneinheiten folgen und grammatische Zeichen nicht nur als kognitive Werkzeuge, sondern auch als Indikatoren für Sinnrelationen zwischen anderen Zeicheneinheiten betrachten, dann geraten wir unausweichlich in einen hermeneutischen Zirkel. Wir müssen die synthetisierende Kraft grammatischer Zeichen immer schon irgendwie intuitiv verstanden haben, bevor wir ihre speziellen Relationsfunktionen begrifflich thematisieren können.

Abschließend läßt sich feststellen, daß alle komplexen Ordnungsgebilde zwei logisch zu unterscheidende Typen von Subeinheiten haben müssen, nämlich solche, die *organisiert werden*, und solche, die *organisieren*. Hinsichtlich von komplexen sprachlichen Ordnungsgebilden bzw. Zeichen bedeutet das, daß sie aus Subzeichen mit *Nennfunktion* bestehen, die zur kategorialen Strukturierung von Sachverhalten dienen, und aus Subzeichen mit *Organisationsfunktion*, die zur Korrelation und Interpretation von Nennzeichen dienen. Da nur relational festzulegen ist, was jeweils Nennzeichen und was Organisationszeichen ist, können *Nennzeichen* einen unterschiedlichen morphologischen Komplexitätsgrad haben. In der Regel sind es *Wörter, Wortkombinationen* und *Sätze*, es können aber auch *Morpheme* in Wörtern sein oder *Teile* von Texten. *Grammatische Zeichen* können funktionell der Klasse sprachlicher Zeichen mit *Organisations-* und *Interpretationsfunktion* zugeschrieben werden, weil sie den Stellenwert von lexikalischen Zeichen in Sinnbildungsprozessen präzisieren und damit Unordnung bzw. Entropie vermindern.

c) Die informative Funktionalität sprachlicher Zeichen

Die Einsicht, daß komplexe Zeichen aus Subzeichen unterschiedlichen logischen Typs bestehen, insofern sie sich aus Zeichen mit Nennfunktionen und Zeichen mit Organisationsfunktionen zusammensetzen, ist nicht neu. Schon Lambert[17] hat im Hinblick auf die semiotische Analyse mathematischer Zeichengebilde vor über 200 Jahren betont, daß man die »*Zeichen der Größen*« von den »*Zeichen der Operationen*« unterscheiden müsse. Humboldt[18] hat hervorgehoben, daß man die Wörter unterscheiden müsse »*in solche, welche die Materie, den Gegenstand, und solche, welche die Form, die Thätigkeit des Denkens betreffen*«. Die Eigentümlichkeit der letzteren Wörter, die er »*logische oder dialektische*« nennt, bestehe darin, daß sie nicht Gegenstände oder Eigenschaften von Gegenständen bezeichneten, »*sondern nur Beziehungen und Verhältnisse der Begriffe und Dinge aufeinander, und zu dem Verstande, durch den sie gedacht werden*«.

Um den unterschiedlichen Bezugsbereich und damit logischen *Status* sprachlicher Zeichen und Aussagen zu kennzeichnen, ist es heute üblich, von Objektsprache und Metasprache zu sprechen. Diese Unterscheidung ist im Rahmen der Analyse von paradoxen Aussagestrukturen entwickelt worden, um klar zwischen Aussagen über nicht-sprachliche Sachverhalte und Aussagen über sprachliche Sachverhalte zu unterscheiden. Das Problem selbst ist allerdings in den Suppositionslehren der Scholastik schon ausführlich thematisiert und behandelt worden.

Die Termini *Objektsprache* und *Metasprache* legen den Glauben nahe, daß man das Problem der logischen Stufung von Zeichen ontologisch bewältigen könne, insofern man die Zeichen für die Ebene der Objekte von den Zeichen für die Ebene der Sprache unterscheidet. Ein solches Denkmodell hat beispielsweise Bocheński[19] entwickelt, der eine ontologisch-semantische Stufentheorie postuliert hat, bei der die Welt des Seienden als Nullstufe angesetzt wird. Die Zeichen, die sich auf diese Stufe beziehen, sind dementsprechend Zeichen der 1. semantischen Stufe bzw. Zeichen der Objektsprache. Die Zeichen, die sich auf die Objektsprache beziehen, sind dementsprechend Zeichen der 2. semantischen Stufe bzw. Zeichen der Metasprache usw.

Dieses ontologische Denkmodell ist erkenntnistheoretisch sehr problematisch und für sprachliche Analysen kaum handhabbar. Deshalb ist es sehr viel sinnvoller, Objektsprache und Metasprache ganz unabhängig von ontologischen Hypothesen rein *relational* zu definieren. Das führt dann dazu, daß der Sinn des Terminus *Objekt* sich völlig verändert. Zur *Objektsprache* gehören dann die Sprachformen, die Objekte unserer Betrachtung sind, und zur *Metasprache* die Sprachformen, mit denen wir über die Objektsprache reden. Um bei dieser relationalen Betrachtungsweise alle ontologischen Implikationen auszuklammern, kann man deshalb auch ganz schlicht von *Sprache* und *Metasprache* sprechen. Was dann jeweils Sprache und Metasprache bzw. Basisebene und Metaebene ist, muß dann von Fall zu Fall festgelegt werden.

Das rein *relationale* Denkmodell von Sprache und Metasprache ist für die Analyse sprachlicher Kommunikationsprozesse sehr fruchtbar, weil es uns dafür sensibilisiert, daß Einzelinformationen nicht alle auf der gleichen logischen Stufe nebeneinander stehen, sondern *hierarchisch* geordnet sind und sich in sehr unterschiedlichen Formen immer wieder interpretierend aufeinander beziehen können. Diese Interpretationsfunktion einer Information für eine andere Information kann explizit signalisiert werden, sie kann sich implizit aus dem Strukturaufbau eines komplexen Zeichens ergeben oder sie kann aus der Wahrnehmungsweise für bestimmte Informationen abgeleitet werden.

Für grammatische Analysen läßt sich das relational zu verstehende Modell von Sprache und Metasprache noch einmal auf das Modell von *Zeichen* und *Metazeichen* bzw. von *Information* und *Metainformation* vereinfachen. Dadurch wird dann ganz klar, daß es bei der Unterscheidung von Sprache und Metasprache nicht um die Unterscheidung von wohl abgegrenzten Zeichensystemen geht, sondern um die relationale Zuordnung von kategorial unterschiedlichen *Informationsinhalten*. Das ist für semiotisch orientierte grammatische Analysen ganz besonders wichtig, weil nun keine Notwendigkeit mehr besteht, das Inventar grammatischer Zeichen vollständig aufzuzählen. Es ergibt sich dadurch vielmehr die Aufgabe, grammatische Zeichen aus der *Informationsfunktion* bestimmter sprachlicher Zeichen für andere sprachliche Zeichen abzuleiten.

Die relationale Unterscheidung von *Information* und *Metainformation* kann auf sprachliche Zeichen unterschiedlichen Komplexitätsgrades vom Morphem bis zum Text angewendet werden bzw. auf unterschiedliche Ebenen der Zeichenbildung vom Wort bis zum Text. Die Begriffe Information und Metainformation haben keine Bezüge zu vorgegebenen Seinskategorien, sondern nur zu *Betrachtungskategorien*. Sie dienen allein dazu, kategorial unterschiedliche Informationsschichten in komplexen Zeichen analytisch voneinander zu trennen und funktional aufeinander zu beziehen. Ebenso wie die Begriffe Ganzheit und Teil korrelativ zu verstehen sind, weil sie sich auf verschiedenen Komplexitätsstufen sinnvoll verwenden lassen, so sind auch die Begriffe Information und Metainformation *korrelativ* zu verstehen.

Die analytische Trennung von Information und Metainformation bei der strukturellen Analyse komplexer Zeichen hat ihr Gegenstück in der analytischen Trennung von *Gegenstandsbewußtsein* und *Reflexionsbewußtsein* bei der strukturellen Analyse des Bewußtseins. Es wurde schon hervorgehoben, daß sich die Struktur des Bewußtseins phänomenologisch dadurch kennzeichnen läßt, daß jeder gegenständlich orientierte Bewußtseinsinhalt (intentio recta) unabhängig von seinem aktuellen Inhalt sich auf einer logisch höheren Stufe wieder zum Gegenstand eines interpretierenden Bewußtseinsaktes (intentio obliqua) machen läßt. Aus der konstruktiven Verschränkung von *sachthematischen* und *reflexionsthematischen* Denkanstrengungen und Denkinhalten können dann Sinngebilde von immer größerer äußerer und innerer Komplexität entstehen.

Die Parallelität zwischen der reflexiven Struktur des Bewußtseins und der reflexiven Struktur der Sprache ist eigentlich nicht überraschend. Wenn nämlich die Sprache als Manifestation und Medium des Bewußtseins und des Denkens zu betrachten ist, dann muß sie auch eine dem Bewußtsein und dem Denken *analoge* Strukturordnung haben. [20] Sprache und Bewußtsein müssen interpretativ auf ihre eigenen Manifestationsformen Bezug nehmen können, weil ihnen sonst kein universaler Operationsrahmen zugebilligt werden kann. Nur dann ist es nämlich möglich, das begrenzte Inventar sprachlicher Formen so flexibel zu verwenden, daß immer wieder neue Sinngestalten konstituiert werden können.

Die sprachlichen Mittel, um sprachliche Sinneinheiten unterschiedlicher Komplexität metainformativ zu interpretieren oder in ihrer spezifischen Relation zueinander zu qualifizieren, sind außerordentlich vielfältig. Semiotisch und strukturtheoretisch gesehen kann nämlich im Prinzip jede Einzelinformation metainformativ auf eine andere bezogen werden, wenn man seinen *Betrachtungsrahmen* entsprechend organisiert. Da unser relationsstiftendes Denken aber nicht absolut frei aktualisiert wird, sondern durch pragmatische Motive gesteuert wird, die biologisch und funktional bedingt sind, ergeben sich doch recht verläßliche Anhaltspunkte, um bestimmte Einzelinformationen relational als Basisinformation oder Metainformation zu kennzeichnen.

Bei der Relation von Information und Metainformation haben wir prinzipiell zwischen *expliziten* und *impliziten* Formen zu unterscheiden. *Explizite Formen* liegen immer dann vor, wenn wir eine Basisinformation durch eine direkte Aussage metainformativ qualifizieren. Dieser Fall ist beispielsweise gegeben, wenn wir die Bedeutung von Wörtern definieren, wenn wir Aussagen oder Texte auf ihren Wahrheitsgehalt hin qualifizieren oder auf ihren Sinngehalt hin interpretieren, wenn wir die grammatische Struktur von sprachlichen Gebilden beschreiben usw. Oft benutzen wir sogar metainformative Aussagefloskeln, um den metainformativen Status einer Aussage im Hinblick auf eine Basisinformation klar zu signalisieren (*Das heißt* . . .; *damit meine ich* . . . usw.). Auch die performativen Formeln, mit denen der Handlungsgehalt von Basisinformationen explizit qualifiziert wird, lassen sich zu den expliziten Formen der Metainformation rechnen (*Ich warne dich* . . .; *ich empfehle dir* . . .). [21]

Die *impliziten Formen* der Metainformation sind sehr vielfältig und abschließend nicht aufzuzählen. Zu ihnen sind alle Formen von Andeutungen und Anspielungen zu rechnen. Zu ihnen gehören aber auch alle Formen von grammatischen Informationen, die in funktionierenden Kommunikationsprozessen nicht ausdrücklich thematisiert werden, sondern gleichsam mitlaufen. Die Tatsache, daß mit grammatischen Zeichen keine thematischen Informationen verbunden sind, sagt vorerst allerdings noch nichts über die Wichtigkeit und Notwendigkeit grammatischer Informationen aus, sondern nur etwas über den psychologischen Aspekt der Aufmerksamkeitslenkung und Aufmerksamkeitskonzentration in Kommunikationsprozessen.

Grammatischen Zeichen kann in Relation zu lexikalischen Zeichen deshalb ein *metainformativer Status* zugeschrieben werden, weil sie den syntaktischen Stellenwert und die spezifischen Sinnbezüge lexikalischer Zeichen beim Aufbau komplexer Zeichen qualifizieren können. Die metainformativen Interpretationsfunktionen grammatischer Zeichen für lexikalische Zeichen nehmen wir normalerweise nicht *bewußt* wahr. Sie werden erst dann explizit wahrnehmbar, wenn sich unser thematisches Interesse von den jeweiligen Sachproblemen auf die *medialen* Bedingungen der Objektivierung von Sachproblemen verlagert hat. In solchen Situationen kann dann die metainformative Funktion grammatischer Zeichen, die normalerweise im Rahmen des *Sprachgefühls* erfaßt und verarbeitet wird, ausdrücklich als solche thematisiert werden. Solche Analyseprozesse sind im schriftlichen Sprachgebrauch mit seinen Möglichkeiten zu zeitgedehnten Rezeptions- und Produktionsvorgängen leichter anzustellen als im mündlichen Sprachgebrauch.

Zu berücksichtigen ist in diesem Zusammenhang auch, daß die metainformative Funktion morphologisch selbständiger grammatischer Zeichen (Konjunktionen, Partikeln) natürlich leichter zu erfassen ist als die von morphologisch unselbständigen grammatischen Zeichen (Flexionsmorpheme). Außerdem ist zu beachten, daß bestimmte Metainformationen wahlweise in expliziter Form durch Aussagen oder in impliziter Form durch grammatische Zeichen realisiert werden können. So läßt sich eine Information beispielsweise explizit mit Hilfe eines vorgeschalteten *Verbums dicendi* metainformativ als referierte Information qualifizieren *(Er sagte, daß die Entscheidung morgen fällt)* oder implizit durch die Verwendung des *Konjunktiv I (Morgen falle die Entscheidung)*.

Das Ausmaß grammatischer Metainformationen in Äußerungen hängt von der jeweiligen Äußerungssituation und der Textsorte ab. Generell läßt sich sagen, daß stark situationsgebundene mündliche Kommunikationsformen im Prinzip weniger grammatische Metainformationen benötigen als situationsabstrakte schriftliche Kommunikationsformen, weil auch die *Situation*, die *Mimik*, die *Gestik* und die *Intonation* auf metainformative Weise sprachliche Basisinformationen qualifizieren können. Es ist deshalb auch nicht erstaunlich, daß sich der reduzierte oder mangelhafte Gebrauch grammatischer Zeichen im schriftlichen Sprachgebrauch störender auswirkt als im mündlichen Sprachgebrauch. Plausibel ist in diesem Zusammenhang auch, daß Kinder sich beim Spracherwerb zunächst stark auf die Vergrößerung ihres Inventars von lexikalischen Zeichen konzentrieren und erst nach und nach Interesse für den Erwerb grammatischer Zeichen aufbringen, die es ihnen dann allerdings mehr und mehr erlauben, die Sprache als situationsabstraktes autonomes Sinnbildungsmedium einzusetzen. [22]

d) Die semantische Selbständigkeit sprachlicher Zeichen

Die Überlegungen zur Komplexität und informativen Funktionalität sprachlicher Zeichen haben deutlich gemacht, daß man in der Sprache funktionell gesehen zwei große Kategorien von Zeichen unterscheiden kann, nämlich Zeichen mit *Nennfunktion* und Zeichen mit *Organisations-* bzw. *Interpretationsfunktion* für Zeichen mit Nennfunktion. Diese Unterscheidung hat nicht nur systemtheoretische und logische Aspekte, sondern auch *psychologische*, wenn man an die Möglichkeiten der bewußten Vergegenwärtigung des semantischen Gehalts sprachlicher Zeichen denkt bzw. an die Thematisierung der mit ihnen verbundenen Zeichenobjekte und Zeicheninterpretationen. Die Thematisierung grammatischer Informationen setzt eine Umorientierung unseres Gegenstandsbewußtseins voraus, die nicht leicht ist.

Die kategoriale Gliederung der sprachlichen Zeichen bzw. Wörter in zwei große Gruppen unterschiedlicher Funktionalität und Semantizität ist immer wieder festgestellt und in varianten Perspektiven und Terminologien thematisiert und analysiert worden. Die hier getroffene Unterscheidung von Nennzeichen und Organisationszeichen bzw. von lexikalischen Zeichen und grammatischen Zeichen spiegelt sich auch in den folgenden terminologischen Varianten wider: *Inhaltswörter – Funktionswörter; Prädikatoren – Relatoren; materielle Sprachelemente – formelle Sprachelemente; eidetische Zeichen – operative Zeichen; Designatoren – Formatoren; lexikalische Wörter – strukturelle Wörter; expositionelle Formen – kompositionelle Formen; kategorematische Ausdrücke – synkategorematische Ausdrücke; autosemantische Wörter – synsemantische Wörter* usw. Alle diese Oppositionspaare fassen denselben Problembereich ins Auge, wenn auch in je unterschiedlichen Nuancierungen.

Durch diese Oppositionspaare wird ein Denkhorizont konstituiert, in dem grammatischen Zeichen ein *akzessorischer* Charakter zukommt. Dabei wird davon ausgegangen, daß sich das thematische Bewußtsein normalerweise immer auf die lexikalischen Nennzeichen konzentriert, die damit gleichsam die logische Voraussetzung für die Existenz und Funktion grammatischer Organisationszeichen bilden. So gesehen ist dann mit lexikalischen Zeichen eine rudimentäre Kommunikation möglich, weil sie einen Sinn in sich selbst haben, während mit grammatischen Zeichen keine Kommunikation möglich ist, weil sie erst in Bezug auf lexikalische Zeichen einen Sinn bekommen.

Aus der Beobachtung, daß die Sprache ein Zweiklassensystem aus Nennzeichen und aus Organisationszeichen ist, hat Husserl[23] in seinen Überlegungen zu der Idee einer *reinen Grammatik* den Schluß gezogen, daß in der Sprache zwischen *selbständigen* und *unselbständigen Inhalten* bzw. *Bedeutungen* zu unterscheiden sei. Bedeutungen seien dann selbständig, wenn sie die volle und ganze Bedeutung eines konkreten Bedeutungsaktes ausmachten, und dann unselbständig, wenn sie nur einen Teilakt repräsentierten, der der Ergänzung durch andere Akte bedürfe.

Der Psychologe Glanzer[24] hat durch Gedächtnisexperimente zu klären versucht, welcher Grad von semantischer Selbständigkeit bzw. Sinnhaftigkeit Nennzeichen und Organisationszeichen bewußtseinsmäßig zukommt. Zu diesem Zweck hat er einerseits Nennzeichen bzw. Inhaltswörter und andererseits Organisationszeichen bzw. Funktionswörter mit sinnlosen Silben kombiniert *(food – yig, he – zot)*. Dabei hat sich herausgestellt, ·daß es signifikant leichter war, sinnlose Silben in Kombination mit Inhaltswörtern zu lernen und zu behalten als in Kombination mit Funktionswörtern. Offenbar ist es notwendig und hilfreich, eine konkrete *Basisvorstellung* zu haben, bevor man eine metainformative *Zusatzinformation* dazu erfaßt bzw. den dafür notwendigen Zeichenträger im Gedächtnis behält.

In einem anderen Experiment hat Glanzer Dreiergruppen gebildet, bei denen zwischen zwei Unsinnssilben ein Inhaltswort oder ein Funktionswort plaziert wurde. Dabei hat er festgestellt, daß *Konjunktionen* in dieser spezifischen Anordnung am besten behalten werden gefolgt von *Präpositionen, Pronomen* und *Adverbien,* während *Verben* unter diesen Umständen am schlechtesten behalten werden. Daraus ergibt sich, daß Funktionswörter dann am besten im Gedächtnis haften bleiben, wenn ihre *formalen* Kontextbedingungen erfüllt werden. Relativ gleichgültig ist dabei, ob das, was relationiert wird, sich inhaltlich schon konkretisiert hat oder nicht.

Die beiden Experimente Glanzers zeigen, daß Inhaltswörter offenbar deswegen leichter als Funktionswörter im Gedächtnis bleiben, weil sie einen höheren Grad semantischer *Autonomie* und *Autarkie* haben. Funktionswörter bleiben als Sinneinheiten offenbar nur dann gedächtnismäßig präsent, wenn sie wenigstens formal ihre spezielle Organisationsfunktion realisieren können. Man kann deshalb grammatische Zeichen, seien es nun morphologisch selbständige oder unselbständige Morpheme, wohl zu Recht als *synsemantisch* im Hinblick auf ihre Funktion bei der Herstellung komplexer Sinneinheiten bezeichnen.

Plausibel ist auch, daß *synsemantische* Funktionswörter gedächtnismäßig leichter verloren gehen als *autosemantische* Inhaltswörter. Ebenso wie wir bei einer Reise die verschiedenen Wegweiser nur dann wahrnehmen, wenn wir sie als Entscheidungshilfen brauchen, und sie sofort wieder vergessen, wenn sie ihre Funktion erfüllt haben, so nehmen wir auch grammatische Zeichen nur kurzfristig im Prozeß der Sinnbildung wahr und vergessen sie sofort, wenn dieser Prozeß auf der jeweils aktuellen Komplexitätsstufe abgeschlossen ist. Im Gedächtnis werden relativ autonome semantische Inhalte unterschiedlicher Komplexität gespeichert, aber nicht alle Elemente und Verfahren zur Erzeugung dieser Inhalte. Grammatische Zeichen haben gleichsam eine *Leiterfunktion.* Wenn wir mit ihrer Hilfe eine bestimmte semantische Komplexitätsstufe erreicht haben, werden sie funktionell überflüssig und können wieder vergessen werden. Unser Gegenstandsbewußtsein interessiert sich normalerweise nämlich nicht für den Satzbau, sondern für den *Satzsinn,* nicht für den Textbau, sondern für den *Textsinn.*

Der Grad der semantischen Selbständigkeit lexikalischer und grammatischer Zeichen bzw. ihr Anteil bei der Bildung relativ autonomer Sinneinheiten läßt sich auch noch durch ein anderes Experiment erläutern, das Wissemann[25] durchgeführt hat. Er hat in einem Satz einerseits alle *lexikalischen* Zeichen eliminiert und andererseits alle *grammatischen* Zeichen und dann die beiden Satzvarianten Versuchspersonen zur Sinnrekonstruktion vorgelegt. Wenn wir in diesem Zusammenhang einmal außer acht lassen, daß die genaue Abgrenzung von lexikalischen und grammatischen Zeichen ein eigenes Problem darstellt und daß sich lexikalische Zeichen eigentlich nicht vollständig entgrammatikalisieren lassen, weil beispielsweise ihre Wortartzugehörigkeit selbst bei Tilgung aller Flexionsmorpheme noch identifizierbar bleibt, so ist das Experiment doch sehr aufschlußreich. Es ergeben sich dann folgende Satzvarianten:

1. Es ist * zu * -en, was man * -t, wenn man durch die * des * -s * in die * des * -s * -t wird.
2. Beschreiben – empfinden – Flugzeug – Landung – Orient – plötzlich – unmöglich – Welt – versetzen.
3. Es ist unmöglich zu beschreiben, was man empfindet, wenn man durch die Landung des Flugzeugs plötzlich in die Welt des Orients versetzt wird.

Bei Wissemanns Experiment hat sich ergeben, daß die Versuchspersonen aus dem entgrammatikalisierten Satz im Gegensatz zu dem entlexikalisierten Satz den ursprünglichen Satzsinn abgesehen von kleinen Varianten sehr gut rekonstruieren konnten, obwohl noch eine Schwierigkeit dadurch eingebaut war, daß die lexikalischen Zeichen nicht in der ursprünglichen Reihenfolge, sondern alphabetisch geordnet präsentiert worden waren. Der Versuch Wissemanns belegt eindrucksvoll, daß es unmöglich ist, aus den *metainformativen* grammatischen Informationen eines Satzes eine plausible Sinngestalt zu synthetisieren, während uns das aus den *informativen* lexikalischen Zeichen durchaus möglich ist. Offenbar ist es so, daß wir beim Fehlen von grammatischen Metainformationen zur Konstitution komplexer sprachlicher Zeichen diese aus der Semantik der lexikalischen Zeichen und den allgemeinen Kontextbedingungen mehr oder weniger leicht rekonstruieren können.

Dieser Sachverhalt scheint den Schluß nahezulegen, daß die metainformative Informationsfunktion grammatischer Zeichen eigentlich ein semantisches Überflußphänomen ist, weil sie ja auch aus anderen Kommunikationsfaktoren ableitbar ist. Auch die relativ gute Verständlichkeit der mündlich realisierten Sprache, die oft grammatisch sehr mangelhaft durchstrukturiert ist, scheint in diese Richtung zu deuten. Dennoch ist die These vom Redundanzcharakter metainformativer grammatischer Informationen falsch, weil sie allenfalls einen Teilbereich grammatischer Informationen betrifft.

Es ist sicher richtig, daß wir grundlegende grammatische Informationen wie die, die die *Subjekt-Prädikat-Relation*, die *Objektsrelation* oder die *Attributsrelation* betreffen, automatisch aus unserer Kenntnis der lexikalischen Zeichen und der Welt rekonstruieren. Insofern haben diese grammatischen Informationen dann in der Tat nur eine präzisierende Funktion. Nicht rekonstruieren können wir aus den lexikalischen Zeichen allerdings die grammatischen Informationen, die sich auf die Gesprächssituation selbst beziehen bzw. auf das, was Bühler[26] als das *Zeigfeld* der Sprache bezeichnet hat, nämlich die *pronominalen, lokalen* und *temporalen* Verweise. Ebensowenig lassen sich solche grammatischen Informationen rekonstruieren, die sich auf die Stellung des Sprechers zu den von ihm geäußerten Inhalten beziehen, wie sie etwa durch die *Modusformen*, die *Sprechaktindikatoren* oder die *Negationsformen* zum Ausdruck kommen.

Wie überall in der Sprache, so gibt es auch im Bereich grammatischer Informationen die Erscheinung der Überflußinformation bzw. der Redundanz, um mögliche Mißverständnisse so klein wie möglich zu halten. Aber die Redundanz ist keineswegs ein konstitutives Merkmal grammatischer Informationen. Der synsemantische Charakter grammatischer Zeichen ist nur *logisch* zu verstehen, er impliziert keine grundsätzliche pragmatische Redundanz grammatischer Informationen.

4. Lexikalische und grammatische Zeichen

Die Unterscheidung von *lexikalischen* und *grammatischen* Zeichen ist für die semiotische Transformation des Grammatikbegriffs von grundlegender Bedeutung. Obwohl in den vorangegangenen Überlegungen von diesen Begriffen schon ausführlich Gebrauch gemacht worden ist, empfiehlt es sich, sie abschließend noch einmal zusammenfassend hinsichtlich ihres Inhalts und Umfangs ins Auge zu fassen und hervorzuheben, daß sie semiotisch gesehen *relationale* Ordnungsbegriffe darstellen, die nur in einer funktionellen Relation zueinander konkret zu bestimmen sind.

Grundlegend für die Unterscheidung von lexikalischen und grammatischen Zeichen, die sich ganz besonders auf der Komplexitätsebene des *Satzes* bewährt, die aber auch auf die des Wortes und die des Textes ausgedehnt werden kann, ist die alte hermeneutische und semiotische Einsicht, daß komplexe Zeichen aus Subzeichen bestehen, die organisiert und interpretiert werden, und aus Subzeichen, die organisieren und interpretieren. Bühler hat deswegen die Sprache ausdrücklich als ein *Zweiklassensystem* bezeichnet und das methodologische »*Dogma vom Lexikon und von der Syntax*«[27] aufgestellt bzw. vom »*Symbolfeld*« und vom »*Zeigfeld*« in der Sprache gesprochen.

Auf der Ebene des *Satzes* läßt sich die Opposition von lexikalischen und grammatischen Zeichen gut verwenden, wobei die *lexikalischen Zeichen* im Prinzip mit den sogenannten *autosemantischen Inhaltswörtern* identifizierbar sind und die *grammatischen Zeichen* mit den *synsemantischen Funktionszeichen*, die morphologisch als selbständige oder unselbständige Morpheme auftreten oder aus Stellungsmustern resultieren können. Wenn man allerdings die Betrachtungsebene des Satzes zum Wort hin unterschreitet und zum Text hin überschreitet, dann werden die Begriffe lexikalische Zeichen und grammatische Zeichen etwas problematisch, weil sich insbesondere mit dem Begriff des lexikalischen Zeichens sehr leicht die Assoziation *Wort* einstellt, die allerdings auf diesen Ebenen nicht mehr tragfähig ist.

In rein funktionalen Betrachtungsweisen sollte man deshalb besser von *Nennzeichen* und *Organisationszeichen* sprechen, weil sich bei diesen Begriffen keine Assoziationen zu bestimmten morphologischen Erscheinungsformen bzw. Zeichenträgern von Sprachzeichen einstellen und diese Begriffe leichter rein relational zu verstehen sind. Was ein Nennzeichen und was ein Organisationszeichen ist, muß dann auf jeder Analyseebene speziell konkretisiert werden.

Lexikalische Zeichen im Sinne von *Nennzeichen* sind so gesehen alle sprachlichen Zeichen, die relativ abgeschlossene *Basisinformationen* vermitteln, die durch grammatische Zeichen zu immer größeren semantischen Sinneinheiten kombiniert werden können bzw. deren semantischer Stellenwert für den Sinnbildungsprozeß durch grammatische Zeichen genauer spezifiziert werden kann. Nennzeichen kann es dementsprechend auf unterschiedlichen Komplexitätsebenen geben. Es können morphologisch *unselbständige Morpheme* sein, morphologisch *selbständige Morpheme* bzw. *Wörter*, *Satzglieder*, *Sätze* oder sogar ganze *Texte*.

Sehr viel schwieriger als die Nennzeichen sind die *Organisationszeichen* auf den verschiedenen Analyseebenen zu identifizieren und zu klassifizieren. Auf der *Wort-* und *Satzebene* realisieren sie sich in der Regel als morphologisch *unselbständige Mor-*

pheme (Flexionsmorpheme, Wortbildungsmorpheme), als *selbständige Morpheme* (Konjunktionen, Pronomen, Partikeln), als Stellungsmuster und als *Intonationsmuster*. Wenn man die Satzebene überschreitet, wird es schwierig, die morphologische Basis von Organisationszeichen bzw. ihre jeweiligen Zeichenträger zu identifizieren. Wie auf der Satzebene werden auch hier unselbständige und selbständige grammatische Morpheme verwendet, wenn man beispielsweise daran denkt, daß durchgängig verwendete *Tempusmorpheme* einem Text die Gestalt einer bestimmten *Textsorte* geben können und daß Sätze über *Pronomina* der unterschiedlichsten Form zu Texten verkettet werden können. Außerdem werden auf der Textebene wie auch auf der Satzebene Organisationszeichen verwendet, die *morphologisch* schlecht faßbar sind, weil sie zum Bereich der *latenten* Grammatik gehören bzw. sich als Implikationen aus der spezifischen Konstellation anderer Zeichen ergeben. Auf dieser Ebene können dann im mündlichen Sprachgebrauch *intonatorische Zeichen* als Organisationszeichen auftreten und im schriftlichen Sprachgebrauch *Interpunktionszeichen, Drucktypenwechsel* oder *Abschnittsgrenzen*, weil auch diese Zeichenformen eine metainformative Interpretationsfunktion für die jeweilige Basisinformation haben. Ganz besonders schwierig wird es, wenn wir die *Organisationszeichen* identifizieren wollen, die uns nahelegen, einen bestimmten Text als eine spezifische *Textsorte* zu rezipieren.

Die Begrenzung des grammatischen Analyserahmens auf den *Satz* läßt sich methodisch gut begründen und ist traditionell legitimiert; methodologisch und semiotisch gesehen ist sie aber keineswegs zwingend. Dennoch soll auch hier im wesentlichen die sprachliche Komplexitätsstufe des Satzes den grammatischen Analysen zugrunde gelegt werden, weil philosophische Überlegungen zur Grammatik im Prinzip exemplarische Funktionen haben. Vergessen soll dabei aber auf keinen Fall werden, daß die Differenz zwischen lexikalischen und grammatischen Zeichen im Prinzip nicht ontisch, sondern relational begründet werden muß, wenngleich ontologische Überlegungen naturgemäß auch eine wichtige Rolle spielen.

·Ontologisch gesehen haben lexikalische Zeichen bzw. Nennzeichen der verschiedenen Komplexitätsstufen eine *Repräsentationsfunktion* für außersprachliche Sachverhalte. Sie sollen aus dem Seinskontinuum Einheiten herausdifferenzieren, die für die Erkenntnis- und Lebensbedürfnisse der Menschen als wichtig angesehen werden. Deshalb ist es auch verhältnismäßig leicht, sich von dem Objektbezug von Nennzeichen eine spezifische Vorstellung zu machen. Da lexikalische Zeichen bzw. Nennzeichen im Prinzip die Realität vertikal und horizontal zu strukturieren versuchen bzw. Sinneinheiten unterschiedlicher Struktur und Komplexität repräsentieren sollen, ist klar, daß sie *offene* Klassen bilden müssen. Unsere Differenzierungsmöglichkeiten können methodisch, aber nicht sachlich begrenzt werden, weil kreatives Denken immer wieder neue Begriffe braucht.

Unter den Begriff des lexikalischen Zeichens lassen sich entsprechend der traditionellen Terminologie auf der Ebene des Satzes *Substantive, Verben, Adjektive* und Teile der *Adverbien* zusammenfassen. Kennzeichnend für diese Wortarten ist, daß sie eigentlich nicht als neutrale lexikalische Zeichen vorkommen, sondern immer schon als lexikalische Zeichen, die mit bestimmten *grammatischen* Informationen verwachsen sind, die ihre syntaktischen Verwendungsweisen festlegen. Lexikalische Zeichen haben so gesehen neben ihrem *repräsentierenden Sinn* immer auch schon einen spezifischen *operativen Sinn*, der sich als metainformativ oder grammatisch klassifizieren läßt. Dennoch ist es insbesondere durch die Veränderung der Wortart möglich, den *lexikalischen* und den *grammatischen* Sinn von Wörtern zu unterscheiden und bestimmte morphologische Fundamente für den grammatischen Sinn eines Wortes zu identifizieren. Offenbar sind wir nicht in der Lage, völlig neutrale und rein begriffliche Einheiten zu bilden, immer sind unsere begrifflichen Einheiten grammatisch schon *typisiert*.

Im Gegensatz zu den lexikalischen Zeichen besteht die Funktion *grammatischer Zeichen* nicht darin, Realitätseinheiten als kognitive Größen zu repräsentieren, sondern darin, die von den lexikalischen Zeichen repräsentierten Sinneinheiten zu interpretieren bzw. zu komplexeren Sinneinheiten zu kombinieren. Da sie keine Repräsentationsfunktionen, sondern *Organisationsfunktionen* haben, muß ihnen ontologisch und logisch ein anderer Stellenwert zugeordnet werden. Sie bilden gleichsam den Mörtel und die statischen Kraftlinien, die es erlauben, aus einfachen kognitiven Bausteinen komplexere Sinngebilde herzustellen. Die grammatischen Zeichen einer Sprache repräsentieren dementsprechend kein offenes Inventar von Vorstellungsmustern, sondern ein *geschlossenes* Inventar von Strukturierungsmustern. Sie dienen nicht zur Benennung von Sachverhalten, sondern zum Aufbau komplexer sprachlicher Sinneinheiten.

Aus diesen Überlegungen ergibt sich, daß grammatische Zeichen im konkreten Gebrauch keine Repräsentationsfunktion haben, sondern eine *Instruktionsfunktion* bzw. *Interpretationsfunktion*. Unberührt von der Instruktionsfunktion grammatischer Zeichen im konkreten Sprachgebrauch bleibt natürlich die Möglichkeit, *grammatische Zeichen* eine Abstraktionsstufe höher als Repräsentanten von *kognitiven Mustern* zu betrachten, weil jeder konkreten Instruktion ein *Instruktionsmuster* zugrunde liegen muß, das in kognitiven Differenzierungsprozessen erarbeitet worden ist. In diesem Fall nimmt man allerdings statt einer kommunikativen eine extrakommunikative Betrachtungsweise zu grammatischen Zeichen ein und sieht grammatische Zeichen im Sinne Heideggers nicht als etwas *Zuhandenes* an, sondern als etwas *Vorhandenes*. Nicht die unmittelbaren pragmatischen Funktionen grammatischer Zeichen sind in diesem Fall thematisch, sondern die Voraussetzungen und Bedingungen ihrer Funktionsmöglichkeiten.

Da grammatische Zeichen lexikalische Zeichen organisieren und interpretieren, kann die mit ihnen verbundene Information sprachlogisch als *Metainformation* zu einer gegebenen Basisinformation klassifiziert werden. Diese Metainformation kann darin bestehen, daß formale und konstruktive Relationen zu anderen Zeichen hergestellt werden, um komplexere Zeichen zu bilden, daß Sachverhalte auf die aktuelle Sprechsituation bezogen werden oder daß auf implizite Weise der Stellenwert der thematischen Basisinformation vom Sprecher interpretiert und kommentiert wird.

Von der morphologischen Basis, den organisierenden Funktionen und dem metainformativen Status grammatischer Zeichen können wir uns in der Regel nur sehr schwer ein explizites Gegenstandsbewußtsein bilden, weil wir dazu unser Denken thematisch ganz anders ausrichten müssen. Morphologisch fallen viele grammatische Zeichen nicht auf, weil sie wie etwa die Flexionsmorpheme huckepack auf den lexikalischen

Zeichen aufsitzen oder weil sie als Bestandteile der latenten Grammatik kaum auflösbar mit lexikalischen Zeichen verwachsen sind. Psychisch fallen grammatische Zeichen nicht auf, weil sich unser thematisches Interesse üblicherweise nur auf die Elemente und Ergebnisse von Sinnbildungsprozessen richtet, aber nicht auf die dabei verwendeten Strukturmuster und Verfahren. Deshalb können wir uns die Zeichen für die *Repräsentation* von einzelnen Sinngebilden noch relativ leicht bewußt machen, nicht aber die Zeichen für die *Formierung* von Sinngebilden.

Die Unterscheidung von lexikalischen und grammatischen Zeichen bzw. Informationen läßt sich nicht nur ontologisch, strukturell, logisch und psychologisch motivieren, sondern auch *pathologisch*. Jakobson [28] hat bei aphatischen Sprachstörungen zwischen Similaritätsstörungen und Kontiguitätsstörungen unterschieden.

Bei dem Aphasietyp der *Similaritätsstörung* komme es zu Schwierigkeiten, wenn die Notwendigkeit bestehe, einzelne Wörter bewußt aus einer Reihe möglicher Alternativen auszuwählen, um einen Sachverhalt explizit zu thematisieren, was insbesondere die lexikalischen Zeichen betreffe. Dagegen blieben Wörter, deren Gebrauch keine expliziten Wahlentscheidungen notwendig machten und die mit keinem thematischen Gegenstandsbewußtsein korreliert seien, bei diesem Aphasietyp weiterhin gut verfügbar. Zu diesen gut verfügbaren Wörtern gehörten einerseits phraseologisch gebundene lexikalische Zeichen und andererseits morphologisch selbständige grammatische Morpheme wie *Konjunktionen, Pronomen* und *Hilfsverben*.

Bei dem Aphasietyp der *Kontiguitätsstörung* kommt es nun nach Jakobson umgekehrt zu einem Verlust der grammatischen Ordnungsstruktur der Sprache bzw. zu einem agrammatischen Sprachgebrauch. *Syntaktische Regeln* blieben unberücksichtigt, die Wortfolge werde chaotisch, *Flexionszeichen, Konjunktionen, Präpositionen, Pronomen* und *Artikel* gingen verloren, also gerade die Elemente, die sich bei Similaritätsstörungen als besonders zählebig erwiesen hätten. Schließlich komme es sogar oft zu *Einwortäußerungen* wie in der ersten Phase des Spracherwerbs.

Diese Beobachtungen Jakobsons zu den unterschiedlichen Formen der Sprachstörung und des Sprachabbaus legen die These nahe, daß die Unterscheidung von lexikalischen und grammatischen Zeichen so elementar für die Sprache und unser Sprachvermögen ist, daß sie irgendwie anatomisch und physiologisch in der Struktur unseres Gehirns verankert ist. Lexikalische und grammatische Zeichen scheinen so unterschiedlichen sprachlichen Ebenen und kognitiven Verarbeitungsprozessen anzugehören, daß sie offenbar bei Gehirnverletzungen in ganz unterschiedlicher Weise betroffen sein können.

So evident und plausibel die Unterscheidung von lexikalischen und grammatischen Zeichen im Prinzip auch ist, so schwierig ist es, die *Grenzlinie* zwischen beiden Zeichentypen genau festzulegen und einzelne Sprachphänomene entweder dem einen oder dem anderen Typ zuzuordnen. Schwierigkeiten ergeben sich vor allem deswegen, weil alle lexikalischen Zeichen als Vertreter einer Wortart immer schon ein Minimum an grammatischer Information besitzen und weil viele grammatische Zeichen sich historisch aus lexikalischen entwickelt haben. Dennoch ist es notwendig, beide Zeichentypen in eine idealtypische Opposition zu bringen, um ihre semiotischen Grundfunktionen zu erfassen. Unbeschadet davon bleibt die Notwendigkeit, grammatische Zeichen noch einmal typologisch zu subklassifizieren, um ihre speziellen Sinnbildungsfunktionen genauer zu erfassen. Das soll im Rahmen der Frage nach der Semantik grammatischer Zeichen versucht werden.

V

Semantik und Grammatik

Wenn man sich entschieden hat, das Grammatikproblem nicht als Regelproblem, sondern als *Zeichenproblem* zu betrachten, dann ist die Grundsatzentscheidung schon gefallen, grammatische Formanalysen mit grammatischen Bedeutungsanalysen zu verbinden bzw. grammatische Formen im Hinblick auf ihre *pragmatischen Funktionen* zu analysieren. Zu klären bleibt allerdings, was man unter dem Begriff der *Bedeutung* zu verstehen hat, wie der Bedeutungsbegriff mit dem Funktionsbegriff zusammenhängt und welche Ziele man bei der semantischen Analyse grammatischer Zeichen anstreben soll.

Die Einbeziehung der *Semantik* in die Grammatikforschung ist keineswegs selbstverständlich. Von viele Grammatikern wird eine solche Integration konsequent abgelehnt, weil die Komplexität des Bedeutungsproblems eine exakte Grammatikforschung erschwere, wenn nicht unmöglich mache. So hat beispielsweise die *generative Transformationsgrammatik* den Grammatikbegriff auf das System von Regeln reduziert, nach denen wohlgeformte Sätze gebildet werden können, und dadurch das Bedeutungsproblem aus dem Bereich der Grammatik im engeren und eigentlichen Sinne verbannt. Für den frühen Chomsky ist die Frage nach der *Bedeutung* in der Grammatikforschung deshalb genauso irrelevant wie die Frage nach der Haarfarbe der jeweiligen Sprecher.[1] Vielen Grammatikern ist der Bedeutungsbegriff so unheimlich, daß sie allein von der formbildenden Funktion grammatischer Formen sprechen möchten. Zu Recht hat Weinrich[2] dagegen eingewandt, daß kein Sprachzeichen irgendeine Funktion habe könne, wenn es keine Bedeutung hätte.

Die Ausgrenzung des *Bedeutungsproblems* aus der Grammatikforschung läßt sich im Kontext reduzierter Erkenntnisinteressen methodologisch natürlich immer irgendwie rechtfertigen. Aus der Grammatik selbst ist es aber schwerlich eliminierbar, wenn grammatische Analysen eine sprachtheoretische Erklärungskraft haben sollen. Gerade am Beispiel der *generativen Transformationsgrammatik* hat sich ja gezeigt, welche Probleme entstehen, wenn man die Grammatik entsemantisiert. Schließlich sahen sich sogar Chomskys eigene Schüler zu einer Palastrevolte genötigt, um mit dem Konzept der *generativen Semantik* die Distanz der Grammatik von der Semantik wieder zu verringern.

Die Korrelation von Semantik und Grammatik bzw. die semantische Interpretation grammatischer Formen, die im Denkrahmen der Semiotik unverzichtbar ist, läßt sich theoretisch leichter postulieren als praktisch einlösen. Schwierigkeiten ergeben sich vor allem dadurch, daß es außerhalb der Semiotik sehr unterschiedliche Konzeptionen darüber gibt, was in der Sprache bzw. bei Zeichen als *semantisch* anzusehen ist und welche Gesichtspunkte bei semantischen Analysen zu berücksichtigen sind. Deshalb gibt es nicht nur einen lebhaften Streit darüber, ob der Grammatik überhaupt eine semantische Dimension zugeordnet werden soll, sondern auch darüber, ob *alle* grammatischen Formen eine Bedeutung haben oder nur einige.

Bevor in diesem Streit Partei ergriffen werden kann, erweist es sich als notwendig, einige Überlegungen darüber anzustellen, in welcher Hinsicht man bei sprachlichen Zeichen von Bedeutung sprechen kann bzw. ob sich *lexikalische* und *grammatische* Bedeutungen nach demselben *Bedeutungskonzept* analysieren lassen oder nicht. Dabei ist es angebracht, den Denkrahmen der Semiotik zum Teil wieder zu verlassen, um die ganze Spannweite des Problems zu verdeutlichen.

1. Das Bedeutungsproblem

Was unter dem Begriff der *Bedeutung* zu verstehen ist, darüber wird es in der Philosophie und der Sprachwissenschaft wahrscheinlich nie eine einhellige Auffassung geben, weil alle Festlegungen eigentlich nicht den Endpunkt, sondern eher den Ausgangspunkt semantischer Theoriebildungen und Forschungen markieren. Jede Definition des Bedeutungsbegriffs ist gleichsam eine Hypothese, die neue Sichtweisen auf das Bedeutungsproblem freigibt. Üblicherweise wird unter der Bedeutung eines sprachlichen Zeichens sein Bezug zu einer autonomen Sacheinheit verstanden. Das kann in der Perspektive der konkreten Sprachverwendung ein empirisch gegebener Tatbestand sein und in der Perspektive des Sprachsystems ein kognitives Begriffsmuster. So gesehen resultiert die Bedeutung eines sprachlichen Zeichens also aus seiner Verweis- und Differenzierungsfunktion bei der Repräsentation von empirischen Einzeltatsachen bzw. kognitiven Ordnungsmustern.

Die Herleitung des Bedeutungsbegriffs aus dem Funktionsbegriff und die Identifizierung der Bedeutung eines Zeichens mit der Sacheinheit, auf die es verweist, scheint auf den ersten Blick brauchbar. Gleichwohl ist damit das Bedeutungsproblem aber noch nicht gelöst, sondern als Problem erst thematisiert. Je mehr konkrete *Differenzierungsfunktionen* sprachlicher Zeichen man kategorial unterscheiden kann, desto mehr Kategorien von Bedeutungen muß man dementsprechend auch unterscheiden.

Wenn Bühler[3] in seinem Organonmodell zwischen der *Darstellungsfunktion*, der *Appellfunktion* und der *Ausdrucksfunktion* der Sprache unterscheidet, dann muß man dementsprechend auch zwischen einer *Darstellungsbedeutung*, einer *Appellbedeutung* und einer *Ausdrucksbedeutung* unterscheiden. Wenn Jakobson[4] beim Sprachgebrauch sechs unterschiedliche Sprachfunktionen unterscheidet, nämlich die *referentielle Funktion*, die sich auf den intendierten Sachverhalt bezieht, die *konative Funktion*, die sich auf die Beeinflussung des Empfängers bezieht, die *emotive Funktion*, die sich auf die Selbstdarstellung des Senders bezieht, die *phatische Funktion*, die sich auf die Vergewisserung der Verwendungsfähigkeit des Kontaktmediums Sprache bezieht, die *metasprachliche Funktion*, die sich auf die Erläuterung des verwendeten Codes bezieht, und die *poetische Funktion*, die sich auf die Akzentuierung einer Nachricht als autonomes Sinngebilde bezieht, dann muß man dementsprechend auch *sechs* unterschiedliche Kategorien von Bedeutungen unterscheiden. Wenn Searle[5] zwischen dem *propositionalen Gehalt* und der *illokutionären Funktion* einer Äußerung unterscheidet, dann muß man dementsprechend auch zwischen einer *Inhaltsbedeutung* und einer *Handlungsbedeutung* unterscheiden. Wenn Watzlawick[6] zwischen dem *Inhalts-aspekt* und dem *Beziehungsaspekt* der Kommunikation unterscheidet, dann muß man dementsprechend auch zwischen einer *Inhaltsbedeutung* und einer *Beziehungsbedeu-tung* unterscheiden. Wenn man zwischen dem unterscheidet, was tatsächlich *gesagt* wird, und dem, was sich aus dem Gesagten *erschließen* läßt, dann muß man dement-sprechend zwischen einer *wörtlichen* und einer *implikativen* Bedeutung unterscheiden. Wenn man zwischen *Inhaltswörtern* und *Organisationswörtern* unterscheidet, dann muß man dementsprechend zwischen einer *Inhaltsbedeutung* und einer *Organisations-bedeutung* unterscheiden.

Dieser nicht erschöpfende Überblick zeigt, daß jede Differenzierung von *Sprach-funktionen* oder sprachlichen Zeichen mit einer semantischen Differenzierung von *Bedeutungstypen* korreliert werden kann und daß es im Hinblick auf die Sprache ebenso viele *Bedeutungsbegriffe* geben kann wie *Funktionsbegriffe*. Jeder Analysean-satz für die Differenzierung von Sprachfunktionen muß gleichsam seinen eigenen Bedeutungsbegriff bzw. seine eigenen Bedeutungsbegriffe entwickeln.

Bei der konkreten Bedeutungsanalyse sprachlicher Zeichen ergeben sich Schwierig-keiten auf drei verschiedenen Ebenen. Zum einen muß man sich Rechenschaft darüber ablegen, auf welche *Sprachfunktionen* man sich jeweils konzentrieren will. Zum zwei-ten ist zu berücksichtigen, daß mit einer *einzigen*, morphologisch gut identifizierbaren Form, etwa einem Wort, zugleich *unterschiedliche* Differenzierungsfunktionen reali-siert werden können bzw. daß sich ein komplexer Zeichenträger wieder in einfachere Zeichenträger mit je eigenen Zeichenrelationen auflösen läßt. Zum dritten ist zu beachten, daß die Funktion und damit die Bedeutung sprachlicher Zeichen sich zwar in gewisser Weise sozial stabilisiert hat, daß aber insbesondere in der natürlichen Sprache in jeder *neuen* Redesituation auch *neue* Differenzierungs- und Bedeutungsdimensionen für sprachliche Formen erzeugt werden können.

Diese bedeutungserzeugende Kraft des konkreten Sprachgebrauchs hatte Humboldt im Auge, als er die Sprache nicht als *Werk* (Ergon), sondern als *Tätigkeit* (Energeia) bestimmte und ihr die folgende Strukturbeschreibung zuordnete: »*Sie ist nemlich die sich ewig wiederholende Arbeit des Geistes, den articulirten Laut zum Ausdruck des Gedanken fähig zu machen.*«[7] Auf den gleichen Tatbestand hat auch Wittgenstein verwiesen, als er in bezug auf die übliche Verwendungsweise des Bedeutungsbegriffs feststellte: »*Die Bedeutung eines Wortes ist sein Gebrauch in der Sprache.*«[8] Das heißt, daß man die Bedeutung sprachlicher Zeichen für den begrenzten Operationsrah-men formalisierter Sprachen mit definierten Zwecken relativ gut normieren kann, aber nicht für den universalen Operationsrahmen der polyfunktionalen natürlichen Spra-che.

Obwohl es nach diesen Überlegungen ziemlich hoffnungslos erscheint, einen konsi-stenten Bedeutungsbegriff zu entwickeln bzw. die Bedeutung konkreter sprachlicher Formen genau festzulegen, so sind solche Bemühungen doch nicht völlig aussichtslos. Normalerweise steht nämlich eine Differenzierungsfunktion der Sprache so im Vordergrund, daß sich unser Bedeutungsbegriff im allgemeinen Sprachgebrauch gleichsam exemplarisch an diese Funktion als fundamentale Sprachfunktion gebunden hat. Das ist die Funktion, die Bühler *Darstellungsfunktion* und die Jakobson *referentielle Funktion* genannt hat.

Im Standardgebrauch verwenden wir den Bedeutungsbegriff in der Regel in einem ontologisch motivierten Sinne und leiten die Bedeutung eines sprachlichen Ausdrucks aus seiner referentiellen Funktion zu empirischen Sachverhalten ab, und zwar so, daß wir die jeweiligen Sachverhalte als exemplifizierende Elemente eines vorgegebenen Ordnungsmusters betrachten, dem alle Elemente eines bestimmten Typs zuzuordnen sind. Demzufolge ist dann zwischen der *Referenz* eines sprachlichen Zeichens zu einem individuellen empirischen Tatbestand in einer gegebenen Situation und der *Bedeutung* eines sprachlichen Zeichens als Repräsentation eines allgemeinen kognitiven Ordnungsmusters zu unterscheiden. Da wir im alltäglichen Sprachgebrauch weder an der ontischen Existenz des jeweiligen Referenzobjektes zweifeln noch an der ontischen Existenz der Ordnungsmuster, denen die Referenzobjekte Ausdruck geben, kommen wir leicht zu der Auffassung, daß die sprachlichen Zeichen die *Realität* gleichsam auf der Ebene der Zeichen kongruent abbilden, ja verdoppeln können. Dieser Glaube stellt sich um so leichter ein, weil bei der Exemplifizierung des Bedeutungsbegriffs meistens *Substantive* verwendet werden, bei denen ein solcher ontosemantisch orientierter Bedeutungsbegriff besonders plausibel erscheint.

Es ist schon hervorgehoben worden, daß in semiotischer Denkperspektive dieser ontosemantisch orientierte Bedeutungsbegriff problematisch erscheint und statt dessen angestrebt wird, den Bedeutungsbegriff nicht ontologisch, sondern *pragmatisch* und *psychologisch* zu fundieren. Danach leitet sich dann die Bedeutung sprachlicher Zeichen zwar auch aus der Repräsentation kognitiver Ordnungsmuster ab, aber für diese Ordnungsmuster wird keine vorgegebene ontische Existenz mehr postuliert, sondern sie werden nur als *Differenzierungshypothesen* betrachtet, die sich *pragmatisch* beim Umgang mit der Realität bewährt haben.

Das hat den Vorteil, daß die Bedeutungsanalysen sprachlicher Zeichen nicht mehr durch eine bestimmte *normsetzende* Ontologie präjudiziert werden, sondern daß jeweils nach den aktuellen pragmatischen Differenzierungsinteressen der Sprachbenutzer gefragt werden kann. Die Bedeutung bzw. der Sinn sprachlicher Zeichen wird deshalb in einem gewissen Konventionsrahmen sehr variabel. Semiotisch gesehen ist deshalb die Frage nach der Bedeutung eines Zeichens eine Frage nach seiner *Differenzierungsfunktion* in kognitiven Prozessen, aber nicht eine Frage nach seiner *Abbildungsfunktion* für vorgegebene Einheiten der Realität. Daß uns bestimmte Realitätsdifferenzierungen aus pragmatischen Gründen als unabänderlich und vorgegeben gelten, ist dann noch eine ganz andere Frage.

2. Das Problem der grammatischen Bedeutung

Die bisherigen Überlegungen zum logischen Status, der pragmatischen Funktion und der semantischen Selbständigkeit grammatischer Zeichen lassen es problematisch erscheinen, die *semantische* Dimension grammatischer und lexikalischer Zeichen nach denselben Gesichtspunkten und in denselben Perspektiven zu beschreiben und für beide Zeichentypen denselben Bedeutungsbegriff zu benutzen. Wenn man das Problem der *grammatischen Bedeutung* mit Hilfe des *ontosemantischen* Bedeutungskonzeptes zu analysieren versucht, dann ergeben sich ganz offensichtlich ziemliche Schwierigkeiten, da dieses Bedeutungskonzept allenfalls einen gewissen Funktionswert für die semantische Analyse lexikalischer Zeichen und insbesondere von Substantiven zu haben scheint. Es ist nämlich nicht leicht, die ontischen Einheiten anzugeben, die grammatische Zeichen abbilden, und festzulegen, welchen Bezug diese zur außersprachlichen Realität haben.

Trotz dieser Schwierigkeiten ist immer wieder versucht worden, auch die Semantik grammatischer Zeichen mit Hilfe des ontosemantischen Bedeutungskonzeptes zu beschreiben. Zur Begründung konnte dabei angeführt werden, daß in manchen Sprachen bestimmte Bedeutungsinhalte mit lexikalischen Mitteln dargestellt werden, die in anderen Sprachen mit grammatischen Mitteln repräsentiert werden, was beweise, daß lexikalische und grammatische Zeichen im Prinzip wechselseitig füreinander eintreten könnten. Daraus könne man ableiten, daß beide Zeichentypen mit Hilfe desselben Bedeutungsbegriffs analysiert werden könnten.

Bei den konkreten Bedeutungsanalysen grammatischer Zeichen stellte sich dann aber heraus, daß es nahezu unmöglich war, *allen* grammatischen Formen in einem ontosemantischen Sinne eine Bedeutung zuzuordnen. Einen Ausweg aus diesem Dilemma konnte man dann nur dadurch finden, daß man einigen grammatischen Formen eine grammatische Bedeutung zuordnete und anderen lediglich eine grammatische Funktion zubilligte, wobei der Funktionsbegriff allerdings ganz asemantisch verstanden wurde.

So hat man beispielsweise den Pluralmorphemen eine grammatische Bedeutung im ontosemantischen Sinne zugeordnet, weil *Pluralität* eine ontische Kategorie sei, die durch die Pluralmorpheme repräsentiert werde. Dagegen hat man es abgelehnt, den verschiedenen *Genera* des Substantivs eine grammatische Bedeutung zuzuordnen, weil diese Genera nicht durchgängig mit den ontischen Kategorien des *Sexus* korrespondierten. Das Genus des Substantivs habe zumindest in unserem gegenwärtigen Sprachbewußtsein keine grammatische Bedeutung mehr, sondern allenfalls eine grammatische Funktion, um im pronominalen und attributiven Bereich Kongruenzrelationen genauer zu kennzeichnen.

Die Verwendung des *ontosemantischen* Bedeutungskonzeptes stellt die Grammatikforschung vor das Problem, grammatische Formen *mit* Bedeutung von grammatischen Formen *ohne* Bedeutung zu unterscheiden. Es ist offensichtlich, daß ein solches Bedeutungskonzept es nahezu unmöglich macht, ein einheitliches Grammatikkonzept zu entwickeln, und daß die Grammatikforschung sehr stark von bestimmten ontologischen Vorentscheidungen abhängig gemacht wird. Das führt dann dazu, daß nicht mehr danach gefragt wird, welche Ontologie sich in den grammatischen Formen niedergeschlagen hat, sondern daß geprüft wird, ob die grammatischen Formen den eigenen ontologischen Anschauungen gerecht werden oder nicht.

Wie schon erläutert worden ist, muß aus der Denkperspektive der Semiotik das ontosemantische Bedeutungskonzept abgelehnt werden, weil in ihm die *semantische* Dimension sprachlicher Zeichen nicht konsequent aus den pragmatischen *Differenzierungsabsichten* der Sprachbenutzer abgeleitet wird. Das semiotische Bedeutungskonzept schließt natürlich eine Sensibilisierung für den historischen Wandel von Differenzierungsfunktionen ein. So kann man beispielsweise annehmen, daß die grammatischen Genusdifferenzierungen beim Substantiv ursprünglich durchaus ontologisch motiviert waren, wobei allerdings das biologische Geschlecht kein zentraler Differenzierungspunkt zu sein brauchte, daß dann aber im Verlaufe der Sprachentwicklung diese Differenzierungsfunktion mehr und mehr verblaßte und die ursprünglich sekundäre syntaktische Differenzierungsfunktion des Genus immer mehr in den Vordergrund trat.

Der pragmatische Bedeutungsbegriff der Semiotik ist eher psychologisch als ontologisch orientiert, weil er sich genetisch gesehen sehr stark auf die kognitiven Differenzierungsoperationen der Sprachbenutzer gründet. Die psychologische Fundierung sprachlicher Ordnungsmuster ist bezeichnenderweise für den Bereich der Grammatik auch schon viel früher thematisiert und anerkannt worden als für den der Lexik.

So hat beispielsweise schon Hermann Paul auf die Notwendigkeit hingewiesen, grammatische Kategorien auf psychologische zu beziehen. »*Jede grammatische Kategorie erzeugt sich auf der Grundlage einer psychologischen. Die erstere ist ursprünglich nichts als das Eintreten der letzteren in die äussere Erscheinung... Die grammatische Kategorie ist gewissermaßen eine Erstarrung der psychologischen.*«[9]

Auch Hjelmslev hat betont, daß die Grammatik ein *Zweig* der Psychologie sei und daß alle grammatischen Fakten zugleich psychologische Fakten seien (»*Les faits grammaticaux sont des faits psychologiques*«). Außerdem hat er die Arbeitshypothese aufgestellt, daß jede formale sprachliche Kategorie nicht nur in diachroner, sondern auch in synchroner Perspektive einen *signifikativen* Gehalt habe. Das ist aus sprachökonomischen Gründen sehr plausibel, weil sprachliche Formen nur dann überleben, wenn sie auch bestimmte Funktionen realisieren. Aus der These vom signifikativen Gehalt aller grammatischen Formen hat Hjelmslev dann noch zwei wichtige methodische Fundamentalprinzipien für die konkrete Grammatikforschung abgeleitet. Zum einen dürfe man den sprachlichen Ausdruck nicht von seinem signifikativen Gehalt abtrennen, und zum anderen dürfe die grammatische Analyse nicht bei dem signifikativen Gehalt beginnen, um anschließend den sprachlichen Ausdruck zu suchen, der damit korrespondiere.[10] Was Hjelmslev als *signifikativen Gehalt* (contenu significatif) einer grammatischen Form bezeichnet, läßt sich zwar nicht in einem ontosemantischen Sinne als *semantisch* bezeichnen, wohl aber in einem semiotischen Sinne. Er postuliert eigentlich nichts anderes als die semiotische Grundüberzeugung, daß alle sprachlichen Zeichen dazu dienen, Differenzierungen vorzunehmen, die es typologisch dann noch zu spezifizieren gilt.

Bevor dieser Aufgabenbereich näher ins Auge gefaßt wird, soll allerdings noch

einmal näher auf die ontosemantische Betrachtungsweise grammatischer Formen eingegangen werden. Das rechtfertigt sich aus zwei Gründen. Einerseits ist es eine Betrachtungsweise, die uns aus unserem Alltagsdenken sehr vertraut ist. Andererseits hat
diese Betrachtungsweise eine lange historische Tradition, die insbesondere in den
sprachwissenschaftlichen Schulen nachwirkt, die sich erkenntnistheoretisch materialistischen Denkpositionen verpflichtet fühlen und nicht semiotischen im Peirceschen
Sinne. In der Gegenwart spielen solche Betrachtungsweisen insbesondere in der Grammatikforschung der DDR und der UdSSR eine wichtige Rolle. Außerdem ist nicht zu
leugnen, daß dieser Analyseansatz, obwohl er hier im ganzen als unbefriedigend angesehen wird, im Detail wichtige Einsichten im Hinblick auf den kognitiven Gehalt und
die typologische Unterscheidung grammatischer Zeichen erbracht hat.

3. *Ontosemantische Untersuchungsansätze*

Kein Zweifel kann darüber bestehen, daß grammatische Zeichen *Funktionen* haben
und daß sie deshalb auch *Informationen* vermitteln. Umstritten ist allerdings, ob
grammatische Zeichen bzw. ob alle grammatischen Zeichen eine Bedeutung haben.
Eine Entscheidung darüber ist an den *Bedeutungsbegriff* gebunden, den man jeweils
zugrunde legt. Wenn man den Bedeutungsbegriff mit dem Informationsbegriff identifiziert, wird die Entscheidung anders ausfallen, als wenn man den Bedeutungsbegriff an
die Abbildung ontischer Einheiten bindet und allein aus der Darstellungsfunktion der
Sprache ableitet.

Am eindeutigsten binden diejenigen Richtungen der Sprachwissenschaft ihren Bedeutungsbegriff an die *Darstellungsfunktion* der Sprache, die sich erkenntnistheoretisch der sogenannten *Widerspiegelungstheorie* verpflichtet fühlen. Nach dieser Theorie besteht die Hauptaufgabe des Denkens und der Sprache darin, die Ordnungsstrukturen der objektiven Realität abzubilden bzw. Isomorphierelationen zwischen dem
Denken und der Sprache einerseits und der objektiven Realität andererseits herzustellen. Nach diesem Denkmodell kann dann den sprachlichen Einheiten, die mit vorgegebenen Seinskategorien korrespondieren, eine Bedeutung zugesprochen werden. Dabei
läßt sich in weniger dogmatischen Richtungen durchaus berücksichtigen, daß bei der
Widerspiegelung von Seinskategorien in Denk- und Sprachformen ein *Brechungsfaktor*
subjektiver, historischer oder sozialer Art wirksam sein kann.

Bedeutungen werden dementsprechend in diesem Denkrahmen als verallgemeinerte
gedankliche *Abbilder* der Realität im Bewußtsein verstanden, die mit objektiv vorgegebenen Seinskategorien korrespondieren bzw. diese abbilden. Wilhelm Schmidt bestimmt den Begriff der Bedeutung deshalb folgendermaßen: »*Wir verstehen unter
Bedeutung die abstrahierende, die invarianten Bestandteile des Erkenntnisprozesses
umfassende Widerspiegelung eines Gegenstandes, einer Erscheinung oder einer Beziehung der objektiven Realität im Bewußtsein der Angehörigen einer Sprachgemeinschaft, die traditionell mit der Form zu der strukturellen Einheit des sprachlichen
Zeichens verbunden ist.*« [11]

Für Bedeutungen im Sinne dieses ontosemantischen Denkansatzes ist typisch, daß sie 1. *sprachinterne* Phänomene sind, daß sie 2. einen *Realitätsbezug* im Sinne einer Abbildungsfunktion haben und daß sie 3. *abstrakt* sind, weil sie begriffliche Einheiten repräsentieren. Diese Fassung des Bedeutungsbegriffs, die klar erkennen läßt, daß sie sich grundsätzlich an lexikalischen Zeichen orientiert, zwingt bei der Anwendung auf grammatische Zeichen dazu, deren ontische Abbildungsfunktion zu prüfen. Eine solche Prüfung muß vor allem klären, auf welche *Seinsebene* sich der Begriff der grammatischen Bedeutung bezieht und wie sich grammatische und lexikalische Bedeutungen voneinander abgrenzen lassen.

In bezug auf die Bedeutung grammatischer Zeichen haben sich bei diesem Denkansatz folgende Grundüberzeugungen herausgeschält. Einerseits wendet man sich gegen alle grammatischen Theoriebildungen, die die Existenz *grammatischer Bedeutungen* leugnen und die den Bereich der Grammatik als einen rein strukturellen Bereich der Sprache konsequent entsemantisieren wollen bzw. die den grammatischen Formen nur formale Funktionen, aber keine Bedeutungen zuordnen wollen. Andererseits wendet man sich gegen grammatische Theoriebildungen, die *allen* grammatischen Formen eine Bedeutung zuordnen wollen, weil man sich außerstande sieht, allen grammatischen Formen ontische Kategorien zuzuordnen. Hinsichtlich der Bedeutungsproblematik bei grammatischen Formen kommt Kaznelson deshalb zu dem folgenden Kompromißvorschlag: »*Die Funktionen der grammatischen Formen sind mannigfaltig und nicht auf einen Typ reduzierbar. Die grammatischen Formen haben nicht nur semantische, sondern auch formale, rein strukturelle Funktionen. Die These, daß die Grammatik asemantisch sei, ist daher ebenso falsch wie die These, daß sämtliche grammatischen Formen semantisch seien.*«[12]

Dieses ontosemantische Denkmodell hat zur Konsequenz, daß es in ihm im Hinblick auf das Kriterium der Bedeutung eigentlich keine scharfe *kategoriale* Grenze zwischen *lexikalischen* und *grammatischen* Zeichen gibt. Die kategoriale Grenze verläuft vielmehr zwischen *bedeutungshaltigen* lexikalischen und grammatischen Zeichen einerseits und *bedeutungslosen*, strukturfunktionalen grammatischen Zeichen andererseits. Zwar wird auch in diesem Denkmodell anerkannt, daß sich grammatische Zeichen von lexikalischen Zeichen distributionell unterscheiden, weil grammatische Zeichen den Gebrauch lexikalischer Zeichen voraussetzen, aber der *synsemantische* bzw. *metainformative* logische Status grammatischer Zeichen spielt bedeutungstheoretisch in dem ontosemantischen Bedeutungskonzept keine Rolle. Als besonders schwierig erweist sich in diesem Konzept die klare Abgrenzung zwischen *semantischen* und *asemantischen* grammatischen Formen, weil die Grenzlinie dafür in den einzelnen Sprachen jeweils ganz anders verläuft und weil dafür sehr schwer klare Kriterien zu entwickeln sind.

Die Abgrenzung zwischen bedeutungshaltigen grammatischen Formen, die Bezüge zu ontischen Kategorien haben, und bedeutungslosen grammatischen Zeichen, die nur strukturbildende Funktionen beim Aufbau komplexer sprachlicher Einheiten haben, erscheint auf den ersten Blick brauchbar. Sie hat sich aber für konkrete Analysen als zu grob erwiesen. Admoni hat deshalb eine dreifache Untergliederung der grammatischen Formen vorgeschlagen.

Er unterscheidet zunächst im Anschluß an die Gegenüberstellung von objektiven und subjektiv-objektiven grammatischen Kategorien bei Peschkowski zwischen *logisch-grammatischen* und *kommunikativ-grammatischen* Kategorien. Die logisch-grammatischen bzw. die objektiven Kategorien brächten *»in verallgemeinerter und abstrahierter Form die sich im menschlichen Bewußtsein widerspiegelnden Sachverhalte der objektiven Wirklichkeit zum Ausdruck (z.B. Akkusativ als Bezeichnung des Objekts der Handlung, die Kategorie der Zahl)«*. Diesen logisch-grammatischen Kategorien stünden dann die kommunikativ-grammatischen Kategorien gegenüber, *»welche mit dem Prozeß der Sprachkommunikation verbunden sind und ihn aufzubauen helfen (z.B. die grammatischen Kategorien der Person, der Zeit, des Modus)«*.[13]

Admoni ist sich darüber im klaren, daß sich die *logisch-grammatischen* und die *kommunikativ-grammatischen* Kategorien nicht scharf voneinander abgrenzen lassen, weil auch die kommunikativ-grammatischen Kategorien Inhalte und Sachverhalte ausdrücken, die irgendwie in der objektiven Realität existierten. Auch die Einstellung des Redenden gegenüber der von ihm gemachten Aussage und die Rahmenbedingungen des Redeaktes müßten als objektive Gegebenheiten anerkannt werden. Dennoch hält er es für angebracht, beide Typen grammatischer Formen kategorial voneinander zu unterscheiden, um gleichsam *unmittelbare* und *mittelbare* Bezüge grammatischer Formen zur Realität voneinander abzugrenzen.

Neben den logisch-grammatischen und den kommunikativ-grammatischen postuliert Admoni dann noch *strukturell-grammatische* Kategorien, *»welche der formalen Organisierung der Redeeinheiten dienen (z.B. die Rahmenkonstruktion als ein Mittel der Zusammenschweißung des Satzes)«*.[14] Als Sondergruppe hebt Admoni dann noch grammatische Formen hervor wie etwa die Formunterschiede zwischen starken und schwachen deutschen Verben, die *keiner* grammatischen Kategorie zugeordnet werden dürften, weil sie Formklassen ohne jede Funktion darstellten. Die strukturell-grammatischen Kategorien und die bloßen Formklassen bilden nach Admoni den *peripheren* Bereich des grammatischen Systems einer Sprache, während die logisch-grammatischen und die kommunikativ-grammatischen Kategorien das *eigentliche* System der Grammatik konstituierten und sich feldmäßig gliedern ließen.

Da Admoni lexikalische und grammatische Bedeutungen zwar unterscheidet, aber kategorial im Hinblick auf ihren Bedeutungsgehalt und logisch im Hinblick auf ihren Informationsgehalt nicht scharf trennt, geht er davon aus, daß sich grammatische Bedeutungen auf lexikalische *aufschichten*. Ein typischer Fall dafür wäre beispielsweise das Substantiv, wo sich auf die lexikalische Grundbedeutung grammatische Zusatzbedeutungen auflagerten, die aus der *Wortartzugehörigkeit*, dem *Kasus*, dem *Numerus* oder dem *Genus* resultierten.[15]

Was Admoni unter der *»Aufschichtung«* grammatischer Bedeutungen auf lexikalische versteht, wird nicht näher erläutert und ist im Rahmen des ontosemantischen Bedeutungskonzeptes auch schwer zu erklären. Wenn lexikalische und grammatische Bedeutungen *logisch* und *funktional* nicht klar getrennt werden, sondern gleichermaßen als verallgemeinerte geistige Abbilder ontischer Gegebenheiten aufgefaßt werden, dann läßt sich die konstruktive und interpretative *Korrelation* lexikalischer und grammatischer Zeichen in einem gestalt- oder systemtheoretischen Sinne schwer beschreiben, weil eigentlich nur Additionsrelationen konstatiert werden können, aber nicht Interpretationsrelationen. In dieser Hinsicht ist das semiotische Modell von *Nennfunktion* und *Metafunktion* wohl aussagekräftiger, um den funktionalen Zusammenhang lexikalischer und grammatischer Bedeutungen zu beschreiben.

Ohne sich erkenntnistheoretisch auf ein ontosemantisches Bedeutungskonzept zu beziehen, kommt Lindgren[16] hinsichtlich des Problems der grammatischen Bedeutung aus eher strukturalistischen Überlegungen zu ähnlichen Ergebnissen wie Kaznelson und Admoni. Er unterscheidet zwischen grammatischen Formen, die *paradigmatisch* gebunden sind wie etwa die *Numerusformen* beim Substantiv und die *Tempus-*, *Genus-* und *Modusformen* beim Verb, und grammatischen Formen, die *syntagmatisch* gebunden sind wie etwa *Genus-* und *Kasusformen* beim Substantiv und die *Personalformen* beim Verb. Den paradigmatisch gebundenen Formen spricht Lindgren eine *Bedeutung* zu, da ihre Verwendung nicht obligatorisch durch den Satzkontext gefordert werde, sondern vom *Aussagewillen* des Sprechers abhinge. Den syntagmatisch gebundenen grammatischen Formen spricht er dagegen eine Bedeutung ab, weil ihre Verwendung für den Sprecher *obligatorisch* sei. So sei etwa der Sprecher im Deutschen anders als beispielsweise im Finnischen durch die Wahl des Verbs auch schon in der Wahl der Kasus festgelegt. Obwohl die *Grenzlinie* zwischen den paradigmatisch gebundenen semantischen Formen auf der einen Seite und den syntagmatisch gebundenen asemantischen Formen auf der anderen Seite nicht leicht ist und sprachspezifisch festgelegt werden muß, bietet Lindgrens Ansatz doch eine gute Möglichkeit, zwei Typen grammatischer Zeichen zu unterscheiden, ohne sich gleich in ontologische und erkenntnistheoretische Probleme zu verstricken.

Die im ontosemantischen Denkansatz vorgenommene Unterscheidung von grammatischen Formen, die *Seinseinheiten* abbilden, und grammatischen Formen, die nur *Strukturierungsaufgaben* bei der Bildung komplexer sprachlicher Einheiten wahrnehmen, erscheint zunächst ganz plausibel. Das gilt auch für die Differenzierung des Bezugsbereiches grammatischer Kategorien nach *außersprachlicher Realität, kommunikativer Situation* und *syntaktischer Struktur*. Das Dilemma des ontosemantischen Ansatzes zeigt sich erst dann, wenn man sich entscheiden muß, ob eine konkrete grammatische Form *eine* Bedeutung oder *keine* Bedeutung hat. Dann wird deutlich, welche Schwierigkeiten sich ergeben, wenn man den Bedeutungsbegriff ontologisch aus der Repräsentation von *Seinskategorien* ableitet und nicht pragmatisch aus der Repräsentation von *Differenzierungskategorien*.

So gibt es beispielsweise innerhalb des ontosemantischen Denkmodells schon einen heftigen Streit darüber, ob die *Kasus* im Deutschen eine grammatische Bedeutung im ontosemantischen Sinne haben oder nicht. Admoni[17] ordnet den Kasus sowohl Bezüge zu ontischen Gegebenheiten zu als auch zu rein innersprachlichen Ordnungsaufgaben. Kaznelson[18] spricht einerseits im Hinblick auf die Kasus von positionellen Kategorien und sieht insbesondere im Hinblick auf die Subjekts- und Objektsfunktionen mit den Kasus keinen grammatischen Bedeutungsgehalt verbunden. Andererseits räumt er aber auch ein, daß ein Kasus, der an sich keine bestimmte semantische Funktion habe, im konkreten Satz eine solche mit Hilfe der Kategorien der latenten Grammatik bekommen könne.

Helbig[19] spricht den *Kasus-* und *Genusformen* des Substantivs im Gegensatz zu den *Numerusformen* Bedeutung in einem ontosemantischen Sinne ab und wendet sich dabei ausdrücklich gegen Versuche von Brinkmann und Glinz, den einzelnen Kasus eine invariante Allgemeinbedeutung zuzuordnen (z.B. Dativ = Kasus der Finalität bzw. Zuwendgröße). Dabei bezieht er sich sowohl auf die Überlegungen Lindgrens zur syntagmatischen Gebundenheit der Kasus als auch auf die Überlegungen Fillmores[20] zur Unterscheidung von oberflächenstrukturellen und tiefenstrukturellen Kasus, die es schwer machten, den einzelnen Kasusformen ontische Korrelate zuzuordnen, weil sie ganz unterschiedliche Kasusrollen realisieren könnten. Allenfalls gäbe es bei den Kasus indirekte Bezüge zur außersprachlichen Realität.

Auch bei den *Präpositionen* ergibt sich das Problem, ob sie objektiv gegebene Seinsverhältnisse bzw. Seinskategorien abbilden oder ob sie nur subjektiven Sichtweisen bzw. Korrelationskonventionen Ausdruck geben. Problemverschärfend wirkt sich in diesem Zusammenhang auch die schlechte Übersetzbarkeit und die polyfunktionale Verwendungsweise vieler Präpositionen aus. So kann beispielsweise die Präposition *in* lokal *(im Haus)*, temporal *(im Winter)* und modal *(in der Absicht)* gebraucht werden.[21] Auch bei der semantischen Beurteilung der *Konjunktionen* ergeben sich große Probleme. So stellt sich beispielsweise die Frage, ob die Konjunktionen *daß* und *ob*, die in der Regel Subjekt- und Objektsätze einleiten, semantisch auf derselben Ebene liegen wie die Konjunktionen *weil* und *als*. Bei der semantischen Bewertung der *Tempusformen* ergibt sich das Problem, ob die einzelnen Tempusformen ontisch gegebene Zeitstufen objektivieren sollen oder psychische Haltungen des Sprechers.

Die praktischen Schwierigkeiten innerhalb des ontosemantischen Bedeutungskonzeptes, einzelne grammatische Formen der Kategorie der *logisch-grammatischen Bedeutung*, der *kommunikativ-grammatischen Bedeutung* oder der *strukturell-grammatischen Funktion* im Sinne Admonis zuzuordnen, versucht Helbig dadurch zu erklären, daß diese Kategorien zu *idealtypisch* seien. Grammatische Formen hätten immer ein ganzes Spektrum von Funktionen und Relationsbezügen, weshalb es nicht weiterhelfe, sie einer der drei Grundkategorien zuzuordnen.[22]

Wenn aber grammatische Formen zugleich Bezüge zur formalen Äußerungsstruktur, zur sprachunabhängigen Realität und zur kommunikativen Situation haben, wie Helbig betont, dann hilft es nicht weiter zu postulieren, daß bestimmte grammatische Formen ontische Seinskategorien abbilden und andere nicht. Dann kann man gleich davon ausgehen, daß grammatische Formen *kognitive Differenzierungsmuster* darstellen, bei deren Bildung sehr unterschiedliche Motive wirksam sind.

Eine andere Möglichkeit, die theoretischen und praktischen Probleme des ontosemantischen Bedeutungskonzeptes bei konkreten grammatischen Analysen zu erklären und zu entschuldigen, besteht darin, daß man die Widerspiegelungsfunktion sprachlicher Einheiten bei der Repräsentation der objektiven Realität etwas relativiert. So betont Hänel, daß es grammatische Bedeutungen mit *objektivem* Abbildungscharakter gar nicht geben könne, weil jede Widerspiegelung an menschliche Subjekte gebunden sei, weshalb es Bedeutungen gebe, die einen relativ ausgeprägten objektiven Charakter hätten und solche, die stark subjektiv eingefärbt seien, was beispielsweise für die Tempus- und Modusformen zutreffe.[23]

Bei dem Bemühen, die theoretischen und praktischen Probleme der sogenannten Widerspiegelungstheorie bei der Sprachanalyse zu entschärfen, wird auch immer wieder auf die erste Feuerbachthese von Marx verwiesen. »*Der Hauptmangel alles bisherigen Materialismus (den Feuerbachschen mit eingerechnet) ist, daß der Gegenstand, die Wirklichkeit, Sinnlichkeit nur unter der Form des* Objekts oder der Anschauung *gefaßt wird; nicht aber als* sinnlich menschliche Tätigkeit, Praxis; *nicht subjektiv.*« [24] Wenn man das Prinzip der Tätigkeit und insbesondere das der kognitiven Tätigkeit bei der Konstituierung von sprachlichen Zeichen in den Vordergrund des Interesses stellt und die Widerspiegelungsproblematik als sekundäres Phänomen betrachtet, dann hebt sich die Spannung zwischen dem ontosemantisch orientierten und dem semiotisch orientierten Bedeutungskonzept weitgehend auf. In der Perspektive der *Tätigkeit* gesehen verdanken sowohl lexikalische wie grammatische Formeinheiten ihre Existenz und Berechtigung praktischen *Differenzierungsinteressen*, die aus sehr unterschiedlichen Motiven hervorgehen können. Wenn man die Frage nach der Semantik grammatischer Formen beim Tätigkeits- und Funktionsbegriff ansetzt, dann ergeben sich viel fruchtbarere Analyseperspektiven, als wenn man das Problem des ontischen Bezugs grammatischer Formen in den Mittelpunkt seines Interesses rückt.

4. Pragmatische Untersuchungsansätze

Der pragmatisch fundierte Bedeutungsbegriff der Semiotik fragt primär nicht nach den ontischen Abbildungsbezügen von Zeichen, sondern nach ihren Funktionen bei der *Konstitution* und *Zirkulation* von Sinn. Um die Bedeutung bzw. den Sinn eines Zeichens zu präzisieren, ist es deshalb notwendig zu klären, aus welchem übergeordneten Sachbereich ein Zeichen einen spezifischen Sachverhalt herausdifferenziert und welcher Denkhorizont dabei eine Rolle spielt.

Bei grammatischen Zeichen läßt sich das Bedeutungsproblem in semiotischer Denkperspektive methodisch in zwei unterschiedlichen, aber komplementären Ansätzen behandeln, die sich als *kognitionssemantisch* und als *instruktionssemantisch* bezeichnen lassen. Der *kognitionssemantische Ansatz* ist *erkenntnistheoretisch* und *sprachtheoretisch* orientiert, weil er grammatische Zeichen in einem extrakommunikativen Blickwinkel als Manifestationsformen kognitiver Differenzierungsanstrengungen betrachtet bzw. als Konkretisationsweisen eines kulturell erarbeiteten Differenzierungswissens, das sich als implizites Wissen in grammatischen Formen niedergeschlagen hat. Der *instruktionssemantische Ansatz* ist *informationstheoretisch* und *sprachpraktisch* orientiert, weil er grammatische Zeichen in einem kommunikativen Blickwinkel als Informationsmittel für konkrete Sinnbildungsprozesse betrachtet bzw. sich dafür interessiert, wie sich das in grammatischen Formen niedergeschlagene implizite Differenzierungswissen für Sinnbildungsprozesse nutzen läßt.

Der kognitionssemantische und der instruktionssemantische Analyseansatz, die sich im Prinzip auch auf lexikalische Zeichen anwenden lassen, sind im Hinblick auf grammatische Zeichen ganz besonders attraktiv, weil sich durch beide sowohl die kognitive Differenzierungskraft als auch der metainformative Status dieser Zeichen gut erfassen läßt. Diese beiden Ansätze erlauben es, unser deklaratives Gegenstandswissen von unserem prozeduralen Handlungswissen zu unterscheiden, was in ontosemantisch orientierten Analyseansätzen nicht so gut möglich ist. Daß wir unser Handlungswissen in theoretischen Analysen auf einer höheren Ebene wieder zu einem Gegenstandswissen vom Handlungswissen machen müssen, ist dabei natürlich nicht zu umgehen.

a) Kognitionssemantik

Wenn man grammatische Zeichen kognitionssemantisch ins Auge faßt, dann betrachtet man sie gleichsam *anatomisch* und nicht physiologisch. Man interessiert sich für sie als kognitive Differenzierungsmuster und nicht als funktionelle Glieder von Sinnbildungsprozessen. Grammatischen Zeichen sollte man sich in dieser Denkperspektive psychisch in der Haltung des Staunens nähern. Dabei kann man darüber staunen, daß es solche Differenzierungsmuster überhaupt gibt, darüber, daß es sie so gibt, wie es sie gibt, und darüber, daß sie sich am Leben erhalten haben und nicht ausgestorben sind. So kann man beispielsweise darüber staunen, daß manche Sprachen nur zwischen dem *Singular* und dem *Plural* unterscheiden, während andere zwischen dem *Singular*, dem *Dual* und *Plural* unterscheiden. Staunen kann man darüber, daß die indogermanischen Sprachen unterschiedliche *Tempus-* und *Modusformen* beim Verb entwickelt haben, während andere Sprachen wie etwa das Chinesische darauf verzichtet haben. Staunen kann man darüber, daß das Althochdeutsche nur *zwei* Tempusformen kannte (Präsens, Präteritum), während das Neuhochdeutsche *sechs* kennt. Staunen kann man darüber, daß bestimmte Sprachen gar *keine* Kasusformen haben, während andere *vier* und wieder andere *sechs* haben. Das Staunen über die Existenz oder Nichtexistenz bestimmter grammatischer Zeichen und Kategorien mündet dann mehr oder weniger zwangsläufig in die Frage, ob den Benutzern derjenigen Sprachen, die bestimmte grammatische Ordnungskategorien nicht haben, auch die kognitiven Differenzierungen fehlen, denen diese grammatischen Ordnungskategorien Ausdruck geben.

Das Staunen über die Existenz und Lebenskraft grammatischer Zeichen setzt eine philosophische und reflexive Denkstruktur voraus, die *nichts* als selbstverständlich und frageunbedürftig hinnimmt und die zu allem Gegebenen Alternativen entwickeln kann. Die staunende Frage nach der Existenzberechtigung einer grammatischen Kategorie scheint auf den ersten Blick keine genuin semantische Frage zu sein, sie ist es aber, wenn man die Semantik in der Pragmatik fundiert.

Funktional gesehen repräsentieren grammatische Zeichen grammatische Kategorien. Diese sind ebenso wie die durch lexikalische Zeichen repräsentierten Kategorien kognitive Differenzierungsmuster, die sich konventionell stabilisiert haben, um einen bestimmten Sachverhalt zu strukturieren und damit handlungsmäßig beherrschbar zu machen. Ein Problem zweiter Ordnung ist dann die Frage, ob der durch grammatische Zeichen strukturierte Sachbereich physischer, psychischer, sozialer, kultureller, handlungsmäßiger oder systemtheoretischer Natur ist bzw. sich aus unterschiedlichen Komponenten zusammensetzt.

In der Regel erstrecken sich grammatische Ordnungsmuster zugleich auf mehrere Sachbereiche bzw. strukturieren einen Sachbereich, der mehrere Ebenen hat und deswegen in einer horizontalen und vertikalen Dimension differenziert werden kann. So bilden beispielsweise im Deutschen die einzelnen *Tempusformen* kognitive Muster, die *chronologische* Differenzierungsfunktionen erfüllen, weil sie ein Geschehen auf den Sprechzeitpunkt beziehen können, die *aktionale* Differenzierungsfunktionen erfüllen, weil sie ein Geschehen nach Abschluß oder Verlauf charakterisieren können, die *modale* Differenzierungsfunktionen erfüllen, weil sie den Geltungsgrad und die psychische Aktualität eines Geschehens akzentuieren können, und die *handlungsmäßige* Differenzierungsfunktionen erfüllen, weil sie den Handlungsgehalt einer Äußerung qualifizieren können. [25]

Die Frage nach der kognitiven Differenzierungskraft einer grammatischen Form ist zugleich eine Frage nach den *Erkenntnisinteressen* und sprachlichen *Organisationsaufgaben* derjenigen Menschen, die diese grammatische Form entwickelt und beibehalten haben. Sicher ist zuzugeben, daß grammatische Formen nicht bewußt konstruiert worden sind, sondern sich unterhalb der Schwelle von explizit kontrollierbaren kognitiven Operationen evolutionär entwickelt haben, aber aus dieser Genese grammatischer Formen ist nicht abzuleiten, daß sie keinen kognitiven Gehalt haben, sondern nur, daß unsere kognitiven Operationen schon vor den bewußt kontrollierbaren Geistesoperationen beginnen und daß wir Denkschemata entwickeln können, ohne sie zu planen, bzw. von Denkschemata beeinflußt werden, ohne sie explizit zu kennen.

Der latente kognitive Gehalt grammatischer Formen kann das Erkenntnisinteresse in drei Richtungen lenken. Zum einen kann man danach fragen, welche systemtheoretische Differenzierungskraft grammatische Zeichen haben. Dann interessiert man sich vor allem für ihre *Organisationsfunktion* bei der Bildung komplexer Zeichen. Die kognitiven Differenzierungsprobleme bei der Organisation komplexer Zeichensysteme sind lange unterschätzt worden, aber inzwischen durch die Kybernetik und die Computertechnik eindrucksvoll verdeutlicht worden. Zum zweiten kann man danach fragen, wie die grammatischen Differenzierungsmuster die Denk- und Wahrnehmungsprozesse derjenigen beeinflussen, die sie verwenden. Diese Fragestellung mündet dann in den großen Problembereich, der mit den Stichwörtern *sprachliche Weltansicht* und *sprachliches Relativitätsprinzip* gekennzeichnet werden kann. Zum dritten kann man danach fragen, welche kognitiven Differenzierungsmuster anthropologisch so fundamental sind, daß sie gleichsam naturnotwendig in allen Sprachen entwickelt werden müssen, um die materiellen und kulturellen Wirklichkeiten kognitiv zu bewältigen, denen sich Menschen gegenübergestellt sehen. Diese Fragestellung mündet in den großen Problembereich, der sich mit dem Stichwort *grammatische Universalien* kennzeichnen läßt.

Das Hauptproblem besteht nicht darin, grammatischen Formen einen kognitiven Gehalt zu- oder abzusprechen, sondern darin, den Typ oder die Komponenten der kognitiven Differenzierungsleistungen grammatischer Zeichen explizit zu erfassen bzw. geeignete Verfahren zu entwickeln, um ihre verschiedenen Differenzierungsleistungen überhaupt in den Blick zu bekommen. Bei einem solchen Vorhaben ergeben sich eine Reihe von Schwierigkeiten, die sich vielleicht fünf Problemkreisen zuordnen lassen.

Zum ersten stellt jede Aufklärung der kognitiven Differenzierungskraft grammatischer Zeichen ein Stück *Selbstaufklärung* des Denkens auf einer sehr fundamentalen Ebene dar. Es fällt uns allerdings sehr viel schwerer, unser Denken metareflexiv auf grammatische als auf lexikalische Zeichen zu beziehen, weil grammatische Zeichen als metainformative Zeichen nicht direkt mit unserem vorstellenden Gegenstandsbewußtsein verbunden sind. Dieses konkretisiert sich vielmehr durch Nennzeichen, die den verschiedenen Komplexitätsstufen zuzuordnen sind. Sapir[26] hat deshalb grammatische Zeichen in kognitiver Hinsicht als *»Beziehungsbegriffe«* qualifiziert und sie von den anschaulichen Begriffen abgesetzt. Da wir gewohnt sind, unser Gegenstandsbewußtsein in seinen Erkenntnisinteressen perspektivisch zu variieren, fällt es uns sehr viel leichter, uns lexikalische Ordnungsmuster als kulturspezifische Differenzierungsmuster bewußt zu machen als grammatische Ordnungsmuster. Den kognitiven Gehalt lexikalischer Ordnungsmuster interpretieren wir nämlich ständig für unsere aktuellen Differenzierungsbedürfnisse um, ganz zu schweigen von der Bildung neuer lexikalischer Zeichen. Dagegen erscheinen uns grammatische Ordnungsmuster unantastbar und naturgegeben, obwohl auch sie kulturell erarbeitete Differenzierungsmuster sind, die sich historisch allerdings nur sehr langsam wandeln. Die Benutzer des Althochdeutschen haben es sicher für genauso natürlich gehalten, daß es nur zwei Tempusformen gibt, wie wir es heute für ganz natürlich halten, daß es sechs gibt.

Zum zweiten sind die Differenzierungsleistungen der grammatischen Zeichen in der Regel so *abstrakt*, daß wir kaum geeignete Begriffe haben, um ihre Besonderheit zu beschreiben. Grammatische Ordnungsmuster sind sehr schwer auf empirische Erfahrungen zu beziehen, weil sie oft geradezu die transzendentalen Voraussetzungen bilden, um konkrete Einzelerfahrungen zu ordnen. So sind beispielsweise die Relationen, die etwa mit den Konjunktionen *weil* und *damit* typisiert werden, nicht empirisch beobachtbar, sondern stellen nur Interpretationshypothesen des Sprechers dar, um eine spezifische Sinnrelation zwischen zwei empirisch beobachtbaren Sachverhalten herzustellen. Außerdem ist in diesem Zusammenhang zu beachten, daß der abstraktive kognitive Gehalt grammatischer Zeichen sich meist nicht auf gegenständliche Vorstellungsmuster bezieht, sondern auf operative Handlungsmuster.

Zum dritten repräsentieren grammatische Zeichen wie etwa die schon erwähnten Tempusformen oft sehr *komplexe* kognitive Muster, bei denen sich kategorial sehr unterschiedliche Differenzierungsfunktionen überlagern können. Diese können sich auf die Strukturierung einer gegebenen Realität, auf die Strukturierung der subjektiven Einstellung zu der gegebenen Realität oder auf die Strukturierung derjenigen Zeichen beziehen, die für die ersten beiden Strukturierungsfunktionen eingesetzt werden.

Zum vierten gestaltet sich die Analyse der kognitiven Differenzierungsleistungen grammatischer Zeichen immer schwieriger, je weiter wir von den sprachspezifischen grammatischen Mustern zu den *universalen* grammatischen Mustern vorstoßen. Je universaler eine grammatische Kategorie ist, desto elementarer ist ihre kognitive Differenzierungskraft, und desto schwerer können wir uns von ihr distanzieren, weil uns alle Alternativen für die Kontrastierung fehlen. So fällt es uns beispielsweise sehr schwer, die kognitive Qualität des Nominativs oder des Präsens zu kennzeichnen, weil sich in diesen grammatischen Formen Grundmuster für die Möglichkeit von Aussagen überhaupt manifestieren.

Zum fünften ergeben sich bei der Analyse der kognitiven Differenzierungsleistungen grammatischer Zeichen große Schwierigkeiten, weil sich nicht alle grammatischen Ordnungsmuster in *morphologisch* klar faßbaren Formen repräsentieren, wie die Überlegungen zum Problem der latenten Grammatik gezeigt haben. So ist es beispielsweise sehr schwierig, die kognitive Differenzierungsleistung zu beschreiben, die aus den einzelnen Wortarttypen resultiert und die bei Wortartwechseln in Erscheinung tritt. Dieses Problem wird z.B. sehr virulent, wenn wir uns entscheiden müssen, wieviele Wortarten wir grammatisch sinnvollerweise unterscheiden wollen. [27]

Wenn man trotz aller dieser Schwierigkeiten die kognitiven Differenzierungsleistungen grammatischer Zeichen *typologisch* ordnen will, dann ergibt sich die Notwendigkeit zu idealtypischen Abstraktionen. Solche Abstraktionen bilden dann gleichsam Wahrnehmungsperspektiven für die Differenzierungskraft grammatischer Zeichen. Sie schließen keineswegs aus, daß grammatische Zeichen gleichzeitig ganz unterschiedliche Differenzierungsfunktionen erfüllen können.

Idealtypisch vereinfacht lassen sich vielleicht *vier* große Denkperspektiven unterscheiden, in denen die kognitive Leistung grammatischer Zeichen beschrieben werden kann, nämlich eine *ontologisch*, eine *situativ*, eine *kommunikativ* und eine *strukturell* orientierte Perspektive. Bei diesen Unterscheidungen, die z.T. an die von Admoni anknüpfen, geht es weniger um die Zuordnung grammatischer Zeichen zu den vorgegebenen Bezugsbereichen Realität, Situation, Kommunikation und Sprachstruktur, sondern eher um den Versuch, unterschiedliche Kriterien für die Erfassung der kognitiven Differenzierungsleistungen grammatischer Zeichen zu benennen.

Zu den grammatischen Zeichen, deren kognitive Differenzierungskraft vorwiegend *ontologisch* orientiert ist, lassen sich diejenigen rechnen, die dabei helfen, unser Inventar von *ontologischen Basiskategorien* zu vervollständigen, mit denen wir unsere materielle und geistige Welt zu strukturieren versuchen. Solche Basiskategorien sind uns nicht immer explizit gegenwärtig und auch nicht immer explizit begrifflich benennbar, dennoch spielen sie für unsere kognitiven Prozesse als Grundorientierungen eine große Rolle. Sie sind in der Regel nicht das Ergebnis von empirischen Erfahrungen, sondern eher fruchtbare Hypothesen, die uns empirische Erfahrungen ermöglichen, und insofern haben sie einen transzendentalen Status. Im Rahmen eines ontosemantischen Bedeutungskonzeptes ist zu fragen, ob diese ontologischen Basiskategorien ontisch gerechtfertigt sind, im Rahmen eines pragmatischen Bedeutungskonzeptes muß man dagegen nur fragen, ob sie sich bei der Bewältigung der Wirklichkeit bewähren.

Zu den grammatischen Ordnungskategorien mit ontologisch orientierter Differenzierungsfunktion werden seit alters her die Wortarten *Substantiv, Adjektiv* und *Verb* gerechnet. Immer wieder hat man sich gefragt, was die Wörter *Wärme, warm* und *erwärmen* gemeinsam haben und worin sie sich eigentlich unterscheiden. Eine Antwort war, daß alle drei Wörter eine gemeinsame *Basisbedeutung* hätten, die dann nach den Grundkategorien von *Substanz, Qualität* und *Prozeß* ausgeformt sei. Ob die Kategorien Substanz, Qualität und Prozeß ontische Grundkategorien sind oder ontologische Hypothesen ist ontosemantisch zwar hochinteressant, aber nicht semiotisch, da diese Frage letztlich nicht zu beantworten ist. Semiotisch ist nur festzustellen, daß diese Ordnungskategorien sich offenbar pragmatisch so bewährt haben, daß in vielen, wenn auch nicht in allen Sprachen Begriffsbildungsprozesse immer schon nach diesen Basiskategorien typisiert worden sind. Daß diese Basiskategorien nicht in allen Sprachen grammatisch unterschieden werden und auch in den indogermanischen Sprachen die Zuordnung mancher Begriffsbildungen zu diesen Wortarttypen mißlich ist, spricht dafür, daß es nur ontologische Hypothesen mit begrenzter, wenn auch pragmatisch sinnvoller Differenzierungskraft sind.

In ähnlicher Weise wie die drei Hauptwortarten läßt sich auch der *Numerus* beim Substantiv als ontologisches Differenzierungsmuster interpretieren. Singularität und Pluralität sind pragmatisch brauchbare Differenzierungskategorien. Manche Völker haben darüber hinaus offenbar noch die Kategorie der *Dualität* für so wichtig gehalten, daß sie sich nicht mit lexikalischen Differenzierungsmitteln dafür begnügten *(Paar)*, sondern als dritten Numerus den Dualis einführten, um Zweiereinheiten mit grammatischen Mitteln zu kennzeichnen. [28]

Auch *Konjunktionen* lassen sich im Prinzip als ontologische Differenzierungshypothesen begreifen, die dabei helfen, mögliche Relationen zwischen zwei Sachverhalten ontologisch zu typisieren. Empirisch und phänomenologisch gesehen sind zunächst nur isolierte Tatsachen wahrnehmbar, die wir sprachlich durch Einzelaussagen repräsentieren können (z.B. *Die Sonne geht unter. Es wird dunkel.*). Die Relation zwischen zwei empirischen Tatsachen läßt sich mit Hilfe von Konjunktionen ontologisch als *kausal, konsekutiv, konditional, temporal* oder *final* interpretieren. Deshalb können Konjunktionen als Manifestationen von Relationstypen angesehen werden, die sich in einer Sprachgemeinschaft pragmatisch als sinnvoll erwiesen haben. Die Tatsache, daß manche Konjunktionen doppeldeutig sind, weil ein Zeichenträger zwei verschiedene Relationstypen repräsentieren kann (z.B. wenn = temporal, konditional), spricht nicht gegen diese Auffassung, sondern zeigt nur, daß sich Relationstypen theoretisch so stark subklassifizieren lassen, daß sie die Komplexität tatsächlicher Relationen zwischen zwei Sachverhalten verfehlen können. Doppeldeutige Konjunktionen sind dann gleichsam praktisch klüger als unsere theoretischen Klassifizierungen von Relationstypen, weil sie darauf verzichten, praktisch mehr zu differenzieren als theoretisch differenziert werden kann.

Zu den grammatischen Zeichen, deren kognitive Differenzierungsleistung vorwiegend *situativ* orientiert ist, lassen sich diejenigen rechnen, die dabei helfen, die Relationsformen zu differenzieren, die sich auf die aktuelle Sprechsituation oder Betrachtungssituation beziehen. Hierzu gehören alle *Pronomen*, die personale, possessive, reflexive, demonstrative, relative oder indefinite Zuordnungsrelationen spezifizieren. Auch der *bestimmte* und *unbestimmte Artikel* lassen sich zu dieser Gruppe rechnen, weil mit dem unbestimmten Artikel grammatisch auf eine noch zu erwartende Nachinformation verwiesen werden kann und mit dem bestimmten Artikel grammatisch auf eine schon gegebene Vorinformation aufmerksam gemacht wird. [29]

Das Feld der grammatischen Zeichen, die Relationen differenzieren, die sich auf die aktuelle Sprechsituation beziehen, überschneidet sich z.T. mit dem, was Bühler[30] »*Zeigfeld*« und »*Zeigwörter*« genannt hat. Allerdings deckt es sich nicht vollständig damit, weil Bühler auch Zeit- und Raumadverbien dazu rechnet *(morgen, hier)*, bei denen man sich darüber streiten kann, ob man sie zu den grammatischen oder zu den lexikalischen Zeichen rechnen soll.

Auch die *Tempusformen* können unter dem Aspekt ihrer chronologischen Differenzierungsfunktionen den situativ orientierten grammatischen Zeichen zugeordnet werden. Sie können nämlich dabei helfen, Ereignisse chronologisch nach den Kategorien Vergangenheit, Gegenwart und Zukunft auf den Sprechzeitpunkt oder einen gesetzten Fixpunkt zuzuordnen. Allerdings darf man darüber nicht vergessen, daß die Tempusformen noch ganz andere kognitive Differenzierungsleistungen erbringen können und daß manche Sprachen nur daran interessiert sind, Ereignisse unter den Kategorien *jetzt* und *nicht-jetzt* auf den Sprechzeitpunkt zu beziehen oder nach den Kategorien *manifestiert* bzw. historisch real und *manifestierend* bzw. historisch nicht real, aber geistig real.[31]

Zu den grammatischen Zeichen, deren kognitive Differenzierungsfunktion vorwiegend *kommunikativ* orientiert ist, lassen sich diejenigen rechnen, die den Sprachverwendern helfen, die Bedeutsamkeit von Sachaussagen zu qualifizieren bzw. ihren Stellenwert für den jeweiligen Kommunikationsprozeß metainformativ zu charakterisieren. Solche Differenzierungsbedürfnisse sind in allen Sprachen zu konstatieren und haben vielfältige und sehr unterschiedliche grammatische Ausdrucksformen gefunden.

Eine wichtige Rolle bei der Qualifizierung des kommunikativen Stellenwertes von Äußerungen spielen die sog. *Partikeln*, die insbesondere in der mündlich realisierten Sprache intensiv genutzt werden. Da sie für die Darstellungsfunktion der Sprache nichts leisten, sondern auf der Ebene der Ausdrucks- und Appellfunktion wirksam sind, sind sie von der normativen Stilistik oft als *Läuse im Pelz der Sprache* abqualifiziert worden. Sie stellen aber in Wirklichkeit metainformative Kommentierungsmuster zur pragmatischen Qualifizierung von Informationsinhalten dar, auf die in manchen Kommunikationssituationen gar nicht verzichtet werden kann. Die Differenzierungsleistungen, die Partikeln dabei realisieren, sind zumeist so sprachspezifisch, daß sich bei Übersetzungen oft keine direkten Äquivalente finden lassen. Grob gesehen lassen sich die Differenzierungsfunktionen von Partikeln nach zwei Grundtypen subklassifizieren. Auf der einen Seite gibt es die sog. Abtönungspartikeln, die dazu dienen, Intensitätsstufen von Sachverhalten aus objektiver oder subjektiver Sicht zu kennzeichnen bzw. expressive und emotionale Akzente zu setzen *(sehr, überaus, ganz)*. Auf der anderen Seite gibt es Partikeln, die als Indikatoren für Sprechakte angesehen werden können, weil sie den Handlungsgehalt einer Äußerung metainformativ als Aufforderung, Widerspruch, Bekräftigung usw. bestimmen können *(mal, aber, doch*, usw.).[32]

Eine besondere Rolle bei der metainformativen Typisierung des kommunikativen Stellenwerts von Äußerungen spielen die *Modus-, Genus-* und *Tempusformen* des Verbs.[33] Sie stellen Differenzierungsmuster dar, die sich historisch nach und nach für bestimmte Unterscheidungsbedürfnisse herausgebildet haben und die heute für prägnante Kommunikationsprozesse unverzichtbar geworden sind. So kann der Konjunktiv I in seiner metainformativen Funktion als Zitiersignal qualifiziert werden und der

Konjunktiv II als Hypothese- und Skepsissignal bzw. als implizites Negationsmittel. Die Passivformen stellen in Opposition zu den Aktivformen kognitive Differenzierungsmuster dar, die metainformativ dazu bestimmt sind, nicht den Verursacher und den Verlauf eines Prozesses hervorzuheben, sondern sein Ergebnis. Die Tempusformen differenzieren nicht nur unterschiedliche chronologische Relationstypen, sondern auch unterschiedliche Handlungstypen. Durch Tempusformen kann entschieden oder mitentschieden werden, ob eine Information in einem aktualisierenden (Präsens), in einem erzählenden (Präteritum), einem urteilenden (Perfekt) oder einem voraussagenden Sinne (Futur I) zu verstehen ist. Dabei ist zu berücksichtigen, daß manche Tempusformen kognitiv mehrdeutig sind, was entwicklungsgeschichtliche und sachliche Gründe haben kann. So kann etwa das Präsens eine aktualisierende und eine zeitneutralisierende Differenzierungsfunktion erfüllen und das Futur I eine voraussagende und eine vermutende.

Auch die *Thema-Rhema-Gliederung* des Satzes läßt sich zu den grammatischen Differenzierungsmustern rechnen, die kommunikativ orientiert sind. Unter der Thema-Rhema-Gliederung des Satzes kann man entsprechend der verstehenspsychologischen Theorie von Boost[34] die kommunikative Differenzierungsfunktion der Reihenfolge der einzelnen Sinneinheiten im Satz verstehen. Das Thema wird auf natürliche Weise durch diejenige Sinneinheit gebildet, die zuerst wahrgenommen wird und die dementsprechend eine Erwartungsspannung auslöst, welche durch die folgenden Sinneinheiten, die sich als Rhema zusammenfassen lassen, gelöst wird.

Die grammatischen Zeichen, deren Differenzierungsfunktionen vorwiegend *strukturell* orientiert sind, lassen sich hinsichtlich der von ihnen repräsentierten kognitiven Differenzierungsmuster am schwersten beschreiben. Im Kontext des ontosemantischen Bedeutungskonzeptes wird ihnen konsequent jede Form von Bedeutung abgesprochen und ihnen nur eine asemantische Strukturierungsfunktion zugebilligt. Zu solchen grammatischen Formen werden dann beispielsweise die *Flexionskongruenz* zwischen Adjektiv und Bezugssubstantiv gezählt oder die Konjunktionen *ob* und *daß* als Einleitungspartikel für Subjekt- und Objektsätze. In der Tat fällt es schwer, solchen grammatischen Formen eine kognitive Differenzierungskraft zuzuschreiben, weil wir gewohnt sind, den Begriff *kognitiv* nur dann anzuwenden, wenn ontische Sachverhalte zu differenzieren sind bzw. allenfalls noch, wenn situative und kommunikative Ordnungsstrukturen zu differenzieren sind.

Es darf nun aber keineswegs übersehen werden, daß die Kombination von Subzeichen zu komplexen Zeichen systemtheoretische Probleme aufwirft, die kognitiv und zeichenmäßig beherrscht werden müssen, wofür die Mathematik ein eindrucksvolles Beispiel ist. Die Vermittlung von Organisationsinformationen setzt ebenso wie die von Sachinformationen die Bildung von kognitiven Mustern bzw. *Relationsmustern* voraus. Grammatische Zeichen mit rein strukturbildenden syntaktischen Funktionen sind deshalb durchaus als Antworten auf innersprachliche Organisationsprobleme zu betrachten und haben damit eine kognitive Qualität, die allerdings auf einer anderen pragmatischen Ebene liegt als die der anderen grammatischen Differenzierungsmuster.

So zeigt etwa die *Flexionskongruenz* zwischen Adjektiv und Substantiv im Deutschen an, daß aus zwei einfachen Sinneinheiten eine komplexe gebildet werden soll.

Die *Genusunterschiede* des Substantivs ermöglichen es, abgesehen von ihren ontologischen Differenzierungsfunktionen, eindeutige pronominale Bezüge herzustellen, wodurch die einzelnen Elemente im Satz freiere Stellungspositionen erhalten. Die *Konjunktionen* wie etwa *ob* und *daß* sind klare Signale, um Gliedsätze als Objekt- bzw. Subjektsätze zu qualifizieren, ebenso wie *Relativpronomen* klare Signale dafür sind, Gliedsätze als Attributsätze zu kennzeichnen.

Über die kognitive Differenzierungsfunktion der *Kasusformen* im Deutschen gibt es einen lebhaften Streit. Eine Reihe von Grammatikern hat versucht, den Kasusformen eine kognitive Differenzierungsfunktion zuzuordnen, die entsprechend den hier vorgenommenen Unterscheidungen weitgehend als situativ zu kennzeichnen wäre. So spricht etwa Glinz[35] vom Nominativ als *»Grundgröße«*, vom Genitiv als *»Anteilsgröße«*, vom Dativ als *»Zuwendgröße«* und vom Akkusativ als *»Zielgröße«*. Helbig hat dagegen, wie schon erwähnt, den Kasusformen kognitive Differenzierungen dieser Art abgesprochen, weil sie in das von ihm vertretene Bedeutungskonzept nicht recht passen. Ob man nun den Kasusformen des Deutschen eine ontologisch oder situativ orientierte kognitive Differenzierungsfunktion zuordnen kann oder nicht bzw. ob man dabei lieber auf die Tiefenkasus von Fillmore[36] zurückgreift, um sich nicht in der Polyfunktionalität der Oberflächenkasus zu verstricken, das sei dahingestellt. In jedem Fall muß man den *Kasusformen* in einem strukturtheoretischen Sinne die Qualität von kognitiven Differenzierungsmustern zubilligen, insofern sie dabei helfen, bestimmte Rollenfunktionen im Satz klar voneinander zu unterscheiden, was wiederum eine Voraussetzung dafür ist, eine freie Satzgliedstellung zu erlauben, die ihrerseits wieder die Voraussetzung dafür darstellt, das Mittel der Thema-Rhema-Gliederung umfassend einzusetzen.

b) Instruktionssemantik

Das Konzept der Instruktionssemantik bringt gegenüber dem der Kognitionssemantik eine Veränderung des Blickwinkels und des Erkenntnisinteresses, weil nun sprachliche Zeichen nicht mehr anatomisch als kognitive, sondern *physiologisch* als kommunikative Werkzeuge ins Auge gefaßt werden. Sprachliche Zeichen sind nun nicht mehr als kognitive Muster interessant, in denen sich gleichsam die Differenzierungsinteressen einer Sprachgemeinschaft stabilisiert haben, sondern als Kommunikationsmittel zur intersubjektiven Verständigung.

Es ist offensichtlich, daß das Konzept einer Instruktionssemantik sich nicht unabhängig von dem einer Kognitionssemantik konkretisieren läßt, da Formen und Funktionen immer Korrelate sind. Obwohl es methodisch angebracht ist, die Instruktionssemantik im Anschluß an die Kognitionssemantik zu behandeln, gibt es gute Gründe dafür, die Kognitionssemantik in sprachgenetischer Hinsicht aus der Instruktionssemantik abzuleiten. Dafür spricht, daß sprachliche Zeichen ursprünglich wohl nicht zu dem Zweck gebildet wurden, bestimmte Sachbereiche kognitiv zu differenzieren, sondern eher dazu, sich über Handlungsabsichten zu instruieren, was allerdings unausweichlich dazu führte, standardisierte Differenzierungsmuster und Informationsmittel auszubilden. An neugebildeten Wörtern und an metaphorisch verwendeten Wörtern bzw. an der Kindersprache läßt sich jedenfalls gut ablesen, daß sprachliche Mittel als Differenzierungswerkzeuge unter bestimmten Kontextbedingungen schon erfolgreich verwendet werden können, bevor sich deren kognitiver Gehalt konventionell stabilisiert hat.

Kognitionssemantik und Instruktionssemantik sind in der Sache dialektisch miteinander verschränkt, wissenschaftsgeschichtlich gehören sie aber unterschiedlichen sprachwissenschaftlichen Traditionen und Schulbildungen an. Die *Kognitionssemantik* gehört erkenntnistheoretischen und systemtheoretischen sprachwissenschaftlichen Traditionen an, die daran interessiert sind, die Sprache als Inventar von kognitiven Mustern und Kombinationsregeln für den aktuellen Sprachgebrauch zu beschreiben. Die Kognitionssemantik ist, abgesehen von ihren semiotischen Varianten, im Prinzip weniger am Prozeß der Sinnbildung und des Sinnverstehens selbst interessiert, als an den konventionell stabilisierten Mustern, die dabei verwendet werden.

Die *Instruktionssemantik* muß im Unterschied dazu einer sprachwissenschaftlichen Tradition zugeordnet werden, die heute meist als *Textlinguistik* bezeichnet wird, die aber im Prinzip sehr alte philologische und hermeneutische Wurzeln hat. Diese sprachwissenschaftliche Tradition interessiert sich weniger für die Sprache als ein System von kognitiven Mustern, sondern eher für die Sprache als ein Instrument der Sinnvermittlung, was natürlich bedingt, allen Faktoren Aufmerksamkeit zu schenken, die dabei Einfluß gewinnen.

Das Konzept einer *Instruktionssemantik* haben als erste S. J. Schmidt und Weinrich eher beiläufig als programmatisch skizziert.[37] Die Idee der Instruktionssemantik ist allerdings sehr viel älter und läßt sich insbesondere in vielen Überlegungen Bühlers wiederfinden. Die Instruktionssemantik läßt sich sowohl auf lexikalische als auch auf grammatische Zeichen anwenden. Für die semantische Analyse grammatischer Zeichen ist sie aber ganz besonders attraktiv.

Wenn man *lexikalische* Zeichen in der Perspektive der Instruktionssemantik betrachtet, dann lassen sie sich als *Anweisungen* des Sprechers an den Hörer verstehen, sich bestimmte *Referenzobjekte* zu vergegenwärtigen bzw. diese auf einer bestimmten Referenzebene zu suchen, seien es nun empirische Einzelobjekte oder abstrakte Begriffsmuster. Je nach Wahl des lexikalischen Zeichens kann der Sprecher den Hörer dazu bringen, sich ein Referenzobjekt auf unterschiedlichen Abstraktionsstufen oder in unterschiedlichen Kontexten zu vergegenwärtigen [Tier, Pferd, Gaul]. Je nach der entsprechenden Wahl kann es insbesondere bei metaphorischer Sprachverwendung für einen Hörer leicht oder schwer sein, sich das vom Sprecher intendierte Referenzobjekt zu vergegenwärtigen (*Geld, Moos, Kohle,* usw.). Für die Analyse der semantischen Dimension von lexikalischen Zeichen ist die Instruktionssemantik interessant, weil sie einerseits die Tatsache ernst nimmt, daß zumindest in der natürlichen Sprache die verwendeten Zeichen variable Referenzpotentiale haben, und weil sie die Handlungsimplikationen von Sinnbildungsprozessen hervorhebt.

Für die semantische Analyse *grammatischer* Zeichen ist die Instruktionssemantik deshalb besonders attraktiv, weil sie im Prinzip handlungstheoretisch orientiert ist und deshalb sehr gut den *metainformativen* Funktionen grammatischer Zeichen gerecht werden kann. Grammatische Zeichen lassen sich als metainformative *Instruktionen* des Sprechers an den Hörer verstehen, den Verstehensprozeß von Nennzeichen in bestimmter Weise zu organisieren und Einzelinformationen in bestimmter Weise aufeinander zu beziehen, zu interpretieren oder in spezifische Kontexte einzubringen. Weinrich [38] versteht deshalb die grammatischen Zeichen bzw. Morpheme zu Recht als implizite Imperative bzw. als »*Orientierungssignale*« oder »*Verkehrszeichen*«, die der Sprecher regelmäßig setzen müsse, damit sich der Hörer beim Verstehen nicht im komplexen Geflecht der sprachlichen Zeichen verirre. Nach den bisherigen Überlegungen ist natürlich zu berücksichtigen, daß grammatische Zeichen sehr komplexe Instruktionspotentiale haben können bzw. daß ihre Instruktionsanweisungen auf kategorial unterschiedlicher Ebene liegen können.

Wie schon erwähnt, kann Bühler als ein Wegbereiter der Instruktionssemantik angesehen werden, weil seine Unterscheidung von »*Symbolfeld*« und »*Zeigfeld*« in der Sprache bestimmte Denkansätze der Instruktionssemantik insbesondere auf grammatischem Gebiet schon vorweggenommen hat. Bühlers »*Zeigwörter*« decken sich zwar nicht mit der hier entwickelten Vorstellung von grammatischen Zeichen, sondern überschneiden sich nur damit, weil diese »*Zeigwörter*« nur dazu bestimmt sind, vom Origopunkt der sprechenden Person aus räumliche, zeitliche und personale Verweise herzustellen. Wichtig ist aber, daß er ausdrücklich zwischen dem Akt des Nennens und dem Akt des Verweisens unterscheidet und Zeigwörter als »*Rezeptionssignale*« bestimmt, die zur Orientierung des Hörers bei Sinnbildungsprozessen dienten. [39]

Methodisch läßt sich das Instruktionspotential bzw. der Instruktionsbezug grammatischer Zeichen am besten über *operative* Verfahren feststellen. Wenn man grammatische Zeichen streicht oder durch verwandte ersetzt, lassen sich ihre Instruktionsfunktionen am leichtesten erfassen. Entsprechend der typologischen Klassifizierung grammatischer Zeichen im Hinblick auf ihre kognitiven Differenzierungsfunktionen kann auch eine typologische Klassifizierung im Hinblick auf ihre Instruktionsfunktionen vorgenommen werden.

Erstens läßt sich eine Klasse grammatischer Zeichen annehmen, deren Instruktionen dadurch charakterisiert sind, daß sie *ontologisch* orientierte Interpretationsanweisungen an den Hörer vermitteln. Zu dieser Klasse wären die *Hauptwortarten* zu rechnen, die *Numerusformen* bei Substantiven, die *Steigerungsformen* bei Adjektiven und der größte Teil der *Konjunktionen*. Interessant ist, daß solche ontologischen Interpretationen ursprünglich nicht immer metainformativ durch grammatische Mittel, sondern auch direkt durch lexikalische Mittel vorgenommen wurden, wie unregelmäßige Pluralformen *(Seemänner – Seeleute)* oder Steigerungsformen *(gut – besser)* zeigen, was sprachökonomisch und systemtheoretisch allerdings sehr aufwendig und umständlich ist. Im Gegensatz zu den Pluralmorphemen oder Steigerungsmorphemen werden von den konjunktionalen Instruktionen nicht einzelne lexikalische Zeichen betroffen, sondern die Relation zwischen zwei Aussagen.

Zweitens läßt sich eine Klasse grammatischer Zeichen annehmen, deren Instruktionen dadurch charakterisiert sind, daß Vorstellungsinhalte in definierter Weise auf eine gegebene *Sprechsituation* bezogen werden. Dazu wären beispielsweise *Pronomen, Ar-*

tikel und die *Tempusformen* hinsichtlich ihrer chronologischen Instruktionsfunktionen zu rechnen. Auf Instruktionsinformationen dieses Typs kann keine Sprache verzichten, weil dieselben Sachverhalte immer wieder auf neue Sprechsituationen und Personen zugeordnet werden müssen.

Drittens läßt sich eine Klasse grammatischer Zeichen annehmen, deren Instruktionen dadurch charakterisiert sind, daß sie dabei helfen, den *kommunikativen Stellenwert* von Informationen im Hinblick auf ihre Aktualität, ihre pragmatische Bedeutsamkeit oder ihren emotionalen Gehalt zu kennzeichnen. Insbesondere stilistische Analysen können sich mit Gewinn auf grammatische Instruktionen dieses Typs konzentrieren, weil sie dadurch die Aussageintentionen und rhetorischen Strategien der Sprecher rekonstruieren können. Zu den grammatischen Zeichen mit Instruktionen dieses Typs wären beispielsweise *Partikeln, Tempus-, Genus-* und *Modusformen* des Verbs oder die *Thema-Rhema-Gliederung* von Sätzen zu rechnen.

Viertens läßt sich eine Klasse grammatischer Zeichen annehmen, deren Instruktionen dadurch charakterisiert sind, daß sie *Konnexionsanweisungen* geben und dadurch die Satzgliedrollen von Nenneinheiten der Sprache festlegen und präzisieren. Dazu wären dann beispielsweise die *Flexionskongruenzen* zu rechnen, die Attributsrelationen anzeigen, diejenigen *Konjunktionen* und *Pronomen*, die Gliedsätze anzeigen, oder die *Kasusformen*, sofern man nicht vorzieht, sie als Instruktionen für situative oder ontologische Interpretationen zu klassifizieren.

Die kategoriale *Typisierung* von Instruktionen und Instruktionspotentialen grammatischer Zeichen ist natürlich problematisch, weil sich immer gute Gründe finden lassen, gröbere oder feinere Unterscheidungen vorzunehmen, oder weil sich einzelne grammatische Zeichen nicht eindeutig zuordnen lassen, wenn sie zugleich Instruktionsfunktionen unterschiedlichen Typs realisieren. Dennoch ist es hilfreich, die Instruktionsfunktionen grammatischer Zeichen typologisch zu unterscheiden, um die semantische Spannweite ihrer metainformativen Anweisungen zu kennzeichnen. Bei der kategorialen Typisierung grammatischer Instruktionen ist außerdem zu beachten, daß nicht nur der *Inhalt*, sondern auch der *Bezugsbereich* von Instruktionen zu klassifizieren ist. Der Bezugsbereich von grammatischen Instruktionen kann nämlich sehr variieren und ist insbesondere bei Textinterpretationen genau zu beachten.

Im einfachsten Fall bezieht sich die Instruktion eines grammatischen Zeichens auf ein *einzelnes* lexikalisches Zeichen. Als Zeichenträger kann dabei ein unselbständiges Morphem in Erscheinung treten, das mit dem jeweiligen Bezugselement direkt verbunden ist (Numerus), oder ein selbständiges Morphem, das nicht direkt morphologisch, sondern syntaktisch mit einem Bezugselement verbunden ist (Artikel, Demonstrativum). Flexionsmorpheme können aber auch dazu dienen, definierte Bezüge *zwischen* lexikalischen Zeichen herzustellen (Attributs-, Subjekts- und Objektsrelationen). Die Instruktionsfunktionen grammatischer Zeichen lassen sich auch in der Perspektive betrachten, daß sie einzelnen lexikalischen Zeichen oder Gruppen von lexikalischen Zeichen eine spezifische *Satzgliedrolle* zuschreiben (Subjekt, Objekt, Attribut, Adverbial, Gliedsatz), wozu *Kasusmorpheme, Stellungspositionen* oder *Konjunktionen* und *Pronomen* eingesetzt werden können.

Besondere Schwierigkeiten bieten in diesem Zusammenhang *Adverbiale*, weil sie entweder das Verb metainformativ interpretieren können *(Sie singt schön)*, das Verb in der Relation zu seinem Objekt *(Sie beschäftigen sich ungern mit Grammatik)* oder einen ganzen Satz *(Abends telefonieren sie mit Freunden)*. Ähnlich wie sich insbesondere Zeitadverbiale auf den ganzen Satz beziehen können, können das auch *Tempus-*, *Genus-* und *Modusmorpheme*, weshalb sie sich auch als *Satzmorpheme* klassifizieren lassen. Dieser Sachverhalt ist nicht erstaunlich, weil diese Morpheme mit dem Verb verbunden sind, das zumindest im Sinne der Dependenzgrammatik als strukturelles Zentrum des Satzes angesehen werden kann, von dem direkte Relationsbezüge zu allen Satzgliedern 1. Ordnung ausgehen. Grammatische Zeichen, die sich auf den ganzen Satz beziehen, gehören vorwiegend dem kommunikativ und situativ orientierten Instruktionstyp an.

Bei einigen grammatischen Zeichen muß man annehmen, daß ihre Instruktionsfunktionen die Satzgrenzen überschreiten, so daß ihnen eine *textkonstitutive* Funktion zugebilligt werden kann. So hat Weinrich dem ständig wiederkehrenden *Präteritum* eine textkonstitutive Funktion zugeschrieben, weil es dazu beitrage, Erzähltexte zu formieren. Käte Hamburger hat dem Präteritum unter bestimmten Bedingungen sogar die Funktion eines *Fiktionssignals* zugeordnet.[40] *Pronomen* kann ebenfalls eine textkonstitutive Funktion zugebilligt werden, weil sie Relationsbezüge über die Satzgrenzen hinweg herstellen. Auch der *unbestimmte* und der *bestimmte Artikel* haben solche Funktionen, insofern sie auf Nachinformationen und Vorinformationen zu bestimmten Nenneinheiten verweisen. Ähnlich wie sich die Instruktionsfunktionen des unbestimmten und bestimmten Artikels nur auf der Ebene des Textes richtig erfassen lassen, so auch die, die aus der *Thema-Rhema-Gliederung* des Satzes resultieren. Ob die thematische Information eines Satzes eine wiederaufgenommene oder eine gesetzte Information ist, läßt sich nur im Hinblick auf den Text entscheiden.

Um die Bedeutung lexikalischer und grammatischer Zeichen typologisch voneinander abzugrenzen, sind unterschiedliche Begriffspaare in Umlauf gekommen: *Satzbedeutung – Leistungsbedeutung; Begriffsbedeutung – Beziehungsbedeutung; Inhaltsbedeutung – Strukturbedeutung; Semantik – Synsemantik; extrinsische Bedeutung – intrinsische Bedeutung* usw. Alle diese Begriffspaare weisen auf bestimmte Charakteristika der Bedeutung grammatischer Zeichen in Opposition zu der lexikalischer Zeichen hin. Dennoch sind sie etwas unbefriedigend, weil sie nicht deutlich machen, daß auch grammatische Zeichen *kognitive Muster* darstellen, wenn auch kognitive Muster, die einen anderen *Bezugsbereich* haben als die lexikalischer Zeichen. Um diesem Mangel abzuhelfen, wurde hier ausdrücklich zwischen der *kognitiven* und der *instruktiven* semantischen Qualität grammatischer Zeichen unterschieden.

Diese Unterscheidung macht es möglich, die grammatischen Zeichen in *doppelter* Weise zu würdigen, nämlich als Manifestationsformen von historisch erarbeiteten kognitiven *Differenzierungsmustern* und als *Instruktionssignale* für die Organisation von aktuellen Sinnbildungsprozessen. Im Hinblick auf den Einfluß der Sprache auf das Denken ist in diesem Zusammenhang interessant, daß die Sprachen unterschiedliche Entscheidungen darüber getroffen haben, welche grammatischen Instruktionen in jedem Äußerungsakt *obligatorisch* gegeben werden müssen (im Deutschen z.B. Tempus-, Genus-, Modus-, Kasus- und Numerusinstruktionen) und welche nur *fakultativ*,

weil damit zugleich festgelegt wird, welche Differenzierungen bewußtseinsmäßig ständig präsent sind und welche nicht.

Um das Instruktionspotential und den kognitiven Gehalt grammatischer Zeichen
systematisch beschreiben zu können und um instruktionssemantische Analysen für
textlinguistische und hermeneutische Interpretationsverfahren fruchtbar zu machen,
ist es notwendig, die *feldmäßige* Ordnung grammatischer Zeichen näher zu untersuchen. Die geringe Zahl der Mitglieder grammatischer Felder stellt aber keineswegs
sicher, daß diese Felder logisch vollkommen durchstrukturiert sind. Grammatische
Felder sind ebenso wie lexikalische historisch gewachsene Gebilde, die all die Widersprüche aufweisen, die historischen Gebilden üblicherweise zukommen.

VI

Feldgedanke und Grammatik

Der *Feldgedanke*, der zugleich eine Ausprägung des Strukturgedankens darstellt, ist für alle Formen der Analyse von Systemgebilden unverzichtbar. Wenn wir Einheiten identifizieren, dann identifizieren wir sie immer als Einheiten, die in bestimmten *Relationen* zu anderen stehen, seien es nun real gegebene und explizit markierte oder potentiell gegebene und nur implizit erschließbare Relationen. Jedenfalls sind Einheiten aller Art nie autarke Einheiten, sondern Einheiten, die erst über das Netzwerk von Kontrast-, Äquivalenz-, Aufbau-, Funktions-, Entwicklungs-, Wertrelationen usw. ihre spezifische Charakteristik bekommen.

In der Sprachwissenschaft kann der Feldgedanke auf eine lange Tradition zurückblicken. Schon Humboldt hat seine Grundthese klar akzentuiert. *»Es giebt nichts Einzelnes in der Sprache, jedes ihrer Elemente kündigt sich nur als Theil eines Ganzen an.«* [1] Da die Sprache ein polyfunktionales Werkzeug ist, gibt es in ihr Feldordnungen auf sehr unterschiedlichen Ebenen (Phonetik, Lexik, Grammatik, Stilistik), die in sich wieder untergeordnete Feldordnungen aufweisen können.

1. Der Feldgedanke

In seiner semantischen Ausprägung ist der Feldgedanke zuerst im Hinblick auf die Gliederung und Ordnung lexikalischer Zeichen ausgearbeitet worden. In seiner morphologischen Ausprägung ist er allerdings schon bei der Aufstellung grammatischer Formparadigmen genutzt worden. Die Grundthese der von Trier und Weisgerber entwickelten *Wortfeldtheorie*, die eigentlich *Begriffsfeldtheorie* heißen müßte, ist, daß die Bedeutung eines Wortes nicht von diesem Einzelwort selbst her zureichend erfaßt werden kann, sondern nur von dem Feld aller Wörter, die einen bestimmten Sach- oder Sinnbezirk differenzierend erschließen und gliedern. Daraus folgt, daß man die Bedeutung eines Wortes nicht dadurch erfaßt, daß man die begrifflichen Merkmale der von ihm repräsentierten Begriffseinheit aufzählt, sondern daß man es darüber hinaus als Mitglied eines geordneten Verbandes von semantischen Einheiten sehen muß, in dem es bestimmte Oppositions- und Äquivalenzrelationen gibt. Diese feldmäßige Ordnung des Vokabulars ist den meisten Sprachbenutzern nur sprachgefühlsmäßig präsent, sie dokumentiert sich aber recht klar in den Gebrauchsgewohnheiten für einzelne Wörter.

Die klassische Wortfeldtheorie ist nach Kandler[2] durch sechs Prinzipien gekennzeichnet. Das Prinzip der *Ganzheit* hebe hervor, daß die einzelnen Elemente immer

Teile übergeordneter Ganzheiten darstellten, die mehr seien als die Summe ihrer Teile, weshalb Gliederungen teilend von oben und nicht sammelnd von unten aus zu erfolgen hätten. Das Prinzip der *Geordnetheit* betone den Systemcharakter von Wortfeldern. Das Prinzip der *Wechselbestimmtheit* verdeutliche, daß die Bedeutung eines Wortes nur in Relation zu seinen Feldnachbarn beschrieben werden könne. Das Prinzip der *Vollständigkeit* lege nahe, daß der semantische Gehalt bzw. Stellenwert eines Wortes nur dann zureichend erfaßt werden könne, wenn man alle Mitglieder des jeweiligen Wortfeldes kenne. Das Prinzip der *Wohlabgeschiedenheit* lege fest, daß jedes Wort entweder dem einen oder dem anderen Feld angehöre. Das Prinzip der *Lückenlosigkeit* habe zum Inhalt, daß Wortfelder im Prinzip Sachfelder vollständig abdeckten.

Gegen die Wortfeldtheorie sind Einwände erhoben worden, die die Vertreter dieser Theorie dazu gezwungen haben, den statischen Denkansatz dieser Theorie immer stärker zu *dynamisieren*. Die Problematik und die Ordnungskraft der Wortfeldtheorie zeigen sich besonders deutlich, wenn man die Nähe des Feldgedankens zum Systemgedanken näher ins Auge faßt.

Der Systemgedanke war für die Sprachwissenschaft und insbesondere die Grammatikforschung immer wieder faszinierend, um den individuellen und sozialen Charakter von Sprache zu akzentuieren. Er hat sich aber auch immer wieder als zu eng erwiesen, um die kreativen Aspekte von Sinnbildungsprozessen in der konkreten Sprachverwendung zu erfassen. Gerade die Wortfeldtheorie hat verdeutlicht, wie problematisch es sein kann, Sprache als *geschlossene* Systemordnung sozialer Konventionen aus rein synchroner Perspektive zu betrachten und dabei den diachronen Sprachwandel in individueller, sozialer und situativer Hinsicht zu vernachlässigen. Wenn man die Wortfeldtheorie ganz im Kontext des Systemgedankens entwickelt, dann liegt es nahe, Wortfelder nach dem *Mosaik-* oder *Sektormodell* zu verstehen. Danach decken dann einzelne Wörter wie Steine in einem Mosaik bestimmte Areale oder Sektoren eines Sachgebietes ab und weisen klare Grenzen zu ihren jeweiligen Feldnachbarn auf. Jedes Wort hat seinen festen Systemplatz und Verwendungssektor.

Gegen eine synchronische und statische Interpretation des Feldgedankens in dieser Art hat sich Trier zur Wehr gesetzt und betont, daß man den Feldgedanken methodisch nicht nach dem Modell eines Mosaiks oder Puzzles verstehen dürfe. Vielmehr solle man sich die Elemente eines Feldes als sternförmig ausstrahlende Kerne vorstellen, deren äußerste Strahlenspitzen die benachbarten Kerne mit betreffen könnten. Den Feldgedanken möchte er sich auch durch das Bild der Pferde in einem Rennen repräsentieren, bei dem sich die konkrete Feldordnung in Korrelation mit der Zeit ständig ändere.[3] Durch diese Negation der Mosaikvorstellung zu Gunsten einer dynamisierten *Überlappungs-* und *Verschränkungstheorie* wird deutlich, daß Trier den Feldgedanken eher als strukturierendes Ordnungsprinzip verstanden wissen will denn als einen Raster für die lückenlose Aufgliederung eines Sachbereichs nach kognitiven Mustern bzw. Anwendungssektoren für diese Muster.

Auch Weisgerber hat seine Vorstellungen vom Wortfeld im Kontext seiner Bestrebungen zu einer *energetischen* Sprachwissenschaft immer mehr dynamisiert und betont, daß es *einschichtige* und *mehrschichtige* Felder gebe. In einschichtigen Feldern wie etwa der Zahlenreihe ließen sich scharfe Grenzen konstatieren, da sie in ihrer

Gliederung nur durch einen einzigen Gesichtspunkt bestimmt würden. In mehrschichtigen Feldern, wie etwa in dem Wortfeld, das den Sachbereich des Sterbens aufgliedert, seien die Grenzlinien dagegen unschärfer, weil hier die hierarchische Dominanz der angewandten Ordnungsgesichtspunkte sehr unterschiedlich eingeschätzt werden könne, was für die natürliche Sprache typisch sei.[4]

Diese Dynamisierung der Wortfeldtheorie, die nahelegt, sprachliche Felder aller Art nicht als *starre* Systeme und tyrannische soziale Setzungen für den individuellen Sprachgebrauch zu verstehen, sondern als *flexible* Strukturordnungen, die sich historisch und situativ im Rahmen bestimmter Grundkonventionen entsprechend den aktuellen Differenzierungsbedürfnissen umorganisieren können, relativiert viele kritische Einwände gegen die Wortfeldtheorie. Gegen diese Theorie, die sich relativ problemlos auf *formalisierte* Wissenschaftssprachen anwenden läßt, ist nämlich im Hinblick auf ihre Verwendungsmöglichkeit in den natürlichen Sprachen eingewandt worden, daß deren Vokabular quantitativ und qualitativ ständig im Fluß sei, daß die Sprachbenutzer keine Marionetten vorgegebener sprachlicher Feldordnungen seien, wofür der metaphorische Sprachgebrauch ein eindrucksvolles Zeugnis ablege, und daß sich historische, regionale, soziale, individuelle und situative Feldordnungen ganz unentwirrbar ineinander schöben. Der Feldgedanke könne höchstens als methodische Hypothese akzeptiert werden, um gewisse Gebrauchsgewohnheiten von Wörtern übersichtlich darzustellen.

Um der Spannung von Konstanz und Veränderung in der natürlichen Sprache gerecht zu werden, hat Kandler eine sogenannte »*Waldtheorie*« entwickelt, wonach die Sprache mit einem Wald vergleichbar ist. In ihr gebe es das feste Holz der allgemeingültigen Sprachmittel, aber auch das aufschießende Unterholz noch ungefestigter semantischer Ordnungen und spontaner Sinngebungen in aktuellen Sprachverwendungssituationen. Die Bedeutung der einzelnen Wörter sei weniger aus dem Ganzen der Felder abzuleiten, sondern eher aus den Bedingungen der jeweiligen Rede. Alle Gebrauchskonventionen und Differenzierungen hätten nur einen vorläufigen und relativen Charakter.[5]

Es ist offensichtlich, daß in semiotischer Denkperspektive nur eine dynamisierte Wortfeldtheorie akzeptabel ist, was durch das Konzept des Zeicheninterpretanten theoretisch klar dokumentiert wird. Wichtig für die Semiotik ist allerdings die These der Wortfeldtheorie, daß es in der Sprache nichts Isoliertes gibt und daß die Wahl eines Elementes zugleich auch immer eine Abwahl anderer Elemente darstellt. Wenn die Semiotik sprachliche Felder auch nicht als autonome sprachliche Zwischenwelten anerkennen kann, so kann sie diese doch als Manifestationen von Gebrauchsgewohnheiten betrachten, die die Prozesse der Sinnkonstitution und Sinnzirkulation intersubjektiv erleichtern.

2. Grammatische Felder

Eine bessere Anwendungschance als im Bereich der lexikalischen Zeichen scheint die Feldtheorie im Bereich der grammatischen Zeichen zu haben. Für die Hypothese von klaren Grenzlinien zwischen grammatischen Zeichen bzw. für klar durchstrukturierte grammatische Felder und Systeme lassen sich folgende Gesichtspunkte geltend machen.

Im Bereich der Grammatik gibt es für bestimmte Differenzierungsbereiche *geschlossene* Mengen grammatischer Zeichen, von denen anzunehmen ist, daß sie ihren jeweiligen kognitiven Differenzierungsbereich und Funktionsbereich systematisch sektoral aufgliedern. Wegen der geringen Zahl der jeweiligen Feldmitglieder ist außerdem anzunehmen, daß alle Sprachbenutzer die jeweiligen grammatischen Zeichen auch kennen, was bei lexikalischen Zeichen nicht vorausgesetzt werden kann. Weiter ist davon auszugehen, daß historische, soziale, regionale, individuelle und situative Einflüsse auf die Differenzierungsleistungen grammatischer Zeichen relativ gering sind, weil durch sie sehr allgemeine, ja möglicherweise universal gültige Differenzierungen vorgenommen werden. Außerdem scheint eine metaphorische Verwendung grammatischer Zeichen, die etablierte Feldordnungen stören könnte, nur in Ausnahmefällen anzunehmen zu sein. [6] In historischer Perspektive gesehen gibt es zwar Neuentwicklungen und Funktionsverschiebungen bei grammatischen Zeichen, aber für das aktuelle Sprachbewußtsein der Sprachbenutzer scheint das im Gegensatz zu den Veränderungsprozessen im Bereich lexikalischer Zeichen keine wesentliche Rolle zu spielen.

Obwohl die Chancen für eine klare systematische Feldgliederung bei grammatischen Zeichen groß zu sein scheinen und obwohl die normative Grammatik den Gedanken einer klaren Feldgliederung grammatischer Zeichen über ihren Regelbegriff stabilisiert hat, gibt es doch eine Reihe von Gesichtspunkten, die die Idee durchsystematisierter grammatischer Felder relativieren. Gegen die Vorstellung, daß jedes grammatische Zeichen in kognitiver und instruktiver Hinsicht einen wohl definierten Systemplatz hat, lassen sich folgende Überlegungen geltend machen.

Grammatische Zeichen müssen nicht immer feldmäßig klar gegliedert sein, weil sie zuweilen nur präzisierende oder gar redundante Informationen vermitteln, die für das thematische Verständnis der eigentlichen Mitteilungsabsicht nicht unbedingt notwendig sind. Da grammatische Zeichen ebenso wie lexikalische Zeichen zugleich auf *verschiedenen* Ebenen Differenzierungsleistungen erbringen können, lassen sie sich feldmäßig nicht eindeutig gliedern und ordnen. Das trifft insbesondere für diejenigen grammatischen Zeichen zu, deren kognitive und instruktive Differenzierungsfunktionen kommunikativ orientiert sind. Die Feldordnung dieser Zeichen untergliedert sich nämlich wieder in sich überlappende Subfelder. [7]

Außerdem ist zu beachten, daß in der natürlichen Sprache grammatische ebenso wie lexikalische Felder nicht Ergebnisse konstruktiver Setzungen sind, sondern Ergebnisse von *evolutionären* Prozessen. In ihnen ist mit logischen Inkonsequenzen zu rechnen, die sich konventionell stabilisiert haben. Ältere grammatische Formen haben in der Regel ein unspezifischeres kognitives und instruktives Differenzierungsprofil als später hinzugekommene jüngere Formen. Das hat zur Folge, daß die Oppositionsrelationen zwischen Feldnachbarn sehr kompliziert sein können, weil sie durch systematische und historische Faktoren bestimmt sein können. Die historisch und evolutionär bedingten Inkonsequenzen in grammatischen Feldordnungen sind zwar logisch ärgerlich, aber sie stören in der Regel nicht die pragmatische Funktionsfähigkeit der Sprache, weil andere Zeichen entsprechend dem Redundanzprinzip in der Sprache präzisierend eingreifen.

Wenn man die Strukturordnung grammatischer Felder beschreiben will, dann muß man zunächst die Faktoren erfassen, die Einfluß auf die Bildung solcher Strukturordnungen nehmen. Dabei ist einerseits zu verdeutlichen, daß grammatische Felder sprachgeschichtlich eine natürliche Tendenz haben, sich im Sinne des Mosaik- oder Sektormodells eine klare Systemordnung zu geben, um gut handhabbar zu werden. Andererseits ist aber auch aufzuzeigen, warum sie nie eine logisch geschlossene Systemordnung erreichen können. Um diese Problemzusammenhänge zu klären, kann man auf das *Sproßmodell* zurückgreifen, das sich mit Gewinn sowohl für die Aufklärung der komplizierten Strukturordnungen in lexikalischen als auch in grammatischen Feldern eignet.

Zunächst ist der Tatbestand zu konstatieren, daß man bei den einfachsten sprachlichen Feldern, den Zweierfeldern, nicht immer davon ausgehen kann, daß beide Elemente auf einer logischen Abstraktionsebene in Opposition zueinander stehen. So gibt es zwar eine klare logische Opposition auf einer Abstraktionsebene im Zweierfeld von *Mann* und *Frau*, aber nicht in dem Zweierfeld von *Tag* und *Nacht*. Der Begriffsumfang des Wortes *Tag* ist so, daß es in einigen Verwendungssituationen den Begriff *Nacht* einschließt und in anderen ausschließt. Das bedeutet, daß das Wort *Nacht* zuweilen in einer Inklusionsrelation zu dem Wort *Tag* steht und zuweilen in einer Exklusionsrelation.

In ähnlicher Weise kann das Wort *Hund* ein geschlechtsspezifizierender Oppositionsbegriff zu dem Wort *Hündin* sein, aber auch ein gattungsspezifizierender Oberbegriff dazu. Diese logische Inkonsequenz der lexikalischen Feldordnung, die im normalen Sprachgebrauch eigentlich nicht sehr stört, haben die Hundezüchter für ihre speziellen Unterscheidungsbedürfnisse dann mit der Einführung des Wortes *Rüde* aus der Welt geschafft.

Logisch inkonsequente Feldordnungen dieser Art, die Trubetzkoy auch in der Phonologie festgestellt hat, haben Jakobson[8] im Anschluß an Peschkowski veranlaßt, eine sehr aufschlußreiche These zur Charakteristik der feldmäßigen Korrelation morphologischer Elemente aufzustellen. Wenn zwei einander entgegengesetzte morphologische Formen bzw. Kategorien feststellbar seien, so hieße das keineswegs, daß sie als gleichberechtigt anzusehen seien und jeweils ihre eigene positive Bedeutung hätten bzw. daß die Verwendung einer Kategorie automatisch als Negation der Verwendungsmöglichkeit der anderen zu werten sei. Es könne vielmehr durchaus so sein, daß eine Kategorie *merkmallos* sei, d.h. bedeutungsmäßig neutral, und daß die andere *merkmalhaltig* sei, d.h. bedeutungsmäßig spezifisch akzentuiert. Daraus sei zu folgern, daß die Verwendung der merkmalhaltigen Kategorie nicht automatisch die Verwendungsmöglichkeit der merkmallosen negiere, sondern nur, daß die Verwendung der *merkmalhaltigen* Kategorie eine spezifische Information dezidiert *hervorhebe*, die sonst aus dem Kontext erschlossen werden müsse.

Korrelationsbeziehungen dieser Art zwischen merkmallosen und merkmalhaltigen Kategorien sieht Jakobson beispielsweise in der Aspektdifferenzierung bei den russischen Verben realisiert, wo die perfektive Form merkmalhaltig und die imperfektive Form merkmallos sei. Im Deutschen lassen sich ähnliche Korrelationen zwischen den Aktiv- und Passivformen des Verbs konstatieren. Die *Aktivformen* stellen relativ *neutrale* Standardformen der Aussage dar, deren spezifische kognitive Differenzierungsleistung sich erst in sprachvergleichender Betrachtung erschließt, während die *Passivformen* als *merkmalhaltig* angesehen werden können. Sie dienen nämlich dazu, einen Vorgang so darzustellen, daß sich die Aufmerksamkeit von der Ursache eines Geschehens bzw. von dem jeweils Handelnden abwendet und sich ganz auf das Ziel und das Ergebnis des jeweiligen Geschehens richtet. Ähnlich lassen sich auch die *Indikativformen* als semantisch relativ neutrale und *merkmallose* Standardformen qualifizieren, während die *Konjunktivformen* als *merkmalhaltige* Spezialformen anzusehen sind, die Aussagen metainformativ interpretieren (Vermittlung, Hypothese, Skepsis).

Die Beobachtung Jakobsons zu der komplizierten Systemordnung von grammatischen Feldern ist sicher richtig. Historisch ist dieser Tatbestand wohl so zu erklären, daß zunächst eine semantisch relativ unspezifische *Standardform* existierte und daß sich dazu später *Spezialformen* entwickelt haben, um ganz spezifische Differenzierungsfunktionen realisieren zu können. Systemtheoretisch ergibt sich daraus der etwas merkwürdige Tatbestand, daß der jüngeren Spezialform ein klares kognitives und instruktives Differenzierungsprofil zugeschrieben werden kann, während die ältere Standardform systemimmanent kaum befriedigend beschrieben werden kann. Ihre kognitive und instruktive Differenzierungskraft kann eigentlich nur im Vergleich mit ähnlichen Formen anderer Sprachen erfaßt werden.

Über dieser historischen Erklärung der Unsystematik grammatischer Felder darf man aber nicht vergessen, daß in jeder Sprache gleichzeitig ein starker *Systematisierungsdruck* besteht. Die Existenz einer merkmalhaltigen grammatischen Kategorie führt automatisch dazu, die relativ merkmallose Kategorie *merkmalhaltig* zu machen, um klare Oppositionen in einem grammatischen Feld zu haben. Auf diese Weise wächst den älteren und relativ merkmallosen grammatischen Kategorien ausgehend von spezifischen Verwendungsformen nach und nach ein immer spezifischer strukturiertes Funktionsprofil zu.

Wenn beispielsweise in bestimmten Sprachverwendungssituationen der Gebrauch von merkmalhaltigen Konjunktivformen erwartet wird, wie etwa in der abhängigen Rede in einem Zeitungsbericht, aber tatsächlich die an sich relativ merkmallosen Indikativformen verwendet werden, dann kann den Indikativformen zumindest unter diesen Verwendungsbedingungen eine ganz spezifische Differenzierungsfunktion zuwachsen. Die Wahl der Indikativformen kann nämlich unter diesen Umständen als *bewußte* Negation der Verwendungsmöglichkeit von Konjunktivformen und deren Differenzierungsfunktionen verstanden werden. Das läßt sich dahingehend interpretieren, daß der Sprecher durch den Indikativgebrauch in der abhängigen Rede metainformativ signalisieren will, daß er sich inhaltlich mit den referierten Aussagen identifiziert und weder seine Vermittlerfunktion (Konjunktiv I) noch seine inhaltliche Skepsis (Konjunktiv II) andeuten will.

Sehr kompliziert wird die logische Struktur grammatischer Felder, wenn ein Feld von ursprünglich zwei Mitgliedern sich im Laufe der Zeit auf mehrere Mitglieder vergrößert, was beispielsweise bei den deutschen *Tempusformen* der Fall ist. Im Althochdeutschen gibt es nur das Präsens und das Präteritum, wobei wohl davon auszugehen ist, daß das *Präsens* als die älteste grammatische Form zu betrachten ist, die zunächst als allgemeine Aussageform semantisch relativ neutral und merkmallos war. Dazu hat sich dann offenbar sehr früh das *Präteritum* als merkmalhaltige Spezialform entwickelt, die metainformativ eine innere Distanz des Sprechers zu den jeweiligen Aussageinhalten in einem chronologischen, psychologischen oder situativen Sinne signalisieren sollte.

Am Ende der althochdeutschen Sprachperiode setzt dann der Ausbau des deutschen Tempusfeldes auf *sechs* Mitglieder ein. Dabei fungieren nun das Präsens und das Präteritum im Rahmen ihres traditionellen Funktionsfeldes im Vergleich zu den neu entwickelten Tempusformen als relativ merkmallose Formen. Zum Präteritum bildet sich als Spezialform das *Perfekt*, das in aktionaler Hinsicht den Abschluß eines Geschehens signalisieren soll und in handlungsmäßiger Hinsicht eine Urteilsfunktion der jeweiligen Aussage. Zum Präsens bildet sich als Spezialform das *Futur I*, um eine Aussage metainformativ als Voraussage oder Vermutung qualifizieren zu können. Natürlich ist durch die Entwicklung des *Futur I* nicht ausgeschlossen, daß auch das *Präsens* in voraussagenden oder vermutenden Aussagen verwendet werden kann, wenn diese Metainformation durch entsprechende Adverbiale vermittelt wird. Zu diesen vier Tempusformen wurde dann außerdem noch das *Futur II* und das *Plusquamperfekt* entwickelt, um ein ausgesagtes Geschehen nicht zum Sprechzeitpunkt, sondern zu einem angenommenen anderen Zeitpunkt in chronologische und aktionale Relationen zu bringen. [9]

In dem Moment, in dem das *Präsens* und das *Präteritum* Mitglieder größerer Felder werden, wachsen ihnen zwangsläufig auch spezifischere Differenzierungsfunktionen zu. Das *Präsens* hat neben der allgemeinen zeitneutralen Aussagefunktion nun auch eine psychische Vergegenwärtigungsfunktion bekommen und das *Präteritum* eine Erzählfunktion. Daraus ist aber nicht abzuleiten, daß diese beiden Tempusformen nun auf der gleichen logischen Abstraktionsebene anzusiedeln sind wie die übrigen Tempusformen. Sie bleiben relativ *universal* verwendungsfähige Tempora, die zu ihren jeweiligen Feldnachbarn, dem *Futur I* und dem *Perfekt*, sowohl in einer Inklusions- als auch in einer Exklusionsrelation stehen können.

Der lang andauernde Prozeß der *Evolution* grammatischer Felder, in dem sich zu semantisch groben *Standardformen* semantisch präzisere *Spezialformen* gebildet haben und in dem die Spezialformen in einem dialektischen Rückkopplungsprozeß die Standardformen dazu zwingen, in bestimmten Verwendungssituationen eine besondere metainformative Differenzierungsfunktion zu realisieren, macht es schwierig, die kognitiven und instruktiven Funktionen der Mitglieder grammatischer Felder stringent und kohärent zu beschreiben. Es zeigt sich dabei deutlich, daß das Mosaik- und Sektormodell die historische *Tiefendimension* der Strukturordnung grammatischer Felder nicht erfassen kann bzw. die diachronischen Implikationen ihrer synchronischen Funktionsmöglichkeiten. Angesichts dieser Schwierigkeiten eignet sich das sogenannte

Sproßmodell besser als das Mosaik- und Sektormodell, um die Genese und logische Problematik grammatischer Felder zu veranschaulichen.[10]

Das *Sproßmodell* geht ähnlich wie die *Waldtheorie* Kandlers im Bereich der lexikalischen Felder davon aus, daß sich zu den grammatischen Grundformen im Rahmen wachsender Differenzierungsbedürfnisse nach und nach Sproßformen gebildet haben. Diese Sproßformen mit spezialisierten kognitiven und instruktiven Potentialen sind zunächst nicht so mächtig, daß sie den Grundformen ihr angestammtes Operationsgebiet generell einschränken können. Das führt dazu, daß die alten Grundformen zunächst auch noch in denjenigen Bereichen angewandt werden können, in denen eigentlich schon die spezialisierten Sproßformen benutzt werden könnten.

Die unspezifischen Grundformen wahren gleichsam ihren alten operativen *Besitzstand* zumindest solange, wie das Bedürfnis nach metainformativer Feindifferenzierung nicht allzu sehr durchschlägt. Im Laufe der Zeit zwingen aber die neuen Spezialformen die alten Grundformen dazu, ihre kognitiven und instruktiven Differenzierungsfunktionen zu präzisieren und damit ihren Operationsrahmen einzuschränken, weil die neuen Formen in immer klarere Oppositionsrelationen zu den alten geraten. Es ergibt sich die Tendenz, daß die *Wahl* einer grammatischen Form immer mehr als *Negation* der Verwendungsmöglichkeit einer konkurrierenden Form verstanden wird. Obwohl die Mitglieder eines grammatischen Feldes historisch und abstraktiv meist nicht auf derselben Ebene anzusiedeln sind, führt die Entwicklung doch allmählich dazu, daß alle Mitglieder eines grammatischen Feldes als Alternativformen auf derselben Abstraktionsebene betrachtet werden.

Aus der Entwicklungsgeschichte grammatischer Felder ergibt sich, daß die alten Grundformen in unterschiedlichen Kontexten unterschiedliche Differenzierungsfunktionen realisieren können, während die jüngeren Sproßformen in ihren Differenzierungsfunktionen sehr viel kontextunabhängiger sind. Da die jüngeren Sproßformen semantisch relativ autonom und präzise sind, läßt sich ihre metainformative Kraft bei Sinnbildungsprozessen auch besser nutzen als die der semantisch relativ unspezifischen älteren Grundformen.

Bei der Erfassung der Strukturordnung grammatischer Felder stellen sich neben den historisch-evolutionären Problemen auch noch morphologisch-systematische. Es ist zu beachten, daß es in grammatischen Feldern sogenannte Nullelemente, Nullformen oder *Nullmorpheme* gibt, was sprachgeschichtliche und sprachökonomische Gründe hat.

Beispielsweise gibt es in allen Sprachen Negationszeichen, die jeweils einen Negationsbezug zu Wörtern, Satzgliedern oder Sätzen haben können. Aus systemtheoretischen Gründen könnte man nun erwarten, daß es in Opposition zu den *Negationszeichen* auch *Affirmationszeichen* gibt, um die reale Existenz von Sachverhalten metainformativ zu kennzeichnen. Das wäre aber ein im hohen Maße unökonomisches Verfahren. Deswegen gilt die sehr praktische Konvention, daß jede geäußerte Sinneinheit bzw. jede Aussage eine affirmierte Sinneinheit bzw. Aussage ist, sofern sie nicht ausdrücklich anders gekennzeichnet ist. Obwohl wir für die Metainformation *Affirmation* keinen direkt faßbaren morphologischen Zeichenträger haben, gibt es doch diese grammatische Kategorie in Opposition zu der der Negation.

Auch im Feld der Artikelformen gibt es Nullformen. Im Deutschen werden die *bestimmten* Artikel im Singular nach Genera differenziert, während im Plural diese Differenzierung zu Gunsten der unspezifischen Universalform *die* wegfällt. Die Genusdifferenzen werden hier nicht mehr markiert, sondern müssen aus den jeweiligen Substantiven erschlossen werden. Für den *unbestimmten* Artikel gibt es im Singular klar faßbare morphologische Formen, während diese für den Plural gänzlich entfallen. Dennoch ist die reine Pluralform von Substantiven systemtheoretisch so zu bewerten, als werde zugleich die Pluralform des unbestimmten Artikels mit repräsentiert.

Das Problem der Nullformen spielt auch in den Deklinationsparadigmen und bei der Wortbildung eine große Rolle. Als Zéro-Problem haben die Nullformen insbesondere die Aufmerksamkeit derjenigen sprachwissenschaftlichen Richtungen auf sich gezogen, die sich dem Systemgedanken verpflichtet fühlen, weil sich über die Nullformen systemtheoretische Inkonsequenzen der Sprache entschuldigen und erklären lassen.

VII

Evolution und Grammatik

Wenn man das Phänomen *Grammatik* mit dem Begriff der *Evolution* und nicht mit dem der Entwicklung konfrontiert, so hat das weitreichende Konsequenzen. Unbestritten ist, daß sich grammatische Systeme entwickelt haben und sich weiter entwickeln, aber ob sie sich entsprechend den Prinzipien der Evolution fortentwickeln, das ist keineswegs selbstverständlich. Die These, daß sich grammatische Systeme auf den verschiedenen Ebenen evolutionär entwickeln, ist methodologisch brisant, weil damit zugleich mitbehauptet wird, daß die Welt der *Natur* und die der *Kultur* sich nach den gleichen Prinzipien entfalten und daß es neben der *materiellen* Evolution auch eine *kulturelle* gibt.

Das Konzept einer kulturellen Evolution muß zumindest denen als Sakrileg erscheinen, die sich an eine klare Trennung von Natur- und Geisteswissenschaften gewöhnt haben und denen es höchst suspekt ist, wenn biologische und kulturelle Phänomene methodisch nach denselben Prinzipien analysiert werden. Dieses Unbehagen steigert sich dann meist noch, wenn der Universalitätsanspruch des Evolutionskonzeptes dahingehend ausgeweitet wird, daß die kulturelle Evolution als *Fortführung* der materiellen und biologischen betrachtet wird.

Hier soll in der Tat geprüft werden, ob das Evolutionskonzept eine so universale Erklärungskraft hat, daß es geeignet ist, *alle* Formen von geschichtlich gewachsenen Systemordnungen in ihrer Struktur und Entwicklungsdynamik zu beschreiben, seien es nun materielle oder kulturelle. Ein solches Evolutionskonzept haben Autoren wie Bresch, von Ditfurth, von Hayek, Lorenz, Riedl und Vollmer auf sehr eindrucksvolle Weise in unterschiedlichen Akzentuierungen dargestellt. Wenn dieses Evolutionskonzept daraufhin überprüft wird, wie weit es in der Lage ist, die Genese und Struktur grammatischer Systemordnungen zu erhellen, dann ist klar, daß sich ein solches Vorhaben nicht auf das Phänomen *Grammatik* beschränken kann, sondern zugleich auch die Systemordnungen mit berücksichtigen muß, in die die Grammatik eingebettet ist.

Das bedeutet, daß die Evolution der Grammatik in einer doppelten Perspektive zu untersuchen ist. Einerseits ist zu klären, wie die Evolution von Bewußtsein, Denken, Sprache und Kultur auf die Evolution der Grammatik eingewirkt hat. Andererseits ist zu klären, welche Rückwirkungen die Evolution der Grammatik auf die Evolution von Bewußtsein, Denken, Sprache und Kultur hat. Diese doppelte Perspektive ist notwendig, weil die Pointe des Evolutionskonzeptes gerade darin besteht, das lineare Kausalitätsdenken durch ein *vernetztes* Kausalitätsdenken zu ersetzen und die Interdependenz und Variabilität von Systemordnungen unterschiedlichster Art zu betonen.

Die Anwendung der Kategorie der Evolution auf die Sprache und Grammatik hat wissenschaftsgeschichtlich eine gewisse Brisanz. Als Herder und Humboldt die Sprache als *Organismus* betrachteten, da wollten sie dadurch keine biologischen Betrachtungskategorien ins Spiel bringen, sondern die Sprache eigentlich nur als ein sinnvoll geordnetes Strukturgebilde kennzeichnen. Als dagegen Schleicher den Begriff *Organismus* auf die Sprache anwandte, änderte sich die Lage grundlegend, weil er diesen Begriff in einem nicht-metaphorischen Sinne verstand.

Schleicher hat sich schon sehr früh mit der Evolutionstheorie Darwins vertraut gemacht und sie 1863 in einer kleinen, an seinen zoologischen Kollegen Haeckel gerichteten Abhandlung mit dem Titel »*Die Darwinsche Theorie und die Sprachwissenschaft*« sprachtheoretisch fruchtbar zu machen versucht. Dabei ist er allerdings in seiner ersten Begeisterung sehr weit über das Ziel hinausgeschossen, weil er die Sprachen, ähnlich wie schon Bopp vor ihm, zu autarken *Organismen* erklärt hat, die sich unabhängig von den pragmatischen Bedürfnissen der Menschen bildeten und fortentwickelten. Ja, Schleicher glaubte sich sogar berechtigt, die Denkfigur des *Kampfes ums Dasein* direkt auf die Sprache beziehen zu können, ohne auf die Völker Bezug zu nehmen, die die Sprachen benutzen.

> »Die Sprachen sind Naturorganismen, die, ohne vom Willen des Menschen bestimmbar zu sein, entstunden, nach bestimmten Gesetzen wuchsen und sich entwickelten und wiederum altern und absterben; auch ihnen ist jene Reihe von Erscheinungen eigen, die man unter dem Namen »Leben« zu verstehen pflegt. Die Glottik, die Wissenschaft der Sprache, ist demnach eine Naturwissenschaft; ihre Methode ist im Ganzen und Allgemeinen dieselbe, wie die der übrigen Naturwissenschaften...
> In der gegenwärtigen Lebensperiode der Menschheit sind vor allem die Sprachen indogermanischen Stammes die Sieger im Kampfe ums Dasein; sie sind in fortwährender Ausbreitung begriffen und haben bereits zahlreichen anderen Sprachen den Boden entzogen.«[1]

Wenn im folgenden von der Evolution der Sprache und Grammatik gesprochen wird, dann ist damit natürlich nicht impliziert, daß die Sprache ein eigenständiger Organismus ist. Es ist nur impliziert, daß die Sprache ein historisch gewachsenes Gebilde ist, dessen Strukturordnungen und Entwicklungstendenzen sich nach dem Evolutionskonzept recht gut aufklären lassen. Dabei wird dann allerdings auch ein Evolutionskonzept zugrunde gelegt, das etwas differenzierter ist als das, welches im platt vereinfachten Darwinismus favorisiert wird.

1. Das Evolutionskonzept

Obwohl wesentliche Teile des Evolutionskonzeptes aus den Sozialwissenschaften des 18. und frühen 19. Jahrhunderts stammen, ist für das heutige Bewußtsein der Evolutionsbegriff ein zunächst spezifisch biologischer Begriff geworden, der durch Darwin seine entscheidende Prägung bekommen hat. Er bezeichnet den Tatbestand, daß biologische Arten keine ahistorischen Urphänomene sind, sondern Grundmuster, die sich im Laufe der Zeit durch *Variation* bzw. *Mutation* und *Selektion* herausgebildet haben und die als Grundmuster nur solange stabil bleiben, wie die Faktoren stabil bleiben, die die Lebensbedingungen der Lebewesen bestimmen, die diesen Grundmustern zugeordnet werden können.

Alle Organismen weisen bei der Reproduktion eine gewisse Veränderungsmöglichkeit auf, die dazu führt, daß diejenigen am besten überleben und sich fortpflanzen können, die am optimalsten ihrer jeweiligen Umwelt angepaßt sind. Anpassung kann dabei etwas sehr Unterschiedliches bedeuten und ist keineswegs mit *Stärke* gleichzusetzen. Je nach Umständen kann Anpassung eine Tendenz zur Autarkie oder zur Symbiose beinhalten, zur Komplexität oder zur Vereinfachung. Jedenfalls können die Arten ihr Überleben unter veränderlichen Rahmenbedingungen nur dadurch sichern, daß sie sich *unscharf* reproduzieren und sich so in kleinen Schritten neuen Lebensbedingungen anpassen. Die Variabilität und Plastizität von Mustern ist so gesehen geradezu ein Überlebensprinzip, da nur das Veränderungsfähige geschichtliche Stabilität haben kann.

Wenn wir dieses biologische Evolutionskonzept als Exemplifizierung eines *kosmologischen* Evolutionskonzeptes betrachten, dann muß es etwas allgemeiner formuliert werden und mit der Frage nach der Zielrichtung des evolutionären Geschehens konfrontiert werden. An Stelle von sich selbst variabel reproduzierenden Organismen müssen wir von Systemordnungen sprechen, die sich selbst in variabler Weise erhalten oder von anderen erhalten werden. Dabei ist dann davon auszugehen, daß Systemordnungen nur in dem Maße stabil bleiben, wie sie sich als funktionsfähig in übergeordneten Systemen erweisen bzw. in der Lage sind, Subsysteme funktionsfähig zu organisieren.

So gesehen schließt das Evolutionskonzept dann notwendig den Gedanken der *Hierarchie* und der *Vernetzung* von Systemen ein. Jedes System baut sich aus Subordnungen auf und ist seinerseits wieder Bestandteil höherer Ordnungen. Alle Systemordnungen sind *interdependent* miteinander vernetzt, so daß sehr komplexe Kausalstrukturen zwischen ihnen entstehen, die durch ein lineares Kausalkonzept überhaupt nicht zu erfassen sind. Jede Systemänderung löst andere Systemänderungen aus, bis sich wieder ein neues Gleichgewicht hergestellt hat, das sich als *Fließgleichgewicht* qualifizieren läßt.

Der Dynamismus des evolutionären Geschehens relativiert den altehrwürdigen Wesensbegriff auf entscheidende Weise, da dieser auf eine statische Ontologie bezogen ist. *Konstanz* gibt es nach dem Evolutionskonzept immer nur in einem relativen Sinne. Es kann sie nur solange geben, wie die jeweiligen Vernetzungsstrukturen stabil bleiben, was umso unwahrscheinlicher ist, je komplexer die Vernetzung ist. Größere Konstanz haben dabei die fundamentalen Ordnungssysteme und geringere Konstanz die peripheren Systeme. Das Skelett einer Art wandelt sich langsamer als die Farbe der Art, und die Grammatik einer Sprache wandelt sich langsamer als die Lexik.

Die Antwort auf die Frage nach dem *Ziel* des Evolutionsgeschehens ist heftig umstritten, weil Anpassungsvorgänge im einzelnen zu einer Vergrößerung oder einer Verminderung von Komplexität führen können. Allgemein kann aber gesagt werden, daß im Laufe der Zeit die Evolution immer komplexere einzelne Systemordnungen hervorgebracht hat und daß sie insgesamt zu einer immer stärkeren Differenzierung, Vernetzung und Interdependenz von Systemordnungen geführt hat.[2] Alle Systeme scheinen eine immanente Tendenz zu haben, Subsysteme aus sich selbst heraus zu entwickeln, die für die Bewältigung bestimmter Probleme besser geeignet sind als das vergleichsweise unspezifische Muttersystem, und sich mit anderen Systemen funktional immer besser zu verbinden. Dadurch, daß sich Elemente von Systemen immer wieder zu eigenen Systemen mit neuentwickelten Subelementen verselbständigen, kommt es insgesamt zu einer steigenden Differenzierung, Komplexität und Hierarchisierung von Systemordnungen. Die jeweiligen Systemordnungen können zwar im Rahmen eines reduzierten Erkenntnisinteresses als eigenständige Gebilde untersucht werden, aber ihre eigentlichen Strukturen und Funktionen geben sie erst dann zu erkennen, wenn sie in ihrem *Vernetzungszusammenhang* mit Systemordnungen auf untergeordneter, nebengeordneter und übergeordneter Stufe untersucht werden.

Entscheidende Komplexitätsausweitungen haben sich ergeben, als sich *anorganische* Systemordnungen durch *organische* ergänzt haben und *organische* durch *intellektuelle* bzw. *kulturelle*. Bei diesem Prozeß ist es auch zu wichtigen *Rückprägungen* der neuentstandenen auf die alten Systemordnungen gekommen, weil Funktionsbereiche neu aufgeteilt und zugeordnet werden mußten. Dabei wurde dann zugleich auch mitentschieden, in welchen Richtungen sich künftig Systemdifferenzierungen und Systemvernetzungen fortentwickeln konnten. Wenn neue Subsysteme im Prinzip auch mehr oder weniger aus *Zufall* entstehen, so unterliegt ihre Fortentwicklung und Vernetzung doch den *Notwendigkeiten*, die aus den ersten Grundentscheidungen resultieren. Jede Ebene von Systemordnungen unterliegt einer doppelten Kontrolle, nämlich der Kontrolle durch die eigenen Gesetze und der Kontrolle durch die Gesetze der jeweils übergeordneten Ebenen. Umgekehrt wird allerdings auch die Ordnungsstruktur jeder höheren Ebene durch die der unteren mitbestimmt.

2. *Die kulturelle Evolution*

Der Begriff der *kulturellen Evolution* hat sich eingebürgert, weil es gute Gründe dafür gibt, daß kulturelle Systemordnungen sich ebenso nach dem Prinzip von *Variation* und *Selektion* entfalten wie biologische Systemordnungen. Weiter kann davon ausgegangen werden, daß alle Evolutionsprozesse *wissenserzeugende* Prozesse sind, insofern in funktionstüchtigen organischen und kulturellen Systemordnungen immer ein Wissen konkretisiert und gespeichert wird, dessen Inhalt und Reichweite wir theoretisch in der Regel nur fragmentarisch erfassen und beurteilen können.

Das in Systemordnungen niedergelegte Wissen läßt sich in Opposition zu dem in Aussagen konkretisierbaren expliziten Gegenstandswissen als implizites Form- und Handlungswissen bezeichnen. Es ist dadurch charakterisiert, daß es uns über bestimmte Problembereiche dadurch implizit Auskunft gibt, daß es uns zeigt, mit welchen Mitteln und Verfahren wir erfolgreich in ihnen handeln können. So gesehen müssen Systemordnungen aller Art strukturell und prozedural auf die Realitätsbereiche passen, für deren Bewältigung sie evolutionär entwickelt oder konstruktiv geplant worden sind. Anpassungsvorgänge sind so gesehen deshalb auch zugleich als Prozesse des Wissenserwerbs anzusehen. Konrad Lorenz hat immer wieder betont, daß die Evolution dafür gesorgt habe, daß der Huf des Pferdes optimal auf die Steppe und die Flosse des Fisches optimal ins Wasser passe. Wenn man den *Passungscharakter* von Systemordnungen auf ihre jeweiligen Realitätsbereiche zu beschreiben versucht, dann transformiert man implizites Form- und Handlungswissen in ein explizites Gegenstandswissen, eine Aufgabe, an der sich die Wissenschaften ständig abmühen, ohne sie vollständig lösen zu können.

Eine entscheidende quantitative und qualitative Ausweitung möglicher Wissensformen und Wissensinhalte hat sich dadurch ergeben, daß Wissen im Verlaufe der Evolution nicht mehr nur in anorganischen und organischen Systemordnungen konkretisiert und gespeichert wurde, sondern auch in *kulturellen* Systemordnungen. Zu diesen gehören soziale bzw. kulturelle Institutionen unterschiedlichen Typs, wie sie uns in Sprach-, Kunst-, Rechts-, Sitten-, Staatsordnungen usw. begegnen. Diese Ausweitung des Wissenserwerbs und der Wissensspeicherung markiert den Beginn einer qualitativ neuen Stufe des Evolutionsgeschehens, die sich als *kulturelle* Evolution bezeichnen läßt. Das Übergreifen des Evolutionsgeschehens von der materiellen auf die kulturelle Ebene hat weitreichende Konsequenzen, die auch *rückprägenden* Einfluß auf die Ebene der materiellen Evolution genommen hat.

Während sich in der organischen Evolution Wissen auf sehr mühselige und langwierige Art in Mutationsprozessen bilden und durch Selektionsprozesse genetisch stabilisieren muß, um erhalten zu bleiben, ist der Wissenserwerb und die Wissensspeicherung in der kulturellen Evolution sehr viel leichter. Hier konkretisiert und tradiert sich das Wissen mit Hilfe künstlicher Zeichensysteme der unterschiedlichsten Art bzw. mit Hilfe sozialer Institutionen wie der Sprache, der Sitte, dem Recht, den Bibliotheken usw. Das hat einerseits den Vorteil, daß nicht mehr Lebewesen, sondern nur noch Zeichen, Hypothesen, Verhaltensweisen oder Systemordnungen *sterben* müssen, wenn sie sich als unangepaßt und funktionsuntüchtig erwiesen haben. Das hat andererseits aber auch den Nachteil, daß bei *Traditionsbrüchen* das Kulturwissen leicht verloren gehen kann, eben weil es nicht genetisch, sondern nur symbolisch verankert ist.

Die symbolische Verankerung des Kulturwissens hat aber den großen Vorteil, daß das durch Erfahrung individuell erworbene Wissen nicht mehr mit den jeweiligen Individuen ausstirbt, sondern durch Konkretisierung in Symbolen und Verhaltensweisen in der jeweiligen Symbol- und Kommunikationsgemeinschaft erhalten und tradiert werden kann. In der kulturellen Evolution gilt deshalb die These Lamarcks von der Vererbung *erworbener* Eigenschaften, während in der organischen Evolution die These Darwins gilt, daß sich neues Wissen nur genetisch stabilisieren und tradieren läßt.

Durch die Entwicklung und Verwendung sozialer Institutionen und künstlicher Zeichensysteme kommt es in der kulturellen Evolution zu einer gewaltigen Beschleunigung und Ausweitung des Wissenserwerbs. *Sprache* und *Schrift* sind in diesem Zusammenhang sicher als die wichtigsten kulturellen Zeichensysteme zu betrachten, weil in ihnen der doppelte Funktionswert symbolischer Zeichensysteme ganz besonders klar zum Ausdruck kommt. In der Existenz dieser Ordnungssysteme dokumentiert sich einerseits ein gewaltiges *passives* Kapital von Differenzierungs- und Handlungswissen, das von vielen Generationen mühsam erarbeitet worden ist, und andererseits ein *aktives* Kapital von Differenzierungs- und Handlungsmöglichkeiten, mit dem neue kulturelle Institutionen und Zeichensysteme etabliert und tradiert werden können.

Sofern in den jeweiligen Symbolgemeinschaften keine Traditionsbrüche entstehen, kann jede Generation den Wissenserwerb dort fortführen, wo die vorhergegangene Generation aufgehört hat. Das hat den unbezweifelbaren Vorteil, daß jede Generation potentiell mehr wissen und weiter sehen kann als die vorangegangene, weil sie auf deren Schultern steht. Das hat allerdings auch den Nachteil, daß die nachfolgenden Generationen Wissensinhalte übernehmen, deren Entstehungsbedingungen sie in der Regel nicht mehr überschauen. Sie können ein Wissen verwenden, das andere erarbeitet haben und dessen problemlösende Kraft bzw. dessen Passungscharakter ihnen zumindest nicht mehr so nachvollziehbar ist wie denen, die es über Versuch und Irrtum entwickelt haben.

Die mit Hilfe der Sprache und der Schrift mögliche Verselbständigung von Wissen in Theorien und Aussagen und seine Loslösung von konkreten Handlungsprozessen ermöglicht völlig *neue Formen* der Erfahrung und des Lernens. Mit Hilfe der Sprache kann Wissen strukturiert und weitergegeben werden, ohne daß eine Handlungserfahrung mit den Objekten vorliegt, auf die sich das jeweilige Wissen bezieht. Durch die Sprache lassen sich rein theoretische Vorstellungswelten aufbauen, so daß sich neben dem Typ des praktischen Handlungswissens der Typ des theoretischen Gegenstandswissens mehr und mehr ausweitet.

Die Entwicklung neuer *Wissensformen* in der kulturellen Evolution und die organisatorische Bewältigung der Spannung zwischen den verschiedenen Wissensformen hat nun auch Rückwirkungen auf die Evolution des *Gehirns* selbst gehabt. Mit der Möglichkeit, Wissen nicht nur in genetisch fixierten Verhaltensprogrammen niederzulegen, sondern auch in kulturell erarbeiteten Systemordnungen der verschiedensten Art, ist die Entwicklungsrichtung des Gehirns in ganz spezifischer Weise vorprogrammiert worden. Durch die Ausweitung der künstlichen Symbolwelten konnte das Gehirn nicht mehr länger nur als Verrechnungsautomat für Daten aus den Rezeptionsorganen des Körpers dienen, sondern mußte darüber hinaus die Fähigkeit entwickeln, zeichengebundenes Kulturwissen zu speichern, innere Vorstellungsräume für theoretische Wissenswelten zu eröffnen und Verfahrensweisen zu konkretisieren, um genetisch und symbolisch fixiertes Wissen zu koordinieren und integrativ zu verarbeiten.

Da nun die Sprache die fundamentalste Voraussetzung und das wichtigste Medium der kulturellen Evolution ist, darf die Analyse ihrer Evolution ganz besondere Aufmerksamkeit beanspruchen. Es ist zu klären, welche biologischen Voraussetzungen zur Evolution der Sprache notwendig sind, welche Rückwirkungen die Evolution der Sprache auf die Evolution des Gehirns gehabt hat, welche Faktoren auf die Evolution der Sprache Einfluß nehmen, wie sich die Systemordnung der Sprache entwickelt hat und welchen Passungscharakter die Sprache zu den Problembereichen hat, zu deren Bewältigung sie entwickelt worden ist.

Die Evolution der biologischen Grundlagen für die Konstitution und den Gebrauch der Sprache bzw. künstlicher Zeichensysteme scheint ein sehr langwieriger Prozeß gewesen zu sein, in dem sich Gehirn und Sprache durch wechselseitigen Einfluß spiralförmig zu immer komplexeren Systemordnungen ausgebildet haben. Das alte logische

Dilemma der aufklärerischen Sprachursprungstheorien, daß Vernunft und Sprache sich wechselseitig bedingen, welches Süßmilch[3] durch seine Theorie des göttlichen Sprachursprungs überwinden wollte, löst sich in evolutionärer Betrachtung von selbst auf, weil hier jedes lineare Kausalitätsdenken unangebracht ist.

Die Struktur und die Funktionsweise des Gehirns sowie seine Verknüpfung mit der Sprache lassen sich vielleicht am besten verstehen, wenn man von der These Hoimar von Ditfurths[4] ausgeht, daß unser Gehirn *»ursprünglich kein Organ zum Verstehen der Welt, sondern ein Organ zum Überleben«* gewesen ist. Das bedeutet, daß die mit dem Gehirn verbundenen Sinnesorgane ursprünglich nicht als Erkenntnisorgane gedient haben, sondern als Kontaktstellen eines Organismus zu der Umwelt, in der er überleben mußte. Das impliziert weiter, daß alle intellektuellen Funktionen des Gehirns ursprünglich aus organischen hervorgegangen sind und noch heute irgendwie in diesen verwurzelt sind.

Die Evolution des Gehirns gliedert von Ditfurth grob in drei Stufen, deren anatomische Korrelate *Stammhirn, Zwischenhirn* und *Großhirn* darstellen. Diese Teilbereiche des Gehirns haben entwicklungsgeschichtlich ein sehr unterschiedliches Alter und repräsentieren dementsprechend funktional auch sehr unterschiedliche Leistungsqualitäten. Nach diesem Gliederungsmodell von Ditfurths dient das *Stammhirn* dazu, die elementaren biologischen Regulationsaufgaben wahrzunehmen und die Subsysteme eines Organismus nach genetisch festgelegten Normen zu koordinieren.

Das *Zwischenhirn* hat demgegenüber die Aufgabe, bestimmte Verhaltensprogramme nach genetisch fixierten Mustern ablaufen zu lassen. In ihm hat sich stammesgeschichtlich ein genetisch verankertes Handlungswissen angesammelt, das sich als nützlich für das Überleben menschlicher Wesen erwiesen hat, weshalb es auch als Regulationsbasis des instinktiven Verhaltens angesehen werden kann. Durch seine Programme haben wir schon eine bestimmte Kenntnis von den für den Menschen wichtigen Ordnungsstrukturen der Welt, bevor wir überhaupt geboren worden sind. Das Zwischenhirn hilft uns mit dem *Mesokosmos* fertig zu werden, d.h. mit der Ebene des Kosmos zwischen Mikrokosmos und Makrokosmos, auf die der Mensch genetisch bezogen ist.[5] Die Theoretiker der evolutionären Erkenntnistheorie sehen deswegen in den *apriorischen* Strukturen der individuellen Erkenntnis, wie sie Kant beschrieben hat, weitgehend *aposteriorische* Strukturen der stammesgeschichtlichen Erfahrung, die Passungscharakter für den Mesokosmos haben.

Das *Großhirn* scheint nun diejenige evolutionäre Errungenschaft zu sein, mit deren Hilfe der Mensch prinzipiell über die Erkenntnis- und Handlungsmöglichkeiten der Tiere hinauskommt und sich, wie Herder sagt, vom *»gebückten Sklaven«* zum *»ersten Freigelassenen der Schöpfung«* erhebt.[6] Das Großhirn ist das zentrale biologische Organ der kulturellen Evolution, weil es durch keine genetischen Programme gesteuert zu werden scheint. Bei der Geburt ist es gleichsam leer, weil es dazu bestimmt ist, sich in Lernprozessen inhaltlich zu füllen und funktionell zu strukturieren. Es ist die Gehirnregion, die dazu prädestiniert ist, mit *künstlichen* Zeichen zu operieren bzw. diese zu entwickeln. Großhirn und Sprache bzw. kulturelle Zeichensysteme scheinen sich *interdependent* entwickelt zu haben, so daß das Großhirn sowohl als biologische Voraussetzung als auch als biologische Konsequenz der kulturellen Evolution anzuse-

hen ist. Diese These muß einer zeitenthobenen Logik und einem linearen Kausalden-
ken zwar paradox erscheinen, für das evolutionäre Denken ist sie aber sehr plausibel.

Obwohl das Großhirn in seinen Operationen nicht oder kaum genetisch vorprogrammiert ist, so ist es doch nicht *autonom*, weil es mit dem Zwischenhirn und
Stammhirn vernetzt ist. Das bedeutet, daß auch die kulturellen Ordnungsmuster zumindest teilweise auf artspezifischen Ordnungsmustern aufbauen. Dadurch ergibt sich
dann die Frage, welche kulturellen Ordnungsmuster gleichsam freie kulturelle Erfindungen sind und welche Ausdruck artspezifischer Ordnungsmuster sind bzw. wieweit
sich in kulturellen Ordnungssystemen artspezifische Ordnungssysteme andeuten. Die
Frage nach der Existenz sprachlicher oder grammatischer *Universalien* wäre beispielsweise eine solche Frage.

Genetisch determinierte Ordnungsstrukturen machen Systeme stabil, aber auch
steif. Wenn Systeme beweglich und entwicklungsfähig sein sollen, dann darf in ihnen
nicht alles vorprogrammiert sein, sondern höchstens ein paar Grundstrukturen. Die
Evolution des plastischen Großhirns und die Evolution der Fähigkeit, künstliche Zei-
chenwelten zu erzeugen, erspart der Evolution deshalb auch Programmierungsarbeit
auf der genetischen Ebene. Kulturelle Systemordnungen sind zwar nicht so stabil wie
biologische, aber dafür anpassungsfähiger und sensibler.

Die Offenheit des Großhirns für die Konstituierung und operative Bewältigung
kultureller Muster ist anthropologisch von fundamentaler Bedeutung. Die Lern- und
Kulturfähigkeit löst den Menschen nicht aus der Natur, aber sie gibt ihm in ihr den
größten *Freiheitsspielraum* aller Lebewesen. Der Mensch paßt sich seiner physischen
Umwelt dadurch an, daß er sich zusätzlich eine *kulturelle* Umwelt schafft, um seine
artspezifischen Leistungsfähigkeiten zu verbessern.

Über die Autonomie und die anthropologische Relevanz der Kultur bzw. kultureller
Systemordnungen hat es weitreichende Hypothesen gegeben. Wie schon erwähnt, betrachtete Schleicher die Sprachen als Naturorganismen, die unabhängig vom Willen
der Menschen entstehen, wachsen und vergehen.[7] Spengler sah Kulturen als Organismen an, die wie Pflanzen und Menschen Altersstufen durchlaufen bzw. wachsen und
absterben.[8] Frobenius kam zu dem Schluß, daß sich die Kultur gegenüber dem
Menschen neben der anorganischen und organischen Natur zu einem eigenständigen
dritten Reiche verselbständige und eigenen Wachstumsprozessen unterliege.[9]

Gehlen definiert den Menschen als ein »*Mängelwesen*«, das durch seine »*Weltoffenheit*« geprägt sei.[10] Dabei knüpft er an Überlegungen Herders an, der schon von
einer Reduktion der Instinkte beim Menschen gesprochen hatte, die ihn vor die Notwendigkeit gestellt habe, sich die Sprache zu erfinden.[11] Nach Gehlen zwinge die
mangelnde Instinktausstattung den Menschen dazu, sich durch »*Institutionen*« eine
»*zweite Natur*« bzw. eine »*Kultursphäre*« zu schaffen, durch die er erst überlebensfä-
hig werde. Institutionen bzw. kulturelle Systemordnungen wie etwa die Sprache ersetzen dann gleichsam die genetisch verankerten Wahrnehmungs- und Verhaltensprogramme, die den Tieren das Überleben sichern sollen. Diese kulturellen Institutionen
machen den Menschen im Vergleich zu den Tieren freier, aber seine Integration in die
Natur zugleich auch sehr viel labiler.

Ebenso entschieden wie Gehlen macht auch Landmann die Kulturphilosophie zur

Grundlage seiner Anthropologie.[12] Der Mensch sei zugleich Schöpfer und Geschöpf, Erzeuger und Erzeugnis seiner Kultur. Er müsse als »*halbvollendete Schöpfung*« als eine »*unvollendete Symphonie*« betrachtet werden, die den Auftrag habe, sich selbst zu vollenden. Plastizität und Produktivität des Menschen korrespondierten deshalb notwendigerweise miteinander. Die Menschen seien keine autarken Individuen, keine selbständigen Plastiken, sondern eher »*wie Halbreliefs*«, die bei aller heraustretenden individuellen Konturiertheit dennoch von hinten gehalten würden und in einen interindividuellen Untergrund übergingen. Die Kultur sei gleichsam »*ein nach außen gelagertes Organ des Menschen*«, das sich der Mensch selbst evolutionär geschaffen habe. In das Medium der Kultur sei er eingebettet wie der Fisch ins Wasser und der Vogel in die Luft. Seine Aktivitäten seien nicht von festen Erbschemata, sondern von relativ plastischen Kulturschemata vorgebahnt.

Den verfestigten Niederschlag kultureller Schöpfungen, seien es nun die *Sprache* oder andere *Kulturobjektivationen*, nennt Landmann in Erweiterung eines Hegelschen Terminus »*objektiven Geist*«. Dieser objektive Geist sei in mehr oder minder ausgeprägter Form immer schon da, bevor sich ein individueller subjektiver Geist zu konstituieren beginne. Der subjektive Geist verhalte sich zu dem objektiven Geist wie das Sprechen zur Sprache. Er könne sich nur im Medium des objektiven Geistes entfalten, wobei er diesen gleichzeitig partiell wiederum verändere, was insgesamt zu sehr komplizierten Prägungs- und Rückprägungsprozessen führe.[13] »*Das Geheimnis des Menschen ist die Rückgeprägtheit durch den objektiven Geist*«.[14] Die Gebilde des objektiven Geistes seien im Prinzip *Sozialgebilde*, aber man verstehe sie zu kurz, wenn man nur ihren Sozialcharakter sehe und nicht auch ihren *Objektivitätscharakter*, der dadurch zustande komme, daß Kulturgebilde auch einer immanenten Logik unterworfen seien und sich deshalb auch nach immanenten Gesetzmäßigkeiten fortentwickelten.

Im Kontext *erkenntnistheoretischer* Überlegungen kommt Popper zu ganz ähnlichen Ergebnissen wie Landmann im Kontext anthropologischer Erwägungen. Popper geht davon aus, daß alle unsere Erkenntnisse und Beobachtungen schon *theoriegetränkt* seien und entwickelt zur Veranschaulichung dieser Theorie eine sogenannte *Drei-Welten-Lehre*. Welt-1 ist dabei die physikalisch gegebene Welt, Welt-2 die Welt unserer subjektiven bewußten Erlebnisse und die Welt-3 die Welt der Theorie bzw. die Welt der objektiven Kulturgebilde, die der menschliche Geist im Laufe seiner Geschichte erzeugt hat.[15]

Poppers Grundthese ist nun die, daß unser ganzes subjektives Wissen (Welt-2-Wissen) von dem Wissen abhänge, was sich in der Welt-3 schon manifestiert habe, und daß sich unser individuelles Bewußtsein als Manifestation der Welt-2 ständig darum bemühe, Verbindungen zwischen der Welt-1 und der Welt-3 herzustellen. Die Ordnungsmuster der Welt-3 sind für Popper keine ahistorischen platonischen Ideen, sondern Erzeugnisse des Menschen, ebenso wie der Honig ein Erzeugnis der Bienen sei. Obwohl die Welt-3 vom Menschen geschaffen sei, habe sie doch dem einzelnen Menschen gegenüber einen *selbständigen* Status und übersteige als Ganzes seine geistige Fassungskraft.[16]

Unzweifelhaft ist nun, daß die *Sprache* als evolutionär entstandene Systemordnung eine Manifestationsform des objektiven Geistes im Sinne Landmanns ist bzw. zur

Welt-3 von Popper gehört, weil sie den Menschen erst zu dem macht, was er ist bzw. sein kann. Das wird schlagend dadurch bewiesen, daß diejenigen Kinder, die in ihren ersten Lebensjahren keine Sprache erwerben bzw. nicht lernen, mit komplexen Zeichensystemen umzugehen, irreversibel verblöden, weil sich das kulturbezogene plastische Großhirn funktionell nicht formieren und strukturieren kann. Die Sprache ist als konkretes Systemgebilde nicht angeboren, sie ist im genetischen Plan des Gehirns aber als ein kulturell zu erwerbendes kognitives und operatives System vorgesehen.

Wenn die *Sprachfähigkeit* des Menschen ein Ergebnis des rückprägenden Zusammenwirkens der organischen und kulturellen Evolution ist und wenn sich historisch sehr unterschiedliche Sprachsysteme evolutionär entwickelt haben, die die genetisch angelegte Sprachfähigkeit konkret ausfüllen, dann stellen sich vor allem zwei Fragen. Welchen Grad von Konvergenz und Divergenz haben die historisch entwickelten Sprachsysteme und wodurch ist das jeweils begründet? Nach welchen Prinzipien entwickeln sich evolutionär Sprachsysteme und wie werden Lexik und Grammatik davon betroffen?

Entsprechend den Überlegungen zur kulturellen Evolution und zur Rolle der Sprache in ihr ist klar, daß Sprachsysteme *unterschiedlich* sein müssen, weil auch die Kultursysteme unterschiedlich sind, denen Sprachsysteme Ausdruck geben. Gleichzeitig stellt sich aber auch das interessante Problem, ob die verschiedenen Sprachen aus *artspezifischen, systemlogischen* oder *pragmatischen* Gründen bei allen Unterschieden nicht auch große *Gemeinsamkeiten* aufweisen müssen und wo die *sprachlichen Universalien* zu suchen sind, in denen sich ein anthropologisch universal gültiges Wissen manifestieren könnte.

Einigkeit besteht weitgehend darüber, daß solche sprachlichen Universalien weniger in der Lexik als in der *Grammatik* zu vermuten sind. Das dokumentiert sich einerseits darin, daß man grammatische Ordnungskategorien immer wieder gern als Repräsentationsformen von zeitlosen ontischen oder logischen Kategorien angesehen hat. Es dokumentiert sich andererseits auch darin, daß man die These vertreten hat, daß die prinzipiell ähnlichen Lebensbedingungen der Menschen aus pragmatischen Gründen auch zur Ausbildung prinzipiell ähnlicher grammatischer Ordnungskategorien führen müßten. Ähnlich wie das Wasser alle Tiere, die ständig im Wasser leben, dazu zwingt, ähnliche Flossenformen auszubilden, so könnten die allgemeinen Lebensbedingungen der Menschen dazu führen, daß sie ähnliche Sprach- und Grammatikmuster ausbilden.

Bevor man Hypothesen darüber anstellt, was an grammatischen Ordnungsmustern artspezifisch, systemspezifisch oder kulturspezifisch sein könnte, ist es wichtig, sich vor Augen zu führen, nach welchen Prinzipien sich kulturelle Systemordnungen überhaupt evolutionär entwickeln und welchen Anteil dabei Planung und Zufall haben. Die Evolution von Sprach- bzw. Grammatiksystemen unterscheidet sich in dieser Hinsicht nicht grundsätzlich von der Evolution anderer komplexer Kultursysteme wie beispielsweise der Evolution von Rechtssystemen oder Handelssystemen.

3. Die Evolution kultureller Systeme – Recht und Sprache

Sofern wir uns dem konstruktivistischen Rationalismus cartesianischer Prägung mit seinem Dualismus von *Geist* (res cogitans) und *Materie* (res extensa) verpflichtet fühlen, sind wir geneigt, alle kulturellen Ordnungssysteme als Produkte der *planenden Vernunft* oder zumindest als pragmatisch motivierte Vereinbarungen der Beteiligten anzusehen. Ordnung muß uns in diesem Denkmodell notwendigerweise immer als Ergebnis geplanter Ordnungstätigkeit erscheinen. Je mehr wir selbst planend tätig werden, desto selbstverständlicher erscheint uns die Vorstellung, daß es eigentlich nur zwei Typen von Ordnungen geben kann, nämlich Ordnungen, die wir als *Naturordnungen* vorfinden, und Ordnungen, die wir als *Kulturordnungen* selbst konstruktiv entworfen haben.

Dieses Denkmodell hat eine lange historische Tradition. Es dokumentiert sich in dem antiken Streit darüber, ob die Sprache als *Naturordnung* (physei) oder als *Konventionsordnung* (thesei) zu verstehen sei; es zeigt sich in der Auseinandersetzung, ob sich alles Recht aus einem vorgegebenen *Naturrecht* oder nur aus einem gesetzten *positiven Recht* ableite; es manifestiert sich schließlich in der Auseinandersetzung darüber, ob Staat und Herrschaft *göttlichen* oder *vertraglichen* Ursprungs seien.

Nun besteht sicher kein Zweifel darüber, daß es *kulturelle* Ordnungssysteme gibt (Straßenverkehrsrecht, Flaggensignale, Computersprachen), die im wesentlichen ein Ergebnis der planenden Vernunft sind. Je fundamentaler und komplexer die jeweiligen kulturellen Ordnungssysteme aber sind, je weniger wir die spezifischen Zwecke dieser Systeme angeben bzw. auf einer Ebene ansiedeln können, je mehr Zwecke mit ihnen zugleich zu realisieren sind, je mehr diese Systeme zur Voraussetzung dafür werden, daß wir überhaupt Zwecke verfolgen können, desto unglaubwürdiger wird das *Planungsmodell* als Erklärungsmodell für die Ausbildung kultureller Systemordnungen. Bei so komplexen Ordnungssystemen wie etwa den Rechts- oder Sprachsystemen greift die Opposition von natürlicher Vorgegebenheit und rationaler Geplantheit nicht mehr, nicht nur weil wir für diese Systeme keine Entstehungszeitpunkte und keine Planungskommissionen ausmachen können, sondern weil prinzipielle Gründe dagegen sprechen. Es stellt sich sogar die ketzerische Frage, ob für komplexe kulturelle Systemordnungen nicht generell das gilt, was Popper für die Gebilde seiner Welt-3 und insbesondere für die Sprache annimmt, nämlich daß sie eigentlich unbeabsichtigte *Nebenprodukte* von Handlungsprozessen sind, die ursprünglich intentional ganz andere Zwecke verfolgten. »*Und die Sprache selbst ist, wie ein Vogelnest, ein unbeabsichtigtes Nebenprodukt von Handlungen, die sich auf andere Ziele richteten*«.[17]

Dem evolutionären Denken sind die Denkkategorien des konstruktivistischen Rationalismus nicht nur fremd, es muß sogar die zentralen metaphysischen Prämissen dieses Denkansatzes in Frage stellen. Für das Evolutionskonzept ist der Geist keine vorgegebene autonome ontische Kategorie, sondern eine *Resultante*, die sich erst aus dem Umgang mit komplexen kulturellen Systemen ergeben und entwickelt hat. Der Geist kann entsprechend diesem Denkmodell keine komplexe Kultur planend entwerfen, weil er selbst ein *Kulturprodukt* ist. Alles, was man dem Geist zubilligen kann, ist die Fähigkeit, Partialsysteme für klar überschaubare Zwecke zu entwerfen, wobei er allerdings die Auswirkungen dieser Partialsysteme auf die mit ihm vernetzten anderen Ordnungssysteme nur selten zureichend überschaut.

Das evolutionäre Denken legt nahe, idealtypisch zwischen historisch gewachsenen kulturellen *Fundamentalordnungen* und konstruktiv entworfenen kulturellen *Partialordnungen* zu unterscheiden. Im Prinzip sind beide Typen von Ordnungssystemen natürlich vom Menschen geschaffene Ordnungszusammenhänge, aber der Terminus *geschaffen* hat in bezug auf sie jeweils einen ganz unterschiedlichen Sinn. Deshalb hat von Hayek den Terminus »*Taxis*« eingeführt, um rational *geplante* kulturelle Ordnungssysteme zu bezeichnen, und den Terminus »*Kosmos*«, um *gewachsene* kulturelle Ordnungssysteme zu bezeichnen.[18]

Kulturelle Ordnungssysteme vom Typ *Taxis* werden für definierbare Zwecke konstruktiv entworfen und unterliegen deshalb einer Regelungsinstanz außerhalb des Systems selbst. Die Form ihrer Elemente und die Struktur ihrer Organisation ist direkt aus ihrer Zweckbestimmung ableitbar. Da sie nach explizit formulierten Regeln und mit zahlenmäßig begrenzten Elementen arbeiten, lassen sie sich als *geschlossene* Systeme kennzeichnen. Computerprogramme können deshalb als typische Exemplifikationen von Ordnungssystemen dieses Typs gelten.

Demgegenüber lassen sich für die Eigentümlichkeit kultureller Ordnungssysteme vom Typ *Kosmos* folgende Charakteristika geltend machen. Sie werden nicht konstruktiv für definierte Zwecke geplant, sondern bilden sich spontan, wachsen evolutionär und können für viele Zwecke gleichzeitig nutzbar gemacht werden. Sie können von außen durch bestimmte Instanzen und Faktoren beeinflußt, aber nicht reguliert werden. Sie entwickeln Mechanismen der Selbstregulation, die sie zu *offenen* Systemen machen, die sich flexibel neuen Verhältnissen und Aufgaben anpassen können. Sie weisen Ordnungsstrukturen auf, die in verschiedenen Zeiten zu verschiedenen Zwecken ausgebildet worden sind; diese Gleichzeitigkeit des Ungleichzeitigen führt zwar in ihrer Systemordnung zu vielen logischen Inkonsequenzen, aber gewährleistet zugleich auch eine große Flexibilität, da nicht alle Teile derselben Funktionslogik unterworfen sind. In diesen ungeplanten Systemordnungen sammelt sich über lange Zeiten hinweg ein kollektives Differenzierungs- und Handlungswissen an, das jedes individuelle Wissen weit übersteigt. Die Menschen können sich dieser Ordnungen effektiv bedienen, ohne sie theoretisch vollständig zu durchschauen. Diese Systeme haben eine *geisterzeugende* Wirkung, obwohl sie in einem nicht-konstruktivistischen Sinne selbst *geisterzeugt* sind. Anthropologisch gesehen scheint sich an kulturellen Ordnungssystemen vom Typ *Kosmos* zu dokumentieren, daß der Mensch evolutionär betrachtet eher als *Problemlöser* denn als *Zweckverfolger* einzustufen ist.

Als typische Exempel für kulturelle Ordnungssysteme vom Typ *Kosmos* können Rechtssysteme und Sprachsysteme bzw. Grammatiksysteme angesehen werden. Sie stellen evolutionär gewachsene Ordnungen dar, in denen sich die problemlösende Kraft von ganzen Generationen konkretisiert hat. Das hat Humboldt im Hinblick auf die Sprache schon klar formuliert.

>»Das Daseyn der Sprachen beweist aber, dass es auch geistige Schöpfungen giebt, welche ganz und gar nicht von Einem Individuum aus auf die übrigen übergehen, sondern nur aus der gleichzeitigen Selbstthätigkeit Aller hervorbrechen können. In den Sprachen also sind, da

dieselben immer eine nationelle Form haben, die Nationen, als solche, eigentlich und unmittelbar schöpferisch.«[19]

Bevor auf die Evolution grammatischer Systemordnungen im besonderen eingegangen wird, soll zunächst die Evolution von Rechts- und Sprachsystemen etwas näher beleuchtet werden. Dafür lassen sich drei Gründe geltend machen. Erstens ist es immer sehr aufschlußreich, die *Strukturtypik* eines Phänomens über die *Strukturanalogien* zu anderen Phänomenen kennenzulernen. Zweitens läßt sich auf diese Weise verdeutlichen, daß Systeme immer nur eine relative Selbständigkeit haben und eigentlich erst von ihren *Obersystemen* her voll verständlich werden. So wird das System der Grammatik erst als Teil der Sprache voll verständlich und die Sprache erst als Teil von umfassenden Kultursystemen. Drittens läßt sich die korrelative Betrachtung von Rechts-, Sprach- und Grammatiksystemen auch dadurch rechtfertigen, daß sich die *Jurisprudenz* und die *Grammatikforschung* methodisch *wechselseitig* befruchtet haben, weil sich die Theoriebildung in beiden Bereichen vor strukturanaloge Probleme gestellt sah. Es ist deshalb sicher auch kein Zufall, daß bei der systematischen Darstellung von Grammatiksystemen in römischer Zeit viele Grammatiker in Personalunion zugleich Juristen waren.

Wenn wir heute über die Entstehung von Rechtssystemen zu reflektieren beginnen, dann verleitet uns die Existenz von kodifiziertem Recht in Gesetzesbüchern und die Rede vom Gesetzgeber dazu, das Recht als Ergebnis *bewußter* Planung und Setzung anzusehen bzw. als Resultante von spezifischen Machtverhältnissen. Eine historische Sichtweise erweist sehr schnell, daß eine solche Betrachtung nur Teilwahrheiten sichtbar macht und die Problemlage verzerrend akzentuiert.[20] Das Recht ist zwar immer von Menschen gemacht worden, aber es ist insgesamt nicht Ergebnis eines planenden Entwurfs, sondern eine *Resultante* aus *Verhaltensweisen*, die sich als fruchtbar und stabilisierend für die Ausbildung von Sozialsystemen erwiesen haben. Das Recht ist älter als alle explizite Gesetzgebung, weil es in Verhaltensformen wurzelt, die alle Gemeinschaften automatisch ausbilden bzw. durch die Gemeinschaften erst konstituiert werden. Für diese Auffassung lassen sich insbesondere zwei Überlegungen geltend machen.

Zum einen ordnen wir das *Recht* hierarchisch immer höher ein als das *Gesetz*, weshalb beispielsweise der Artikel 20 des Grundgesetzes die vollziehende Gewalt und die Rechtsprechung nicht nur an das Gesetz, sondern an »*Gesetz und Recht*« bindet. Als Resultante von sozial fruchtbaren Verhaltensweisen ist uns das Recht nicht direkt, sondern nur über das *Rechtsgefühl* zugänglich, an das wir auch appellieren, wenn wir eine Diskrepanz zwischen Gesetz und Recht festzustellen glauben oder wenn wir als Laien ohne Kenntnis von Gesetzesbüchern Rechtsfragen zu entscheiden haben. Komplexe Rechtssysteme kennen wir ebenso wie komplexe Sprachsysteme immer irgendwie intuitiv, ohne sie explizit theoretisch nachkonstruieren zu können.

Zum andern zeigt insbesondere die Rechtsgeschichte, daß die Vorstellung, man könne Recht durch Gesetze *setzen*, eine typisch neuzeitliche Vorstellung ist. Die alten Gesetzgeber haben sich subjektiv nicht als diejenigen verstanden, die Recht setzten, sondern als diejenigen, die eigentlich nur das schon vorhandene Recht *explizit* formulierten, um es zu verdeutlichen. Die großen Kodifizierungen des Rechts sind zunächst immer nur als systematisierte Rechtsdarstellungen verstanden worden und nicht als Rechtssetzungen. Daß sie auch als Dokumente und Instrumente eines planenden Rechtswillens gelesen werden können, ist dann noch ein anderes Problem. Auch an Präzedenzfällen wurde nach dem Selbstverständnis des angelsächsischen Rechts nicht Recht gesetzt, sondern nur demonstriert. Schriftlich formulierte Gesetze hatten ihrem Selbstverständnis nach ursprünglich nur *deklamatorischen* Charakter. Die neuzeitliche Vorstellung von der *Gesetzgebung* als einer *Rechtsetzung* hält Rehfeldt psychologisch gesehen deshalb für eine ähnlich folgenschwere Erfindung wie das Feuermachen oder das Schießpulver. Zwar hätten Menschen immer schon Regeln und Gesetze gemacht, aber sie hätten sie subjektiv nicht für ihr eigenes Werk gehalten. [21]

Die spontane Bildung von Rechtsordnungen im Zusammenleben von Menschen, die Konstitution eines Rechtsgefühls als Ausdrucksform des intuitiven Wissens über angemessene Verhaltensweisen, der Versuch, das Recht in Kodifizierungen systematisch darzustellen, und die Möglichkeit, Partialbereiche des Rechts durch Gesetze konstruktiv zu regeln, zeigt auf *exemplarische* Weise die *Strukturprobleme* komplexer kultureller Systemordnungen vom Typ *Kosmos*. Die Ordnungsregeln solcher Systeme lassen sich aufgrund eines intuitiven Handlungswissens befolgen, ohne daß es ein explizites Gegenstandswissen davon gibt. Alle explizit formulierten Regeln solcher Systeme lassen sich nur vor dem Hintergrund der Autorität unartikulierter Regeln und Normen verstehen. Keiner, der sich in solchen Systemen bewegt, versteht explizit vollständig, wodurch er sich leiten läßt. Unser lineares *rationales* Denken ist nicht in der Lage, die komplexen Vernetzungen solcher Systeme vollständig zu erfassen, weil es diese Systeme weder geschaffen hat noch dazu bestimmt ist, sie vollständig zu verstehen. Kognitive Operationen anderen Typs, wie sie etwa die *Gestaltpsychologie* thematisiert hat, sind notwendig, um erfolgreich mit diesen Systemen umgehen zu können.

Komplexe kulturelle Systemordnungen vom Typ *Kosmos* stellen im Prinzip eine ständige Provokation für das lineare methodische Denken dar. Es glaubt, sie leicht durchschauen zu können, weil es ja vom Menschen gemachte Ordnungen sind, und scheitert doch immer wieder bei dem Versuch, ihre Struktur vollständig zu verstehen. Entwicklungsgeschichtlich betrachtet kann man vielleicht sogar die These wagen, daß sich das lineare *rationale* Denken gerade dadurch zu seiner heutigen Form ausgebildet hat, daß es sich evolutionär als vorteilhaft für den Menschen erwiesen hat, das *durchschauen* zu wollen, was er ungeplant erschaffen hat und intuitiv weiß, weil sich dadurch die Flexibilität seiner kognitiven Operationsmöglichkeiten erhöht hat.

Ebenso wie Rechtssysteme scheinen auch Sprachsysteme als unbeabsichtigte Nebenprodukte aus sozialen Handlungsprozessen zu resultieren, die ursprünglich ganz anderen Zielen gedient haben. Allerdings haben dann sowohl die Rechtssysteme als auch die Sprachsysteme sehr früh eine gewisse Eigenständigkeit gegenüber der Sphäre gewonnen, aus der sie hervorgegangen sind. Ja, sie haben schon sehr bald modifizierend auf diese Sphäre zurückgewirkt, weil sie sich als Kulturwerkzeuge offenbaren, deren Funktionsmöglichkeiten sich immer stärker ausweiten ließen. Insbesondere die Sprache hat sich als Kulturwerkzeug allerersten Ranges erwiesen, weil sie die Grundbedingung für die Möglichkeit eines umfassenden kooperativen Handelns darstellt.

Die Sprache ist deswegen auch immer wieder als das Kriterium des Menschen schlechthin betrachtet worden, gleichsam als ein *Organ*, das ihn als Mensch aus dem Reich der Tiere aussondert. Für diese These lassen sich zwei komplementäre Argumentationslinien geltend machen.

Zum einen kann man mit Herder und Gehlen hervorheben, daß der Mensch ein biologisches Mängelwesen ist, das dazu verdammt ist, Sprache und Kultur zu entwikkeln, weil er sonst bei seiner dürftigen Ausrüstung mit genetisch verankerten Verhaltensprogrammen nicht überleben kann. Zum anderen kann man herausstellen, daß bei der Evolution des Menschen die Konservierung und Verbesserung genetisch verankerter Verhaltensprogramme nicht mehr so wichtig war, nachdem er sich einmal auf den Weg der Evolution von Sprache und Kultur begeben hatte.

Die Fortsetzung der organischen Evolution durch die kulturelle Evolution hat der Sprache im Laufe der Zeit zu einem Funktionsprofil verholfen, das sich wesentlich von dem unterscheidet, das am Anfang ihrer evolutionären Ausbildung gestanden hat. Wenn man sich über den Ursprung der Sprache und über die Motive zu ihrer Ausbildung Klarheit verschaffen will, dann darf man das gegenwärtige Funktionsprofil der Sprache nicht einfach als ihr Wesensprofil ansehen, sondern muß innerhalb der Sprache verschiedene historische Schichten und Funktionsmöglichkeiten unterscheiden.

In deutlicher Opposition zu theologisch und logisch argumentierenden Sprachursprungstheorien hat Herder wohl die erste umfassende evolutionär orientierte *Sprachursprungstheorie* entworfen. Er bringt das Problem des Sprachursprungs zunächst mit dem Ausdrucksbedürfnis der Menschen in Zusammenhang, welches dieser mit den Tieren teile, und beginnt seine *Abhandlung über den Ursprung der Sprache* mit dem provokanten Satz: »*Schon als Tier hat der Mensch Sprache*«.[22] Er hebt dann aber hervor, daß die Empfindungstöne, die der Mensch als Naturtöne mit den Tieren gemein hätte, nicht die eigentlichen Wurzeln der Sprache seien, sondern nur die Säfte, die die Wurzeln der Sprache belebten. Die eigentliche Sprache habe sich der Mensch erfinden müssen, weil er »*mit so geteilten und ermatteten Trieben geboren*« sei, und er habe sie erfinden können, weil er Vernunft habe und »*in den Zustand von Besonnenheit*« gesetzt worden sei. »*Erfindung der Sprache ist ihm also so natürlich, als er ein Mensch ist!*«.[23]

Wenn Herder aus heutiger Sicht auch noch nicht evolutionär genug argumentiert, weil er der Evolution der *Vernunft* nicht genügend Aufmerksamkeit schenkt, so sind seine Überlegungen doch wichtig, um einen bestimmten Motivationszusammenhang bzw. Motivationsdruck für die Sprachentwicklung zu erfassen, den man je nach Perspektive als *Kulturfähigkeit* oder *Kulturbedürftigkeit* des Menschen bezeichnen kann. Der tatsächliche historische Wachstumsprozeß von Sprachstrukturen und Sprachfunktionen ist heute nicht mehr rekonstruierbar. Nur durch die Beobachtungen des *Spracherwerbsprozesses* bei Kindern und mit Hilfe der Hypothese der Analogie von *Ontogenese* und *Phylogenese* lassen sich bestimmte Merkmale der Evolution von Sprachsystemen herausarbeiten. Danach ergibt sich dann folgendes Bild.

Sprachliche Zeichen bzw. strukturierte sprachliche Äußerungen scheinen entwicklungsgeschichtlich betrachtet ursprünglich konstitutive Bestandteile von komplexen Handlungsprozessen zu sein und damit selbst Teilhandlungen in Gesamthandlungen.

Sprachliche Laute bzw. Zeichen haben wahrscheinlich zunächst dazu gedient, innere Zustände und Dispositionen der Sprecher zu objektivieren und Handlungen anderer anzuregen bzw. zu steuern. Die zunehmende Präzisierung und Differenzierung dieser Funktionen, die man mit Bühler als *Ausdrucks-* und *Appellfunktionen* der Sprache bezeichnen kann, scheint dann dazu geführt zu haben, daß sprachliche Zeichen bzw. Äußerungen immer mehr dazu benutzt worden sind, die eigenen Handlungen und Gesten für andere zu präzisieren und zu interpretieren. Daraus hat sich dann offenbar im Sinne der kulturellen Evolution immer stärker das Bedürfnis, die Notwendigkeit und die Möglichkeit ergeben, mit Hilfe sprachlicher Mittel eigenständige *Vorstellungswelten* aufzubauen, ohne daß dafür die anderen Sprachfunktionen eliminiert werden mußten.

Dieser Evolutionsprozeß, der dann wohl zur Ausbildung der *Darstellungsfunktion* der Sprache im Sinne Bühlers führte, hat nun für die Strukturierung konkreter Sprachsysteme wichtige Implikationen und Konsequenzen gehabt. In dem Maße, wie sich das Sprechen als *eigenständige* Handlungsform aus anderen Handlungsformen herauszulösen begann und sich die Fähigkeit ausweitete, mit sprachlichen Zeichen eigenständige Vorstellungswelten zu erzeugen, wuchs das Bedürfnis nach immer umfangreicheren sprachlichen Differenzierungs- und Strukturierungsmustern. Beim Spracherwerb von Kindern ist gut zu beobachten, wie sich aus sogenannten *Einwortsätzen* über *Zweiwortsätze* allmählich *komplexe Satzmuster* entwickeln und sich das Repertoire von lexikalischen und grammatischen Zeichen laufend erhöht, wobei passiv immer schon mehr Muster verstanden als aktiv verwendet werden.

Mit der qualitativen und quantitativen Ausweitung der Darstellungsfunktion der Sprache im Sprechen wächst auch die Tendenz, die Sprache zu einem *autonomen* Sinnbildungsinstrument zu machen und seine Kontextbindungen zu vermindern. Das bedeutet, daß in der Sprache immer mehr *Subsysteme* entwickelt werden müssen, die metainformativ den kommunikativen Stellenwert von einzelnen Sprachelementen präzisieren können. Äußerungen müssen formal immer übersichtlicher durchstrukturiert werden, um so kontextunabhängig und unmißverständlich wie möglich zu werden, was einen starken Druck auf die Entwicklung und Verwendung grammatischer Zeichen beinhaltet.

Mit guten Gründen läßt sich nun die These vertreten, daß der Begriff der Darstellungsfunktion noch zu grob ist, um die evolutionäre Entfaltung der Sprachfunktionen in ihrem Endstadium angemessen zu beschreiben. Popper hat deswegen die drei Bühlerschen Sprachfunktionen noch durch die sogenannte »*argumentative Funktion*« als weitere Evolutionsstufe ergänzt.[24] Im Rahmen von Jakobsons sechs Sprachfunktionen, wären sicherlich die *metasprachliche* und die *poetische* Sprachfunktion als evolutionär relativ spät entwickelte Sprachfunktionen zu kennzeichnen.[25] Es ist offensichtlich, daß die Sprache gerade bei der Realisierung dieser Funktionen in ganz besonders ausgeprägter Weise als autonomes Sinnbildungsinstrument in Erscheinung tritt und daß sich diese Funktionen insbesondere im Medium der *Schrift* voll entfalten können. Deshalb muß die ›Erfindung‹ der Schrift auch als sehr bedeutsamer Evolutionsfaktor bei der Sprachentwicklung gewertet werden.

Wenn wir uns im Rückblick die Evolution von Rechtssystemen und Sprachsystemen im Laufe der Kulturgeschichte vor Augen führen und die Tatsache berücksichtigen, daß Ordnungssysteme aller Art auch explizit in Regeln gefaßt werden müssen, wenn sich ihre Bezugsbereiche und Regelungsfunktionen immer mehr differenzieren, dann überrascht es nicht, daß in der römischen Antike *Juristen* in Personalunion zugleich *Grammatiker* waren und umgekehrt. Bei der systematischen Erfassung und Darstellung von Rechtsordnungen und Sprachordnungen stellten sich nämlich ganz ähnliche sachliche und methodische Probleme, die aus der großen Strukturanalogie von Rechts- und Sprachordnungen resultieren.

Juristen und Grammatiker standen gemeinsam vor dem Problem, funktionierende Ordnungssysteme, von denen ihre Benutzer nur eine *intuitive* Kenntnis hatten, in Form von *expliziten* Regeln nachzukonstruieren. Wie der Jurist über Gesetze (leges) das Recht (ius) explizit machen mußte, so wollte auch der Grammatiker über grammatische Regeln und Paradigmen die Ordnungsstruktur der Sprache explizit machen. Wie der Jurist aus einer begrenzten Anzahl von Fällen und seinem Rechtsgefühl allgemeine Rechtsprinzipien herausarbeiten mußte, so mußte auch der Grammatiker aus einer begrenzten Zahl von Einzelbeobachtungen und seinem Sprachgefühl allgemeine Sprachprinzipien ableiten. Die Kontroverse zwischen den *Analogisten*, die in der Sprache eine natürliche systematische Grundordnung vermuteten, die es zu erfassen und von Fehlentwicklungen zu reinigen galt, und den *Anomalisten*, die sprachliche Ordnungen allein auf Gewohnheiten und zufällige Konventionen zurückführten, wiederholte sich in etwas anders akzentuierter Form auch bei den Juristen. Während die Analogisten in der Jurisprudenz immer wieder nach der *Ratio* des Gesamtsystems suchten, beschränkten sich die Anomalisten darauf, die tatsächlichen Rechtsgewohnheiten (consuetudines, usus) festzustellen.[26]

Ebenso wie die Grammatiker bei der Darstellung der Sprache mit den Dialekten zu kämpfen hatten, so hatten auch die Juristen bei der Darstellung des Rechts mit Provinzialismen zu kämpfen. Ebenso wie die Grammatiker sich daran abmühten, die historisch gewachsene Sprache als kohärente Systemordnung darzustellen, so mühten sich die Juristen darum, das historisch gewachsene Recht zu systematisieren und Inkonsequenzen zu beseitigen. Ebenso wie die Grammatiker waren sich auch die Juristen der Tatsache bewußt, daß sie mit der expliziten Formulierung von Regeln nicht nur Bestehendes abbildeten, sondern auch normierend auf Bestehendes Einfluß nahmen. Ebenso wie die Anomalisten in der Grammatikforschung die Analogisten dazu zwangen, immer feinere grammatische Differenzierungen vorzunehmen, so zwangen auch die Anomalisten unter den Juristen die Analogisten dazu, die Rechtsordnung in den großen Codices der Kaiserzeit immer differenzierter und systematisierter darzustellen.

Die analogen Schwierigkeiten der Rechtswissenschaft und der Sprachwissenschaft bei der theoretischen Rekonstruktion funktionierender Systemordnungen macht auf das Problem aufmerksam, wie sich offene selbstregulierende kulturelle Systeme vom Typ *Kosmos* organisieren müssen, um stabil und funktionsfähig zu bleiben. In diesem Zusammenhang stellen sich dann mehrere Fragen. Wie kommen solche Systeme trotz all ihrer Inkonsequenzen, Widersprüchlichkeiten und Anachronismen zu ihrer Funktionstüchtigkeit und inneren Logik? Wie können sie Zwecke befördern, die bei ihrer Erzeugung zunächst gar keine Rolle gespielt haben? Wie läßt sich rechtfertigen, daß sie in einem evolutionären und spiralförmigen Sinne sowohl geisterzeugt als auch geisterzeugend sind?

Adam Smith hat im Hinblick auf die Bildung von spontanen Ordnungsstrukturen im sozialen Bereich die Formel von der *unsichtbaren Hand* geprägt, die die Menschen dazu anleite, hintergründig Zwecke zu befördern, die sie vordergründig gar nicht anstrebten oder befördern wollten.[27] Das rationalistische und konstruktivistische Denken hat für diese Formel nur Hohn und Spott übrig gehabt. Aber als Metapher scheint diese Formel für die immanente Logik evolutionärer Prozesse und gewachsener Systeme gar nicht so absurd zu sein, wie sie auf den ersten Blick erscheint, sofern man sie nicht ausgesprochen teleologisch versteht.

Der menschliche Erkenntnis- und Informationsverarbeitungsapparat ist offensichtlich so eingerichtet, daß viele Abstraktions- und Verrechnungsprozesse intuitiv vor der Schwelle des explizit kontrollierbaren Bewußtseins ablaufen, was insbesondere die Gestaltpsychologie an vielen Exempeln eindrucksvoll demonstriert hat. Die *unsichtbare Hand*, die kulturelle Prozesse und Systeme zweckvoll organisiert, wäre so gesehen möglicherweise nichts anderes als die während der Evolution in unserem kognitiven Apparat eingearbeiteten fruchtbaren Organisations- und Entwicklungsnormen für komplexe Systeme, die sicherstellen, daß erfolgreiche Ordnungstrukturen bewahrt werden, Einfluß gewinnen und sich fortentwickeln können. So gesehen wären dann die logischen Ordnungen und zweckdienlichen Strukturen kultureller Systeme sowohl die Folgen als auch die Voraussetzungen eines erfolgreichen Denkens und Handelns.

Komplexe Systeme scheinen immer dann besonders funktionsfähig und lebenskräftig zu sein, wenn sie *Stabilität* und *Wandlungsfähigkeit* in ein ausgewogenes Verhältnis zueinander bringen können und wenn sie nicht von einem, sondern von divergierenden logischen Ordnungsprinzipien beherrscht werden. Nur dann können sie auch unter sehr verschiedenen Umständen und Rahmenbedingungen funktionieren, wenn auch nicht immer perfekt.

Stabilität und Wandlungsfähigkeit gewinnen Systeme offenbar immer dann, wenn sie sich hierarchisch aus relativ autonomen und sich überlappenden Subsystemen aufbauen, die wieder von Obersystemen variabel koordiniert werden. Die Strukturen eines Obersystems müssen dann umso allgemeiner und fester sein, je mehr Subsysteme von ihm abhängen und von ihm koordiniert werden. Als *System von Systemen* können sich komplexe Systeme in einem Fließgleichgewicht halten, weil sich die Chance bietet, Interaktionszusammenhänge zwischen den Subsystemen bei Bedarf partiell zu verändern. Während früher das Hauptthema der Wissenschaft die *Klassifikation* von Elementen in Systemen war, ist heute mehr und mehr die Analyse des dynamischen *Interaktionszusammenhangs* zwischen den einzelnen Teilsystemen und den jeweiligen Obersystemen zum Thema der Wissenschaft geworden.

Die Vitalitätsprinzipien und Aufbauprinzipien komplexer Systeme hat Simon in sehr eindrucksvoller Weise in einer Parabel beschrieben. Die beiden Uhrmacher *Tempus* und *Hora* haben die Aufgabe, aus tausend Einzelteilen eine Uhr herzustellen. Tempus hat seinen Arbeitsplan so konzipiert, daß er alle Teile in einem Arbeitsgang auf stringente Weise zusammensetzen muß. So optimal der Plan auch in konstruktiver

Hinsicht ist, er ist nicht erfolgreich, weil sein Werk immer wieder zerfällt, wenn er seine Arbeit wegen einer Störung unterbrechen muß. Dagegen hat Hora seine Arbeit so organisiert, daß er immer Subeinheiten von zehn Teilen zusammensetzt und diese dann zu immer höheren Einheiten integriert. Sein Arbeitsplan ist im Prinzip logisch nicht so stringent wie der von Tempus, aber in der Praxis erweist er sich als effektiver, weil er Störungen im Arbeitsablauf problemlos abpuffern kann. [28]

Rechtssysteme und Sprachsysteme beherrschen wir weitgehend über unser *Rechtsgefühl* und *Sprachgefühl*, die eigentlich nichts anderes darstellen als die intuitive Kenntnis der fundamentalen Organisationsstrukturen und Organisationsprinzipien dieser Systeme. Rechtssysteme und Sprachsysteme können wir solange gefühlsmäßig erfolgreich anwenden, wie sie solche Aufgaben zu lösen haben, für die sie sich entwickelt haben. Sie beginnen aber wie Maschinen zu knirschen, wenn mit ihnen Probleme jenseits ihres üblichen Operationsrahmens zu lösen sind. In diesem Fall müssen dann einzelne Systeme oder Systemteile so geändert werden, daß der jeweilige Gegenstandsbereich bewältigt werden kann. Das kann bedeuten, daß auch die Korrelationen zwischen den Subsystemen einerseits und den Subsystemen und dem jeweiligen Obersystem andererseits neu zu ordnen sind.

Wenn wir auf diese Weise in einem evolutionären Blickwinkel die Ordnungsstrukturen komplexer Systeme betrachten, dann zeigt sich, daß zwischen *Strukturen* und *Funktionen* eigentlich kein *prinzipieller*, sondern nur ein *gradueller* Unterschied besteht. Evolutionär gesehen sind, wie der Biologe Ludwig von Bertalanffy hervorgehoben hat, *Strukturen* langsame Prozesse von langer Dauer und *Funktionen* schnelle Prozesse von kurzer Dauer. Bei Funktionen wie etwa der Kontraktion eines Muskels überlagerten sich eine lang andauernde und langsam ablaufende Prozeßwelle, die sich in der anatomischen Struktur des Muskels objektiviere, mit einer schnellen und kurzen Prozeßwelle, die sich in der physiologischen Reaktion des Muskels objektiviere. [29]

Eine ähnliche Situation wie in organischen Systemordnungen liegt auch in kulturellen vor. Auch hier *verfestigen* sich grundlegende Funktionen in Strukturen, die sich nur langsam ändern und uns deshalb als Funktionen bewußtseinsmäßig nicht mehr gegenwärtig sind. Wie bei der Nutzung eines Muskels überlagern sich auch bei der Nutzung von Rechts- und Sprachsystemen langsame mit schnell laufenden Prozeßwellen. Die langsam laufenden Prozeßwellen sind freilich nur dem Historiker faßbar.

Die *unsichtbare Hand*, die in kulturellen Systemen wirkt und die dafür sorgt, daß Partialerfindungen und Partialfunktionen sich im Laufe der Zeit irgendwie in umfassendere Ordnungsstrukturen integrieren und einen mehr oder weniger klar konturierten Systemplatz bekommen, kann auch nur der Historiker erfassen. Demjenigen, der die kulturellen Systemordnungen nutzt und in ihnen lebt, bleibt sie verborgen. Die *unsichtbare Hand* kann das Knirschen von Elementen und Einzelsystemen nicht verhindern, aber als Resultante von unterschiedlichen Kräften kann sie doch dafür sorgen, daß die Funktionssicherheit erprobter Elemente und Verfahren in kulturellen Systemordnungen sich so optimal wie möglich mit neuen Elementen und Verfahren verbindet und daß durch diese Wandlungsfähigkeit von Systemordnungen Zwecke befördert werden können, die bei der Einführung neuer Elemente und Verfahren zunächst überhaupt nicht intendiert worden sind.

Systemordnungen müssen umso flexibler sein und müssen umso mehr relativ autonome und sich überlappende Subsysteme haben, je mehr Außenkontakte sie haben bzw. je komplexer der Bereich ist, den sie zu organisieren haben. Deshalb ist ein gewisses Maß von *Unschärfe* bei der Reproduktion von Systemordnungen (Mutation, Traditionsvariation) und in der Logik von Systemordnungen im Prinzip nicht negativ zu bewerten, sondern der Garant für die Flexibilität und Anpassungsfähigkeit von Systemordnungen. Perfekt kann etwas nur für einen bestimmten Zweck unter einer bestimmten Rahmenbedingung organisiert werden. Wenn aber *viele* Zwecke zugleich unter wechselnden Rahmenbedingungen zu befördern sind, dann muß es Unschärfe geben, die zwar keine perfekten, aber doch annehmbare Lösungen gewährleistet.

Daraus ergibt sich, daß die natürliche Sprache sowohl auf der lexikalischen als auch auf der grammatischen Ebene als System nicht *perfekt* organisiert sein darf, weil sie sonst ihre Anpassungsfähigkeit, ihre Fortentwicklungsfähigkeit und ihre Universalität als letztes Metasystem für alle kulturellen Systeme einbüßte. Nur ihre *Unschärfe* im Detail sichert ihr ihre optimale Funktionalität im Ganzen.

Bei der Stabilisierung und Flexibilisierung von Sprachsystemen spielt die Evolution der grammatischen Ordnungsebene eine zentrale Rolle. Die Stabilität grammatischer Ordnungsstrukturen ermöglicht den lexikalischen Ordnungsstrukturen ein Höchstmaß an Anpassungsfähigkeit im konkreten Gebrauch (Metaphern). Deshalb hat die Unterscheidung von grammatischen und lexikalischen Zeichen und die Hierarchisierung ihrer Differenzierungsfunktionen höchste Aufmerksamkeit zu beanspruchen.

Systemtheoretisch ist allerdings zu beachten, daß das, was entwicklungsgeschichtlich früher da war, nicht automatisch auch hierarchisch wichtiger ist. Es ist nämlich zu berücksichtigen, daß sich der Stellenwert von Systemelementen in Entwicklungsprozessen ständig ändern kann und daß bestimmte Elemente in späteren Entwicklungsphasen, systemtheoretisch betrachtet, ganz andere sind als in früheren Phasen, selbst wenn sie sich äußerlich nicht verändert zu haben scheinen. In den sogenannten *Einwortsätzen* der Kinder sind die jeweils verwendeten Wörter nicht *dieselben* sprachlichen Einheiten wie in grammatisch durchstrukturierten Sätzen. Die Unterscheidung von grammatischen und lexikalischen Zeichen ist deshalb erst dann sinnvoll, wenn die Phase der Einwortsätze überwunden ist, in denen bei einzelnen Wörtern grammatische und lexikalische Informationen bzw. verbale und situative Informationen auf unentwirrbare Weise ineinander verwachsen sind und in denen Wörter ganze Szenen und Handlungsintentionen benennen.

Bei dem Versuch, die Evolution der Grammatik konkret zu beschreiben, ergeben sich erhebliche methodologische und methodische Probleme, weil wir dabei auf keine unmittelbar verwertbaren empirischen Erfahrungsdaten zurückgreifen können, sondern weitgehend mit Analogieschlüssen und plausiblen Hypothesen arbeiten müssen. Eigentlich läßt sich auch nicht die Evolution der Grammatik beschreiben, sondern allenfalls die Evolution eines spezifischen Grammatiksystems als Teilsystem eines gegebenen Sprachsystems, wobei sich die Grenzen von Grammatik und Lexik von Fall zu Fall erheblich verschieben können. Die allgemeinen Probleme vermehren sich noch, wenn man grammatische Kategorien nach ihrer Universalität bzw. Partialität ordnen will.

Es bieten sich drei methodische Ansatzpunkte an, um näheren Aufschluß über die Evolution der Grammatik zu gewinnen. Zum ersten kann man danach fragen, welche *Systemzwänge* dazu führen, daß sich eine funktionale Opposition von lexikalischen und grammatischen Zeichen bildet bzw. daß sich in Sprachsystemen grammatische Subsysteme ausbilden. Zum zweiten kann man danach fragen, ob aus dem *Spracherwerbsprozeß* der Kinder Rückschlüsse auf die Evolution der Sprache und Grammatik gezogen werden können. Zum dritten kann man danach fragen, ob sich aus der uns überschaubaren relativ kurzen *Kulturgeschichte* Hinweise auf die Grammatikevolution ergeben bzw. ob die Grammatikgeschichte auch als Kulturgeschichte gelesen werden kann. Aus diesen Betrachtungen lassen sich dann vielleicht Indizien gewinnen, um Aussagen über das Problem grammatischer Universalien zu machen bzw. über die anthropologischen Hintergründe kultureller Phänomene.

4. *Systemzwänge zur Evolution der Grammatik*

Mathematisch gesehen sind alle Systeme höchst chaosverdächtig, die mehr als zwei Freiheitsgrade haben. Wenn komplexe Systeme ihre Chaosneigung in Grenzen halten wollen, ohne ihre Vielfalt und Polyfunktionalität allzusehr zu reduzieren, dann müssen sie sich intern mit ordnungsstiftenden Subsystemen anreichern. Deshalb ist es auch nicht erstaunlich, daß sich in der Sprache im Laufe der Zeit zwei unterschiedliche Typen von Zeichen herausgebildet haben.

Die Ausformung der grammatischen Ebene der Sprache ist kein freier Entschluß der Sprachbenutzer, sondern eine systemtheoretische Notwendigkeit. Als einmal die Entscheidung getroffen war, Laute zur Repräsentation von Sinneinheiten zu benutzen, war damit im Sinne des Evolutionsprinzips von Zufall und Notwendigkeit mitentschieden worden, daß sich in der Sprache eine grammatische Ebene ausbilden mußte. Schon Fichte hat nachdrücklich die Auffassung verworfen, daß *Grammatik* durch Verabredung entstanden sein könne, und hat betont, daß sie ihre Existenz einer immanenten Notwendigkeit verdanke. »*So entstand ›Grammatik‹ bloss durch das Bedürfniss der Sprache, und durch die Fortschritte, welche die menschliche Vernunft nach und nach machte.*«[30]

Wenn man dieser Argumentation folgt, dann fällt in die Gestaltungsfreiheit der Urheber eines Sprachsystems nicht die Entscheidung, ob sie ein grammatisches Ordnungssystem entwickeln wollen oder nicht, sondern nur, welche Differenzierungsinteressen dabei wirksam werden sollen, welcher Differenzierungsgrad angestrebt werden soll und mit welchen formalen Mitteln die grammatische Ebene auszubauen ist. Eine zweite Frage ist dann, ob die Ähnlichkeit des kognitiven Apparates bei allen Menschen und die Ähnlichkeit der pragmatischen Sprachfunktionen in allen Kulturen zu strukturellen Gemeinsamkeiten bzw. Analogien in den grammatischen Ordnungssystemen der einzelnen Sprachen führen.

Der *systemtheoretische* Zwang, in der Sprache eine grammatische Ordnungsebene auszubilden, hat verschiedene Wurzeln. Zum ersten haben sprachliche Zeichen eine immanente Tendenz, sich ständig zu vermehren, um immer feinere Differenzierungen vornehmen zu können. Dadurch werden die Einzelzeichen immer unvollständiger und ergänzungsbedürftiger und müssen in geregelter Weise mit anderen kombiniert werden, um komplexe Sinneinheiten zu konstituieren. Zum zweiten steigt mit der Vermehrung von Zeichen das Bedürfnis, Zeichen typologisch zu ordnen und ihnen spezifische Funktionsrollen bei der Bildung komplexer Zeichen zuzuordnen. Zum dritten müssen verbale Zeichen linear nacheinander geäußert werden, obwohl das Additionsprinzip viel zu simpel ist, um aus Einzelzeichen komplexe Zeichen bzw. Sinneinheiten zu bilden. Zum vierten erfordert die Ökonomie eines Zeichensystems, daß die Standarddifferenzierungen einer Kulturgemeinschaft mit dem geringsten formalen Aufwand realisiert werden und daß neben den thematischen Hauptinformationen, die durch explizite Prädikationen repräsentiert werden, noch viele unthematische Nebeninformationen herlaufen.

Das Studium von *Relationen* in materiellen und kulturellen Systemordnungen, auf dessen Notwendigkeit Eddington, wie schon erwähnt, mit seinen Überlegungen zum Status der Konjunktion *und* in Additionen auf so originelle Weise hingewiesen hat, ist anthropologisch von großer Bedeutung. Bei der praktischen und theoretischen Bewältigung des Relationsphänomens scheinen sich zwei kognitive Operationsformen des Menschen von grundlegender Bedeutung herausgebildet zu haben, nämlich die Fähigkeit zur *Analyse* und zur *Synthese*. In der Analyse versuchen wir, alles Gegebene als geordneten Relations- und Funktionszusammenhang von Subeinheiten zu begreifen, und in der Synthese versuchen wir, alles Gegebene relational und funktional auf noch umfassendere Einheiten hin zu ordnen.

Die menschliche Fähigkeit zur Analyse und Synthese wird auf entscheidende Weise durch die Sprache bedingt, angeregt und stabilisiert. Als in der Evolution des Menschen der Weg zur Sprache bzw. zur Analysefähigkeit und Synthesefähigkeit einmal beschritten worden war, war mitentschieden worden, daß diese Fähigkeiten sich in einem evolutionären Präge- und Rückprägeprozeß mit der Sprache immer weiter entwickeln mußten. Gerade weil der Mensch fähig wurde, die ihm begegnenden individuellen empirischen Erfahrungsinhalte begrifflich zu zerlegen, mußte er zugleich auch Verfahren entwickeln, um die jeweiligen Begriffseinheiten wieder in unterschiedlichen Formen relational aufeinander zu beziehen. Die geregelten Verfahren zur Wort-, Satz- und Textbildung zeigen das sehr deutlich.

Dadurch, daß durch grammatische Instruktionen den einzelnen Wörtern bzw. Begriffseinheiten unterschiedliche syntaktische Rollen zugewiesen werden konnten, wurden die einzelnen Wörter polyfunktional verwendbar, was wiederum dem Ökonomieprinzip in der Sprache zugute kam. So hat beispielsweise die Einführung der *Steigerung* beim Adjektiv dazu geführt, daß dasselbe Wort in Kombination mit unterschiedlichen grammatischen Morphemen dazu benutzt werden konnte, um unterschiedliche Intensitätsstufen einer Eigenschaft zu kennzeichnen. Durch diese geniale Regelung wurde es überflüssig, das Inventar lexikalischer Zeichen zu vergrößern. Dieser Weg scheint nämlich ursprünglich beschritten worden zu sein, wie die Reste von unregelmäßigen Steigerungsformen noch anzeigen *(gut, besser)*.

Wie sehr lexikalische Zeichen der grammatischen Organisation und Interpretation bedürfen, um kommunikativ auf präzise Weise wirksam werden zu können, hat das Tilgungsexperiment Wissemanns eindrucksvoll vor Augen geführt. Wenn wir in Äußerungen das grammatische Instruktionspotential eliminieren, dann zerfallen komplexe Sinneinheiten in atomare Einzelvorstellungen, über deren Korrelationszusammenhang wir je nach den allgemeinen Rahmenbedingungen und unserer Phantasiefähigkeit ganz unterschiedliche Hypothesen bilden können. Da unter diesen Umständen die Funktionsrollen sprachlicher Einheiten nicht mehr gekennzeichnet sind, wird die Präzision und Intersubjektivität von Sinnbildungsprozessen entscheidend gestört.

Die hier angesprochene Problematik läßt sich vielleicht auch in Analogie zur Traumproblematik näher erläutern. Während wir im Wachsein Einzelwahrnehmungen automatisch entsprechend den jeweiligen pragmatischen Rahmenbedingungen als konstitutive Elemente größerer Sinnzusammenhänge verstehen, verselbständigen sich im Traum Einzelvorstellungen zu autonomen Gegebenheiten, deren relationale Einbettung nicht mehr klar ist. Da sich im Traum die allgemeinen Ordnungskategorien von Zeit, Raum und Kausalität als strukturbildende Faktoren aufzulösen beginnen, verselbständigen sich die Einzelinhalte zu mächtigen Vorstellungsbildern, die sich einer klaren *funktionalen* Einordnung entziehen. Deshalb ist der Traum in kognitiver Hinsicht immer wieder als eine Form der Regression beurteilt worden, weil es in ihm zur Aufhebung von vorgebahnten Differenzierungen, Relationierungen und Strukturierungen kommt. Wie der Traum an kognitiver Klarheit verliert, weil die Grammatik der vertrauten Sinnbildungsmuster ausfällt, so verliert auch eine Äußerung an kognitiver und pragmatischer Klarheit, wenn in ihr die grammatischen Instruktionen ausfallen oder sich vermindern.

Die Verselbständigung von Einzelelementen im Traum und in Äußerungen durch die Reduktion der klärenden Kennzeichnung von Relationen zwischen ihnen läßt sich in der Tat als eine Form der Regression verstehen. Sprachliche Äußerungen verlieren dadurch an semantischer Präzision, weil die inzwischen erarbeiteten kulturellen Ordnungs- und Differenzierungsmuster für Sinnbildungsprozesse nicht mehr genutzt werden. Dadurch wird die starke Situationsbindung des Sprechens, die durch die Entwicklung grammatischer Ordnungsmuster entscheidend vermindert worden war, wieder hergestellt. Im konkreten Sprachgebrauch begegnen uns solche Regressionen, wenn Affekte eine perfekte Sprachverwendung blockieren oder wenn in einer Fremdsprache das Inventar grammatischer Ordnungsformen nicht zureichend beherrscht wird.

Die Traumanalogie kann auch dazu benutzt werden, um die kognitive Ambiguität grammatischer Ordnungsformen näher zu kennzeichnen. Kreative Menschen haben immer wieder betont, daß die Struktur schöpferischer Situationen eine Verwandtschaft mit dem Traum habe. Zu bestimmten Einsichten und Inhalten seien sie nicht auf den traditionell und grammatisch vorgebahnten Denkwegen gekommen, sondern eher durch ein ungeregeltes assoziatives *Bilderdenken*. Erst nachträglich wäre es ihnen möglich geworden, intuitiv erfaßte Inhalte mit Hilfe von konventionalisierten oder neu entwickelten sprachlichen Ordnungsformen darstellbar zu machen. Daraus kann der Schluß gezogen werden, daß grammatische Strukturmuster nicht nur dabei helfen, Sinnbildungsprozesse zu präzisieren und zu profilieren, sondern auch dazu beitragen, sie zu konventionalisieren und zu traditionalisieren, weil sie auf eine subtile und meist kaum wahrnehmbare Weise dazu zwingen, sich auf den vorgebahnten Wegen der kulturellen Ordnungsmuster zu bewegen und Denkinhalte nach Maßgabe der vorgegebenen Grundraster auszuformen.

Angesichts dieser Situation läßt sich eine logisch scheinbar paradoxe, aber evolutionäre völlig plausible These vertreten. Der systemimmanente Zwang zur Ausbildung von eindeutigen grammatischen Ordnungsmustern für die Präzisierung kognitiver und kommunikativer Prozesse ist eine ebenso große Notwendigkeit wie der Verzicht auf völlig eindeutige und präzise grammatische Ordnungsmuster. Zu dezidierte grammatische Muster machen die natürliche Sprache für ihre vielfältigen Aufgaben pragmatisch ebenso funktionsuntüchtig wie zu grobe grammatische Muster. *Präzision* und *Vagheit* müssen auf der Ebene der Grammatik ebenso wie auf der Ebene der Lexik in ein *labiles Gleichgewicht* gebracht werden, das metasprachliche Reflexionsprozesse stimuliert und nicht überflüssig macht.

Es ist deshalb weder ein Zufall noch ein prinzipieller Mangel, wenn der kognitive Gehalt und die instruktiven Funktionen grammatischer Zeichen zum Teil *mehrdeutig* sind und eine situations- und sachspezifische Interpretation verlangen. Dadurch wird sichergestellt, daß der Gebrauch der Sprache ein *metareflexives* Begleitbewußtsein erforderlich macht, welches einen automatisierten Sprachgebrauch verhindert.

Die natürliche Sprache funktioniert nur deshalb als universales Sinnbildungsmittel, weil sich im Sprachgebrauch unsere Kenntnisse von der *Sprache* und unsere Kenntnisse von der *Welt* ständig miteinander *vermitteln* müssen. Die evolutionäre Präzisierung grammatischer Ordnungsmuster hat dort eine natürliche Grenze, wo sie das assoziative, kreative und reflexive Denken blockierte und wo sie Denk- und Kommunikationsprozesse nicht mehr stützen, sondern auf unfruchtbare Weise versteifen und verknöchern lassen würde.

So ist beispielsweise die determinierende Zuordnung von Bestimmungsbegriff und Gegenstandsbegriff bei den deutschen Komposita im Einzelfall ebenso wenig grammatisch präzise geregelt wie die Zuordnung des Genitivattributs zu seinem Bezugselement, was sich bei grammatischen Transformationen klar zeigt (*Schweineschnitzel* = Schnitzel aus Schweinefleisch; *Zigeunerschnitzel* = Schnitzel nach Art der Zigeuner; *Paprikaschnitzel* = Schnitzel mit Paprika; *das Bild des Grafen* = der Graf besitzt das Bild / der Graf ist auf dem Bild abgebildet / der Graf hat das Bild hergestellt). Die semantische Unschärfe der grammatischen Zuordnungsrelationen von sprachlichen Einzelelementen bei Komposita und Genitivattributen kann im Einzelfall zwar sehr ärgerlich sein, im Prinzip ist diese Unschärfe aber für die Sprache unverzichtbar, weil sie dem *assoziativen* und *kreativen* Denken grammatisch noch legitimierte *Freiräume* schafft und es nicht zwingt, sich ungrammatisch zu artikulieren. Deshalb ist es auch kein Zufall, daß gerade Komposita und Genitivattribute zu den *grammatischen* Lieblingsformen metaphorischer und ironischer Rede gehören.

Insgesamt läßt sich sagen, daß die Ausbildung der grammatischen Ordnungsebene in der Sprache in Konfrontation und in Kooperation mit der lexikalischen Ordnungsebene evolutionär vorprogrammiert ist, um die Sprache flexibler, präziser und ökonomischer zu machen. Aber ebenso wie die Herstellung von hochdifferenzierten Spezialwerkzeugen eine natürliche Grenze hat und die Existenz von groben Universalwerkzeugen nicht überflüssig macht, so hat auch die Evolution von immer präziseren und differenzierteren grammatischen Formen eine natürliche Grenze und entzieht den groben grammatischen Universalformen nicht ihr Lebensrecht.

5. Die Evolution der Grammatik in der Ontogenese und Phylogenese

Der Versuch, die Evolution der Grammatik bzw. eines konkreten grammatischen Systems zu rekonstruieren, hat mit der Schwierigkeit zu kämpfen, daß dabei auf verläßliche empirische Daten kaum zurückgegriffen werden kann. Die Ausbildung der grammatischen Formen einer Sprache auf einem funktionsfähigen Niveau war in der Regel schon abgeschlossen, bevor sprachdokumentierende Schrifttraditionen eingesetzt haben.

Unter diesen Umständen liegt es methodisch nahe, in vorsichtiger Weise auf das von Haeckel formulierte biogenetische Grundgesetz zurückzugreifen, wonach in der *Ontogenese* eines Lebewesens gleichsam zeitgerafft die *Phylogenese* der Gattung wiederholt wird. Zu prüfen wäre, ob aus dem Sprachentfaltungsprozeß bei Kindern Rückschlüsse auf die Evolution der Sprache und insbesondere der Grammatik gezogen werden können. Parallelisierungen zwischen der ontogenetischen und phylogenetischen Entwicklung der Sprache müssen allerdings sehr behutsam vorgenommen werden, weil bestimmte Faktoren vorschnelle Analogisierungen verbieten.

So ist zu beachten, daß Sprache und Grammatik im Prinzip kulturelle Ordnungssysteme sind, die keinen genetisch festgelegten Bau- und Entfaltungsplan haben. Kinder wachsen außerdem während des Spracherwerbs in ein schon voll entwickeltes grammatisches Ordnungssystem hinein und entwickeln dieses nicht selbst auf evolutionäre Weise. Außerdem ist zu beachten, daß in der Ontogenese der kognitive Apparat des Kindes in Korrelation mit der Entfaltung der Sprache nur reift, aber nicht wie in der Phylogenese evolutionär wächst. Grundsätzlich ist auch zu berücksichtigen, daß für die Lebensbedingungen der Kinder möglicherweise ganz andere grammatische Ordnungsformen relevant sind als für die der Erwachsenen.

Trotz dieser Diskrepanzen zwischen der ontogenetischen und phylogenetischen Sprachentfaltung können sich aus einer analogisierenden Betrachtungsweise dennoch wertvolle Einsichten ergeben. Festzuhalten ist nämlich, daß der kindliche Spracherwerbsprozeß kein kontinuierlicher Lernprozeß ist, bei dem das Kind seine Muttersprache immer perfekter zu beherrschen lernt, sondern daß es eine spezifische Reihenfolge beim Erwerb sprachlicher Ordnungsmuster gibt, die mit bestimmten kognitiven Reifungsphasen korrespondiert und die durch ein spezielles Sprachtraining kaum zu beeinflussen ist. In diesen *Spracherwerbsschüben*, die eng mit Umstellungsprozessen in den kognitiven Operationen der Kinder korreliert sind, kann man aber wohl zu Recht Analogien zu den phylogenetischen Entwicklungsschüben in der Evolution des menschlichen Kognitionsapparates sehen, die wiederum mit der Evolution von Sprache und Grammatik korreliert sind.

Zunächst ist zu beachten, daß auf einer frühen Stufe des Spracherwerbs die Differenzierung von Lexik und Grammatik verhältnismäßig sinnlos ist, weil sprachliche Äußerungen als Teile nicht-verbaler Handlungen nur sehr schwach als eigenständige Gebilde durchstrukturiert sind. Da solche sprachlichen Äußerungen fest mit ihren zeitlichen, räumlichen und pragmatischen *Kontexten* verwachsen sind und da mit ihnen keine autonomen Sinngebilde konstituiert werden sollen, entfallen die Hauptanreize für die funktionelle Differenzierung sprachlicher Einzelzeichen. Bühler spricht in diesem Zusammenhang deshalb von einem »*empraktischen*« Sprachgebrauch, den auch Erwachsene unter eindeutigen pragmatischen Rahmenbedingungen noch praktizierten, wenn sie sich beispielsweise im Caféhaus nur zu der Äußerung »*einen schwarzen*« aufrafften.[31]

Sehr klar dokumentiert sich diese ganze Problematik auch in den sogenannten *Einwortsätzen*, mit denen der Spracherwerb der Kinder nach der Lallphase einsetzt. Clara und William Stern haben schon frühzeitig betont, daß die ersten Äußerungseinheiten der Kinder keiner Wortklasse angehörten, sondern als satzartige Gebilde zu verstehen seien, weil sie nicht dazu bestimmt seien, Bedeutungstatbestände zu benennen, sondern dazu, zu Bedeutungstatbeständen Stellung zu nehmen.[32] Bühler hat allerdings zu Recht darauf hingewiesen, daß der Terminus *Einwortsatz* eigentlich eine Verlegenheitsbezeichnung der Sprachpsychologen sei, der nur zum Ausdruck kommen lasse, daß man das jeweilige Phänomen genauso gut zu den Wörtern wie zu den Sätzen rechnen könne, weil es weder das eine noch das andere sei, sondern beides zugleich. Satz und Wort seien »*korrelative Momente*«, weil der Satz ebenso wenig vor dem Wort wie das Wort vor dem Satz existent gewesen sei.[33]

Auch die Untersuchungen Wygotskis zu den unterschiedlichen Phasen von Begriffsbildungsprozessen im kindlichen Spracherwerb zeigen, daß der Terminus *Einwortsatz* ein Verlegenheitsausdruck ist, weil durch ihn Differenzierungskategorien auf eine frühe Phase des Spracherwerbs zurückprojiziert werden, die eigentlich erst für eine spätere Phase sinnvoll verwandt werden können. Wygotski hat zwischen der Phase der synkretistischen, der komplexen und der eigentlichen *Begriffsbildung* unterschieden, um hervorzuheben, daß Kinder auf den unterschiedlichen Stufen ihrer kognitiven Entwicklung sprachliche Einheiten mit ganz unterschiedlichen kognitiven Operationen korrelieren.[34]

Mit dieser Dynamisierung und Operationalisierung der Bedeutungsproblematik wird dann auch eine These Lennebergs bestätigt, die dieser unter ganz anderen Gesichtspunkten entwickelt hat. Lenneberg hat ähnlich wie auch schon Humboldt vor ihm herausgestellt, daß Wörter eigentlich nicht als Etiketten von Objekten oder als Namen von eingelagerten Begriffen anzusehen seien, sondern als Namen für *Kategorisierungsprozesse* fungieren. »*Wörter bezeichnen (etikettieren) die Prozesse des kognitiven Umgangs einer Art mit ihrer Umwelt.*«[35]

In der Phase der *synkretistischen* Denkoperationen subsumieren Kinder unter einer Lautäußerung sehr heterogene Sachzusammenhänge, die allerdings in ihrem Erfahrungs- und Denkzusammenhang irgendwie zusammenhängen, wobei objektive Gege-

benheiten, Handlungszusammenhänge und Wertungen unentwirrbar ineinander flie-
ßen können. So kann beispielsweise alles Unangenehme mit *bäh* und alles Angenehme
mit *burtsa* (Geburtstag) bezeichnet werden. In der Phase der *komplexen* Denkoperationen subsumieren Kinder unter einer sprachlichen Einheit Sinnkomplexe, die für sie
in einen Funktionszusammenhang gehören. So kann ein Kind beispielsweise mit *öf*
sowohl das gezeichnete Schwein, den Zeichenvorgang als auch die Zeichenutensilien
bezeichnen, obwohl es sehr wohl zwischen diesen einzelnen Phänomenen zu unterscheiden weiß. In der Phase der *begrifflichen* Denkoperationen beginnen die Kinder,
sich den begrifflichen Mustern ihrer Kultur anzupassen und diese dann mit den dafür
üblichen Wörtern zu benennen.

Diese Typologisierung von Kategorisierungsprozessen während des Spracherwerbs
zeigt, daß das, was Kinder mit Lauteinheiten korrelieren, eine ganz andere Sinnstruktur haben kann als das, was bei Erwachsenen üblich ist. Erst ganz allmählich bekommen Wörter bei Kindern eine reine *Nennfunktion*. Erst wenn sie diese bekommen
haben, ist es sinnvoll, zwischen *Wort* und *Satz* zu unterscheiden. Das bedeutet, daß die
eigentliche Geburt der Grammatik bei der Unterscheidung von Wort und Satz beginnt
bzw. dann, wenn zwei sprachliche Sinneinheiten funktionell zu einer komplexeren
Einheit verbunden werden, in der die jeweiligen Einzelelemente unterschiedliche Sinnrollen übernehmen. Dieser Schritt vom *Einerspruch* zum *Zweierspruch*, wie Höpp[36]
diesen Entwicklungsschritt nennt, ist ontogenetisch und phylogenetisch von größter
Bedeutung, weil sich damit das *Sprechen* zu einer eigenständigen Handlungsform
fortentwickeln kann und weil damit bei sprachlichen Informationen sinnvoll zwischen
Nenninformationen und *Organisationsinformationen* bzw. *Metainformationen* unterschieden werden kann.

Der Weg vom Einerspruch zum Zweierspruch bzw. von einer unstrukturierten zu
einer strukturierten Äußerung hat eine Vorform bzw. Variante darin, daß ein Einerspruch auf unterschiedliche Weise *intoniert* werden kann und sich damit als Feststellung, Ausruf oder Frage kennzeichnen läßt. Die metainformative Verwendung intonatorischer Mittel kann so auch Einersprüchen eine elementare grammatische Ordnungsstruktur geben.

Zu diesem Mittel grammatischer Strukturierung greifen Kinder recht früh, um ihren
Äußerungen eine größere kommunikative Präzision zu geben. Die metainformative
Interpretation einer Äußerung durch Mimik und Gestik hat zwar im Prinzip eine
ähnliche Funktion, sie ist aber wohl nicht als grammatische Interpretation zu werten,
weil sie keinen Schritt zur Autonomisierung sprachlicher Sinnbildungen darstellt.

Der Zweierspruch bzw. der Zweiwortsatz, wie man nun schon zu Recht sagen kann,
ist ein komplexes Zeichen, das aus der geregelten Korrelation von relativ selbständigen
Subzeichen hervorgeht. Diese Zweierkombinationen haben immer wieder die Aufmerksamkeit von Psychologen und Grammatikern auf sich gezogen. Braine[37] hat
sogar versucht, aus der Analyse der geregelten Distribution der Einzelelemente in
Zweiwortsätzen eine eigenständige Kindergrammatik zu entwickeln, die sogenannte
Pivot-Grammatik bzw. *Angelpunkt-Grammatik*. Er glaubte, daß Kinder bei Zweiwortsätzen auf geregelte Weise zwei unterschiedliche Klassen von Elementen verwenden
würden. Eine Klasse von Wörtern, die sogenannten *Pivot-Wörter*, sei relativ eng be-

grenzt. Ihre Mitglieder hätten feste Stellungspositionen in Zweiwortsätzen. Im Gegensatz dazu gebe es eine andere Klasse von Wörtern, deren Mitglieder keine festen Positionen in Zweiwortsätzen hätten, sondern frei an erster oder zweiter Stelle verwendet werden könnten.

Wenn sich inzwischen auch herausgestellt hat, daß die Pivot-Grammatik die Komplexität kindlicher Zweiwortsätze nicht voll erfaßt, so macht sie doch nachdrücklich darauf aufmerksam, daß Kinder schon früh neben der Intonation auch die syntaktischen Positionen von sprachlichen Zeichen als grammatisches Informationsmittel benutzen. Möglicherweise läßt sich die geregelte Kombination von Elementen in Zweiwortsätzen sogar als Grundform des Prädikationsprinzips ansehen. Etwas wird genannt (Gegenstandsbegriff) und dann hinsichtlich seines aktuellen Geltungsgrades präzisiert (Bestimmungsbegriff). Jedenfalls ist der Zweiwortsatz als *Keimzelle* grammatischer Strukturierungsanstrengungen zu betrachten, weil in ihm schon zwischen der sinnstiftenden Kraft von Elementen einerseits und von Relationen andererseits unterschieden wird.

Wie weit dann die Relationen zwischen sprachlichen Nenneinheiten subdifferenziert werden und welche Mittel verwendet werden, um sie als grammatische Zeichen kenntlich zu machen (Stellungsposition, Intonation, selbständige und unselbständige grammatische Morpheme), das ist von Sprache zu Sprache sehr unterschiedlich gehandhabt worden. Wichtig ist zunächst nur, daß die *Kombination* von Einzelelementen grammatische Differenzierungsprozesse unausweichlich macht.

Die Tendenz, sprachliche Äußerungen immer stärker durch Subzeichen zu untergliedern, läßt sich vielleicht mit der Zellteilung eines Embryos vergleichen. Auch hier teilt sich eine relativ undifferenzierte Grundeinheit fortlaufend. Mit jeder Teilung entstehen Zellen, die sich *strukturell* und *funktionell* immer mehr voneinander unterscheiden. Auf diese Weise bildet sich schließlich eine komplexe Gestalt aus sehr unterschiedlichen, aber funktionell unauflöslich miteinander vernetzten Teilen.

Die Ausdifferenzierung von Satzgliedern bzw. grammatischen Zeichen läßt sich auch in Analogie zur Bildhauerei erläutern. Aus einer relativ amorphen und undifferenzierten Grundeinheit wird Zug um Zug eine durchstrukturierte Gestalt gebildet, bei der Einzelteile immer besser identifizierbar werden und ihren speziellen Sinn immer eindeutiger vom Ganzen her empfangen. Das Ganze gewinnt sein besonderes Relief gerade dadurch, daß sich Einzelteile verselbständigen und doch aufeinander zugeordnet bleiben.

Aus der Perspektive derjenigen, die sich über den Gebrauch der Schrift daran gewöhnt haben, einzelne Wörter klar voneinander zu unterscheiden, stellt sich der Sprechprozeß so dar, als ob wir aus den von den Wörtern repräsentierten Einzelvorstellungen sukzessiv Gesamtvorstellungen bildeten. Im Sinne des Bausteinprinzips käme dann den Einzelvorstellungen gleichsam immer eine logische Priorität gegenüber der Gesamtvorstellung zu. Typischen Ausdruck findet eine solche Vorstellung in der Satzdefinition von Hermann Paul. »*Der Satz ist der sprachliche Ausdruck, das Symbol dafür, dass sich die Verbindung mehrerer Vorstellungen oder Vorstellungsgruppen in der Seele des Sprechenden vollzogen hat, und das Mittel dazu, die nämliche Verbindung der nämlichen Vorstellungen in der Seele des Hörenden zu erzeugen.*«[38]

Aus der Perspektive des Hörenden bzw. der Sprachanalyse spricht einiges für diese Definition. Aus der Perspektive des Sprechenden bzw. der Sprachgenese ist sie aber schwerlich akzeptabel. Schon Humboldt hat hervorgehoben, daß man sich die Entstehung der Sprache nicht so denken dürfe, daß zunächst Gegenstände durch Wörter bezeichnet worden seien. »*In der Wirklichkeit wird die Rede nicht aus ihr vorangegangenen Wörtern zusammengesetzt, sondern die Wörter gehen umgekehrt aus dem Ganzen der Rede hervor.*« [39]

Auch Wundt hat nachdrücklich darauf aufmerksam gemacht, daß beim Sprechen den Wörtern keine Priorität vor dem Satz zukomme. Beim Sprechen käme es auf der *morphologischen* Ebene der Sprache zwar zu einem *Syntheseprozeß*, weil wir Einzelelemente regelgerecht miteinander kombinieren müßten, auf der *kognitiven* Ebene der Sprache komme es aber zu einem *Analyseprozeß*, weil wir eine komplexe Gesamtvorstellung durch die lexikalischen und grammatischen Elemente repräsentieren müßten, die in einer Sprache konventionalisiert seien. Das *einzelne* Wort sei sprachgenetisch betrachtet nicht die Voraussetzung, sondern das Ergebnis der Satzbildung. Wortformen seien Ergebnisse von Aufgliederungsprozessen bzw. Spaltungsprodukte von Satzformen. [40]

Es ist sicher richtig, daß sowohl in einem konkreten Sprechvorgang als auch in der Evolution eines konkreten Sprachsystems die speziellen lexikalischen und grammatischen Zeichen aus *Aufgliederungsprozessen* resultieren, seien es nun Aufgliederungen von relativ amorphen mentalen Sinneinheiten, oder seien es Aufgliederungen von relativ amorphen sprachlichen Einheiten. Es macht zwar einen Unterschied, ob man bei solchen Aufgliederungsvorgängen nur nach schon vorhandenen sprachlichen Formen sucht oder ob man diese Formen entsprechend seinen Differenzierungsbedürfnissen erst noch entwickeln muß, aber dennoch gibt es zwischen beiden Prozessen auch große Analogien. Die kreative Verwendung eines Sprachsystems bedarf ebenso der analytischen und synthetischen Anstrengung wie die weitere Ausgestaltung des Sprachsystems selbst, weil jede kreative Nutzung eines Sprachsystems immer mit mehr oder minder großen Varianten des traditionellen Gebrauchs verbunden ist.

Wenn Kinder in ihrem Spracherwerbsprozeß den phylogenetischen Differenzierungsprozeß bei sprachlichen Formen im Eiltempo noch einmal durchlaufen, dann zeigt das, daß unsere *analytischen* Fähigkeiten im Denken nicht von Anfang an vorhanden sind, sondern sich erst in Korrelation mit den Aufgliederungsprozessen in der Sprache sukzessiv entfalten und reifen. Die Differenzierungsmöglichkeiten, die sich im Lexikon und in der Grammatik einer Sprache dokumentieren, sind Kulturleistungen, die weit über die genetisch festgelegten artspezifischen Differenzierungsleistungen hinausgehen.

Herder wie Humboldt haben hervorgehoben, daß die Sprache im Laufe ihrer Entwicklung ihre Grammatik bzw. ihre Formen ausbauen muß. [41] Erst die sukzessive Durchformung der Sprache, läßt nach Meinung Humboldts den Geist wirklich zur Entfaltung kommen.

»Das Erste und Wesentlichste ist, dass der Geist von der Sprache verlangt, dass sie Sache und Form, Gegenstand und Verhältniss rein abscheide, und nicht beide mit einander vermenge. So wie sie auch ihn an diese Vermengung gewöhnt, oder ihm die Absonderung erschwert, lähmt und verfälscht sie sein ganzes innres Wirken. Gerade aber diese Absonderung wird erst rein vorgenommen bei der Bildung der ächt grammatischen Form durch Beugung, oder durch grammatische Wörter, wie wir oben bei dem stufenartigen Bezeichnen der grammatischen Formen gesehen haben. In jeder Sprache, die nur Analoga von Formen kennt, bleibt Stoffartiges in der grammatischen Bezeichnung, die bloss formartig seyn sollte, zurück.«[42]

Wenn man grammatische Ordnungsformen hinsichtlich des Grads ihrer Elementarität qualifizieren will, dann läßt sich vielleicht auf die schon getroffene Unterscheidung von organisierenden und interpretierenden grammatischen Zeichen zurückgreifen. Die *organisierenden* grammatischen Zeichen scheinen elementarer zu sein als die *interpretierenden*, weil sie auf die innere Logik von Systemordnungen und die grundsätzliche Verständlichkeit von Äußerungen bezogen sind, während die interpretierenden grammatischen Zeichen Äußerungen im wesentlichen ergänzende Sinnakzente geben. Dementsprechend läßt sich die Verwendung von organisierenden grammatischen Zeichen auch weitgehend nach den Kategorien *richtig* und *falsch* beurteilen, während bei den interpretierenden grammatischen Zeichen eher mit den Kategorien *angemessen* und *weniger angemessen* zu arbeiten ist. Die organisierenden grammatischen Zeichen sind deshalb auch weniger kulturspezifisch als die interpretierenden grammatischen Zeichen.

Zu den elementarsten grammatischen Ordnungsmustern der Sprache gehören sicher das *Prädikationsschema* und das *Attributionsschema*. Beide tauchen sowohl in der Ontogenese wie in der Phylogenese sehr früh auf, weil ohne sie analytische und synthetische Denkprozesse schwerlich zu realisieren sind. Demgegenüber scheinen interpretierende grammatische Zeichen wie etwa *Passiv-, Konjunktiv-* und manche *Tempusformen* weniger elementar zu sein. Sie tauchen in manchen Sprachen gar nicht bzw. sehr spät auf und werden auch im Spracherwerbsprozeß erst relativ spät aktuell.

So kann man beispielsweise auf den interessanten Tatbestand verweisen, daß sich die deutschen Passivformen des Verbs erst in althochdeutscher Zeit herausgebildet haben, nachdem das gotische *Medium* als eine Art Zwischenform zwischen dem heutigen Aktiv und Passiv wieder ausgestorben war.[43] Offenbar hatte sich im Laufe der kulturellen Entwicklung immer stärker die Notwendigkeit ergeben, für transitive Verben zusätzlich ein Aussageschema zu entwickeln, das sich von dem üblichen *Agens-Actio-Schema* unterschied. Die evolutionäre Entwicklung der Passivformen aus der Kombination des Partizips II mit den Hilfsverben *sein* und *werden* ergab dann in Opposition zu den Aktivformen die Möglichkeit, einen Prozeß so darzustellen, daß nicht sein Urheber, sondern sein Ziel, nicht sein Verlauf, sondern sein Ergebnis akzentuiert werden konnte.

Bezeichnend und aufschlußreich zugleich ist nun, daß Kinder erst im Alter von 6–7 Jahren beginnen, Passivformen wirklich zu benutzen, obwohl sie im Spracherwerbsprozeß ja von Anfang an mit ihnen konfrontiert werden.[44] Die phylogenetisch späte Ausbildung und ontogenetisch späte Verwendung von Passivformen hängt wohl damit zusammen, daß uns der Gebrauch des Passivs dazu zwingt, eingeschliffene Denkmuster aufzugeben. In passivischen Sätzen können wir die Relation von Subjekt und Prädikat nicht mehr nach dem üblichen Agens-Actio-Schema oder dem Kausal-Schema interpretieren, sondern müssen klar zwischen dem *ontischen* Handlungssubjekt einerseits und dem *grammatischen* Subjekt andererseits unterscheiden. So ist es auch nicht sonderlich überraschend, daß nach der Feststellung von Psychologen das Verstehen passivischer Sätze wesentlich mehr Zeit beansprucht als das Verstehen der entsprechenden aktivischen Sätze, weil wir bei der Zuordnung von Einzelinformationen die eingeschliffenen Denkbahnen verlassen müssen.

Eine ähnliche Situation wie beim Passiv zeigt sich auch beim *Konjunktiv*. Diese grammatische Kategorie ist nicht in allen Sprachen ausgebildet. Sie fehlt nicht nur im Chinesischen, sondern auch im Hebräischen. [45] Bezeichnend für den Zusammenhang von Phylogenese und Ontogenese ist nun, daß auch deutsche Kinder den Konjunktiv relativ spät aktiv verwenden, obwohl sie passiv ständig mit ihm konfrontiert werden.

Bemerkenswert beim ontogenetischen Erwerb des Konjunktivs ist auch, daß Kinder den *Konjunktiv II* als Fiktionssignal bzw. als Ausdruck des Möglichkeitssinns und als Signal für den Eintritt in eine andere Welt schon relativ früh im Alter von 3–4 Jahren verwenden, während sie den *Konjunktiv I* als Zitiersignal bzw. als Mittel zur Relativierung von Geltungsansprüchen erst recht spät im Alter von 10 Jahren aktiv zu nutzen beginnen. Das erklärt sich wohl dadurch, daß die kognitive Differenzierungsfunktion des Konjunktiv II für Kinder pragmatisch sehr viel wichtiger ist als die des Konjunktiv I. Auch in phylogenetischer Hinsicht wird man annehmen können, daß es pragmatisch wichtiger und elementarer ist, eine Aussage metainformativ als *hypothetisch* zu qualifizieren denn als referiert oder vermittelt.

Die phylogenetische und ontogenetische Analyse der Tempusformen ist insofern sehr interessant, weil sich hier im Deutschen eine gewisse Diskrepanz zwischen der Phylogenese und der Ontogenese zeigt und weil wir damit auch zugleich davor gewarnt werden, Phylogenese und Ontogenese allzu leichtfertig zu parallelisieren. Im Deutschen sind das *Präsens* und das *Präteritum* die ältesten Tempusformen, zu denen sich erst am Ende der althochdeutschen Zeit die übrigen Tempusformen hinzugesellten. Nun ist aber interessant, daß Kinder das *Perfekt* früher als das *Präteritum* verwenden, obwohl es phylogenetisch erst sehr viel später entwickelt worden ist. Dafür sind allem Anschein nach zwei Gründe maßgeblich.

Einerseits ist das Perfekt bei den starken Verben morphologisch leichter zu bilden als das Präteritum, weil dafür keine Ablautreihen beherrscht werden müssen. Andererseits hat sich für das Perfekt ein Funktionsprofil herausgebildet, das für die Differenzierungsbedürfnisse und Kommunikationsbelange der Kinder offenbar wichtiger ist als das des Präteritums. Da das Perfekt eine analytische *Urteilsfunktion* hat und den Abschluß eines Prozesses hervorhebt, ist es für den mündlichen Sprachgebrauch und insbesondere für die Wechselrede besonders verwendungsfähig, also für Sprachgebrauchssituationen, die für Kinder gleichsam natürlich sind. Dem gegenüber hat das Präteritum eine *Erzählfunktion* und wird in der Regel dazu benutzt, geschlossene Vorstellungswelten zu erzeugen, in denen in der Regel der Verlauf eines Geschehens wichtiger ist als sein Abschluß. Deshalb hat das Präteritum seinen genuinen Platz in der zusammenhängenden Darstellung eines Sachverhalts und im schriftlichen Sprachgebrauch, also in Sprachgebrauchssituationen, die für Kinder nicht typisch sind.

Aus diesen Überlegungen wird deutlich, daß es durchaus plausibel ist, wenn Kinder das historisch später entwickelte Perfekt früher nutzen als das historisch zuerst entwikkelte Präteritum. Die Opposition von Präsens und Präteritum scheint zwar für die pragmatischen Differenzierungsbedürfnisse in der Phylogenese elementarer zu sein als die zwischen Präsens und Perfekt, aber für die pragmatischen Differenzierungsbedürfnisse in der Ontogenese scheint die Opposition von Präsens und Perfekt größeres Gewicht zu haben.

6. Grammatikgeschichte als Kulturgeschichte

Solange man die Sprache weitgehend mit der Lexik identifiziert, wird niemand bezweifeln, daß man die Sprachgeschichte als Teil der Kulturgeschichte betrachten kann. Das Entstehen und Sterben von Wörtern bzw. Begriffen und der Bedeutungswandel von Wörtern spiegelt auf eine so direkte Weise kulturgeschichtliche Wandlungsprozesse wider, daß man eine Sprachgeschichte geradezu als Kulturgeschichte schreiben könnte. Weniger evident ist allerdings, auch die *Grammatikgeschichte* als Teil der *Kulturgeschichte* anzusehen, obwohl die bisher vorgetragenen Überlegungen das natürlich nahelegen. Gegen eine kulturgeschichtliche Betrachtung der Grammatik lassen sich folgende Einwände erheben.

Grammatische Formen und Regeln haben einen genuinen Bezug zur Logik von Denkprozessen und Systembildungen. Zumindest solange, wie man logische Ordnungsstrukturen für ahistorisch und überkulturell hält, ergibt sich aus der Analyse der Grammatikgeschichte nicht allzu viel für eine individualisierende Kulturgeschichte. Grammatische Ordnungsformen können als so allgemein angesehen werden, daß sie in ganz unterschiedlichen Kulturen verwendet werden können. Allerhöchstens könnte es sinnvoll sein, zwischen universalen und kulturspezifischen grammatischen Formen zu unterscheiden. Außerdem ist zu bedenken, daß die Genese der grammatischen Formen uns nur sehr fragmentarisch zugänglich ist und daß der Wandel grammatischer Formen sich viel zu langsam vollzieht, als daß daraus die Kulturgeschichte auf fruchtbare Weise erhellt werden könnte. Darüber hinaus kann man auch geltend machen, daß die einzelnen Sprachen zwar historisch unterschiedliche grammatische Formen ausgebildet haben, daß aber ihre Grammatiksysteme im großen und ganzen als ähnlich, wenn nicht als funktionell gleichwertig anzusehen sind.

Diese Einwände negieren nicht generell, daß eine Grammatikgeschichte als Kulturgeschichte konzipierbar ist, sie stellen aber in Frage, daß ein solcher Ansatz fruchtbar und sinnvoll ist. Sicherlich kann die Grammatikgeschichte nicht auf spektakuläre Weise die Kulturgeschichte erhellen, weil sie sich auf sehr elementare sprachliche Ordnungsstrukturen bezieht, die keinen schnellen historischen Wandlungsprozessen unterliegen. Es ist auch zuzugeben, daß sich bei einem solchen Konzept spekulative Hypothesenbildungen als notwendig erweisen, die höchst angreifbar sind. Das muß aber kein genereller Hinderungsgrund sein, einen solchen Versuch zu wagen, weil ohne spekulative Hypothesen bestimmte Problemstrukturen überhaupt nicht sichtbar gemacht werden können.[46] Die kulturgeschichtliche Dimension der Grammatik läßt sich in zwei Hinsichten thematisieren.

Zum einen kann man danach fragen, inwiefern sich grammatische Formen als Manifestationen der *sprachlichen Weltansicht* Humboldts, der *Welt-3* Poppers oder des *objektiven Geistes* im Sinne Landmanns betrachten lassen. Gerade wenn man grammatische Formen als pragmatisch motivierte Zeichen betrachtet, dann geht um kulturgeschichtliche Fragestellungen kein Weg herum. Die funktionale Analyse grammatischer Zeichen kann ohne die Aufklärung ihrer Genese und Funktionsgeschichte nicht befriedigend gelöst werden.

Zum anderen kann man danach fragen, ob aus der Geschichte der Grammatiktheorien nicht wichtige Rückschlüsse auf die Kulturgeschichte gezogen werden können. Es ist sicher kulturgeschichtlich sehr bedeutsam, in welchen historischen Situationen das Phänomen *Grammatik* als philosophisches und sprachwissenschaftliches Problem aktuell wird und im Rahmen welcher Fragestellung man dieses Problem thematisiert. Ebenso wie sich konkrete grammatische Formen als Kulturobjektivationen betrachten lassen, so lassen sich auf einer Metaebene auch grammatische Fragestellungen und Theorien in einem wissenssoziologischen Sinne als Kulturobjektivationen betrachten. Die Art und Weise, wie das Grammatikproblem wahrgenommen und thematisiert wird, kann sicher ebenso als Indiz für die geistige Verfaßtheit einer historischen Epoche angesehen werden, wie die Ausbildung oder der Funktionswandel von grammatischen Formen in bestimmten historischen Epochen.

a) Die kulturgeschichtliche Dimension grammatischer Formen

Den Versuch, eine Grammatikgeschichte explizit als Kulturgeschichte zu schreiben, hat wohl bisher nur Hannes Maeder [47] auf einem begrenzten Gebiet gemacht. Auf eine hochinteressante und verdienstvolle Weise hat er grammatische Ordnungsformen in der Sprache Bertholds von Regensburg mit solchen in der Sprache Luthers verglichen und in ihren jeweiligen kulturgeschichtlichen Kontexten analysiert, wobei er insbesondere das ganz unterschiedliche Raum- und Zeitkonzept des Mittelalters und der frühen Neuzeit berücksichtigt hat.

Wenn man grammatische Formen als historisch wandelbare Kulturphänomene begreift, dann ist das nicht nur in einem antiquarischen Sinne interessant, sondern auch in einem systematischen Sinne als Beitrag zu einer Phänomenologie des Geistes bzw. zur Aufklärung der pragmatischen Wurzeln kultureller Formen. Bei der kulturgeschichtlichen Interpretation der Grammatikgeschichte muß man mindestens auf drei Einflußfaktoren eingehen, die alle in einem Wirkungszusammenhang miteinander stehen, nämlich auf systemtheoretische *Differenzierungszwänge*, die bestimmte Entwicklungslinien der Grammatik vorprogrammieren, auf pragmatische *Differenzierungsnotwendigkeiten*, die sich in bestimmten Kulturepochen ergeben, und auf *Differenzierungspräferenzen* von Personen, die sprachbildenen Einfluß ausgeübt haben.

Abgesehen von der immanenten Tendenz jedes Grammatiksystems zur Subdifferenzierung, Systematisierung und Ökonomisierung unterliegt die Evolution grammatischer Systeme auch dem Prinzip von *Zufall* und *Notwendigkeit*. Das Zufallsprinzip bedeutet in diesem Zusammenhang nicht, daß es völlig willkürlich wäre, welche grammatischen Grundformen sich zuerst bilden und welche später, sondern nur, daß wir die Entstehung von grammatischen Grundformen, insbesondere was ihre morphologische Basis anbetrifft, nicht in einem stringenten Sinne kausal erklären können. Allenfalls können wir nachträglich bestimmte Motivationszusammenhänge herausarbeiten. Eine völlige Zufälligkeit kann es bei der Entstehung grammatischer Ordnungssysteme insbesondere auf der kognitiven Ebene schon deswegen nicht geben, weil die Sprache als kognitives und kommunikatives Werkzeug ein Sekundärphänomen ist, das sich notwendigerweise den Primärphänomenen (Sachverhalte, Kommunikationsintentionen), die es funktional zu bewältigen hat, strukturell anpassen muß, um seine Werkzeugfunktionen optimal zu erfüllen.

Obwohl so gesehen grammatische Ordnungsmuster aus einem bestimmten pragmatischen Motivationszusammenhang erwachsen, ist dieser nicht so dezidiert auf einen Ordnungsgesichtspunkt ausgerichtet, daß er gleichsam ganz spezifische grammatische Ordnungsmuster erzwänge. In der Regel liegen grammatischen Formen sowohl auf der morphologischen als auch auf der kognitiven Ebene mehrere Differenzierungsfunktionen zugrunde. Welche Form- und Funktionsvarianten sich dann im Laufe der Zeit durchsetzen und ausgebaut werden, das ist kaum stringent begründbar und hängt von so vielen Einflußfaktoren ab, daß wir den Zufallsbegriff in einem eingeschränkten Sinne bemühen können. Wenn es diese Form von Zufälligkeiten nicht gäbe, dann wäre jedenfalls kaum erklärbar, warum selbst Völker, die entwicklungsgeschichtlich eng miteinander verwandt sind und deren Lebensbedingungen sich sehr ähneln, sowohl auf der morphologischen wie auf der kognitiven Ebene so unterschiedliche Grammatiksysteme entwickelt haben.

Bei dem Zufallsprinzip in der Evolution der Grammatik geht es weniger darum, welche kognitiven Differenzierungen überhaupt gemacht werden, sondern eher darum, welche *morphologischen* Mittel für kognitive Differenzierungen eingesetzt werden, welche Differenzierungen mit lexikalischen und welche mit grammatischen Mitteln konkretisiert und stabilisiert werden und welche Dominanzen bei den Differenzierungen gesetzt werden. Kulturgeschichtlich sind weniger die morphologischen und kognitiven Anfangsentscheidungen in grammatischen Sytemen interessant, weil wir die ohnehin nicht aufklären können, sondern eher die Notwendigkeiten, die sich im Laufe der Zeit aus den Anfangsentscheidungen und den aktuellen geschichtlichen Rahmenbedingungen ergeben haben. Die erste Wahl ist meist relativ frei, die zweite aber nicht mehr.

Wenn beispielsweise entschieden worden ist, bestimmte grammatische Differenzierungen mit Hilfe von *Affixen* oder *Flexionsmorphemen* vorzunehmen und nicht mit Hilfe von Stellungsmustern oder selbständigen grammatischen Morphemen, dann ergibt sich ein interner Systemzwang, diesen Ausbauweg spezifizierend und analogisierend fortzusetzen. Wenn einmal festgelegt worden ist, das Verb zum *Träger* interpretativer grammatischer Satzmorpheme zu machen (Tempus, Genus, Modus), so hat das zur Folge, daß wir bestimmte grammatische Differenzierungen im Kontext von Prozeßvorstellungen auszubauen haben. Das ist aber keineswegs selbstverständlich und zwingend, denn es gibt z.B. Sprachen, die unterschiedliche Affixe bei Substantiven einsetzen, um auf grammatische Weise Zeitdifferenzierungen vorzunehmen.[48] Es ist nun

ganz offensichtlich, daß sich Zeiterfahrungen und Zeitvorstellungen ganz anders strukturieren, je nachdem, ob sie im Kontext von Prozessen oder Gegenständen differenziert
werden.

In diesem Zusammenhang ist auch zu beachten, daß die einmal gewählte Struktur
eines *Schriftsystems* bestimmte grammatische Systementwürfe stabilisieren kann. So
hat beispielsweise die chinesische Begriffsschrift, die im Prinzip für jede Begriffseinheit
ein eigenes graphisches Symbol zur Verfügung stellt, einen konservierenden Einfluß auf
die grammatische Struktur des Chinesischen. Dieses Schriftsystem ist dem isolierenden
Sprachbau des Chinesischen optimal angepaßt und würde wahrscheinlich alle Tendenzen von vornherein zum Scheitern verurteilen, Affixe und Flexionsmorpheme als
grammatische Zeichen in die chinesische Sprache einzuführen, weil dadurch die Systematik des ganzen Schriftsystems durcheinander gebracht würde. Sehr bezeichnend ist
in diesem Zusammenhang, daß die Japaner bei der Übernahme der chinesischen
Begriffsschrift (Kanji) eine zusätzliche Silbenschrift (Kana) entwickeln mußten, um die
vielen Affixe der japanischen Sprache, die zum agglutinierenden Sprachtyp gehört, zu
repräsentieren. [49]

Bei der Evolution grammatischer Systemordnungen spielen neben den systemtheoretischen Zwängen, die sich aus bestimmten Anfangsentscheidungen ergeben, natürlich
auch pragmatische Notwendigkeiten eine wichtige Rolle, die aus anderen kulturellen
Evolutionsprozessen resultieren. Das läßt sich an der Evolution des deutschen Tempussystems recht gut demonstrieren.

Wie schon hervorgehoben worden ist, kannte das Deutsche zunächst nur das *Präsens* und das *Präteritum*. Erst am Ende der althochdeutschen Zeit kam es zur Ausbildung des uns heute vertrauten *sechsstelligen* Tempussystems. Bei diesem Ausbau wurden bezeichnenderweise zusammengesetzte Verbformen bevorzugt, die ursprünglich
dem deutschen Sprachbau fremd gewesen sind, weil dieser morphologisch eher synthetisch als analytisch orientiert war. [50] Evolutionär betrachtet ist dieser Weg aber
plausibel, weil auf diese Weise das schon vorhandene grammatische Formpotential der
Sprache genutzt werden konnte, um neue grammatische Formen herzustellen. Ein
Motiv für die Entwicklung der neuen Tempusformen stammt sicher aus der anwachsenden Übersetzungtätigkeit in dieser Zeit. Je mehr aus dem Lateinischen oder anderen Sprachen ins Deutsche übersetzt wurde, desto mehr mußten die groben temporalen
Differenzierungsmöglichkeiten des Deutschen unangenehm auffallen und eine latente
Disposition zum Ausbau des deutschen Tempussystems erzeugen, ohne daß eine
strenge Analogie zum lateinischen Tempussystem angestrebt werden mußte. Ein anderes pragmatisches Motiv für die Ausgestaltung des deutschen Tempussystems ist sicher
auch darin zu sehen, daß der steigende schriftliche Sprachgebrauch und der steigende
Umfang zivilisatorischer Planungsprozesse chronologische Differenzierungen erforderlich machte, die im mündlichen Sprachgebrauch keine so große Rolle spielen. So macht
es etwa der schriftliche Sprachgebrauch eher als der mündliche notwendig, von frei
gewählten Bezugspunkten in der Vergangenheit oder Zukunft noch einmal Vergangen-
heitsbezüge herzustellen bzw. ein Geschehen als abgeschlossen zu kennzeichnen (Plusquamperfekt, Futur II).

Obwohl die Tempusformen der indogermanischen Sprachen [51] ursprünglich wohl hauptsächlich dazu gedient haben, Prozesse *modal* und *aktional* näher zu qualifizieren, denn unser heutiges chronologisches Zeitbewußtsein ist frühen Kulturen sicher ziemlich fremd gewesen, so sind die *chronologischen* Differenzierungsfunktionen der Tempusformen im Laufe der Kulturgeschichte doch immer wichtiger geworden, ohne allerdings die ursprünglichen ganz zu überlagern. Der Ausbau der chronologischen Differenzierungsfunktionen ist im Prinzip nicht erstaunlich, weil eine Kultur, deren Zeitvorstellung durch die Uhr und den Kalender geprägt wird, natürlich keine Tempusformen verwenden kann, die diesem neuen Zeitbewußtsein gar nicht mehr entsprechen. Allerdings haben diese neuen Differenzierungsfunktionen das Instruktionsrelief der einzelnen Tempusformen nicht vollständig umgestalten können.

Besonders aufschlußreich ist die Evolution des deutschen *Perfekts*, weil hier ein allgemeines Strukturmerkmal kultureller Evolutionen klar hervortritt. Formen, die ursprünglich für ganz andere Zwecke entwickelt worden sind, können für Funktionen verwendet werden, an die man zunächst gar nicht gedacht hat. Das deutsche Perfekt setzt sich morphologisch aus dem *Partizip II* des Verbs und den *Präsensformen* von Hilfsverben zusammen. Bezeichnend ist nun, daß das Partizip II im Deutschen ursprünglich nicht für die Bildung neuer Tempus- und Genusformen entwickelt worden ist, sondern vielmehr zur Erweiterung des Adjektivbestandes. Das Partizip ist Ergebnis eines Wortartwechsels, der dazu bestimmt war, das Ergebnis eines Prozesses resultativ als statische Eigenschaft von Phänomenen hervorzuheben *(Der Junge ist ein gefallener Junge. / Der Junge ist gefallen.)*. Die Verwendung des Partizip II in der deutschen Perfektform, die in anderen europäischen Sprachen ihre Parallele hat, gibt dieser Tempusform von vornherein aktional einen perfektiven Charakter, der in der lateinischen Perfektform nicht so ausgeprägt ist. Diese Differenzierungsfunktion ist pragmatisch offensichtlich als so hilfreich empfunden worden, daß es zu einem verblüffenden Rückprägeprozeß auf das Lateinische gekommen ist, wo im Spätmittelalter eine neue Verbform nach demselben Bildungsprinzip auftaucht, die es im klassischen Latein noch nicht gegeben hat *(promissum habemus = wir haben versprochen)*.[52]

Am Beispiel der Form- und Funktionsgeschichte des deutschen *Futur I* hat Maeder[53] eindrucksvoll gezeigt, welch bestimmender Einfluß von Luther auf die Evolution einer grammatischen Form ausgegangen ist. Er hat darauf aufmerksam gemacht, daß man im Mittelhochdeutschen bei der Bildung futurischer Verbformen noch nicht obligatorisch das Hilfsverb *werden* verwende, sondern auch die Hilfsverben *soln, wellen* und *müezen*. Erst im 16. und 17. Jahrhundert habe sich unter dem sprachprägenden Einfluß Luthers das Gefüge *werden + Infinitiv* durchgesetzt, das die möglichen modalen Einfärbungen des Futur I im Vergleich zum Mittelhochdeutschen entscheidend einschränkt.

Nach Maeder hat Luther dieser Form den Vorzug gegeben, weil er sehr stark in Kategorien von chronologischen Verläufen gedacht habe und deshalb bestrebt gewesen sei, die modalen Komponenten in den Tempusformen soweit wie möglich zu eliminieren. Für Luther habe alles Geschehen eine klare Zielsetzung, weshalb er großen Wert darauf lege, klar zwischen dem zu unterscheiden, was sich schon vollzogen habe, und dem, was noch entstehe. Da er die Zukunft unabhängig vom Willen des Menschen mit großer Zwangsläufigkeit aus der Gegenwart hervorgehen sehe, spielten für sein Zukunftsverständnis die Kategorien des *Sollens, Wollens* und *Müssens* keine prägende Rolle. Morphologische Varianten für die Bildung der Futurformen wie beispielsweise das schon gebräuchliche Gefüge *werden + Partizip I (er wird sehend)* könnten sich bei Luther nicht durchsetzen, weil dieses Gefüge eine Sichtweise auf die Zukunft impliziere, die die jeweilige Person in den Mittelpunkt der Aufmerksamkeit rücke.

Nach der umfassenden Nutzung der *Schrift* haben sich die grammatischen Ordnungssysteme der einzelnen Sprachen nur noch relativ geringfügig verändert, weil der Gebrauch der Schrift automatisch *sprachnormierende* und *sprachkonservierende* Tendenzen förderte. Allerdings darf über diesem Tatbestand nicht vergessen werden, daß der schriftliche Sprachgebrauch auch zu neuen Text- und Stilmustern geführt hat, weil durch ihn neue Kommunikationsformen und Differenzierungsbedürfnisse entstanden sind. Diese neuen *Text-* und *Stilmuster* können funktionell durchaus als *komplexe* grammatische Zeichen klassifiziert werden, weil sie auf eine metainformative Weise eine Grundinformation interpretieren.

Als ein solches komplexes grammatisches Zeichen, das sich im Laufe der Evolution literarischer Darstellungsformen allmählich als festes grammatisch-stilistisches Ordnungsmuster herausgebildet hat, kann beispielsweise die sogenannte *erlebte Rede* (style indirect libre, dual voice) gelten. Dieses sprachliche Ordnungsmuster hat sich seit dem 18. Jahrhundert immer klarer herausgebildet und gehört seit der Mitte des 19. Jahrhunderts zu den etablierten grammatisch-stilistischen Formmustern, ohne daß die Autoren und Philologen zunächst ein klares Gegenstandsbewußtsein davon gehabt hätten. Erst nachdem man diese sprachliche Form schon fast 100 Jahre literarisch verwendet hatte, wurde sie allmählich auch theoretisch entdeckt. [54]

Die Evolution der *erlebten Rede* als grammatisch-stilistisches Ordnungsmuster ist die Antwort auf eine neue geistige Bewußtseinslage und einen neuen literarischen Ausdruckswillen am Anfang des 19. Jahrhunderts. In dieser Zeit wurde sowohl die rein *vermittelnde* Erzählweise mit einem neutralen und anonymen Berichterstatter als auch die *kommentierende* Erzählweise mit einen gut faßbaren auktorialen Erzähler mehr und mehr als unbefriedigend empfunden, weil beide Erzählweisen es sehr schwer machten, die besondere Bewußtseinslage *einzelner* Personen, für die man sich mehr und mehr zu interessieren begann, so *unmittelbar* wie möglich zu repräsentieren.

In den traditionellen Darstellungsweisen ließ sich zwar die *direkte Rede* benutzen, um an den Höhepunkten des Geschehens den Personen die Gelegenheit zu geben, sich in Dialogen selbst darzustellen, aber die direkte Rede war nicht brauchbar, um die Gedankenprozesse der jeweiligen Personen so unmittelbar wie möglich wiederzugeben. Außerdem störte die direkte Rede auch die Kontinuität des Erzählflusses. Die *indirekte Rede* ließ sich zwar gut verwenden, um Gedankengänge wiederzugeben, ohne dem Zwang zur szenischen Darstellung zu verfallen, aber sie war formal sehr umständlich und distanzierte zu sehr von den jeweiligen Personen.

Diese Situation führte nun dazu, daß man einfach erprobte, in der 3. Person und im Präteritum weiterzuerzählen, obwohl die jeweiligen Mitteilungsinhalte eigentlich nicht mehr Mitteilungsinhalte des Erzählers waren, sondern unmittelbar widergespiegelte Denk- und Wahrnehmungsinhalte der jeweiligen Personen, die eigentlich in Form einer wörtlichen Rede bzw. eines inneren Monologs hätten dargestellt werden müssen. Die

Eigenart der erlebten Rede besteht strukturell also darin, daß im Erzählvorgang ein *Perspektivwechsel* vollzogen wird, ohne daß dieser durch *direkte* grammatische Instruktionen kenntlich gemacht wird, wie es etwa in der direkten Rede durch den Wechsel des Pronomens und des Tempus oder in der indirekten Rede durch die Verwendung eines Verbums dicendi, einer subordinierenden Konjunktion und durch den Wechsel des Modus geschieht. In Erzählvorgängen kommt es dann zu Darstellungsformen des folgenden Typs.

> »Der Konsul ging, die Hände auf dem Rücken, umher und bewegte nervös die Schultern... Er hatte keine Zeit. Er war bei Gott überhäuft. Sie sollte sich gedulden, und sich gefälligst noch fünfzigmal besinnen! Ihm stand jetzt zunächst, und zwar morgenden Tages, eine Fahrt nach Hamburg bevor: zu einer Konferenz, einer leidigen Unterredung mit Christian.« [55]

Natürlich wird auch die *erlebte Rede*, die sich durch die Verwendung der 1. *Person* und des *Präsens* relativ leicht in eine *direkte Rede* umformen läßt, durch bestimmte grammatische Instruktionen als komplexes sprachliches Ordnungsmuster angekündigt, aber diese Instruktionen sind relativ verdeckt. Drei Typen von grammatischen Instruktionssignalen spielen in diesem Zusammenhang eine wichtige Rolle. Zum einen werden *Zeit- und Raumverweise (morgen, hier)* nicht entsprechend der Position des Erzählers, sondern entsprechend der Position der jeweiligen Personen verwendet. Zum zweiten werden *modalisierende Partikeln (zwar, bloß, aber)* so verwendet, daß sie nicht die Erlebnisstrukturen, Einstellungen und Handlungsintentionen des Erzählers verdeutlichen, sondern die der jeweiligen Person. Zum dritten wird in der *Lexik, Syntax* und *Idiomatik* auf Formen, Eigenarten und Stilebenen zurückgegriffen, die nicht typisch für den Erzähler, sondern typisch für die jeweiligen Personen sind, so daß sich die *Erzählersprache* gleichsam unter der Hand in eine *Figurensprache* verwandeln kann. Stanzel spricht in diesem Zusammenhang sogar von einer »*Ansteckung*« der Erzählersprache durch die Figurensprache. [56]

Der ästhetische Reiz der erlebten Rede liegt in ihrer *Ambivalenz*. Einerseits gibt es in ihr *direkte* grammatische Instruktionen (3. Person, Präteritum, bei Zukunftsprojektionen auch die Würde-Formen des Konjunktiv II), die einen Mitteilungsinhalt als vom Erzähler formuliert und deshalb bis zu einem gewissen Grade auch verantwortet ausweisen. Andererseits gibt es *indirekte* grammatische Instruktionen (Zeitverweise, Raumverweise, Modalpartikeln, Spracheigentümlichkeiten in Lexik und Grammatik), die die jeweiligen Mitteilungsinhalte als unmittelbar widergespiegelte Bewußtseinsinhalte der jeweiligen Personen ausweisen, für die der Erzähler nicht als *formendes* Medium, sondern allenfalls als *spiegelndes* Medium verantwortlich zu machen ist.

Diese Ambivalenz der erlebten Rede, die den Leser in komplexe Interpretationsprozesse verwickelt und verhindert, daß er sich vertrauensselig der geistigen Führung des Erzählers überantworten kann, entspricht offenbar den intellektuellen und ästhetischen Bedürfnissen des 19. und 20. Jahrhunderts besonders gut. Durch die Verwendung der erlebten Rede kann der Erzählvorgang zwischen *auktorialen* und *personalen* Erzählsituationen oszillieren, Denkformen und Denkinhalte können in ein ironisches Verhältnis zueinander gebracht werden, und zwischen dem Erzähler und seinen Personen läßt sich ein dialektisches Spannungsverhältnis aufbauen, das der Leser nicht auf eine endgültige Weise konkretisieren und durchschauen kann. Diese Komplizierung der Erzählform mit ihren ambivalenten grammatischen Instruktionen läßt sich kulturgeschichtlich sicher als Reflex der *Komplizierung* von Denk-, Norm- und Wertstrukturen interpretieren, durch die es den Autoren unmöglich wird, in ihren Werken den Erzähler auf ungebrochene Weise als normdemonstrierende geistige Autorität zu konzipieren.

Kulturgeschichtlich ist nun besonders interessant, daß die *erlebte Rede* mit ihrem ambivalenten grammatischen Instruktionspotential nicht nur ästhetische, sondern auch *juristische* Bedeutsamkeit erlangt hat. Sie spielte nämlich in dem Immoralismus-Prozeß, der 1857 gegen Flaubert wegen bestimmter Passagen in dessen Roman *Madame Bovary* angestrengt wurde, eine große Rolle, freilich ohne daß die Beteiligten sie als grammatisch-stilistisches Ordnungsmuster schon hätten identifizieren oder gar benennen können. Dennoch geht aus den Argumentationen vor Gericht recht klar hervor, daß es im Kern des Prozesses nicht so sehr darum ging, *was* in dem Roman erzählt wurde, sondern *wie* es erzählt wurde.

Der Staatsanwalt trug in seiner Anklage eine Passage des Romans vor, in der die Gedanken Emmas nach ihrem ersten außerehelichen Liebesabenteuer in einer Form dargestellt werden, die zwischen *Erzählerbericht* und *erlebter Rede* oszilliert. Zunächst scheint ein klarer Erzählerbericht vorzuliegen, in den eine wörtliche Rede eingebaut ist. Dann aber werden auf so unmittelbare Weise Emmas Wahrnehmungen, Gedanken und Zukunftsprojektionen wiedergegeben, daß man von einer *erlebten Rede* sprechen kann, in der der Erzähler als formendes Medium verblaßt und ganz zum Sprachrohr Emmas wird.

> »Immer wieder flüsterte sie vor sich hin: ›Ich habe einen Geliebten! Einen Geliebten!‹ Der Gedanke entzückte sie, als durchlebe sie eine zweite Pubertät, die über sie gekommen sei. Endlich also sollten ihr die Liebesfreuden zuteil werden, das fiebernde Glück, das sie so verzweifelt ersehnt hatte. Sie trat in etwas Wunderbares ein, wo alles Leidenschaft, Verzükkung, Raserei sein würde ...«[57]

Der Staatsanwalt sah in der Darstellungsform dieser Passage eine Verherrlichung des Ehebruchs, die ihm gefährlicher erschien als der Tatbestand des Ehebruchs selbst.[58] Es ist nun allerdings nicht so, daß der Staatsanwalt so mit Blindheit geschlagen wäre, daß er den Perspektivwechsel im Erzählvorgang gar nicht erfaßt hätte und daß er die letzten Sätze auch als objektive Beurteilung des Erzählers gewertet hätte, wie Jauß uns glauben machen will. »*Der Staatsanwalt nahm die letzten Sätze für eine objektive, das Urteil des Erzählers mit einschließende Schilderung und erregte sich über die ›glorification de l'adultère‹, die er für noch viel gefährlicher und amoralischer halte als den Fehltritt selbst.*«[59] Aus der auch von Jauß zitierten Stellungnahme des Staatsanwaltes geht jedoch klar hervor, daß er nicht dem Erzähler, sondern Emma die Verherrlichung des Ehebruchs vorwirft und daß er durchaus erkennt, daß in der entscheidenden Passage die *Figurensicht* und die *Figurensprache* dominiert und der Erzähler Emma sprechen läßt (... *elle fait la glorification de l'adultère, elle chante le cantique de l'adultère* ...).

Gleichwohl hat Jauß aber mit seiner Grundthese durchaus Recht, daß in diesem Prozeß die *erlebte Rede* eine zentrale Rolle spiele, weil sie als neue Erzählform dem allgemeinen Bewußtsein historisch voraus sei und in ihren Funktionen und Implikationen vom durchschnittlichen Lesepublikum noch nicht voll erfaßt worden sei. Der Staatsanwalt empört sich nämlich im Prinzip darüber, daß der Erzähler bzw. Autor es in einer solchen Situation bei der schlichten Wiedergabe der Gedankengänge Emmas beläßt und nicht moralisierend dazu Stellung nimmt. Vor dem Erwartungshorizont eines Lesepublikums, das daran gewöhnt war, daß der Erzähler zumindest die Normen ins Gedächtnis rief, die seine Figuren verletzt hatten, konnte sich die Abstinenz einer wertenden Stellungnahme in einer solchen Situation deshalb durchaus als eine Form verdeckter Komplizenschaft oder gar geheimer Sympathie darstellen.

Der Staatsanwalt dokumentiert in seiner Argumentation nicht sein Unvermögen, eine Textpassage perspektivisch richtig zuzuordnen, sondern vielmehr sein Unvermögen, die *erlebte Rede* als neues Stilmittel in ihrer Ambivalenz ästhetisch richtig einzuschätzen. Er ist angesichts der literarischen Tradition des auktorialen Erzählens noch nicht in der Lage, die Intentionen, Implikationen und Konsequenzen dieser neuen Sprachform richtig zu würdigen. Ein Erzähler, der sich zeitweise ganz zum Sprachrohr einer Person macht und sich aller Kommentare enthält, ist ihm noch ganz ungewohnt. Obwohl sich der Erzähler durch diese Erzählweise bzw. durch die Verwendung der *erlebten Rede* als eigenständige Instanz zeitweise ganz zu neutralisieren scheint, ist er als sinnbildende Instanz natürlich immer noch da. Durch die Anordnung von Handlungsabläufen, die sich wechselseitig interpretieren können, durch die Kontrastierung von Inhalten, die sich wechselseitig relativieren können, und durch die Art der Sprachgebung kann er natürlich auf indirekte Weise interpretierend und wertend zu seinen jeweiligen Mitteilungsinhalten Stellung nehmen.

b) Die kulturgeschichtliche Dimension grammatischer Theorien

Das Grammatikproblem ist kulturgeschichtlich auch interessant, wenn man es auf einer Metaebene betrachtet und die Geschichte der grammatischen Theoriebildung ins Auge faßt bzw. die Faktoren, die dabei wirksam werden. Die Geschichte der grammatischen Theorien läßt sich ebenso nach dem Evolutionskonzept beschreiben wie die Geschichte der grammatischen Formen, allerdings nicht in dem gleichen Ausmaß und nicht mit dem gleichen Erfolg. Auch in der Geschichte der grammatischen Theoriebildung gibt es eine natürliche Tendenz zur Subdifferenzierung von Globaltheorien und zur Selektion von unfruchtbaren Erklärungshypothesen. Daneben gibt es aber auch, zumindest auf den ersten Blick, radikale Traditionsbrüche und Neuanfänge, die gleichsam Mutationen von einem Ausmaß darstellen, wie sie weder in der Natur möglich sind noch in denjenigen Bereichen der Kultur, wo Neuerungen direkten Einfluß auf die Lebenspraxis großer sozialer Gruppen haben und nicht nur auf die geistigen Konstrukte in den Köpfen weniger Menschen. Trotz dieser Einschränkungen ist das Evolutionskonzept aber hilfreich, um die Rahmenbedingungen zu rekonstruieren, in denen es überhaupt zu Theoriebildungen bzw. zu Mutationen bei Theoriebildungen kommt.

Auffällig ist zunächst, daß die grammatischen Ordnungsstrukturen der Sprache erst relativ spät theoretische Aufmerksamkeit auf sich gezogen haben. Sie wurden lange

Zeit als *Naturformen* betrachtet. Erst allmählich traten sie als *Kulturformen* ins theoretische Bewußtsein, als die Erfahrung gemacht wurde, daß sich die grammatischen Ordnungsmuster in den verschiedenen Sprachen bzw. Sprachstufen erheblich voneinander unterscheiden können.

So ist es auch eigentlich nicht erstaunlich, daß Aristoteles, dem eine solche Kontrasterfahrung noch fehlte, ein großes *Sprach-* und *Grammatikvertrauen* hatte, welches vielfach sogar als naiv gekennzeichnet worden ist, weil man bei ihm vergeblich eine klare Unterscheidung von Sprachstrukturen und Wirklichkeitsstrukturen suche. Das große Sprachvertrauen von Aristoteles dokumentiert sich vor allem darin, daß er zwischen *Sein, Denken* und *Sprache* eine große Harmonie, wenn nicht sogar einen Parallelismus, annimmt und daß er deshalb auch keinerlei Hemmungen hat, Sachanalysen mit Sprachanalysen zu beginnen bzw. seine Betrachtungsprinzipien aus Sprachanalysen zu gewinnen. Wieland hat diesen Tatbestand sehr klar herausgearbeitet und betont, daß das Sprachvertrauen von Aristoteles so groß gewesen sei, daß er es sich geradezu zu einem methodischen Prinzip gemacht habe, die grundlegenden Strukturen der Wirklichkeit am *Leitfaden* der Sprache aufzuklären.[60]

In hellenistischer Zeit löste sich dann das unmittelbare Vertrauen in die Natürlichkeit der Sprache aus unterschiedlichen Gründen langsam auf. Einerseits wurde die Differenz der griechischen Verkehrssprache (Koine) zum klassischen Griechisch immer deutlicher, so daß man sich mit der grammatischen Struktur des Griechischen beschäftigen mußte, um die literarisch-kulturellen Traditionen aufrecht erhalten zu können. Andererseits traten im griechischen Kulturkreis mehr und mehr Philosophen und Philologen hervor, die semitische Muttersprachen hatten. Aus der unmittelbaren Erfahrung des Sprachkontrastes entwickelte sich bei ihnen ein Sprachbewußtsein, in dem das Bedürfnis nach grammatischer Theoriebildung immer stärker wurde.

Insbesondere in der Schule des *Anomalisten* Krates von Pergamon tauchte angesichts solcher Kontrasterfahrungen schon früh der Gedanke auf, daß die Ordnungskategorien der Grammatik und die der Welt nicht in einer natürlichen Symmetrie stünden. Wenn die These der Anomalisten auch überzogen war, daß sich in den Ordnungsformen der Sprache gar keine durchgängige Vernunft ausmachen lasse, so war sie doch ein fruchtbarer Ansatzpunkt, um der Individualität der Sprachen und ihren kulturellen Implikationen und Konsequenzen größere Aufmerksamkeit zu schenken.

Für die grammatische Theoriebildung im Mittelalter spielen philosophische und theologische Rahmenbedingungen eine große Rolle. Die mittelalterliche *grammatica speculativa* war im wesentlichen erkenntnistheoretisch orientiert, insofern sie sich für den Zusammenhang von *Dingen* (res), *Verstandestätigkeit* (intellectus) und *Wörtern* (voces) interessierte. Beeinflußt von aristotelischen und theologischen Denktraditionen zeigte man sich vor allem an der Idee einer *Universalgrammatik* interessiert, die gleichsam als göttlicher Grundplan allen einzelsprachlichen Grammatiken zugrunde liegen sollte.

Wie in der Antike nun aber die Analogisten in den Anomalisten ihren dialektischen Widerpart gefunden hatten, so fanden im Mittelalter die scholastischen Universalisten in den modernistischen *Nominalisten* ihren dialektischen Widerpart. Die Nominalisten lehnten nämlich die Hypothese begrifflicher und sprachlicher Universalien konsequent ab. Für Ockham haben sie außerhalb des Denkens (extra animam) keinerlei Realität und dürfen deshalb nur als geistige Konstrukte betrachtet werden (ens in anima), die sich nur psychologisch, aber nicht ontologisch begründen lassen. Als Gedankenkonstrukte sind die sogenannten Universalien für Ockham allerdings keine willkürlichen, sondern praktisch bewährte Denkformen. Boehner klassifiziert deshalb auch den Nominalismus von Ockham gegenüber radikaleren Spielarten als *realistischen Konzeptualismus.* [61]

Kulturgeschichtlich ist nun allerdings bezeichnend, daß der Nominalismus nicht aus sprachtheoretischen Überlegungen entwickelt worden ist, was uns aus heutiger Sicht am plausibelsten erschiene, sondern aus theologischen Erwägungen abgeleitet worden ist. Der Nominalismus lehnte nämlich Universalien und damit auch die Idee einer Universalgrammatik vor allem deshalb ab, weil er durch dieses Konzept die Vorstellung von der *Omnipotenz* Gottes gefährdet sah. Gott könne in seiner Wirksamkeit und Allmacht durch keinerlei vorgegebene Ordnungen eingeschränkt werden, auch nicht durch Ordnungen, die er selbst gestiftet habe. [62]

Im Rationalismus ist die Idee einer Universalgrammatik im Kontext der Idee einer Einheitswissenschaft und einer wissenschaftlichen Universalsprache wiederbelebt worden. Insbesondere in der *Grammatik* und *Logik* von *Port Royal* hat man versucht, die Idee einer rationalistischen Universalgrammatik zu konkretisieren. Daß eine solche Universalgrammatik existieren mußte, daran zweifelten die Rationalisten nicht, weil sie grundsätzlich der Meinung waren, daß alle Sprachen Ausdruck und Produkt der einen *Ratio* seien. Die Vorstellung, daß es verschiedene Ausprägungen von Rationalität geben könne und daß sich Rationalität erst in einem langen historischen Prozeß evolutionär entwickelt haben könnte, lag den Rationalisten von Port Royal ganz fern.

Kennzeichnend für die grammatischen Bemühungen der Rationalisten von Port Royal war, daß sie nicht auf einem induktiven, sondern auf einem deduktiven Wege zur Universalgrammatik vorstoßen wollten. Typisch für diesen methodischen Ansatz ist die Behandlung der *Tempusproblematik.* Man untersuchte nicht induktiv das Funktionsspektrum der einzelnen Tempusformen in den verschiedenen Sprachen, sondern ging von der These aus, daß es die drei Zeitstufen *Gegenwart, Vergangenheit* und *Zukunft* (présent, passé, futur) gebe. Da man nun aber leider feststellen mußte, daß es mehr Tempusformen als Zeitstufen gab, führte man zusätzlich die Kategorie des *Aspekts* für die Analyse des Funktionsspektrums der einzelnen Tempusformen ein. Die Idee, daß die Tempusformen eher nach psychologischen als nach ontologischen Kategorien zu analysieren seien und daß die Kategorie des Aspekts für die Differenzierungsfunktionen der Tempusformen ursprünglich wichtiger gewesen sein könnte als die rein chronologisch verstandene Kategorie der Zeit, kam den Rationalisten als Denkmöglichkeit gar nicht in den Sinn. [63]

Als Chomsky auf die Grammatik von Port Royal zurückgriff, war er weniger an deren konkreten Ergebnissen als an deren Denkansatz interessiert. Seine eigene Suche nach den rekursiven Regelsystemen zur Produktion von Sätzen sah er in der Suche der Grammatiker von Port Royal nach den universalen logischen Ordnungsprinzipien der Sprache vorgebildet. Ebensowenig wie die Grammatiker von Port Royal interessierte sich Chomsky für die Sinnuancen der grammatischen Formen in den einzelnen Sprachen bzw. für die Grammatik als historisch gewachsenes Kulturprodukt. Wie für die Grammatiker von Port Royal reduzierte sich auch für Chomsky die Grammatik auf ein System logischer Relationen.

In einem dialektischen Gegenschlag zu den rationalistischen Grammatiktheorien des 17. und 18. Jahrhunderts entstanden dann in der Nachfolge des *genetisch-historischen* Denkens von Vico und Herder ganz neue grammatische Denkansätze. Nun war man nicht mehr an den universalen Prinzipien grammatischer Ordnungssysteme interessiert, sondern an der *Individualität* und dem geschichtlichen Wachstum von Sprachen und grammatischen Formen. Während sich die Sprachwissenschaft zunächst hauptsächlich an der Individualität und Historizität der Morphologie grammatischer Formen interessiert zeigte, dehnte sich mit Humboldt dieses Interesse auch auf den kognitiven Gehalt grammatischer Formen aus.

So nachdrücklich wie niemand vor ihm hat Humboldt herausgearbeitet, daß in dem Inventar der lexikalischen und grammatischen Formen einer Sprache eine *»eigenthümliche Weltansicht«* liege, daß der Mensch mit den Gegenständen hauptsächlich so lebe, *»wie sie ihm die Sprache zuführt«*, und daß man aus dem Kreis einer Sprache nur dann heraustreten könne, wenn *»man zugleich in den Kreis einer andren Sprache hinübertritt«*. [64] Das Interesse an der Individualität von Sprachen und grammatischen Systemen ist auch Reflex einer neuen erkenntnistheoretischen Denkposition im 19. Jahrhundert, der Humboldt sehr deutlich Ausdruck gegeben hat. Er ist nämlich erkenntnistheoretisch der festen Überzeugung, daß man sich dem Objektiven nur auf subjektivem Wege nähern könne und daß *»die objective Wahrheit aus der ganzen Kraft der subjectiven Individualität hervorgeht«*. [65]

Bei den grammatischen Theoriebildungen in der Gegenwart sind die prägenden Grundmotive weniger philosophischer und anthropologischer als *pragmatischer* Natur. Man strebt danach, grammatische Theorien und Kategorien zu entwickeln, die als praktikables *Arbeitswissen* direkt verwertbar sind und die dabei helfen, mit dem Werkzeug Sprache aktiv und passiv effektiver umgehen zu können. Das Spektrum der Zwecke kann dabei sehr unterschiedlich sein, wenn man bedenkt, daß die Beherrschung des Werkzeugs Sprache für den Programmierer von Computern, für den Erlerner von Fremdsprachen, für den Analytiker von Texten oder für den Rhetor etwas sehr unterschiedliches bedeuten kann.

Grammatische Theoriebildungen, wie sie sich etwa in der *generativen Transformationsgrammatik*, der *Dependenzgrammatik*, der *kontrastiven Grammatik*, der *didaktischen Grammatik* usw. dokumentieren, sind kaum noch mit denselben Kategorien zu beschreiben und zu beurteilen, weil sie sich den Gegenstand *Grammatik* auf ganz unterschiedliche Weise konstituieren. Die Vielfalt der grammatischen Theoriebildungen kann einerseits als Reflex und Symptom kulturgeschichtlicher Wandlungsprozesse verstanden werden, insofern neue Sprachverwendungssituationen auch neue Formen grammatischer Theoriebildungen provoziert haben. Andererseits haben neue grammatische Theoriebildungen aber auch wieder einen großen rückprägenden Einfluß auf die Kulturgeschichte, insofern sie festlegen, wie die Phänomene *Sprache* und *Grammatik* im allgemeinen Bewußtsein existent und präsent sind. So war beispielsweise die *generative Transformationsgrammatik*, die im Prinzip eine sehr reduzierte und spezialisierte Theoriebildung darstellt, ein Jahrzehnt das beherrschende Paradigma grammatischen Denkens und hat ganzen Studentengenerationen die Grammatik zum Horrorphänomen gemacht.

7. Die Evolution grammatischer Universalien

Die Annahme von *grammatischen Universalien* bzw. von allen Sprachen gemeinsamen grammatischen Ordnungsmustern scheint die Idee der sprachspezifischen kulturellen Evolution grammatischer Formen auf entscheidende Weise einzuschränken. Wenn es grammatische Universalien geben sollte, die aus der Struktur des menschlichen Geistes resultieren, dann müßte die Idee der kulturspezifischen Evolution grammatischer Formen auf die Evolution der morphologischen Repräsentationsmittel für diese Formen eingeschränkt werden bzw. auf die Evolution der Zeichenträger für grammatische Zeichen.

Die These von der Existenz grammatischer Universalien auf der kognitiven Ebene hat eine lange historische Tradition und ist ontologisch, theologisch und in der Neuzeit auch biologisch begründet worden. Die biologischen Begründungsversuche gehen davon aus, daß es eine angeborene Disposition des Menschen zur Sprache gebe, in der die grundlegenden grammatischen Ordnungsmuster schon genetisch vorgeprägt seien. Ein offenes Problem ist dann allerdings, welche grammatischen Ordnungsmuster universalen Charakter haben und welche nicht. Wenn man dieser biologischen Argumentation folgt, dann stellt sich das Problem grammatischer Universalien im wesentlichen als Problem angeborener kognitiver Universalien dar und das Problem der Evolution grammatischer Universalien präsentiert sich im Grunde als Problem der Evolution *kognitiver Universalien*.

Nun kann man allerdings die These von der angeborenen Disposition des Menschen zur Sprache auch so verstehen, daß daraus nicht unmittelbar konkrete kognitive und grammatische Universalien abgeleitet werden müssen. So könnte man beispielsweise davon ausgehen, daß dem Menschen nur die Fähigkeit angeboren sei, mit komplexen künstlichen Zeichensystemen umzugehen bzw. solche zu entwickeln. Unter diesen Umständen gäbe es dann für die einzelnen Sprachen einen großen Freiheitsspielraum für die spezielle morphologische und kognitive Strukturierung ihrer lexikalischen und grammatischen Systeme.

Gleichwohl könnte unter diesen Umständen aber auch angenommen werden, daß sich aus der Struktur des menschlichen Geistes, aus der Organisationslogik von komplexen Zeichensystemen und aus den Differenzierungsbedürfnissen der sozialen Lebensformen der Menschen spezifische Zwänge ergeben, die in allen Sprachen zur Ausbildung ähnlicher Ordnungsmuster auf der lexikalischen und grammatischen Ebene führen. In diesem Fall könnte man die These von der Existenz grammatischer Universalien und die These von der kulturellen Evolution grammatischer Formen aufrecht erhalten, weil man grammatische Universalien im wesentlichen nicht mehr auf genetische Gegebenheiten zurückführen müßte, sondern auf bestimmte *anthropo-*

logische Rahmenbedingungen und auf bestimmte *pragmatische Zwänge*. Den ontologischen und genetischen Begründungszusammenhängen für die Annahme grammatischer Universalien wird in dem Kapitel über den Zusammenhang von Erkenntnis und Grammatik noch näher nachgegangen werden. Hier sollen vor allem die pragmatischen Bedingungsfaktoren erörtert werden, die Einfluß darauf genommen haben, daß sich auf evolutionäre Weise quer durch alle Sprachen ähnliche grammatische Ordnungsmuster entwickelt haben.

Das evolutionäre Wachstum von Sprache und Grammatik im Rahmen bestimmter Bedingungsfaktoren läßt sich sehr gut durch ein Bild von Wittgenstein exemplifizieren, in dem dieser das Wachstum der Sprache mit dem einer Stadt analogisiert hat. Obwohl jeder Stadt natürlich im Prinzip eine historisch gewachsene Individualität mit unverwechselbaren Einzelformen zugebilligt werden kann, so weisen doch alle Städte aus historisch-pragmatischen Gründen bestimmte Strukturanalogien auf, weil sie ihre Existenz bestimmten Zwecken verdanken. *»Unsere Sprache kann man ansehen als eine alte Stadt: Ein Gewinkel von Gäßchen und Plätzen, alten und neuen Häusern, und Häusern mit Zubauten aus verschiedenen Zeiten; und dies umgeben von einer Menge neuer Vororte mit geraden und regelmäßigen Straßen und mit einförmigen Häusern.«* [66]

Besonders aufschlußreich für das Problem pragmatisch bedingter Universalien im Rahmen bestimmter kognitiver Dispositionen sind Beobachtungen an grammatischen Strukturen der sogenannten *Kreolensprachen*, die insbesondere Bickerton näher untersucht hat. [67] Als Kreolensprachen bezeichnet man Sprachen, die sich in ganz unterschiedlichen Weltregionen unter bestimmten sozialen Rahmenbedingungen herausgebildet haben und die untereinander alle eine große Ähnlichkeit aufweisen, obwohl sie entwicklungsgeschichtlich nicht aus einer gemeinsamen Grundsprache hervorgegangen sind. Gerade weil die Kreolensprachen sprachgeschichtlich nichts miteinander zu tun haben und doch große grammatische Strukturähnlichkeiten aufweisen, sind sie für das Problem pragmatisch bedingter grammatischer Universalien so interessant.

Die Kreolensprachen sind im wesentlichen um die letzte Jahrhundertwende entstanden, als bei den großen Plantagengründungen in der Karibik, auf Hawai und im Gebiet des indischen Ozeans Arbeiter mit ganz unterschiedlichen Muttersprachen zusammengewürfelt wurden. Um sich untereinander zu verständigen, entwickelten diese Arbeiter das sogenannte *Pidgin*, eine in Lexik und Grammatik äußerst reduzierte Sprache.

Sprachtheoretisch höchst interessant ist nun, daß die Kinder, die in diese Kolonialwelt und Mischkultur hineingeboren wurden und für die das jeweilige Pidgin die einzig verfügbare gemeinsame Sprache war, nicht bei dieser reduzierten Sprache stehengeblieben sind. Sie entwickelten schon in der ersten Generation eine sehr viel differenziertere Umgangssprache, die sie als *Muttersprache* von niemandem übernehmen konnten und die gleichwohl den etablierten Muttersprachen der jeweiligen Eltern an Komplexität, Nuancenreichtum und Ausdruckskraft nicht sehr viel nachgestanden haben soll.

Das Verblüffende ist nun, daß diese im wesentlichen von Kindern entwickelten Kreolensprachen, die auf lexikalischem Gebiet je nach Region erheblich differieren, weil sie sich auf den Wortschatz ganz unterschiedlicher Sprachen stützen, offenbar auf der grammatischen Ebene alle eine große *strukturelle* Ähnlichkeit zueinander aufweisen. Das ist insbesondere deshalb so erstaunlich, weil nicht nachweisbar ist, daß irgendeine der europäischen Kolonialsprachen als konkretes grammatisches Vorbild für alle Kreolensprachen gedient hat. Vielmehr muß man wohl von der Hypothese ausgehen, daß die Kreolensprachen aus *pragmatischen* Gründen im Rahmen von bestimmten anthropologischen Konstanten kognitiv ähnliche grammatische Ordnungsmuster entwickelt haben. Offen bleibt allerdings weiterhin noch, ob bzw. wie weit es grammatische Universalien gleichsam als angeborene kognitive Hohlformen gibt, die je nach den aktuellen Bedürfnissen unterschiedlich konkretisiert werden können.

Fest steht jedoch, daß die Kinder das *Pidgin* der Eltern nicht übernehmen konnten, weil es für normale Kommunikationsbedürfnisse viel zu undifferenziert und primitiv war. Grammatische Ordnungsmuster wie beispielsweise *Artikel, Präpositionen, Hilfsverben* und *Nebensätze* kommen nämlich in den Pidginsprachen gar nicht oder nur sehr rudimentär vor. Bei der Entwicklung der *kreolischen Grammatik* konnten die Kinder sich vielleicht durch die grammatischen Muster der Sprache ihrer Eltern anregen lassen, sie konnten aber keine Mischgrammatik aus grammatischen Versatzstükken der jeweiligen Elternsprachen herstellen, weil dadurch die innere Systematik und Kohärenz des Grammatiksystems empfindlich gestört worden wäre. Lediglich auf der Ebene des Vokabulars erwies sich die Mischung von Versatzstücken aus unterschiedlichen Sprachen als unproblematisch.

Bei der Entwicklung der kreolischen Grammatiken kann sicherlich nicht von einem *geplanten* Vorgang gesprochen werden. Hier scheint sich ein Prozeß abgespielt zu haben, der typisch für *kulturelle Evolutionen* aller Art ist. Aus bestimmten Differenzierungsbedürfnissen, Hilfskonstruktionen, kreativen Einfällen und systemtheoretischen Notwendigkeiten bildeten sich gleichsam unter der Hand kollektiv erarbeitete Ordnungssysteme, die niemand geplant hatte und die dennoch zweckfunktional strukturiert waren.

Nach Bickerton haben alle Kreolensprachen *Tempusmarkierungen* entwickelt, wobei insbesondere die Kennzeichnung von Vorzeitigkeit und Nachzeitigkeit eines Geschehens zu einem bestimmten Fixpunkt wichtig gewesen zu sein scheint. Typisch für alle Kreolensprachen sei auch, daß die Partikeln für die Kennzeichnung des Tempus vor denen zur Kennzeichnung des Modus und des Aspekts stünden. Weiterhin unterschieden alle Kreolensprachen grammatisch zwischen Zielen, die erreicht worden seien, und Zielen, bei denen noch ungewiß sei, ob sie erreicht werden könnten.

Besonders aufschlußreich ist in den Kreolensprachen die grammatische Bewältigung der *Negationsproblematik*, weil sich hier interessante Analogien zu der Bewältigung der entsprechenden Problematik im Spracherwerb von Kindern zeigen. Aus Spracherwerbsprozessen ist bekannt, daß Kinder zu *doppelten* Negationen neigen, um eine Verneinung zu verstärken. Das erscheint logisch bedenklich, weil im Denkrahmen der klassischen Logik die doppelte Negation als Aufhebung der Negation verstanden werden muß *(Keiner liebt mich nicht. Es gibt keine Bonbons nicht.)*

Die Neigung von Kindern zur doppelten Negation ist denkpsychologisch aber durchaus erklärbar, denn Negationen sind kognitiv sehr viel komplizierter als die klassische Logik es wahrhaben will. Zumindest sind in der natürlichen Sprache Negationszeichen nicht so zu bewerten wie *Minuszeichen* in der Mathematik. In einer doppelten Negation sind in der Regel *zwei* Negationsakte verborgen, nämlich die Negation einer *Sachvorstellung* und die Negation einer *Handlungsvorstellung*. Da Kindern diese beiden Negationsakte als eigenständige psychische Akte im Bewußtsein präsent sind und sie anfangs nicht prüfen, zu welchen Konsequenzen die beiden Negationsakte auf der Ebene der Realitätsvorstellung führen, ergibt sich für sie aus der doppelten Negation keine Aufhebung, sondern eine Verstärkung der Negation, weil sich beide Negationsakte auf ganz unterschiedliche Vorstellungsinhalte beziehen.

Bezeichnend ist nun, daß nach Bickerton die doppelte Negation ein ganz normales grammatisches Strukturmuster der Kreolensprachen ist und daß ohne Schwierigkeiten negierte Substantive mit negierten Verben kombiniert werden können, um Negationen besonderen Nachdruck zu geben *(Non dag na bait non kyat = Kein Hund hat nicht keine Katze gebissen)*. [68] Die Fähigkeit, die Negation einer Sachvorstellung und einer Handlungsvorstellung auf einer einzigen Vorstellungsebene zusammenzuführen und auf ihre Konsequenzen für den Aufbau einer Gesamtvorstellung zu prüfen, scheint eine geistige Leistung zu sein, die ontogenetisch und phylogenetisch erst relativ spät entwickelt worden ist.

Die Ausbildung dieser Leistung hängt offenbar damit zusammen, daß die *Darstellungsfunktion* der Sprache im Laufe der kulturellen Evolution gegenüber der Ausdrucks- und Appellfunktion immer mehr an Macht gewonnen hat. Bei der Verwendung der Sprache im Rahmen der Darstellungsfunktion muß die doppelte Negation natürlich abgebaut werden, um nicht Mißverständnisse auszulösen, während sie bei der Verwendung der Sprache im Rahmen der *Ausdrucksfunktion* geradezu als pragmatisch sinnvoll angesehen werden kann, weil sie zwei unterschiedliche Negationsakte dokumentiert.

Die Kategorie der Negation kann sicher als eine pragmatisch motivierte grammatische Universalie angesehen werden, ohne die keine Sprache auskommen kann. Daraus ist aber keineswegs abzuleiten, daß die Negation ein grammatischer Urbaustein der Sprache ist, der von der kulturellen Evolution gar nicht mehr betroffen werden könnte. Auch pragmatisch motivierte grammatische Universalien können in ihren konkreten Formen und Verwendungsweisen evolutionären Wandlungsprozessen unterliegen.

Bickerton entwickelt aus seinen Beobachtungen an den grammatischen Strukturen der Kreolensprachen die Vermutung, daß deren Grammatik relativ unmittelbar ein *angeborenes* grammatisches Modell zum Ausdruck bringe, weil die Kinder während ihres Spracherwerbsprozesses in ihrer *Pidgin* sprechenden Umwelt keinem grammatischen Konkurrenzmodell ausgesetzt seien. »*Die angeborene Grammatik wurde dann mit einem beliebigen, verfügbaren Wortschatz ausgestattet und brachte die heutigen Kreolensprachen hervor.*« [69]

Dieser Schluß, in dem sich das Denkmodell der *generativen Transformationsgrammatik* Chomskyscher Prägung mit der scharfen Trennung von Syntax/Grammatik und Lexik deutlich widerspiegelt, ist nach den hier angestellten Überlegungen sicher zu weitreichend und zu voreilig. Von einer konkreten angeborenen *kreolischen Grammatik* kann sicher nicht gesprochen werden, sondern höchstens davon, daß im angeborenen Sprachvermögen schon sehr allgemeine Fähigkeiten zur sprachlichen Strukturierung angelegt sind, die dann in den besonderen kulturellen Kontexten durch spezielle grammatische und lexikalische Strukturmuster exemplifiziert und konkretisiert werden müssen. Wenn diese genetischen Dispositionen nicht in einer bestimmten ontogenetischen Reifungsphase durch die Übernahme kulturell entwickelter Ordnungsmuster oder durch pragmatische Zwänge zur Entwicklung solcher Ordnungsmuster aktiviert werden, dann verblöden die jeweiligen Kinder geistig auf irreversible Weise.

Aufschlußreicher als die These von der angeborenen kreolischen Grammatik ist die Kritik Bickertons an der meist stillschweigend akzeptierten These, »daß nämlich auf *der Erde keine Sprache für das Kind leichter oder schwerer zu erwerben sei als irgendeine andere.*« [70] Diese These muß Bickerton natürlich fragwürdig werden, weil unter der Prämisse einer angeborenen kreolischen Grammatik Kinder selbstverständlich Kreolensprachen leichter erlernen müßten als andere. Seiner Meinung nach könnten die Kinder nur deshalb nicht ihre angeborene kreolische Grammatik durchsetzen, weil sie normalerweise in Sprachwelten aufwüchsen, in denen andere Formen der Grammatik herrschten. »*So muß das Kind die angeborene kreolische Grammatik ändern, bis sie derjenigen aus der sprachlichen Umgebung entspricht.*« [71]

Dieser Argumentation ist wohl nur soweit zu folgen, daß man einräumt, daß Kinder deswegen Kreolensprachen leichter und schneller erlernen als andere, weil sich in ihnen noch nicht so viele kulturspezifische Differenzierungen niedergeschlagen haben als in anderen Sprachen und weil sie deshalb dem ontogenetischen Entwicklungsstand der Kinder näher stehen als Sprachen, die schon durch viele geschichtliche Wachstumsringe geprägt sind und auch für pragmatische Zwecke verwendet werden können, die für die Kinder noch nicht aktuell sind. Außerdem wird man schwerlich von einer *generellen* funktionellen Äquivalenz der kreolischen Grammatik mit der in geschichtlich gewachsenen Sprachen ausgehen können, sondern höchstens von einer funktionellen Äquivalenz auf ganz bestimmten Gebieten. Wenn sich nach dem Denkmodell von Bickerton die angeborene kreolische Grammatik nicht gegen die Grammatik der etablierten Sprachen durchsetzt, dann hat das sicherlich nicht nur etwas mit perfiden sozialen Zwängen zu tun, sondern auch mit der kommunikativen und kognitiven Überlegenheit, die sich diese Grammatiken nach langen kulturellen Evolutionsprozessen erworben haben.

Grammatische Universalien wird man in evolutionärer und pragmatischer Sichtweise nicht als konkrete angeborene grammatische Ordnungsmuster betrachten können. Allenfalls wird man sagen können, daß es bestimmte, sehr allgemeine grammatische Ordnungskategorien gibt wie etwa die *Negation*, das *Tempus*, das *Pronomen*, den *Numerus* usw., die sich aus biologischen, anthropologischen, systemtheoretischen oder pragmatischen Bedingungsfaktoren ableiten und die in allen funktionsfähigen Sprachen irgendwie durch spezielle grammatische Ordnungsmuster konkret subdifferenziert werden müssen. Diese Subdifferenzierungen haben die einzelnen Sprachen im Verlaufe ihrer Evolution auf sehr unterschiedliche Weise vorgenommen. Je nach der Abstraktionshöhe der gewählten Betrachtungsebene erscheinen uns deshalb die grammatischen Systeme und grammatischen Ordnungsmuster der einzelnen Sprache ähnlich oder unähnlich bzw. sind wir mehr oder weniger geneigt, grammatische Universalien anzunehmen oder nicht.

VIII

Schrift und Grammatik

Auf den ersten Blick scheint das Problem der Schrift weder genetisch noch systematisch etwas mit dem Problem der Grammatik und der Sprache zu tun zu haben. Von Aristoteles bis zu de Saussure ist die Schrift immer wieder nur als *technisches* Notationssystem zur Aufzeichnung gesprochener Sprache verstanden worden, dem im Prinzip keinerlei sprachtheoretische Bedeutsamkeit zukomme. [1]

Diese Sichtweise wird hier für falsch und unfruchtbar gehalten. Statt dessen wird die These vertreten, daß die gesprochene und die geschriebene Sprache zwei *eigenständige* Realisationsformen von Sprache sind, die trotz vieler Gemeinsamkeiten dennoch als zwei unterschiedliche *mediale* Erscheinungsformen von Sprache gewertet werden können. Es soll versucht werden herauszuarbeiten, daß beide Realisationsformen der Sprache auf je unterschiedliche Art mit dem Grammatikproblem verknüpft sind und daß aus dem mündlichen und schriftlichen Sprachgebrauch ein ganz unterschiedliches Grammatikbewußtsein bei den Sprachbenutzern resultiert.

Aufschlußreich ist in diesem Zusammenhang, daß Platon, der wohl als erster eine ausführliche *Schriftkritik* vorgetragen hat, auch schon früh auf den Zusammenhang von Schrift und Grammatik bzw. Sprachforschung aufmerksam gemacht hat. Im *Phaidros* stellt Platon nämlich den ägyptischen Gott Theuth als Erfinder der Schrift, der Mathematik, der Meßkunst, der Astronomie sowie der Brett- und Würfelspiele vor und im *Philebos* als Sprachforscher, der insbesondere die Systemordnung der Laute untersucht habe. Diese Zusammenstellung von Erfindungen und Arbeitsgebieten ist nicht zufällig, sondern soll wohl auf indirekte Weise darauf hinweisen, daß Theuth ein Spezialist für *Abstraktionen* ist. Er gibt sich nicht mit der natürlichen Welt zufrieden bzw. mit dem, was phänomenal unmittelbar faßbar ist, sondern richtet sein Interesse auf die verdeckten Systemordnungen, die hinter der phänomenalen Welt stehen bzw. über die die phänomenale Welt besser erfaßt werden kann.

1. Die Schriftsprache als eigenständige Realisationsform von Sprache

Wenn man die Schrift nicht nur als Zeichensystem zweiter Ordnung zur Fixierung gesprochener Sprache ansieht, sondern als ein Medium, das der Sprache eine ganz besondere Existenzweise ermöglicht, dann müssen die Strukturen, die Funktionsmöglichkeiten und die kulturellen Konsequenzen der schriftlich verwendeten Sprache deutlich von denen der mündlich verwendeten Sprache abgegrenzt werden können. Der Grad, die Formen und die Konsequenzen der Unterschiede zwischen den beiden Realisationsweisen von Sprache hängen von vielen Faktoren ab und sind nicht mit einfachen Rastern zu erfassen. Zu berücksichtigen wäre in diesem Zusammenhang die Struktur der jeweiligen *Schriftsysteme* (Begriffsschriften, Silbenschriften, Buchstabenschriften, Mischschriften), die Länge und die Prägekraft der jeweiligen *Schrifttraditionen,* der quantitative und qualitative Anteil der *schriftlichen Kommunikation* an der kulturellen Gesamtkommunikation und das *semiotische Bewußtsein* bzw. das metasprachliche Reflexionsvermögen derjenigen, die die Sprache in gesprochener oder geschriebener Form aktiv und passiv verwenden.

Phänomenologisch gesehen läßt sich der schriftliche Sprachgebrauch auf *negative* Weise folgendermaßen vom mündlichen Sprachgebrauch abgrenzen. Im schriftlichen Sprachgebrauch entfallen eine Reihe von zusätzlichen Zeichensystemen, die im mündlichen Sprachgebrauch metainformativ sprachliche Zeichen interpretieren können (Intonation, Rhythmus, Lautstärke, Gestik, Mimik). Nur sehr rudimentär können im schriftlichen Sprachgebrauch Informationen, die aus diesen Zeichensystemen resultieren, durch Interpunktionszeichen und Schriftartwechsel ersetzt werden. Im schriftlichen Sprachgebrauch vermindert sich gegenüber dem mündlichen auf entscheidende Weise die situative Verschränktheit der Sprache, weil sich mit Hilfe der Schrift mühelos Raum- und Zeitschranken überwinden lassen. Das hat dann die Konsequenz, daß die jeweilige faktische Situation semiotisch nicht mehr als komplexes Zeichen den Sinn sprachlicher Zeichen metainformativ präzisieren kann. Typisch für den schriftlichen Sprachgebrauch ist auch, daß es keine Möglichkeit gibt, durch dialogische Rückkopplungsprozesse etwaige Verstehensprobleme zu beseitigen, und daß der Schreiber sehr viel weniger als der Sprecher weiß, wer Adressat seiner Mitteilungen sein wird. Dadurch ergeben sich dann insgesamt für den schriftlichen Sprachgebrauch höhere Anforderungen an die semantische Klarheit, die situationsabstrakte Vollständigkeit und die intersubjektive Verständlichkeit sprachlicher Sinneinheiten.

Umgekehrt läßt sich der schriftliche Sprachgebrauch auf *positive* Weise folgendermaßen vom mündlichen abgrenzen. Im schriftlichen Sprachgebrauch kommt die Einheit des Wortes als wichtiger begrifflicher und syntaktischer Baustein der Sprache sehr viel klarer zum Ausdruck als im mündlichen Sprachgebrauch, was unmittelbare Konsequenzen für die Möglichkeit, die Präzision und das Ausmaß analytischer und synthetischer Denkprozesse hat. Die Reduktion der Zeichentypen, die kommunikativ wirksam sein können, führt im schriftlichen Sprachgebrauch zu einer stringenteren Verwendung sprachlicher Zeichen und Zeichenformen als im mündlichen. Dadurch, daß wir die Sprache im schriftlichen Sprachgebrauch mit dem Auge und nicht mehr mit dem Ohr wahrnehmen, steigern sich unsere Möglichkeiten zu zeitgedehnten Verstehensprozessen und metasprachlichen Reflexionen auf ungeahnte Weise. Idealtypisch läßt sich die Eigenart der geschriebenen Sprache gegenüber der gesprochenen dadurch kennzeichnen, daß in ihr die Sprache aus ihrer situativen Verschränktheit gelöst wird und eine große *semantische Autonomie* bekommt, daß sich in ihr die *Darstellungsfunktion* und der *monologische Charakter* der Sprache verstärkt und daß in ihr die Sprache in sehr hohem Maße *konventionellen Normen* unterworfen wird.

Durch die Schrift geraten wir nicht nur in eine größere *analytische* Distanz zu der Sprache, sondern auch zu dem, was sprachlich objektiviert und mitgeteilt wird. Spengler hat deshalb die Schrift als »*das große Symbol der Ferne*« gekennzeichnet und als »*eines der ersten Kennzeichen historischer Begabung*« gewertet. [2] Diese Würdigung der Schrift zeigt, daß die Reduktion der semiotischen Komplexität und die Vergrößerung der Abstraktivität in der schriftlichen Kommunikation nicht nur negativ zu beurteilen ist, sondern die positive dialektische Konsequenz hat, daß die Sprache im schriftlichen Gebrauch Funktionsmöglichkeiten entfalten und eine semantische Autonomie gewinnen kann, die sie im mündlichen Sprachgebrauch gar nicht in diesem Ausmaß zu entwickeln braucht. Ebenso wie schriftlich fixierte Gesetze das Recht strukturell und funktionell verändern können, so können auch schriftlich fixierte Texte die Sprache strukturell und funktionell verändern. Dabei kann man sich darüber streiten, ob das Phänomen Sprache in der gesprochenen oder in der geschriebenen Form seinen höchsten Ausdruck findet.

Thoreau hat die gesprochene und die geschriebene Sprache als *Muttersprache* und *Vatersprache* einander gegenübergestellt. Die Muttersprache werde unbewußt auf natürliche Weise erworben. Die Vatersprache, die einen höheren Reifegrad der Sprache verkörpere, werde dagegen gleichsam auf dem Wege einer zweiten Geburt erst in der kulturellen Institution der Schule erworben. [3]

Diese metaphorische Qualifizierung der gesprochenen Sprache als Muttersprache und der geschriebenen Sprache als Vatersprache macht nachträglich ganz gut nachvollziehbar, warum Rousseau im Gegensatz zu Thoreau die Schriftsprache negativ beurteilt hat. Rousseau hat die Schrift als *Zerstörung* der Präsenz der Rede abqualifiziert, weil sie einen *Verlust* an Unmittelbarkeit bringe. [4] Das Geschriebene könne nur als eine mittelbare Repräsentation des Denkens angesehen werden bzw. als Repräsentant eines Repräsentanten, weil das Geschriebene zunächst nur das Gesprochene repräsentiere und erst über das Gesprochene Kontakt zum Gedachten habe. Ebenso wie Rousseau im Bereich des Politischen die Idee der Repräsentation negativ bewertet, weil sie einen Verlust an Unmittelbarkeit und Freiheit bringe, so kritisiert er sie auch im Bereich der Sprache.

Diese negative Beurteilung der Schrift hängt natürlich auch mit den anthropologischen Grundüberzeugungen von Rousseau zusammen. Ebenso wie er im politischen Bereich blind dafür ist, daß die verschiedenen Formen der Repräsentation neben dem Verlust an Unmittelbarkeit auch stabilisierende und kreative Ordnungsfunktionen erfüllen können, durch die bestimmte Lebensformen erst möglich werden, so ist er im sprachlichen Bereich blind dafür, daß die Erfindung der Schrift erst die Entwicklung bestimmter *Kulturformen* ermöglicht hat. Dieses Urteil muß nun allerdings dahingehend präzisiert werden, daß Rousseau die durch die Schrift ermöglichten Kulturformen anthropologisch nicht als Chancen, sondern eher als Gefahren ansieht. Die von Herder und Landmann entwickelte anthropologische Sicht, daß der Mensch biologisch darauf angelegt ist, sich Zeichen- und Kulturwelten zu entwickeln, und daß die ›Erfindung‹ der Schrift ein notwendiges Glied im Prozeß der kulturellen Evolution darstellt, ist Rousseau noch ganz fremd.

Die Opposition von gesprochener und geschriebener Sprache ist zunächst nicht eine

Opposition auf gleicher logischer Ebene, sondern eine Opposition von *allgemeiner Grundform* und *spezialisierter Sproßform*, wie wir sie auch in lexikalischen und grammatischen Funktionssystemen antreffen können. Funktionsmöglichkeiten, die die gesprochene Sprache im Prinzip auch hat, treten in der geschriebenen Sprache in ganz besonders *klar* akzentuierter und perfektionierter Form hervor. Dadurch, daß die Schriftsprache ganz bestimmte Funktionsmöglichkeiten der Sprache optimiert, hat sie natürlich eine prägende Rückwirkung auf den mündlichen Sprachgebrauch und auf die Erwartungshaltungen und kulturellen Implikationen, die im allgemeinen Bewußtsein mit dem Phänomen Sprache verbunden werden. Die ›Erfindung‹ der Schrift hat die Evolution der Sprache und der unmittelbar sprachgebundenen Kulturformen in einer ganz bestimmten Richtung vorangetrieben und dazu geführt, daß wir heute von zwei unterschiedlichen medialen Formen der Sprache sprechen können. Je nach den spezifischen Kontextbedingungen können diese beiden Ausprägungsformen der Sprache entweder in der Opposition von Grundform und Spezialform zueinander stehen oder in der Opposition von logisch gleichrangigen, aber funktionell spezialisierten Sprachvarianten.

Als eigenständige Realisationsform von Sprache läßt sich die geschriebene Sprache durch *kanalspezifische, funktionelle* und *strukturelle* Unterschiede von der gesprochenen Sprache absetzen. Davon bleibt natürlich unberührt, daß zwischen beiden Sprachformen gleichwohl große Überschneidungsbereiche bestehen.

In *kanalspezifischer* Hinsicht wird die Schriftsprache dadurch geprägt, daß sie nicht mehr mit dem Ohr, sondern mit dem *Auge* wahrgenommen wird. Dadurch kommt es zu einer Transponierung der Sprache von der Ebene der Zeit auf die Ebene des *Raumes*, was wichtige Konsequenzen für die Wahrnehmbarkeit der Sprache hat. Durch die Verräumlichung wird die Sprache auf eine Weise versinnlicht, die es gestattet, sie immer wieder neu wahrzunehmen, weil sie nun nicht mehr spurlos verhallt. Diese Versinnlichungsform sprachlicher Äußerungen ermöglicht es, sie zeitgedehnt zu verstehen und zu erzeugen bzw. den Gebrauch der Sprache durch metareflexive Denkprozesse zu begleiten. Da die Kommunikation in der geschriebenen Sprache semiotisch auf den optischen Kanal und die sinnliche Kargheit der graphischen Zeichen reduziert wird, konzentriert sich unsere Aufmerksamkeit automatisch auf den kognitiven Gehalt sprachlicher Äußerungen bzw. auf die Darstellungsfunktion der Sprache. Insgesamt wird dadurch unsere Einstellung zur Sprache und zu ihren Mitteilungsinhalten abstrakter und distanzierter.

In *funktioneller* Hinsicht ist zu beachten, daß die geschriebene Sprache nicht nur etwas mitteilen will, sondern zugleich auch etwas vor dem Vergessen zu bewahren sucht. Da sie einen Inhalt immer wieder zugänglich machen will, bekommt sie eine ausgesprochen *dokumentarische Funktion.* Verschriftlichte Äußerungen sollen das individuelle Gedächtnis entlasten und das kulturelle Gesamtgedächtnis vergrößern, weshalb Rensch auch von den Büchereien als dem »*sozialen Übergehirn*« spricht. [5] Damit verschieben sich dann auch notwendigerweise bestimmte kulturelle Qualifikationsanforderungen. Die Beherrschung von verschriftlichten Sprachsystemen kann wichtiger werden als die Beherrschung von Faktenwissen.

Die *strukturellen* Unterschiede zwischen der geschriebenen und gesprochenen Sprache resultieren weitgehend aus den kanalspezifischen und funktionellen Unterschieden zwischen den beiden Realisationsformen von Sprache. Der Ausbau der dokumentarischen Funktion der Sprache hat zur Folge, daß sprachliche Sinneinheiten strukturell so organisiert werden müssen, daß sie über alle Raum- und Zeitschranken hinweg immer wieder als dieselben Sinngebilde rezipierbar bleiben. Auf diese Weise zwingt die Schrift auf rückprägende Weise dazu, insbesondere solche sprachlichen Mittel fortzuentwikkeln und zu präzisieren, die eine *situationsabstrakte* Sprachverwendung ermöglichen bzw. die Herstellung semantisch *autonomer* Texte.

Zwischen dem Idealtyp der spontanen gesprochenen und dem Idealtyp der geplanten geschriebenen Sprache gibt es natürlich unendlich verschiedene Zwischenformen. Diese Zwischenformen sollen hier allerdings vorerst nicht interessieren, weil sich der Stellenwert des Grammatikproblems in den beiden unterschiedlichen Realisationsformen der Sprache nur dann klar herausarbeiten läßt, wenn man idealtypische Oppositionen bildet.

2. Das Grammatikproblem in der Schriftsprache

Die ›Erfindung‹ der Schrift ist natürlich ebensowenig wie die ›Erfindung‹ der Sprache ein datierbares Ereignis oder gar ein strategisch geplantes Ziel. Das Konzept der *kulturellen Evolution* läßt sich deshalb noch überzeugender als auf die Entwicklung der Sprache auf die Entwicklung der Schrift anwenden, wie Angela Reiss[6] akribisch nachgewiesen hat, weil wir hier sehr viel verläßlichere empirische Daten haben. Aus Zeichen, die ursprünglich keineswegs den Zweck hatten, gesprochene Sprache zu repräsentieren, haben sich in ganz verschiedenen Weltregionen auf evolutionäre Weise sehr unterschiedliche Schriftsysteme herausgebildet.[7]

Die Vorstellung, daß die phonetisch und phonologisch orientierte *Buchstabenschrift* das immanente Ziel der Schriftevolution sein müßte, ist dabei allerdings ebenso skeptisch zu beurteilen wie die Vorstellung, daß die *flektierenden* Sprachen das immanente Ziel der Sprachevolution seien. Gleichwohl läßt sich aber die These vertreten, daß die flektierenden Sprachen und die Buchstabenschrift eine ganz besondere Reizwirkung auf die evolutionäre Ausbildung *analytischer* Denkformen und reflexiver Denkprozesse gehabt haben, während die *isolierenden* Sprachen und die *Begriffsschriften* eine ganz besondere Reizwirkung auf die Ausbildung *synthetischer* Denkformen und ikonischer Denkprozesse gehabt haben.

Die Auffassung, daß die Schrift auf immanente Weise dazu zwingt, sprachliche Äußerungen so zu strukturieren, daß sie semantisch autonomer werden, ist in vielen Varianten dargestellt worden. Bühler[8] hat Überlegungen Leonardo da Vincis zum Unterschied von Gemälde und Plastik zum Anlaß genommen, um die größere semantische Autonomie des Satzes gegenüber dem Wort hervorzuheben. Die Plastik sei ebenso wie das Wort in sehr hohem Maße von dem jeweiligen *Umfeld* abhängig. Sie müsse in dieses Umfeld integriert werden und sich zugleich von ihm abheben, sie empfange von diesem Umfeld ihre spezifische Beleuchtung und sie sei je nach Standpunkt des Betrachters in diesem Umfeld auf unterschiedliche Weise wahrnehmbar. Im Gegensatz dazu habe das Gemälde ebenso wie der Satz einen höheren Grad von Selbständigkeit und Selbstgenügsamkeit, weil der Maler Licht und Schatten in das Bild selbst hinein-komponieren könne und die Freiheit habe, die perspektivische Wahrnehmbarkeit und Abgehobenheit des Dargestellten von vornherein festzulegen. Der Maler sei durch die Reduktion seiner Darstellungsmittel und seines Darstellungsraumes zwar einge-schränkt, aber gerade dadurch habe er auch die Chance, seinem Werk eine größere Unabhängigkeit von dem jeweiligen Umfeld zu geben.

Ebenso wie der Maler dem Bilde dadurch eine größere innere Autonomie geben kann, daß er die *Korrelationen* zwischen den einzelnen Bildelementen und die *Korrel-ationen* zwischen den Bildelementen und den möglichen Betrachtern fest vorstruktu-riert, so kann auch ein Sprachproduzent seinen Äußerungen dadurch eine größere innere Autonomie geben, daß er Korrelationsverhältnisse fest vorstrukturiert, was insbesondere in *schriftlichen* Äußerungen gut zu bewerkstelligen ist. Auf der Ebene des Satzes kann er alle Elemente durch metainformative grammatische Mittel auf defi-nierte Weise miteinander in Beziehung setzen. Auf der Ebene des Textes kann er durch grammatische und stilistische Mittel Äußerungen so eindeutig als Textsorten kenn-zeichnen, daß sie auf eine ganz bestimmte Weise rezipiert werden können oder müssen.

Wygotski hat die geschriebene Sprache gegenüber der gesprochenen dadurch cha-rakterisiert, daß sie einen großen Grad an Bewußtheit habe und auf maximale Ver-ständlichkeit für andere ausgerichtet sei. »*Alles muß darin bis zu Ende gesagt wer-den.*«[9] Ebenso wie das Kind im Laufe des Spracherwerbsprozesses seine sprachlichen Äußerungen mehr und mehr grammatisch durchstrukturieren und den konventionali-sierten Sprachnormen anpassen muß, um besser verstanden zu werden, so muß auch die geschriebene Sprache optimal grammatisch durchstrukturiert werden, um ihre semantische Autonomie zu sichern und unter wechselnden Rahmenbedingungen gleichartig verstanden zu werden.

Ricœur hat die strukturellen und psychologischen Voraussetzungen der semanti-schen Autonomie geschriebener gegenüber gesprochenen Texten dadurch zu charakte-risieren versucht, daß es in ihnen zu einer Loslösung des »*Gesagten*« vom »*Sagen*« komme und daß »*Bedeutung*« und »*Ereignis*« in eine dialektische Spannung zueinan-der gerieten.[10] Mit der Schrift strebe man intentional eigentlich nur an, den Sachge-halt einer Äußerung zu repräsentieren, aber nicht zugleich auch das Äußerungsereig-nis. Dadurch löse sich der schriftlich fixierte Text automatisch von der situationsspezi-fischen Intention seines Autors und verselbständige sich zu einem autonomen Sinngebilde. »*Was der Text meint, ist nun wichtiger als das, was der Autor bei der Niederschrift meinen wollte.*«[11] Die Ausdeutbarkeit eines schriftlich fixierten Textes ist für Ricœur kein Argument gegen seine semantische Autonomie, sondern »*die dia-lektische Kehrseite der semantischen Autonomie des Textes.*«[12] Ausdeutbarkeit eines Textes heiße nämlich nicht, einem Text überhaupt einen Sinn abzugewinnen, sondern seinen komplexen Gesamtsinn nach unterschiedlichen Sinndimensionen auf-zuschlüsseln.

Kein Text kann eine semantische Autonomie gewinnen, wenn die organisierende und interpretierende Instruktionskraft grammatischer Zeichen nicht intensiv genutzt wird. Insbesondere diejenigen grammatischen Zeichen, die Bühlers *Zeigfeld* (Raum- , Zeit-, Personendeixis) zugeordnet werden können, sind für geschriebene Texte unverzichtbar, weil nur durch sie ein Teil der metainformativen Instruktionskraft ersetzt werden kann, die im mündlichen Sprachgebrauch die faktische Situation auf das richtige Verständnis von sprachlichen Zeichen ausübt.[13] Auch die Reduktion von bestimmten grammatischen Ordnungsformen in spezifischen Texten oder Textsorten (Verzicht auf Hypotaxe, Attribute, Adverbiale, Tempus-, Genus-, Moduswechsel usw.) kann nur deshalb als sinnbildendes Stilmittel eingesetzt werden, weil für geschriebene Texte normalerweise ein besonderer Erwartungsdruck herrscht, das ganze Inventar grammatischer Zeichen einzusetzen. Ganz besonders bedürfen diejenigen *Textsorten* der grammatischen Durchformung, die erst im Gefolge der *Schriftkultur* entstanden sind bzw. die in der Regel nicht gehört, sondern nur gelesen werden. Eine historische Sachanalyse oder ein Zeitungskommentar ist ohne die Verwendung von Konjunktionen ebenso unvorstellbar wie ein Roman von Thomas Mann oder Robert Musil ohne das Spiel von Tempus, Genus und Modus.

Unter diesen Umständen ist es plausibel, warum es im Kontext der Entfaltung der Schriftkultur in der Regel zu dem letzten großen Schub bei der Evolution und Normierung grammatischer Formen gekommen ist. Der überregionale Geltungsanspruch der geschriebenen Sprache und ihre anwachsenden dokumentarischen Funktionen ließen das Bedürfnis nach einer *normierten Grammatik* immer stärker werden. So problematisch die Normierungen im einzelnen auch waren, weil sie zu einseitig nach rein logischen Kriterien vorgenommen wurden oder weil sie individuelle, regionale und soziale Varianten zur Norm erklärten, so unabdingbar war die Normierung im Prinzip.

Die Schriftkultur und die damit verbundenen normativen Grammatiken können grammatische Wandlungsprozesse zwar verlangsamen und zum Teil auch unterbinden, aber nicht grundsätzlich verhindern, wenn sie sich aus funktionalen oder systemtheoretischen Gründen als notwendig erweisen. Ein gutes Beispiel dafür ist im Deutschen der *Modusgebrauch* in der indirekten Rede, den Nicole Bravo untersucht hat.[14]

Im Mittelhochdeutschen haben die *Konjunktivformen* noch eine starke *temporale* Komponente und werden so verwandt, daß bei einem *Präsens* im Vorspannsatz im abhängigen Satz der *Konjunktiv I* verwendet wird und bei einem *Präteritum* im Vorspannsatz im abhängigen Satz der *Konjunktiv II*. Im Laufe der Zeit haben die beiden Konjunktivformen aber immer stärker ihre temporalen Sinndimensionen verloren und die ursprüngliche Kombinationsobligatorik hat sich mehr und mehr verflüchtigt. Im 18. Jahrhundert ist der Konjunktivgebrauch in der indirekten Rede obligatorisch, aber welche der beiden Formen verwendet werden mußte, war nicht klar geregelt. Erst im 19. Jahrhundert hat sich der Konjunktiv I als *Standardmodus* für die indirekte Rede unabhängig von dem jeweiligen Tempusgebrauch im Vorspannsatz durchgesetzt. Der Konjunktiv II wurde nur verwandt, wenn die Form des Konjunktiv I identisch mit der des Indikativs war.

Der obligatorische Gebrauch des Konjunktiv I in der indirekten Rede, der in der journalistischen Berichterstattung immer noch üblich ist, ist aus pragmatischen und systemtheoretischen Gründen nicht immer sehr funktional. Meist ergibt sich schon durch den Vorspannsatz und die in ihm verwendeten Verben des Sagens und Denkens, daß im abhängigen Satz eine Aussage *referiert* wird und daß der Verfasser des aktuellen Textes für den Wahrheitsgehalt der vermittelten Aussage nicht haftbar zu machen ist. Informationstheoretisch ist deshalb der Gebrauch des Konjunktivs als Zitiersignal in diesem Fall redundant. Infolgedessen hat sich in der Gegenwart eine immer stärkere Tendenz entwickelt, in der indirekten Rede den Modusgebrauch dann freizugeben, wenn durch andere Mittel eindeutig gekennzeichnet ist, daß eine referierte Äußerung vorliegt. Daraus hat sich dann die Chance ergeben, den unterschiedlichen Modusgebrauch in der indirekten Rede dazu zu nutzen, den Inhalt referierter Informationen auf verdeckte Weise zu *kommentieren*, was bei einem obligatorischen Konjunktivgebrauch natürlich nicht möglich wäre.

Beeinflußt durch den Modusgebrauch in der gesprochenen Sprache scheinen sich jetzt auch in der geschriebenen Sprache für die indirekte Rede folgende Gebrauchsnormen einzuspielen, die pragmatisch eine größere Funktionalität haben als der obligatorische Konjunktivgebrach.[15] Der *Indikativ* wird in der indirekten Rede dann verwandt, wenn ein Autor der wiedergegebenen Aussage *ohne Vorbehalt* gegenübersteht und sich selbst nicht als Vermittler hervorheben will. Der *Konjunktiv I* wird in der indirekten Rede dann verwandt, wenn ein Autor seine Vermittlerrolle ausdrücklich kennzeichnen will. Der Konjunktiv I fungiert dann als *Zitiersignal*. Der *Konjunktiv II* wird in der indirekten Rede dann verwandt, wenn ein Autor Vorbehalte gegen den Inhalt einer Aussage hat und diese Distanz auch signalisieren will. Der Konjunktiv II fungiert dann als *Skepsissignal*. Außerdem wird der Konjunktiv II ersatzweise für den Konjunktiv I verwandt, wenn dessen Form mit der entsprechenden Indikativform identisch ist.

Wie schwer es ist, einem Text durch stringente und normgerechte grammatische Formung eine semantische Autonomie und eine mehrdimensionale Sinnkomplexität zu geben, ist besonders gut an der Entwicklung der *schriftsprachlichen Kompetenz* von Kindern zu beobachten. Hier wird ganz klar, daß ein Kind bei der aktiven Beherrschung der Schrift nicht nur eine neue Technik erwirbt, sondern zugleich auch eine neue mediale Ausformung der Sprache erlernen muß. Die Erlernung der Schrift bedeutet für Kinder zugleich immer die Notwendigkeit, eine andere psychische Einstellung zur Sprache entwickeln zu müssen und Kommunikationsformen neuen Typs beherrschen zu lernen. Das führt in der Anfangsphase des Schrifterwerbs zu einer merkwürdigen sprachlichen Regression. Kinder wirken in ihren ersten schriftlichen Äußerungen grammatisch sehr viel unbeholfener und undifferenzierter als in ihren mündlichen Äußerungen, und erst ganz allmählich lernen sie, das Inventar grammatischer Formen im schriftlichen Sprachgebrauch immer virtuoser einzusetzen.

Wygotski[16] hat im Rahmen seiner entwicklungspsychologischen Überlegungen sehr klar herausgearbeitet, daß das Kind beim Schreiben der Sprache psychisch ganz anders gegenübersteht als beim Sprechen. Es muß sich auf die *verbalen* Elemente der Sprache konzentrieren und von allen paraverbalen Zeichen abstrahieren; es muß sich ganz auf den *geistigen* Gehalt der Sprache einstellen und von ihrer sinnlich-lautlichen Seite absehen; es muß seine Äußerungen *strategisch* planen und kann sie nicht mehr spontan artikulieren; es tritt gleichsam in einen Dialog mit einem Blatt Papier und muß auf den konkreten Dialogpartner und auf Rückkopplungsprozesse verzichten; es muß beim Schreiben durch sprachliche Formen eine *geschlossene* Vorstellungswelt erzeugen und kann sprachliche Mittel nicht mehr als Teilbestandteile von Situationen betrachten. Für Wygotski stellt sich deshalb die geschriebene Sprache als »*Algebra der Sprache*« dar. Ebensowenig wie die Algebra die Denkstrukturen der Arithmetik wiederhole, wiederhole die geschriebene Sprache die Denkstrukturen der gesprochenen Sprache. Beide nähmen zwar die vorhergehenden Denkformen in sich auf, aber beide eröffneten gleichwohl neue Denkdimensionen.

Mit dieser neuen psychischen Situation wird das Kind nicht so schnell fertig, weil zu ihrer Bewältigung eine Denkstruktur gehört, über die das Kind zunächst noch nicht verfügt, sondern die sich erst noch ontogenetisch entfalten muß, wobei der Schrifterwerb selbst eine wichtige unterstützende Rolle spielt. Piaget hat diese neue Qualität des Denkens, die das Kind ungefähr mit zehn Jahren zu entwickeln beginnt, als *formales Denken* bezeichnet und idealtypisch vom *konkreten Denken* abgesetzt.[17]

Im Stadium der *konkreten* Denkoperationen sei das Kind psychisch sehr stark an konkrete faktische Situationen gebunden. Es versuche, Erfahrungen direkt von seinen verfügbaren Ordnungsmustern her zu deuten bzw. Wahrnehmungen so zu organisieren, daß sie an diese assimilierbar seien. Im Stadium der *formalen* Denkoperationen gewinne es dagegen zunehmend Distanz von seinen eigenen Denk- und Ordnungsmustern und entwickle neue Deutungshypothesen für die Interpretation von Erfahrungen. Es beginne nun, die Sprache mehr und mehr für rein hypothetische Denkoperationen zu benutzen, um sich auf diese Weise dem suggestiven Bann der unmittelbaren konkreten Erfahrungen zu entziehen.

Es ist offensichtlich, daß das Kind die Möglichkeiten der geschriebenen Sprache erst voll entfalten kann, wenn das formale Denken ein gewisses Reifestadium erreicht hat, was natürlich nicht ausschließt, daß dieser Reifungsprozeß auch durch den Schrifterwerb angeregt wird. Erst im Rahmen formaler Denkoperationen wird das Kind fähig, die Sprache voll zum Aufbau autonomer Sinnwelten zu nutzen, die sprachlichen Einzelformen strategisch geplant einzusetzen, die Funktionalität einzelner Sprachformen in metasprachlichen Reflexionen gegeneinander abzuwägen und grammatischen Formen als Sinnbildungsmitteln ein explizites Interesse zu schenken. Bei der Verwendung der Schrift muß das Kind seinen empraktischen Sprachgebrauch aufgeben, seine Gedanken explizit durchstrukturieren und metareflexiv prüfen, wie sie sich am besten sprachlich objektivieren und vermitteln lassen.

Die Fähigkeit, semantisch autonome und grammatisch durchstrukturierte Texte herzustellen, hängt eng mit soziolinguistischen Problemen zusammen, weil die Strukturmerkmale des sogenannten *restringierten Sprachcodes* weitgehend denen des mündlichen Sprachgebrauchs und die des sogenannten *elaborierten Sprachcodes* weitgehend denen des schriftlichen Sprachgebrauchs entsprechen.[18] Wenn als typisch für den restringierten Sprachcode hervorgehoben wird, daß in ihm nur wenige syntaktische Ordnungsmuster benutzt würden, daß die in ihm verwendeten lexikalischen und grammatischen Formen gut voraussagbar seien, daß in ihm Aussagen parataktisch verknüpft würden und daß in ihm viele Floskeln und Formeln vorkämen, dann sind damit typische Strukturmerkmale der empraktischen mündlichen Rede genannt. Wenn für den elaborierten Sprachcode geltend gemacht wird, daß in ihm sehr unterschiedliche syntaktische Ordnungsmuster benutzt würden, daß die in ihm verwendeten lexikalischen und grammatischen Formen nicht gut voraussagbar seien, daß in ihm Aussagen relativ häufig hypotaktisch verknüpft würden und daß in ihm durch Konjunktionen, Präpositionen und Pronomen zwischen den einzelnen Textelementen eine klare Strukturordnung hergestellt werde, dann sind damit viele Strukturmerkmale der schriftlich gebrauchten Sprache angesprochen.

Zu Recht ist immer wieder betont worden, daß aus der Feststellung von empirisch nachweisbaren Unterschieden im Sprachgebrauch nicht direkt auf die unterschiedlichen kognitiven Fähigkeiten der jeweiligen Sprachverwender geschlossen werden dürfe und daß die sogenannte *Defizithypothese* durch eine *Differenzhypothese* zu ersetzen sei, die sich zunächst deskriptiv und nicht normativ zu orientieren habe. Im Rahmen der Differenzhypothese ist dann vielfach sogar von einer funktionalen Äquivalenz beider Sprachcodes gesprochen worden. Es werde nämlich oft übersehen, daß im restringierten Sprachcode meist nur andere morphologische Repräsentationsformen für dieselben grammatischen Ordnungsmuster verwendet würden. So fielen in dem restringierten Sprachcode beispielsweise die Kausalkonjunktionen nicht aus, sondern würden durch die Partikeln *ja* oder *doch* ersetzt.[19]

Es ist sicher richtig, daß aus der Neigung zur Parataxe nicht sofort auf kognitive Defizite geschlossen werden darf, weil der parataktische Sprachgebrauch einem spezifischen Formungswillen entspringen kann, und daß für dieselben grammatischen Differenzierungs- bzw. Instruktionsfunktionen unterschiedliche morphologische Mittel eingesetzt werden können. Gleichwohl kann aber die ausschließliche Verwendung des restringierten Sprachcodes ein spezifisches *Kompetenzdefizit* dokumentieren. Wer nur diesen Sprachcode verwenden kann, der beherrscht eine spezifische mediale Ausprägung der Sprache nicht, die kulturgeschichtlich immer wichtiger geworden ist. Wer nicht in der Lage ist, semantisch autonome Texte in dem hier beschriebenen Sinne herzustellen, bei dem sind bestimmte kognitive Fertigkeiten nur rudimentär ausgeprägt.

Von einer funktionalen Äquivalenz der beiden Sprachcodes kann möglicherweise im Hinblick auf den mündlichen Sprachgebrauch gesprochen werden, aber im Hinblick auf den schriftlichen Sprachgebrauch sicher nicht. Selbst wenn beispielsweise die Kausalkonjunktion *weil* durch die Partikel *ja* ersetzt werden kann *(Karl bekommt Rente, er ist ja Kriegsinvalide)*, dann ist die Partikel *ja* keineswegs funktionsäquivalent mit der Konjunktion *weil*, da sie auch noch zu anderen Zwecken verwendet werden kann und somit mehrdeutiger ist. Mit der Kausalkonjunktion *weil* kann eine Kausalrelation ausdrücklich signalisiert werden. Mit der Partikel *ja* wird eine solche Kausalrelation im Verstehensprozeß zwar auch hergestellt, aber nicht unbedingt deswegen, weil die Partikel sie erzwingt, sondern weil sie einen vagen Hinweis auf den Sprechakt des *Erklärens* gibt und weil unser Wissen von der Welt so ist, daß wir zu Recht einen Kausalzusammenhang zwischen den beiden Aussagen vermuten können. Selbst wenn die Partikel fehlte, würden wir nämlich diesen Kausalzusammenhang gedanklich herstellen. Für die Funktionen der schriftlich gebrauchten Sprache ist es aber nun wesentlich, daß zu ihrem Verständnis möglichst wenig zusätzliches Wissen vorausgesetzt wird.

Die Notwendigkeit, einen Text vollkommen grammatisch durchzustrukturieren, um ihn semantisch möglichst autonom zu machen, erzwingt eine differenzierte und normierte Grammatik. Auf den ersten Blick scheint darin ein unbezweifelbarer kognitiver *Vorteil* zu liegen, weil sich dadurch auch Denkprozesse präzisieren lassen. Auf den zweiten Blick zeigt sich aber, daß durch die situationsabstrakte semantische Autonomie und die vollkommene grammatische Durchstrukturiertheit schriftlich fixierter Texte auch bestimmte Probleme aufgeworfen werden. Im Zusammenhang der Überlegungen zu den Systemzwängen bei der Evolution der Grammatik wurde schon darauf aufmerksam gemacht, daß bei Zeichen ein labiles Gleichgewicht zwischen *Präzision* und *Vagheit* angestrebt werden muß, um das Denken lebendig zu halten und geistige Operationen nicht allzu sehr vorzustrukturieren. Dieses Problem ist auch im Zusammenhang mit der optimal durchstrukturierten schriftlichen Realisationsweise der Sprache zu bedenken.

Die Verwendung normierter grammatischer und lexikalischer Ordnungsmuster in der geschriebenen Sprache impliziert nämlich die Übernahme normierter kognitiver Muster. Dadurch können kognitive Prozesse zwar präziser werden und intersubjektiv besser nachvollziehbar, aber zugleich auch weniger individuell, komplex und originell. Die Beseitigung von Vagheit, Ambivalenz und Situationsverschränktheit in der Sprache kann kreative Sinnbildungsprozesse und metasprachliche Begleitreflexionen überflüssig machen und Verstehensprozesse so kanalisieren, daß sie zu *schematischen* Informationsverarbeitungsprozessen werden, die in Computern gut simulierbar sind. Außerdem kann die Präzision der Sprache eine Präzision der Analyse vortäuschen, die in Wirklichkeit gar nicht vorliegt oder die der Strukturordnung der Sachverhalte gar nicht angemessen ist, weil diese selbst vage ist. Grammatisch vollkommen durchstrukturierte Texte können die *interpretative* Phantasie lähmen und zu rein reproduktiven Sinnbildungsprozessen führen, weil sie durch ihr dichtes grammatisches Instruktionspotential das Denken Schritt für Schritt auf vorgebahnten Wegen leiten. Von hier aus wird dann auch verständlich, warum sowohl die Mystiker als auch die Ironiker eine besondere Vorliebe für *paradoxe* Äußerungsformen entwickelt haben. Durch sie können sie nämlich verdeutlichen, daß sich ihr Denken nicht in den Bahnen bewegt, die die konventionalisierten sprachlichen Ordnungsmuster nahelegen.

Vor diesem Hintergrund gibt es nun gute Gründe, die These zu vertreten, daß das sogenannte *sprachliche Relativitätsprinzip* von Whorf[20], welches besagt, daß wir die Wirklichkeit entsprechend den Ordnungsmustern unserer Sprache erfassen, in höherem Maße für die geschriebene als für die gesprochene Sprache gilt. Die vorstrukturierende Kraft sprachlicher Ordnungsmuster für das Denken scheint in der schriftlich verwendeten Sprache stärker durchzuschlagen als in der mündlich verwendeten, weil die sprachlichen Ordnungsmuster hier in der Regel stärker normiert sind, weil unsere Verstehensprozesse hier stärker durch grammatische Instruktionssignale reguliert werden und weil sich hier der sinnbildende Einfluß von Situationsfaktoren und averbalen Zeichentypen entscheidend vermindert. Gerade weil sich die Sprache in ihrer geschriebenen Form zu einem relativ *autonomen* Sinnbildungsmittel verselbständigt, sind wir ihrer *strukturbildenden* Macht im höheren Maße ausgeliefert als in der gesprochenen Form, wo neben der Sprache noch andere Faktoren Sinnbildungsprozesse beeinflussen.

Nun darf allerdings bei dieser Argumentation auch nicht vergessen werden, daß in der geschriebenen Sprache Sprach- und Kommunikationsformen wirksam werden können, die schematisierte Verstehensprozesse unterbinden, kreative Sinnbildungsprozesse provozieren und reflexive Denkprozesse anregen, obwohl oder gerade weil die geschriebene Sprache grammatisch stringenter durchgeformt ist als die gesprochene. In diesem Zusammenhang ist vor allem an *bildliche, ironische* und *andeutende* Aussageweisen zu denken, bei denen sich auf der Basis einer eindeutigen Grundinformation eine weniger gut faßbare zweite Sinnebene aufbaut. Zu denken ist weiterhin an komplexe grammatisch-stilistische Ordnungsmuster wie etwa die *erlebte Rede* oder bestimmte *schriftgebundene Textsorten,* die ihre Sinnfunktionen erst unter den zeitgedehnten Produktions- und Rezeptionsbedingungen der geschriebenen Sprache voll entfalten können. Außerdem ist zu berücksichtigen, daß in der schriftlich verwendeten Sprache die Vorstrukturierung des Denkens durch lexikalische und grammatische Formen leichter thematisiert werden kann als in der mündlich verwendeten Sprache, weil sich die Sprache in dieser Realisationsform als Beobachtungsobjekt leichter vergegenständlichen läßt und deshalb bessere Voraussetzungen dafür bietet, das dialektische Spannungsverhältnis von Sachthematik und Sprachthematik zum expliziten Gegenstand reflexiver Denkanstrengungen zu machen.

Angesichts dieser Überlegungen lassen sich nun zwei verschiedene Spielarten der semantischen Autonomie von schriftlich fixierten Texten unterscheiden, nämlich die semantische Autonomie von *Sachtexten* und die von *ästhetischen Texten.* Sachtexte bzw. *fachsprachliche Texte* gewinnen ihre semantische Autonomie dadurch, daß sie entsprechend den Normen der Lexik und Grammatik vollkommen durchstrukturiert sind und deshalb von allen, die die jeweiligen Normen beherrschen, relativ identisch verstanden werden. In ihnen wird die Sprache als autonomes Sinnbildungsmedium so perfekt eingesetzt, daß wir sie gar nicht mehr als Medium wahrnehmen, sondern leicht der Suggestion verfallen, daß wir es unmittelbar mit den jeweiligen Sachen selbst zu tun hätten. Die semantische Präzision der Sachtexte kann deshalb eine gewisse ›Betriebsblindheit‹ fördern, weil unsere Denk- und Wahrnehmungsprozesse sich ganz den jeweils verwendeten sprachlichen Ordnungsmustern anpassen.

Die semantische Autonomie von *ästhetischen Texten* ist demgegenüber dadurch gekennzeichnet, daß wir sie auf einer ersten Wahrnehmungsebene ähnlich leicht wie Sachtexte in konkrete Vorstellungsbilder umsetzen können, daß das auf einer zweiten Wahrnehmungsebene aber nicht mehr problemlos gelingt. Das liegt vor allem daran, daß uns auf dieser zweiten Wahrnehmungsebene die sprachliche Strukturiertheit dieser Texte immer stärker ins Auge fällt. Grammatische Ordnungsformen werden in ihnen so verwendet, daß ihre sinnbildende Kraft gleichzeitig *genutzt* und *gezeigt* werden kann. Semantische Autonomie gewinnen ästhetische Texte dann nicht nur dadurch, daß sie grammatisch vollkommen durchstrukturiert sind und daß mit rein sprachlichen Mitteln eigene Sinnwelten aufgebaut werden, sondern auch dadurch, daß die *Sprache* in ihnen gleichsam immer ein *mitlaufendes Thema* ist und der mediale Charakter der Sprache nicht in Vergessenheit gerät. Deshalb leisten ästhetische Texte schablonisierten Denkweisen auch sicher nicht so leicht Vorschub wie Sachtexte.

Ein typisches Beispiel dafür, daß in der Sprache Ordnungsstrukturen zugleich genutzt und problematisiert werden können, stellen *Metaphern* dar. Das Verstehen von Metaphern ist dadurch geprägt, daß wir uns nicht schematisch der Macht der grammatischen und lexikalischen Instruktionen beugen, sondern diese Instruktionen durch übergeordnete Sinnkriterien so variieren und relativieren, daß insgesamt sinnvolle Vorstellungsinhalte entstehen *(Die Arbeit schwitzt das Kapital aus)*. [21]

3. *Die bewußtseinsverändernde Wirkung der Schrift*

Da die Schrift das Phänomen Sprache medial auf neuartige Weise konkretisiert und objektiviert, führt sie natürlich sowohl auf der phylogenetischen als auch auf der ontogenetischen Ebene zur Ausbildung eines anderen *Sprachbewußtseins* und einer anderen *Sprachpraxis*. Die kognitiven Implikationen der neuen Denk- und Kommunikationsformen, die durch den Schrifterwerb angeregt und ermöglicht werden, lassen sich ganz gut im Rahmen der *Gestaltpsychologie* beschreiben, weil diese dem Zusammenspiel von analytischen und synthetischen Denkoperationen ganz besondere Aufmerksamkeit widmet.

Zentrales Thema der Gestaltpsychologie ist das spannungsvolle Verhältnis von *Teil* und *Ganzem* in komplexen Gebilden. Teil und Ganzes müssen dabei als *relationale* Größen aufgefaßt werden, weil je nach Analyseebene dasselbe Phänomen sowohl als Teil als auch als Ganzes betrachtet werden kann. Die Gestaltpsychologie klassifiziert diejenigen Ganzheiten als *Gestalten*, die eine reiche Binnengliederung aufweisen und in denen die einzelnen Teile nicht additiv, sondern konstruktiv aufeinander bezogen sind. *Prägnanz* haben Gestalten dann, wenn ihre Strukturiertheit sowohl auf der Form- als auch auf der Sinnebene klar hervortritt. [22]

Wichtig für den genetisch-dynamischen Denkansatz der Gestaltpsychologie ist nun, daß die Prägnanz einer Gestalt zwar ein objektivierbares Korrelat in der äußeren Form einer Gestalt haben muß, daß sie aber im wesentlichen ein psychisches Phänomen ist. Ohne die kognitiven Aktivitäten des Menschen bei der Bildung und dem Nachvollzug von Ordnungsstrukturen (Aktualgenese) kann es zu keinen Prägnanzerfahrungen kommen. Ein Prägnanzerlebnis stellt sich am leichtesten dann ein, wenn aus vagen *Vorgestalten* durch schöpferische Analyse- und Syntheseprozesse durchstrukturierte *Endgestalten* hergestellt werden, die für das wahrnehmende Individuum ein höheres Maß an Klarheit, Schärfe, Vielschichtigkeit, Übersichtlichkeit und Sinnträchtigkeit besitzen als die jeweiligen Vorgestalten.

Wenn man nun diesen Denkansatz der Gestaltpsychologie auf die Herstellung von Sätzen und Texten anwendet, dann ergibt sich folgendes Bild. Derjenige, der einen Satz oder Text formuliert, muß von einer vagen und relativ ungegliederten mentalen Vorgestalt in seinem Vorstellungsvermögen ausgehen, die er analytisch so in Einzelvorstellungen auflösen muß, daß sich diese Einzelvorstellungen und der Zusammenhang zwischen ihnen durch konventionalisierte lexikalische und grammatische Ordnungsmuster repräsentieren lassen. Aus den sprachlich objektivierten Einzelvorstellungen muß er dann wieder eine Sinngestalt herstellen, die gegenüber der mentalen Vorgestalt eine größere Gestaltqualität bzw. Prägnanz aufweist, da sie klarer durchstrukturiert ist. Dieser aktualgenetische Prozeß der Gestaltbildung bestätigt deshalb auch die schon von Humboldt und Wundt vertretene These, daß der Satz genetisch nicht aus vorgegebenen Wörtern hervorgeht, sondern daß umgekehrt die Wörter aus der Redeintention hervorgehen.

Grundsätzlich unterscheidet sich die *Aktualgenese* von Sätzen bzw. Texten beim Sprechen und Schreiben nicht von einander. Aber beim Schreiben läuft dieser Prozeß wegen der Zeitdehnung auf einer ungleich höheren Stufe der Explizitheit und metareflexiven Kontrolle ab als beim Sprechen. Beim Schreiben lassen sich die jeweiligen Aufgliederungsvarianten und der Grad der Aufgliederung sehr gut im Hinblick auf ihre Funktionalität für die Verbesserung der Prägnanz der Endgestalt überprüfen.

Die Prägnanz einer sprachlichen Endgestalt ist natürlich keine absolute, sondern eine relative Größe, die einerseits von dem sprachlichen Formrepertoire und den Intentionen des Produzenten und andererseits von dem sprachlichen Formrepertoire und dem Erwartungshorizont des Rezipienten abhängig ist. Im Hinblick auf spezifische Adressaten kann es sowohl unterstrukturierte als auch überstrukturierte Sätze und Texte geben. Offensichtlich ist aber, daß die grammatische Durchstrukturierung und Binnengliederung von Sätzen und Texten unverzichtbar für ihre Gestaltqualität ist. Je mehr intuitive und explizite Kenntnisse Sprachproduzenten und Sprachrezipienten von dem Funktionsrelief grammatischer Formen haben, desto prägnantere sprachliche Endgestalten lassen sich bilden.

Wie unendlich schwer es ist, prägnante Texte herzustellen, zeigt eindrucksvoll das Aufsatzproblem in der Schule. Erst ganz allmählich und sehr mühsam lernen die Schüler, semantisch *autonome* Texte herzustellen, in denen alles zu Ende gesagt wird, weil sie zunächst nicht in der Lage sind, die Sprache als situationsabstraktes Sinnbildungsmittel zu verwenden. Ganz besonders deutlich dokumentiert sich das bei der Versprachlichung von *Bildergeschichten*. Hier neigen Kinder nämlich zunächst dazu, Texte so zu verfassen, daß sie nur dann verständlich werden, wenn man gleichzeitig die jeweiligen Bilder sieht. Erst nach und nach lernen sie, Texte so zu konzipieren, daß ihr Sinngehalt auch dann verständlich wird, wenn man die Bilder nicht sieht, auf die sie sich beziehen. Außerdem haben Kinder zunächst auch große Schwierigkeiten, zwischen den phänomenal zu konstatierenden Fakten und den möglichen funktionalen Zusammenhängen zwischen den Fakten zu unterscheiden. Wenn Kinder zu dieser Unterscheidung fähig sind und verdeckte Handlungsstrukturen in Bildergeschichten sprachlich darstellen wollen, dann geht das nicht ohne die differenzierte Verwendung ganz bestimmter interpretierender grammatischer Zeichen (Konjunktionen, Adverbiale).

Das entscheidende Stichwort für den Prozeß der Textbildung ist der Begriff der *Aufgliederung*.[23] Wenn eine mentale oder sinnliche Vorgestalt versprachlicht werden soll, dann müssen Entscheidungen darüber getroffen werden, in welche Subkomponenten diese Vorgestalten zerlegt werden sollen und welche Relationsbezüge man zwischen diesen annimmt. Der Gebrauch von Satzmustern, Konjunktionen, Attributen, Adverbialen, Tempus-, Genus- und Modusmorphemen ist dabei keineswegs immer ein Reflex objektiver Notwendigkeiten, sondern eher Ausdruck eines bestimmten Aufgliederungswillens. Die sprachliche Strategie der Mystiker und Romantiker, Sinngebilde

nach und nach über die *Negation* von konkreten Vorstellungen zu konstituieren, ist
nicht Ausdruck der Unfähigkeit zur Aufgliederung, sondern ein Ausdruck einer ganz
bestimmten Aufgliederungsstrategie. Die Wahl und die Menge der verwendeten grammatischen Aufgliederungsmittel ist im hohen Maße ein Indiz dafür, welche kognitiven
Anstrengungen ein Schreiber gemacht hat, um hinter den unmittelbaren phänomenalen Eindrücken noch verborgene Sinnstrukturen zu erfassen und sprachlich zu repräsentieren.

Wie sich grammatische Aufgliederungsprozesse in der Ontogenese vollziehen, zeigt
eindrucksvoll ein Experiment des Leningrader Psychologen Oppel, von dem Leont'ev
berichtet.[24] Schulanfänger wurden vor die Aufgabe gestellt, Äußerungen in Wörter
aufzugliedern, ohne daß man ihnen erklärt hatte, was ein Wort sei. Dabei stellte sich
heraus, daß sie Äußerungen noch nicht nach Wörtern aufgliedern konnten, sondern
zunächst eine gröbere Aufgliederung vornahmen, die der grammatischen Aufgliederung nach Subjekt und Prädikatsverband entsprach *(dieäpfel – liegeninderschüssel)*.
Diese Aufgliederung ist im Prinzip ganz folgerichtig, weil man von der Satzebene
grammatisch nicht gleich auf die Wortebene springen kann, sondern nach Zwischen-
gliedern suchen muß. Dabei kann man dann einen Satz logisch in den Gegenstandsbegriff und den Bestimmungsbegriff aufgliedern oder psychologisch in die Basisinformation (Thema) und die Spezifizierungsinformation (Rhema).

Im Schreibvorgang selbst können sich solche Aufgliederungsprozesse dann noch
unterhalb der Wortebene fortsetzen, wenn man bei Wörtern Stamm und Endung bzw.
lexikalische und grammatische Sinnanteile unterscheidet. Weiter muß man lernen,
Sinneinheiten, die man ursprünglich auch als Lauteinheiten erlebt hat, noch einmal in
untergeordnete Lauteinheiten zu untergliedern, um sie mit entsprechenden Schreibeinheiten bzw. Buchstaben korrelieren zu können. Diese Aufgabe stellt sich in unserem
Schriftsystem als sehr schwierig dar, weil Lauteinheiten und Schreibeinheiten in keiner
strengen Symmetrie zueinander stehen und man lernen muß, das phonetisch orientierte
Grundprinzip der Buchstabenschrift mit zusätzlichen Ordnungsgesichtspunkten zu
kombinieren, um fehlerfrei schreiben zu lernen.

Da nun in den flektierenden Sprachen und in der Buchstabenschrift analytische
Aufgliederungsprozesse ganz besonders weit getrieben werden können, ist seit Humboldt dem *flektierenden Sprachtyp* und der *Buchstabenschrift* immer wieder eine besondere Funktion für die Förderung des formal-logischen Denkens zugeschrieben worden. »*Wodurch aber die Buchstabenschrift noch viel wesentlicher, obgleich nicht so
sichtlich an einzelnen Beschaffenheiten erkennbar, auf die Sprache wirkt, ist dadurch,
dass sie allein erst die Einsicht in die Gliederung derselben vollendet, und das Gefühl
davon allgemeiner verbreitet.*«[25]

Die durch die Buchstabenschrift angeregte Neigung zu Analyse-, Umformungs- und
Syntheseprozessen hat den Chinesen Chi Li 1922 sogar dazu inspiriert, von einer
alphabetischen Kultur zu sprechen, die er der *chinesischen Kultur* gegenüberstellt,
welche durch die Begriffsschrift geprägt sei. Die alphabetische Kultur kennzeichne
einen Mangel an Beständigkeit, weil sich in ihr Aufstieg und Abstieg ständig wieder-
holten. Die geistigen Inhalte dieser Kultur seien mit Wasserfällen und Katarakten
vergleichbar, aber nicht mit Seen und Ozeanen. Diese Kulturen seien reich an Ideen,

aber sie seien auch schnell bereit, diese wieder zu verändern und aufzugeben. Die chinesische Kultur sei dagegen vor solchen raschen Wandlungsprozessen durch ihre Begriffsschrift mehr als vier Jahrtausende geschützt worden. [26]

Die durch die Aneignung der Schrift geförderte Anregung zu *analytischen* und *synthetischen* Denkoperationen und der mit jedem Schreibunterricht natürlicherweise verbundene *Grammatikunterricht* scheinen wichtige Konsequenzen für die Ausbildung des individuellen Denkens zu haben. Diese Schlußfolgerung legen jedenfalls ethnologische Untersuchungen von Patricia Greenfield über die kognitive Entwicklung von senegalesischen Wolofkindern mit und ohne Schulausbildung nahe. Selbst wenn man bei ihren Ergebnissen noch berücksichtigt, daß auch die Institution der Schule ein wichtiger Einflußfaktor ist, so bleibt gleichwohl zu berücksichtigen, daß die Erlernung der Schrift und die damit verbundene Sensibilisierung des Denkens für das Medium *Sprache* wichtige Konsequenzen für die kognitive Entwicklung von Kindern hat.

Patricia Greenfield[27] hat festgestellt, daß die schriftunkundigen Wolofkinder große Schwierigkeiten haben, zwischen ihren eigenen Gedanken und Aussagen über einen Sachverhalt und dem Sachverhalt selbst zu unterscheiden, und daß sie ziemlich unfähig sind, Einzelobjekte nach wechselnden Kriterien zu ordnen und perspektivisch kontrolliert wahrzunehmen. Schriftkundige Wolofkinder unterschieden sich in dieser Hinsicht dagegen kaum von schriftkundigen Kindern in Europa und Amerika. Aus diesen und anderen Beobachtungen folgert sie, daß die Erlernung der Schrift wesentlich zur Ausbildung des reflexiven Denkens und der persönlichen Identität beitrage, weil durch die Beherrschung der Schrift das perspektivische Sehen, die Begründung persönlicher Standpunkte und die Antizipation anderer Denkpositionen gefördert werde. Die Schrift befreie von der hypnotischen Kraft und Faszination der aktuellen Situation und eröffne Wege zu rein formalen Denkoperationen, in denen das Reale nicht ein absolutes Übergewicht über das Mögliche habe. [28]

Bruner und Olson[29] haben hervorgehoben, daß mit der Erfindung von künstlichen Symbolsystemen und insbesondere mit der Verschriftlichung der Sprache für den Menschen eine zweite Form von Praxis entstehe, die sie »*Deuteropraxis*« nennen. Für sie sei kennzeichnend, daß in ihr Wissen und Erfahrung nicht mehr direkt aus dem Umgang mit den Dingen und der Welt entstehe, sondern aus dem Umgang mit den *Symbolen* zur Repräsentation und Interpretation der Dinge und der Welt.

Wenn man diesen Denkansatz aufnimmt, dann lassen sich nicht nur zwei Formen von Praxis unterscheiden, sondern auch zwei Formen von *Wissen*. Während das Wissen aus der ersten Praxis dadurch gekennzeichnet ist, daß man es selbst gegen den Widerstand einer konkreten Realität durch persönliche Erfahrungen erarbeitet hat, ist das Wissen aus der zweiten Praxis dadurch gekennzeichnet, daß es aus der Differenzierungs- und Informationskraft sprachlicher Ordnungsmuster erwächst und damit in viel höherem Maße kulturellen Vorprägungen unterliegt. Es kann nicht immer daran bemessen werden, ob es auf eine empirische Realität paßt, sondern meist nur daran, ob es sich mit anderem Wissen problemlos vereinbaren läßt. Mit der steigenden Bedeutung des Wissens aus der zweiten Praxis ändern sich auch die Anforderungen an das Gedächtnis und die kognitiven Fähigkeiten in einer Kultur. Es wird immer weniger wichtig, sich konkrete Einzelerfahrungen zu merken und immer wichtiger, verläßliche

Verfahren zu beherrschen, um aus gegebenen Informationen andere Informationen zu erzeugen.

Es ist offensichtlich, daß unter diesen Umständen die Anforderungen an die *lexikalische* und *grammatische* Strukturiertheit von Texten steigen muß, weil sonst keine stringenten Verfahren entwickelt werden können, um aus den Implikationen und Konsequenzen gegebener Informationen neue zu erschließen. Die grammatische Durchstrukturiertheit eines Textes ist nicht nur eine Voraussetzung dafür, daß ein Text semantische Autonomie gewinnt, sondern auch dafür, daß Texte eine verläßliche Grundlage der zweiten Praxis werden können und daß brauchbare Methoden entwickelt werden können, um verdeckte Sinnschichten in Texten freizulegen.

Der Tatbestand, daß wir mit Symbolen und insbesondere mit verschriftlichter Sprache eigenständige Sinnwelten neben der empirischen Erfahrungswelt erzeugen können, ist aus der Denkperspektive einer *literalen Kultur* betrachtet höchst trivial. Historisch gesehen bzw. in der Denkperspektive einer *oralen Kultur* betrachtet ist dieser Tatbestand aber keineswegs trivial. Es hat langer Anstrengungen bedurft, um die Sprache lexikalisch und grammatisch so auszubauen, daß das möglich wurde. Auf dem Wege, die Sprache zu einem autonomen Sinnbildungswerkzeug auszubauen, bildet die ›Erfindung‹ der Schrift eine außerordentlich wichtige Wegmarke. Das zeigt sich nicht zuletzt darin, daß mit der Herstellung schriftlich fixierter Texte der *Wahrheitsbegriff* eine neue Dimension bekommt, weil nun das Problem auftaucht, wie man die schriftlich fixierten Sinnwelten wahrheitstheoretisch beurteilen soll.

Rösler[30] hat beschrieben, wie in Griechenland die Literatur einen entscheidenden *Funktionswandel* durchmachte, als man dazu überging, sie schriftlich zu fixieren. In der mündlichen Tradierung hatte die pragmatische Funktion der Dichtung weniger darin bestanden, eigenständige Sinnwelten neben der historisch realen Welt zu entwerfen, sondern vielmehr darin, die geistige *Identität* von sozialen Gruppen zu sichern, indem sie Antworten auf die Frage nach der historischen Herkunft und dem religiös-kulturellen Selbstverständnis der jeweiligen Gruppe gab. Die Frage nach der faktischen Wahrheit der Dichtung stellte sich zunächst offenbar gar nicht, weil Wirklichkeit und sprachliche Repräsentation der Wirklichkeit bewußtseinsmäßig noch gar nicht differenziert wurden. Bei der mündlichen Tradierung konnte man alle Inhalte laufend dem jeweiligen Bewußtseinsstand so anpassen, daß sie unmittelbar plausibel blieben. Außerdem wurde das Vorgetragene durch die faktische Existenz des Sängers ständig personal beglaubigt.

Mit der schriftlichen Fixierung der Dichtung ergaben sich nun tiefgreifende Wandlungsprozesse. Eine bestimmte historische *Fassung* einer Dichtung verselbständigte und konservierte sich. Dichtung, Geschichtsschreibung und Naturbeschreibung traten als eigenständige *Textsorten* immer mehr auseinander. Die Dichter wurden der Lüge bezichtigt, weil sie sich etwas ausdachten, was sich historisch nicht beglaubigen ließ. Die Rezeption von Dichtung war nicht mehr ein soziales Integrationsereignis, sondern ein individuell vollzogener Sinnbildungsakt.

Es ist offensichtlich, daß sich unter diesen Umständen immer stärker die Notwendigkeit ergab, für die Dichtung einen eigenständigen *Wahrheitsbegriff* zu entwickeln. Es wurde nämlich immer klarer, daß die einzelnen Dichtungen als autonome Sinnwelten begriffen werden mußten, die sich nur über abstrakte Zwischenkategorien mit der faktischen Welt zusammenbringen ließen. Immer deutlicher stellte sich heraus, daß die Dichtung grundsätzlich andere Intentionen hatte als die Geschichtsschreibung und die Naturbeschreibung. Der Vorwurf der Lüge mußte nämlich von selbst gegenstandslos werden, wenn ein Text gar keine historisch faßbare Realität abbilden wollte. Ebenso wie man die Erfahrung machen mußte, daß der Umgang mit den *faktischen* Welten andere Wahrnehmungsformen erforderlich machte als der Umgang mit *symbolischen* Welten, so mußte man auch die Erfahrung machen, daß der Umgang mit *Sachtexten* andere Verstehensformen erforderlich machte als der Umgang mit *Fiktivtexten*.[31]

Die Genese des Fiktionsproblems macht sehr deutlich, wie sehr im Kontext der Schriftkultur das Bedürfnis nach grammatischer Durchformung von Texten ansteigt. Wenn das Verständnis von Texten nicht mehr dadurch erleichtert wird, daß ihre Sprachformen und Inhalte ständig den jeweiligen Kultursituationen angepaßt werden, wenn Texte sich immer stärker nach Textsorten ausdifferenzieren, wenn Handlungsberichte durch Reflexionspassagen ergänzt werden, wenn Wahrnehmungsprozesse immer analytischer werden, weil sich die Sprache in der Schrift vergegenständlicht und zeitgedehnt wahrgenommen werden kann, dann dokumentiert sich darin, wie unabdingbar klare grammatische Instruktionen für einen kohärenten Textaufbau und ein kohärentes Textverständnis werden. Insbesondere die *interpretierenden* grammatischen Zeichen spielen unter diesen Umständen eine wachsende Rolle, weil sie bei der semantischen Feinstrukturierung von Texten eine entscheidende Funktion haben. Je mehr sich eine Kultur ausdifferenziert und je unterschiedlicher die Perspektiven werden, in denen bestimmte Sachverhalte wahrnehmbar sind, desto notwendiger wird es, Texte nuancenreich durchzuformen, damit sie sich als eigenständige Sinnwelten konstituieren können. Wenn Don Quichotte die faktische Welt und die fiktive Welt nicht mehr auseinanderhalten kann, dann bestätigt er indirekt die Kraft der durchgeformten Sprache zum Aufbau eigenständiger Sinnwelten.

Parallel zu der Autonomisierung von Textwelten mit Hilfe der Schrift scheint es auch zu einer Autonomisierung und Individualisierung der menschlichen Psyche zu kommen. Havelock betrachtet deshalb die Idee der *individuellen Seele*, die mit den von Sokrates vertretenen Denkformen entstehe, als Konsequenz des Übergangs von der oralen zur literalen Kultur.[32] Durch den Umgang mit schriftlichen Texten bzw. durch den Umgang mit schriftlich objektivierten sprachlichen und kulturellen Ordnungsmustern gewinne das Individuum ein ausgeprägtes Ich-Bewußtsein und eine größere Rollenflexibilität.

Havelock betont außerdem, daß die literarische Sprache und insbesondere die schriftlich fixierte literarische Sprache aus immanenten Zwängen ein Maximum an sprachlichen Differenzierungs- und Ausdrucksmitteln entwickeln müsse. Die literarische Sprache sei als ein *Reservoir* potentiell verwendbarer sprachlicher Ausdrucksmittel anzusehen (preserved communication), das eine Kultur im Laufe der Zeit für ihre Bedürfnisse entwickelt habe. Deshalb sei es auch keineswegs zwingend, die literarische Sprache als Sonderform aus der Alltagssprache abzuleiten, ebenso gut könne man umgekehrt auch die Alltagssprache aus der literarischen Sprache ableiten. Homer und Hesiod sollte man deshalb weniger als Poeten ansehen, sondern eher als Repräsentanten einer bestimmten Entwicklungsstufe der griechischen Kultur, die auf vorbildliche Weise das Idiom gesprochen hätten, das ihr Zeitalter möglich gemacht hätte. [33]

Auch Jakobson hat betont, daß in der poetischen Sprache grammatische Ordnungsmuster bzw. formale Bedeutungen ihre höchste und differenzierteste Ausbildung erführen, weil die Dichtung »*die am stärksten formalisierte Manifestation von Sprache ist.*« [34] Er sieht deshalb auch eine auffallende Analogie zwischen der Rolle der Grammatik in der Dichtkunst und der Rolle geometrischer Prinzipien in der bildenden Kunst. Die abstraktive Kraft des menschlichen Denkens ist für ihn sowohl die Grundlage der Grammatik als auch die Grundlage der Geometrie.

Die bewußtseinsverändernde Wirkung der Schrift und der immanente Zwang, die geschriebene Sprache grammatisch stärker und klarer durchzustrukturieren als die gesprochene Sprache, sind Problembereiche, die auch in die gegenwärtige Mediendiskussion hineinreichen. McLuhan sieht in den neuen Kommunikationsmedien Film, Funk und Fernsehen im Prinzip eine Bereicherung, weil sie die Dominanz des Mediums Schrift brechen und damit auch die Dominanz der Denkformen, die unmittelbar mit der Schrift und insbesondere mit der alphabetischen Schrift verbunden sind. Die neuen Medien höben gewisse kognitive Spezialisierungen, die zugleich auch bestimmte Entfremdungen darstellten, wieder auf. Sie brächten den Gehörsinn und das ganzheitliche emotionale Denken und Wahrnehmen wieder zu Ehren, das im Medium der Schrift verkümmert sei, weil es das linearisierte und abstraktive Denken und Wahrnehmen begünstige. [35]

Postman sieht dagegen in den neuen Kommunikationsmedien und insbesondere im Fernsehen eine Gefahr, durch die die Kultur- und Denkformen, die mit Hilfe des Mediums Schrift entwickelt worden seien, wieder zunichte gemacht würden. Im Medium Fernsehen würde die hypnotische Kraft der Bilder so dominieren, daß die begrifflichen und logisch-grammatischen Ordnungsstrukturen der Sprache gar nicht mehr richtig zur Entfaltung kämen, was zugleich bedeute, daß bestimmte Anwendungsformen des Intellekts und bestimmte Inhalte gar nicht mehr in Erscheinung treten könnten. Postman ist fest davon überzeugt, »*daß die vom Fernsehen erzeugte Epistemologie nicht nur der auf dem Buchdruck beruhenden unterlegen, sondern daß sie auch gefährlich und vernunftwidrig ist.*« [36]

IX

Logik und Grammatik

Der Terminus *Logik* ist nicht weniger vage, widerspenstig und historisch mehrdeutig als der Terminus *Grammatik*. In einem weiten, aber unspezifischen Sinne läßt sich unter *Logik* die Lehre vom Denken verstehen. Diese Bestimmung der Logik hat allerdings immer wieder Kritik auf sich gezogen, weil sie die Logik zu sehr an die Psychologie heranrücke und ihr ihre normativen Implikationen nehme. Deshalb ist sie dann auch in einem engeren Sinne als Lehre von den formalen Regeln des richtigen Denkens definiert worden bzw. als Lehre vom Begriff, Urteil und Schluß. Historisch ist auch zu beachten, daß das, was wir heute als *Logik* bezeichnen, in der Antike meist als *Analytik* und im Mittelalter als *Dialektik* bezeichnet worden ist.

In einem engen und normativen Sinn hat auch Kant die Logik in seiner Vorrede zur zweiten Auflage der *Kritik der reinen Vernunft* verstanden. Er hat hier nicht nur herausgestellt, daß die Logik seit Aristoteles weder einen Schritt rückwärts noch vorwärts gemacht habe, sondern auch festgelegt, daß sie eine Wissenschaft sei, »*welche nichts als die formalen Regeln alles Denkens ... ausführlich darlegt und Strenge beweiset*«, und daß »*in ihr also der Verstand es mit nichts weiter, als sich selbst und seiner Form zu tun hat*«.[1]

Die Reduktion der Logik auf die Lehre von den formalen Regeln des richtigen Denkens ist aus zwei Gründen immer wieder als problematisch empfunden worden. Einerseits glaubte man, die Interessensbereiche und die Stoßrichtung der Logik näher bezeichnen zu müssen, so daß man dann von einer *formalen, transzendentalen, spekulativen, dialektischen, hermeneutischen, dialogischen, induktiven, deduktiven, zweiwertigen, mehrwertigen* usw. Logik gesprochen hat. Andererseits stellte sich immer deutlicher heraus, daß sich der Begriff der Logik nicht so reinlich von dem der Sprache und Grammatik trennen ließ, wie es Kant noch für selbstverständlich gehalten hatte. Wie auch immer man den Gegenstandsbereich und die Zielsetzungen der Logik im einzelnen zu bestimmen versucht, immer wird sie etwas mit der *Formation* und *Kombination* von einfachen und komplexen sprachlichen Zeichen zu tun haben und mit dem Problem, wie man die *Implikationen* von Zeichen aufdecken kann bzw. wie man aus gegebenen Informationen auf verläßliche Weise andere Informationen erzeugen kann.

Im Rahmen eines evolutionären Denkansatzes läßt sich grundsätzlich davon ausgehen, daß sprachliche Ordnungsstrukturen nicht quer zu logischen liegen, weil sie sich korrelativ miteinander entwickelt haben und weil nur diejenigen sprachlichen Ordnungsstrukturen überlebt haben, die sich bei der Bewältigung der Wirklichkeit operativ bewährt haben. Da die Sprache aber noch andere Funktionen hat als die, das Denken in richtigen Ordnungsbahnen zu leiten, wird man nicht davon ausgehen können, daß sprachliche und logische Ordnungsstrukturen deckungsgleich miteinander sind, sondern nur davon, daß sie sich überlappen.

Außerdem stellt sich das Problem, ob es nur eine Form des richtigen Denkens gibt und damit nur eine Form der Logik, die auf alle Arten von Denkprozessen und Sprachen anwendbar ist, oder ob es viele Logiken gibt, je nachdem welche *Ziele* man dem Denken oder der Verarbeitung von Informationen jeweils setzt. Die mit formalisierten Zeichen arbeitende Logik wäre dann nicht die Logik schlechthin, sondern auch nur eine spezielle *Funktionslogik*, die nicht einfach zum Maßstab für alle anderen gemacht werden kann. Wenn man die These von der möglichen Vielfalt der Logik ernst nimmt, dann ergibt sich die Notwendigkeit, das Problem der Logik immer im engen Zusammenhang mit dem Problem der Sprache und Grammatik abzuhandeln, weil die Sprache die *mediale* Grundlage der vielfältigsten Formen von Denkprozessen sein kann und weil sich in der grammatischen Ordnungsstruktur der Sprache in einem langen historischen Prozeß Abstraktionsstrukturen herauskristallisiert haben, die sich zumindest für die Strukturierung derjenigen Denkprozesse pragmatisch bewährt haben, die anthropologisch besonders wichtig sind.

Für das Verfahren, logische Analysen mit grammatischen Analysen beginnen zu lassen, spricht auch eine grundsätzliche hermeneutische und systemtheoretische Überlegung. Wenn wir logische Analysen machen, dann denken wir dabei grundsätzlich in den Bahnen, die uns die Grammatik unserer Sprache vorgibt. Gegen die grammatischen Regeln zur Konstitution komplexer Vorstellungsinhalte ist zunächst kein *Skeptizismus* möglich, weil es sonst gar nicht zum Aufbau strukturierter Vorstellungsinhalte käme. Ein Denkender kann sich im Denken ebensowenig grundsätzlich skeptisch gegen die Formen und Regeln der Grammatik verhalten, wie ein Spieler sich im Spiel grundsätzlich skeptisch gegen die Mittel und die Regeln eines Spiels verhalten kann, weil erst durch die Anerkennung dieser Mittel und Regeln das Spiel als Spiel geschaffen wird. Im Vollzug von Denken und Spiel muß die Geltungskraft der dabei verwendeten Formen und Regeln notwendigerweise tabuisiert werden. Erst nach ihrer Verwendung können sie auf einer zweiten Reflexionsstufe hinsichtlich ihrer Implikationen, Grenzen und Veränderungsmöglichkeiten diskutiert werden.

Es ist nicht leicht, das in den grammatischen Formen und Regeln akkumulierte kognitive und operative Wissen zu thematisieren, weil es uns so selbstverständlich ist. Da wir keinen archimedischen Punkt außerhalb der Sprache zur Betrachtung der Sprache finden können, läßt es sich immer nur *partiell* vergegenständlichen. Gerade bei der Analyse der logischen Implikationen der Grammatik ist zu beachten, daß die Sprache und die Grammatik nie Gegenstände unter Gegenständen sein können, weil sie es uns erst ermöglichen, Gegenständlichkeit als *durchstrukturierte* Gegenständlichkeit im Denken zu erzeugen. Grammatische Formen und Regeln stellen immer Ordnungszusammenhänge dar, denen wir implizit schon vertrauen, wenn wir die Sprache zu kognitiven und kommunikativen Zwecken verwenden.

Auf der Ebene der Lexik läßt sich das vorgängige sprachliche Verständigtsein noch relativ leicht thematisieren und hinsichtlich seiner Inhalte analysieren, weil wir gewohnt sind, den begrifflichen Inhalt unserer Wörter zu variieren und zu definieren. Auf der Ebene der Grammatik ist das sehr viel schwerer, weil wir uns hier kaum Alternativen zu den jeweils konventionalisierten Ordnungsmustern denken können. Erst bei dem Erlernen von Fremdsprachen werden wir wirklich mit dem Problem konfrontiert, daß auch grammatische Ordnungsmuster keine Naturformen, sondern *Kulturformen* sind. Gerade im Hinblick auf die Grammatik wird besonders deutlich, daß sich das Denken vielleicht aus der Verhaftung mit einer Sprache befreien kann, aber wohl kaum aus der Verhaftung mit Sprachen und Zeichensystemen überhaupt.

Das Problem des Zusammenhangs von Logik und Grammatik kann hier nicht in allen Einzelaspekten behandelt werden, deshalb soll versucht werden, es auf exemplarische und idealtypische Weise im Kontext von zwei sehr unterschiedlichen Logikkonzeptionen zu betrachten. Es handelt sich dabei einerseits um die von Aristoteles begründete *klassische Logik*, weil diese unsere allgemeine Vorstellung von Logik normativ geprägt hat und weil sie für die logischen Operationen in unserem Alltagsdenken unentbehrlich ist. Es handelt sich dabei andererseits um die von Peirce entwickelte *semiotische Logik*, die sehr viel umfassender konzipiert ist und die versucht, die generellen Ordnungsstrukturen unseres Denkens aufzuklären. Die semiotische Logik von Peirce liegt uns nicht als festes Denkgebäude vor, sondern repräsentiert sich eher als ein Inventar von Gesichtspunkten und Denkperspektiven für logische Probleme. Dennoch bieten die Überlegungen von Peirce gute Ansatzpunkte, um Logik und Grammatik auf fruchtbare Weise miteinander zu konfrontieren.

1. *Klassische Logik und Grammatik*

Die *klassische* oder *aristotelische Logik* ist diejenige Logik, die sich als Lehre vom *Begriff, Urteil* und *Schluß* kennzeichnen läßt. Sie verdankt ihre theoretische Ausarbeitung im wesentlichen dem Bedürfnis, die im Alltagsdenken schon praktizierten Denkregeln explizit zu machen und zu normieren, um die Prinzipien verläßlicher Argumentation herauszuarbeiten. So gesehen präsentiert sich die klassische Logik dann auch als ein System von Prinzipien und Regeln über den zulässigen und präzisen Sprachgebrauch. Die Nachträglichkeit der theoretischen Logik zu der praktizierten Logik und die pragmatische Herkunft der Logik hat Mauthner sogar zu der folgenden, etwas überspitzten These veranlaßt. *»Die ›objektive‹, unpersönliche, stimmungsfreie Logik folgt hinter dem Denken drein, wie die Leichenöffnung hinter dem Leben. Der Mensch denkt, wie er will. Natürlich nicht freier, als sein Wille ist.«* [2]

Bemerkenswert ist nun allerdings, daß die klassische Logik zwar Normen für die Handhabung von Begriffen, für die Form von Aussagen und für die Zulässigkeit von Schlüssen aufgestellt hat, daß sie aber die Sprache und die Grammatik als Grundlage ihrer selbst kaum oder gar nicht thematisiert hat. Dieses sprachtheoretische Defizit der klassischen Logik erscheint uns von unserem gegenwärtigen Sprachbewußtseinsstand her sehr verwunderlich, in einer historisch-genetischen Denkperspektive ist dieses Defizit aber gar nicht so erstaunlich.

Phänomenologisch gesehen sind wir in der natürlichen Einstellung in unseren Denkprozessen immer bei den Sachen und nicht bei den sprachlichen Mitteln für die Darstellung der Sachen. Wir suchen zwar immer nach der adäquaten Darstellungsform für die Sachen, aber wir problematisieren nicht grundsätzlich, ob unser Inventar sprachlicher Formen den darzustellenden Sachen überhaupt richtig angepaßt ist. Das Problem der Wahl der richtigen Sprachform beschäftigt uns mehr als die Kritik der Sprachformen, die zur Wahl stehen. Erst die erkenntnistheoretischen und sprachphilosophischen Reflexionen der Neuzeit haben unabweisbar darauf aufmerksam gemacht, welche denkerischen und sprachlichen *Idealisierungen* der klassischen Logik zugrunde liegen. Diese Idealisierungen sind theoretisch höchst diskussionswürdig, sie haben sich aber pragmatisch bewährt, um unsere lebenspraktischen Denkprozesse zu regulieren. Die Struktur der klassischen Logik läßt sich am besten erfassen, wenn man ihre drei *Grundaxiome* näher ins Auge faßt, nämlich den Satz der *Identität* (A = A), den Satz vom *verbotenen Widerspruch* (A kann nicht zugleich A und B sein) und den Satz vom *ausgeschlossenen Dritten* (tertium non datur). Diese drei Axiome idealisieren die Struktur der Realität, des Denkens und des Sprachgebrauchs, aber ohne diese Idealisierungen könnten wir unser Alltagsdenken nicht auf pragmatisch sinnvolle Weise organisieren, weil wir in ihm ohne Vergröberungen und Abstraktionen gar nicht auskommen können.

Der Satz der *Identität* besagt auf einer ersten Reflexionsebene, daß ein Ding mit sich selbst identisch ist und stabile Merkmale bzw. Attribute hat. Auf den ersten Blick scheint dieser Satz auf eine triviale Weise selbstverständlich zu sein, auf den zweiten Blick ist er es aber keineswegs. Er läßt nämlich außer acht, daß sich alle Dinge im Verlauf der Zeit mehr oder weniger verändern und daß sie sich auch dadurch verändern können, daß sie in andere räumliche und pragmatische Wirkungszusammenhänge gebracht werden. Der Satz der Identität spiegelt unser Bemühen wider, uns die Dinge als *Substanzen* vorzustellen, die immer mit sich selbst identisch bleiben. Das ist möglich, weil wir in unseren Denkprozessen von der verändernden Wirkung von Raum und Zeit abstrahieren und die Dinge einfacher machen, als sie in Wirklichkeit sind. Diese Abstraktionen können wir machen, weil das Ausmaß der jeweiligen Veränderungsprozesse für das praktische Leben relativ irrelevant ist, und wir müssen sie machen, weil wir sonst gar nicht erfolgreich denken und handeln könnten. Obwohl der Identitätssatz ontisch höchst problematisch ist, können wir praktisch nicht auf ihn verzichten. Im Denken müssen wir etwas als identisch betrachten, was streng genommen im Verlaufe der Zeit gar nicht identisch mit sich selbst bleibt, weil sonst unser Denken gar keinen festen Halt fände. Wenn wir extrem realistisch denken wollten, müßten wir alle Dinge mit einem Zeit- und Raumindex versehen, was aber wieder unlösbare Probleme aufwürfe, weil wir uns entscheiden müßten, bis zu welchem Differenzierungsgrad wir solche Indizes spezifizieren wollen.

Diese Problemzusammenhänge hat man natürlich immer wieder gesehen und deshalb den Satz der Identität auf einer zweiten Reflexionsebene nicht auf die empirisch vorfindbaren Dinge bezogen, sondern auf die abstrakten *Begriffe*, mit denen wir die Dinge zu erfassen versuchen. Dafür ließ sich geltend machen, daß wir im Denken ja nicht mit den Dingen operieren, sondern mit Begriffen, und daß es zum Wesen der Begriffe gehöre, von Zeit und Raum zu abstrahieren und mit sich selbst identisch zu bleiben. Diese Argumentation ist sicher richtig, aber sie löst das Problem nicht, sondern verschiebt es nur. Wenn wir nämlich annehmen, daß der begriffliche Inhalt von Wörtern immer mit sich selbst identisch bleibt, dann nehmen wir eigentlich zugleich auch immer an, daß die Dinge mit sich selbst identisch bleiben; zumindest solange nehmen wir dies an, wie wir glauben, daß die Begriffe dazu dienen, die wahre Struktur der Realität zu erfassen. Wie wir das Problem auch wenden, der Satz der Identität vereinfacht die Realität für das Denken, aber im Prinzip macht er nur diejenigen Vereinfachungen explizit, die in der Sprache immer schon vorgenommen worden sind. Die Sprache idealisiert und vereinfacht in ihren abstraktiven Musterbildungen nicht nur dadurch, daß sie Wandlungsprozesse in den Dingen unterschlägt, sondern auch dadurch, daß sie Dinge für identisch erklärt, die eigentlich nur ähnlich sind.

Der Satz vom *verbotenen Widerspruch* besagt, daß zwei sich widersprechende Aussagen nicht zugleich wahr sein können. Daraus folgt, daß wir unsere sprachlichen Termini immer in demselben Sinn gebrauchen müssen, daß wir ihnen nicht in der einen Aussage den Begriffsinhalt bzw. den referentiellen Bezug A und in der anderen Aussage den Begriffsinhalt bzw. den referentiellen Bezug B zuordnen dürfen. Es ist nun aber offensichtlich, daß die Wörter der natürlichen Umgangssprache im Gegensatz zu denen der formalisierten Fachsprachen eine große begriffliche Unschärfe aufweisen und je nach Kontext etwas anderes bedeuten können, was z. B. Metaphern schlagend beweisen. Aus diesem Tatbestand ist abzuleiten, daß wir uns in unseren alltäglichen Denkprozessen nicht nur nach den Informationen richten, die uns sprachlich bzw. begrifflich vermittelt werden, sondern daß wir unser ganzes Wissen von der Welt aktivieren und notfalls die Begriffsinhalte der verwendeten Wörter so uminterpretieren, daß sich plausible Gesamtvorstellungen ergeben. Da die Logik nun aber bei ihren strukturtheoretischen Überlegungen von der unkontrollierbaren Interpretationsfähigkeit einer einzelnen Person zu abstrahieren hat, muß sie den Satz vom verbotenen Widerspruch formulieren. Damit erfaßt sie zwar nicht den tatsächlichen natürlichen Sprachgebrauch, aber sie formuliert durchaus ein strukturtheoretisches regulatives Grundprinzip praktisch erfolgreichen Sprechens und Denkens.

Der Satz vom *ausgeschlossenen Dritten* besagt, daß ein Element oder Sachverhalt entweder unter den einen oder den anderen Begriff fällt bzw. daß eine Aussage über etwas entweder wahr oder falsch ist. Da die klassische Logik nur mit den beiden Wahrheitswerten *wahr* und *falsch* arbeitet, wird sie oft auch als *Alternativlogik* oder *zweiwertige Logik* bezeichnet. Der Satz vom ausgeschlossenen Dritten hat die wichtige Implikation, daß jede Wahl eines sprachlichen Ausdrucks im Prinzip zugleich immer eine *implizite Negation* der Verwendungsmöglichkeit eines anderen Ausdrucks ist. Dieses letzte Axiom idealisiert und vereinfacht wiederum die tatsächlichen Sprach- und Denkgegebenheiten, weil sich zumindest in den natürlichen Sprachen die einzelnen Begriffe stark überschneiden, weil Begriffsfestlegungen für das Denken nicht prinzipiell sakrosankt sein dürfen und weil es viele Aussagen gibt, die wir nicht nach dem einfachen Schema von *wahr* und *falsch* qualifizieren können, sondern bei denen wir uns mit einem gewissen Grad der *Wahrscheinlichkeit* von Wahrheit oder Falschheit zufrieden geben müssen. Dennoch ist der Satz vom ausgeschlossenen Dritten als *regulatives* Grundprinzip ebenso unverzichtbar für das Denken wie der Satz der Identität und des verbotenen Widerspruchs.

Die klassische zweiwertige Logik ist mit ihren drei regulativen Axiomen sowohl Ausdruck einer bestimmten Festlegung der Ziele des Denkens als auch eines bestimmten sprachtheoretischen Bewußtseinstandes. Die klassische Logik ist eine reine *Gegenstandslogik*, die sich ausschließlich an der *Darstellungsfunktion* der Sprache orientiert und alle anderen Funktionen außer acht läßt. Die starke ontologische Grundorientierung der klassischen Logik, bei der die Differenz zwischen den Dingen und dem Denken bzw. zwischen den Sachen und ihren sprachlichen Repräsentationen ausgeblendet wird, schließt die Berücksichtigung der medialen Bedingungen des Denkens und Darstellens aus. In ihr wird ganz konsequent das Problem ausgeklammert, daß sich unser Denken nicht nur auf die Erfassung der Realität richtet, sondern auch auf die Erfassung der Relationen, in denen wir zur Realität stehen bzw. stehen können.

Da nun die klassische Logik ihr Interesse auf die Darstellungsfunktion der Sprache reduziert, muß sie notwendigerweise immer wieder in einen Konflikt mit der Lexik und Grammatik der natürlichen Sprachen geraten. Die Strukturen von Lexik und Grammatik sind nämlich weder deckungsgleich mit den ontischen Strukturen der Welt noch dienen sie ausschließlich dazu, diese Strukturen zu erfassen. Das bedeutet, daß die klassische Logik bei sprachlichen Ordnungsmustern von Sinnanteilen abstrahieren muß, die mit der *Ausdrucks-* und *Appellfunktion* der Sprache zusammenhängen bzw. von allen Sinnanteilen, die Sachverhalte auf die Lebenssituation der jeweiligen Sprachbenutzer hinordnen und diesen einen bestimmten Relevanzgrad oder eine bestimmte Wertqualität geben. Da die klassische Logik rein gegenstandsorientiert ist, geraten ihr die denkregulierenden Funktionen dieser Sinndimensionen von Lexik und Grammatik ganz aus den Augen bzw. werden methodisch ausgeklammert.

Das Prinzip der *Zweiwertigkeit* ist als kognitives Vereinfachungsprinzip praktisch außerordentlich nützlich, weil es im Denken zu klaren Oppositionen und Alternativen führt. Es ist aber ontologisch zugleich auch sehr problematisch, weil es sehr grobe Ordnungsraster erzeugt bzw. Grenzlinien postuliert, die in dieser Eindeutigkeit in der Realität meist nicht zu finden sind. Die Neigung unseres Denkens zu *dualen* Ordnungsmustern hat sich sowohl in der Lexik *(Freund – Feind, Glück – Unglück)* als auch in der Grammatik *(Singular – Plural, Aktiv – Passiv)* deutlich niedergeschlagen. Zugleich haben sich in der Sprache aber auch viele *triale* Ordnungsmuster konkretisiert, die sowohl in der Lexik *(Gefühl – Wille – Verstand)* als auch in der Grammatik *(Positiv – Komparativ – Superlativ)* weniger grobe Differenzierungen machen. [3]

C.F. von Weizsäcker hat die Neigung des Denkens und der Logik zu dualen Ordnungsmustern aus der Zweiwertigkeit des *Handelns* abgeleitet. Die Logik sei zweiwertig, weil sie auf Handlungen bezogen sei, die ausgeführt oder unterlassen werden könnten. »*Die Zweiwertigkeit, die Zerlegbarkeit der Wirklichkeit in Alternativen ist nicht eine Eigenschaft, die uns die Welt ohne unser Zutun zeigt; sie ist die Weise, wie wir auf die Wirklichkeit – erfolgreich – zurückgreifen.*«[4]

Die Verankerung der zweiwertigen Logik in biologischen Auslöseschemata für Handlungen, wie sie von Weizsäcker vornimmt, ist evolutionär gesehen sehr überzeugend, weil dadurch verdeutlicht wird, daß die menschliche Fähigkeit zur Bildung von Ordnungsrastern und Schlußfolgerungen nicht dazu entwickelt worden ist, um verborgene Wahrheiten über die Welt aufzudecken, sondern dazu, um in der Welt erfolgreich handeln zu können. Das zweiwertige Denken und die zweiwertigen Ordnungsraster der Sprache vereinfachen die Welt, aber die Welt muß auch vereinfacht werden, weil jeder Organismus nur ein begrenztes Inventar von Reaktionsmöglichkeiten hat, um auf aktuelle Situationen zu reagieren.

Aufschlußreich ist in diesem Zusammenhang auch, daß Computer in ihren Operationsprogrammen auf extreme Weise von der zweiwertigen Logik Gebrauch machen. Für Computer müssen Sachverhalte so zerlegt und vereinfacht werden, daß Denkoperationen auf alternative Entscheidungsmöglichkeiten reduziert werden. Fraglich ist allerdings, ob die zweiwertige Logik, die auch den Computer reguliert, das Grundprinzip der menschlichen Vernunft schlechthin darstellt oder nur ein Grundprinzip, das insbesondere für die *instrumentelle Vernunft* unverzichtbar ist.

Die natürliche Sprache muß in Lexik und Grammatik natürlich so beschaffen sein, daß sie Medium der instrumentellen Vernunft sein kann, aber sie muß gleichzeitig auch so beschaffen sein, daß sie Medium der *ganzen* Vernunft sein kann. Problematisch wird die zweiwertige Logik als grundlegende Operationsform des Denkens dann, wenn sich das Denken nicht mehr nur auf Gegenstände richtet, die dem Denkprozeß selbst transzendent sind, sondern wenn sich das Denken auf seinen *eigenen Prozeß* richtet bzw. auf die medialen und transzendentalen *Bedingungen* des Denkens von Gegenständen. Das Denken kann seine transzendenten Gegenstände verfehlen und falsche Aussagen über sie machen, wenn es sich nicht richtig organisiert. Aber sich selbst kann das Denken eigentlich nicht verfehlen, weil es ja so oder so immer schon in sich selbst verwickelt ist.

Wenn nun aber im Denken bzw. in Äußerungen nicht nur *sachthematische* Informationen aktuell sind, sondern auch *interpretations-* und *reflexionsthematische* Informationen, dann ist offensichtlich, daß die zweiwertige Logik nicht mehr als zureichendes Regulativ für den jeweiligen Denkprozeß dienen kann. Die klassische Logik kann zwar die sachthematischen Denkstrukturen zureichend regulieren, in denen sich das Denken allein auf das Sein richtet. Sie wird aber als Regulativ unzureichend, wenn sachthematische und reflexionsthematische Denkstrukturen ineinander verflochten sind und sich das Denken zugleich auf das Sein und auf das Denken des Seins richtet. Um auch solche Denkprozesse logisch zu erfassen, sind deshalb *mehrwertige* Logiken entwickelt worden, die neben den beiden Wahrheitswerten *wahr* und *falsch* zumindest noch den Wahrheitswert *unentschieden* enthalten oder aber modal spezifizierte und skalierte Wahrheitswerte unbestimmter Zahl. [5]

Denkprozesse, in denen sich sachthematische und reflexionsthematische Strukturen ineinander verschränken, sind nun keineswegs nur dialektisch-spekulativen Philosophen vom Schlage Hegels vorbehalten, sondern finden sich auch in ganz alltäglichen Kommunikations- und Reflexionsprozessen. In diesem Zusammenhang brauchen wir nur an *ironische, metaphorische* oder *parabolische* Aussagen zu denken *(Eine Empfindung predigt überzeugender als ein ganzes System)*. Wenn wir solche Aussagen wahrheitstheoretisch mit Hilfe der zweiwertigen Logik bewerten würden oder mit ihrer Hilfe versuchen würden, neue aus gegebenen Informationen abzuleiten, dann kämen wir schnell in Teufels Küche. Im Rahmen der natürlichen Sprache wenden wir die zweiwertige Logik zwar an, aber wir wenden sie keineswegs ausschließlich an.

Im Hinblick auf die lexikalischen Zeichen ist die klassische Logik nur dann ein verläßliches Instrument für Schlußfolgerungsprozesse, wenn das Vokabular der jeweils verwendeten Sprache eindeutig definiert ist und semantisch stabil bleibt. Wörter müssen gleichsam die Qualität von normierten *Bausteinen* haben, die völlig unabhängig von den jeweiligen situativen und sprachlichen Kontexten immer dieselbe Qualität haben. Je klarer ein Vokabular binär gegliedert ist *(Frau-Mann; jung-alt, gehen-stehen)*, desto problemloser ist die zweiwertige Logik für Schlußfolgerungen zu handhaben.

Im Hinblick auf die grammatischen Zeichen setzt die problemlose Verwendbarkeit der klassischen Logik ebenfalls voraus, daß die einzelnen grammatischen Formkategorien keine kognitiven und instruktiven *Ambivalenzen* aufweisen. Diese Sachlage ist aber in den natürlichen Sprachen keineswegs gegeben, da viele grammatische Zeichen doppeldeutig sind bzw. ein sehr komplexes Instruktionspotential haben. Ihre konkrete Instruktionskraft läßt sich oft erst aus dem jeweiligen Kontext und aus unserem Wissen über die Struktur der Welt erschließen.

So kann beispielsweise die Determinationsrelation zwischen Gegenstands- und Bestimmungsbegriff bei Komposita sehr unterschiedlich sein *(Schneemann, Schneekette, Schneesturm)*. Der attributive Genitiv kann in einem Subjekts-, Objekts- oder Eigentumsverhältnis zu seinem Bezugselement stehen *(das Bild des Malers)*. Auch das logische Verhältnis des Verbs zum Akkusativobjekt ist uneindeutig, weil die Akkusativform sowohl für ein affiziertes Objekt *(Karl pflanzt einen Baum)* als auch für ein effiziertes Objekt *(Karl schreibt einen Brief)* verwendet werden kann. Auch Konjunktionen können Aussagen auf mehrdeutige Weise verbinden. So ergibt sich oft erst aus dem Kontext, ob die Konjunktion *während* adversativ oder temporal zu verstehen ist und die Konjunktion *indem* temporal oder modal.

Diese Beispiele zeigen, daß die Instruktionskraft der grammatischen Zeichen in der natürlichen Sprache keineswegs so eindeutig ist, wie es die klassische Logik eigentlich erforderlich macht, um sichere Wahrheitsqualifizierungen oder Schlußfolgerungen zu ermöglichen. Das richtige Verstehen und Bewerten von Aussagen mit ambivalenten grammatischen Zeichen muß offenbar noch von anderen Faktoren als denen reguliert werden, die in der klassischen Logik eine Rolle spielen, denn die Pointe der klassischen Logik besteht ja darin, daß nur aus der genauen Kenntnis von lexikalischen Zeichen und grammatischen Instruktionen ein genaues Verstehen und sicheres Wissen ableitbar sein soll.

Schließlich ist auch noch zu bedenken, daß die problemlose Anwendung der klassischen Logik auch voraussetzt, daß grammatische Kategorien eigentlich nur auf *einer* einzigen kategorialen Ebene Differenzierungsleistungen erbringen, aber nicht zugleich auf mehreren Ebenen. Da aber beispielweise die deutschen *Tempusformen* zugleich auf der chronologischen, der modalen, der aktionalen und der sprechakttheoretischen Ebene Differenzierungen erbringen können, werden im Hinblick auf sie Schlußfolgerungen problematisch, die sich nur auf eine ihrer Sinndimensionen beziehen. So scheint die Kombination eines Präteritums mit einem Zeitadverb der Zukunft widersprüchlich zu sein, wenn wir uns auf die chronologische Differenzierungsebene beziehen. Diese Widersprüchlichkeit vermindert sich aber oder löst sich gar auf, wenn wir andere

Differenzierungsebenen in unsere Überlegungen einbeziehen, wie es etwa die erlebte Rede nahelegt *(Morgen ging sein Schiff, aber sollte er wirklich abreisen?)*.

Ein besonders gutes Beispiel dafür, daß sich eine sprachliche Form, die auf der Grenze zwischen Lexik und Grammatik steht, gegen eine mechanische, schematische Verwendung der zweiwertigen Logik sträuben kann, weil nicht immer klar ist, welche Implikationen mit dieser Form verbunden sind, ist das Hilfsverb bzw. die Kopula *sein*. Die kognitive Mehrdeutigkeit und logische Unklarheit dieser Kopula hat immer wieder die Aufmerksamkeit von Sprachwissenschaftlern und Logikern erregt, weil es eigentlich ein Mirakel ist, daß wir in der alltäglichen Kommunikation so problemlos mit diesem logischen Monstrum fertig werden.[6]

Coseriu unterscheidet an die zwanzig unterschiedliche Funktionen dieser Kopula, ohne allerdings den Versuch zu machen, sie wenigstens kategorial nach Gruppen zu ordnen.[7] Stegmüller versucht gerade an dieser Kopula zu demonstrieren, warum die Logiker sich genötigt sahen, ein eigenes Notationssystem für logische Relationen zu entwickeln, um die Vagheit und Ambivalenz der grammatischen Instruktionen der natürlichen Sprache zu überwinden.[8]

Entsprechend der Argumentation Stegmüllers lassen sich idealtypisch fünf unterschiedliche logische Relationsfunktionen der Kopula *sein* unterscheiden. Sie kann 1. dazu dienen, die Identität der Bezugsobjekte von zwei semantischen Einheiten zu behaupten *(Paris ist die Hauptstadt Frankreichs)*; sie kann 2. dazu dienen, ein Element einer Klasse zuzuordnen *(Alexander ist ein Feldherr)*; sie kann 3. dazu dienen, eine Teilklasse einer Gesamtklasse zuzuordnen *(Der Wal ist ein Säugetier)*; sie kann 4. dazu dienen, einem Gegenstand eine Eigenschaft zuzuordnen *(Die Rose ist rot)*; sie kann 5. schließlich dazu dienen, eine Existenzbehauptung aufzustellen *(Gott ist)*.

Die logische Brisanz der Kopula *sein* in der letzten Funktion dokumentiert sich auf eindrucksvolle Weise in den Auseinandersetzungen um den sogenannten ontologischen Gottesbeweis. Anselm von Canterbury hatte argumentiert, daß die Vernunft in sich die Idee eines höchsten Wesens vorfinde, über das hinaus nichts Höheres gedacht werden könne. Falls dieses Wesen bzw. Gott aber nur in Gedanken existiere, so sei es nicht mehr das höchste Wesen, weil über ihm ja noch dasjenige Wesen stehe, was nicht nur in Gedanken, sondern auch in der Realität existiere. Gegen diese Argumentation ist von Kant dann eingewandt worden, daß der *Begriff* einer Sache noch nichts über die *Existenz* dieser Sache aussage. Das *Sein* bzw. die *Existenz* einer Sache sei kein Prädikat der Sache wie etwa die *Größe* oder die *Farbe* dieser Sache.[9] Obwohl also Aussagen wie – *Katzen sind/existieren* – und – *Katzen schnurren* – grammatisch dieselbe Form haben, dürfen sie entsprechend der Argumentation von Kant logisch nicht als äquivalent angesehen werden, weil sie nicht zu den gleichen Schlußfolgerungen berechtigen.

Der ambivalente logische Status der Kopula *sein* zeigt sich aber auch in dem Streit von Luther und Zwingli über den Sinn und die Übersetzung der Abendmahlsworte *(Hoc est corpus meus)*. Zwingli plädierte dafür, diese Aussage allegorisch zu verstehen und das lateinische *est* nicht mit *ist*, sondern mit *bedeuten* zu übersetzen *(Dies bedeutet meinen Körper)*. Luther wandte sich dagegen scharf gegen diese Übersetzung und hielt an dem *ist* fest, wofür er pragmatische Gründe geltend machte. Das Wort *ist* diene dazu, Wesensähnlichkeiten zwischen zwei Sachen zu bezeichnen, es diene aber nicht dazu, ein Gleichnis anzukündigen. Eine silberne Rose unterschiede sich beispielsweise natürlich in ihrer Seinsweise von einer richtigen Rose, dennoch gebe es aber Wesensähnlichkeiten zwischen den beiden Rosen. Diese Wesensähnlichkeiten berechtigten im Hinblick auf die silberne Rose zu der Aussage – *Dies ist eine Rose* –; die Aussage – *Dies bedeutet eine Rose* – sei dagegen absurd. [10]

Diese Hinweise mögen genügen, um zu verdeutlichen, daß die grammatische und logische Struktur der natürlichen Sprache zu vage ist, um in ihr mit Hilfe der zweiwertigen Logik präzise Denkoperationen durchzuführen. Im Hinblick auf das Wahrheitsproblem kommt der Logiker Tarski deshalb zu folgendem Schluß: »*In Bezug auf die Umgangssprache scheint nicht nur die Definiton des Wahrheitsbegriffs, sondern sogar sein konsequenter und mit den Gesetzen der Logik übereinstimmender Gebrauch unmöglich.*«[11]

Die Vagheit und Ambivalenz der lexikalischen und grammatischen Formen der natürlichen Sprache, die eine problemlose Nutzung der klassischen Logik für die Analyse sprachlicher Äußerungen unmöglich macht, hat vor allem zwei Gründe. Einerseits ist die natürliche Sprache ein historisch gewachsenes Gebilde und weist deshalb alle Inkonsequenzen und Flickschustereien auf, die solchen Gebilden eigen sind, aber auch zugleich die lebendige Flexibilität und Polyfunktionalität solcher Gebilde. Andererseits dient die natürliche Sprache keineswegs ausschließlich dazu, die Struktur der Realität symmetrisch abzubilden bzw. Aussagen zu ermöglichen, die eindeutig nach den Kategorien *wahr* und *falsch* qualifiziert werden können. Neben der Darstellungsfunktion hat die natürliche Sprache auch noch andere Funktionen, die ihren formalen Niederschlag in der Lexik und Grammatik finden müssen, denen aber mit den Kategorien von *wahr* und *falsch* kaum beizukommen ist.

Auf die Widerständigkeit der natürlichen Sprache gegenüber exakten Denkoperationen nach den Prinzipien der klassischen Logik hat es historisch drei verschiedene Antworten gegeben. Zum einen hat man versucht, die natürliche Sprache in Lexik und Grammatik so umzuformen, daß sie den Prinzipien der klassischen Logik besser entspricht, wofür die *Grammatik* von *Port Royal* ein exemplarisches Zeugnis ablegt. Zum zweiten hat man versucht, eine wissenschaftliche Universalsprache zu schaffen, wofür exemplarisch die Bemühungen des 17. und 18. Jahrhunderts um eine *lingua universalis* stehen. Zum dritten hat man versucht, logische Relationen durch besondere *Notationszeichen* für Negation, Adjunktion, Äquivalenz, Identität, Disjunktion, Konjunktion usw. zu kennzeichnen, wofür exemplarisch auf die *symbolische Logik* und *Logistik* der Neuzeit verwiesen werden kann.

Die zweiwertige klassische Logik und ihre Axiome regulieren zweifellos unser Denken und die Grammatik der natürlichen Sprache. Diese Logik ist dem Denken und der Grammatik ja auch nicht von außen übergestülpt worden, sondern umgekehrt aus der Beobachtung des natürlichen Denkens und dem Gebrauch der natürlichen Sprache abgeleitet worden. Aber über dieser Feststellung darf nicht vergessen werden, daß diese Logik die Ordnungsstrukturen des natürlichen Denkens und der natürlichen Sprache nicht *vollständig* erfaßt, weil die Sprache nicht auf die Darstellungsfunktion reduziert werden kann und weil auch die anderen Sprachfunktionen ihren Niederschlag in den lexikalischen und grammatischen Ordnungsstrukturen der Sprache gefunden haben.

Um die Ordnungsstrukturen des Denkens und der Sprache vollständiger zu erfassen, sind umfassendere Logikkonzepte notwendig als das Logikkonzept, das die klassische Logik repräsentiert. Ansätze zu einem umfassenderen Logikkonzept gibt es einerseits in der sogenannten *hermeneutischen Logik* und andererseits in der *semiotischen Logik* von Peirce. In der hermeneutischen Logik wird zwischen der Richtigkeit und der Wahrheit unterschieden und der Wahrheitsbegriff mit dem Fruchtbarkeits- und Sinnbegriff in Zusammenhang gebracht. In dem semiotischen Logikkonzept wird der Versuch gemacht zu klären, wie in Denkprozessen Informationen aus Zeichen und Informationen aus unserem allgemeinen Sachwissen ergänzend ineinander greifen und wie in Schlußfolgerungsprozessen auch Plausibilitätsgesichtspunkte wirksam werden können. In diesem Zusammenhang ist auch daran zu erinnern, daß Bühler nachdrücklich hervorgehoben hat, daß bei jedem Bedeutungsaufbau nicht nur eine logische Steuerung wirksam werde, sondern auch eine »*Sachsteuerung*«[12]

2. Semiotische Logik und Grammatik

Von einer semiotischen Logik im Sinne eines eigenständigen, formal durchgestalteten Logikkonzeptes, das sich von anderen klar unterscheidet, kann eigentlich nicht gesprochen werden. Dennoch läßt sich der Terminus *semiotische Logik* verwenden, weil im Rahmen der Semiotik bestimmte zeichentheoretische Dimensionen der Logik herausgearbeitet worden sind, die in anderen Logikkonzepten nicht so deutlich hervortreten. Peirce geht sogar so weit, daß er den Terminus *Logik*, in einem allgemeinen Sinne verstanden, nur als einen anderen Namen für das ansieht, was auch mit dem Terminus *Semiotik* bezeichnet wird.[13]

Mit der These von der weitgehenden Identität von Logik und Semiotik will Peirce auf einen seiner Meinung nach zentralen Aspekt der Logik aufmerksam machen. Die *Logik* ist nämlich für ihn nicht die Lehre vom Denken, sondern die Lehre vom Denken mittels *Zeichen* bzw. die Lehre vom richtigen Umgang mit denjenigen Formen, in denen sich unser Wissen repräsentiert. Die Logik hat sich demnach mit dem Denken zu beschäftigen, das sich mit Hilfe von Zeichen vollzieht, die eine qualifizierbare Repräsentationsfunktion haben.[14]

Mit dieser Festlegung grenzt Peirce die Logik zugleich auch von der Psychologie ab. Die Psychologie hat sich seiner Meinung nach als deskriptive Wissenschaft mit den individuellen und tatsächlichen Denkprozessen zu beschäftigen, während sich die Logik als *normative* Wissenschaft mit den Strukturgesetzen des sinnvollen Denkens zu beschäftigen hat bzw. mit dem Problem, wie sich aus dem in Zeichen konkretisierten Wissen neues Wissen erzeugen läßt, das man wiederum in Zeichen manifestieren kann.

Aufschlußreich für das semiotische Verständnis von Logik ist auch, daß Peirce sie als Wissenschaft von der *Drittheit* bestimmt.[15] Um die Tragweite dieser Festlegung zu ermessen, ist es notwendig, kurz das ontologische Konzept von Peirce zu skizzieren, in dem die Kategorie der Drittheit nach der Kategorie der Erstheit und Zweitheit die oberste und nicht mehr überbietbare Seinskategorie darstellt.[16] Diese drei Seinskategorien hat Peirce in deutlicher Opposition zu ontologischen Denktraditionen nicht substantiell sondern rein *strukturell* auf der Grundlage der unterschiedlichen Qualität von Relationsverhältnissen zu konzipieren versucht.

Unter die Kategorie der *Erstheit* fallen nach Peirce alle Phänomene, deren Seinsmodus so beschaffen ist, daß sie, unabhängig von zusätzlichen Beziehungen zu etwas anderem, das sind, was sie sind (Sinnesempfindungen und Gefühlsqualitäten in ihrer positiven Gegenwärtigkeit). Unter die Kategorie der *Zweitheit* fallen alle Phänomene, deren Seinsmodus so beschaffen ist, daß sie nur durch die Bezogenheit auf ein Zweites das sind, was sie sind (Kraft konstituiert sich nur in Relation zu einem Widerstand). Unter die Kategorie der *Drittheit* fallen alle Phänomene, deren Seinsmodus so beschaffen ist, daß ein Erstes über ein Zweites mit einem Dritten in Beziehung steht. Solche dreistelligen Relationsverhältnisse findet Peirce auf exemplarische Weise in dem verwirklicht, was er *Repräsentation* nennt, d.h. in der Idee, daß ein Objekt A durch das Element B so repräsentiert wird, daß es die Interpretation C nahelegt. Die Welt der Drittheit ist deshalb die Welt der Zeichen und des Interpretierbaren.[17]

Die Zuordnung der Logik zur Kategorie der Drittheit und zur Welt der Zeichen macht deutlich, daß der genuine Gegenstandsbereich der semiotisch orientierten Logik der Bereich der *Relationen* und der *Vermittlung* ist und daß sie sich damit zu beschäftigen hat, wie Wissen miteinander verknüpft wird bzw. wie neues Wissen aus altem Wissen oder anderem Wissen hervorgeht. Als reine Strukturwissenschaft sagt uns die Logik nichts über die empirische Realität selbst und über die tatsächlichen Denkabläufe, sondern nur etwas darüber, was wir denken müssen bzw. denken können, wenn wir vorher etwas anderes gedacht haben. Die semiotische Logik geht davon aus, daß alles Wissen sich in Zeichen konkretisieren muß und daß jede Konkretisierung von Wissen andere Konkretisierungen von Wissen mitbestimmt.[18]

Die Bestimmung der Logik als Lehre von den Prinzipien der *Wissenserzeugung* und der *Wissensverbindung* hat nun wichtige Konsequenzen für die allgemeinen Strukturmerkmale der semiotischen Logik und für die Auflistung der Wissenschaften, die eine propädeutische Funktion für die Logik haben. Überraschender- , aber auch konsequenterweise rechnet Peirce nämlich die *Ethik* und die *Ästhetik* zu den propädeutischen Wissenschaften der Logik, weil die Ethik sich mit den Zielen und Motiven des Denkens zu befassen hat und die Ästhetik mit den Intensitätsformen und der Klarheit des zeichenvermittelten Wissens.[19]

Interessant für das Konzept der semiotischen Logik ist einerseits, daß die Logik für Peirce eine normative Wissenschaft ist, die sich mit denjenigen Formen des Denkens zu beschäftigen hat, die verläßliches Wissen liefern, und andererseits, daß er die Logik genetisch aus einem instinktiven Verhalten ableitet, das auf eine stringentere Durchformung wartet. Dieser Denkansatz paßt gut zu der These, daß das bewußte Denken eine evolutionäre und kulturelle Fortentwicklung biologisch regulierter Informationsverarbeitungsprozesse ist. Die Verankerung des explizit kontrollierten logischen Denkens (reasoning) in vorbewußten Informationsverarbeitungsprozessen verdeutlicht Peirce durch die Unterscheidung von *logica utens* und *logica docens*, die er scholastischen Überlegungen entlehnt. Die *logica utens* ist die instinktiv und vorbewußt praktizierte Form des logischen Denkens, die jeder Mensch von Natur aus hat oder sich durch

Erfahrung aneignet. Die *logica docens* ist die Logiklehre, die explizite Normen für logische Denkformen ausarbeitet, weil das instinktive Denken nicht ausreicht, um mit allen Denksituationen zuverlässig fertig zu werden.[20]

Im Hinblick auf die wissensverarbeitenden und wissenserzeugenden Denkoperationen, die die Logik zu untersuchen hat, unterscheidet Peirce drei unterschiedliche Verfahren, nämlich *Deduktion, Induktion* und *Abduktion.* Diese logischen Operationen versuchen in unterschiedlicher Weise, die Probleme zu bewältigen, die sich aus den Zeichen als dreistelligen Relationsgebilden zur Konstitution und Zirkulation von Wissen ergeben.

Die *Deduktion* hat im Sinne von Peirce rein analytischen Charakter, weil sie entsprechend den Prinzipien der zweiwertigen Logik die Implikationen von vorgegebenen Begriffen, Sätzen und Hypothesen explizit herausarbeitet. Ihr typisches Anwendungsfeld ist die Mathematik. Im sprachlichen Bereich sind Deduktionsverfahren eigentlich nur in formalisierten Sprachen zuverlässig zu handhaben. Deduktionen erweitern unser Wissen eigentlich nicht, sondern zeigen nur, daß der Mensch fähig ist, seine eigenen Begriffsbildungen und Denkinhalte auf ihre Implikationen und Konsequenzen hin zu analysieren.[21]

Als *Induktion* bezeichnet Peirce etwas abweichend vom üblichen Sprachgebrauch eine Denkoperation, bei der eine Aussage, Theorie oder Hypothese der Erfahrungskontrolle unterworfen wird. Sie kann nicht mit dem gleichen Grad von Präzision arbeiten wie die Deduktion, weil sie empirische Implikationen hat und sich mit graduellen Übereinstimmungen von Theorie und Empirie zu beschäftigen hat bzw. mit der praktischen Verwendbarkeit von Hypothesen. Auch die Induktion erzeugt kein wirklich neues Wissen, da sie nur die Verwendbarkeit von Wissen prüft.[22]

Im Gegensatz zu der Deduktion und Induktion ist für Peirce nun die *Abduktion* eine genuin *produktive* Geistestätigkeit. In einem kreativen abduktiven Akt, der nicht nach den Gesetzen der klassischen Logik normiert und methodisiert werden kann, werden die Sinngebilde erst geschaffen, mit denen Deduktion und Induktion arbeiten, was der Abduktion eine Sonderstellung im Reich der Logik verschafft. Während die Deduktion zeigt, was notwendig aus Prämissen abgeleitet werden muß, und die Induktion zeigt, was operativ verwendbar ist, wird durch die Abduktion gezeigt, was möglich ist. Damit dokumentiert sich in der Abduktion die kreative Freiheit des Geistes, jedes seiner Sinngebilde zu transzendieren und immer wieder neue Sinngebilde und Interpretationsrelationen zu stiften. Obwohl die Abduktion kein sicheres Wissen garantiert, ist sie der *Anfang* aller Erkenntnis und Wissenschaft.[23]

Das von der Abduktion hergestellte Wissen verdankt seine Existenz nicht methodisch kontrollierbaren Geistesoperationen, sondern einer von Peirce nicht näher qualifizierten natürlichen *Einsicht* des Geistes in die physische und geistige Welt. Diese Einsicht sei dem *Instinkt* der Tiere vergleichbar und beruhe letztlich auf der inneren *Verwandtschaft* des menschlichen Geistes mit dem Universum. Biologisch betrachtet kann man vielleicht von unserem heutigen Erkenntnisstand aus sagen, daß in Abduktionsprozessen Prinzipien der Informationsverarbeitung und Interpretation genutzt werden, die sich evolutionär bewährt und genetisch verankert haben. Die Ergebnisse abduktiver Operationen sind nicht fehlerfrei, aber sie sind auch nicht Zufallsergebnisse, sondern haben immer irgendeine anthropologische Relevanz. Typisch für Abduktionen ist, daß sie sich expliziter Kontrolle entziehen und zu blitzartigen Einsichten führen.[24]

Die Peircesche Unterscheidung von deduktiven, induktiven und abduktiven Denkoperationen hat in den letzten Jahren eine unerwartete Bestätigung durch neurophysiologische und neuropsychologische Untersuchungen gefunden, die zeigen, daß insbesondere sein Konzept der Abduktion mehr als nur einen gewissen Plausibilitätswert hat. Da auf diese Untersuchungen in dem Hermeneutikkapitel noch näher eingegangen wird, sollen hier nur einige kurze Hinweise gegeben werden.

Im Laufe des ontogenetischen Reifeprozesses kommt es offenbar in dem genetisch kaum vorprogrammierten Großhirn zur einer Lateralisierung von Funktionen, die bis zur Pubertät irreversibel abgeschlossen ist. Bei Rechtshändern scheint sich die linke Großhirnhälfte auf das *begriffliche, analytische, zeitlich lineare* und *explizit kontrollierbare* Denken zu spezialisieren bzw. auf Deduktionen und Induktionen, während die rechte Großhirnhälfte sich auf das *analoge, synthetische, ganzheitliche* und *intuitive Denken* bzw. auf Abduktionen zu spezialisieren scheint. Im voll funktionsfähigen Gehirn stehen beide Großhirnhälften in einer sich gegenseitig kontrollierenden *Interaktion* miteinander, so daß sich nicht nur das ganze Gehirn, sondern auch das Großhirn als System von Subsystemen darbietet.

Wenn man nun mit Peirce die Deduktionen, Induktionen und Abduktionen als konstitutive logische Verfahren zur Wissensentfaltung, Wissensprüfung und Wissenserzeugung ansieht, dann ergeben sich sehr aufschlußreiche Verbindungen zum Grammatikproblem. Die grammatischen Implikationen deduktiver Denkprozesse bedürfen eigentlich keiner besonderen Analyse mehr, weil Deduktionen eigentlich nichts anderes sind als konkrete Anwendungsfälle der klassischen zweiwertigen Logik. Deduktive Denkprozesse können nur dann erfolgreich sein, wenn die verwendeten lexikalischen und grammatischen Zeichen einen *normierten* eindeutigen kognitiven und instruktiven Gehalt haben und sich das Erkenntnisinteresse ganz auf die Darstellungsfunktion der Sprache konzentriert. Auch im Rahmen der induktiven Denkprozesse muß mit der zweiwertigen klassischen Logik und einer *normierten* Lexik und Grammatik gearbeitet werden, um Hypothesen so exakt wie möglich der Erfahrungskontrolle unterwerfen zu können.

Etwas anders stellt sich der Zusammenhang von abduktiven Denkprozessen und Grammatik dar, weil Abduktionen nicht explizit kontrollierbar und organisierbar sind und deshalb nicht auf eindeutige Muster und Instruktionen angewiesen sind. Ja, Abduktionen scheinen geradezu vorauszusetzen, daß mit *vagen* lexikalischen und grammatischen Sinneinheiten operiert wird und daß die eingefahrenen Denkbahnen und eingeschliffenen Sprachschemata überwunden werden, weil sonst kaum neuartige Sinngefüge und Korrelationen herzustellen sind. Solange die Gliederung des Wissens und die Operationsbahnen des Denkens durch normierte lexikalische und grammatische Zeichen vorgegeben sind und solange die Organisationskraft der zweiwertigen Logik nicht in Frage gestellt wird, können sich Abduktionsprozesse nicht voll entfalten.

Kreative Hypothesenbildungen setzen voraus, daß das Wissen noch keine absolut durchstrukturierte Endgestalt in konventionalisierten Mustern gefunden hat und daß auch eine psychische Disposition besteht, verfestigte Denk- und Korrelationsmuster wieder aufzulösen, gegen den Strich von Gewohnheiten und Traditionen zu denken und sich konventionalisierten lexikalischen und grammatischen Mustern nicht vollständig zu beugen. Die Kategorie der *semantischen Unschärfe* und die Kategorie der *operativen Undiszipliniertheit*, die für alle Arten kultureller Evolutionen eine große Bedeutung haben, sind auch für Abduktionsprozesse von außerordentlicher Wichtigkeit. In Abduktionen müssen immer traditionelle Ordnungen zerstört bzw. überschritten werden, bevor sich neue Ordnungen konstituieren können.

Der Prozeß der kulturellen Evolution und die ›Erfindung‹ neuer grammatischer Ordnungsmuster ist ohne die Fähigkeit des Menschen zur Abduktion gar nicht denkbar. Nur wenn versuchsweise vorhandene grammatische Ordnungsmuster anders als üblich verwendet werden, nur wenn versuchsweise unübliche Kombinationen hergestellt werden und nur wenn gegen die traditionelle Feldordnung grammatischer Zeichen verstoßen wird, kommt es zur Ausbildung neuer grammatischer Formen und Funktionen.

Für Abduktionsprozesse sind nicht nur bestimmte psychologische, sondern auch bestimmte neurophysiologische Voraussetzungen notwendig. [25] Die einzelnen Nervenzellen des Gehirns (Neuronen) sind in ihren Verzweigungen (Dendriten) über Kontaktstellen (Synapsen) miteinander verbunden, wodurch sichergestellt ist, daß sich Erregungsimpulse von einem Neuron auf andere Neuronen fortsetzen können. Da Neuronen bis zu 10000 Synapsen haben, entstehen auf diese Weise sehr komplizierte neuronale Netzwerke. Für bestimmte lebensnotwendige Steuerungsvorgänge liegt die synaptische Verschaltung von Neuronen fest. Für viele andere Steuerungsvorgänge bilden sich die synaptischen Verschaltungen aber erst im Verlaufe von Erfahrungen und Lernvorgängen, so daß für einzelne Individuen und für Mitglieder unterschiedlicher Kulturen variante synaptische Netzwerke entstehen können.

Die generelle Leistungsfähigkeit des Gehirns ist nun einerseits abhängig von der Zahl der Synapsen und andererseits von der Möglichkeit, je nach Bedarf ganz unterschiedliche Erregungsmuster im Rahmen der potentiellen Möglichkeiten zu erzeugen. Dabei ist auch zu berücksichtigen, daß sich die Übertragungsfähigkeit der Synapsen für Impulse durch die Frequenz von Erregungsimpulsen verbessert. Auf diese Weise entstehen durch häufig wiederkehrende Reize bevorzugte Bahnungen und Schaltmuster für die Ausbreitung von Impulsen. Solche eingespielten Bahnungen üben dann ähnlich wie Trampelpfade im Wald eine immanente Sogwirkung auf Impulse aus. Das bedeutet dann für konkrete Denkprozesse, daß man bevorzugt so denkt, wie man schon immer gedacht hat, daß man Phänomene so wahrnimmt, wie man sie am leichtesten verarbeiten kann, daß man im Alter ›konservativer‹ denkt als in der Jugend, daß man ständig praktizierte Denkabläufe für absolut selbstverständlich hält und daß Wissenschaftler ihre großen kreativen Einfälle in der Regel am Beginn ihrer Forschungstätigkeit haben.

In einem methodisch streng regulierten Denken im Rahmen der klassischen Logik und im Rahmen einer lexikalisch und grammatisch streng formalisierten Sprache bilden sich zwangsläufig auch stabile synaptische Verschaltungen von Neuronen und stabile Denkbahnen. Normierte Reize bzw. Informationen werden auf normierte Weise verarbeitet bzw. mit anderen Informationen korreliert, was Computer dann auf extreme Weise perfektionieren. Unter diesen Bedingungen können sich deduktive und induktive Denkprozesse perfekt entfalten, aber nicht *abduktive* und *kreative*. Zu diesen kann es nur dann kommen, wenn die Zeichen, mit denen im Denken operiert wird, eine gewisse *Unschärfe* haben, so daß die Erregungsmuster, die sie im Gehirn auslösen, sehr stark variieren und deshalb schlecht voraussagbar sind.

Die Unschärfe und Ambiguität von Zeichen ist aus der Sicht der Deduktion und Induktion ein großer Mangel, weil dadurch die Präzision von Denkprozessen beeinträchtigt wird. Aus der Sicht der Abduktion sind Unschärfe und Ambiguität von Zeichen aber *unabdingbare* Voraussetzungen für die Konstitution neuartiger Sinngestalten. Die Unschärfe von Zeichen hat dabei in zweierlei Hinsicht eine positive Wirkung. Einerseits übt sie einen immanenten Druck auf die Ausbildung schärfer konturierter Sinngebilde aus. Andererseits ermöglicht sie Synthesemöglichkeiten und Assoziationsrelationen, die semantisch normierte Zeichen nicht zulassen. Ohne unscharfe Zeichen und ohne assoziatives Denken ist das Werden komplexer neuer Sinngestalten kaum denkbar.

Die Unschärfe von sprachlichen Zeichen hat in logischer Hinsicht zwei Konsequenzen. Einerseits kann man sich in sprachlichen Sinnbildungsprozessen nicht mehr nur auf die Informationskraft der jeweils verwendeten lexikalischen und grammatischen Zeichen verlassen, sondern muß sein allgemeines *Wissen* über die Struktur der Welt und seine *Hypothesen* über den Sinn sprachlicher Aussagen mit berücksichtigen, was die intersubjektive Kontrolle von Sinnbildungen natürlich erschwert. Andererseits muß man in metareflexiven Schleifen immer wieder neu prüfen, ob die jeweiligen Sinnbildungen plausibel und brauchbar sind. Daraus ergibt sich, daß die zweiwertige Logik zwar ein notwendiges, aber kein hinreichendes Instrument ist, um unsere Denkprozesse zu regulieren. Ein großer Teil unserer Denkprozesse sind nämlich Interpretationsprozesse, die sich schwerlich schematisieren lassen. Abduktions-, Deduktions- und Induktionsprozesse müssen ineinander verschränkt werden, um sinnvolle Endergebnisse zu erzielen.

Vage grammatische Zeichen üben auf das abduktive Denken eine doppelte Reizwirkung aus. Einerseits stimulieren sie unsere Phantasie, ergänzende und präzisierende grammatische Formen im Sinne des Sproßmodells zu entwickeln, um sprachliche Äußerungen klarer und ökonomischer durchstrukturieren zu können, wofür die Ausgestaltung des Tempussystems oder die Steigerung des Adjektivs gute Beispiele abgeben. Andererseits veranlassen sie das abduktive Denken aber auch dazu, die Ambiguität und Vagheit grammatischer Zeichen zu erhalten, um sprachlichen Äußerungen nicht ihren Spielcharakter zu nehmen, auf den nicht verzichtet werden kann, wenn kreativen Sinnbildungsprozessen Raum gegeben werden soll. Attributive Genitive und Komposita werden deshalb trotz der Mehrdeutigkeit der in ihnen wirksamen grammatischen Instruktionen wohl gute Überlebenschancen in der natürlichen Sprache haben, wie die intensive Verwendung dieser grammatischen Formen in der ironischen und metaphorischen Sprache zeigt.

Grammatische Formen mit ambivalenter Instruktionskraft spielen in der *poetischen* Sprache eine besondere Rolle, weil sie einerseits ebenso wie bildliche Redeweisen die

Grenzen unserer deduktiven Denkoperationen deutlich aufzeigen und andererseits unsere abduktiven Sinnbildungskräfte anregen. Sie ermöglichen es nämlich, ein und derselben Äußerung konkurrierende Sinngehalte zuzuordnen und uns in kaum abschließbare Interpretationsprozesse zu verwickeln. Ein solcher Fall ist etwa in der schon diskutierten *erlebten Rede* gegeben, wo oft nicht eindeutig zu entscheiden ist, ob eine Figurenrede oder eine Erzählerrede vorliegt. Auch der mangelnde *morphologische* Unterschied zwischen den Formen des Indikativs und des Konjunktiv I bei manchen Verben kann dazu benutzt werden, Redeformen zu verwenden, die auf sinnvolle Weise sowohl als direkte als auch als indirekte Rede zu werten sind.

Ambivalente Verbformen dieser Art benutzt beispielsweise Kafka in seiner Erzählung *Der Schlag ans Hoftor*, um uns zu gegenläufigen, aber sich doch auch überschneidenden abduktiven Sinnhypothesen anzuregen. Hier berichtet ein Ich-Erzähler davon, daß er mit seiner Schwester durch ein Dorf gegangen ist und daß diese dabei möglicherweise an irgendein Hoftor geschlagen hat. Obwohl dieser Tatbestand keineswegs als sicher gelten kann, geraten die Dorfbewohner darüber in Schrecken und sehen sich zu Warnungen veranlaßt, die das Geschwisterpaar zunächst noch als gegenstandslos zu verdrängen sucht.

> »Sie zeigten nach dem Hof, an dem wir vorübergekommen waren, und erinnerten uns an den Schlag ans Tor. Die Hofbesitzer *werden* uns verklagen, gleich werde die Untersuchung beginnen... Ich drängte meine Schwester fort, ich *werde* alles allein ins Reine bringen.« [26]

Auf den ersten Blick scheint hier bei den beiden kursiv gesetzten Formen des Hilfsverbs *werden* ein *Konjunktiv I* vorzuliegen als alleiniges grammatisches Signal für das Vorliegen einer *indirekten Rede*, denn ein Verb des Sagens und Denkens geht auf eindeutige Weise nicht voraus. Kafka hätte hier allerdings den Konjunktiv II (würde-Form) benutzen müssen, um die beiden Passagen eindeutig als indirekte Rede zu kennzeichnen, da die verwendeten Formen doppeldeutig sind. Sie können nämlich auch als Formen des *Futur I* angesehen werden, was allerdings bedeuten würde, daß die beiden fraglichen Sätze nicht als indirekte Reden, sondern als *direkte Reden* zu verstehen wären. Zu dieser Auffassung kann man insbesondere dann kommen, wenn man sich nicht vom Schriftbild, sondern vom Höreindruck leiten läßt. Kafka verzichtet im Schriftbild zwar auf die Verwendung von Anführungszeichen als Hinweise für das Vorliegen einer direkten Rede, aber er verzichtet auch auf Vorspannsätze, um eindeutige Hinweise für das Vorliegen einer indirekten Rede zu geben.

Wenn man die beiden fraglichen Verbformen als *Futur I* interpretiert, dann verändert sich der Sinngehalt der jeweiligen Sätze entscheidend. In dem einen Satz handelt es sich dann nicht mehr um eine vom Erzähler *referierte* Aussage der Dorfbewohner, sondern um eine *Voraussage* der Dorfbewohner, die in eine Hypothese übergeht. Die Voraussage betrifft dann nicht nur das Geschwisterpaar, sondern auch die Dorfbewohner selbst. In dem anderen Satz handelt es sich dann nicht mehr um eine Aussage, die der Erzähler ursprünglich in der Erlebnissituation gemacht hat und die er später aus zeitlicher und psychischer Distanz rückblickend *referiert*, sondern um eine Aussage, die der Erzähler als Handlungsperson in der ursprünglichen Erlebnissituation im Sinne einer *Voraussage* gemacht hat. In diesem Fall müssen wir im Erzählvorgang selbst allerdings einen dramatisierenden Zeitsprung und eine kurzfristige szenische Darstellungsform annehmen, die erzähltechnisch aber keineswegs undenkbar ist.

Bei der Interpretation der Erzählung Kafkas macht es wahrscheinlich wenig Sinn, uns im Sinne der zweiwertigen Logik alternativ für eine der beiden grammatischen Interpretationen zu entscheiden, weil Kafka die *Ambivalenz* dieser grammatischen Formen wohl gerade dazu benutzt hat, um die Orientierungslosigkeit seiner Hauptperson bis in die Wahl der grammatischen Sinnbildungsmittel hinein darzustellen bzw. um auch den Leser dadurch orientierungslos zu machen, daß er dessen Verstehensvorgang nicht durch eindeutige grammatische Instruktionen steuert.

Auf der Ebene der deduktiven Denkprozesse führen solche grammatischen Ambivalenzen zu Verwirrungen, weil Informationen nicht mehr problemlos und eindeutig zugeordnet und qualifiziert werden können. Auf der Ebene der abduktiven Denkprozesse können solche grammatischen Ambivalenzen aber durchaus eine wichtige Sinnfunktion haben. In der ästhetischen Sprache können sie nämlich als ikonische Zeichen für ambivalente Situationen und Wahrnehmungsstrukturen fungieren. Sinnbildungsfunktionen dieser Art werden in der Regel über das Sprachgefühl vermittelt, weil sie unterhalb der Schwelle explizit kontrollierbarer Denkoperationen ablaufen. Sie lassen sich aber mit Hilfe grammatischer Kenntnisse zum Teil auch deduktiven Denkoperationen zugänglich machen, wie dieser Fall beispielsweise zeigt.

Auf *abduktive* Denkoperationen sind wir insbesondere dann in Verstehensprozessen angewiesen, wenn wir die Ebene des Satzes verlassen und uns auf die Ebene des *Textes* begeben. Die Menge der nun wahrzunehmenden Zeichen und Instruktionen ist so groß und so vielfältig, daß wir sie in rein deduktiven Denkoperationen weder erfassen noch verarbeiten können. Auf dieses Problem wird in dem Kapitel über den Zusammenhang von Hermeneutik und Grammatik noch näher eingegangen werden.

3. Logische und grammatische Ordnungsstrukturen

Die bisherigen Überlegungen zum Verhältnis von Logik und Grammatik haben verdeutlicht, daß beide in einem spannungsvollen Analogie- und Differenzverhältnis zueinander stehen. Alle logischen Theorien sind entstehungsgeschichtlich irgendwie auf die Grammatik bezogen, sei es, daß grundlegende grammatische Ordnungsstrukturen als universale logische Ordnungsstrukturen angesehen wurden, sei es, daß man bestrebt war, vage grammatische Ordnungsstrukturen so präzisierend zu formalisieren, daß Denkprozesse exakter reguliert und kontrolliert werden konnten.

Deduktions- und zum großen Teil auch Induktionsprozesse wären problemlos, wenn Lexik und Grammatik perfekt durchorganisiert wären, was formalisierte Sprachen in deutlicher Opposition zu natürlichen Sprachen ja auch anstreben. Sicher sprechen gute Gründe dafür, den Begriff der Logik auf den Bereich von *Deduktionen* einzuschränken, aber dann muß man sich auch im klaren darüber sein, daß die Logik nicht mehr als Lehre vom Denken gelten kann, sondern nur noch als Lehre eines bestimmten Typs von Denkoperationen, nämlich von denen, die auf bestimmten Begriffsidealisierungen aufbauen und die bewußtseinsmäßig explizit kontrollierbar sind.

Nun gibt es aber auch gute Gründe, *Abduktionsprozesse* im Sinne von Peirce nicht aus dem Bereich der Logik auszugrenzen. Sie sind nämlich keineswegs willkürlich, zufällig und individuell, sondern bilden wahrscheinlich die unabdingbare Grundlage, auf der sich deduktive Denkprozesse erst entwickeln können. Auch Abduktionsprozesse unterliegen bestimmten Gesetzmäßigkeiten, weil sie sonst kaum zu intersubjektiv plausiblen Ergebnissen führen würden. Allerdings sind sie in ihren prozessualen Strukturen nicht so gut aufklärbar wie Deduktionsprozesse, weil sie von einem anderen Typ unserer kognitiven Fähigkeiten Gebrauch machen, der nicht zuletzt bei der Verarbeitung grammatischer Informationen eine wichtige Rolle spielt.

Das allgemeine Verhältnis von Sprache und Logik läßt sich vielleicht am besten dadurch charakterisieren, daß man hervorhebt, wie Lexik, Grammatik und Logik die Realität vereinfachen, um sie besser handhabbar zu machen. Dieser Vereinfachungsprozesse sind wir uns meist ebenso wenig bewußt wie der Regularitäten, die dabei wirksam werden.

Auf der Ebene der Lexik vereinfacht die Sprache die Wirklichkeit dadurch, daß sie Individuelles unter kognitiven Mustern bzw. Begriffen subsumiert und dabei zugunsten der Akzentuierung von einigen gemeinsamen Merkmalen von vielen individuellen Unterschieden zwischen den Dingen abstrahiert. Das, was eigentlich nur *ähnlich* ist, wird begrifflich für *gleich* erklärt, wodurch uns das Denken und Handeln unerhört erleichtert wird. Die Kriterien, nach denen wir in der natürlichen Sprache Begriffsmuster bilden, sind uns in der Regel nicht explizit bekannt, weil wir solche Begriffsmuster spontan mit Hilfe abduktiver Denkoperationen bilden.

Auch auf der Ebene der Grammatik kommt es auf abduktive Weise zur Bildung von vereinfachenden Strukturmustern. Aus der Fülle möglicher Relationsverhältnisse zwischen lexikalischen Einheiten werden bestimmte Relationsverhältnisse in einer Sprache als Organisations- und Interpretationsmuster typisiert und morphologisch stabilisiert. Sie bilden dann gleichsam einen sozial verpflichtenden Kanon von sprachlichen *Strukturierungsmustern* für die Bildung von komplexen Zeichen, denen man sich anzupassen hat, ob man nun will oder nicht. Diese grammatischen Strukturierungsmuster idealisieren und schematisieren mögliche Relationsverhältnisse zwischen lexikalischen Einheiten. Aber eben durch diese Vereinfachungen und Abstraktionen erleichtern sie uns auch den Umgang mit den Dingen und die Handhabung der Sprache.

Noch stärker als die Lexik und Grammatik vereinfacht die klassische Logik durch ihre drei Axiome die Strukturverhältnisse der realen Welt. Nietzsche hat deshalb hervorgehoben, daß die Logik zunächst eine Strategie zur Denkerleichterung gewesen sei, die sich so sehr verselbständigt habe, daß sie uns schließlich als Ausdrucksform der Wahrheit erschienen sei.[27] »*Die Welt* erscheint *uns logisch, weil* wir *sie erst logisiert* haben.« »*Die Grundsätze der Logik, der Satz der Identität und des Widerspruchs, sind reine Erkenntnisse, weil sie aller Erfahrung vorausgehen. – Aber das sind gar keine Erkenntnisse! sondern* regulative Glaubensartikel.«[28]

Entstanden ist die Logik nach Nietzsche aus dem Willen zur Macht, weil der Wille des Geistes zur Gleichheit immer auch ein Wille zur Macht sei. Die Logik sei der

Versuch, »*nach einem von uns gesetzten Seins-Schema die wirkliche Welt zu begreifen, richtiger: uns formulierbar, berechenbar zu machen*...« [29] In satirischer Zuspitzung erklärt Nietzsche die Logik schließlich als »*begriffliche Verständlichkeit des Daseins selbst für Idioten.*« [30]

Grammatische Formen schematisieren und typisieren als kognitive Vereinfachungsmuster natürlich nicht in den gleichen Ausmaßen wie die Axiome der klassischen Logik. Dennoch kann man sie für sachthematische Reflexionsprozesse sicher als apriorische Denkmuster betrachten oder als »*regulative Glaubensartikel*«. Durch die klassische Logik werden die transzendentalen Implikationen grammatischer Muster für das Denken nicht aufgehoben, denn sie vereinfacht noch stärker als die Grammatik bzw. setzt noch abstraktere Glaubensartikel.

Über dieser Argumentation darf man freilich nicht vergessen, daß grammatische Ordnungsmuster und logische Axiome keinen Zufallscharakter haben und nicht willkürlich sind, sondern Ordnungsformen darstellen, die sich praktisch bewährt haben. Ebenso wie grammatische Universalien sich pragmatisch rechtfertigen lassen, so lassen sich auch logische Axiome pragmatisch legitimieren. Grammatische und logische Schematisierungen können zwar unter der Fahne eines absoluten Wahrheitsbegriffs als mehr oder weniger zufällige und grob schematisierende Vereinfachungen trefflich angegriffen werden, aber was ist damit gewonnen? Wenn wir nicht vereinfachten und schematisierten, würden wir im Chaos individueller Eindrücke und Erfahrungen untergehen und unfähig werden, praktisch und theoretisch zu handeln. Ohne Abstraktionen gibt es weder ein praktisches noch ein geistiges Leben, allerdings können zu große Abstraktionen dem Leben auch die Vielfalt und Vitalität nehmen.

Außerdem ist in diesem Zusammenhang zu beachten, daß wir keine Verfahren besitzen, um auf allgemeine Weise die jeweils vorliegenden Vereinfachungsformen zu falsifizieren oder zu verifizieren. Allenfalls können wir die Vorteile und Nachteile bestimmter Vereinfachungsformen im Hinblick auf bestimmte Zwecke gegeneinander abwägen. Pragmatisch orientierte Wahrheitsbegriffe mögen wegen ihrer Ungenauigkeit theoretisch degoutant sein, aber pragmatische Wahrheitskriterien bzw. Effektivitätskriterien sind offenbar bei der wahrheitstheoretischen Beurteilung sprachlicher und logischer Ordnungsmuster die letzten Kriterien, wenn wir nicht in zirkuläre oder dezisionistische Begründungsstrukturen geraten wollen.

Wenn wir die theoretischen Ordnungsmuster der klassischen Logik als Abstraktionen aus sprachlichen Ordnungsmustern betrachten, dann ist es durchaus plausibel und legitim, logische Theoriebildungen bei der Analyse sprachlicher und insbesondere grammatischer Ordnungsstrukturen beginnen zu lassen, wie es Aristoteles vorgeführt hat, weil sich in den sprachlichen Ordnungsmustern evolutionär *erprobte* Denkmuster repräsentieren. Pragmatisch wichtige *Denkformen* müssen sich zwangsläufig in *Sprachformen* niederschlagen, um so problemlos wie möglich gehandhabt werden zu können. Insbesondere in den grammatischen Zeichen mit *organisierenden* Funktionen wird man den sprachlichen Niederschlag von anthropologisch *fundamentalen* Denkformen sehen dürfen, während in den grammatischen Zeichen mit *interpretierenden* Funktionen sich offenbar Denkformen niedergeschlagen haben, die nicht nur anthropologische, sondern auch *kulturspezifische* Relevanz haben und die nicht nur die

Darstellungsfunktion der Sprache, sondern auch noch andere Funktionen betreffen. In den grammatischen Forminventaren der verschiedenen Sprachen steckt sicher eine Menge ontologischen und logischen Wissens. Dieses Wissen bezieht sich aber auf unterschiedliche Differenzierungsebenen und ist in der Regel auf eine nicht vollständig auflösbare Weise mit sprachgeschichtlichen und kulturellen Besonderheiten verquickt.

Wenn man neben der Deduktion und Induktion auch die Abduktion in den Bereich der Logik fallen läßt, dann muß man einräumen, daß logische Ordnungen nicht nur abstraktive Präzisierungen grammatischer Ordnungen sind, sondern zusätzlich auch Bereiche umfassen, für die keine sprachlichen Vorstrukturierungen vorliegen. Im Bereich der Abduktion müssen Informationsverarbeitungsprozesse angenommen werden, die sprachlich nicht vorstrukturiert sind. Abduktive Denkprozesse kann eine Sprache nur dadurch fördern, daß sie sich in ihren lexikalischen und grammatischen Formen eine gewisse *Vagheit* erhält und daß sie nicht versucht, alle Relationsmöglichkeiten zwischen sprachlichen Einheiten scharf zu definieren, damit assoziativen Geistesoperationen noch genügend Raum bleibt. Das Konzept der Abduktion kann deshalb auch verdeutlichen, daß Sprachstrukturen und Denkstrukturen dialektisch aufeinander bezogen sind, aber nicht identisch miteinander sind.

Aus diesen Überlegungen ist auch abzuleiten, daß alle grammatischen Analysen zu kurz greifen, die nur *logische* Kriterien verwenden und *psychologische, systemtheoretische, kulturelle* und *handlungstheoretische* Ordnungsgesichtspunkte ausklammern. Grammatische Ordnungsformen sind immer viel komplexer als logische Ordnungsformen, weil sie vielfältigen Funktionen zugleich dienen sollen. Die Analyse grammatischer Formen in der Perspektive der klassischen Logik ist nur eine Analysemöglichkeit unter vielen. Die logische Normierung grammatischer Ordnungsstrukturen kann hilfreich sein, sie kann aber auch grammatische Ordnungsfunktionen unzulässigerweise verkürzen.

4. Die Metaproblematik in der Sprache

Die Analyse komplexer sprachlicher Äußerungen bzw. komplexer Kommunikationssituationen ist heute ohne die Kategorien *Objektsprache* und *Metasprache* kaum noch möglich. Diese beiden Kategorien stammen ursprünglich aus der Logik, wo sie vor allem dazu gedient haben, die Ursachen paradoxer Aussagen aufzuklären und Normen für einen logisch akzeptablen Sprachgebrauch aufzustellen. Da die Kategorien Objektsprache und Metasprache dabei helfen, die Struktur derjenigen Sätze aufzuklären, die sinnvoll mit der *Wahrheitsfrage* konfrontiert werden können, lassen sie sich auch als grammatische Analysekategorien betrachten.

Bei der Verwendung in der Sprachwissenschaft und Kommunikationsanalyse werden die Kategorien Objektsprache und Metasprache allerdings weniger als axiomatische logische Grundbegriffe mit normativer Funktion angesehen, sondern eher als operative heuristische Begriffe, die vor allem dazu dienen, die komplexen Sinnstrukturen sprachlicher Äußerungen und die reflexive Struktur unseres Bewußtseins aufzuklären. Das hat dann auch dazu geführt, daß das Denkmodell von Objektsprache und Metasprache mehrfach abgewandelt worden ist.

In den semiotischen Überlegungen zur informativen Funktionalität sprachlicher Zeichen sind die Kategorien Objektsprache und Metasprache schon thematisiert worden, um mit den aus ihnen abgeleiteten Kategorien von *Information* und *Metainformation* den logischen Zusammenhang von lexikalischen und grammatischen Zeichen herauszuarbeiten. Dabei wurde besonderer Wert darauf gelegt, die jeweiligen Begriffspaare nicht ontologisch, sondern *relational* zu bestimmen, weil sie dann als operative Analysebegriffe am besten verwendungsfähig sind. Um die analytische Kraft des Denkmodells von Objektsprache und Metasprache für grammatische Probleme abschätzen zu können, sollen seine Dimensionen noch einmal kurz dargestellt werden.

Die Begriffe *Objektsprache* und *Metasprache* haben sich im Anschluß an logische Analysen von Russell, Carnap und Tarski eingebürgert, um in Sätzen die unterschiedlichen Referenzbezüge einzelner Zeichen und Aussagen kategorial klar voneinander trennen zu können. Die Notwendigkeit solcher Differenzierungen läßt sich gut an paradoxen Sätzen demonstrieren.

> Der Kreter Epimenides sagt, daß alle Kreter lügen.
> Alle Verallgemeinerungen sind falsch.

Der Sinngehalt solcher Sätze ist paradox, weil die in ihnen gemachten Aussagen sich selbst aufheben. Der Aussageinhalt solcher Sätze muß nämlich auf der einen Verständnisebene gerade dann als *falsch* bewertet werden, wenn er auf der anderen als *wahr* bewertet worden ist, was bedeutet, daß der Satz zugleich wahr und falsch ist. Diese paradoxe Konsequenz entsteht dadurch, daß in diesen Sätzen unzulässigerweise zugleich eine Aussage über einen Sachverhalt in der Welt gemacht wird und eine Aussage über den Geltungsanspruch des jeweiligen Satzes selbst, weil der Allquantor *alle* fatalerweise in ihnen sowohl eine *Fremd-* als auch eine *Selbstbezüglichkeit* herstellt.

Um paradoxe Sätze dieses Typs zu vermeiden, ist deshalb das Prinzip formuliert worden, daß es logisch und damit auch grammatisch unzulässig ist, Äußerungen sprachlich so zu gestalten, daß sie sich zugleich auf *zwei* ontologisch klar voneinander zu unterscheidende Referenzebenen beziehen, nämlich auf etwas anderes und auf sich selbst. Mengentheoretisch läßt sich das auch so ausdrücken, daß jede Menge nur Elemente bzw. Mengen eines logisch niedereren Typs enthalten darf, aber nicht eine Menge desselben Typs. Sprachlogisch heißt das, daß Zeichen für Dinge und Aussagen über außersprachliche Sachverhalte immer klar von Zeichen für Zeichen und Aussagen über Aussagen unterschieden werden müssen.

Die prinzipiell sehr plausible Unterscheidung von Sachbezug und Sprachbezug bei sprachlichen Äußerungen hat Bocheński[31] dann zu der schon erwähnten semantischen *Stufentheorie* inspiriert. In ihr wird die Welt des Seienden, d.h. die Welt der außersprachlichen Objekte, als Nullstufe angesetzt. Zeichen und Aussagen, die sich auf die Einheiten der Nullstufe beziehen, bilden dann die 1. semantische Stufe bzw. die Objektsprache. Zeichen und Aussagen, die sich auf die Einheiten der Objektsprache beziehen, bilden dann die 2. semantische Stufe bzw. die Metasprache. Zeichen und

Aussagen, die sich auf die Metasprache beziehen, bilden dann die 3. semantische Stufe bzw. die Metametasprache usw.

Dieses semantische Stufenmodell von Bocheński ist zunächst sehr dienlich, um in sprachlichen Äußerungen die *sachthematische* Bezugsebene (intentio recta) säuberlich von der *sprachthematischen* oder *reflexionsthematischen* Bezugsebene (intentio obliqua) zu trennen und deutlich zu machen, daß sich unser Denken und unser Vokabular auf zwei verschiedene Referenzebenen richten kann. Bei der konkreten Anwendung dieses Modells auf die Strukturverhältnisse in der natürlichen Sprache ergeben sich aber eine Reihe von Problemen, weil ihm ontologische und sprachtheoretische Prämissen zugrundeliegen, die nicht ohne weiteres akzeptabel sind. In diesem Denkmodell wird die Sprache nämlich nur als Repräsentationssystem für vorgegebene ontische Einheiten ins Auge gefaßt und nicht als interpretatives Differenzierungs- und Sinnbildungsinstrument. Sprachgebrauch und Sprachbewußtsein werden sehr konsequent und massiv voneinander getrennt, was nicht geringe Probleme aufwirft.

So ergibt sich in der natürlichen Sprache immer wieder die Schwierigkeit, ganz klar zwischen der Welt der Objekte auf der Nullstufe und der Welt der Zeichen für diese Objekte auf der 1. semantischen Stufe zu unterscheiden. So gebrauchen wir beispielsweise die Wörter *Nixe* und *Kobold* in dem Bewußtsein, daß sie keine existierenden Objekte auf der Nullstufe bezeichnen, sondern nur fiktive Sinngebilde. Bei Wörtern wie *Gott* und *Teufel* wird die klare Unterscheidung zwischen ontischer Nullstufe und erster semantischer Stufe noch schwieriger. In metaphorisch gebrauchten Wörtern, wie sie uns etwa in Ausdrücken wie *gefrorener Zorn* oder *Zahn der Zeit* begegnen, wird die Unterscheidung von ontischer Nullstufe und 1. semantischer Stufe ebenfalls sehr problematisch. Zuordnungsschwierigkeiten ergeben sich weiterhin bei den sogenannten *Privativa*, d.h. Wörtern, die die Abwesenheit von etwas eigentlich Erwartbarem bezeichnen wie etwa *Loch, fehlen, leer.* Hier müßte man im Hinblick auf die ontische Nullstufe dann mit der Hilfskonstruktion negativ existenter Objekte operieren.

Diese kurzen Hinweise zeigen, daß es sehr problematisch ist, die Unterscheidung von Objektsprache und Metasprache *ontisch* zu fundieren, weil unser Vokabular eigentlich kein Repräsentationssystem für klar vorgegebene ontische Objekte ist, sondern ein Repräsentationssystem für unsere Interpretationen der ontischen Realität. Das bedeutet, daß unsere Wörter zwar pragmatisch eingespielte Referenzbezüge zur Realität haben, daß sie gleichzeitig aber auch Sinnanteile haben, die uns sagen, wie wir diese Referenzbezüge ontologisch zu verstehen haben bzw. welchen Realitätscharakter wir dem zuordnen sollen, was sie bezeichnen. Die Unterscheidung von Sachbezug und Sprachbezug bei Wörtern und Aussagen ist natürlich sinnvoll, weil sich dadurch ein Wechsel der Perspektive im Denken und im Sprachgebrauch kennzeichnen läßt. Darüber dürfen wir aber nicht vergessen, daß bei der konkreten Verwendung sprachlicher Formen *repräsentative* und *selbstinterpretative* Sinnfunktionen auf eine kaum endgültig zu entwirrende Art ineinander verschränkt sind, was in der Semiotik durch die Unterscheidung von Zeichenobjekt und Zeicheninterpretant thematisiert wird.

Da sich in Äußerungen objektsprachliche und metasprachliche Sinnanteile methodisch trennen lassen, aber kommunikativ einen konstitutiven Zusammenhang bilden und da es auch nicht sehr sinnvoll ist, den Begriff der Metasprache auf die Fachsprache der Sprachwissenschaft zu verkürzen, ist es sinnvoll, die Begriffe Objektsprache und Metasprache nicht ontologisch, sondern *relational* zu definieren. Die Bedeutung des Objektbegriffs dreht sich dann allerdings vollständig um. Die Objektsprache ist dann nicht mehr dadurch definiert, daß sie aus Ausdrücken besteht, die sich auf die Welt der außersprachlichen Objekte bezieht, sondern dadurch, daß sie aus Ausdrücken bzw. aus Sinnanteilen von Ausdrücken besteht, die *Objekt der Betrachtung* oder der Interpretation werden. Durch diese korrelative Verknüpfung von Objektsprache und Metasprache kommt man aus allen ontologischen Spekulationen und aus der verwirrenden Stufung von Metaebenen heraus. Je nach den aktuellen Differenzierungsbedürfnissen bei der Analyse komplexer Sinngebilde ist man frei, methodisch festzulegen, welchen Zeichen oder Sinnanteilen einer Äußerung im Hinblick auf andere Zeichen oder Sinnanteile eine darstellende bzw. eine interpretierende Funktion zugeschrieben werden kann.

Unter diesen Umständen hat es sich gerade auch im Hinblick auf die informationslogische Unterscheidung von lexikalischen und grammatischen Zeichen als günstig erwiesen, das Begriffspaar Objektsprache und Metasprache durch das Begriffspaar *Information* und *Metainformation* zu ersetzen. Diese beiden Begriffe sind nämlich ontologisch neutral und lassen sich problemlos von der Ebene des Morphems und des Wortes über die Ebene der Satzglieder bis zur Ebene von Satz und Text verwenden, um den konstruktiven Zusammenhang von Einzelzeichen bei der Sinnbildung zu kennzeichnen. Sprachliche Einheiten, die auf der einen Betrachtungsebene noch in informative und metainformative Zeichenanteile aufgespalten worden sind, können auf der nächst höheren Betrachtungsebene wieder als geschlossene Grundeinheiten angesehen werden, zu der andere sprachliche Einheiten in einer metainformativen Interpretationsrelation stehen. Was Information und was Metainformation jeweils ist, wird durch die *Analyseperspektive* festgelegt, wobei die jeweils aktivierten Zeichenebenen, Wissensebenen und Denkebenen sehr unterschiedlichen Umfang haben können.

Die rein relationale Unterscheidung von Information und Metainformation erleichtert es auch, averbale Zeichen, die sich aus der Gestik, Mimik und Intonation ergeben, in einen konstruktiven Interpretationszusammenhang zu sprachlichen Zeichen und Sinneinheiten zu bringen bzw. semiotische Paradoxien aufzulösen. Solche Paradoxien entstehen dann, wenn Informationsinhalte aus unterschiedlichen Zeichensystemen nicht in einen kohärenten Sinnzusammenhang gebracht werden können, was im Extremfall sogar zur psychischen Desorientierung führen kann. So etwas ergibt sich beispielsweise dann, wenn jemand einem anderen verbal seine Zuneigung versichert, aber mimisch und gestisch zum Ausdruck bringt, daß er ihn verabscheut. [32]

Das Begriffspaar Information und Metainformation hat außerdem gegenüber dem von Objektsprache und Metasprache noch den Vorteil, daß es nicht den Anschein erweckt, als ob es möglich wäre, klar zwischen zwei eigenständigen Vokabularen oder gar Sprachsystemen zu unterscheiden, die zwei logisch zu unterscheidenden Inhaltskategorien Ausdruck geben. Gerade weil bei der Konstitution des Begriffspaares Information und Metainformation weder ontologische noch morphologische, sondern nur relationale Gesichtspunkte geltend gemacht werden, die von der jeweiligen Betrachtungsperspektive abhängig sind, ist es besonders gut auf die natürliche Sprache anwendbar. Da die natürliche Sprache nämlich im Gegensatz zu den formalisierten Sprachen nicht nur der Darstellungsfunktion dient, ist sie ohne ein metareflexives Begleitbewußtsein nicht sinnvoll zu verwenden. Aus der Polyfunktionalität der natürlichen Sprache resultiert außerdem, daß in ihr der System- und Codebegriff und die klare Trennung von *langue* und *parole* im Sinne de Saussures nur beschränkt sinnvoll ist.

Die logische Stufung zwischen lexikalischen Nennzeichen und organisierenden bzw. interpretierenden grammatischen Zeichen ist in allen Sprachen und so auch in den formalisierten Sprachen festzustellen, weil komplexe Systemordnungen aller Art auf die Differenzierung von Information und Metainformation nicht verzichten können. Aber darüber hinaus gibt es insbesondere in der natürlichen Sprache noch andere Formen der Relation von Information und Metainformation, die zum Teil morphologisch gut faßbar sind, zum Teil aber auch erst durch metareflexive Interpretationsakte konstituiert werden.

Gerade weil die natürliche Sprache für so vielfältige Zwecke verwendbar sein muß, übt sie einen immanenten Druck aus, Sprachformen, Sprachgebrauchsformen und Sprachreflexionsformen auszubilden, die es gestatten, den *Vollzug* von Kommunikation mit der *Interpretation* von Kommunikation und Kommunikationsmitteln zu verbinden.

Als letzte Metasprache aller denkbaren Zeichensysteme und als Metasprache ihrer selbst kann die natürliche Sprache nicht mechanisch wie ein Code benutzt werden, sondern muß sich so organisieren, daß sich die kognitiven und kommunikativen Funktionen erst im konkreten Redeakt endgültig präzisieren. Nur dann kann sich die natürliche Sprache die Flexibilität erhalten, die es gestattet, daß man mit ihrer Hilfe im Gegensatz zu den formalisierten Sprachen über *alle* denkbaren Gegenstände sinnvoll reden kann, wenn auch nicht immer präzise und ökonomisch, und daß man sie explizit oder implizit interpretativ auf sich selbst beziehen kann. Das bedeutet, daß wir unseren konkreten *Sprachgebrauch* immer mit unserem *Sprachbewußtsein* als kontrollierender Metaebene begleiten müssen, um den aktuellen Sinn konkreter Sprachformen zu erfassen, wofür ironische, metaphorische und poetische Verwendungsformen der Sprache, die in den formalisierten Sprachen kein Existenzrecht haben, schlagende Beispiele bilden. Folgende Strukturmerkmale der natürlichen Sprache spielen für die Ausbildung und die Anregung impliziter und expliziter Reflexionsstrukturen in diesem Sprachtyp eine wichtige Rolle und gestatten es, das Begriffspaar Information und Metainformation auf vielfältige Weise analytisch zu verwenden.

Zum ersten hat die Vagheit und Ambiguität der lexikalischen und grammatischen Zeichen in der natürlichen Sprache zur Folge, daß wir den Sinngehalt ihrer einzelnen Formen von der Metaebene unserer Hypothesen über die jeweiligen Kommunikationsabsichten präzisieren müssen, weil rein mechanische Verstehensprozesse schnell an ihre Grenzen gelangen. Zum zweiten hat die natürliche Sprache neben der Darstellungsfunktion noch vielfältige andere Funktionen, was dazu führt, daß in ihr unterschiedliche Kategorien von Informationen zugleich vermittelt werden können. Diese sind im Verstehensprozeß möglicherweise intuitiv zu erfassen, aber sie stimulieren auch metasprachliche Reflexionsprozesse, um sie klarer zu identifizieren und zu qualifizieren. Zum dritten machen es bildliche und insbesondere metaphorische Redeweisen notwendig, metareflexiv zwischen dem begrifflichen und dem bildlichen Sprachgebrauch zu unterscheiden und den Sinn des bildlichen Sprachgebrauchs begrifflich zu interpretieren. Zum vierten ist insbesondere die gesprochene natürliche Sprache mit gestischen, mimischen und intonatorischen Zeichensystemen verquickt, deren metainformative Interpretationskraft bei Sinnbildungsprozessen berücksichtigt werden muß. Zum fünften ist der Gebrauch der natürlichen Sprache im besonders hohen Maße mit metainformativen Formeln *(das heißt; damit meine ich)* durchsetzt, was uns in Verstehensprozessen ständig zu interpretativen und reflexiven Rückkopplungsprozessen anregt.

All diese Strukturmerkmale der natürlichen Sprache führen dazu, daß wir auf Äußerungen unterschiedliche Verstehensraster bzw. Interpretanten anwenden können, die uns Zugang zu unterschiedlichen Informationsebenen und Informationskategorien eröffnen. Die komplexen Korrelationsverhältnisse zwischen den einzelnen Informationen erfassen wir zwar weitgehend über das Sprachgefühl auf intuitive Weise, dennoch ergibt sich aber auch das Bedürfnis, die spontanen und intuitiven Sinnbildungen nachträglich in reflexiven Denkprozessen zu rechtfertigen. Dabei zeigt sich dann auch, daß Verstehensprozesse nicht mechanisch ablaufen, sondern auf den verschiedensten Ebenen und Stationen mit *Entscheidungsprozessen* durchsetzt sind, auf die Hypothesen, Intentionen und Emotionen der verschiedensten Art einwirken können.

Die Einsicht, daß aus derselben sprachlichen Einheit je nach Betrachtungsperspektive Informationen unterschiedlichen Typs abgeleitet werden können und daß alle Verstehensprozesse mit Entscheidungsprozessen impliziter oder expliziter Art vermischt sind, ist schon in den mittelalterlichen *Suppositionstheorien* thematisiert worden, die sich mit den möglichen Referenzbezügen sprachlicher Einheiten beschäftigt haben. So hat man beispielsweise zwischen einer *suppositio materialis* unterschieden, die sich auf die morphologische Gestalt oder die kategoriale Zuordnung eines Zeichens bezieht (›Sprache‹ *hat sieben Buchstaben / ist ein Substantiv*), und einer *suppositio formalis*, die sich auf den Begriffsinhalt eines Zeichens bezieht (*Die Sprache ist ein System von Zeichen*). Außerdem hat man auch noch von einer *suppositio impropria* gesprochen, die sich auf den metaphorischen oder ironischen Sinngehalt sprachlicher Zeichen bezieht (*die Sprache der Natur/der Fäuste*), oder von einer *suppositio personalis*, die den Gebrauch von Eigennamen betrifft usw.[33]

Ansätze zu einer Unterscheidung von Information und Metainformation bzw. Objektsprache und Metasprache finden sich auch in den zeichentheoretischen Reflexionen Augustins in dem Dialog *De Magistro*, wo er die *Zeichen für Dinge* von den *Zeichen für Zeichen* unterscheidet und in einem aufschlußreichen Bild auf den verwickelten Korrelationszusammenhang zwischen beiden aufmerksam macht. Mit Worten über Worte zu sprechen sei ebenso schwierig, wie das Jucken eines Fingers durch das Reiben mit einem anderen Finger zu lindern. Nur derjenige, der so etwas selbst mache, könne eigentlich unterscheiden, welcher Finger jucke und welcher dem Juckenden helfen solle.[34]

Wenn man das Metaproblem in sprachlichen Sinneinheiten strukturell und terminologisch auffächern und präzisieren will, dann lassen sich vielleicht drei bzw. vier

Oppositionspaare bilden. Diese Oppositionspaare überschneiden sich zum Teil, dennoch sind sie geeignet, das Problem in unterschiedlichen Perspektiven und Abstraktionsstufen sichtbar zu machen.

Die Begriffe *Information* und *Metainformation* sind die allgemeinsten Differenzierungskategorien, um den unterschiedlichen logischen Status von Informationen zu kennzeichnen und konstruktiv aufeinander zu beziehen. Sie lassen sich verwenden, wenn unser Interesse sich darauf richtet, näher zu untersuchen, wie aus einfachen Zeichen unterschiedlichen Funktionstyps komplexe Zeichen bzw. Sinneinheiten hergestellt werden können bzw. wie ein Informationsinhalt interpretativ auf einen anderen bezogen werden kann. Was dabei jeweils als Information bzw. Metainformation zu gelten hat, muß nicht unbedingt direkt auf morphologisch gut faßbare Einheiten zurückzuführen sein, sondern kann selbst Ergebnis von Interpretationsprozessen sein bzw. Konstitut reflexiver Denkanstrengungen.

Die Begriffe *Objektsprache* und *Metasprache* bzw. *Sprache* und *Metasprache* lassen sich verwenden, wenn relativ gut abgrenzbare sprachliche Einheiten wie Wörter und Sätze in einem ontologischen oder in einem rein relationalen Sinne ganz klar unterschiedlichen Referenzebenen zugeordnet werden können und wenn Wörter und Sätze der einen Ebene ganz klar Objekte der Interpretation der Wörter und Sätze der anderen Ebene sind.

Die Begriffe *Kommunikation* und *Metakommunikation* lassen sich verwenden, wenn es darum geht, in komplexen Kommunikationsprozessen die sachthematische von der reflexionsthematischen Ebene zu unterscheiden und die unterschiedliche intentionale Ausrichtung kommunikativer Akte zu kennzeichnen. Auf der reflexionsthematischen Kommunikationsebene kann es sowohl darum gehen, die sprachlichen Mittel definitorisch für die aktuellen Differenzierungs- und Mitteilungsbedürfnisse herzurichten, als auch darum, die Voraussetzungen, Verfahren, Ziele und Handlungsimplikationen der jeweiligen sachthematischen Kommunikationsakte zu präzisieren. Gerade beim Gebrauch der natürlichen Sprache sind metakommunikative Schleifen unabdingbar, um diese jeweils den aktuellen Bedürfnissen anzupassen. Streiten kann man sich darüber, ob man den Begriff der Metakommunikation nur auf die expliziten Formen der Metakommunikation verwenden soll oder auch auf die impliziten Formen.

Nach einem Vorschlag Ungeheuers kann man noch zwischen *Kommunikation* und *Metakommunikation* einerseits und *Kommunikation* und *Extrakommunikation* andererseits differenzieren.[35] Danach unterscheidet sich die Metakommunikation von der Extrakommunikation dann dadurch, daß die Metakommunikation zugleich in der Kommunikation steht, die sie in einer metareflexiven Schleife thematisiert, während die Extrakommunikation von außen über die Kommunikation räsoniert, ohne in sie selbst verwickelt zu sein. Die wissenschaftliche Analyse von Kommunikationsprozessen wäre demnach ein typisches Beispiel für die Extrakommunikation, während etwa ein sokratischer Dialog ein Beispiel für die Verschränkung von Kommunikation und Metakommunikation wäre. Die Kommunikation des Psychoanalytikers mit seinem Patienten müßte wohl als eine sehr komplizierte Mischung von Kommunikation, Metakommunikation und Extrakommunikation gewertet werden.

Natürlich diente es der logischen Klarheit in kommunikativen Prozessen, wenn in

ihnen die *sachthematische* und die *reflexionsthematische* bzw. *zeichenthematische*
Ebene immer klar zu unterscheiden wäre. Da wir in unserem Denken aber frei sind,
alle Formen und Konstellationen der Sprache und alle sprachlich vermittelten Inhalte
zu Zeichen zu erklären, wenn wir sie sinnvoll interpretieren können, ergeben sich
unendlich viele Realisationsmöglichkeiten für den Aufbau *selbstinterpretativer* Strukturen in der Sprache bzw. für die Relation von Information und Metainformation.
Jeder neue Betrachtungsrahmen ermöglicht neue Korrelationen. So läßt sich beispielsweise die Überschrift eines Textes als Information betrachten, deren Sinn durch den
Text selbst metainformativ interpretiert wird. Aber auch der Text läßt sich als Information betrachten, die durch die Überschrift metainformativ interpretiert bzw. auf
einen begrifflichen Nenner gebracht wird. Solange wir das Verhältnis von Sprache und
Metasprache bzw. Information und Metainformation rein relational definieren, läßt
sich die Metaproblematik in komplexen sprachlichen Einheiten nur dann abschließend
behandeln, wenn wir methodisch einen ganz spezifischen Betrachtungsrahmen festlegen und unserem Denken nicht alle Freiheitsgrade geben.

Die Metaproblematik kann man im Rahmen der natürlichen Sprache deswegen
nicht vollständig in den Griff bekommen, weil sie im Prinzip ein unmittelbares Analo-
gon unseres reflexiven Bewußtseins ist bzw. diesem Ausdruck gibt. Dieses reflexive
Bewußtsein ist nämlich dadurch charakterisiert, daß es sich auf unabschließbare Weise
immer wieder auf sich selbst und seine jeweiligen Inhalte beziehen kann. In ihm ist jede
Grenze nur ein Übergang, weshalb endgültige Grenzen für selbstinterpretative Akte
nicht festgesetzt werden können. Litt spricht deshalb auch von der »*Selbstaufstufung
des Geistes*« und der »*Selbstaufstufung der Sprache*«.[36] Wenn aber die Selbstbezüglichkeit bzw. Reflexivität zur Natur des Geistes gehört, wenn die natürliche Sprache
die genuine Ausdrucksform des Geistes ist und wenn die Metaproblematik je nach der
Beweglichkeit unseres Denkens in immer wieder neuen Varianten in der natürlichen
Sprache auftauchen kann, dann läßt sich mit Weinrich zu Recht von der »*Alltäglichkeit
der Metasprache*« in der natürlichen Sprache sprechen.[37]

Ein besonders eindrucksvolles Beispiel für implizite und explizite metainformative
Strukturen in der Sprache ist das grammatische Mittel der *Negation* in seinen vielfälti-
gen Ausprägungsformen. An diesem sprachlichen Phänomen lassen sich die reflexiven
Strukturen des Bewußtseins und der Sprache, abgesehen von dem schon erörterten
Korrelationszusammenhang von lexikalischen und grammatischen Zeichen, gut exem-
plifizieren.

5. Die Negation als Metaproblem

In einer ersten groben, aber gleichwohl grundlegenden Annäherung an die Negationsproblematik läßt sich die These vertreten, daß die vielfältigen sprachlichen Erscheinungsformen der Negation als grammatische Zeichen gewertet werden können,
weil sie dazu dienen, den kommunikativen Stellenwert lexikalischer Zeichen bzw.

sprachlicher Sinneinheiten metainformativ zu qualifizieren. Diese These kann insbesondere dann gerechtfertigt werden, wenn man das Verneinen als einen geistigen Handlungsakt betrachtet und mit Wittgenstein aus einer Geste ableitet. »*Die Negation, könnte man sagen, ist eine ausschließende, abweisende, Gebärde.*« [38]

In Sinne des ontosemantischen Stufenmodells für die Metaproblematik in der Sprache läßt sich zunächst feststellen, daß die selbständigen Negationsmorpheme (*nicht, kein, nie, niemals* usw.) und die unselbständigen Negationsmorpheme (*un-, miß-*, bzw. *-los, -leer* usw.) zu dem Inventar metasprachlicher Zeichen gehören, weil sie keine Referenz auf der Ebene des Seins haben, sondern nur eine auf der Ebene des Denkens oder der sprachlichen Vermittlung des Seins. Die Negationsmittel gehören nicht zur *Sachthematik* der Sprache (intentio recta), sondern zur *Reflexionsthematik* bzw. Zeichenthematik der Sprache (intentio obliqua). Der Gebrauch dieser Negationsmorpheme setzt voraus, daß mit anderen sprachlichen Zeichen zunächst ein bestimmter Vorstellungsinhalt erzeugt worden ist, der dann metainformativ als unzutreffend qualifiziert wird. Was auf der einen Ebene der Sprache als Vorstellungsinhalt erzeugt wird, das wird auf einer logisch höheren Ebene dann hinsichtlich seines aktuellen oder generellen Realitätsbezuges wieder negiert. Dieses etwas umständliche Verfahren, Sachverhalte nicht direkt sprachlich zu repräsentieren, sondern indirekt über die Negation von anderen Sachverhalten, kann drei unterschiedliche pragmatische Motive haben.

Zum einen kann es eine Lücke im Vokabular des Sprechers oder der Sprache geben bzw. ein Wahrnehmungsdefizit des Sprechers, so daß ein Sachverhalt nicht direkt benannt werden kann, sondern nur indirekt über die Negation verwandter Sachverhalte eingegrenzt werden muß *(Das ist kein Vogel)*. Zum zweiten kann der Gebrauch von Negationen dadurch motiviert sein, daß ein Sprecher sich nach dem Erwartungshorizont des Hörers richtet und nur die Informationen vermittelt, die von der Hörererwartung oder von dem allgemeinen Wissensstandard abweichen *(Karl ist nicht in Berlin angekommen)*. Zum dritten kann der Sprecher durch den Gebrauch von Negationen grundsätzlich darauf aufmerksam machen, daß die Sprache kein direktes Repräsentationsmedium für die Realität ist, sondern eher ein Interpretationsmedium für sie. Wenn man sich nämlich einem Phänomen über Ausschlußverfahren nähert, dann sensibilisiert man sich und andere für den medialen Charakter der Sprache und signalisiert, daß es Phänomene gibt, die man nicht einfach benennen und damit denkerisch beherrschen kann.

Die Möglichkeit, über die Verwendung von Negationsformen für den medialen Charakter der Sprache zu sensibilisieren, ist insbesondere in der *Mystik* und in der sogenannten *negativen Theologie* genutzt worden. Beide Bewegungen sehen sich vor das Dilemma gestellt, von Gott mit sprachlichen Mitteln zu reden und auch reden zu wollen, die eigentlich für andere Zwecke entwickelt worden sind und deshalb prinzipiell als unangemessen empfunden werden. So hebt etwa Nikolaus von Kues hervor, daß Begriffe dazu gemacht worden seien, um etwas oppositiv von etwas anderem abzugrenzen. Gott sei aber kein Ding unter anderen Dingen, er habe keine Eigenschaften in Opposition zu anderen Eigenschaften, weil er prinzipiell einen anderen *Seinsstatus* habe als alle Phänomene in der Welt. Alle Bezeichnungen und Charakterisierungen seien prinzipiell inadäquat für ihn, weil er ebensosehr alles wie irgend etwas sei. Er repräsentiere eine Einheit, zu der weder die Andersheit noch die Vielheit noch die Menge einen Gegensatz bilde. [39]

Wenn man Gott in dieser Weise versteht, dann verbietet es sich von selbst, die Sprache auf übliche Weise zu nutzen, um Aussagen über ihn zu machen. Sofern man nicht generell vorzieht zu schweigen, muß man auf eine Weise Gebrauch von der Sprache machen, in der *metainformativ* ständig auf die Inadäquatheit und Vorläufigkeit der verwendeten Sprachformen aufmerksam gemacht wird. Zu diesem Zweck kann man dann analoge, metaphorische, paradoxe oder negierende Redeweisen verwenden, weil diese nur dann adäquat verstanden werden, sofern sie durch ein metareflexives interpretatives Begleitbewußtsein überwölbt werden. Wenn man Gott im Rahmen der negativen Theologie die Attribute *ungeschaffen, unwandelbar, unbegreiflich* oder *unendlich* zuordnet, dann nutzt man gängige Sprach- und Vorstellungsformen und weist zugleich auf ihre Inadäquatheit für die eigentlichen Vorstellungs- und Mitteilungsbedürfnisse hin. Die Negation ist so einerseits ein Ausdruck von Sprachnot und andererseits ein Ausdruck der Einsicht, daß das Medium Sprache nicht immer auf einer Höhe mit allen Referenzbezügen bzw. Ausdrucksbedürfnissen sein kann. Deshalb hat Nikolaus von Kues auch betont, daß in theologischen Aussagen Verneinungen *wahr* und positive Aussagen *unzureichend* seien, weil »*die genaue Wahrheit im Dunkel unserer Unwissenheit in der Weise des Nichterfassens aufleuchtet. Das ist die belehrte Unwissenheit [docta ignorantia], die wir gesucht haben.*« [40]

Negation und *docta ignorantia* gehören zusammen, weil für beide reflexive Denkstrukturen konstitutiv sind. Inhalte werden konstituiert und in ihrem positiven Geltungsanspruch wieder relativiert, um auf diese Weise indirekt auf Wissensinhalte aufmerksam zu machen, die sich einer direkten sprachlichen Repräsentation entziehen. Die negative Theologie will von Gott keine gegenständliche Erkenntnis im üblichen Sinne vermitteln. Die auf ihn bezogenen negierten Sprachformen sind vielmehr als *Andeutungsformen* für einen sprachlich nicht direkt repräsentierbaren Inhalt aufzufassen. Die Negation ist somit eine Methode der Annäherung an ein Phänomen, das weder theoretisch noch sprachlich zureichend bewältigt werden kann.

Der methodische Weg, über ein Ausschlußverfahren den ontologischen Stellenwert von Phänomenen einzugrenzen, ist natürlich auch immer der Beginn einer positiven Vorstellungsbildung, selbst wenn diese begrifflich nicht beschreibbar ist. Auch die *phänomenologische Wesensschau* benutzt ja bei ihren Reduktionsverfahren die Negation, um alles Unwesentliche und Zweitrangige von wichtigen Phänomenen abzuschälen, so daß schließlich nur noch der gesuchte elementare Kern übrig bleibt, der von allem Randständigen gereinigt ist. Dieser elementare Kern wird durch die Reduktionen begrifflich nicht definiert, aber gerade das wird in der Phänomenologie nicht als unangemessen empfunden. Man geht nämlich davon aus, daß sich alle elementaren Phänomene der begrifflichen Definition letztlich entziehen, weil sie das *Fundament* von Begriffen bilden und sich deshalb durch Definitionen nicht auf andere Begriffe zurückführen lassen. Deshalb hat das grammatische Mittel der Negation bei der phänomenologischen Analyse solch elementarer Phänomene wie der *Zeit*, des *Heiligen* oder der *Liebe* immer wieder eine wichtige Rolle gespielt.

Auf den methodischen Wert der Negation für die Beweglichkeit des Denkens hat auch Wellershoff aufmerksam gemacht, als er die Verneinung als »*Kategorie des Werdens*« kennzeichnete.[41] Im Anschluß an anthropologische Überlegungen Gehlens geht er davon aus, daß der Mensch ständig dazu gezwungen sei, Komplexität zu reduzieren bzw. die Wirklichkeit zu vereinfachen, um mit ihr fertig zu werden. Dadurch entstehe ein auch sprachlich verfestigtes positives Wissen, das eine immanente Tendenz zur Statik habe und in dieser Starrheit drohe, ein Erscheinungsbild des Todes zu werden. Die *Negation* biete nun ebenso wie die *Kunst*, das *Spiel* und die *Utopie* die Möglichkeit, verfestigte Positivität wieder aufzuheben und erstarrtes Denken wieder beweglich zu machen. Wenn man dieser Argumentation folgt, dann bekommt das grammatische Mittel der Negation kulturgeschichtlich einen ganz besonderen Wert, weil es die Chance gibt, von den konventionalisierten kognitiven Mustern der Sprache Gebrauch zu machen, ohne ihnen zu verfallen, und historisch erarbeitete Vereinfachungen zu nutzen, ohne sich endgültig an sie zu binden.

Etwas unübersichtlicher, aber zugleich auch sehr viel spannender wird die Negationsproblematik, wenn wir das ontosemantisch orientierte Modell von Objektsprache und Metasprache zugunsten des rein relational orientierten Modells von Information und Metainformation aufgeben. Im Kontext dieses Ansatzes kann die These von Wellershoff, daß die Negation eine Kategorie des Werdens sei, erst ihre ganze Fruchtbarkeit und Relevanz erweisen.

Das relationale Modell von Information und Metainformation hat für die Analyse der Negationsproblematik zwei weitreichende Konsequenzen. Zum einen kann man das Inventar der Negationsmittel nicht mehr nur auf die offensichtlichen grammatischen Negationswörter und Negationsaffixe eingrenzen, sondern muß auch weniger offensichtliche Negationsformen einbeziehen. Dadurch läuft man allerdings Gefahr, die Negation von einem Phänomen der Grammatik zu einem Phänomen des Denkens zu machen. Zum anderen kann man die Negationsproblematik nicht mehr im Rahmen der zweiwertigen Entweder-Oder-Logik abhandeln, wo Negationen gleichsam als mathematisches Minuszeichen in binärer Opposition zu Affirmationen als Pluszeichen stehen. Es wird nun notwendig, unterschiedliche Grade und Intensitäten von Negationen anzunehmen, was eine logische Bewältigung der Negationsprobleme im Sinne der klassischen Logik sehr erschwert, wenn nicht unmöglich macht.

Bei der Verwendung des relationalen Modells von Information und Metainformation können wir bei der Aufklärung der Negationsproblematik auch mühelos von der Betrachtungsebene der *langue* auf die der *parole* wechseln und neben den offensichtlichen und konventionalisierten Negationsmitteln auch solche in unsere Betrachtung einbeziehen, die verdeckter Natur sind bzw. sich erst unter bestimmten Kontextbedingungen konstituieren. Das Feld der potentiellen *Negationsmittel*, der *Negationsbezüge* und der *Negationsintensitäten* weitet sich dadurch allerdings auf eine fast beängstigende Weise aus. Welche sprachlichen Formen als Negationsmittel anzusehen sind und welche Negationsfunktionen ihnen zukommen, läßt sich unter diesen Umständen nicht einfach konstatieren, sondern ist nur im Kontext bestimmter Interpretationsperspektiven festlegbar. Je nach Betrachtungsperspektive werden andere Negationsstrukturen faßbar, weil in einem relationalen Sinne sehr viele sprachliche Formen und Sinneinheiten in eine *Negationsfunktion* zu anderen gebracht werden können. Ja, jeder Gebrauch einer Form kann schon als Negation der Möglichkeit des Gebrauchs einer anderen Form aufgefaßt werden.

Um den Negationsbegriff nun aber nicht so auszuweiten, daß er sich als grammatischer Begriff auflöst und nur noch zur Bezeichnung eines bestimmten Typs von Denkoperationen dient, soll er hier so verwendet werden, daß neben den *expliziten Formen* sprachlicher Negation (Negationswörter, Negationsaffixe), deren grammatischer Charakter offensichtlich ist, nur noch die *impliziten Formen* der sprachlichen Negation erfaßt werden. Zu den impliziten sprachlichen Formen der Negation lassen sich solche Sprachmittel rechnen, die konventionell stabilisierte Negationsimplikationen haben, obwohl sie uns nicht immer sofort ins Auge fallen. In einem etwas weiteren Sinne können sie deshalb auch als grammatische Formen der Negation betrachtet werden oder zumindest als sprachliche Formen mit einem immanenten Negationspotential.

Zu den sprachlichen Formen mit Negationsimplikationen sind beispielsweise die schon erwähnten *Privativa* zu rechnen, die auf den ersten Blick als rein objektsprachliche lexikalische Zeichen erscheinen, deren Negationsimplikationen bei logischen Analysen aber sehr wohl zu beachten sind. Zu den sogenannten Privativa werden diejenigen sprachlichen Zeichen gerechnet, die Begriffsmuster benennen, die gleichsam *negativ* konstruiert sind, weil sie die Abwesenheit von vorstellbaren Inhalten hervorheben und weil sich ihr Begriffsinhalt nur über negierte semantische Merkmale beschreiben läßt. Solche Begriffsmuster werden als kognitive Strukturierungsmuster erst dann informationshaltig, wenn man sie in ihren impliziten Negationsrelationen zu positiv konstruierten Begriffsmustern sieht.

So wird etwa das Begriffsmuster *Loch* nur verstanden als Abwesenheit von eigentlich erwartbarer Materie, das Begriffsmuster *schweigen* als Negation von *reden* und das Begriffsmuster *leer* als Negation von *voll*. Die Verwendung von Privativa zeigt, daß ein Sprecher etwas kognitiv so strukturieren und akzentuieren will, daß es als Negation eines positiv vorstellbaren Sachverhalts erscheint. Entscheidend für den Gebrauch eines Privativums bzw. für die Klassifizierung eines Wortes als Privativum ist nicht immer der darzustellende Sachverhalt selbst, sondern der Strukturierungswille des Sprechers. So kann beispielsweise das Wort *Wüste* als Negation von *Vegetation* und *Leben* aufgefaßt werden und das Wort *Fremde* als Negation von *Heimat*. Diese Verstehensweisen sind aber nicht absolut zwingend, weil Kontexte denkbar sind, wo die Wörter *Wüste* und *Fremde* als Begriffsbildungen verstanden werden, bei denen nicht die Abwesenheit, sondern die Anwesenheit von etwas akzentuiert werden soll. Der Beduine und der Abenteurer sind wohl weit davon entfernt, die Wörter *Wüste* und *Fremde* als Privativa zu verstehen.

Negationsimplikationen lassen sich auch den *Konjunktivformen* zuordnen. Der *Konjunktiv I* kann als *Zitiersignal* metainformativ dazu dienen, einen Aussageinhalt als bloß vermittelt zu kennzeichnen. Dabei wird auf implizite Weise negiert, daß der jeweilige Sprecher für den Wahrheitsgehalt der vermittelten Information verantwortlich zu machen ist. *Der Konjunktiv II* kann als *Hypothesesignal* oder als *Skepsissignal* verwendet werden. Sein Gebrauch signalisiert dann, daß die jeweilige Information keine Referenz in dem jeweils aktuellen Raum oder der jeweils aktuellen Zeit hat bzw.

daß der Sprecher den von ihm referierten Informationen keinen rechten Glauben schenkt.

Auch *ironische Sprachformen* haben offensichtliche Negationsimplikationen, wobei es nicht so wichtig ist, durch welche stilistische Mittel die Ironie erzeugt wird (unangemessenes Vokabular, Übertreibungen, Täuschung von Erwartungshaltungen usw.). *Metaphorischen Sprachformen* können ebenfalls Negationsimplikationen zugeschrieben werden. Dadurch, daß in ihnen Begriffseinheiten determinativ aufeinander bezogen werden, die kategorial auf verschiedenen Ebenen liegen, wird immanent signalisiert, daß die jeweiligen Wörter nicht im üblichen Sinne zu verstehen sind *(visueller Lärm)*.

Aus diesen kurzen Hinweisen auf die Negationsimplikationen bestimmter Sprachformen ist wohl deutlich geworden, daß wir einerseits die impliziten Formen der Negation nicht einfach aus grammatischen Überlegungen ausklammern dürfen, weil sie metainformativ den Stellenwert und den Geltungsanspruch bestimmter Basisinformationen qualifizieren, daß wir andererseits aber auch nicht alle Realisationsformen impliziter Negationen unbesehen als grammatisch kennzeichnen dürfen, weil wir sonst die verläßliche morphologische Grundlage für grammatische Zeichen verlieren. Es ist allerdings nicht leicht, eine klare Grenze zu ziehen zwischen den grammatisch-morphologisch signalisierten Formen der Negation einerseits und den interpretativ hergestellten Formen der Negation andererseits.

Obwohl das ontosemantische Stufenmodell von Objektsprache und Metasprache ontologisch problematisch ist, obwohl das Relationsmodell von Information und Metainformation bei der Textinterpretation allen möglichen spekulativen Hypothesenbildungen Vorschub leisten kann und obwohl die These von den Negationsimplikationen sprachlicher Ausdrücke methodisch schwer handhabbar ist, sind doch alle drei Konzepte brauchbar, um Kommunikationskonflikte aufzuklären, bei denen Negationen eine Rolle spielen. Zur Illustration dafür mögen folgende Beispiele dienen, die zum Teil einen verfremdeten Negationsgebrauch aufweisen, aber gerade dadurch besonders gut für die Negationsproblematik sensibilisieren können.

Odysseus gibt sich Polyphem gegenüber mit Bedacht den Namen *Niemand*, um sich und seinen Gefährten durch diese sprachliche List zu schützen; und diese Strategie hat tatsächlich Erfolg. Als Polyphem nach seiner Blendung nämlich vor Schmerz brüllt und die anderen Kyklopen fragen, wer ihm Gewalt antue, antwortet er, daß *Niemand* ihn drangsaliere, woraufhin die Kyklopen Polyphem für geistig verwirrt halten und sich von dannen machen. Die List des Odysseus besteht darin, daß er ein Wort, das als Negationspronomen eigentlich einen metasprachlichen Status hat, als Eigenname mit objektsprachlichem Status einführt. Polyphem fällt prompt auf diesen Trick herein und benutzt das Negationspronomen tatsächlich in einem objektsprachlichen Sinne, wodurch er sich allerdings von der Hilfe der anderen Kyklopen abschneidet, weil diese das Wort konventionsgemäß als metasprachliches Negationspronomen verstehen.

Vorschub für dieses Verwirrspiel leistet allerdings auch die Grammatik. Pronomen haben als grammatische Zeichen im Prinzip einen metasprachlichen Status, weil sie zur *intentio obliqua* gehören. Sie haben nämlich keinen direkten ontischen Referenzbezug, sondern fordern zunächst nur dazu auf, sie durch Wörter zu ersetzen, die einen direkten ontischen Referenzbezug haben bzw. eine Nennfunktion. Da Pronomen nun aber durch einen kurzen metareflexiven Zwischenschritt durch Wörter mit Nennfunktion ersetzt werden können, gestattet es die Syntax, sie in den Funktionsrollen von Subjekten, Objekten und Attributen zu verwenden, die im Prinzip Wörtern vorbehalten sind, die eine direkte faktische oder fiktive außersprachliche Referenz haben.

Diese grammatische Lösung führt aber nun zu Problemen, wenn Pronomen negiert werden, weil das ja bedeutet, daß die pronominale Leerform nicht mehr durch Wörter mit Nennfunktion ersetzt werden kann. Dieses Problem fällt insbesondere dann ins Gewicht, wenn die Negation morphologisch nicht mehr klar durch ein eigenes Negationsmorphem als ein metainformativer Handlungsakt dokumentiert wird, sondern das Negationsmorphem mit dem Pronomen zu einer morphologischen Einheit verschmilzt. Das ist etwa bei den Negationspronomen *niemand, keiner* oder *nichts* der Fall (niemand = nie man, ahd. nioman; keiner = nicht einer, ahd. nihein; nichts = nie etwas, ahd. niwiht). Diese Negationspronomen haben einen sehr komplizierten grammatischen und sprachlogischen Status, der allerdings zunächst kaum auffällt, weil sie syntaktisch wie normale Pronomen verwendet werden, obwohl sie sachlogisch eigentlich gar nicht solche sind.

Bei der logischen Analyse von Negationspronomen müssen wir zwei unterschiedliche metainformative Instruktionen bzw. metareflexive Verstehensprozesse unterscheiden, die sich theoretisch trennen lassen, aber praktisch ineinander verwachsen sind. Auf der ersten Ebene wird bei Negationspronomen durch die Wortart Pronomen bzw. durch die jeweils eingenommenen syntaktischen Funktionsrollen die Erwartung suggeriert, daß indirekt auf einen konkreten außersprachlichen Tatbestand Bezug genommen wird. Auf einer zweiten Ebene wird dann allerdings negiert, daß pronominal auf etwas Bezug genommen wird oder werden kann. Das bedeutet, daß durch Negationspronomen ein möglicher Tatbestand gedanklich in groben Umrissen erzeugt wird und zugleich als faktisch nicht gegeben qualifiziert wird *(Niemand kommt. Sie spricht mit keinem.)*.

Durch Negationspronomen wird sprachlich einer komplizierten Gedankenoperation Ausdruck verliehen. Diese besteht darin, daß in eine gegebene Situation eine grobe und unspezifische Erwartungsvorstellung projiziert wird, die im Vollzug der Projektion aber hinsichtlich ihres Faktizitätsgehaltes negiert wird. Diese Projektion bleibt aber nicht folgenlos, weil sie trotz ihrer immanenten Aufhebung doch den entscheidenden Maßstab setzt, nach dem die jeweilige Situation metareflexiv als Mangelsituation interpretiert wird. Sätze mit Negationspronomen und Negationspartikeln bilden nicht positiv gegebene Sachverhalte ab, die im Prinzip photographierbar wären, sondern geben individuellen Erwartungen Ausdruck, die faktisch nicht erfüllt werden bzw. klassifizieren das Gegebene als irrelevant gegenüber dem Erwünschten. Dieser Umstand hat dann einen Logiker zu der Bemerkung inspiriert, daß die Welt voll von *Nicht-Elefanten* sei.

Ähnlich wie Homer hat auch Lewis Carroll mit dem komplizierten sprachlogischen Status des Negationspronomens *niemand* gespielt. Einerseits läßt er es von seinen Personen auf die übliche Weise verwenden, um metareflexiv enttäuschten Erwartungen Ausdruck zu geben und eine Situation als Mangelsituation zu kennzeichnen. Andererseits läßt er es aber auch so benutzen, als ob es einen tatsächlichen referentiellen Bezug hätte.

> »›Auf der Straße sehe ich niemand‹, sagte Alice. ›Ach, wer solche Augen hätte!‹ bemerkte der König wehmütig, ›mit denen man selbst Niemand sehen kann! Noch dazu auf diese Entfernung! Und *ich* muß schon froh sein, wenn ich in diesem Licht noch die wirklichen Leute sehen kann!‹« [42]

Ontologisch noch abgründiger kann man mit einem anderen Negationspronomen spielen, wie ein mittelalterliches Rätsel zeigt.

> Was ist größer als Gott und schlimmer als der Teufel? Die Toten essen es, aber wenn die Lebenden es essen, sterben sie!

Bei diesem Rätsel legen die Kontexte und die zu ersetzenden Pronomen nahe, daß eine ontische Gegebenheit bzw. ein objektsprachlicher Ausdruck dafür gesucht wird. Eine solche Gegebenheit kann es aber nicht geben, weil sie Eigenschaften aufweisen müßte, die unvereinbar miteinander sind. Das Rätsel löst sich erst, wenn man die zunächst suggerierte Verständnisebene verläßt und für die fraglichen Pronomen keine objektsprachlichen Ausdrücke einsetzt, sondern das Negationspronomen *nichts*, das eine reflexive Denkoperation repräsentiert, aber keine gegebene ontische Einheit.

Im Deutschen können wir durch Groß- und Kleinschreibung das Verwirrspiel um den intentionalen Bezug von Negationspronomen noch weiter treiben, weil bei der Großschreibung ein objektsprachlicher Bezug auf der Ebene der *intentio recta* suggeriert wird, der durch den Gebrauch des bestimmten Artikels noch verstärkt wird. Ein aufschlußreiches Beispiel dafür, wie man in der Argumentation vom metasprachlich benutzten Negationspronomen *nichts* zum objektsprachlich benutzten Substantiv *Nichts* übergehen kann, bietet eine Passage aus Heideggers Freiburger Antrittsvorlesung von 1929.

> »Erforscht werden soll nur das Seiende und sonst – nichts; das Seiende allein und weiter – nichts; das Seiende einzig und darüber hinaus – nichts.
> Wie steht es um dieses Nichts? Ist es Zufall, daß wir ganz von selbst so sprechen? Ist es nur so eine Art zu reden – und sonst nichts?
> Allein was kümmern wir uns um dieses Nichts? Das Nichts wird ja gerade von der Wissenschaft abgelehnt und preisgegeben als das Nichtige ... Das Nichts – was kann es der Wissenschaft anderes sein als ein Greuel und eine Phantasterei? Ist die Wissenschaft im Recht, dann steht nur das eine fest: die Wissenschaft will von Nichts nichts wissen. Dies ist am Ende die wissenschaftlich strenge Erfassung des Nichts. Wir wissen es, indem wir von ihm, dem Nichts, nichts wissen wollen.« [43]

Carnap[44] hat von der Position des logischen Empirismus aus den Wechsel der Intentionalitätsebene beim Gebrauch des Negationspronomen *nichts* durch Heidegger als ein *Schulbeispiel* sinnloser metaphysischer Spekulation gebrandmarkt. Die Benutzung des Worts *Nichts* als Gegenstandsname führe zu metaphysischen Scheinsätzen, die nur durch radikale Sprachkritik vermeidbar seien. So berechtigt Carnaps Forderungen nach einer Sprachkritik sind, um der Verführungskraft der Sprache zu begegnen, so problematisch erscheint seine Forderung nach einer logisch vollkommen reinen philosophischen Wissenschaftssprache, weil eine solche das Denken nämlich nicht nur sichert, sondern auch einschränkt.

Im Hinblick auf Heideggers Sprachgebrauch läßt sich in diesem Zusammenhang folgendes geltend machen. Zum einen hat er durch die Klein- und Großschreibung des Wortes *nichts* und durch den Gebrauch des Artikels den *Wechsel* der Intentionalitätsebene beim Gebrauch des Wortes metainformativ durchaus klar signalisiert. Zum anderen muß dem philosophischen wie dem poetischen Sprechen zugestanden werden, auf unübliche Weise von der Sprache Gebrauch zu machen, um Sprachformen als *Denkformen* bewußt zu machen und um über neue Sprachformen auch neue Denkformen zu erschließen bzw. zu konkretisieren. Heidegger muß es deshalb auch erlaubt sein, das Negationspronomen *metaphorisch* zu benutzen, wenn man zugesteht, daß das Denken prinzipiell immer eine logische Stufe höher anzusiedeln ist als die sprachlichen Mittel, von denen es konkret Gebrauch macht. Der intentionale Bezug und die Differenzierungsfunktion sprachlicher Zeichen stehen in der natürlichen Sprache nicht ein für alle mal fest, sondern können metareflexiv entsprechend den aktuellen Denkintentionen explizit oder implizit neu festgelegt werden.

Wenn man in dieser Perspektive denkt, dann läßt sich die These vertreten, daß in Heideggers Argumentation das Wort *Nichts* nicht der Gegenstandsname für eine leere Menge oder für absolute Leere im Sinne eines Vakuums ist, sondern die metaphorisch zu verstehende Bezeichnung für eine Menge von Erfahrungen, die man nicht strukturieren bzw. nicht auf einen Sinn hin interpretieren kann. Mit dem Worte *Nichts* soll so gesehen dann nichts Gegenständliches im üblichen Sinne bezeichnet werden, sondern eine bestimmte Erfahrungsform von Gegenständlichem. Deshalb kommt Heidegger auch zu der These: »*Das Nichts enthüllt sich in der Angst – aber nicht als Seiendes*«. Diese metaphorische Verwendung des Negationspronomens hat Heidegger dann auch zu einem Satz geführt, der den logischen Empiristen als Dokument offensichtlichen Unsinns erschienen ist. »*Das Nichts selbst nichtet*«. [45]

Ähnliche sprachtheoretische Probleme wie bei Heideggers Verwendung des Negationspronomen *nichts* gibt es auch bei der Übersetzung der Schöpfungsformel *creatio ex nihilo*. Wenn man diese Formel übersetzt mit *Schöpfung aus dem Nichts* ergeben sich zwei Interpretationsmöglichkeiten. Entweder bedeutet die Formel *Schöpfung aus der Leere*, dann dienten die paradoxen Implikationen dieser Formel dazu, das unfaßbare Phänomen der Allmächtigkeit Gottes zu artikulieren, oder die Formel bedeutet *Schöpfung aus dem Chaos*, dann diente diese Formel dazu, an den Schöpfungsbegriff des platonischen Demiurgen anzuknüpfen, der nicht aus der Leere etwas schafft, sondern der der gestaltlosen Materie Form gibt. Man könnte sich aber auch dazu entschließen, die Formel mit *Schöpfung aus nichts* zu übersetzen. In diesem Fall wäre das Negationspronomen *nichts* auf übliche Weise als metasprachliches Zeichen zu verstehen, das einem reflexiven Denkakt Ausdruck gibt. Die Schöpfungsformel ließe sich dann folgendermaßen paraphrasieren: *Schöpfung aus etwas, was man inhaltlich nicht konkretisieren kann, weil es aus dem Rahmen des Vorstellbaren fällt.*

Beim Gebrauch von Negationswörtern und negationshaltigen Sprachformen ist Sprachkritik immer angebracht, um die Referenzebenen der jeweiligen Sprachformen zu präzisieren. Die Sprachkritik sollte aber nicht soweit gehen, jeden metaphorischen Gebrauch solcher Sprachformen zu verbieten. Dadurch geraten wir aber natürlich ständig in die Gefahr, uns in Paradoxien zu verstricken, weil das gleiche Wort keineswegs immer das Gleiche bezeichnen muß. Das mag folgende Schlußfolgerung exemplifizieren: *Nichts ist besser als die ewige Glückseligkeit, aber ein Käsebrötchen ist besser als nichts. Also ist ein Käsebrötchen besser als die ewige Glückseligkeit.*

Bei dieser Schlußfolgerung wird auf den ersten Blick nicht deutlich, daß das erste und zweite *nichts* logisch nicht auf derselben Ebene liegen. Das erste *nichts* kann man klein schreiben, weil es eine Denkoperation repräsentiert. Der erste Satz müßte dementsprechend folgendermaßen paraphrasiert werden: *Man kann sich nicht etwas konkret vorstellen, was besser ist als die ewige Glückseligkeit.* Das zweite *nichts* müßte eigentlich groß geschrieben werden, weil es wie ein Privativum gebraucht wird. Dementsprechend wäre der zweite Satz folgendermaßen zu paraphrasieren: *Ein Käsebrötchen ist besser als eine leere Menge.* Ganz offensichtlich wird, daß das Negationspronomen in den beiden Sätzen einen ganz unterschiedlichen logischen Status und intentionalen Bezug hat, wenn man die Elemente in dem Schlußfolgerungsprozeß folgendermaßen verändert und dadurch seine paradoxen Implikationen aufdeckt. *Nichts ist besser als ein Käsebrötchen, aber ein Käsebrötchen ist besser als nichts. Also ist ein Käsebrötchen besser als ein Käsebrötchen.*

Grammatisch und logisch ist auch die doppelte Negation sehr interessant, auf die schon kurz im Zusammenhang mit den Kreolensprachen eingegangen worden ist. Üblicherweise wird nach dem Vorbild des Gebrauchs der Minuszeichen in der Mathematik angenommen, daß sich in einem Satz eine doppelte Negation selbst aufhebt, so daß im Endeffekt wieder ein affirmativer Satz entsteht *(Es gibt keine Arbeit nicht = Es gibt Arbeit. Keiner liebt mich nicht = Einer liebt mich.)*

Ganz abgesehen davon, daß ein Satz mit einer doppelten Negation nicht den gleichen Sinn wie der jeweilige affirmative Satz hat, weil durch die Negationen natürlich ein ganz anderer Denkhorizont für das Verständnis der jeweiligen Sachaussage geschaffen wird, ist auch zu beachten, daß die doppelte Negation insbesondere in der spontanen gesprochenen Sprache durchaus die pragmatische Funktion haben kann, eine Negation zu *verstärken*. Das ist möglich, weil die eine Negation nicht metainformativ auf die andere bezogen werden muß, sondern die beiden Negationen auch so verstanden werden können, daß sie sich auf derselben logischen Ebene auf zwei unterschiedliche Einzelsachverhalte beziehen können. Die eine Negation würde sich dann auf eine *Sachvorstellung* beziehen und die andere auf eine *Handlungsvorstellung*, wodurch psychisch dann eine sehr intensive und umfassende Negationssituation bzw. Abwehrgeste entstünde. Im reflektierten Sprachgebrauch projizieren wir beide Negationsakte auf eine Vorstellungsebene, wo sie sich dann selbst aufheben. Im mündlichen Sprachgebrauch kommt es üblicherweise nicht zur metareflexiven Prüfung der Konsequenzen der einzelnen Negationsakte auf einer umfassenden Vorstellungsebene, weil die Redeplanung nicht so weit vorauseilt und weil neben der Darstellungsfunktion auch die Ausdrucksfunktion der Sprache eine sehr wichtige Rolle spielt. Das hat zur Folge, daß die Negationen in der gesprochenen Sprache im hohen Maße als individuelle *Abwehrgesten* für Einzelvorstellungen verstanden werden, so daß die doppelte

Negation subjektiv sehr leicht als Intensivierung einer Abwehrhandlung gemeint und verstanden werden kann.

Ganz besondere logische und grammatische Probleme entstehen dann, wenn Negationswörter mit dem Negationspotential von Privativa kombiniert werden, weil dann das Problem der doppelten Negation nicht gleich ins Auge fällt. Dafür ist das folgende Beispiel sehr aufschlußreich.

Eine Stadt hatte einem arbeitslosen Türken die Verlängerung seiner Aufenthaltsgenehmigung verweigert, weil sie ihn als zukünftigen Empfänger von Sozialhilfe betrachtete. Daraufhin verklagte der Türke die Stadt auf Verlängerung der Aufenthaltsgenehmigung. Die Stadt schloß schließlich vor dem Verwaltungsgericht mit dem Kläger einen Vergleich, der vorsah, daß die Aufenthaltsgenehmigung von der Stadt unter der Bedingung verlängert werden sollte, daß der Kläger darauf verzichtete, künftig einen Antrag auf Sozialhilfe zu stellen. Das Gericht formulierte diesen Vergleich folgendermaßen:

> »Die Beklagte duldet den Aufenthalt des Klägers bis zum ... unter der auflösenden Bedingung, daß der Kläger keinen Antrag auf Sozialhilfe stellt.«

Bei der Formulierung dieses Textes ist vom Gericht nicht berücksichtigt worden, daß in dem Privativum *auflösen* schon ein implizites Negationspotential steckt, das die Wirkung der Negationsinstruktionen von *kein* neutralisiert. Der Wortlaut des Textes verpflichtet deshalb den Kläger entgegen der Intention des beabsichtigten Vergleichs dazu, einen Antrag auf Sozialhilfe zu stellen, um eine Verlängerung seiner Aufenthaltsgenehmigung zu erwirken. Das wird sehr deutlich, wenn man das verschachtelte Aussagegefüge in Einzelaussagen auflöst.

> »Die Beklagte duldet den Aufenthalt des Klägers bis zum ... Auflösende Bedingung dafür ist, daß der Kläger keinen Antrag auf Sozialhilfe stellt.«

X

Erkenntnis und Grammatik

Die Auffassung, daß der Sprache oder gar der Grammatik eine strukturbildende Funktion bei der Konstitution von Erkenntnisinhalten zukommt und daß keine Erkenntniskritik ohne Sprachkritik auskommt, hat nicht immer zu den Grundüberzeugungen der Philosophie gehört. Zwar hat es im Altertum, im Mittelalter und in der frühen Neuzeit immer wieder unterschiedliche Formen der Sprachkritik gegeben, wenn man sich mit dem Problem beschäftigte, wie Wissen adäquat repräsentiert und vermittelt werden könne, aber von einer grundsätzlichen Sprachskepsis kann noch nicht die Rede sein. Erst in der zweiten Hälfte des 18. Jahrhunderts wird immer offensichtlicher, daß die Sprache nicht nur Objekt des Denkens sein kann, sondern zu einem gewissen Grade auch immer schon Subjekt des Denkens ist.

Als Herder und Hamann gegen Kant die These vertraten, daß das Programm einer *Transzendentalphilosophie* nicht auf die Kritik der Vernunft beschränkt werden dürfe, sondern auf die Kritik der *Sprache* ausgedehnt werden müsse, und als die Gebrüder Schlegel und Humboldt das Programm einer *vergleichenden* Grammatik konkretisierten, wurde ganz offenkundig, daß die Sprache als bedingender Faktor für den Erwerb, die Strukturierung und die Vermittlung von Wissen angesehen werden muß. Wenn man die sogenannte kopernikanische Wende Kants in der Erkenntnistheorie akzeptiert, wonach unsere Erkenntnisinhalte weniger durch die Struktur der Erkenntnisgegenstände als durch die Struktur unseres Verstandes bestimmt werden, dann muß man auch prüfen, ob die Struktur der Sprache konstitutiv auf unsere Erkenntnisinhalte Einfluß nimmt. Jedenfalls konnte die Sprache philosophisch nicht länger naiv als neutrales Repräsentationsmittel für sprachunabhängige Denkinhalte und Denkprozesse hingenommen werden, sondern mußte als möglicher transzendentaler oder apriorischer Faktor von Erkenntnisinhalten und Erkenntnisprozessen ernst genommen werden.

Insbesondere seit Anfang des 19. Jahrhunderts ist das Problem der sprachlichen Implikationen von Erkenntnisprozessen in vielfältigen Variationen und unterschiedlichen Perspektiven diskutiert worden. Dabei hat sich eine große Spannweite von Positionen ergeben. Sie reicht von der positiven Wertung der sprachlichen Vorstrukturierung und Einfärbung unseres Wissens, weil man dadurch das Prinzip der kulturellen Individualität und Vielfalt gestärkt sieht, über die zähneknirschende Hinnahme der sprachlichen Determination, weil man dagegen doch nicht sehr viel ausrichten kann, bis zum Programm der Entwicklung reiner Wissenschaftssprachen, weil man der Meinung ist, auf diese Weise allen Eintrübungen des Wissens durch die natürliche Sprache entfliehen und das Wahrheitsethos von Philosophie und Wissenschaft aufrechterhalten zu können.

Natürlich kann hier nicht auf alle, sondern nur auf einige Aspekte des verwickelten Zusammenhangs von Erkenntnis und Grammatik bzw. Sprache eingegangen werden. Das soll so geschehen, daß zunächst in einigen Kapiteln auf ein paar systematische Aspekte des Problems aufmerksam gemacht wird und daß dann in einer eher historisch orientierten Betrachtung wichtige Denkpositionen zu diesem Problem vorgestellt werden. Obwohl bei diesen Betrachtungen das Grammatikproblem im Mittelpunkt des Interesses stehen soll, werden die Überlegungen zum Teil auch auf das Sprachproblem als Ganzes ausgedehnt, weil viele Autoren nicht stringent zwischen der grammatischen und der lexikalischen Ebene der Sprache unterscheiden und weil diese Grenzlinie je nach theoretischem Ansatz auch recht unterschiedlich ausfallen kann.

1. Die Ordnung des Wissens am Leitfaden der Grammatik

Im alltäglichen Sprachgebrauch sind wir, wie schon betont, von einer grundsätzlichen Sprach- und Grammatikkritik weit entfernt. Die lexikalischen und grammatischen Formen, mit deren Hilfe wir denken und unser Wissen formieren und vermitteln, erscheinen uns nicht als historisch erarbeitete *Kulturformen*, sondern als neutrale *Naturformen*, an denen sich jede erkenntnistheoretische Kritik eigentlich erübrigt. Kritik üben wir höchstens am praktischen Gebrauch einer sprachlichen Form zu einem bestimmten Zweck, d.h. auf einer stilistischen oder argumentativen Ebene, aber nicht am grundsätzlichen kognitiven Wert einer sprachlichen Form, d.h. auf einer erkenntnistheoretischen oder medialen Ebene.

Die erkenntnistheoretische Kritik an der Sprache und insbesondere an grammatischen Ordnungsmustern ist nicht nur eine späte Erscheinung der Kultur- und Philosophiegeschichte, sondern auch eine späte Erscheinung der individuellen Denkentwicklung. Erst wenn man sich nicht mehr mit dem unmittelbar verwendungsfähigen Sachwissen zufriedengibt, sondern wissen will, wie dieses Wissen zustande gekommen ist und welche Reichweite und Vertrauenswürdigkeit es hat, sind die Voraussetzungen dafür geschaffen, daß die Sprache und die Grammatik als Problemgegenstände ins Blickfeld geraten können, was aber noch keineswegs heißt, daß sie auch ins Blickfeld geraten müssen.

Aristoteles gilt philosophiegeschichtlich als der erste, der sich in umfassender und methodisch reflektierter Weise Gedanken über den Aufbau und die Struktur unseres Wissens gemacht hat. In seiner *Kategorienlehre* hat er den Versuch unternommen, unser Wissen auf seine elementaren Grundformen hin zu ordnen. Zu diesem Zweck hat er zehn Kategorien bzw. kognitive Grundmuster aufgestellt, die dazu dienen sollen, die Menge unserer Begriffsbildungen typologisch zu klassifizieren. Auf diese Weise glaubte er einen Ansatzpunkt gefunden zu haben, um zulässige von unzulässigen Zuordnungsrelationen in Aussagen zu unterscheiden und um das Denken vor Irrtümern und Trugschlüssen zu bewahren.

Folgende Kategorien wurden von Aristoteles unterschieden und bis zu Kant mehr oder weniger undiskutiert als Grundformen der Erkenntnis und des Wissens tradiert und respektiert: *Substanz, Qualität, Quantität, Relation, Wo* (Ort), *Wann* (Zeit), *Lage, Haben, Wirken, Leiden.*[1] Bei den zehn Kategorien müssen zwei Typen unterschieden werden. Auf der einen Seite steht die Kategorie der *Substanz,* unter die alle Begriffsbildungen fallen, die dazu dienen, das Seiende zu bezeichnen, das für sich bestehen kann und das zum Träger unselbständiger Eigenschaften werden kann. Auf der anderen Seite stehen die restlichen neun Kategorien, die sogenannten *Akzidenzien.* Unter diesen Typ fallen alle Begriffsbildungen, die dazu dienen, Seiendes zu bezeichnen, das nicht selbständig existieren kann und das deshalb auf eine Trägersubstanz als ontisches Substrat angewiesen ist, auf der oder an der es in Erscheinung treten kann.

Aus diesen Hinweisen wird schon deutlich, daß die zehn aristotelischen Kategorien keineswegs nur als rein logische Kategorien anzusehen sind, die dazu bestimmt sind, eine Hilfe bei der Formulierung von Denk- und Prädikationsgesetzen zu geben, sondern daß sie zugleich auch als ontologische Kategorien zu betrachten sind, die dazu bestimmt sind, *Grundformen* des Seienden zu repräsentieren und voneinander abzugrenzen. Das ist auch nicht weiter erstaunlich, weil für das klassische griechische Denken ebenso wie für das natürliche Alltagsdenken die prinzipielle Symmetrie von Kosmos und Logos oder von Seinsformen und Denk- bzw. Sprachformen außer Frage steht. Ihrem Selbstverständnis nach sind die aristotelischen Kategorien weder vorläufige theoretische Hypothesen über die Seinsstruktur der Welt noch pragmatisch motivierte Prämissen für logische Gesetze, sondern ein unmittelbarer Ausdruck für die tatsächliche Ordnungsstruktur der Welt. Verstöße gegen Ordnungen, die aus diesen Kategorien abgeleitet sind, werden deshalb auch nicht als Verstöße gegen Interpretations- und Sprachkonventionen angesehen, sondern als Verstöße des Denkens gegen die Seinsordnung der Welt schlechthin. Das Logische und das Ontologische werden nicht getrennt.

Interessant für die hier thematisierten Problemzusammenhänge ist nun die Frage, woher Aristoteles seine zehn Kategorien hat bzw. wie er sie methodisch entwickelt und legitimiert hat. Leider ist uns nichts überliefert, was eine schlüssige Antwort auf diese Frage ermöglichte. Kant hat deshalb auch bemängelt, daß Aristoteles sich keine großen Gedanken über dieses Problem gemacht habe. *»Da er aber kein Principium hatte, so raffte er sie auf, wie sie ihm aufstießen, und trieb deren zuerst zehn auf, die er Kategorien (Prädikamente) nannte.«* [2]

Im Kontext des wachsenden Sprachbewußtseins ist deshalb schon Mitte des vorigen Jahrhunderts die These vertreten worden, daß Aristoteles seine Kategorien gleichsam an der *grammatischen Struktur* der griechischen Sprache abgelesen habe bzw., allgemeiner formuliert, am Typus der grammatischen Struktur der indogermanischen Sprachen. Wenn man diese Ansicht teilt, dann bedeutet das, daß die zehn aristotelischen *Kategorien* und die abendländische Ontologie und Logik, die darauf aufgebaut worden sind, eigentlich als *Seitensprößlinge* der Grammatik der indogermanischen Sprachen anzusehen sind. Außerdem stellt sich die Frage, welchen Grad von Allgemeingültigkeit man unter diesen Umständen der abendländischen Ontologie und der klassischen Logik zubilligen kann.

Der erste, der sehr akzentuiert darauf verwiesen hat, daß Aristoteles seine Katego-

rien aus der grammatischen Struktur der griechischen Sprache bzw. aus Satzgliedern
und Wortarten abgeleitet habe, war Trendelenburg. [3] Die grammatische Unterscheidung von *Subjekt* und *Prädikat* habe zu der logischen und ontologischen Unterscheidung von *Substanz* und *Akzidenz* geführt. Das Subjekt erscheine nämlich im Satz als
die beharrende Grundlage, der in Form von Prädikaten unselbständige Eigenschaften
zugeordnet werden könnten. Außerdem macht Trendelenburg darauf aufmerksam,
daß die Kategorie der *Substanz* der Klasse der *Substantive* entspreche. Die Kategorien
der *Qualität* und *Quantität* korrespondierten mit der Klasse der *Adjektive*, die Kategorien des *Wo* und *Wann* mit den *Orts-* und *Zeitadverbien*, die Kategorien der *Relation*,
des *Habens*, des *Wirkens* und des *Leidens* mit den verschiedenen Typen und Variationsformen der *Verben*. Er kommt schließlich zu dem Schluß: »*Auf solche Weise
bezeugen Stellen aus den verschiedensten Schriften des Aristoteles, was schon aus dem
Abriss der Kategorien wahrscheinlich wurde, dass die logischen Kategorien zunächst
einen grammatischen Ursprung haben und dass sich der grammatische Leitfaden durch
ihre Anwendung durchzieht.*« [4]

Seit Trendelenburg ist Aristoteles immer wieder vorgeworfen worden, daß er ontologische, logische und grammatische Betrachtungsweisen und Begriffe nicht klar genug
auseinanderhalte. So erkennt der an Humboldt geschulte Steinthal einerseits an, daß
Aristoteles durch seine Lehre vom Schluß begonnen habe, die Logik aus dem Bereich
der Sprache herauszuheben, und daß er der Logik den Weg zu einer »*Gedanken-
Mathematik*« geebnet habe, die »*frei von den Krücken, Farben und Schranken des
Wortes*« sei. [5]

Andererseits kritisiert er aber auch, daß Aristoteles sich über das Verhältnis von
Logik und Sprache nicht klar geäußert habe. Für ihn fielen Sein, Sagen und Denken
weitgehend zusammen. Er charakterisiert deshalb das Sprachbewußtsein von Aristoteles schließlich folgendermaßen: »*Zweitens aber müssen wir jetzt die Ungenauigkeit
verbessern, wenn wir oben sagten, Aristoteles habe sich vom Boden des sprachlichen
Denkens in die Sphäre des reinen wortlosen Begriffs erhoben, sei aber auf jenen
zurückgesunken. Denn er hat, wie wir nun wissen, die Sprache niemals verlassen, und
konnte also auch nicht zu ihr zurückkehren.*« [6]

Nach Steinthal ist Aristoteles nicht nur auf der Ebene der Grammatik, sondern auch
auf der Ebene der Lexik sprachtheoretisch sehr naiv gewesen. Sein Sprachbewußtsein
sei über die Vorstellung der Identität von Wort und Sache, die im Volksbewußtsein fest
verankert sei, im Prinzip nicht hinausgekommen. »*Indem nun Aristoteles mit seinem
Denken so völlig unter der Herschaft der Sprache steht, dass er meint, in jedem Worte
müsse nicht nur ein Begriff, sondern auch eine Sache sein: hat er von der Sprache als
solcher kein Bewusstsein; und es begegnet ihm wol, dass er meint, bei den Sachen,
Metaphysiker zu sein, während er wie ein Lexikograph Wortbedeutungen bestimmt.*« [7]

Sayce hat Aristoteles vorgeworfen, seine Kategorienlehre und Logik zu unreflektiert
auf die Zweiteilung des Satzes in Subjekt und Prädikat aufzubauen, die zwar in den
indogermanischen Sprachen, aber keineswegs in allen Sprachen eine wichtige Rolle
spiele. Er vermutet deshalb, daß das System der aristotelischen Logik ganz anders
ausgesehen hätte, wenn Aristoteles ein Mexikaner gewesen wäre. [8] In ähnlicher Weise

hat auch Mauthner Aristoteles kritisiert. »*Die ganze Logik des Aristoteles ist nichts als eine Betrachtung der griechischen Grammatik von einem interessanten Standpunkte aus. Hätte Aristoteles Chinesisch oder Dakotaisch gesprochen, er hätte zu einer anderen Logik gelangen müssen, oder doch zu einer ganz anderen Kategorienlehre.*«[9] Mauthner warnt davor, grammatische Ordnungskategorien in die Natur hinein zu phantasieren und zu glauben, daß Kategorien wie *Ding* und *Eigenschaft* in der Natur vorhanden wären, weil sie in der Sprache anzutreffen seien. Mit dem Hinweis auf die Erkenntniskritik Kants kommt er zu der These: »*Jawohl: die Kategorien oder Formen aller Erkenntnis sind nicht in der Wirklichkeit, sie sind im Denken, das heißt in der Sprache, dort allein.*«[10]

Auch Whorf hat kritisiert, daß Aristoteles in seiner Logik »*chemische*« Syntheseformen nicht berücksichtige, wie sie in einigen Indianersprachen üblich seien, sondern sich ganz an den »*mechanischen*« Syntheseformen der indogermanischen Sprachen orientiere. Außerdem mache er den grammatischen Gegensatz von Substantiv und Verb, der keineswegs in allen Sprachen eine wichtige Rolle spiele, zu einem ontischen Gegensatz und zu einem Gesetz der Vernunft.[11]

Peirce hat die Kritik Trendelenburgs zur Verquickung von Grammatik und Kategorienlehre bei Aristoteles zustimmend zur Kenntnis genommen und bekannt, daß auch ihn die mangelnde Differenzierung von *Sachebene* und *Sprachebene* bei Aristoteles irritiere, wie Oehler an Hand unveröffentlichter Manuskripte von Peirce herausgearbeitet hat.[12] Obwohl Peirce glaubt, daß die aristotelischen Kategorien eine grammatische Genese hätten, gibt er aber auch zu bedenken, daß zu Lebzeiten von Aristoteles das Studium der Grammatik noch nicht so fortgeschritten gewesen sei, daß eine konsequente Unterscheidung zwischen dem Modus des Seins und dem Modus der Sprache möglich gewesen sei. Peirce, der nach Meinung Oehlers allerdings den sprachtheoretischen Bewußtseinsstand von Aristoteles unterschätzt habe, reagiert wohl auch deshalb so sensibel auf die grammatische Genese der aristotelischen Kategorienlehre, weil seine eigene Kategorienlehre sich von all diesen Verquickungen frei zu halten versucht hat und ganz auf dem Relationsgedanken aufbaut (Kategorie der Erstheit, Zweitheit, Drittheit). Obwohl Peirce Aristoteles einen historisch zu erklärenden Mangel an sprachtheoretischem Bewußtsein vorwirft, hält er ihn aber gleichwohl für die größte intellektuelle Potenz, die die menschliche Geschichte aufzuweisen habe.[13]

Die harsche Kritik an dem Sprachvertrauen von Aristoteles und der Vorwurf, er habe Sprachebene, Sachebene und Denkebene nicht konsequent auseinandergehalten, ist im Prinzip nicht unberechtigt, aber zugleich auch ein Ausdruck des neuentstandenen Sprachbewußtseins im 19. Jahrhundert, das seine Schlachtopfer brauchte. In semiotischer und evolutionärer Denkperspektive ist es nämlich keineswegs völlig abwegig, *logische* und *ontologische* Kategorien aus *grammatischen* abzuleiten oder zumindest von hier aus zu entwickeln. Die Grammatik stellt nämlich einen evolutionär entwickelten Vorrat von ontologischen Differenzierungsmustern und logischen Operationsmustern zu Verfügung, die sich pragmatisch bewährt haben und die deshalb als vorläufige ontologische Ordnungshypothesen ein gewisses Vertrauen verdienen.

Für die Semiotik fallen Grammatik, Logik und Ontologie keineswegs zusammen, sie erkennt aber an, daß diese Bereiche genetisch und funktional miteinander verknüpft sind. Deshalb ist es für die Semiotik auch zulässig, erkenntnistheoretische Analysen am *Leitfaden* grammatischer Analysen vorzunehmen, was allerdings nicht heißt, daß sie damit auch schon enden dürften. Da für die Semiotik alles gegenständliche Wissen ein zeichengebundenes Wissen ist, ist es sogar ein sehr brauchbarer Weg, die Analyse der Struktur von Erkenntnisinhalten mit der Analyse ihrer *medialen* Voraussetzungen und Implikationen beginnen zu lassen. Das in den lexikalischen und grammatischen Formen einer Sprache evolutionär angesammelte und erprobte Wissen ist allerdings als Interpretationswissen kein Inventar natürlicher Wahrheiten, aber doch ein brauchbares, wenn auch revisionsbedürftiges und revisionsfähiges Kulturwissen.

Ohne auf semiotische Grundüberlegungen zurückzugreifen, hat Wieland auf eindrucksvolle Weise im Hinblick auf Aristoteles gezeigt, daß es keineswegs unfruchtbar ist, Methodologie und Prinzipienanalyse am *Leitfaden der Sprache* zu betreiben, und daß das große Sprachvertrauen des Aristoteles in diesem Zusammenhang zwar ein Problem ist, aber keineswegs ein Tatbestand, der seine Ergebnisse von vornherein desavouiert, wie viele seiner Kritiker glauben machen wollen.[14] Wieland macht zu Recht darauf aufmerksam, daß alles Wissen auf irgendeine Weise abgeleitetes Wissen ist und daß jede Methode immer etwas als unbefragt voraussetzen muß. Wenn man nun nicht mit der Hypothese eines angeborenen Vorwissens arbeiten wolle, dann müsse man zumindest zugeben, daß sich in den sprachlichen Ordnungsmustern ein vorbewußtes Wissen repräsentiere, an dem jede Sachanalyse anknüpfen könne und müsse.

Dieser Denkansatz läßt sich nun nicht nur genetisch und evolutionär rechtfertigen, sondern auch *phänomenologisch*, wie Wieland ausdrücklich hervorhebt. Der Unterschied von Sache und Sprache sei ein spätes Produkt der Reflexion, der in der natürlichen Einstellung zu den Sachen zunächst noch gar nicht existiere, weil dazu erst explizite ontologische Theorien entwickelt werden müßten. Wenn Aristoteles seine Prinzipienanalyse am Leitfaden der Sprache beginne, stelle er damit sicher, daß sie ihren Ausgangspunkt von der natürlichen Einstellung zu den Dingen nähme, wie sie uns in der natürlichen Sprache vorgezeichnet werde, und nicht von vorab entworfenen Theoriegebäuden, die uns die Außenwelt auf eine ganz andere Weise vergegenständlichten. *»Er überträgt nicht einfach sprachliche Kategorien auf die Wirklichkeit – weil es phänomenologisch ursprünglich eine solche sprachfreie Wirklichkeit ebensowenig gibt wie eine gegenständliche Sprache. Indem er sprachliche Formen untersucht, analysiert er also zugleich die Strukturen der Wirklichkeit – nur eben, daß es sich bei dieser Wirklichkeit um die Lebenswelt des natürlichen Bewußtseins handelt und nicht um eine bewußtseinstranszendente ›Außenwelt‹«.*[15]

Wenn man in dieser Weise anerkennt, daß die Analyse unseres Wissens und unserer Erkenntnisformen bei der Analyse der Sprache ansetzen kann, weil unter diesen Umständen unser natürliches Vorverständnis von den Dingen nicht übersprungen wird, dann verliert die Parallelisierung von Sprachstrukturen und Seinsstrukturen ihre prinzipielle erkenntnistheoretische Bedenklichkeit. Auf diese Weise kann nämlich nicht nur ein guter Einstieg in einen hermeneutischen Interpretationszirkel vollzogen werden, sondern können auch die transzendentalen Funktionen sprachlicher Formen für die Konkretisierung unserer Erkenntnisinhalte ernst genommen werden. Allerdings darf man bei diesem *Sprachvertrauen* nicht stehenbleiben, sondern muß die Interpretationsformen der Sprache für die Realität als spezifische Kulturprodukte ansehen, die elementare, aber nicht endgültige Differenzierungen leisten.

Dieser ganze Problemzusammenhang läßt sich am Beispiel der Analyse des Phänomens *Zeit* ganz gut exemplifizieren. Das Phänomen *Zeit* können wir uns heute in sehr verschiedenen Denkperspektiven und kognitiven Rastern vergegenständlichen. Für das allgemeine Bewußtsein hat das astronomisch-chronologische Raster der klassischen Physik inzwischen eine gewisse Vorrangstellung bekommen, obwohl es durch die Relativitätstheorie und die Idee, daß die Zeit als vierte Dimension des Raumes interpretiert werden kann, schon geschwächt worden ist. Gleichwohl spricht aber nichts prinzipiell dagegen, die Analyse des Phänomens *Zeit* mit der Analyse der *Tempusformen* und der *lexikalischen Ausdrücke* für Zeit zu beginnen. Dieser Ansatz bringt uns allerdings in Kontakt zu Zeitvorstellungen, die nicht mehr auf der Höhe unseres gegenwärtigen theoretischen Zeitbewußtseins sind, aber er stellt andererseits auch sicher, daß wir auf Dimensionen des Zeitphänomens stoßen, die anthropologisch und sozial besonders relevant sind bzw. gewesen sind, und daß wir das Phänomen *Zeit* nicht in theoretischen Rastern erfassen, die wenige oder gar keine Bezüge zur *natürlichen* Lebenswelt des Menschen haben.

Das grundsätzliche Vertrauen, daß grammatische Kategorien als Interpretationskategorien zugleich auch elementare Erkenntniskategorien sind, ist im Kontext der Idee der *reinen* Wahrheit, die keinerlei *mediale* Trübung und Verkleidung zugestehen will, natürlich immer sehr suspekt gewesen, nicht aber im Kontext eines evolutionären, semiotischen und hermeneutischen Denkens. Dieses Denken hat immer akzeptiert, daß in jeder Sprache eine natürliche Metaphysik steckt, die weiser sein kann als jede explizit ausgearbeitete Theorie, weil in ihr schon viele unterschiedliche Differenzierungsbedürfnisse harmonisiert worden sind. Die in der Sprache und Grammatik verborgene Ontologie ist zwar in der Regel vager, kulturspezifischer und konservativer als die, die in theoretischen Entwürfen niedergelegt worden ist, aber sie ist eben deswegen meist auch lebenskräftiger, umfassender und anthropologisch relevanter.

Wie weit sich unser Denken und Wissen von den Vorgaben der jeweils verwendeten Sprache und Grammatik emanzipieren kann, ist sehr umstritten. Festzuhalten ist aber, daß Erkenntnisprozesse nicht grundsätzlich dadurch desavouiert werden, daß sie ein kognitives Anfangsvertrauen in die Sprache setzen und sich der Sprache wie einem *Ariadnefaden* anvertrauen, um einen ersten Weg aus dem Labyrinth des Nicht-Wissens zu finden. Nicht zu Unrecht haben deshalb lange Zeit Dialektik, Rhetorik und Grammatik als typische Bildungsdisziplinen gegolten, die allem Erwerb von Spezialwissen vorgeordnet worden sind.

2. *Grammatische und kognitive Universalien*

Die Grundüberzeugung des Aristoteles, daß Sprache und Sein nicht nur in einer vagen Korrespondenz zueinander stünden, sondern in einer prinzipiellen Symmetrie, und daß sich die einzelnen Sprachen eigentlich nur in ihren Lautformen voneinander unterschieden, aber nicht in ihren kognitiven Strukturordnungen, kommt besonders gut in seinen zeichentheoretischen Überlegungen zur Sprache und Schrift zum Ausdruck.

> »Es sind also die Laute, zu denen die Stimme gebildet wird, Zeichen der in der Seele hervorge-
> rufenen Vorstellungen, und die Schrift ist wieder ein Zeichen der Laute. Und wie nicht alle
> dieselbe Schrift haben, so sind auch die Laute nicht bei allen dieselben. Was aber durch beide an
> erster Stelle angezeigt wird, die einfachen seelischen Vorstellungen, sind bei allen Menschen
> dieselben, und ebenso sind es die Dinge, deren Abbilder die Vorstellungen sind.« [16]

Wenn Aristoteles hier schon davon ausgeht, daß die seelischen Vorstellungen bzw. die kognitiven Inhalte der lexikalischen Zeichen universal sind, weil sie natürliche Abbilder der Dinge sind, wieviel mehr müssen ihm dann die kognitiven Inhalte der grammatischen Ordnungsformen als natürliche Abbilder von Seinsstrukturen erscheinen, die in allen Sprachen universale Gültigkeit haben. Gerade weil Aristoteles einen Zeichenbegriff entwickelt hat, in dem die abbildenden und nicht die interpretativen Funktionen von Zeichen akzentuiert werden, und gerade weil er von der grammatischen Ordnungsebene der Sprache nur ein schwach ausgebildetes Gegenstandsbewußtsein gehabt hat, kann von ihm nicht erwartet werden, daß er die grammatischen Ordnungsformen der Sprache als kulturspezifische Interpretationsformen für das Sein wahrnehmen kann.

In dem Kapitel über die Evolution der Grammatik ist schon darauf hingewiesen worden, daß das Konzept der *grammatischen Universalien*, d.h. die Annahme von grammatischen Gemeinsamkeiten quer durch alle Sprachen, auch dann nicht unfruchtbar ist, wenn man grammatische Ordnungsmuster grundsätzlich nicht als Abbilder von Seinsstrukturen ansieht, sondern als kulturspezifische Interpretationsmuster für das Sein. In diesem Fall darf man das Konzept grammatischer Universalien allerdings nicht ontisch oder ontologisch begründen, sondern nur *pragmatisch*. Für das Konzept pragmatisch fundierter grammatischer Universalien lassen sich folgende Gesichtspunkte geltend machen.

Als Zeichensysteme sind alle Sprachen dazu gezwungen, sich eine *systemtheoretisch* praktikable innere Organisationsstrukur zu geben, die sie handhabbar und funktionsfähig macht. Alle Sprachen müssen deshalb Nennzeichen und Organisationszeichen bzw. Interpretationszeichen haben. Alle Sprachbenutzer haben einen im Prinzip identischen kognitiven Apparat, um Zeichensysteme vom Typ Sprache handhaben zu können, was sich darin dokumentiert, daß Kinder mit der gleichen Leichtigkeit jede beliebige Sprache auf natürliche Weise erlernen können. Wenn alle Menschen einen strukturell gleichen kognitiven Apparat haben, dann liegt es nahe, daß von diesem kognitiven Apparat auch ähnliche *kognitive Muster* entwickelt worden sind. Alle Sprachen müssen praktikable kognitive Differenzierungsmuster haben, damit die Menschen, die sie sprechen, mit der physischen und sozialen Welt fertig werden, in der sie leben. Je ähnlicher diese physischen und sozialen Welten sind, desto ähnlicher werden auch die Muster sein, die in ihnen verwendet werden.

Nun ist allerdings zu berücksichtigen, daß bestimmte kognitive Differenzierungen in der einen Sprache mit lexikalischen Mitteln und in der anderen mit grammatischen Mitteln realisiert werden, daß anthropologisch und ontisch motivierte Grunddifferenzierungen von kulturspezifischen Sonderakzentuierungen überlagert werden können, daß es *sprachliche Universalien* auf ganz verschiedenen sprachlichen Ebenen geben kann (Phonetik, Lexik, Grammatik, Pragmatik, Sprachentwicklung) und daß kein Sprachsystem in Ruhe verharrt, sondern sich das kognitive und instruktive Funktionspotential seiner Formen ständig verändert.

Hier soll nun nicht dem Problem der sprachlichen Universalien im allgemeinen nachgegangen werden, sondern nur dem Problem der *grammatischen Universalien*, soweit sie kognitive Relevanz haben. [17] Dazu ist es allerdings notwendig, kurz auf die *Geschichte* des Universalienproblems einzugehen, um den theoretischen Stellenwert dieses Problems im Laufe der Geistesgeschichte zu beleuchten und um die verschiedenen Dimensionen dieses Problems zu erfassen.

Das Problem der Universalien ist als theoretisches Problem der Philosophie und Sprachwissenschaft im Prinzip schon seit der sogenannten platonischen *Ideenlehre* aktuell bzw. seit der Annahme der Existenz von idealen Gegenständen neben der Existenz von konkreten Einzelphänomenen. Seine erste explizite Diskussion hat es im Mittelalter in dem sogenannten *Universalienstreit* zwischen Realisten und Nominalisten über den ontologischen Status der Allgemeinbegriffe (universalia) gefunden. Fortgesetzt hat sich diese Diskussion in der Auseinandersetzung von Rationalisten und Empiristen im 17. Jahrhundert über das Problem der *angeborenen* Ideen. In der Gegenwart spielt es wieder eine Rolle in der Diskussion über die kognitiven Voraussetzungen und Implikationen des Spracherwerbs.

Die Nominalisten des Mittelalters haben sich sowohl gegen die platonische Auffassung gewandt, daß die Universalien *vor* den konkreten Einzelphänomenen existierten (universalia ante res), als auch gegen die aristotelische Auffassung, daß sie *in* den Dingen existierten (universalia in rebus). Statt dessen halten sie die Universalien für *nachträgliche* Ordnungskonstrukte des menschlichen Intellekts (universalia post res), die ontologisch nur als Namen bzw. Hypothesen zu werten seien (nomina, opiniones, res fictae). Die Nominalisten verkennen keineswegs die pragmatische Notwendigkeit der Allgemeinbegriffe, aber sie betonen, daß ihr Fundament nicht in den Erkenntnisgegenständen selbst liege, sondern im Denken, und daß sie keine Sachkategorien repräsentierten, sondern vielmehr *Erkenntniskategorien*. Das erkenntnistheoretische Mißtrauen der Nominalisten gegen die Universalien dokumentiert sich wohl am besten in dem Denkbild vom *Ockhamschen Rasiermesser*, das aber wahrscheinlich nicht von Ockham selbst stammt, sondern von einem seiner Kommentatoren. Es besagt, daß man in der Erkenntnistheorie so sparsam wie möglich mit Allgemeinbegriffen umgehen solle und daß man das, was man neben den Einzelphänomenen als existent ansehe, nicht ohne zwingenden Grund vermehren dürfe (Entia non sunt multiplicanda praeter necessitatem). [18]

Der Nominalismus hat geistesgeschichtlich eine große Wirkung gehabt, weil er das *funktionalistische* und *konstruktivistische* Denken in unerhörter Weise angeregt hat. Er hat die abstrakten Ordnungsbegriffe von ihrer ontischen Schwerkraft befreit und sie als funktional motivierte Konstrukte des Menschen gekennzeichnet. [19] Der Nominalismus hat uns darauf aufmerksam gemacht, daß Erkenntnis nicht nur etwas mit der Übereinstimmung von Vorstellungen und ontischen Gegebenheiten zu tun hat, sondern auch etwas mit der Suche nach passenden Erklärungshypothesen für die Realität, und daß sich die Erkenntnistheorie nicht nur ontisch und ontologisch zu orientieren hat, sondern auch psychologisch und zeichentheoretisch bzw. medial.

Obwohl sich der mittelalterliche Universalienstreit zunächst nur auf der Ebene der Begriffe abgespielt hat, mußte er im Rahmen der Sprachtheorie notwendigerweise von der Ebene der Lexik auf die der Grammatik übergreifen. Es war nämlich eine Entscheidung darüber zu treffen, ob beispielsweise den *Wortarten, Satzgliedern* oder *Tempusformen* eine direkte ontische Referenz zuzuschreiben ist oder ob diese grammatischen Ordnungsmuster nur als pragmatisch motivierte Konstrukte des menschlichen Geistes anzusehen sind. Weiter mußte sich die Frage stellen, ob die grammatische Ordnung der Sprache ein mehr oder minder gutes Abbild der logischen Strukturordnung der Welt ist oder eher ein Abbild der Organisationsstruktur des menschlichen Intellekts, ob also die grammatischen Strukturordnungen primär auf Seins- oder auf Denkstrukturen zu beziehen sind.

Auf der Ebene der *Lexik* hat sich die nominalistische Denkweise als *via moderna* immer mehr durchgesetzt. Sie hat den Wesensbegriff immer problematischer gemacht und die Grundlagen für das funktionalistische und konstruktivistische Denken gelegt, das uns heute ganz selbstverständlich geworden ist. Auf der Ebene der *Grammatik* kann von einem so eindeutigen Siegeszug des nominalistischen Denkens allerdings nicht gesprochen werden. Die Idee grammatischer Universalien ist von den scholastischen über die rationalistischen bis zu den generativistischen Grammatiken immer wieder in neuen Variationen belebt worden. Allerdings hat man sich dabei genötigt gesehen, den Begriff der grammatischen Universalien zu differenzieren, sei es nach *syntaktischen, semantischen* und *phonologischen* Universalien, sei es nach *substantiellen* und *formalen* Universalien oder sei es nach *starken* und *schwachen* Universalien.

Die scholastische *grammatica speculativa* des Mittelalters, die sich ganz in aristotelischen Denktraditionen bewegte, war von dem grundsätzlichen Optimismus getragen, daß die *Sprachformen* (modi significandi), die *Denkformen* (modi intelligendi) und die *Seinsformen* (modi essendi) im Prinzip symmetrisch zueinander sind und daß deshalb die Struktur der Sprache als Spiegel (speculum) der Struktur des Denkens und des Seins aufgefaßt werden kann. Ein anonymer Verfasser eines *Tractatus de modis significandi* hat herausgestellt, daß sich die grammatischen Formen bzw. Redeteile in den verschiedenen Sprachen nur äußerlich voneinander unterschieden, aber ihrem Wesen nach eigentlich gleich seien, und daß es folglich eine universale Grammatik gebe, die allen Sprachen zugrunde liege.

> »Wer also die Grammatik *einer* Sprache kennt, kennt auch die der andern, jedenfalls alles, was die Grammatik wesentlich ausmacht. Daß man jedoch nicht einfach, dieser Grammatik folgend, eine andere Sprache sprechen oder die, die sie sprechen, verstehen kann, kommt von der Verschiedenheit der Wörter und ihrer Abwandlungen, die die akzidentiellen Eigenschaften der Grammatik sind. Die Redeteile sind in den verschiedenen Sprachen essentiell dieselben, akzidentiell verschieden.« [20]

Wenn man in dieser Weise von dem Konzept einer *universalen Grammatik* ausgeht, die in allen konkreten einzelsprachlichen Grammatiken mehr oder minder gut zum Ausdruck kommt, dann hat das zwei wichtige Konsequenzen. Zum einen stellte sich der mittelalterlichen Sprachtheorie die Aufgabe, die universale Grammatik theoretisch zu rekonstruieren, womit die Idee einer logischen und rationalen Grammatik geboren wurde, die *Urbild* und *Norm* aller einzelsprachlichen Grammatiken ist. Rein deskriptive und individualisierende Grammatiken wurden damit schon im Keim philosophisch desavouiert, weil überindividuelle logische und ontologische Konzepte die grammatischen Analysen dominierten. Zum anderen ergab sich, daß grammatische Analysen den Anspruch erheben mußten, zugleich als ontologische Analysen zu gelten. Das Studium der *Grammatik* konnte nicht länger nur als Vorbereitung auf das Studium von Texten betrachtet werden, sondern mußte zugleich als Studium der *Metaphysik* angesehen werden.[21]

Die Idee einer universalen Grammatik hat alle Formen des Rationalismus bis in die Gegenwart hinein fasziniert und alle nominalistische und empiristische Kritik überlebt. Besonderen Auftrieb gewann sie durch das Konzept der *eingeborenen Ideen* (ideae innatae) im 17. Jahrhundert sowie durch die Hoffnung auf die Möglichkeit der Entwicklung einer *wissenschaftlichen Universalsprache*. Diese wissenschaftliche Universalsprache sollte gleichsam von allen grammatischen Zufälligkeiten und semantischen Ungereimtheiten befreit werden, um einer universalen, exakten Einheitswissenschaft (mathesis universalis) zum Durchbruch verhelfen zu können.

Ihren klarsten praktischen Ausdruck hat die Idee einer universalen Grammatik in der *Grammatik* und der *Logik* des Klosters von Port Royal gefunden, die unter der Leitung von Arnauld in cartesianischen Denktraditionen ausgearbeitet worden sind.[22] Hier wurde die Sprache als Ausdrucksform der universalen menschlichen *Ratio* begriffen. Das ermöglichte es, grammatischen Formen im Prinzip einen universalen Charakter und Geltungsanspruch zuzuschreiben, selbst wenn sich hin und wieder historische Verunreinigungen in den einzelnen Sprachen ergeben haben sollten. Da die Grammatiker von Port Royal fest davon überzeugt waren, daß die Formen der Vernunft und der Sprache in unmittelbarer Analogie zueinander stünden, sahen sie auch kein methodologisches Problem darin, bei ihren Argumentationen für eine universale Grammatik nur auf das *Griechische, Lateinische* und *Französische* zu verweisen, weil sie sich von einer quantitativen Ausweitung des Analyserahmens nicht viel versprachen.

Charakteristisch für die *Grammatik* von Port Royal ist nun, daß sie nicht nur die Prinzipien der universalen Vernunft in der Sprache wiederfinden will, sondern daß sie diesen Prinzipien auch zum Durchbruch verhelfen will. Grammatische Normen sollten nicht an den Autoritäten des guten Sprachgebrauchs orientiert werden, sondern an der Logik als der Kunst des richtigen Denkens. Die Grammatik wurde auf diese Weise nicht nur eine Lehre für den *richtigen Sprachgebrauch*, sondern auch eine Lehre für den *richtigen Vernunftgebrauch*. Sie wollte nicht deskriptiv erfassen, welche Ausdrucksformen sich die menschliche Vernunft in den verschiedenen Sprachen gegeben hat, sondern betrachtete es als ihre Aufgabe, diejenigen Ordnungsformen im Sprachgebrauch durchzusetzen, die als Formen der Vernunft anzusehen sind. Das führte dann dazu, daß man die grammatischen Universalien mehr oder weniger aus den eigenen ontologischen und logischen Grundüberzeugungen deduzierte und den kognitiven Gehalt grammatischer Formen nach demjenigen Wissen interpretierte, das man selbst für gesichert bzw. vernünftig hielt.

Typisch für dieses *deduktive* Vorgehen der Grammatiker von Port Royal ist beispielsweise die Analyse der Tempusformen von einem spezifischen ontologischen Zeitkonzept her, worauf schon in anderen Zusammenhängen verwiesen worden ist. Ein anderes eindrucksvolles Beispiel für diese Verfahrensweise zeigt sich bei dem Problem, die grammatischen *Wortarten* auf logisch-ontologische Kategorien zu beziehen. Im Einklang mit der aristotelischen Unterscheidung von *Substanz* und *Akzidenz* unterscheiden die Theoretiker von Port Royal hinsichtlich der Objekte unseres Denkens zwischen den Dingen, die durch *substantivische Nomina* bezeichnet werden *(Erde, Sonne, Wasser)* und den speziellen Seinsweisen von Dingen, die durch *adjektivische Nomina* bezeichnet werden *(rund, rot).* [23]

Diese Klassifizierung hat nun allerdings für die Grammatiker von Port Royal das Problem aufgeworfen, daß Nomina, die grammatisch als *Substantive* gelten wie etwa *König, Philosoph* oder *Soldat,* ontologisch gesehen eigentlich als *Adjektive* geführt werden müßten, da sie ja nicht eine selbständige Substanz, sondern nur die Seinsweise einer Substanz bezeichnen. Ebenso müßten Wörter wie *das Rote* oder *das Weiße* ontologisch betrachtet eigentlich als *Adjektive* geführt werden, obwohl sie grammatisch wie *Substantive* behandelt werden. Aus dieser Diskrepanz zwischen ontologischen Ordnungsvorstellungen einerseits und grammatischen Tatbeständen andererseits hat man keinen überzeugenden Ausweg gefunden. Man sah sich vielmehr genötigt, mit Hilfsvorstellungen zu arbeiten wie etwa dem Konzept einer *allgemeinen* Substanz, die als Substrat allen roten Dingen zugrunde liege und die deshalb beim Gebrauch der Sprache nicht mehr speziell genannt zu werden brauche.

Gegen die *statische* Parallelisierung von Grammatik, Ontologie und Logik im rationalistischen Denken, die gleichsam automatisch zu dem Konzept grammatischer Universalien führte, hat dann das historisch-genetische Denken im 19. Jahrhundert Front gemacht. Je mehr man versuchte, seine grammatischen Überlegungen an empirischen grammatischen Befunden und nicht an ontologischen Konzepten zu orientieren, desto suspekter wurde die Idee grammatischer Universalien. Je mehr man danach strebte, die historische *Individualität* von Sprachen und grammatischen Strukturordnungen zu erfassen, desto mehr nahm man Abstand davon, grammatische Kategorien von vorgegebenen ontologischen Konzepten her zu interpretieren oder sie gar in das Prokrustesbett ontologischer Konzepte zu pressen. Immer deutlicher traten Tendenzen hervor, sprachliche Ordnungsformen nicht als direkte Repräsentationsformen, sondern als Interpretationsformen für ontische Gegebenheiten anzusehen. Für das genetische, historische, individualisierende und psychologisierende Sprachdenken des 19. Jahrhunderts war das Konzept grammatischer Universalien deshalb wenig attraktiv.

Zu einer Neubelebung der Diskussion über die Existenz grammatischer Universalien quer durch alle Sprachen ist es erst wieder im Kontext der *generativen Transformationsgrammatik* von Chomsky gekommen. Er ist ebenso wie die rationalistischen Grammatiker des 17. Jahrhunderts von dem Gedanken fasziniert, daß allen Sprachen ungeachtet ihrer individuellen grammatischen Unterschiede universale Organisationsprinzipien zugrunde liegen könnten, die zugleich auch als Ausdruck universal gültiger Denkprinzipien anzusehen seien. Chomsky hat es deshalb zur Hauptaufgabe der Sprachtheorie erklärt, »*einen Katalog linguistischer Universalien*« [24] aufzustellen, der einerseits nicht durch die Vielfalt der Sprachen falsifiziert werde und der andererseits helfe, die Geschwindigkeit und Gleichförmigkeit des Spracherwerbsprozesses zu erklären.

Bei den sprachlichen Universalien möchte Chomsky zwischen den *substantiellen* und den *formalen* Universalien unterschieden wissen. Während die *substantiellen* Universalien die *phonetischen* und *semantischen* Formen umfassen sollen, die quer durch alle Sprachen anzutreffen sind, sollen die *formalen* Universalien im wesentlichen die *Struktur-* und *Regelordnungen* umfassen, die quer durch alle Sprachen existieren wie beispielsweise die Transformationsregeln, durch die abstrakte sprachliche Tiefenstrukturen in konkrete sprachliche Oberflächenstrukturen überführt werden. Chomskys Ausführungen zu seinem Universalienkonzept bleiben aber sehr allgemein und unspezifisch. Bezeichnend ist dabei, daß sich sein Interesse an grammatischen Universalien darauf beschränkt, sehr formale Regelmechanismen für das Bilden und Verstehen grammatisch wohlgeformter Sätze zu entdecken, daß es sich aber nicht darauf richtet, grammatische Universalien als universale *kognitive* Ordnungsmuster zu erfassen, weil er die Semantik ja konsequent aus der Grammatik verbannen will.

Im Unterschied zu Chomsky unterscheidet der Psychologe McNeill[25] zwischen den sogenannten *starken* und *schwachen* Universalien in der Sprache, wobei er das Verhältnis von *speziellen sprachlichen* Ordnungsstrukturen und *allgemeinen kognitiven* Ordnungsstrukturen zu berücksichtigen sucht. Das ist insofern ein wichtiger Denkansatz, weil sich unsere kognitiven Fähigkeiten nicht nur in der Verbalsprache, sondern auch in anderen Zeichensystemen konkretisieren können. Eine *schwache* sprachliche Universalie ist für McNeill die sprachliche Repräsentation einer allgemeinen kognitiven Fähigkeit, während eine *starke* sprachliche Universalie die Repräsentation einer speziellen, nur sprachlich fundierten kognitiven Fähigkeit ist.

Eine wirklich stichhaltige Unterscheidung zwischen starken und schwachen sprachlichen Universalien wird aber wohl kaum möglich sein, weil uns der archimedische Punkt fehlt, von dem aus wir allgemeine und sprachliche Kognitionsmuster sauber voneinander trennen können. Vielleicht ist eine solche scharfe Trennung auch nicht einmal besonders sinnvoll, wenn man die These für plausibel hält, daß sprachliche und kognitive Strukturen sich in einem evolutionären Prozeß in wechselseitiger Beeinflussung ausgebildet haben. Wichtig für die hier thematisierten Probleme ist allerdings, daß McNeill eine *Rückbindung* der sprachlichen Universalien an allgemeine kognitive Universalien vorgenommen hat und daß er die kognitiven Universalien weitgehend als *Fähigkeiten* interpretiert, bestimmte geistige Operationen vornehmen zu können.

Dieser Denkansatz ermöglicht es, das Universalienproblem von der Ebene der Ontologie und Metaphysik auf die Ebene der *Pragmatik* zu bringen und im Kontext von kognitiven Strukturen, Dispositionen und Handlungen zu diskutieren. Diese Veränderung des Blickwinkels hat einschneidende Konsequenzen für die Vorstellung von sprachlichen bzw. grammatischen Universalien. Es hat nun wenig Sinn, grammatische Universalien als gemeinsame grammatische Eigenschaften aller Sprachen zu verstehen und nach ihren ontischen Korrespondenzrelationen zu fragen, weil unter grammatischen Universalien eigentlich nicht mehr konkrete grammatische Ordnungsmuster verstanden werden, sondern vielmehr die universalen Fähigkeiten der Menschen, mit grammatischen Ordnungsmustern sinnvoll zu operieren. Seiler hat deswegen betont, daß als *universal* nicht mehr konkrete grammatische Phänomene wie etwa die grammatische Kategorie der Negation oder des Nomens anzusehen seien, sondern die *Operationsprinzipien* der Sprache, die sich hierarchisch ordnen ließen. [26]

Wenn man in dieser Weise grammatische Universalien als universale Operationsprinzipien der Sprache versteht bzw. als Fähigkeit des Menschen, solche Operationsprinzipien sinnvoll zu handhaben, dann löst sich der Universalienbegriff von allen inhaltlichen Assoziationen. H. van den Boom will deshalb Universalien auch ganz in einem operativen Sinne verstanden wissen. Universalität müsse grammatischen *Operationen* zugesprochen werden, aber nicht den Produkten, die durch sie entstünden. So sei auch die Fähigkeit, Dreiecke zu zeichnen, universal, aber nicht die Ergebnisse dieser Handlungsfähigkeit, die immer wieder unterschiedlich ausfielen. [27] Bei dieser Argumentation übersieht er allerdings, daß alle Dreiecke, wie unterschiedlich sie auch sein mögen, dennoch immer gemeinsame Merkmale haben und daß universale Handlungsfähigkeiten auch dazu tendieren, ähnliche *Handlungswerkzeuge* herzustellen.

Ein anderes Bild ist vielleicht aufschlußreicher, um die Struktur und Funktion sprachlicher Universalien in pragmatischer Denkperspektive zu erfassen. Sprachliche bzw. grammatische Universalien lassen sich mit *Schlüsseln* vergleichen, die dazu bestimmt sind, die Schlösser der *physischen, sozialen* und *psychischen* Wirklichkeiten kognitiv aufzuschließen. Je nach der Strukturebene der zu erschließenden Wirklichkeit bzw. je nach der Differenziertheit des jeweiligen Schlosses muß der Schlüssel, mit dem operiert wird, gröber oder feiner sein. Je nach der Abstraktionshöhe, auf der man sich bewegt, muß man mit allgemeinen oder speziellen Schlüsseln arbeiten. Je nach Geschicklichkeit kann man auch mit einem weniger gut angepaßten Schlüssel bzw. mit einem Dietrich das Schloß öffnen. Je nach dem Bau oder den Variationsformen des Schlosses können Schlüssel besser, schlechter oder gar nicht funktionieren.

Die Rückbindung des Problems grammatischer Universalien an allgemeine kognitive Strukturen und operative Fähigkeiten des Menschen hat wichtige sprachtheoretische Konsequenzen. Hauptaufgabe der Universalgrammatik ist es nun nicht mehr, eine Sammlung grammatischer Ordnungsmuster anzulegen, die quer durch alle Sprachen anzutreffen sind, sondern vielmehr *Ordnungsfelder* zu beschreiben, die die einzelnen Sprachen mit konkreten lexikalischen und grammatischen Mitteln ausgestalten müssen. Die dafür zu entwickelnden Formen können morphologisch und inhaltlich unterschiedlich akzentuiert sein bzw. unterschiedliche Differenzierungsgrade erreichen, sie müssen funktionell aber ähnliche *Zwecke* erfüllen können.

In dieser pragmatischen Sichtweise stellt sich die *scharfe* Unterscheidung von Universalität und Individualität grammatischer Ordnungsmuster als Scheinalternative heraus. Je nach Abstraktionsebene und Betrachtungsperspektive können an denselben grammatischen Ordnungsmustern universale oder individuelle Differenzierungsfunktionen konstatiert werden, weil sie als individuelle Ausprägungen überindividueller sprachlicher *Differenzierungspostulate* und kognitiver *Ordnungsfähigkeiten* betrachtet werden können. Wenn man auf diese Weise das Problem grammatischer Universalien mit dem Problem kognitiver und operativer Universalien korreliert, dann ergeben sich zwei wichtige methodische Fragestellungen.

Zum einen kann man danach fragen, welche kognitiven Ordnungsmuster und operativen Fähigkeiten sich im Laufe der biologischen und kulturellen Evolutionsgeschichte des Menschen bei der Bewältigung physischer, sozialer und geistiger Welten herausgebildet haben und wie sich solche artspezifischen, genetisch verankerten Muster und Fähigkeiten in kulturspezifischen, traditionsvermittelten Mustern zeichenhaft konkretisiert haben. Dabei ist dann immer zu beachten, daß Formen, Funktionen und Operationsweisen sich korrelativ auf evolutionäre Weise entwickelt haben und daß keiner dieser Sachverhalte in einem linearen Sinne Ursache des anderen ist.

Zum anderen läßt sich danach fragen, welche relativ invarianten grammatischen Ordnungsformen sich aus systemtheoretischen Gründen ergeben müssen, wenn sich ein Zeichensystem vom Typ *Sprache* entwickelt. Dabei ist dann zu berücksichtigen, daß allen Verbalsprachen ganz bestimmte Konstitutionsprinzipien zugrunde liegen. Sie müssen in der Zeichenanordnung dem Prinzip der Linearität folgen, sie müssen mit einem begrenzten Inventar phonetischer bzw. phonologischer Bausteine operieren, sie können ein sehr umfangreiches und variables Inventar lexikalischer Bausteine verwenden, sie unterliegen bei der Relation von Zeichenträgern und Zeicheninhalten weitgehend, aber keineswegs ausschließlich, dem Arbitraritätsprinzip und sie können insbesondere in der medialen Form der Schrift Zeit und Raum überspringen bzw. sich von der Interpretationshilfe situativer Kontexte weitgehend emanzipieren.

Wenn man sprachliche bzw. grammatische Universalien nicht ontologisch, sondern pragmatisch zu begründen versucht, dann spiegelt die Invarianz und Varianz grammatischer Ordnungsmuster die ganze Breite der Möglichkeiten wider, die historisch entwickelt worden sind, um mit der Welt und den in ihr aktuellen Differenzierungsaufgaben kognitiv und sprachlich fertig zu werden. An grammatischen Ordnungsformen wird man endgültig und klar wohl nicht unterscheiden können, was an ihnen universal und was kulturspezifisch ist, aber man wird grammatische Ordnungsformen durchaus nach dem Grade ihrer Universalität oder Partikularität skalieren und auf elementare oder weniger elementare anthropologische Differenzierungsbedürfnisse zurückführen können.

Aus der Sicht der evolutionären Erkenntnistheorie lassen sich in diesem Zusammenhang folgende Überlegungen geltend machen. Der in der genetischen Evolution entstandene kognitive Apparat des Menschen muß so strukturiert sein, daß er universale Differenzierungsmuster mit kulturspezifischen verbinden kann. Elementare artspezifische Differenzierungsmuster und kognitive Fähigkeiten müssen irgendwie genetisch codiert werden, weil sie in kulturellen Traditionsbrüchen auf keinen Fall verloren gehen dürfen. Dieses genetisch verankerte Vorwissen über die Welt muß einerseits so universal sein, daß es immer verwendbar ist, aber andererseits auch so variabel, daß es durch kulturelle Erfahrungen noch präzisiert werden kann. Im Hinblick auf das Sprachproblem ergibt sich dadurch die folgende Situation.

Der Mensch scheint stammesgeschichtlich so vorgeprägt zu sein, daß er Zeichensysteme vom Typ *Sprache* erlernen, ausgestalten und handhaben kann. Er hat die Fähigkeit, Kategorisierungsprozesse nach anthropologischen bzw. pragmatischen Relevanzkriterien vorzunehmen, die Ergebnisse dieser Prozesse durch sprachliche Zeichen unterschiedlicher Art zu stabilisieren und sein Denken und Sprechen nach Ordnungsregeln zu gestalten, die sich evolutionär als brauchbar bei der Bewältigung der menschlichen Lebenssphäre (Mesokosmos) erwiesen haben. Aus diesen Rahmenbedingungen erwachsen dann sprachliche Elementarordnungen, denen man den Charakter von lexikalischen und grammatischen Universalien zubilligen kann, weil sie artspezifische Ordnungsmuster konkretisieren bzw. systemtheoretische Ordnungsnotwendigkeiten. Zu solchen elementaren grammatischen Ordnungsmustern oder grammatischen Universalien lassen sich dann wohl diejenigen grammatischen Ordnungsformen rechnen, die der Differenzierung des *Numerus*, der Repräsentation von *Determinationsrelationen* (Prädikationsschema, Attributionsschema), der Differenzierung von *Zeit-* und *Raumrelationen*, der Spezifizierung von modalen *Geltungsansprüchen* oder der Kennzeichnung von *Negationen* usw. dienen.

Zunächst sind wir nur berechtigt zu sagen, daß unser kognitiver Apparat dazu befähigt ist, kognitive Differenzierungen in den genannten Bereichen zu machen und mit Hilfe von morphologisch sehr unterschiedlichen Zeichenträgern konventionell zu stabilisieren. Bis zu welchem Grade solche Aufgliederungen dann grammatisch ausdifferenziert werden und mit welchen kulturspezifischen Akzenten sie angereichert werden, ist dann eine zweite Frage, die kaum befriedigend zu beantworten ist, weil wir keine eindeutige Grenze zwischen artspezifischen und kulturspezifischen kognitiven Mustern ziehen können bzw. zwischen artspezifischen und kulturspezifischen kognitiven Anteilen an lexikalischen oder grammatischen Ordnungsformen.

In diesem Zusammenhang ist nämlich der schon erörterte Sachverhalt zu berücksichtigen, daß beim Menschen die biologische Vorprogrammierung kognitiver Muster und Operationen so gestaltet ist, daß sie der *kulturellen Ergänzung* bedarf, um wirklich funktionsfähig zu werden. Daraus ergibt sich, daß das Prinzip der *Universalität* und der *Individualität* in den einzelnen Sprachen notwendigerweise zusammengehören. Die universalen Ordnungsstrukturen der Sprachen müssen so allgemein und plastisch sein, daß sie entsprechend den jeweiligen Bedürfnissen kulturspezifisch ausgeprägt werden können. Eine Suche nach autonomen sprachlichen oder grammatischen Universalien ist deshalb relativ sinnlos, weil uns in den Sprachen alles Universale nur *eingefärbt* und *verwachsen* mit Individuellem begegnet. Eine analytische Sezierung dieser Symbiosen ist durch sprachvergleichende Studien sicherlich nur bis zu einem gewissen Grade möglich. Zugleich ist damit aber auch die Gefahr verbunden, die spezifische Funktionskraft sprachlicher Phänomene zu verfehlen, die sich gerade aus dem Zusammenwirken artspezifischer und kulturspezifischer Ordnungsenergien ergibt. So ist es auch kein Wunder, daß die sogenannten *Tiefenstrukturen* der generativen Transformationsgrammatik, in denen ja weitgehend grammatische Universalien erfaßt werden sollen, blutleere Phantome geblieben sind, die sich nur relativ nichtssagend darstellen und charakterisieren lassen.

Wenn man diese Sichtweise akzeptiert, dann entpuppt sich die Kontroverse von Empirismus und Rationalismus darüber, ob all unser Wissen sich auf Erfahrung gründe oder ob es auch angeborene Wissensformen gebe, ebenso als Scheinproblem wie die Kontroverse, ob sich in den grammatischen Ordnungsstrukturen der Sprache zufällige Denkkonventionen oder die logisch-ontologischen Grundordnungen der Welt repräsentieren. Beide Alternativen berücksichtigen nicht, daß jedes konkrete Wissen auf einem vageren Vorwissen aufbauen muß, daß alles menschliche Wissen sich aus der *Symbiose* von genetisch codiertem, kulturell erarbeitetem und methodisch erzeugtem Wissen ergibt und daß nur diejenigen Wissensinhalte und Wissensformen überleben, die sich in menschlichen Lebenssituationen bewährt haben bzw. als sinnvoll erlebt worden sind. Ebenso wie der Mensch deswegen das anpassungsfähigste Lebewesen der Welt ist, weil er seine genetischen Anlagen durch flexibles Kulturwissen ausgestalten und ergänzen muß, so ist die natürliche Sprache deswegen das flexibelste und universalste aller Zeichensysteme, weil die genetischen Dispositionen zur Sprache nur sehr allgemeine Strukturordnungen beinhalten, die notwendigerweise der speziellen kulturellen Ausformung und Ergänzung bedürfen.

Die lexikalischen und grammatischen Ordnungsmuster der natürlichen Sprache gründen sich, abgesehen von systemtheoretischen Notwendigkeiten, auf eine kaum endgültig zu entwirrende Weise auf sehr allgemeine kognitive Dispositionen und kulturelle Differenzierungsintentionen. Sie sind auf der Ebene des *Mesokosmos* pragmatisch sehr funktionstüchtig, sie geraten aber an ihre Grenzen, wenn sie auf den Mikrokosmos oder Makrokosmos angewandt werden. In diesen Bereichen erweisen sich beispielsweise sowohl unsere lexikalischen Ordnungsmuster als auch unsere grammatischen Ordnungsmuster für die kognitive Differenzierung der Phänomene *Zeit* und *Kausalität* als hoffnungslos anthropomorph und soziomorph.

Unter diesen Umständen ist es auch kein Zufall, daß seit Galilei insbesondere diejenigen Wissenschaften immer weniger Gebrauch von der natürlichen Sprache gemacht haben, deren Gegenstand nicht der phänomenal gegebene Mesokosmos ist. Für die kognitive Erfassung von Mikrokosmos und Makrokosmos bzw. des Kosmos der physikalischen Gesetze eignen sich die Zeichenformen der Mathematik besser als die der natürlichen Sprache. Seit Galilei ist deshalb auch die Sprachkritik aus den Naturwissenschaften nicht mehr wegzudenken, die für Aristoteles noch kein Thema war, weil er einen ganz anderen Naturbegriff hatte, der mathematisch nicht oder zumindest nicht zureichend erfaßt werden konnte.

Die Herleitung grammatischer Ordnungsmuster aus pragmatischen Differenzierungsfunktionen harmoniert auch mit den Bemühungen von Habermas um eine *Universalpragmatik*, obwohl diese nicht im Kontext des Evolutionsgedankens entwickelt worden ist. Dieser Universalpragmatik ordnet Habermas die Aufgabe zu, die universalen Bedingungen möglicher Verständigung herauszuarbeiten und die damit korrelierten sprachlichen Ausdrucksmuster. Insbesondere im Hinblick auf Sprechakte versucht er, sprachliche Ordnungsmuster aus Handlungsformen abzuleiten und von *funktionellen* Kommunikationsuniversalien zu *strukturellen* Sprachuniversalien zu kommen.[28]

Wenn man sprachliche bzw. grammatische Universalien pragmatisch verankert, dann läßt sich der folgende Vergleich nutzen, um die Symbiose von Universalem und Individuellem in grammatischen Formen zu veranschaulichen. Alle Flügel, seien es nun die von Vögeln oder von Flugzeugen, müssen in ihren Formen auf bestimmte aerodynamische Gegebenheiten antworten und können dabei doch sehr unterschiedliche Gestalten entwickeln, je nachdem welche speziellen Aufgaben sie zu erfüllen haben. Ebenso müssen auch alle grammatischen Ordnungsformen auf bestimmte Gegebenheiten antworten, die sich aus der realen Welt, dem kognitiven Apparat des Menschen und den System- und Funktionsbedingungen der Sprache ergeben. Dabei können sich aber gleichwohl sehr unterschiedliche Einzelformen entwickeln, die den kognitiven und kommunikativen Differenzierungsbedürfnissen einer spezifischen Kultur angepaßt sind.

In jeder konkreten grammatischen Form gehen Universales und Individuelles eine enge Verbindung ein, die sich schon deshalb nicht vollkommen auflösen läßt, weil uns das Universale erfahrungsmäßig nie in direkter Form zugänglich ist, sondern nur methodisch und hypothetisch durch Vergleichsoperationen herausgearbeitet werden kann. Durch Sprachvergleiche können wir eigentlich nur feststellen, welche grammatischen Formen als kognitive Muster in einem höheren Grade als andere sprach- bzw. kulturspezifisch sind.

Die These von der Existenz grammatischer Universalien bzw. von der graduellen Stufung der Universalität grammatischer Formen hat auch etwas mit der sozialen Anerkennung grammatischer Differenzierungsleistungen zu tun bzw. mit dem Grad unseres Sprachvertrauens. Das Maß unserer Vertrauensseligkeit in die kognitive Differenzierungskraft grammatischer Ordnungsmuster ist seit der Antike ständig gesunken. Insbesondere die wachsende Kenntnis der Unterschiede zwischen den grammatischen Strukturordnungen der verschiedenen Sprachen und der Siegeszug der Mathematik in den Naturwissenschaften hat zur Relativierung des Vertrauens in die kognitive Differenzierungskraft grammatischer Ordnungsmuster geführt. Diese Vertrauenskrise hat zwei Konsequenzen gehabt. Einerseits ist eine radikale Sprachskepsis gegen grammatische Strukturordnungen als bloße Konventionsordnungen entstanden. Andererseits ist das Bedürfnis gewachsen, die Ungenauigkeit der grammatischen Strukturordnungen in der natürlichen Sprache durch schärfer gefaßte grammatische Ordnungsmuster und Operationsregeln zu überwinden.

3. Das Konzept einer wissenschaftlichen Idealsprache

Vor dem Hintergrund der Idee einer normativen Universalgrammatik und im Kontext der Entfaltung von Wissenschaft und Handel hat im 17. Jahrhundert das Konzept einer wissenschaftlichen Universalsprache immer schärfere Konturen angenommen. [29] Der Schotte Dalgarno entwickelte das Programm einer *Universalsprache*, die zugleich als exakte philosophische Sprache und als internationale Gelehrten- und Verkehrssprache dienen sollte. Der englische Bischof Wilkins entwarf einen ähnlichen Plan für eine Universalsprache, wobei er zugleich noch eine *Universalschrift* vorsah, die international unmittelbar verständlich sein sollte. Zu der Idee dieser Universalschrift hatten ihn insbesondere die jesuitischen Berichte über die Begriffsschriftsysteme in China und Japan inspiriert. Auf dem Kontinent wurde das Konzept einer wissenschaftlichen Universalsprache insbesondere durch die Entfaltung des Methodenbewußtseins seit Galilei immer aktueller.

Nach vagen Andeutungen von Descartes hat dann Leibniz das Programm einer wissenschaftlichen Idealsprache in einem umfassenden Sinne in Angriff genommen. Er betonte, daß die natürlichen Sprachen durchaus ihren Wert hätten, weil sie gleichsam als *Monaden* auf ihre Weise das Universum spiegelten und weil sie unabdingbar seien, um unseren sinnlichen Wahrnehmungen Ausdruck zu verleihen. Trotz dieser Wertschätzung der natürlichen Sprache, die sich auch in seinen Vorschlägen zur Pflege der Muttersprache dokumentiert, war er aber gleichwohl der Meinung, daß sie für die Bedürfnisse der Wissenschaften und die Belange der Vernunftoperationen wegen ihrer Ungenauigkeit ein untaugliches Zeichensystem sei.

Leibniz glaubte, daß es nach dem Vorbild der Mathematik möglich sein müßte, eine *Universalsprache* (lingua universalis) bzw. ein *universales Zeichensystem* (characteristica universalis) zu schaffen, das den Bedürfnissen der Wissenschaften besser angepaßt sei als die natürliche Sprache. Er hegte dabei die Hoffnung, daß mit diesem Zeichensystem schließlich genauso exakt operiert werden könnte, wie mit dem Inventar mathematischer Zeichen. Dabei spielte für ihn weniger der Gedanke eine Rolle, alles Wissen auf quantitative Größen zu reduzieren, als vielmehr der Wunsch, komplexe Wissensinhalte auf ihre konstitutiven *Grundgrößen* hin zu elementarisieren und klare Operationsregeln für die Kombinationsmöglichkeiten dieser Grundgrößen zu entwickeln.

Als Mathematiker und Philosoph war Leibniz von dem Gedanken fasziniert, daß sich jeder komplexe Begriff in seine konstitutiven Grundbegriffe zerlegen lassen müßte, ähnlich wie sich jede Zahl in ihre Primfaktoren zerlegen läßt. Auf diese Weise hoffte er, gleichsam ein *Gedankenalphabet* für die Philosophie und Wissenschaft entwickeln zu können (alphabetum cogitationum humanarum). Für dieses durch Zeichen repräsentierbare Inventar von Grundbegriffen glaubte er im Sinne eines gesetzlichen Kalküls Formpostulate und Operationsregeln formulieren zu können, d. h. eine *rationale Grammatik* (grammatica rationalis), die sicherstellte, daß sprachliche und logische Formen nicht in Widerspruch miteinander gerieten. Diese rationale Grammatik sollte dann allerdings nicht eine universale Grammatik sein, die gleichsam das ideelle Urbild der Grammatik aller natürlichen Sprachen darstellte, sondern sie sollte eine Grammatik für die Bedürfnisse der Philosophie und Wissenschaften sein, die die zulässigen Verfahren zur Erzeugung von Vernunftinhalten konkretisierte. Durch sie sollten alle *Denkfehler* sofort als *Grammatikfehler* ins Auge fallen. Im Zentrum der Aufmerksamkeit von Leibniz standen nicht die elementaren Erkenntnisgrößen selbst, sondern die *Relationen* zwischen ihnen, für die er ein exaktes Kalkül entwickeln wollte. Er interessierte sich weniger für das Reich der Größen als für das Reich der Relationen zwischen den Größen.[30]

Die Konstruktion einer wissenschaftlichen Idealsprache ist Leibniz nicht in der intendierten Form gelungen. Aber seine Idee, den Prozeß der Wissenserzeugung zu mathematisieren und für wissenschaftliche Bedürfnisse eine grammatisch exakt geregelte Wissenschaftssprache zu entwickeln, ist nicht mehr vergessen worden. Allerdings muß auch festgestellt werden, daß das Grammatikproblem bei seinem Konzept einer wissenschaftlichen Universalsprache im Vergleich zu den hier vorgetragenen Überlegungen entscheidend verkürzt worden ist.

Die wissenschaftliche Universalsprache von Leibniz konzentriert sich ganz auf die

Darstellungsfunktion der Sprache und klammert alle anderen Funktionen aus ihrem Wahrnehmungsbereich aus. Das bedeutet, daß sich das grammatische Interesse im wesentlichen auf die *organisierenden* grammatischen Zeichen richtet und daß die *interpretierenden* grammatischen Zeichen, die die pragmatische Relevanz von Informationen im Hinblick auf spezifische Situationen und Personen kennzeichnen, weitgehend unberücksichtigt bleiben müssen. Die Sprache wird nur als *Repräsentationsmedium* für die Strukturierung und Erzeugung von gegenständlichem Wissen betrachtet, aber nicht als *Handlungsmedium*. Um den Stellenwert der wissenschaftlichen Universalsprache im Denken von Leibniz richtig einschätzen zu können, ist es deshalb auch notwendig, sich seinen Kommunikationsbegriff zu vergegenwärtigen.[31]

Die Menschen sind für Leibniz autonome Wesenheiten bzw. *fensterlose Monaden*, in die durch Zeichen und Kommunikation eigentlich nichts hineinkommen kann bzw. aus denen nichts hinausgehen kann, weil sie im Prinzip das ganze Universum schon in nuce in sich enthalten. Die Monaden sind allerdings durch ständige Zustandsänderungen gekennzeichnet, und diese Zustandsänderungen können von außen durch Zeichen angeregt und beeinflußt werden. Deshalb können Kommunikationsvorgänge auch dazu beitragen, den Grad der Klarheit von Bewußtseinsinhalten zu steigern. Über geeignete Zeichensysteme können also Monaden zu größerer Bewußtseinsklarheit kommen und sich selbst durchsichtiger werden.

Von hier aus wird nun auch verständlich, warum sich Leibniz so stark für alle Probleme der *Analyse* interessiert, denn analytische Vorgänge sind eigentlich nichts anderes als Vorgänge, die größere Klarheit über etwas herbeiführen, was in groben Umrissen immer schon da ist oder vorab erfaßt worden ist. Grammatische Analysen stellen sich so gesehen für Leibniz als Verfahren dar, um über bestimmte Erkenntnisinhalte eine größere Bewußtseinsklarheit herzustellen. Die Bindung des Denkens an grammatische Regeln hat für ihn den Zweck, einen optimalen Weg dafür zu garantieren, das eigene vage Wissen durchsichtiger und klarer zu machen.

Die Idee, Erkenntnisinhalte auf atomare Grundbausteine hin zu elementarisieren und für die Kombinationsmöglichkeiten dieser Grundbausteine exakte Regeln zu entwickeln, die sicherstellen, daß man schon auf der Ebene der grammatischen Formen wahre von falschen oder zumindest sinnvolle von sinnlosen Sätzen unterscheiden kann, hat insbesondere dann auch Russell, den frühen Wittgenstein und Carnap fasziniert. Russell hoffte, über die Sprachanalyse zu den letzten »*logischen Atomen*« des Denkens vorstoßen zu können. Bei diesen Bemühungen unterscheidet er *atomare* von *molekularen* Aussagen und versucht, Prinzipien zu entwickeln, um letztere auf stringente Weise aus ersteren abzuleiten. In diesem Zusammenhang stellt sich ihm dann auch die Aufgabe, eine »*philosophische Grammatik*« zu entwickeln. Deren Wert schätzt er sehr hoch ein, weil er der Meinung ist, »*daß praktisch die gesamte traditionelle Metaphysik voll von Mißverständnissen ist, die in einer mangelhaften Grammatik ihren Ursprung haben.*«[32]

Der frühe Wittgenstein hat sich in seinem *Tractatus logico-philosophicus* mit dem Problem beschäftigt, welche grammatische Form potentiell wahre Sätze bzw. wissenschaftliche Sätze haben müssen. Zu diesem Zweck hat er eine Satztheorie entwickelt, die als *Abbildtheorie* bzw. *Isomorphietheorie* bekanntgeworden ist und die ein sehr interessantes Licht auf das Problem der erkenntnistheoretischen Dimension grammatischer Strukturordnungen wirft. Ausgangspunkt der Argumentation Wittgensteins ist eine normative These: »*Die Welt ist die Gesamtheit der Tatsachen, nicht der Dinge*«.[33] Diese These ist deshalb bemerkenswert, weil Wittgenstein damit klarstellt, daß ihn *Tatsachen* interessieren, d. h. logische Verknüpfungen von Dingen. Erkenntnisprozesse sind für ihn dadurch gekennzeichnet, daß wir den logischen Korrelationszusammenhang zwischen den Dingen geistig nachzukonstruieren versuchen und daß wir uns Bilder und Modelle von Tatsachen machen.

Auf der Ebene der Sprache ist für Wittgenstein nun der Satz diejenige grammatische Form, durch die Tatsachen abgebildet werden. »*Der Satz ist ein Bild der Wirklichkeit*« bzw. »*ein Modell der Wirklichkeit, so wie wir sie uns denken*«.[34] Wittgenstein sieht es deshalb als eine primäre Aufgabe an, die erkenntnistheoretische Relevanz der Satzstruktur aufzuklären. Hinsichtlich der Satzformen unterscheidet er zwischen den *Elementarsätzen*, deren Struktur seine ganze Aufmerksamkeit gilt, und den *komplexen Sätzen*, die sich aus den Elementarsätzen ergeben. Der Elementarsatz konstituiert sich für ihn aus der logischen Verkettung von Namen, die der logischen Verkettung von Dingen entsprechen. »*Die Möglichkeit des Satzes beruht auf dem Prinzip der Vertretung von Gegenständen durch Zeichen.*«[35] Tatsache und Satz stehen so gesehen in der Relation der *Isomorphie* bzw. der *Strukturanalogie* zueinander. Das bedeutet, daß Elementarsätze nach Wittgenstein keine Aussagen über Tatsachen machen, sondern durch ihre Form Tatsachen aufweisen. »*Der Satz kann die logische Form nicht darstellen, sie spiegelt sich in ihm ... Der Satz* zeigt *die logische Form der Wirklichkeit*«.[36] In einem richtig gebildeten Elementarsatz muß deshalb die *Sprachstruktur* die *Sachstruktur* abbilden, weil jeder Elementarsatz ein Bild oder Modell dessen sein soll, was er darstellen will.

Im Hinblick auf die Elementarsätze ergibt sich nun allerdings die Frage, welche grammatischen Ordnungsstrukturen für sie konstitutiv sein sollen. Gehört beispielsweise nur die *Subjekt-Prädikat-Relation* im Sinne der aristotelischen Relation von Substanz und Akzidenz zu der grammatisch zulässigen Struktur von Elementarsätzen, oder kann man auch die verschiedenen *Objektrelationen* (Kasusobjekte, Präpositionalobjekte) und die *Adverbialrelationen* zu den grammatisch zulässigen Strukturen von Elementarsätzen zählen? Die Einbeziehung der Objektrelationen würde sich im Kontext der Valenzgrammatik rechtfertigen lassen, in der das Verb und seine Wertigkeit als strukturbildend für den ganzen Satz angesehen wird. Bei der Einbeziehung von Adverbialrelationen ergäben sich aber schon große Schwierigkeiten, weil manche Adverbiale ontisch faßbare Referenzbezüge haben (Instrumentaladverbiale), andere aber nicht (Modaladverbiale). Bei den *Attributsrelationen* ergeben sich bei diesem Denkansatz große Probleme, weil durch manche Attribute empirisch faßbare Eigenschaften von Dingen repräsentiert werden *(der große Baum)*, durch andere aber Relationsverhältnisse zwischen einem Ding und seinem Betrachter *(der entfernte Baum)*. Weiter ergibt sich das Problem, ob die aktivische und die passivische Form eines Satzes mit zwei empirischen Tatsachen oder nur mit einer korrespondieren.

Auf all diese Fragen bekommen wir bei Wittgenstein keine Antworten. Er hat sich wohlweislich gehütet, sprachliche Beispiele für das zu geben, was er unter einem

Elementarsatz konkret versteht, um die abstrakte Schönheit seiner Theorie nicht durch grammatische Details zu gefährden. Als Logiker hat er es peinlich vermieden, sich konkreten empirischen Sprachproblemen zu stellen.

Komplexe Sätze stehen nach Wittgenstein im Gegensatz zu Elementarsätzen in keiner Isomorphierelation zu Tatsachen, weil in ihnen *logische Zeichen* wie etwa Negationszeichen oder Konjunktionen auftauchen, die im Gegensatz zu Namen nicht als Stellvertreter für Dinge angesehen werden können. Hier hat Wittgensteins Bildtheorie des Satzes eine Grenze. In bezug auf komplexe Sätze stellt sich die logische und grammatische Aufgabe, Regeln zu entwickeln, um auf zulässige Weise aus wahren Elementarsätzen wahre komplexe Sätze zu bilden. Leider verzichtet aber Wittgenstein auch hier darauf, solche *Transformationsregeln* zu konkretisieren.

Die von Wittgenstein in seinem Traktat vorgetragenen Thesen exemplifizieren sehr gut, in welche Schwierigkeiten man gerät, wenn man sprachliche Ordnungsformen wie beispielsweise den *Satz* direkt mit ontischen Ordnungsformen zu parallelisieren versucht. Die ursprüngliche Hoffnung, die Struktur der Wirklichkeit direkt an der Struktur der Elementarsätze ablesen zu können, hat Wittgenstein nicht festigen können, weil wir nirgends den archimedischen Punkt außerhalb der Sprache finden können, von dem aus wir verläßliche Aussagen über das Verhältnis von Weltordnung und Sprachordnung machen könnten.

In seiner Spätphilosophie, wie sie sich in seinen *Philosophischen Untersuchungen* dokumentiert, hat Wittgenstein seinen ursprünglichen sprachphilosophischen Denkansatz gänzlich aufgegeben und akzeptiert, daß die Sprache ein transzendentaler Faktor für alle Erkenntnisprozesse ist, den man mit Hilfe einer wissenschaftlichen Idealsprache nicht einfach ausschalten kann, sondern den man als Einflußfaktor ernst nehmen muß. Die Philosophie soll den tatsächlichen Gebrauch der Sprache nicht antasten, aber sich ihm auch nicht einfach blind anvertrauen. In der Auseinandersetzung mit dem tatsächlichen Sprachgebrauch soll die Philosophie zu ihren Einsichten kommen.

> »Die Philosophie ist der Kampf gegen die Verhexung unseres Verstandes durch die Mittel unserer Sprache.«
> »Die Philosophie darf den tatsächlichen Gebrauch der Sprache in keiner Weise antasten, sie kann ihn am Ende nur beschreiben.« [37]

Die Hoffnung, der Sprache eine solche Form geben zu können, daß sie ein verläßliches und problemloses Instrument der Wissenschaft sein kann, trug auch die Sprachkritik des frühen Carnap. Seine Bemühungen galten vor allem der Aufgabe, die grammatische Form von *sinnvollen* Sätzen zu klären und diese von den sogenannten »*Scheinsätzen*« zu unterscheiden. Als Scheinsätze bezeichnet Carnap solche Sätze, die zwar den grammatisch-syntaktischen Regeln der natürlichen Sprache entsprechen, deren Aussageinhalt aber weder mit logischen noch mit empirischen Mitteln auf ihren Wahrheitsgehalt überprüft werden kann. Ein Satz, der diesem *Prüfungsverfahren* nicht unterworfen werden kann, hat nach Carnap im Rahmen von Philosophie und Wissenschaft nichts zu suchen. In dieser Denkperspektive verfielen für Carnap insbesondere die Sätze der Metaphysik dem Sinnlosigkeitsverdacht, weil sich für sie keine Verifikationsmethode angeben ließ. Als Aufgabe der Philosophie sah es Carnap an, für den wissenschaftlichen Sprachgebrauch *verschärfte* grammatische Regeln zu entwickeln, die verhindern sollten, daß solche Scheinsätze überhaupt gebildet wurden.

Carnap hat zwei Typen von Scheinsätzen unterschieden, die als metaphysische Sätze unter einen Sinnlosigkeitsverdacht fallen.[38] Der eine Typ konstituiert sich dadurch, daß in ihm Wörter verwandt werden, die auf *Scheinbegriffe* verweisen. Als Scheinbegriffe betrachtet Carnap solche Begriffsbildungen, bei denen nicht angegeben werden kann, welche empirisch nachprüfbaren Eigenschaften Phänomene haben müssen, die unter diesen Begriff fallen sollen. So repräsentiert beispielsweise für ihn das Wort *babig* solange einen Scheinbegriff, wie nicht angegeben und überprüft werden kann, welche Dinge *babig* sind und welche nicht. Scheinbegriffe repräsentieren für Carnap auch die Wörter *Gott, Idee, Emanation* oder das *Unbedingte*, weil auch sie keinen *empiristischen Sinnkriterien* unterworfen werden können.

Der andere Typ von Scheinsätzen konstituiert sich für Carnap dadurch, daß im Prinzip sinnvolle Begriffe syntaktisch auf eine Weise kombiniert werden, die üblicherweise noch als grammatisch gilt, die aber im Rahmen der strengeren Regeln einer logischen Syntax als *ungrammatisch* qualifiziert werden muß. So sei beispielsweise der Satz – *Cäsar ist eine Primzahl* – im Sinne der logischen Syntax ein ungrammatischer Scheinsatz, weil *Primzahl* nur eine Eigenschaft von Zahlen, aber nicht von Personen sein könne. Wären wir für die logische Syntax besser sensibilisiert, dann fielen solche Sätze sofort als ungrammatische Scheinsätze auf.

Das Programm einer *logischen Syntax* zwingt Carnap dazu, das Vokabular der Sprache sehr viel differenzierter nach *syntaktischen Funktionsklassen* bzw. *Wortarten* einzuteilen, als das in der traditionellen Grammatik der Fall ist. In diesem Denkansatz können nämlich nur diejenigen Wörter zu einer syntaktischen Kategorie zusammengefaßt werden, die sich syntaktisch gegeneinander austauschen lassen, ohne ungrammatische Sätze im Sinne des empiristischen Sinnkriteriums zu erzeugen. Demzufolge müßten dann auch *Primzahl* und *Feldherr* ebenso zu verschiedenen Wortarten gerechnet werden wie transitive und intransitive Verben. Carnap ist sich bewußt, daß der Katalog der neuen Wortarten sehr umfangreich werden würde, weil wahrscheinlich mit hundert oder gar tausend verschiedenen Wortarten zu rechnen sei.[39]

Das Programm der logischen Syntax soll nach den Vorstellungen Carnaps dazu dienen, unzulässige Sphärenvermischungen in Aussagen zu verhindern bzw. Sätze als ungrammatisch auszusondern, in denen so etwas geschieht. Nur solche Sätze sollen als wissenschaftliche Sätze zulässig sein, die entweder als Protokollsätze empirisch überprüfbare Tatbestände repräsentieren oder die auf rein analytische Weise die Implikationen von Protokollsätzen entfalten. Deshalb hat Carnap der *logischen Syntax* auch die Aufgabe zugewiesen, zwei Typen von Regeln zu entwickeln, nämlich die »*Formregeln*«, die festzulegen haben, wie aus einfachen Wörtern zulässige Sätze zu bilden sind, und die »*Umformungsregeln*«, die festlegen, wie ein Satz auf zulässige Weise aus einem anderen abgeleitet werden kann.[40]

Die *logische Syntax* stellte sich so für Carnap gleichsam als eine Mathematik der Sprachformen dar, durch die sichergestellt werden sollte, daß alle Sätze als ungrammatische Scheinsätze der Metaphysik aus dem wissenschaftlichen Sprachgebrauch ausgeschlossen werden konnten, die nicht zur »*Darstellung von Sachverhalten*« dienten, sondern zum Ausdruck eines »*Lebensgefühls*«.[41] Sätze, die einem Lebensgefühl Ausdruck verliehen, seien zwar in der Kunst zulässig, nicht aber in der Philosophie und Wissenschaft.

Interessant ist in diesem Zusammenhang, daß Carnap seinen Angriff auf die Metaphysik, die er als einen schlechten Ersatz für die Kunst ansieht, nicht als Angriff auf die Gegenstände der Metaphysik konzipiert hat, sondern daß er die Metaphysik indirekt dadurch zu erledigen sucht, daß er die Sprachformen, in denen sie sich zu artikulieren versucht, als ungrammatisch bezeichnet. Die Sätze der Metaphysik werden von ihm nicht als falsch, sondern als unsinnig gekennzeichnet, weil sie weder als empirische Protokollsätze noch als analytische Sätze anzusehen sind.

Da sich das Programm der *logischen Syntax* als nicht durchführbar erwies, sah Carnap sich schon bald gezwungen, es durch das Programm einer *logischen Semantik* zu ergänzen. Auch dieses Programm scheiterte, weil sich die Vorstellung von festen semantischen Regeln für die Kombinierbarkeit von Wörtern bzw. Begriffen als Illusion erwies, was wiederum eine Wendung Carnaps zur Pragmatik und Semiotik erzwang. Es wurde auch ihm immer deutlicher, daß die Wörter ihre Begriffsstruktur je nach syntaktischer Verwendung chamäleonsartig ändern konnten.

Wenn man im Rückblick fragt, warum die Versuche von Leibniz, Wittgenstein und Carnap zur Entwicklung einer *Universalgrammatik* für den wissenschaftlichen Sprachgebrauch letztlich gescheitert sind, dann lassen sich zwei Gesichtspunkte geltend machen. Zum einen ist darauf zu verweisen, daß sich das Denken offenbar nur in ganz reduzierten Teilbereichen einem exakten Regelwerk unterwerfen läßt. Deshalb müssen alle Versuche scheitern, die *Flexibilität* des Denkens über *grammatische Formpostulate* massiv einzuschränken. Das Denken braucht grammatische Organisationsmuster von einer gewissen kognitiven und instruktiven Vagheit, um nicht in einer vorgegebenen *Denkmechanik* zu veröden. Eine Sprache, die ganz exakt wird, wird auch ganz steril und einseitig, weil sie die Welt nur noch durch die Brille der kategorialen Muster sieht, die sich in der Lexik und Grammatik dieser Sprache verfestigt haben.

Zum anderen zeigt sich in allen Versuchen, die Sprache lexikalisch und grammatisch zu normieren, ein dialektisches Umschlagphänomen. Je mehr man sich darum bemüht, eine ideale Wissenschaftssprache zu entwickeln, um den medialen Eintrübungen der Erkenntnisinhalte durch die fragwürdigen Ordnungsstrukturen der natürlichen Sprache zu entfliehen, desto stärker gerät man in die Gefangenschaft einer *neuen* medialen Vorordnung des Denkens. Alle Versuche, die Sprache als transzendentalen Faktor von Erkenntnisprozessen auszuschalten, festigen die transzendentalen Einflußmöglichkeiten der Sprache. Die normierte Präzisionsgrammatik einer idealen Wissenschaftssprache normiert das Denken nämlich sehr viel stärker als die vage Grammatik der natürlichen Sprache und zwingt buchstäblich dazu, in vorgegebenen Bahnen zu denken.

So muß es wohl auch als eine List der Vernunft betrachtet werden, daß alle Versuche, logische Präzisionssprachen für wissenschaftliche Belange herzustellen und die sprachlichen Störfaktoren für das Denken zu beseitigen, auf eine verblüffende Weise unsere Sensibilität für die unaufhebbaren transzendentalen Funktionen sprachlicher Formen für das Denken und Wahrnehmen gesteigert haben. So faszinierend der Gedanke einer Mathematisierung der Sprachorganisation auf den ersten Blick auch ist, so beängstigend wäre er auf den zweiten Blick, wenn er in die Wirklichkeit umgesetzt werden könnte.

Auf die Idee einer Präzisionsgrammatik läßt sich auch das beziehen, was von Weizsäcker generell für Kalküle geltend gemacht hat. So notwendig es auch ist, für bestimmte Zwecke Präzisionssprachen zu entwerfen und die Vagheit der natürlichen Sprache in Lexik und Grammatik zu überwinden, so illusorisch und wenig wünschenswert ist es, in der Sprache eine absolute Präzision anzustreben.

»Das Entwerfen eines Schemas ist ein Denkakt, der dem Schema vorausgeht. Wir werden zu der Annahme neigen, daß das, was bei dem Handeln nach dem Schema geschieht, nicht exakter sein könne, als es der Gedanke war, durch den das Schema selbst entworfen wurde. Wie es auch hiermit stehen möge, jedenfalls ist das Entwerfen eines Schemas ein Denkakt, der nicht nach diesem Schema verläuft.«
»Die ganz in Information verwandelte Sprache ist die gehärtete Spitze einer nicht gehärteten Masse. Daß es Sprache als Information gibt, darf niemand vergessen, der über Sprache redet. Daß Sprache als Information uns nur möglich ist auf dem Hintergrund einer Sprache, die nicht in eindeutige Information verwandelt ist, darf niemand vergessen, der über Information redet.« [42]

4. *Überlegungen zum Verhältnis von Sprache und Denken vor Humboldt*

Es ist heute eine unbestrittene Binsenweisheit, daß Sprache, Denken und Erkenntnis in einem Korrelationszusammenhang miteinander stehen und daß sich in der Lexik und Grammatik einer Sprache ein Wissen manifestiert, das jeden Wissenserwerb irgendwie mitbestimmt. Heftige Auseinandersetzungen gibt es allerdings weiterhin darüber, wie weit die determinierende Kraft der Sprache auf Erkenntnisprozesse und Erkenntnisinhalte reicht. Strittig ist, ob die Sprache das Denken, Wahrnehmen und Wissen in der Wolle einfärbt oder nur peripher beeinflußt, ob Sprache und Denken als identische, konvergierende oder getrennte Kreise anzusehen sind und ob sich Erkenntnisprozesse leicht ihrer sprachlichen Brillen entledigen oder bestenfalls nur eine gegen eine andere Brille austauschen können.

Die hier angedeuteten Alternativen tangieren in einem so hohen Maße anthropologische Grundüberzeugungen über die geistigen Freiheits- und Entwicklungsmöglichkeiten des Menschen, daß eine Einigung kaum zu erwarten ist. Diese Kontroverse hat aber nicht nur eine ideologische, sondern auch eine logische Brisanz, die nicht zu unterschätzen ist.

Angenommen, Sprache und Denken sind vollkommen getrennte *Kreise*, in welcher Position können wir dann soviel Distanz zu diesen beiden Phänomenen gewinnen, daß wir sie als getrennte Kreise zu erfassen vermögen? Angenommen, Sprache und Denken sind so deckungsgleich, daß wir nur das denken können, was die Sprache uns erlaubt zu denken, ist dann das Denken überhaupt in der Lage zu merken, daß es in einer *Gefängniszelle* sitzt, da es doch nichts außerhalb dieser Gefängniszelle kennt? Falls die Sprache eine *Brille* ist, die alle unsere Erkenntnisgegenstände für unsere Wahrnehmung transformiert, wie läßt sich dann der Brechungsindex dieser Brille beschreiben, wenn wir diese Brille nur um den Preis der Blindheit abnehmen können? Folgt man der Logik dieser Bilder, dann ist die Diskussion der Frage, ob oder wie weit die Sprache unser Denken determiniert, absurd, weil sie den Bemühungen Münchhausens gleicht, sich am eigenen Schopf aus dem Sumpf der eigenen Distanzlosigkeit zum Denken und zur Sprache zu ziehen.

Wenn wir auch keinen archimedischen Punkt außerhalb von Denken und Sprache finden können, um die Korrelation beider zu beschreiben, ohne gleichzeitig in sie verwickelt zu sein, so sollte uns doch die Tatsache stutzig machen, daß wir überhaupt auf dieses Problem aufmerksam geworden sind und Bilder gefunden haben, um es uns zu vergegenwärtigen. Dazu haben wir historisch zwar eine Menge Zeit verbraucht, aber immerhin läßt sich dieser Tatbestand vielleicht dahingehend deuten, daß die Gefängniszelle der Sprache, wenn es denn eine solche sein sollte, doch nicht ganz so hermetisch geschlossen ist, wie es dieses Bild zunächst nahelegt, und daß wir vielleicht doch gewisse Chancen haben, die Lage und die Struktur dieser Gefängniszelle über Alternativen kontrastiv zu beschreiben.

Nun könnte man sich mit dem Gedanken trösten, daß die Sprache und das Denken sich überschneidende Kreise bilden und daß uns das Überwechseln in eine zweite Sprache zugleich eine Befreiung von der Determinationskraft der ersten Sprache bringt. Gegen einen solchen erkenntnistheoretischen Optimismus ließe sich nun allerdings einwenden, daß das Überwechseln von einer Sprache in eine andere keine Freiheit von dem Gefängnis der Sprache bringt, sondern allenfalls den Übergang von einer Gefängniszelle in eine andere, bzw. daß wir den Brechungsindex der einen Sprachbrille mit dem einer anderen eintauschen. Die *Sprachleine* für unser Denken würde auf diese Weise nicht beseitigt, sondern nur verlängert. Wenn man allerdings berücksichtigt, daß wir in unseren Denkprozessen neben der Verbalsprache auch noch auf andere Zeichensysteme zurückgreifen können und daß wir die Zeichen der Verbalsprache im Sprachgebrauch selbst in gewissen Grenzen verändern können, dann vergrößert sich unser potentieller Bewegungsspielraum innerhalb der Sprach- und Zeichenwelt beträchtlich, obwohl bestimmte Grenzen gleichwohl immer noch bestehen bleiben.

Die Überlegungen zur Evolution der Sprache und Grammatik haben gezeigt, daß der Mensch die *Flexibilität* seines kognitiven Apparates durch die Differenzierung der Verbalsprache und durch die Entwicklung kultureller Zeichensysteme aller Art historisch laufend erhöht hat. Dadurch hat er sich im Vergleich zu den anderen Lebewesen ein Höchstmaß an Freiheit von genetisch determinierten Verhaltensmustern erarbeitet, aber sich zugleich auch in die Abhängigkeit von *Kulturmustern* begeben und begeben müssen, die allerdings sehr viel leichter veränderbar sind als genetische Muster.

Im folgenden soll nun kurz skizziert werden, wie sich historisch der Gedanke von der *Beeinflussung* oder gar der *Determination* des Denkens und Erkennens durch die Sprache herausgebildet hat und welche Problembereiche in diesem Zusammenhang besonders aktuell geworden sind. Dabei ist zu berücksichtigen, daß sich der Determinationsgedanke zuerst im Hinblick auf die *Lexik* konkretisiert hat und erst nach und nach auch auf die *Grammatik* übergegriffen hat, die hier im Mittelpunkt des Interesses stehen soll.

Die Vorstellung, daß Sprachformen und Denkformen sich wechselseitig beeinflussen, lag in einem sehr weiten Sinne schon den antiken Bemühungen um die *rhetorische Schulung* und um die Ausrichtung des eigenen Sprachgebrauchs an normativen Vorbildern zugrunde. Der mittelalterliche *Universalienstreit* hatte dann das Seinige dazu beigetragen, den Sinn für den medialen Charakter der Sprache zu schärfen. Durch die *Mystik* und durch das Konzept der *negativen Theologie* bei Nikolaus von Kues war nachdrücklich darauf aufmerksam gemacht worden, daß sich bestimmte Sachgegenstände der *direkten* sprachlichen Darstellung durch die üblichen Sprachformen entziehen und daß von der Sprache unter bestimmten Umständen·in einer unüblichen Weise Gebrauch gemacht werden muß.

Bei Nikolaus von Kues taucht sogar schon der modern anmutende Gedanke auf, daß man im Hinblick auf bestimmte Gegenstandsbereiche oder Seinsregionen eigentlich eine grammatisch ganz spezifisch strukturierte Sprache brauche. So sei beispielsweise im Hinblick auf die Sphäre des Göttlichen der Gebrauch von *Tempusformen* beim Verb sinnlos, weil es in diesem Bereich keine Zeitunterschiede gebe und das Gewesensein, das Sein und das Werden zusammenfielen.[43]

Zu Beginn der Neuzeit hat Francis Bacon in seiner *Idolenlehre* eindringlich darauf verwiesen, daß die Vorurteile des Menschen ganz unterschiedliche Wurzeln haben könnten. Neben den Vorurteilen, die sich aus der *Natur* des Menschen (Idole der Gattung), seiner spezifischen *Wahrnehmungssituation* (Idole der Höhle) und den herrschenden *Lehren* (Idole des Theaters) ergeben, verweist er auf die Vorurteile der *Gesellschaft* (Idole des Marktes), die sich in der *Sprache* manifestierten und tradierten. Obwohl Bacon in diesem Zusammenhang hauptsächlich unseriöse Begriffsbildungen ins Auge faßte, hat er aber doch schon eine *grammatica philosophica* gefordert, um das Verhältnis von Sprachstruktur und Sachstruktur besser aufzuklären.[44]

In die Vorgeschichte des Gedankens von der sprachlichen Relativität des Denkens gehört auch Vico, der sich im Zusammenhang mit seinen geschichtsphilosophischen Entwürfen auch für die Sprache als geschichtliche Größe und geschichtliches Produkt interessiert hat. Bemerkenswert für die damalige Zeit ist, daß er die begrifflich-prosaische Sprache für eine Spätform der Sprachentwicklung ansah und als Frühform der Sprachentwicklung eine poetisch-bildliche Sprache annahm, die durch eine »*poetische Logik*« organisiert werde, die in *Metaphern, Sagen* und *Mythen* ihren speziellen Ausdruck fände.[45]

In der Aufklärung ist der Gedanke vom Einfluß der Sprache auf das Denken in England, Frankreich und Deutschland immer wieder thematisiert worden, wobei allerdings die Lexik im Mittelpunkt des Interesses gestanden hat.[46] Kennzeichnend für die aufklärerische Diskussion des Zusammenhangs von Sprache und Denken war, daß der Determinationsgedanke sich zwar langsam zu entfalten begann, daß aber der Gedanke der Individualisierung und der Historisierung der Vernunft und Sprache noch nicht zum Zuge gekommen ist. Typisch ist in diesem Zusammenhang Süßmilchs Schrift über den *Ursprung* der Sprache, die auf eine Preisfrage der Berliner Akademie zurückging.

Süßmilch stellte in dieser Preisschrift fest, daß der Verstand dem Menschen nur dem Vermögen nach angeboren sei und daß er die Sprache wie eine Hebamme benötige, um

sich ganz entfalten zu können. Da nun aber zur Erfindung der Sprache schon eine voll
entfaltete Vernunft notwendig sei und da Sprache und Vernunft als »*ein Ursach und
Wirkung unzertrennlich verknüpfet*« seien, müsse man die Sprache als ein einmaliges
göttliches Geschenk ansehen, weil man sonst in einen unauflöslichen Zirkel komme.
Wenn man aber einmal durch das göttliche Sprachgeschenk, das sich Süßmilch offenbar als Geschenk eines voll ausgebildeten *Sprachsystems* vorstellte, zu dem Gebrauch
der Vernunft gelangt sei, dann könne der Mensch »*hernach so viel Sprachen machen
wie er will*«.[47] Eine sich wechselseitig beeinflussende Evolution von Vernunft und
Sprache zog Süßmilch aber noch nicht in Betracht.

Für die *geschichtliche* Entfaltung der grammatischen Strukturiertheit von Sprachen
hat sich dann Sulzer interessiert. Er unterscheidet eine erste Sprachperiode, in der die
Sprache nichts als Nennwörter und Zeitwörter im Infinitiv enthalte, eine zweite
Sprachperiode, in der es einfache Sätze nach dem Subjekt-Prädikat-Schema gebe, und
eine dritte Sprachperiode, in der es zur Ausbildung von zusammengesetzten Sätzen
komme. Während die Menschen in der ersten Sprachperiode nur über anschauliche
Kenntnisse verfügten, komme es in der zweiten Sprachperiode schon zu Vernunft-
schlüssen, die allerdings noch die Gestalt und Trockenheit geometrischer Beweise
hätten. Erst in der dritten Sprachperiode könne sich die Vernunft voll entfalten. Diese
allmähliche *Entfaltung* der Vernunft parallelisiert Sulzer mit der Entwicklung der
Malerei von der Darstellung einzelner Figuren über die Darstellung mehrerer Figuren,
durch die sich schon Handlungen andeuten ließen, bis zur Darstellung von Figuren, die
auf eine geregelte Weise alle miteinander in Verbindung stünden.

Sulzer betont ausdrücklich, daß diejenigen, welche die *Vollkommenheit* der Sprache
beförderten, der Menschheit ebenso gute Dienste leisteten, wie diejenigen, welche
Wahrheiten entdeckten. Es sei nämlich schwer zu entscheiden, »*ob die Menschen mehr
den Entdeckungen der Philosophen oder den Arbeiten der schönen Geister zu danken
haben*«, weil beide zum Wachstum der Vernunft beitrügen.[48] An der grammatischen
Formung der Sprache glaubt Sulzer auch etwas von der geistigen Struktur eines Volkes
bzw. einer Kultur ablesen zu können.

> »Da die grammatikalische Vollkommenheit einer Sprache das Werk der Vernunft und des
> Genies ist, so kann sie zum Maaßstabe dienen, um den Grad der Vernunft und des Genies eines
> Volkes danach abzumessen. Hätten wir z.B. kein anderes Denkmal von dem glücklichen Genie
> der Griechen, so würde ihre Sprache allein dasselbe hinlänglich beweisen. Ist eine Sprache,
> überhaupt zu reden, unzulänglich, in einer Übersetzung die Feinheit einer anderen Sprache
> auszudrücken, so ist dieses ein sicheres Merkmal, daß das Volk, für welches man übersetzt,
> einen weniger ausgebauten Verstand habe als das andere.«[49]

Auf eine neue Ebene ist das Problem der Determination der Erkenntnis durch die
Sprache von Herder und Hamann gestellt worden, wobei nicht zuletzt deren Auseinandersetzung mit der Erkenntnistheorie Kants eine wichtige Rolle gespielt hat. Unter
Hinweis auf die Idolenlehre Bacons ist auch Herder davon überzeugt, daß sich in der
Sprache und ihren Formen Irrtümer und Vorurteile tradieren können. Es bliebe uns
aber nichts anders übrig, »*als uns in den großen Ocean von Wahrheiten und Irrtümern
selbst hineinzustürzen*«, der sich in der Sprache manifestiere.[50]

Ebenso wie Sulzer geht auch Herder davon aus, daß es ursprünglich in der Sprache wenig Grammatik gegeben habe und daß sich die Entwicklung grammatischer Strukturen erst im Verlaufe der geschichtlichen Entfaltung des menschlichen Geistes vollzogen habe, als die Sprache immer weniger zum Ausdruck von Empfindungen und immer mehr zum Ausdruck des Denkens benutzt wurde. Herder bezeichnet die *Grammatik* sogar als eine *»Philosophie über die Sprache«* [51], womit er im Prinzip schon die Qualifizierung der grammatischen Ebene der Sprache als Metaebene zu der lexikalischen Ebene vorwegnimmt. In den Formen der natürlichen Sprache hat sich nach Herder ein Berg impliziten Wissens angesammelt, aus dem alle Werke des Verstandes hervorwüchsen. *»Ein Berg, gegen welchen die kleine Anzahl philosophischer Abstraktionen, ein künstlich aufgeworfener Maulwurfshügel – einige Tropfen abgezogenen Geistes gegen das Weltmeer! Der Weltweise hat also in seiner Untersuchung unendlich mehr Data, wenn er sich dieser freien Sprache überläßt.«* [52]

Es ist offensichtlich, daß Herder auf der Basis dieser Denkposition mit der Transzendentalphilosphie Kants unzufrieden sein mußte, weil in ihr die Sprache nicht als einer der Faktoren gewürdigt wurde, die allem Wissen vorangehen und es bedingen. Herder und Hamann können sich nicht mit dem Gedanken anfreunden, daß die Sprache nur ein nachträgliches Notationsmittel für die Fixierung von Gedanken sein soll. In seiner *Metakritik* zur *Kritik der reinen Vernunft* von Kant hat Herder deshalb ganz klar herausgestellt, daß Erkenntniskritik und Sprachkritik zusammengehören. Die *»Philosophie der menschlichen Sprache«* ist für Herder die eigentliche Metaphysik bzw. *»die wahre Kritik der reinen Vernunft sowohl als der Phantasie«.* Anstelle einer Kritik der Vernunft fordert Herder eine die Sprache einschließende *»Physiologie der menschlichen Erkenntniskräfte«.* [53]

Auch Hamann hat gegen die Ausgrenzung des Sprachproblems aus der Transzendentalphilosophie Front gemacht, weil er den aufklärerischen Glauben an die reine Engelssprache der Vernunft nicht teilt. Dabei läßt er sich von religiösen und theologischen Motiven leiten, die ihn auch mißtrauisch gegen den anthropologischen Denkansatz Herders machen, in dem er noch viel zu viel aufklärerisches Freiheitspathos wittert. In der Vernunftgläubigkeit der Aufklärung sieht er nämlich einen neuen scholastischen Dogmatismus und eine Gefangenschaft in der Selbstliebe. Grundlegender für die geistige Strukturierung aller Phänomene als die Ratio ist für Hamann der Glaube und die geschichtlich gewachsene individuelle Sprache.

Hamann hält das ganze Denksystem Kants für kritikwürdig, weil in ihm die grundlegende Funktion der Sprache für die Vernunft nicht ausreichend gewürdigt werde. In seiner *Metakritik* Kants hat er drei *Selbstreinigungsstufen* der Philosophie unterschieden. Auf der ersten Stufe habe sich die Philosophie bzw. die Vernunft von allen *Traditionen* und dem *Glauben* unabhängig zu machen versucht. Auf der zweiten Stufe habe sie sich von der Dominanz der *Erfahrung* zu befreien versucht und sei durch Kant auf das aufmerksam gemacht worden, was vor aller Erfahrung liege. Auf der dritten, noch ausstehenden Stufe müsse sich nun die Vernunft klar werden, welchen Einfluß die *Sprache* auf sie ausübe. *»Der dritte höchste und gleichsam empirische Purismus betrifft also noch die* Sprache, *das einzige erste und letzte Organon und Kriterion der Vernunft, ohne ein ander Creditiv als* Ueberlieferung *und* Usum.*«* [54]

In der Sprache glaubt Hamann das letzte *Fundament* der Vernunft zu finden, das die

Vernunft nie selbst ganz aufklären kann, ohne sich selbst aufzulösen. Hamann war leider selbst nicht der Systematiker, der dazu disponiert gewesen wäre, die Verwachsungen von Vernunft und Sprache soweit wie möglich aufzudecken. Deshalb suchen wir bei ihm auch vergeblich systematische Ansätze für eine methodisch reflektierte Sprachphilosophie. Gleichwohl wird man aber die These wagen dürfen, daß ihn gerade die *grammatischen* Ordnungsformen der Sprache als *Nährboden* der Vernunft interessiert haben müßten, weil hier die grundlegenden und uns selbst meist ganz unauffälligen Fundamente des Denkens liegen. Wenn Hamann beklagt, daß es uns an einer »*Grammatik der Vernunft*« fehle, und betont, daß die Sprache die »*Gebärmutter unserer Begriffe*« sei, dann wird man wohl nicht in der Vermutung fehlgehen, daß das Studium der grammatischen Strukturen noch stärker als das der lexikalischen Strukturen an die transzendentalen Voraussetzungen alles Denkens heranführt.[55]

Im Kontext der Romantik ist dann die Vorstellung von der *Individualität* der einzelnen Sprachen und ihrer grammatischen Strukturen im Kontext des organischen, historischen und individualisierenden Denkens immer mehr zum Allgemeingut geworden. Insbesondere die verbesserten Kenntnisse exotischer Sprachen haben für die strukturellen Unterschiede zwischen den einzelnen Sprachsystemen mehr und mehr sensibilisiert. August Wilhelm Schlegel prägte 1803 den programmatischen Terminus »*vergleichende Grammatik*«, den sein Bruder Friedrich dann aufnahm, um Sprachen genealogisch und anatomisch im Hinblick auf ihre innere Struktur zu vergleichen.[56] Damit war die Abkehr von den universalistisch akzentuierten Grammatikbegriffen des Rationalismus und der Aufklärung endgültig vollzogen und der Weg zu einer individualisierenden Grammatikbetrachtung frei geworden.

5. Das Verhältnis von Sprache und Denken bei Humboldt

Humboldts sprachphilosophische Überlegungen haben zweifellos eine außerordentliche Bedeutsamkeit für die Frage nach dem Einfluß grammatischer Ordnungsstrukturen auf Erkenntnisprozesse, weil bei ihm viele sprachphilosophische Traditionen zusammengelaufen sind bzw. neu begonnen haben.[57] Er hat es verstanden, die Sprachphilosophie auf eine konzeptionelle Ebene zu bringen, von deren *programmatischer* Fruchtbarkeit bis heute gezehrt wird. Humboldt hat seine zentralen Begriffe zwar nicht definitorisch exakt ausgearbeitet, aber sie sind gerade durch ihre Vagheit fruchtbar geworden, weil sie Denkperspektiven aufzeigten, die zu Konkretisierungsanstrengungen provoziert haben.

Bevor auf die erkenntnistheoretischen Dimensionen des Grammatikproblems bei Humboldt im einzelnen eingegangen wird, erweist es sich als notwendig, seinen sprachphilosophischen Ansatz kurz als ganzen zu skizzieren, um den Horizont zu kennzeichnen, unter dem Humboldt das Grammatikproblem sieht. Ein solcher Zugang ist auch deshalb wichtig, weil Humboldt nirgends die grammatische von der lexikalischen Sprachebene scharf abgrenzt und weil er die Unterscheidung von Grammatik und Lexik eigentlich nur aus praktischen Gründen für die Erlernung von Sprachen als gerechtfertigt ansieht. [58] Wenn er aber grammatische und lexikalische Formen gleichermaßen als kognitive Formen ansieht, dann gilt all das, was er generell über die erkenntnistheoretischen Implikationen der Sprache sagt, sowohl für die lexikalischen als auch für die grammatischen Einheiten der Sprache.

a) Das Sprachkonzept Humboldts

Humboldt ist der festen Überzeugung, daß das Sprachvermögen als konstitutives Wesensmerkal des Menschen fest in der menschlichen Natur verwurzelt ist und daß *»die Sprache nicht bloss die Bezeichnung des, unabhängig von ihr geformten Gedanken, sondern selbst das bildende Organ des Gedanken ist«.* [59] Eine evolutionäre Fortentwicklung der menschlichen Sprachfähigkeit nimmt Humboldt allerdings nicht an, wie es uns heute das darwinistische Denken nahelegt, wohl aber eine evolutionäre Entfaltung der einzelnen Sprachen. Grundlegend für den sprachphilosophischen Ansatz Humboldts ist nun, daß seiner Meinung nach das Denken sowohl von der allgemeinen Sprachfähigkeit als auch von den einzelnen Sprachsystemen beeinflußt wird. *»Das Denken ist aber nicht bloss abhängig von der Sprache überhaupt, sondern, bis auf einen gewissen Grad, auch von jeder einzelnen bestimmten.«* [60]

Diese doppelte Abhängigkeit des Denkens von der Struktur der *Sprachfähigkeit* einerseits und der Struktur einer historisch gewachsenen *Sprache* andererseits, verbietet jede statisch-mechanische Interpretation der Determination des Denkens durch eine konkrete Sprache. In diesem Konzept läßt sich ein Einfluß der konkreten Einzelsprachen auf das Denken ihrer Benutzer einräumen, ohne daß zugleich eine Gefangenschaft des Denkens in der jeweils von ihm verwendeten Sprache postuliert werden muß. Einerseits kann eine *Selbstbindung* eines Volkes an die kognitiven Differenzierungsleistungen angenommen werden, die es bei der Entwicklung der Sprache erbracht hat, und andererseits kann eine *Gemeinsamkeit* zwischen allen Denkprozessen angenommen werden, insofern alle Sprachen Ausdruck derselben universalen Sprachfähigkeit sind, für die Humboldt keine qualitative Fortentwicklung annimmt. Diese doppelte Abhängigkeit des Denkens von dem *universalen Sprachvermögen* des Menschen und den *individuellen Einzelsprachen* ermöglicht es Humboldt, den Zusammenhang von Denken und Sprache als ein spannungsvolles Wechselverhältnis zu begreifen, das mit einsinnigen Kausal- und Determinationsrelationen nicht zureichend beschrieben werden kann.

Mit dem Begriff der *»Weltansicht«* versucht Humboldt die spezifische Struktur der Weltinterpretation zu erfassen, die sich als Ergebnis der kognitiven Anstrengungen eines Volkes in jeder individuellen Sprache konkretisiert hat und dann auf die Denkprozesse derjenigen zurückwirkt, die diese Sprache benutzen. Jede Sprache übt deshalb notwendigerweise auf ihre Benutzer einen subtilen und meist gar nicht wahrgenommenen Zwang aus, in den *Kategorien* zu denken und die Welt in den *Rastern* wahrzunehmen, die andere vorab ausgearbeitet haben. So gesehen ist deshalb die Sprache als *Sprachsystem* weniger als Spiegel der Struktur der Welt anzusehen, sondern eher als Spiegel der Interpretationsbemühungen eines Volkes für die kognitive Bewältigung der

Welt. Das Vertrauen in eine Sprache muß als Vertrauen in die kognitiven Interpretationsleistungen einer Kultur verstanden werden. Auf sehr eindrucksvolle Weise hat Humboldt diesen Tatbestand immer wieder thematisiert.

>»Durch die gegenseitige Abhängigkeit des Gedankens, und des Wortes von einander leuchtet es klar ein, dass die Sprachen nicht eigentlich Mittel sind, die schon erkannte Wahrheit darzustellen, sondern weit mehr, die vorher unerkannte zu entdecken. Ihre Verschiedenheit ist nicht eine von Schällen und Zeichen, sondern eine Verschiedenheit der Weltansichten selbst. Hierin ist der Grund, und der letzte Zweck aller Sprachuntersuchung enthalten... Die Sprache aber ist, als ein Werk der Nation, und der Vorzeit, für den Menschen etwas Fremdes; er ist dadurch auf der einen Seite gebunden, aber auf der andren durch das von allen früheren Geschlechten in sie Gelegte bereichert, erkräftigt, und angeregt.«[61]
>»Die Sprache ist gleichsam die äusserliche Erscheinung des Geistes der Völker; ihre Sprache ist ihr Geist und ihr Geist ihre Sprache, man kann sich beide nie identisch genug denken.«[62]
>»Der Mensch lebt mit den Gegenständen hauptsächlich, ja, da Empfinden und Handlen in ihm von seinen Vorstellungen abhängen, sogar ausschliesslich so, wie die Sprache sie ihm zuführt. Durch denselben Act, vermöge dessen er die Sprache aus sich herausspinnt, spinnt er sich in dieselbe ein, und jede zieht um das Volk, welchem sie angehört, einen Kreis, aus dem es nur insofern hinauszugehen möglich ist, als man zugleich in den Kreis einer andren hinübertritt.«[63]

Wenn Humboldt die Sprachen als Konkretisationen von spezifischen Weltansichten betrachtet, so heißt das nicht, daß sich in ihnen eine theoretisch konsistente Weltinterpretation oder gar ein umfassend durchgeformtes Weltbild manifestiert. Es heißt nur, daß das Denken und Wahrnehmen durch den Gebrauch einer bestimmten Sprache eine spezifische Grundperspektive bekommt bzw. einen individuellen Einstieg in den hermeneutischen Zirkel der Weltinterpretation. Das, was Humboldt mit dem Terminus *Weltansicht* zu bezeichnen versucht, ist nicht so etwas wie eine absolut determinierende Sprachbrille, denn er ist sich völlig im klaren darüber, daß die natürliche Sprache kein *konsistent* durchstrukturiertes System kognitiver Muster ist und daß jede Sprache viele individuelle, soziale, regionale und historische Varianten aufweist.

So sehr Humboldt einerseits darum bemüht ist, die historisch gewachsenen Sprachen als eigenständige geistige Welten und geistige Handlungssubjekte zu kennzeichnen, so sehr ist er andererseits auch darum bemüht, die *geistigen Kräfte* herauszustellen, die der strukturbildenden Macht der einzelnen Sprachen in einem gegenläufigen Sinne entgegenarbeiten. Diese eigentlich noch grundlegenderen geistigen Kräfte, die sowohl die Ausbildung der einzelnen Sprachen ermöglicht haben als auch deren Fortentwicklung bedingen, resultieren für Humboldt aus dem angeborenen *Sprachvermögen* des Menschen. In diesen Kräften repräsentieren sich für ihn nicht nur universale geistige Fähigkeiten, die quer durch alle Sprachen und Kulturen zu beobachten sind, sondern auch die Grundvoraussetzungen dafür, die vorhandenen Sprachmittel flexibel zu verwenden und im *Sprechvorgang* selbst die vorhandenen Sprachformen schöpferisch den jeweiligen Ausdrucksintentionen anzupassen.

Gerade weil Humboldt seinen *Sprachbegriff* nicht auf den Gedanken des *Sprachsystems* (langue) reduziert, das man wie einen Körper zerlegen kann, sondern ihn immer mit dem *Sprachvermögen* korreliert, hält er es für genauso gerechtfertigt zu sagen, »*dass das ganze Menschengeschlecht nur Eine Sprache, als dass jeder Mensch eine besondere besitzt«.*[64] Um die geistigen Kräfte zu kennzeichnen, die aus dem Sprachvermögen erwachsen, verwendet Humboldt den Begriff der *Energeia*.

»Die Sprache, in ihrem wirklichen Wesen aufgefasst, ist etwas beständig und in jedem Augenblicke Vorübergehendes. Selbst ihre Erhaltung durch die Schrift ist immer nur eine unvollständige, mumienartige Aufbewahrung, die es doch erst wieder bedarf, dass man dabei den lebendigen Vortrag zu versinnlichen sucht. Sie selbst ist kein Werk (Ergon) sondern eine Thätigkeit (Energeia). Ihre wahre Definition kann daher nur eine genetische seyn. Sie ist nemlich die sich ewig wiederholende Arbeit des Geistes, den articulirten Laut zum Ausdruck des Gedanken fähig zu machen. Unmittelbar und streng genommen, ist dies die Definition des jedesmaligen Sprechens; aber im wahren und wesentlichen Sinne kann man auch nur gleichsam die Totalität dieses Sprechens als die Sprache ansehen.«[65]

Wenn man auf diese Weise den Sprachbegriff so faßt, daß die Sprache dadurch konstituiert wird, daß sich *Ergon* und *Energeia* bzw. das historisch erarbeitete System sprachlicher Formen und die Fähigkeit, sprachliche Formen zu bilden und kreativ zu handhaben, in einem dialektischen Spannungsverhältnis gegenüberstehen, dann stellt sich die Frage, welcher *Formbegriff* für das Denken Humboldts maßgeblich ist. Natürlich geht auch Humboldt zunächst einmal davon aus, daß jede Sprache auf der lexikalischen und grammatischen Ebene einen speziellen Bestand von morphologisch faßbaren Formen hat, die bestimmte kognitive Muster repräsentieren. Aber dieser *statische* Formbegriff ist ihm viel zu steril, um das Verhältnis von Sprache und geistiger Tätigkeit befriedigend beschreiben zu können. Dazu benötigt er einen *dynamischen* Formbegriff, der morphologisch faßbare Gestalten nicht mechanisch mit geistigen Inhalten korreliert. Unter Form versucht Humboldt nicht den Abschluß bzw. das Produkt einer geistigen Anstrengung zu verstehen, sondern eigentlich das *schaffende Prinzip*, das Sinngestalten hervorbringt und sich deshalb auch in ihnen repräsentiert.

Um zu veranschaulichen, was unter einem dynamischen Formbegriff zu verstehen ist, läßt sich auf eine Parallele in der Naturphilosophie hinweisen. Angeregt durch die aristotelische Entelechievorstellung, wonach Naturgestalten das Ziel ihrer selbst gleichsam als verdeckte Energie in sich selber tragen, hatte sich im Mittelalter die Unterscheidung von *natura naturata* und *natura naturans* herausgebildet, um die konkreten Naturprodukte von dem zu unterscheiden, was als formende Kraft diese Gestalten erst ermöglicht und was theologisch letztlich mit Gott identifiziert worden ist. Diese Denkfigur, die über Spinoza dem 18. und 19. Jahrhundert vertraut gewesen ist, kann auch den Formbegriff Humboldts illustrieren, wenn man auf entsprechende Weise zwischen einer *forma formata* und einer *forma formans* unterscheidet.[66] Der zunächst etwas befremdliche Formbegriff Humboldts wird von hier aus ganz plausibel. *»Unter Form kann man nur Gesetz, Richtung, Verfahrensweise verstehen.«*[67]

Humboldts ganzes Interesse gilt nun den formbildenden Prinzipien, die in einem allgemeinen Sinne in dem universalen Sprachvermögen des Menschen verankert sind und in einem speziellen Sinne in den historisch entwickelten Einzelsprachen. Die Hauptunterschiede zwischen den Einzelsprachen sieht Humboldt nicht so sehr in den unterschiedlichen Inventaren lexikalischer und grammatischer Ordnungsmuster, die sich im Laufe der Zeit herausgebildet haben, sondern in den unterschiedlichen sprachlichen *Formungsprinzipien*, die in ihnen wirksam sind. Diese unterschiedlichen Formungsprinzipien betrachtet er auch als das eigentliche Einfallstor für den Einfluß der Sprache auf das Denken.

Die Zurückverlegung des Interesses an sprachlichen Formen von der Ebene positiv gegebener sprachlicher Ordnungsmuster auf die Ebene, aus der diese Muster entspringen und von der her sie strukturiert werden, kennzeichnet nicht nur den sprachphilosophischen Denkansatz Humboldts, sondern hat auch bedeutsame sprachwissenschaftliche Konsequenzen. Der Formbegriff läßt sich nämlich nun nach unterschiedlichen Abstraktionsebenen differenzieren. Was auf der einen Analyseebene als konkret gestaltete *Form* betrachtet wird, kann auf der anderen als Ausdruck eines spezifischen *Formungswillens* angesehen werden. Auf diese Weise läßt sich der Formbegriff immer weiter zurückverlegen von den konkreten morphologischen Sprachformen auf die Formen der Wortbildung und Satzbildung und noch weiter auf die Formen der kognitiven Differenzierungsstrategien bzw. auf die Formen und Formprinzipien, aus denen untergeordnete Formen und Formprinzipien hervorgehen. *Form* und *Stoff* sind deshalb für Humboldt korrelative Begriffe, die je nach Abstraktionsebene auf dieselben sprachlichen Phänomene angewandt werden können.

Dieser dynamische Formbegriff Humboldts führt zu der These, daß es »*innerhalb der Sprache keinen ungeformten Stoff geben*« könne, da in ihr alles »*auf einen bestimmten Zweck, den Gedankenausdruck*«, ausgerichtet sei. Die Form einer Sprache betrachtet Humboldt als »*eine Methode der Sprachbildung*«, die den Weg angibt, den eine Nation »*zum Gedankenausdruck einschlägt*«. [68] Mit dem Begriff der *inneren Sprachform* bzw. der Formel *Methode der Sprachbildung* bezeichnet Humboldt die grundlegenden formbildenden Prinzipien, durch die die einzelnen Sprachen ihre individuelle Gestalt gewinnen. Diese formbildenden Prinzipien prägen nach Humboldt unsere geistigen Operationen und führen ihn deshalb zu dem Schluß, die Sprache als *bildendes Organ* des Gedankens anzusehen bzw. die intellektuelle Tätigkeit und die Sprache als *unzertrennlich* zu betrachten.

Die *innere Form* einer Sprache läßt sich als Formungsprinzip nicht direkt beobachten und beschreiben, weil sie nur indirekt über ihre Auswirkungen faßbar ist, nämlich in der spezifischen *Weltansicht*, die durch sie konkretisiert wird. Sie ist in den *Strategien* faßbar, nach denen eine Sprache ihre lexikalischen und vor allem ihre grammatischen Muster organisiert und strukturiert. Das Defizit der bisherigen Sprach- und Grammatikforschung sieht Humboldt deshalb auch darin, daß den *Formungsprinzipien* der Sprache viel zu wenig Aufmerksamkeit geschenkt worden sei.

> »Der Zuschnitt unsrer bisherigen philosophischen, und aller bis jetzt wissenschaftlich bearbeiteten Grammatik führt auch nicht eigentlich auf die Lösung dieser Aufgabe, da die Sprache in derselben weit mehr wie ein fertiges und todtes Product des Geistes, als wie eine innerliche, lebendige Verrichtung derselben betrachtet wird.« [69]

b) Das Grammatikkonzept Humboldts

Ebenso wie Humboldt versucht, die Sprachproblematik in dem polaren Spannungsverhältnis von individuell konkretisiertem Sprachsystem einerseits und von universalem

Sprachvermögen des Menschen andererseits aufzuklären, so bemüht er sich auch darum, die Grammatikproblematik in dem polaren Spannungsverhältnis von individuell konkretisierten *grammatischen Ordnungsformen* einerseits und *universalen Denkgesetzen* andererseits näher zu erfassen. Trotz aller Bemühungen um die grammatische Individualität einer Sprache ist ihm deshalb der Gedanke einer *Universalgrammatik*, die sich auf allgemeine Denkprinzipien bezieht, nicht fremd.

Obwohl Humboldt die Abgrenzung von Lexik und Grammatik nur aus methodischen Gründen für zulässig erachtet und sich die Grenzlinie zwischen beiden Bereichen je nach den aktuellen Gesichtspunkten leicht verschieben läßt, so ist die Unterscheidung von Lexik und Grammatik für ihn doch von grundlegender Bedeutung. Durch diese Unterscheidung exemplifiziert sich nämlich auch in der Sprache das *Polaritätsprinzip*, das für das ganze Denken Humboldts eine konstitutive Bedeutung hat. Wie die Natur in der Polarität der Geschlechtsunterschiede ein Mittel gefunden hat, um durch den Widerstreit der Kräfte »*mit endlichen Mitteln unendliche Zwecke*«[70] zu verfolgen, so hat auch die Sprache durch die Polarität von *Lexik* und *Grammatik* ein Verfahren gefunden, um unterschiedliche Kräfte ergänzend aufeinander einwirken zu lassen.

Der Unterschied des weiblichen und männlichen Geschlechts, den Humboldt durch die Polarität von *Stoff* und *Form, Empfänglichkeit* und *Selbstätigkeit, Wärme* und *Licht* sowie *Einbildungskraft* und *Verstand* beschreibt, läßt sich bei dem integralen Natur- und Kulturverständnis von Humboldt sicher bis zu einem gewissen Grade auch auf das polare Spannungsverhältnis von *Lexik* und *Grammatik* übertragen. Welche Rolle spielt nun die Grammatik in den geistigen Zeugungsprozessen mit der Lexik in der allgemeinen Sprachentwicklung und im konkreten Sprachgebrauch?

Wie schon andere vor ihm ist auch Humboldt davon ausgegangen, daß die Ausbildung spezifischer grammatischer Formen eine relativ späte Erscheinung in der Sprachentwicklung sei, die zur Präzisierung von Mitteilungen diene. »*Die Sprache bezeichnet ursprünglich Gegenstände, und überlässt das Hinzudenken der redeverknüpfenden Formen dem Verstehenden.*«[71]

Das, was die Grammatik bezeichnet, ist für Humboldt »*nichts Körperliches, nichts Sichtbares, kommt nirgends in der Aussenwelt vor*«, sondern »*besteht durchaus in intellektuellen Verhältnissen*«.[72] Da grammatische Ordnungsformen nach Humboldt auf allgemeine Denkformen und Denkgesetze zurückgehen, die bei allen Nationen gleich seien, können für ihn die grammatischen Sprachformen »*nur innerhalb eines gewissen Umfangs verschieden seyn*«.[73]

Die theoretisch denkbare universale Grammatik ist aber praktisch nicht zu formulieren, weil sich nach Humboldt alles Allgemeine individualisieren muß, wenn es ins konkrete historische Leben treten will. »*Der allgemeine grammatische Typus verliert seine abstracte Begriffsnatur, so wie er in das gestaltreiche Leben der Sprache eintritt.*«[74] Die allgemeinen Denkformen treten in den einzelnen Sprachen in unterschiedlich akzentuierten Formen und in unterschiedlichen Graden an Explizitheit in Erscheinung, weshalb Humboldt auch zwischen einer »*stillschweigenden*« und einer »*ausdrücklichen*« Grammatik unterschieden wissen will.[75] Zu den Sprachen mit einer ausdrücklichen, morphologisch gut ausgebauten Grammatik rechnet Humboldt den indogermanischen Sprachtypus und zu den Sprachen mit einer stillschweigenden, morphologisch wenig ausgebauten Grammatik den chinesischen Sprachtypus.

Die eigentliche geistige Potenz grammatischer Formen sieht Humboldt nicht so sehr darin, daß sie durch ihre Instruktionskraft das Verständnis lexikalischer Formen erleichtern, denn bei dieser Aufgabe kann auch der Kontext helfend einspringen, sondern hauptsächlich darin, daß sie im Reiche des Geistes das *Formprinzip* stärken.

> »Auf diesem Wecken der Formalität im Geiste aber beruht, weit mehr, als auf der Hülfe, die sie dem Verständnisse leistet, die Wichtigkeit der grammatischen Formen in der Sprache, und ihr Einfluss auf das Denkvermögen... Die Besiegung aller Dunkelheit und Verwirrung durch die Herrschaft klar und rein ordnender Formalitaet ist das Ziel und der Gipfel aller geistigen Ausbildung. Es kann daher nur wohlthätig wirken, wenn eine solche Scheidung dem Geiste schon durch den sinnlichen Eindruck der Sprache zukommt...«[76]

Obwohl sich Humboldt bei Werturteilen über Sprachen sehr zurückhält und immer wieder betont, daß Sprachen als Ganzheitsphänomene beurteilt werden müßten, kommt er dennoch zu dem Urteil, *»dass nur die grammatisch gebildeten Sprachen vollkommne Angemessenheit zur Ideenentwicklung besitzen«* und *»dass Sprachen mit keinen, oder sehr unvollkommnen grammatischen Formen störend auf die intellectuelle Thätigkeit einwirken, statt sie zu begünstigen«.*[77] Die grammatisch formreichen Sprachen seien im Prinzip den weniger formreichen überlegen, weil sie Differenzierungen feiner und nachdrücklicher nuancieren könnten und daran gewöhnten, *»Form und Stoff rein von einander zu scheiden, und jeden Begriff in seine richtige Kategorie fallen zu lassen«.*[78]

Humboldt wäre nun aber nicht Humboldt, wenn er die explizite grammatische Durchformung einer Sprache als absoluten Wert betrachtete und annähme, daß die grammatischen Formen das Denken absolut vorstrukturierten. Freiheit und Gesetzmäßigkeit müssen für Humboldt in der Sprache in einem ausgewogenen Verhältnis zueinander stehen bzw. sich ineinander verschlingen.

> »Denn die Freiheit fordert die Gesetzmässigkeit zu ihrer Sicherung, und die Gesetzmässigkeit hat in der Sprache keinen bestimmten Erfolg, sondern nur die Möglichkeit der Freiheit zum Ziel. Die grammatisch gesetzmässigsten Sprachen erlauben den freiesten Schwung des Periodenbaus, den die an grammatischer Bestimmbarkeit dürftigeren in engere und festere Gränzen zusammenzuziehen genöthigt sind.«[79]

Die grammatischen Strukturordnungen *erleichtern* nach Humboldt das Denken, sie schreiben ihm aber nicht seine Bahnen absolut vor, weil das Denken immer metareflexiv die grammatischen Strukturordnungen transzendieren kann, die es für bestimmte Zwecke benutzt. Das bedeutet, daß der Mangel an Grammatik in einer Sprache auch *denkanregend* wirken kann, weil das Denken dadurch auf immanente Weise dazu gezwungen wird, sich eine strengere Form zu geben. Gerade unter der Drohung des Chaos regt sich das Denken und werden grammatische Formen als hilfreich empfunden, *»und der grammatische Bau regt den Geist überraschender, lebendiger und für neue Erzeugung durch Sprache fruchtbarer an, wenn er, wie die Weltordnung selbst, aus einem scheinbar chaotischen Gewühle hervorstrahlt«.*[80]

Da für Humboldt die Sprache im Kommunikationsvorgang nicht mechanisch benutzt wird, sondern als sinnbildendes Medium gleichsam immer wieder neu *geschaffen* wird, und da deshalb jeder gleichsam seine eigene Sprache hat, muß damit gerechnet werden, daß »*alles Verstehen*« immer »*zugleich ein Nicht-Verstehen*« ist.[81] Diese Schwierigkeiten im Verstehensprozeß haben den positiven Effekt, daß das Denken immer wieder seine eigenen sprachlichen Manifestationsformen bedenken muß und sich dabei metareflexiv aufstuft und kontrolliert.

c) Grammatisch durchgeformte und weniger durchgeformte Sprachen

Die Interdependenz von Sprachstruktur und Denkstruktur hat Humboldt insbesondere im Hinblick auf den unterschiedlichen Bau der chinesischen Sprache im Vergleich mit dem Sanskrit bzw. den indogermanischen Sprachen thematisiert. Aus den bisherigen Ausführungen ist schon deutlich geworden, daß er im Prinzip der Auffassung ist, daß die Sprachen mit einer *ausdrücklichen* Grammatik der Idee der Sprache näher kommen als diejenigen Sprachen, die nur über eine *stillschweigende* Grammatik verfügen. Seiner Meinung nach ist nämlich die klare analytische Trennbarkeit der im Sprechvorgang miteinander verschmolzenen Elemente »*dem Zweck der Sprache, die ewig trennt und verbindet, und der Natur des Denkens selbst angemessen*«.[82]

Die Unterscheidung von *ausdrücklicher* und *stillschweigender* Grammatik ist für Humboldt so zentral, daß er von diesem Gesichtspunkt aus drei sprachliche *Gestalttypen* von Sprache unterscheidet.[83] Das *Chinesische* steht ihm exemplarisch für die Sprachen, die sich der genauen Bezeichnung grammatischer Relationen und Formen enthalten und die die grammatische Interpretation der einzelnen Sprachelemente den Sprachbenutzern in der aktuellen Kommunikationssituation überlassen. Das Chinesische kennt nämlich keine Wortarten im Sinne der indogermanischen Sprache, keine Flexionsmorpheme, keine Tempus- und Modusmorpheme und kaum grammatische Relationswörter wie etwa Konjunktionen.[84] Es verzichtet darauf, lexikalische Elemente metasprachlich durch grammatische Morpheme explizit auf bestimmte Sinnrollen hin zu funktionalisieren. Im Gegensatz dazu konzentrieren die *indogermanischen Sprachen* nach Humboldt ihre ganze Aufmerksamkeit darauf, grammatische Relationen und Formen explizit zu kennzeichnen, was analytische und synthetische Denkoperationen erleichtere. Neben diesen beiden Grundtypen setzt Humboldt noch einen *dritten Typ* von Sprachen an, der zwar nach der Ausbildung grammatischer Formen strebe, der aber eine teils mangelhafte, teils überflüssige und teils fehlerhafte Kennzeichnung grammatischer Formen aufweise.

Der Mangel an grammatischen Formen im Chinesischen verblüfft Humboldt um so mehr, als er sich bewußt ist, daß diese Sprache eine reiche philosophische, geschichtliche und dichterische Literatur zum Korrelat hat bzw. differenzierte geistige Welten. Dieses Problem löst sich für ihn mit Hilfe seines Konzeptes der *inneren Sprachform* dadurch, daß er den Mangel an expliziten grammatischen Formen in der chinesischen Sprache wieder zu einem spezifischen grammatischen Bauprinzip erklärt und dadurch positiv bewerten kann. Mit Verweis auf diejenigen Sprachen, die noch auf dem Wege sind, sich eine Grammatik auszubilden, stellt er fest: »*Indem sie den Besitz einer*

Grammatik, zum Theil mühevoll, entgegenringen, hat sich das Chinesische aus dem Mangel einer Grammatik selbst eine eigne, in der gerade dieser Mangel das Charakteristische ist, gebildet. «[85]

In dem Verzicht der chinesischen Sprache auf eine explizit ausgeformte Grammatik sieht Humboldt neben negativen auch positive Konsequenzen. Durch den Mangel an Grammatik werde das Denken bei der Formung und Auseinandersetzung mit geistigen Gehalten nicht dazu gezwungen, sich auf den Bahnen zu bewegen, die die ausdrücklichen grammatischen Strukturmuster jeweils vorzeichnen, sondern dazu angeregt, die viel vageren stillschweigenden grammatischen Strukturmuster als kognitive Strukturierungsformen situationsbezogen für bestimmte Denkprozesse zu konkretisieren. Dieser von der Sprache immanent verursachte Zwang, sich *grammatische* Qualifizierungen und Relationen zu den jeweils geäußerten lexikalischen Einheiten *hinzuzudenken*, führt nach Humboldt dann zu besonderen Formen von Intellektualität und läßt einzelne Gedankeninhalte in größerer Selbständigkeit hervortreten.

> »Denn das Chinesische scheint, was es an grammatischem Reichthum aufgibt, an reiner Intellectualität zu gewinnen.«
> »Wo das grammatische Verhältniss nur aus dem Zusammenhange hervorgeht, oder sich in Stellung oder Wortbedeutung ankündigt, windet sich der Gedanke mehr von der Sprache los, und steht in grösserer Nacktheit da. Dies kann mit Recht, als ein Vorzug dieser Sprachen erscheinen.«[86]

Da der Mangel an expliziten und eindeutigen grammatischen Formen in der chinesischen Sprache das Denken strukturell kaum vorbahne, mute diese Sprache dem Verstande mehr Arbeit als andere zu. Sie beraube den Verstand *»fast jeder maschinenmässigen Hülfe«* und *»entfernt von Allem, was nur dem Ausdruck und der Sprache angehört«*.[87] Wenn das Denken nicht durch die ausdrückliche Grammatik geführt wird, dann bekommt natürlich die *stilistische* Durchformung des Sprachgebrauchs als Ausdruck der stillschweigenden Grammatik eine ganz besondere Bedeutung. Der Stil kann dazu dienen, metainformativ Bezüge zwischen lexikalischen Einheiten herzustellen, und festzulegen, welche Sinnrollen bzw. Wortarten die einzelnen Wörter jeweils repräsentieren sollen.[88]

Obwohl Humboldt mit seiner Argumentation dem Mangel an expliziten grammatischen Formen im Chinesischen auch positive Seiten abzugewinnen versteht, weil sich dadurch das Denken gleichsam von der *Schwerkraft* der grammatischen Ordnungsformen der Sprache lösen kann, so läßt er doch keinen Zweifel daran, daß er die geistige Kraft der grammatisch durchgeformten Sprachen im Prinzip höher einschätzt als die geistige Kraft grammatisch weniger durchgeformter Sprachen. Dafür sind für ihn vor allem zwei Gründe maßgeblich.

Zum einen sind nämlich die grammatisch weniger durchgeformten Sprachen nach Humboldt nicht vor der Gefahr geschützt, daß sich in ihnen das Denken, Sprechen und Verstehen atomisiert und privatisiert. Da die Sprache die einzige *Vermittlerin* zwischen Denkkraft und Denkkraft sei, müsse sie sich präzisieren und vervollkommnen, um ihre sozialen und kulturstiftenden Funktionen erfüllen zu können. Außerdem sei in diesem Zusammenhang zu berücksichtigen, daß der Mensch sein eigenes Denken nur dann wirklich verstehe, wenn er es sprachlich objektiviere bzw. aus der Position eines anderen zu verstehen versuche. »*Denn der Mensch versteht sich selbst nur, indem er die Verstehbarkeit seiner Worte an Andren versuchend geprüft hat.*«[89]

Zum anderen schätzt Humboldt die grammatisch durchstrukturierten Sprachen auch deshalb höher ein als die grammatisch weniger durchstrukturierten, weil sie unabhängig von dem pragmatischen Nutzen ihrer größeren informativen Präzision das Denken ständig dazu anregen, sich eine strengere Form bzw. eine größere *Formalität* zu geben. Die grundsätzliche Unterscheidung zwischen Stoff und Form, die die Grundspannung aller geistigen Tätigkeit ausmache, lasse sich durch nichts besser bewerkstelligen als durch klare grammatische Strukturordnungen. Grammatische Formen als Verstehenshilfe zur Erfassung von Redeverbindungen ließen sich durch vielerlei andere Mittel ersetzen wie Wortstellung, Sachbedeutung der Wörter usw. Aber alle diese Hilfsmittel seien an den augenblicklichen Sprachgebrauch gebunden und regten den Geist nicht an, *Stoff* und *Form* rein von einander abzuscheiden. Das geschehe nur »*durch den gleichsam elektrischen Schlag, mit dem die eigentliche und ächte grammatische Form den Geist berührt*«.[90]

Die von Humboldt herausgearbeitete Ambivalenz der grammatischen Durchformung einer Sprache für das Denken hat gerade im Hinblick auf die chinesische Sprache die Diskussion bis in unsere Tage bestimmt. Gipper hat sehr eindrucksvolle Zeugnisse darüber gesammelt, wie sich diese Ambivalenz aus westlicher und östlicher Sichtweise darstellt und welcher Einfluß jeweils der Sprachstruktur auf die Denkstruktur eingeräumt wird bzw. wie man das Verhältnis von Grammatik und Logik sehen kann.[91]

So hat man immer wieder hervorgehoben, daß Chinesen logische *Deduktionen* wegen des Mangels ihrer Sprache an grammatischen Ordnungskategorien nicht sehr lägen und daß sie es deshalb eher vorzögen, ihre Gedanken mit Hilfe packender *Bilder* überzeugend zu machen. Die Logik der Chinesen sei deshalb auch weniger formal als anschaulich organisiert. Da sie durch ihre Sprache nicht zum *Klassifizieren, Funktionalisieren* und *Mathematisieren* angeregt würden, neigten sie eher zu den geistigen Operationen des *Analogisierens* und *Ästhetisierens*. Die aristotelische Logik könne den Chinesen nicht als Logik schlechthin erscheinen, weil dem Chinesischen die strenge Unterscheidung von Subjekt und Prädikat fehle, die die Unterscheidung von Substanz und Akzidenz erst plausibel mache. Dem klassischen chinesischen Denken sei der Gedanke der Substanz als Substrat von Variationen ganz fremd. Außerdem bestünde gar kein Bedürfnis, bei jedem Satz ein Subjekt anzugeben, weil sich das Interesse mehr auf das Geschehen selber richte als auf die Ursache des Geschehens. Deshalb kämen die Chinesen auch gar nicht in die Verlegenheit, bei reinen Naturvorgängen eine nicht faßbare Handlungsinstanz durch ein unpersönliches Pronomen zu benennen *(Es regnet)*.[92]

In seiner Auswertung der verschiedenen Stellungnahmen zur Struktur der chinesischen Sprache hebt Gipper hervor, daß chinesische Texte wegen ihrer rudimentären grammatischen Durchstrukturierung in ganz besonderem Maße der *Interpretation* bedürften, weil sie zu impressionistischen Darstellungsformen neigten. Die Übersetzer von chinesischen Texten in die indogermanischen Sprachen stünden deshalb vor dem bezeichnenden Zwang, bei der sprachlichen Formung viel konkreter werden zu müssen, als es die Originale seien. So seien sie beispielsweise ständig zu grammatischen

Differenzierungen gezwungen, wie etwa zur Wahl bestimmter *Tempusformen* und *Modusformen*, obwohl die Originale solche Differenzierungen entweder gar nicht kennten oder ihnen gegenüber ganz indifferent seien.

In diesem Zusammenhang ist auch ein Votum von Jakobson hinsichtlich der Determinationskraft von grammatischen Formen auf das Denken sehr interessant. Er hat im Anschluß an Überlegungen von Boas hervorgehoben, daß sich die grammatischen Formen von Sprache zu Sprache erheblich unterschieden, daß aber diese Tatsache allein noch nicht zu großen Schlußfolgerungen berechtige, weil manche Sprachen mit lexikalischen Mitteln das unterschieden, was andere mit grammatischen Mitteln bewerkstelligten. Der Unterschied zwischen den Sprachen konstituiere sich weniger durch die unterschiedlichen grammatischen Ordnungsformen einer Sprache, sondern mehr durch das, was in jeder sprachlichen Äußerung grammatisch differenziert werden müsse, und dem, was zusätzlich noch differenziert werden könne. *»Der wahre Unterschied zwischen den Sprachen besteht somit nicht in dem, was ausgedrückt werden kann oder nicht, sondern in dem, was die Sprecher mitteilen müssen.«* [93]

Obligatorische grammatische Differenzierungen dieser Art, die in jeder Äußerung vorgenommen werden müssen, sind in den indogermanischen Sprachen beispielsweise die Kennzeichnung eines *Satzsubjektes* und die Kennzeichnung von bestimmten *Tempus-*, *Genus* oder *Modusformen* beim Verb. Gerade weil wir in diesen Bereichen ständig Entscheidungen treffen müssen, gewinnen diese grammatischen Kategorien einen nachhaltigen Einfluß auf unsere Denkprozesse, denn unsere Aufmerksamkeit wird dadurch ständig auf Problemzusammenhänge konzentriert, die in anderen Sprachen und Kulturen möglicherweise nur eine randständige Bedeutung haben. Nicht ohne Grund hat es deshalb ja auch Nikolaus von Kues als problematisch empfunden, in Aussagen über Gott eine *Tempuswahl* treffen zu müssen.

Die relative Abstinenz der chinesischen Sprache von obligatorisch oder fakultativ zu verwendenden expliziten grammatischen Formen, die nach Meinung vieler auch eine relative Abstinenz von analytischen Denkformen und logischen Ableitungen nahelege, wird auch durch die chinesische *Begriffsschrift* unterstützt und verstärkt, die für den flexionslosen isolierenden chinesischen Sprachtyp besonders passend ist. Diese Schrift, die im Prinzip zunächst für jedes Wort bzw. für jeden Begriff ein eigenes graphisches Zeichen zu reservieren versucht, gibt keine starken Anregungen, die Laut- und Sinneinheit *Wort* noch weiter in Morpheme und Phoneme bzw. Buchstaben zu zerlegen. Humboldt hat nachdrücklich darauf verwiesen, daß die *Buchstabenschrift* ebenso wie der *flektierende Sprachbau* in ganz besonderem Maße die Einsicht in die Gliederung der Sprache fördere und sowohl analytische wie synthetische Denkprozesse anrege.

> »Die Gliederung ist aber gerade das Wesen der Sprache; es ist nichts in ihr, das nicht Theil und Ganzes seyn könnte, die Wirkung ihres beständigen Geschäfts beruht auf der Leichtigkeit, Genauigkeit und Uebereinstimmung ihrer Trennungen und Zusammensetzungen. Der Begriff der Gliederung ist ihre logische Function, so wie die des Denkens selbst.« [94]

Gerade weil grammatische Zeichen als Repräsentationen des *Formprinzips* mit lexikalischen Zeichen als Repräsentationen des *Stoffprinzips* in einer ständigen dialektischen Spannung stehen und gerade weil es im Sprachgebrauch immer wieder zu Wirkungen und Rückwirkungen kommt, in denen sich die Sprache immer wieder selbst zeugt bzw. erzeugt wird, betont Humboldt, daß er weit davon entfernt sei, *»der Sprache eine unbedingte Herrschaft über das sie im Geiste bildende Vermögen zuzuschreiben«.*[95]

6. Die inhaltsbezogene Grammatik

Im 20. Jahrhundert ist das Problem der Beeinflussung der Erkenntnis und des Denkens durch die Sprache im allgemeinen und durch die grammatischen Ordnungsformen im besonderen in drei Theoriebildungen wieder thematisiert worden, die sich relativ unabhängig von einander entwickelt haben. Es handelt sich dabei um die *inhaltsbezogene Grammatik* von Weisgerber, die *Allgemeine Semantik* (General Semantics) von Korzybski und die *Metalinguistik* bzw. das *sprachliche Relativitätsprinzip* von Whorf.

Weisgerber sieht sich in seinen Bemühungen um den Aufbau einer *inhaltsbezogenen Grammatik* ausdrücklich in der Tradition Humboldts und versucht, dessen Begriffe *Weltansicht, innere Sprachform, Ergon* und *Energeia* in eine umfassende sprachwissenschaftliche Theorie einzuordnen. Sein Konzept der *inhaltsbezogenen Grammatik* ist dabei in einem umfassenden Sinne als *inhaltsbezogene Sprachwissenschaft* zu verstehen, weil sein Grammatikbegriff das Wörterbuch und die Syntax umfaßt und dazu dient, die konkret manifestierte Strukturordnung einer Sprache zu erfassen. *»Grammatik ist alle Betrachtung der Sprache als Ergon; ihr Ziel ist das Bewußtmachen eines sprachlichen ›Bestandes‹«.*[96]

Grundlegend für Weisgerbers Denkansatz ist die These, daß wir es im Denken und Erkennen nicht direkt mit der Welt des Seins zu tun hätten, sondern mit unseren Bildern davon. Bei der Umwandlung der Welt des *Seins* in die Welt des *Bewußt-Seins* spielten geistige Zwischenwelten als Vermittlungsinstanzen eine aktive Rolle. Die wichtigste geistige Zwischenwelt in diesem Vermittlungsprozeß zwischen der Welt der *Objekte* und der Welt der *Subjekte* ist für Weisgerber die *Sprache* bzw. die konkrete Muttersprache, deren Strukturordnung all unsere Wahrnehmungs- und Denkprozesse einfärbe.[97] Für die Sprachforschung und insbesondere für die *inhaltsbezogene Grammatik* gibt es deshalb für ihn keine wichtigere Aufgabe, *»als diese muttersprachliche Zwischenwelt für jede Sprache aufzuhellen«.*[98]

Die Konstituierung solcher sprachlicher Zwischenwelten ist nach Weisgerber vor allem deshalb möglich, weil die Sprache mit künstlichen Zeichen arbeite und deshalb problemlos eigenständige geistige Welten aufbauen könne. *»Mit künstlichen Zeichen ist grundsätzlich die reproduktive Abhängigkeit der geistigen Zwischenwelt von der Welt der ›Dinge‹ und ›Sachen‹ überwunden und der Weg geöffnet für die Einwirkungen von Eigentätigkeit und Eigenleistung des menschlichen Geistes.«*[99] Als künstliche Zeichensysteme seien die Sprachen dazu befähigt, der interpretativen Kraft des Geistes ein konkretes Wirkungsfeld zu eröffnen und, wie Humboldt es ausdrücke, die Welt *»in das Eigenthum des Geistes umzuschaffen«.*[100]

Die sprachliche Zwischenwelt, die die *inhaltsbezogene Grammatik* als vom Menschen erzeugtes Produkt und als eigenständig wirksame Kraft ins explizite Bewußtsein zu heben trachtet, versucht Weisgerber in zwei miteinander verschränkten Perspektiven zu verdeutlichen, nämlich in einem statisch orientierten Ansatz, der die Sprache als *Ergon* betrachtet, und in einem dynamischen oder energetischen Ansatz, der die Sprache als *Energeia* ansieht. Obwohl der statische Untersuchungsansatz methodisch am Anfang zu stehen hat, ist der energetische Ansatz gleichwohl der grundlegendere. In ihm wird nämlich auch noch die Genese dessen erklärt, was in dem statischen Ansatz thematisiert wird.[101]

Die *statische* Betrachtungsweise grammatischer Formen gliedert Weisgerber in die *gestaltbezogene* und *inhaltsbezogene* Betrachtungsstufe auf. Auf der *gestaltbezogenen* Betrachtungsstufe hat man sich mit den phonetischen und morphologischen Erscheinungsweisen sprachlicher Formen zu beschäftigen, d.h. mit allem, was Träger geistiger Inhalte sein kann und was deshalb die unmittelbare empirische Grundlage aller Sprachforschung bildet. Auf der anschließenden *inhaltsbezogenen* Betrachtungsstufe hat man sich dann mit den geistigen Inhalten sprachlicher Formen zu beschäftigen, die sich in einer Sprachgemeinschaft konventionell stabilisiert haben und die der geistigen Zwischenwelt angehören. Diese geistigen Inhalte dürfen auf keinen Fall mit den tatsächlichen Sachen oder Sachverhalten verwechselt werden, auf die sich sprachliche Formen in der konkreten Sprachverwendung beziehen können, denn sie repräsentieren nur die Interpretationsmuster, mit denen die Welt des Seienden erfaßt werden soll. Die Sprachinhalte sind deshalb nach Weisgerber auch nicht als bloße geistige Reflexe vorgegebener Strukturen und Ordnungseinheiten der Welt aufzufassen, sondern als Ergebnisse der geistigen Auseinandersetzung mit der Welt.

Die *energetische* Betrachtungsweise, die nach Weisgerber alle sprachwissenschaftlichen Ansätze erst zu ihrem eigentlichen Ziel führt, wird in die *leistungsbezogene* und *wirkungsbezogene* Betrachtungsstufe untergliedert. Auf der *leistungsbezogenen* Betrachtungsstufe hat man sich mit den methodischen Strategien zu beschäftigen, mit denen die verschiedenen Sprachen die Welt zu erfassen versuchen bzw. mit den leitenden Erkenntnisinteressen, die bei der geistigen Aneignung der Welt eine strukturbildende Kraft bekommen, also mit all dem, was Humboldt mit dem Begriff der *inneren Sprachform* anzusprechen versucht hat. Auf der *wirkungsbezogenen* Betrachtungsstufe als der letzten Analysestufe hat man die konkreten Wirkungen zu untersuchen, die durch die Sprache bzw. durch spezifische sprachliche Mittel erzielt werden können. Hier führt die Sprachwissenschaft unmittelbar in die konkreten Lebensprozesse hinein, in denen die Sprache für bestimmte Zwecke verwendet wird.

Für das hier thematisierte Problem des Zusammenhangs von Erkenntnis und Grammatik ist die *inhaltsbezogene* und *leistungsbezogene* Analyse sprachlicher Formen besonders wichtig, weil hier zwei unterschiedliche, aber komplementäre Einflußmöglichkeiten grammatischer Ordnungsmuster auf Erkenntnisprozesse faßbar werden. Die *inhaltsbezogene* Analyse grammatischer Formen, bei denen die Sprache unter dem Aspekt *forma formata* betrachtet wird, ist dabei eine notwendige, aber vorläufige Analysestufe, die durch die *leistungsbezogene* Analyse ergänzt werden muß, bei der die Sprache unter dem Aspekt *forma formans* ins Auge gefaßt wird.

Die *inhaltsbezogene* Analyse hat die grammatischen Formen als historisch erarbeitete geistige *Produkte* zu thematisieren, die sich als eigenständige Potenzen im Laufe der Zeit von ihren Produzenten gelöst haben und zu Bestandteilen der sprachlichen *Zwischenwelt* geworden sind. Sie muß die konventionell stabilisierte Systemordnung dieser Formen aufklären und untersuchen, wie diese Formen als kognitive Muster die Weltansicht ihrer Benutzer in spontanen Denk- und Wahrnehmungsprozessen vorprägen, obwohl sie üblicherweise als ganz natürliche Ordnungsmuster empfunden werden. Gegenstandsbereiche inhaltsbezogener Sprachanalysen können beispielsweise die Struktur von *Wortfeldern*, das Inventar von *Tempusformen* oder das Inventar von *Satzbauplänen* einer Sprache sein. Die inhaltsbezogene Analyse grammatischer Formen und Systeme ist ständig der Gefahr ausgesetzt, morphologisch faßbaren grammatischen Formen einen direkten ontischen Bezug zuzuordnen und sie nicht als Ausdrucksformen einer sprachlichen Zwischenwelt anzusehen. Diese Gefahr zeigt sich beispielsweise dann, wenn die grammatischen Kategorien Präsens, Präteritum und Futur direkt auf die ontischen Kategorien Gegenwart, Vergangenheit und Zukunft bezogen werden.[102]

Die *leistungsbezogene* Analyse grammatischer Formen hat diese als Ausdruck kognitiver *Differenzierungsstrategien* zu thematisieren. Erst mit diesem methodischen Ansatz stößt man nach Weisgerber zum Kern des Grammatikproblems vor, weil man nun die Wurzeln, Motive und die intentionale Stoßrichtung grammatischer Ordnungsmuster freilegen kann, wodurch gleichzeitig auch die Fortentwicklungsmöglichkeiten dieser Formen in den Blick geraten können. Methodisch lassen sich die inhaltsbezogenen und die leistungsbezogenen Analysen grammatischer Formen voneinander trennen, sachlich gehören sie aber immer zusammen, weil sie den kognitiven Wert grammatischer Formen auf komplementäre Weise einmal unter der Fragestellung thematisieren, welches *Gegenstandswissen* sich in ihnen konkretisiert hat, und einmal unter der Fragestellung, welchem *Handlungswissen* und *Differenzierungsbedürfnis* sie Ausdruck geben. Mit dem leistungsbezogenen Analyseansatz versucht Weisgerber dem Postulat Humboldts gerecht zu werden, daß die Sprache letztlich nicht mechanisch in ihre Einzelteile zerlegt werden könne und daß die *anatomische* Betrachtungsweise immer in eine *physiologische* überzugehen habe.

Im Zusammenhang mit der *leistungsbezogenen* Sprachanalyse greift Weisgerber insbesondere auf Humboldts Konzept der *inneren Sprachform* zurück und bestimmt diese als »*Stil sprachlicher Anverwandlung der Welt*«.[103] Diesen Stil der sprachlichen Anverwandlung der Welt, den Weisgerber als allgemeinen Sprachstil vom individuellen Sprechstil unterschieden wissen will, versucht er mit dem Konzept des *Wortens der Welt* bzw. der *sprachlichen Zugriffe* zu präzisieren, worunter er »*die einzelnen konkreten Akte der Gestaltung der Welt in einer bestimmten Sprache*« versteht, die sich feldmäßig organisieren.[104] Solche sprachlichen Zugriffe konkretisieren sich beispielsweise in den Prinzipien, nach denen lexikalische und grammatische Felder durchstrukturiert werden, die als Bestandteile sprachlicher Zwischenwelten zum Ausdruck der Individualität der einzelnen Sprachen beitragen.

Als sprachliche Zugriffe sind auch die strategischen Prinzipien anzusehen, nach denen wir unsere Wortarten typologisch differenzieren, die Weisgerber als spezifische Denk- und Gestaltungskreise für Seiendes ansieht. Zustimmend verweist er auf Mauthner, der schon herausgearbeitet habe, daß die drei Hauptwortarten *Substantive*,

Verben und *Adjektive* prägende Leitbilder für die sprachliche Erfassung der Welt abgäben. Die *substantivisch* gefaßte Welt verweise nach Mauthner auf die Welt der Mystik, Mythologie und Abstraktion, die *verbal* gefaßte Welt auf die Welt der Bewegung, Wirkung und Tätigkeit und die *adjektivische* Welt auf das Reich des Sensualismus und der Materialisation.[105] Mit der Wahl der Wortart für die sprachliche Erfassung ontischer Phänomene legten wir immer schon eine spezifische *Interpretationsperspektive* für diese Phänomene fest, weil damit zugleich immer mit entschieden werde, im Kontext welcher syntaktischen Funktionsrollen wir uns bestimmte Vorstellungsinhalte konkretisierten.

Durch sprachvergleichende Untersuchungen ist in der Tat dann auch immer wieder bestätigt worden, daß weder die Typologisierung von Begriffsbildungen, wie sie in den indogermanischen Sprachen entsprechend der Existenz der drei Hauptwortarten vorgenommen wird, eine Naturnotwendigkeit ist, noch daß es absolut zwingend ist, sich bestimmte ontische Phänomene gerade in der Wortart zu vergegenwärtigen, in der das üblicherweise geschieht. Die bloße Existenz grammatischer Formklassen setzt uns bei der Begriffsbildung immer einem immanenten Analogiezwang aus.

Als einen zur inneren Sprachform der indogermanischen Sprachen gehörenden sprachlichen Zugriff deutet Weisgerber auch die strukturelle Gliederung des Satzes in *Subjekt* und *Prädikat*, die Ausdruck eines spezifischen Denkstiles sei, der eine starke rückprägende Kraft bekommen habe, nachdem er sich einmal grammatisch durchgesetzt habe. Mit Verweis auf Untersuchungen von Peter Hartmann zur Struktur des japanischen Satzbaus stellt er heraus, daß in den indogermanischen Sprachen über das syntaktische Gliederungsschema von Subjekt und Prädikat in ganz besonderer Weise das *interpretierende* Erklärungsschema von *Urheber* und *Tat* aktualisiert werde, während durch die syntaktischen Gliederungsmuster des Japanischen eher *referierende* Wahrnehmungsschemata zur Geltung kämen. Wo beispielsweise in den indogermanischen Sprachen formuliert werde – *ein kleiner Hund bellt* –, formuliere man im Japanischen – *kleines Hundes Bellen* –, wo in den indogermanischen Sprachen formuliert werde – *ich sehe die Kirschblüte* – formuliere man im Japanischen – *mein Kirschblüten-Sehen* –.[106]

Auch die Genusopposition von *Aktiv* und *Passiv* stellt für Weisgerber einen spezifischen sprachlichen Zugriff dar. Die Interpretation dieser Opposition als *Tatform* und *Leideform* hält er für völlig unangemessen, weil dadurch die kognitiven Differenzierungsintentionen dieser beiden grammatischen Ordnungsmuster in ganz falscher Perspektive thematisiert würden.[107] Weisgerber betont, daß es in den indogermanischen Sprachen durch die Zweiteilung des Satzes in Subjekt und Prädikat eine starke Tendenz gebe, alles Geschehen in einer täter- bzw. kausalorientierten Weise darzustellen. Dieser sprachliche Standardzugriff habe dann als Gegenreaktion das Bedürfnis ausgelöst, neben der *täterbezogenen* Darstellungsweise auch eine *täterabgewandte* Darstellungsweise sprachlich zu konkretisieren. Die Passivformen seien dementsprechend im Deutschen entstanden, um eine bestimmte kognitive Überakzentuierung im indogermanischen Sprachtyp auszugleichen.

Wenn man dieser Sichtweise folgt, dann sind die Passivformen eigentlich nicht als Entwicklung eines prinzipiell neuen sprachlichen Zugriffs zu verstehen, sondern eher als systematische Ausgestaltung eines sprachlichen Basiszugriffs, weil sie nur Negationsformen der Aktivformen sind. Sie heben den sprachlichen Zugriff der Aktivformen nicht auf, sondern verstärken dessen *kognitive Prägekraft* gerade dadurch, daß sie für bestimmte Ausdrucksintentionen Alternativen zur Verfügung stellen, die den sprachlichen Basiszugriff nicht prinzipiell, sondern nur situativ relativieren bzw. negieren. Die täterbezogene Grundorientierung des Denkens ist durch die Entwicklung der Passivformen in althochdeutscher Zeit nicht aufgehoben worden, sondern durch die Entwicklung einer grammatischen Spezialform für bestimmte kognitive Bedürfnisse eher gefestigt worden.

Man kann sich nun darüber streiten, ob die Opposition von täterbezogener und täterabgewandter Darstellungsweise zur Charakterisierung der kognitiven Differenzierungskraft der beiden Genusformen des Verbs im Deutschen besonders zweckdienlich ist oder nicht, weil sich bei diesem Denkansatz das Interesse eigentlich nur auf die *transitiven* Verben konzentriert. Möglicherweise sind die von Jakob Grimm [108] vorgeschlagenen Kategorien des *Wirkens* und der *Wirkung* brauchbarer, um die Opposition der beiden Genusformen im Deutschen zu beschreiben. Wichtig ist aber zweifellos, daß uns die ständige Obligatorik, die eine oder die andere Genusform des Verbs zu benutzen, dazu zwingt, zumindest unsere spontanen Denkweisen sprachlich in dem Rahmen zu konkretisieren, den uns das Inventar grammatischer Strukturierungsmuster vorgibt.

Mit dem Konzept der *sprachlichen Zugriffe* verbindet Weisgerber auch *kulturkritische* Überlegungen zu Entwicklungstendenzen im Sprachgebrauch. Ein Beispiel dafür ist ihm eine Entwicklungstendenz, die er als »*Akkusativierung des Menschen*« bezeichnet. [109] Er glaubt, feststellen zu können, daß es insbesondere in der Sprache der Bürokraten die Tendenz gebe, den Gebrauch des *Dativs* zugunsten des Gebrauchs des *Akkusativs* zurückzudrängen, indem man bei Verben bestimmte Wortbildungsmuster bevorzuge. Man *rate* nicht mehr *jemandem* etwas, sondern *berate jemanden*. Man *zahle* nicht mehr *jemandem* eine Rente aus, sondern *berente jemanden (beschulen, beliefern, anfunken)*. Für seine kulturkritischen Überlegungen zum bevorzugten Gebrauch dieses grammatischen Ordnungsmusters im gegenwärtigen Deutsch macht Weisgerber folgende Überlegungen geltend.

Das sogenannte Dativobjekt repräsentiere im Deutschen streng genommen kein Objekt der Handlung, sondern die Instanz bzw. die Person, auf die das Geschehen sinngebend ausgerichtet sei. Glinz spricht deshalb bezeichnenderweise vom Dativobjekt ja auch von der *Zuwendgröße* und unterscheidet diese vom Akkusativobjekt als der *Zielgröße*. Wenn nun Verben durch Präfixe so verändert würden, daß in sprachlichen Äußerungen die jeweiligen Personen nicht mehr in der Denkperspektive des Dativs, sondern in der des Akkusativs vergegenwärtigt würden, dann ließe sich in der Akkusativierung die bedenkliche Tendenz erkennen, mit »Menschen als ›Objekten‹ umzugehen, *sie aus Mittelpunkten des Geschehens zu Gegenständen des Handelns zu machen*«. [110]

Auf solche Argumentationen hat sich viel Kritik gerichtet. So hat man betont, daß grammatische Formen neutrale Organisationsmuster der Sprache seien, an die man Schlußfolgerungen dieser Art nicht knüpfen dürfe, zumal dann nicht, wenn man bedenke, daß es Sprachen gebe, die gar keine Dativobjekte kennten bzw. morphologisch nicht akzentuierten. Kolb hat geltend gemacht, daß die Transitivierung der Verben durch das Präfix *be-* ein altes Wortbildungsmuster darstelle, das im Deutschen immer schon intensiv genutzt worden sei, weil es einerseits Ableitungen erleichtere *(bemuttern, bevormunden)* und andererseits eine sprachökonomisierende Wirkung habe, weil es gestatte, Sachobjekte einzusparen. Unfair ist allerdings, wenn Kolb von einem »*inhumanen Akkusativ*« spricht und damit indirekt unterstellt, daß Weisgerber und seine Anhänger eine spezifische Wertvorstellung von einem grammatischen Ordnungsmuster hätten, obwohl offensichtlich ist, daß es ihnen nur darum geht, den bevorzugten *Gebrauch* eines bestimmten grammatischen Ordnungsmusters in Konkurrenz zu einer Alternative kulturkritisch zu beurteilen. [111]

Wenn es auch klar ist, daß grammatische Formen als kognitive Muster natürlich weder human noch inhuman sind, so ist gleichwohl doch nicht auszuschließen, daß der bevorzugte Gebrauch bestimmter grammatischer Muster ein *Symptom* für einen bevorzugten *Denkstil* bzw. eine bevorzugte Interpretationsperspektive sein kann. Solange in einer Sprache die Funktionsrollen von Dativ- und Akkusativobjekten kontrastieren und solange die Wahl des einen grammatischen Aussagemusters die Abwahl des anderen impliziert, läßt sich der bevorzugte Gebrauch des einen oder des anderen grammatischen Ordnungsmusters sehr wohl kultur- und ideologiekritisch interpretieren. Allerdings steht dann nicht der kognitive sprachliche Zugriff des jeweiligen grammatischen Musters selbst zur Debatte, sondern nur der Gebrauch dieses Musters in Situationen und Kontexten, in denen es üblicherweise nicht verwendet wird. Da nun aber die Verwendung bestimmter grammatischer Muster nicht nur ein Symptom dafür ist, wie ein Sprecher eine Situation kognitiv interpretiert, sondern zugleich auch ein Mittel darstellt, bestimmte Denksituationen herzustellen, weil mit jedem Gebrauch einer grammatischen Form assoziativ auf die sonst üblichen Gebrauchssituationen verwiesen wird, so ist die Wahl und Abwahl sprachlicher Zugriffe immer von erheblicher kognitiver Bedeutung.

Wenn Weisgerber im Zusammenhang mit seinem Konzept der *sprachlichen Zwischenwelt* von einem *sprachlichen Weltbild* spricht, dann kann dadurch das Mißverständnis nahegelegt werden, daß er die sprachliche Zwischenwelt als eine *statische* Strukturordnung ansieht. Entgegen vielen verkürzenden Darstellungen muß aber festgestellt werden, daß Weisgerber unter dem Begriff des *sprachlichen Weltbildes* nichts Statisches versteht, sondern durchaus etwas Dynamisches, nämlich den *Stil* der Weltaneignung, der sich in einer bestimmten Muttersprache jeweils konkretisiert. »*Aber es geht in den Begriff des Weltbildes der Sprache auch das Energetische ein, das Humboldt in der inneren* Sprachform *gesehen hat.*« [112]

Das bedeutet, daß weniger die konkreten kognitiven Differenzierungsleistungen einzelner grammatischer Formen determinierend auf die Denkoperationen der jeweiligen Sprachverwender einwirken als die *Differenzierungsstile*, denen die einzelnen grammatischen Formen jeweils Ausdruck geben. Die eigentlichen Kräfte, die das Denken vorstrukturieren, sind so gesehen nicht die einzelnen grammatischen Formen, sondern die grammatischen Systembildungen, die durch die einzelnen Formen konkretisiert werden.

Gegen die sprachtheoretische Position Weisgerbers ist vielfach eingewandt worden, daß in ihr die *aktive* Rolle der Sprache für Erkenntnisprozesse überbetont werde, sei es nun im Hinblick auf die Sprache als Manifestation einer konventionell stabilisierten *Systemordnung* (Ergon), oder sei es im Hinblick auf die Sprache als Manifestation eines spezifischen *Differenzierungsstils* (Energeia). Insbesondere für *materialistische* Denkpositionen war nicht akzeptabel, daß sich für Weisgerber die Sprache als sprachliche Zwischenwelt zu einer *eigenständigen* Macht mit erkenntnisdeterminierendem Einfluß verselbständigte.[113] Nicht die Sprache beeinflusse Denkprozesse, sondern die sozialen und materiellen Verhältnisse, in denen die Menschen lebten. Man leugnet nicht, daß sich in den verschiedenen Sprachen unterschiedliche Interpretationsmuster für die Welt objektivieren, man will diese aber auf keinen Fall als sich irgendwie verselbständigende sprachliche Kräfte werten, sondern sie nur als Reflexe von historisch unterschiedlichen Entwicklungszuständen von Gesellschaften verstanden wissen, weshalb Schaff auch davon spricht, daß »*die Sprache gleichsam eine kondensierte Praxis*« sei.[114]

Das Konzept einer sprachlichen Zwischenwelt wird im materialistischen Denken als *Sprachidealismus* abgelehnt. Helbig postuliert deshalb ausdrücklich, daß die Sprache keinen wahrnehmungsdeterminierenden Faktor darstelle. »*Die Menschen reagieren auf ihre Umwelt unabhängig von den Besonderheiten ihrer Sprache.*« Gleichwohl sieht er aber in Weisgerbers Bemühungen »*eine echte Fragestellung enthalten, weil die Bedeutungsstruktur einer Sprache nicht einfach an der im Augenblick erkannten Gliederung der Sachwelt abzulesen ist*«.[115] Schaff sieht sich sogar genötigt, der Sprache irgendwie eine »*aktive Rolle*« in Erkenntnisprozessen zuzubilligen, wenn auch nicht in den von Weisgerber postulierten Ausmaßen.[116]

7. Die ›Allgemeine Semantik‹

Mit der aktiven Rolle der Sprache in kognitiven Prozessen beschäftigt sich auch die sogenannte *Allgemeine Semantik* (General Semantics) in den USA, die der Pole Alfred Korzybski 1933 mit seinem Buch ›*Science and Sanity*‹ begründet hat. Sie hat bis in die 60er Jahre in den USA vor allem deshalb eine große Wirkung gehabt, weil sie zeitgenössische Denkpositionen aus Physik, Philosophie, Wissenschaftstheorie und Psychologie im Hinblick auf das Sprachproblem zu verarbeiten versucht hat.

Für Korzybski ist die Sprache ein Medium, das nicht nur die Bildung von Gedanken vorstrukturiert, sondern darüber hinaus auch noch auf entscheidende Weise die menschlichen Handlungen beeinflußt. Im Prinzip geht es der Allgemeinen Semantik weniger darum, die Weltansicht oder die innere Form einer Sprache zu erfassen, sondern vielmehr darum, die *sprachbedingten* Ursachen für menschliches *Fehlverhalten* zu ermitteln und abzustellen. Die Beschreibung sprachlicher Ordnungsstrukturen ist immer nur der erste Schritt auf dem Wege zu *sprachhygienischen* Maßnahmen.

Korzybski ist der festen Überzeugung, daß viele wissenschaftliche, soziale und individuelle Konflikte *sprachbedingt* bzw. *semantogen* seien, ohne daß die Beteiligten das wahrnähmen. Inadäquate Sprachformen und Sprachverwendungen brächten die Menschen dazu, sich falsche Vorstellungen von der physischen, sozialen oder geistigen Realität zu machen, was wiederum zu konfliktträchtigen Handlungsweisen führe. Die Menschen reagierten oft nicht auf die gegebene Realität, sondern vielmehr auf die von ihnen hergestellten *sprachlichen Vorstellungsbilder* von der Realität, die erheblich verzerrt sein könnten. Das ganze Streben der Allgemeinen Semantik zielt deshalb darauf ab, einerseits ein Bewußtsein dafür zu schaffen, auf welche Weise die Sprache als Medium die Realität verzerren kann, und andererseits Hinweise dafür zu geben, wie man sich durch einen adäquaten Gebrauch der Sprache soweit wie möglich vor sprachlichen Täuschungen schützen kann. Insbesondere stellt sich Korzybski die Aufgabe, die *Diskrepanzen* zwischen dem aktuellen wissenschaftlichen Wissen und den altertümlichen und zum Teil noch mythisch geprägten Ordnungsstrukturen der Sprache bewußt zu machen, um dadurch einen Ansatzpunkt zu finden, um die *semantogenen* Ursachen von Konflikten durch *sprachhygienische* Maßnahmen zu entschärfen.

Im wesentlichen beschäftigt sich die Allgemeine Semantik mit sprachbedingten Konflikten auf der Ebene der Lexik, d. h. mit inadäquaten Begriffsbildungen. Dennoch läßt sich der Denkansatz der Allgemeinen Semantik auch auf die Grammatikproblematik anwenden, weil sich auch in den grammatischen Ordnungsmustern der Sprache ein kognitives Differenzierungswissen manifestiert, das ontologisch und pragmatisch zu qualifizieren ist, weil lexikalische Musterbildungen immer auch grammatische Implikationen haben, wie das Problem der Wortarten zeigt, und weil grammatische Zeichen eine wichtige Rolle bei der Bildung komplexer sprachlicher Zeichen spielen.

Um die spezifische Stoßrichtung des Denkansatzes der Allgemeinen Semantik zu erfassen, ist es hilfreich, sich die unterschiedlichen Einflüsse zu vergegenwärtigen, die zur Bildung dieses Konzeptes beigetragen haben. Zu nennen sind hier Einflüsse aus der Anthropologie, der neopositivistischen Philosophie, der operationalistischen Wissenschaftstheorie und der behavioristischen Psychologie. Genuin *sprachwissenschaftliche* Einflüsse fehlen bezeichnenderweise. Als Mathematiker und Ingenieur ist Korzybski weniger durch geistesgeschichtliche Traditionen geprägt als durch den erkenntnistheoretischen Optimismus der Naturwissenschaften um die Jahrhundertwende sowie durch das analytische Bemühen, die Ursachen der sozialen Konflikte seiner Zeit zu erfassen, um sie durch geeignete operative Strategien zu beseitigen.

In *anthropologischer* Hinsicht sieht Korzybski den Menschen wesentlich dadurch charakterisiert, daß er ein *zeitbindendes Lebewesen* (time-binder) und ein *Zeichenbenutzer* (symbol-user) sei. Die Pflanze exemplifiziere eine *energiebindende* Lebensform, weil sie Sonnenenergie in chemische Energie umwandele, das Tier eine *raumbindende* Lebensform, weil es chemische Energie in kinetische Energie umsetzen könne, um sich frei im Raum zu bewegen, und der Mensch eine *zeitbindende* Lebensform, weil er mit Hilfe der Sprache Erfahrung und Wissen speichern und der auflösenden Kraft der Zeit entziehen könne. Dadurch befreie er sich aus den zeitlichen Fesseln seiner biologischen Lebenssituation und könne auch das Wissen nutzen, das andere vor ihm erarbeitet hätten. Das impliziere aber zugleich auch, daß der Mensch nicht nur auf die Reize der Außenwelt zu reagieren habe, sondern auch auf die Reize der kulturell erarbeiteten *Symbolwelten* und insbesondere der *Sprache*. Möglicherweise würden für ihn die

Reaktionen auf die Welt der Symbole sogar wichtiger als die Reaktionen auf die reale Welt. [117]

Aus der *neopositivistischen Philosophie* hat Korzybski den optimistischen Gedanken übernommen, daß die moderne Wissenschaft und insbesondere die moderne Naturwissenschaft ein *wahres* Bild der objektiv gegebenen Welt liefern könne. Die *traditionell* verwendete Sprache hält er für ein relativ unbrauchbares Mittel, um die wissenschaftlichen Einsichten adäquat darzustellen, weil sich in ihr noch eine *anachronistische* Metaphysik repräsentiere. Viele wissenschaftliche Probleme seien sprachbedingte Scheinprobleme, die sich durch einen verbesserten Sprachgebrauch aus der Welt schaffen ließen.

Vom *wissenschaftstheoretischen Operationalismus* und vom Pragmatismus hat Korzybski die Auffassung übernommen, daß wir erst in *Handlungsprozessen* ein wirklich verläßliches Wissen über die Phänomene in der Welt bekämen und daß sich unsere Hauptaufmerksamkeit deshalb weniger auf die sogenannten Eigenschaften von Dingen zu richten hätte, sondern vielmehr auf die Operationen, die wir mit ihnen durchführen könnten. Bei der Analyse der Sprache liegen ihm deshalb auch physiologische Betrachtungsweisen näher als anatomische.

Schließlich sind in der Allgemeinen Semantik auch Einflüsse der *behavioristischen Psychologie* faßbar. Das *Reiz-Reaktions-Modell* spielt für Korzybski ebenso eine große Rolle wie die Lehre Pawlows von der Sprache als *zweitem Signalsystem*, wonach künstliche Zeichen unter bestimmten Bedingungen psychisch die gleiche Wirkung auf den Menschen ausüben können wie die Dinge, die man assoziativ mit ihnen verbindet. Diese Einflüsse dokumentieren sich am deutlichsten in Korzybskis Konzept der *semantischen Reaktion* (semantic reaction), das für seine ganze Theoriebildung eine fundamentale Bedeutung hat. Dieses Konzept dient ihm nämlich dazu, den Bedeutungsbegriff zu operationalisieren und die Semantik sprachlicher Zeichen nicht mehr ontologisch, sondern pragmatisch zu beschreiben.

Korzybski fragt nicht mehr danach, welche ontischen Einheiten durch sprachliche Formen repräsentiert werden, sondern danach, welche Einflüsse sprachliche Zeichen auf das Nervensystem ihrer Benutzer ausüben. Das Konzept der *semantischen Reaktion* ist für ihn das entscheidende Zwischenglied, um die Auswirkung sprachlicher Formen auf das Denken und Handeln aufzuklären und um von einer elementaristischen zu einer nichtelementaristischen Sprachbetrachtung überzugehen, deren Erkenntnisinteresse nicht mehr ontologisch, sondern physiologisch orientiert ist.

Mit dem Terminus *semantische Reaktion* bezeichnet Korzybski die emotionalen, intellektuellen und handlungsmäßigen Reaktionen des menschlichen Nervensystems auf sprachliche und nichtsprachliche Zeichen. [118] Für einen gesunden Realitätskontakt sei entscheidend, daß die semantischen Reaktionen auf die sprachlichen Zeichen den Reaktionen entsprächen, die für die Sachverhalte angemessen seien, auf die die sprachlichen Zeichen verwiesen. Falls hier Diskrepanzen vorlägen, könne es zu einer Störung der *geistigen Gesundheit* kommen, weil über die Sprache ein inadäquater Realitätskontakt erzeugt werde. Es entstünden *semantogene* Krankheiten der unterschiedlichsten Art, zu denen Korzybski sogar Arthritis, Karies, Migräne und Alkoholismus rechnet. [119]

Mit Hilfe des Konzeptes der *semantischen Reaktion* versucht Korzybski nicht nur den *medialen* Charakter der Sprache in den Blick zu bekommen, sondern auch ihre *eigenständige* Macht. Gerade weil wir als Zeichenbenutzer meist nicht mehr direkt auf die Realität reagierten, sondern auf die sprachlich stabilisierten Vorstellungen von der Realität, bekämen die sprachlichen Zeichen eine gewaltige Macht über den Menschen. Durch die eingespielten Mechanismen der semantischen Reaktionen könne uns die Sprache versklaven, weil wir ihre Ordnungsstrukturen automatisch auf die Realität projizierten und sprachlichen Erfahrungen oft eine höhere Autorität zubilligten als empirischen Erfahrungen. Korzybski scheut sich sogar nicht von »*sprachlicher Sklaverei*« (linguistic slavery) zu sprechen, die auch hochreflektierte Wissenschaftler kaum brechen könnten.[120]

Die Bindung des Menschen an das Medium *Sprache* und die Gefahr von inadäquaten semantischen Reaktionen auf sprachliche Zeichen seien unaufhebbar, weil beides eine Konsequenz der menschlichen Fähigkeit zur *Zeichenbildung* und zur *Zeitbindung* sei. Die ›sprachliche Sklaverei‹ läßt sich nach Korzybski deshalb auch nur dadurch in ihren problematischen Auswirkungen entschärfen, daß man sich ständig den *medialen* Charakter der Sprache bewußt macht. Zu diesem Zweck vergleicht er auch das Verhältnis von *Sprache* und *Realität* mit dem von *Landkarte* und *Gelände*. Ebenso wie die Landkarte nicht identisch mit dem Gelände sei, auf das sie sich beziehe, sondern nur strukturanalog im Hinblick auf bestimmte Ordnungszusammenhänge, so seien auch die Ordnungsstrukturen der Sprache nicht identisch, sondern bestenfalls *strukturanalog* mit denen der Realität.[121] Ebenso wie die Landkarte vereinfache, um ihre Funktionen erfüllen zu können, so müsse auch die Sprache vereinfachen. Für beide bestehe allerdings die Gefahr, daß die Vereinfachungen zu weit gingen bzw. nach inadäquaten Kriterien vorgenommen würden. Beide könnten in die Irre führen, wenn sie ihre Bezugsbereiche auf anachronistische Weise abbildeten.

Korzybski hat drei zentrale Gesichtspunkte entwickelt, um die Gefahren der sprachlichen Reduktionsverfahren zu lokalisieren, die er in Form von drei sprachtheoretischen Grundsätzen konkretisiert hat. Es sind dies der Grundsatz der *Nicht-Identität* (non-identity), der Grundsatz der *Nicht-Totalität* (non-allness) und der Grundsatz der *Selbstreflexivität* (self-reflexiveness).

Der Grundsatz der *Nicht-Identität* soll darauf aufmerksam machen, daß wir bei der Verwendung sprachlicher Muster leicht Dinge, Sachverhalte und Relationen als identisch betrachten, die höchstens *ähnlich* miteinander sind. Es liege in der Natur von Abstraktionsprozessen, daß wir unter sprachlichen Ordnungsmustern ähnliche, aber keineswegs identische Phänomene subsumierten. Gefährlich werde es allerdings, wenn wir diese Tatsache vergäßen und auf sprachliche Zeichen so reagierten, als sei all das identisch, was man mit ihnen bezeichnen könne. Selbst beim Gebrauch von *Eigennamen* könne man nicht von einer Identität des Bezugsobjektes ausgehen, weil sich auch Individuen im Laufe der Zeit veränderten und nicht identisch mit sich selbst blieben. Deshalb sei für einen präzisen Sprachgebrauch eine *Zeitindexierung* durchaus angebracht. Den Grundsatz der Nicht-Identität hat Korzybski deshalb so deutlich herausgearbeitet, um unser Bewußtsein für die Wahrnehmung des Individuellen zu schärfen, womit er ganz in empirischen und nominalistischen Denktraditionen steht.

Der Grundsatz der *Nicht-Totalität* soll darauf aufmerksam machen, daß jede Zeichenbildung bzw. jeder Abstraktionsprozeß dazu bestimmt ist, Phänomene auf *selektive* Weise nach bestimmten Merkmalen zu klassifizieren. Deshalb erfaßten wir mit unseren sprachlichen Musterbildungen auch nicht die Phänomene in ihrer ganzen empirischen Fülle, sondern nur in einer spezifisch reduzierten Weise. In unseren semantischen Reaktionen auf sprachliche Zeichen seien wir deshalb immer der Gefahr ausgesetzt, die Totalität ihrer intendierten Gegenstände zu verfehlen.

Der Grundsatz der *Selbstreflexivität* soll darauf aufmerksam machen, daß ein adäquater Sprachgebrauch sich ständig *selbst* interpretieren muß, um den medialen Charakter der Sprache bewußt zu machen. Das könne man insbesondere im schriftlichen Sprachgebrauch dadurch bewerkstelligen, daß man die verwendeten Termini metainformativ definiere und präzisiere, daß man durch den Gebrauch von Anführungszeichen Sprachebenen logisch voneinander unterscheide, daß man Namen mit Zeitindexen versehe und daß man durch Bindestriche Relationen akzentuiere.

Korzybski wendet sich entschieden gegen alle Formen des Sprachgebrauchs, bei denen der Reduktionscharakter der Sprache nicht im Bewußtsein lebendig gehalten wird. Eine Sprachauffassung, in der die Differenzierungslinien der Sprache naiv für die der Realität gehalten werden und in der von dem Gedanken stabiler, wohl abgegrenzter ontischer Einheiten ausgegangen wird, nennt er *elementalistisch* und *aristotelisch*. Sie soll durch eine *nicht- elementalistische* und *nicht-aristotelische* Sprachauffassung und Denkweise abgelöst werden. Wenn Korzybski von einer aristotelischen Denkweise spricht, dann steht dieser Terminus exemplarisch für einen bestimmten Typ von Denken, den Aristoteles seiner Meinung nach in einer besonders repräsentativen Weise verkörpert hat. Diese Denkweise sei aber spätestens nach der Relativitätstheorie Einsteins anachronistisch geworden.[122]

Ein sehr klares Beispiel für das elementalistische Denken stellt für Korzybski die von Aristoteles begründete klassische Logik mit ihren Axiomen der *Identität*, des *verbotenen Widerspruchs* und des *ausgeschlossenen Dritten* dar. Diese Logik ziehe nicht in Betracht, daß sich alle Gegenstände des Denkens im Laufe der Zeit veränderten, daß es keine scharfen Grenzlinien in der Realität gebe und daß die Realität nicht mit einem zweiwertigen Entweder-Oder-Denken adäquat zu erfassen sei. In den Ordnungsstrukturen der natürlichen Sprache und in unseren Sprachverwendungsgewohnheiten sieht Korzybski aristotelische und elementalistische Denkweisen noch fest verwurzelt, die im Kontext der modernen Wissenschaft inzwischen längst anachronistisch geworden seien. Hinsichtlich unserer semantischen Reaktionen auf die traditionelle Sprache seien wir weitgehend noch Neandertaler.

In Denkansätzen dieser Art zeigt sich deutlich der neopositivistische Einfluß auf das Denken Korzybskis. Das Bild der Welt, das die moderne Naturwissenschaft liefert, ist ihm nicht *eine* Weltinterpretation unter anderen, sondern die objektive Erfassung der Weltordnung selbst. In seiner Wissenschaftseuphorie übersieht er, daß auch die Naturwissenschaft nur eine abstraktive und reduktive Karte der Welt liefert. Die Vorstellung Korzybskis, daß die moderne Wissenschaft ein wahres Abbild der Welt liefert, das als Maßstab genutzt werden kann, um den kognitiven Wert sprachlicher Muster abschließend zu beurteilen, ist illusionär. Die moderne Wissenschaft vermittelt nicht *das* objektive Bild der Welt schlechthin, sondern nur *ein* Bild, das sich für bestimmte *Differenzierungsbedürfnisse* als verläßlich und unverzichtbar erwiesen hat, aber keineswegs für alle. Ebenso wie sich von demselben Gelände je nach den funktionalen Bedürfnissen unterschiedliche Landkarten herstellen lassen, so lassen sich auch von derselben Welt je nach den aktuellen Bedürfnissen unterschiedliche Sprachmuster herstellen.

Der *kognitive Gehalt* der traditionellen Sprachformen ist in vielen Hinsichten sicher antiquierter als unser gegenwärtiges Sachwissen. Aber wenn wir über den Wahrheitswert von sprachlichen Ordnungsmustern sprechen, so ist mindestens zweierlei zu beachten. Zum einen gibt es keine *stabilen* semantischen Reaktionen auf sprachliche Formen im Sinne eines geschlossenen Reiz-Reaktions-Schemas, sondern nur historisch und kontextual variable *Reaktionsdispositionen*, die sich von einem metareflexiven Begleitbewußtsein her unterschiedlich konkretisieren lassen, was die Allgemeine Semantik ja auch zu befördern trachtet. Zum anderen dient die natürliche Sprache dazu, die Welt auf der Ebene des *Mesokosmos* für unsere alltäglichen Lebensbedürfnisse zu differenzieren; die Welt des Mikrokosmos und Makrokosmos will sie gar nicht erfassen. Sprachformen entwickeln zu wollen, die für alle Differenzierungsbedürfnisse des Menschen gleichermaßen tauglich sind, ist eine unfruchtbare Utopie.

Gleichwohl ist aber die These Korzybskis ernst zu nehmen, daß sich in der Sprache Abstraktionsmuster und semantische Reaktionsdispositionen verfestigen können, die *quer* zu neuen Erfahrungen und Lebensformen liegen und die deshalb *konfliktträchtig* werden können. Im wesentlichen gilt das Interesse Korzybskis und seiner Nachfolger[123] den anachronistischen und inadäquaten lexikalischen Ordnungsstrukturen der Sprache, aber auch viele grammatische Ordnungsstrukturen werden ontologisch für sie höchst suspekt, weil sie als Erscheinungsformen eines überholten aristotelischen Denkens angesehen werden.

So sind für Korzybski *adjektivische Attribute* ontologisch höchst problematisch, weil sie seiner Meinung nach Ausdrucksformen eines *elementalistischen* Denkens sind, das bei der Interpretation der Welt in antiquierter Weise an einem anthropomorphen Handwerkermodell orientiert sei.[124] Wenn wir beispielsweise künstlich ein Blatt herstellten, dann machten wir die Erfahrung, daß man einem Grundelement nachträglich und zusätzlich grüne Farbe hinzufügen könne. Diese Erfahrung verleite uns dazu, das von Aristoteles postulierte ontologische Denkmodell von *Substanz* und *Attribut* bzw. *Akzidenz* für selbstverständlich zu halten. In Wirklichkeit sei aber bei einem natürlichen Blatt die grüne Farbe nicht etwas, was *zusätzlich* zu seinem Substrat hinzukomme, sondern sie sei die natürliche funktionale Konsequenz der Ordnungsstruktur des Blattes selbst.

Obwohl Korzybski in seiner Argumentation noch nicht so weit geht, von *adjektivischen Attributen* als von irreführenden grammatischen Mustern zu sprechen, so versteht man ihn sicher nicht falsch, wenn man annimmt, daß die Verwendung adjektivischer Attribute für ihn im Prinzip ein *antiquiertes* metaphysisches Denken anzeigt, das noch nicht funktional orientiert ist. Diese Denkformen bzw. die semantischen Reaktionen auf die Sprachmuster, die diesen Denkformen Ausdruck geben, sind nach Korzybski unangemessen, um die interne Strukturiertheit phänomenaler Ganzheiten richtig zu erfassen.

Auch in dem ausgeprägten *Subjekt-Prädikat-Schema* der indogermanischen Sprachen sieht Korzybski eine Erscheinungsform des elementalistischen Denkens, in dem eine Metaphysik konserviert werde, die im Zeitalter des funktionalen Denkens überholt sei. Dieses Schema lasse den *Relationsgedanken* nicht genügend zur Entfaltung kommen und suggeriere, daß alle denkbaren Sachverhalte durch dieses Aussageschema darstellbar seien. [125] Nach dem Modell von Grundsubstanz und Eigenschaft ließen sich *symmetrische* und *transitive* Relationen darstellen, nicht aber *asymmetrische* Relationen, wie sie sich etwa in den Begriffsbildungen *Vater, größer* oder *rechts* niedergeschlagen hätten. Asymmetrische Relationen, die überall dort wichtig seien, wo man mit den Begriffen *Ordnung, Funktion* oder *Serie* arbeite, könne man mit dem Subjekt-Prädikat-Schema nicht adäquat darstellen. Auch Phänomene wie *Raum, Zeit, Ursache* oder *Wirkung* ließen sich mit Hilfe dieses Schemas nur unzureichend sprachlich objektivieren. [126]

Ein weiteres großes semantisches Ärgernis stellt für Korzybski auch die Kopula *sein* dar, weil sie einer falschen Metaphysik Ausdruck gebe und viel zu vielen heterogenen Zwecken diene. Sofern die Kopula in Prädikationen verwendet werde, um die Identität von zwei Phänomenen zu behaupten, vermittle sie uns eine falsche Vorstellung von der Realität, weil Phänomene auf Dauer weder identisch mit sich selbst blieben noch identisch mit anderen seien. [127] Wenn wir auf die Kopula mit Identitätsvorstellungen reagierten, verfehlten wir die tatsächliche Struktur der Realität, in der alles in Veränderungsprozessen begriffen sei. Auch wenn die Kopula dazu benutzt werde, eine Klassenzuordnung oder Eigenschaftszuordnung vorzunehmen, verführe sie zu einem statischen, elementalistischen Denken und einer zweiwertigen Logik.

Anläßlich der Neuauflage seines Buches hat Korzybski 1941 in 52 Punkten oppositiv dargestellt, worin sich das traditionelle aristotelische Denken von dem von ihm angestrebten *nicht-aristotelischen* unterscheide, und zugleich deutlich gemacht, daß die Verwendung der traditionellen sprachlichen Ordnungsmuster problematisch sei, weil diese von der traditionellen Metaphysik völlig durchtränkt seien. Auf programmatische Vorschläge für eine durchgreifende Strukturreform der Sprache hat Korzybski aber verzichtet, weil ihm die unüberwindlichen Probleme eines solchen Vorhabens wohl klar geworden sind. Seine Reformabsichten konzentrieren sich deshalb auf Vorschläge, ein besonders sensibles *metasprachliches Begleitbewußtsein* für den Sprachgebrauch zu entwickeln und die Verwendung metasprachlicher Zeichen auszuweiten, um die semantischen Reaktionen auf sprachliche Formen besser kontrollieren zu können. Wenn man gelernt hat, das traditionelle Sprachsystem gleichsam unter *Vorbehalt* zu benutzen, dann ist für Korzybski schon viel erreicht. Automatisierte semantische Reaktionen auf sprachliche Zeichen hält er für sehr gefährlich, weil sie die Gefahr von semantogenen Konflikten und Krankheiten vergrößerten.

Wenn man abschließend die Theoriebildung Korzybskis für die hier thematisierten Fragen ins Auge faßt, dann lassen sich vielleicht drei Problembereiche besonders hervorheben.

Erstens macht Korzybski zu Recht darauf aufmerksam, daß die Formen der Weltinterpretation, die sich in der natürlichen Sprache auf der Ebene der Lexik und Grammatik konkretisiert und verfestigt haben, nicht immer deckungsgleich mit den Formen der

Weltinterpretation sind, die inzwischen in den modernen Wissenschaften entwickelt worden sind, und daß die Sprache gleichsam *knirscht*, wenn die alten Sprachformen zum Ausdruck neuer Sichtweisen benutzt werden. Die Tatsache, daß die Sprache und insbesondere die Grammatik *konservativer* ist als das Denken, läßt sich ebensowenig bezweifeln wie die These, daß in jedem Sprachsystem eine *verborgene* Metaphysik steckt. Zu diskutieren ist allerdings, ob die metaphysischen Prämissen der modernen Wissenschaft prinzipiell denen der natürlichen Sprache überlegen sind oder nur funktionell in bestimmten Hinsichten. Ebenso wie die natürliche Sprache uns dazu verführt, die Welt im Raster ihrer metaphysischen Ordnungskonzepte wahrzunehmen, so verführen uns auch die modernen Wissenschaften dazu, die Welt im Raster ihrer metaphysischen Konzepte wahrzunehmen. Was ist aber beispielsweise gewonnen, wenn wir einen Federhalter nicht mehr elementalistisch im Rahmen der grammatischen Kategorie *Substantiv* als eine mit sich selbst identische Substanz wahrnehmen, sondern als Korrelationszusammenhang atomarer Teilchen bzw. als »*mad dance of electrons*«.[128] Natürlich hat Korzybski recht, wenn er uns vor sprachlichen Abstraktionen warnt, weil sie unseren Realitätskontakt stören und verzerren können. Aber Abstraktionen nehmen den Phänomenen nicht nur Merkmale weg, sondern sie heben auch Merkmale an den Phänomenen hervor und konkretisieren dadurch bestimmte Realitätsaspekte. Ohne Abstraktionen auf der lexikalischen und grammatischen Ebene würden wir im Chaos unstrukturierter Eindrücke ertrinken. Die in den sprachlichen Mustern der natürlichen Sprache verborgene Metaphysik ist der in den kognitiven Mustern der modernen Wissenschaft verborgenen Metaphysik nicht prinzipiell unterlegen, sondern nur im Hinblick auf bestimmte Umgangsformen mit den jeweiligen Phänomenen. Die sprachlichen Ordnungsmuster der indogermanischen Sprachen sind keineswegs sakrosankt, sie haben sich aber für die Kognitions- und Handlungsbedürfnisse im Bereich des Mesokosmos für den Menschen durchaus bewährt.

Zweitens ist das von Korzybski entwickelte Konzept der *semantischen Reaktion* für operationale Denkansätze in der Semantik sehr fruchtbar. Das, was Weinrich unter dem Terminus *Instruktionssemantik* thematisiert hat, ist hier in anderen Zusammenhängen schon vorgebildet. Die praktische Relevanz lexikalischer und grammatischer Formen erfassen wir nicht zureichend, wenn wir sie nur als Repräsentationsformen für kognitive Muster betrachten bzw. unter dem Aspekt der Objektivation ontischer oder ontologischer Ordnungsgebilde. Ontologisch ausgerichtete Sprachtheorien verschleiern meist die Tatsache, daß lexikalische und grammatische Formen im konkreten Gebrauch in Handlungsprozesse integriert sind und deshalb auch mit Hilfe von *Handlungskategorien* analysiert werden müssen, wenn man ihre Funktionen voll erfassen will. Korzybski hat in plausibler Weise herausgearbeitet, daß der menschliche kognitive Apparat so gestaltet ist, daß er ständig mit semantischen Reaktionen auf Wahrnehmungen reagiert. In der *Schematisierung* der semantischen Reaktionen auf ein spezifisches Sprachzeichen liegt sicher eine Gefahr, aber wenn es diese Schematisierungen nicht gäbe, dann könnte die Sprache ihre wissensspeichernden und ihre sozial integrierenden Funktionen nicht erfüllen.

Drittens fordert Korzybski zu Recht, daß wir unsere semantischen Reaktionen auf sprachliche Zeichen soweit wie möglich kontrollieren sollen. Seine Forderung nach der

Verwendung *metainformativer Interpretationszeichen* insbesondere im schriftlichen Sprachgebrauch zielt deshalb in die richtige Richtung. Dadurch lassen sich die semantischen Reaktionsdispositionen auf sprachliche Zeichen sehr flexibel gestalten. Da das Denken in der Lage ist, sich metareflexiv auf seine eigenen Medien zu beziehen, ergibt sich auf diese Weise die Möglichkeit, sprachliche Formen auch gegen den Strich konventionalisierter semantischer Reaktionen zu verstehen. Darüber darf aber gleichwohl nicht vergessen werden, daß das Denken gerade wegen seiner großen Flexibilität auch immer danach strebt, in festen Denkmustern Halt zu finden und daß es sich je nach Bedarf vorgegebenen Denkmustern ebenso mühelos anpassen kann wie das Wasser der Form von Gefäßen.

8. Das sprachliche Relativitätsprinzip

Auf die wohl spektakulärste und für das allgemeine Verständnis eingängigste Weise hat Whorf auf die erkenntnisdeterminierende Funktion sprachlicher und insbesondere grammatischer Muster aufmerksam gemacht. Mit dem griffigen Terminus *sprachliches Relativitätsprinzip* (linguistic relativity principle) hat er eine Formulierung für die ganze Problematik gefunden, die sich als außerordentlich durchschlagskräftig erwiesen hat. Durch sie läßt sich nämlich einerseits an die lange Tradition allgemeiner Sprachkritik und Sprachskepsis anknüpfen und andererseits an Analogievorstellungen zu der physikalischen Relativitätstheorie Einsteins.

So griffig und aufmerksamkeitskonzentrierend Whorfs These von der sprachlichen Relativität auch ist, so interpretationsbedürftig ist sie hinsichtlich ihres Geltungsanspruchs und ihrer Konsequenzen. Gerade weil durch sie eine Beziehung zu einem physikalischen Erklärungsmodell hergestellt wird, muß sorgfältig geprüft werden, wie weit die Analogien tatsächlich reichen. Aufschlußreich ist in diesem Zusammenhang auch, daß Whorf zu seiner These einerseits durch die Probleme angeregt worden ist, die sich bei der sprachlichen Formung und Übersetzung religiöser Texte ergeben, und andererseits durch sein naturwissenschaftliches Studium und seine praktische Berufserfahrung.

Als Ingenieur für Brandverhütung bei einer Feuerversicherung hatte Whorf feststellen müssen, daß viele Brände dadurch entstehen, daß sich die Menschen in ihrem praktischen Verhalten weniger durch die tatsächlichen Gegebenheiten bestimmen lassen als durch die *sprachlich* erzeugten Vorstellungsbilder bzw. Interpretationen von diesen Gegebenheiten. Da zum Beispiel mit dem Adjektiv *leer* üblicherweise die Vorstellung von null und nichtig assoziiert werde, verhielten sich viele Menschen sehr sorglos, wenn ein Lager von Tonnen mit dem Schild »*leere Benzintonnen*« versehen sei, und machten sich nicht mehr klar, daß leere Benzintonnen wegen ihrer explosiven Dämpfe besonders gefährlich seien. [129]

Über das Problem der inadäquaten semantischen Reaktionen auf sprachliche Muster ist Whorf dann zu sprachstrukturellen Problemen vorgestoßen, wobei er sich insbesondere dem Studium der nordamerikanischen *Indianersprachen* gewidmet hat. In diesen glaubte er einen maximalen Kontrast zu der Struktur des Englischen bzw. zur Struktur der *SAE-Sprachen* (Standard Average European) feststellen zu können. Obwohl anzunehmen ist, daß Whorf über seine ethnologischen und sprachwissenschaftlichen Lehrer Boas und Sapir, die beide in Deutschland studiert haben, indirekt auch mit Humboldts Denkansätzen bekannt geworden ist, so sind Whorfs sprachtheoretische Überlegungen trotz vieler Überschneidungen mit den Denkansätzen Humboldts, Weisgerbers und Korzybskis doch eigenständig aus dem Studium von exotischen Indianersprachen entwickelt worden.

a) Die Grundthese Whorfs

Aus seinen sprachvergleichenden Studien hat Whorf die feste Überzeugung gewonnen, daß die sprachlichen Ordnungsmuster für unsere Wahrnehmungs- und Denkprozesse einen ordnungsstiftenden Hintergrundscharakter haben, der normalerweise außerhalb unseres kritischen Bewußtseins bleibt. Die Grammatik einer Sprache sei nicht nur ein reproduktives Instrument zum Ausdruck sprachunabhängiger Gedanken, sondern habe einen *formenden* Einfluß auf die Bildung von Gedanken (shapers of ideas). Phänomenal präsentiere sich uns die Welt in einem kaleidoskopartigen Strom von Eindrücken, der erst von unserem Geist strukturiert werden müsse bzw. von dem sprachlichen System (linguistic system), mit dem er arbeite. Kein Individuum habe die Freiheit, die Natur in völliger Unparteilichkeit zu beschreiben. Immer gliederten wir sie nach Linien und Kategorien auf, die uns unsere Sprache vorgebe. Die Gliederungsmuster der Sprache beruhten zwar weitgehend auf einem unausgesprochenen Übereinkommen, aber ihr kognitiver Inhalt sei gleichwohl absolut obligatorisch für die jeweiligen Sprachverwender.[130] Auf der Basis dieser Überlegungen formuliert Whorf dann eine These, die er als *sprachliches Relativitätsprinzip* bezeichnet.

> »Wir gelangen daher zu einem neuen Relativitätsprinzip, das besagt, daß nicht alle Beobachter durch die gleichen physikalischen Sachverhalte zu einem gleichen Weltbild geführt werden, es sei denn, ihre linguistischen Hintergründe sind ähnlich oder können in irgendeiner Weise auf einen gemeinsamen Nenner gebracht werden (be calibrated).«[131]
> »Aus der Tatsache der Strukturverschiedenheit der Sprachen folgt, was ich das ›linguistische Relativitätsprinzip‹ genannt habe. Das besagt, grob gesprochen, folgendes: Menschen, die Sprachen mit sehr verschiedenen Grammatiken benützen, werden durch die Grammatiken zu typisch verschiedenen Beobachtungen und verschiedenen Bewertungen äußerlich ähnlicher Beobachtungen geführt. Sie sind daher als Beobachter einander nicht äquivalent, sondern gelangen zu irgendwie verschiedenen Ansichten von der Welt.«[132]

Aus diesen Formulierungen wird nicht ganz klar, wie weit der *Analogiezwang* reichen soll, den Whorf im Auge hatte, als er Einsteins Relativitätstheorie als Denkmodell für die Erläuterung des Zusammenhangs von Sprache und Denken reklamierte. Um die Reichweite dieses Denkmodells abzuschätzen, läßt sich eine ›starke‹ Interpretation des sprachlichen Relativitätsprinzips mit einem gesetzmäßigen Geltungsanspruch und eine ›schwache‹ Interpretation mit einem hermeneutischen Erklärungsanspruch unterscheiden.

Die starke Interpretation des sprachlichen Relativitätsprinzips legt nahe, die vor-strukturierende Kraft sprachlicher Ordnungsmuster für die Realitätswahrnehmung nach dem Bild einer Brille mit gefärbten Gläsern zu verstehen, die man nicht abnehmen kann, bzw. nach dem Modell eines Computerprogramms, das nur solche Daten aufnehmen und verarbeiten kann, die in die Ordnungsraster dieses Programms passen. Ein solches Verständnis des sprachlichen Relativitätsprinzips wird auch dadurch unterstützt, daß Whorf im Kontext der Erläuterung des unbewußten Zusammenhangs von Sprache und Denken darauf verweist, daß derjenige, der aufgrund eines physiologischen Augendefektes nur blaue Farbe wahrnehmen könne, kaum in der Lage sein werde zu erkennen, daß er nur blaue Farbe wahrnehme. Die gleiche Deutungsrichtung legt auch Whorfs Hinweis nahe, daß wir in unserem täglichen Leben immer dem Gesetz der Schwerkraft unterworfen seien, ohne daß uns dieses Gesetz als strukturierendes Prinzip für unsere Bewegungsmöglichkeiten auffalle. Was uns im Wahrnehmen, Bewegen und Denken determiniere, falle uns erst dann auf, wenn wir Alternativen dazu kennenlernen könnten. [133]

Für eine starke Interpretation der Geltungskraft des sprachlichen Relativitätsprinzips lassen sich auch logisch-hierarchische Gesichtspunkte geltend machen, wie sie etwa Gödel in seinen Überlegungen zur Stufung von System und Metasystem in der Mathematik vorgetragen hat. Nach Gödel lassen sich die Ordnungsstrukturen und Konstitutionsbedingungen einer Systemordnung nicht zureichend mit den Mitteln dieses Systems selbst darstellen, sondern nur mit den Mitteln eines Systems höherer Ordnung, das logisch als Metasystem für das zu analysierende System fungiert. Folgt man dieser Argumentationslinie, dann stellt das System der muttersprachlichen Ordnungsmuster gleichsam ein Gefängnis für uns dar, das wir als solches gar nicht wahrnehmen, weil wir keine Alternative dazu kennen. Whorf spricht dann auch davon, daß das Denken einem *»Netzwerk von Geleisen«* (network of tracks) folge, dessen Ordnung die jeweilige Sprache vorab festlege. *»Das Individuum ist sich dieser Ordnung gar nicht bewußt und deshalb völlig in ihren unzerreißbaren Fesseln gefangen.«* [134]

Gegen eine solche starke Interpretation des sprachlichen Relativitätsprinzips, die eine *gesetzmäßige* Korrelation von Sprache und Denken beinhaltet, sprechen philologische und allgemein sachliche Gründe. Philologisch ist zu berücksichtigen, daß Whorf bei seinen Hinweisen auf physikalische Gegebenheiten und Erklärungsmodelle wie *Sehvermögen, Schwerkraft* und *Relativitätstheorie* Denkhilfen geben will, aber keine streng symmetrischen Analogien postuliert. Auffallend ist nämlich, daß Whorf den allgemeinen Geltungsanspruch seiner Aussagen immer wieder mit *relativierenden* Partikeln abschwächt. So betont er, daß die Menschen, die Sprachen mit unterschiedlicher Grammatik benutzten, *»zu irgendwie verschiedenen Ansichten von der Welt«* kämen (*»somewhat different views of the world«*). Die Weltansicht der modernen Naturwissenschaften entfalte sich nach Whorf zwar im Zusammenhang mit der höher spezialisierten Grammatik der indoeuropäischen Sprachen, aber sie werde natürlich durch deren Grammatik *»nicht verursacht, sondern nur sozusagen eingefärbt* (*»Science of course was not caused by this grammar; it was simply colored by it«*). [135] Von einem gesetzmäßigen Wirkungszusammenhang von Sprachstruktur und Denkstruktur spricht Whorf nie. Deshalb sieht er zwischen kulturellen Normen und sprachlichen Strukturen zwar Zusammenhänge, »*aber keine Korrelationen oder diagnostischen Korrespondenzen*«. [136]

Wenn man Whorfs Hinweise auf die gesetzmäßige Ordnung von bestimmten Korrelationszusammenhängen in physiologischen und physikalischen Gegebenheiten nicht so versteht, daß er eine streng analoge gesetzmäßige Ordnung auch für die Korrelation von Sprache und Denken annimmt, sondern so, daß er mit diesen Analogien auf *metaphorische* bzw. *hermeneutische* Weise einen komplexen Sachverhalt nur in einem ersten Schritt grob erläutern will, dann wird auch das immer wieder gegen Whorf vorgetragene Argument der logischen Widersprüchlichkeit seiner Argumentation gegenstandslos. Dieses Argument besagt, daß es Whorf bei einem strengen und totalen Geltungsanspruch des sprachlichen Relativitätsprinzips unmöglich sein müsse, dieses Relativitätsprinzip überhaupt zu entdecken und zu formulieren, und daß es ebenfalls unmöglich sein müsse, das Weltbild der Hopiindianer in der englischen Sprache darzustellen. Wenn die *Gefangenschaft* des Denkens in den Strukturmustern der Sprache so unaufhebbar wäre, wie die des Steins in den Gesetzen der Schwerkraft, dann könnte die Gefangenschaft des Denkens in der Sprache nur in einer Sprache höheren Typs beschrieben werden.

Obwohl manche Formulierungen Whorfs den Eindruck erwecken, als ob er einen gesetzmäßigen Zusammenhang zwischen Sprachstruktur und Denkstruktur annimmt, so ist diese Interpretation insgesamt aber wohl nicht zu legitimieren. Für diese Ansicht sprechen sowohl die angeführten expliziten Äußerungen Whorfs sowie sein Gebrauch von relativierenden Partikeln in entscheidenden Thesen als auch sachliche Gründe, die ihm nicht ganz verborgen geblieben sein können, selbst wenn er sie nicht ausführlich thematisiert hat. Die Einwände gegen ein *gesetzmäßig-mechanisches* Verständnis des sprachlichen Relativitätsprinzips lassen sich vielleicht in den folgenden sechs Punkten näher präzisieren.

1. Die lexikalischen und grammatischen Ordnungsmuster der natürlichen Sprache sind in ihrer kognitiven Differenzierungskraft prinzipiell *vage*. Das impliziert, daß man mit ihnen weder gesetzmäßig operieren kann noch daß sie gesetzmäßig voraussagbare Funktionen realisieren. Als Systemzusammenhang steckt die natürliche Sprache voller Widersprüchlichkeiten, weil sie nicht theoretisch konstruiert worden ist, sondern sich historisch entwickelt hat und sich ständig weiterentwickelt. In kognitiver Hinsicht können wir uns mit ihrer Hilfe nur relativ grob über bestimmte Sachverhalte orientieren. Eine weitreichende gesetzmäßige Determination des Denkens durch die Sprache ist schon dadurch ausgeschlossen.

2. Die kognitive Unschärfe der Ordnungsraster der natürlichen Sprache zwingt dazu, ihre kognitive Differenzierungskraft in der aktuellen Kommunikationssituation mit Hilfe von Kontextfaktoren zu präzisieren. Daraus ergibt sich, daß die Sprache kein autonomes, in sich geschlossenes Sinnbildungssystem ist, sondern daß der *Kontext* gleichsam als regulative Metaebene Einfluß auf den kognitiven Gehalt sprachlicher Muster nehmen kann. Bühler spricht deshalb im Zusammenhang mit dem sprachlichen Bedeutungsaufbau auch von »*Sachsteuerung*«. [137] Das bedeutet, daß man immer schon mehr als Sprache kennen und verstehen muß, wenn man den Sinn sprachlicher Formen und Äußerungen verstehen will, und daß die kognitive Differen-

zierungskraft sprachlicher Muster nur grob vorgegeben ist und sich erst finalistisch in der jeweiligen Gebrauchssituation konkretisiert.

3. Bei der Frage nach der vorstrukturierenden Funktion sprachlicher Formen für das Denken ist auch zu berücksichtigen, daß die *kognitiven* Funktionen der Sprache nicht nur auf der begrifflichen Ebene und im diskursiven Sprachgebrauch liegen, sondern auch auf der *bildlichen* Ebene und im *analog-metaphorischen* Sprachgebrauch. Davon ist zwar vornehmlich die lexikalische Sprachebene betroffen, aber durchaus auch die grammatische Sprachebene, insofern sich auch grammatische Zeichen in bestimmten Kontexten metaphorisch gebrauchen lassen. So spricht Weinrich etwa im Anschluß an Quintilian von »*Tempus-Metaphern*«, die immer dann vorlägen, wenn Tempusformen in Kontexten verwendet würden, in denen sie üblicherweise nicht vorkommen. Dadurch könne man dann Aufmerksamkeitssignale setzen und Sinnuancen zum Ausdruck bringen.[138] Wenn aber nicht nur lexikalische Zeichen, sondern auch grammatische Zeichen in einem übertragenen Sinne gebraucht werden können, der im Verstehensprozeß eine metareflexive Interpretationsaktivität erforderlich macht, dann können sprachliche Ordnungsmuster keine *rigiden* Determinationen auf das Denken ausüben.

4. Zu beachten ist auch, daß die natürliche Sprache weder eine streng durchkonstruierte noch eine homogene Systemordnung bildet. Mit der Verwendung der Schrift sind die sprachlichen Systemordnungen zwar übersichtlicher und strenger geregelt worden, aber darüber darf dennoch nicht vergessen werden, daß wir uns beim Gebrauch der Sprache in unterschiedlichen historischen, regionalen, sozialen, funktionalen und individuellen *Varietäten* bewegen können. Nachdrücklich hat Wandruszka darauf aufmerksam gemacht, daß wir innerhalb einer Muttersprache immer schon »*mehrsprachig*« sind, weil wir unterschiedliche Varietäten der Muttersprache beherrschten und weil wir dieselben Sprachmuster je nach Situation in einem unterschiedlichen Sinne benutzen könnten.[139] Daraus ergibt sich, daß eine homogene Determination des Denkens durch ein Sprachsystem gar nicht möglich ist.

5. Die kognitive Vagheit und polyfunktionale Verwendbarkeit sprachlicher Ordnungsmuster hat zur Folge, daß wir unseren Sprachgebrauch mehr oder weniger bewußt *metareflexiv* kontrollieren und interpretieren müssen und daß wir dabei ein mehr oder minder ausgeprägtes Bewußtsein von dem medialen Charakter der Sprache bekommen, das es uns erlaubt, sie zu benutzen, ohne ihr vollständig zu verfallen. Die logisch zunächst verblüffende Fähigkeit der natürlichen Sprache, sich partiell von sich selbst zu distanzieren und mit systemeigenen Mitteln die Leistungsfähigkeit des eigenen Systems zu qualifizieren, läßt sich in einigen Aspekten durch eine biologische Analogie verdeutlichen. Sie zeigt auf, unter welchen Strukturbedingungen Systeme Distanz von sich selbst gewinnen können, selbst wenn sie sich potentiell auf sich selbst zu beziehen vermögen. Obwohl nämlich der Magen die Aufgabe hat, mit Hilfe seiner Säfte Speisen aller Art zu verdauen, verdaut er sich dennoch nicht selbst. Das gelingt ihm deswegen, weil er zwischen sich und den zu verdauenden Speisen eine Epithelschicht als Zwischenwelt aufbauen kann, die verhindert, daß der Magen der verdauenden Macht seiner eigenen Säfte unterliegt. Diese Epithelschicht ist allerdings nicht unangreifbar, sondern muß ständig erneuert werden, um ihre Funktion zu erhalten.

Auf ähnliche Weise, wie der Magen es schafft, sich zeitweise von der Macht seiner eigenen Säfte zu befreien, so kann sich offenbar auch das Denken zeitweise von der *Macht* derjenigen Mittel befreien, durch die es sich selbst konkretisiert. Das ist offenbar dadurch möglich, daß wir mit Hilfe einer *Fremdsprache* Distanz zu unserer Muttersprache gewinnen, daß wir unser Denken von *anderen Zeichensystemen* leiten lassen (Bilder, mathematische und logische Zeichen) oder daß wir dasselbe Sprachsystem in einer anderen *intentionalen Ausrichtung* (metasprachlich) gebrauchen. Durch all diese Verfahren wird es möglich, eine *kognitive Zwischenwelt* aufzubauen, die es in zeitlich und sachlich begrenzten Reflexionsschleifen gestattet, den Einfluß sprachlicher Ordnungsmuster auf Denkprozesse zu thematisieren. Solche expliziten oder impliziten *Reflexionsschleifen* fallen uns im Rahmen der natürlichen Sprachen sogar leichter als im Rahmen formalisierter Fachsprachen, denen ein höherer Grad von ›Betriebsblindheit‹ eigen ist.

6. Eine vollständige und strenge Determination des Denkens durch die kulturell erarbeiteten Ordnungsmuster der Sprache ist auch schon deswegen recht unwahrscheinlich, weil alle Menschen als Mitglieder einer biologischen Gattung auch einen grundsätzlich *ähnlich* strukturierten kognitiven Apparat haben. Dieser ist im Vergleich zu dem der Tiere dadurch geprägt, daß er einerseits eine große Freiheit und Plastizität hat, kognitive Muster zu bilden und über Zeichen zu stabilisieren, was unterschiedliche Sprachen und Kulturen ja erst möglich macht, und daß er andererseits die Fähigkeit hat, seine eigenen Konstitutionsbedingungen und Medien metareflexiv zu thematisieren und aufzuklären. Das bedeutet, daß die sprachlichen Ordnungsmuster der Menschen im einzelnen sehr unterschiedlich sein können, daß sie aber in der *Summe* ihrer Leistungen wahrscheinlich wieder sehr äquivalent sind, weil die biologischen und sozialen Lebensbedingungen der Menschen bestimmte *kognitive Differenzierungen* im Sinne *pragmatischer Universalien* erzwingen. Da die Sprache kein Selbstzweck ist, sondern ein funktionales Werkzeug, hat sie eine immanente Tendenz, ein Potential kognitiver Strukturierungsmuster zu entwickeln, die für den Menschen von grundlegender Bedeutung sind. Die sprachlichen Einzelformen der verschiedenen Sprachen werden auf der morphologischen und semantischen Ebene immer sehr unterschiedlich bleiben, weil sie Produkte unterschiedlicher evolutionärer Entwicklungslinien sind. Die Inventare sprachlicher Werkzeuge werden aber insgesamt eine relativ große *funktionale Äquivalenz* zumindest in den Bereichen zueinander aufweisen, die die *elementaren* Differenzierungsbedürfnisse der Menschen betreffen. Bei allen anderen Differenzierungsbedürfnissen werden Sprachen und Kulturen auseinanderdriften, ohne allerdings völlig autonome fensterlose Monaden zu bilden.

Diese 6 Einwände gegen eine starke Interpretation des sprachlichen Relativitätsprinzips legen nahe, die schwache bzw. *heuristische* Interpretation dieses Prinzips zu favorisieren. Auch diese Interpretation ermöglicht es, die Sprache als eine vorstrukturierende Brille für unsere Wahrnehmungs- und Denkprozesse zu betrachten. Sie gestattet aber gleichzeitig auch die These, daß wir uns in reflexiven Denkakten ein Bewußtsein für die Brillenfunktion der Sprache erarbeiten können.

Ebenso wie der Brillenträger durch einen Blick in den Spiegel oder durch die Veränderung seiner Wahrnehmungsintentionen sich der Tatsache bewußt werden kann, daß er eine Brille trägt, so können wir uns auch durch eine intentionale Umwendung des Denkens den *medialen Charakter* der Sprache bewußt machen. Das Bewußtmachen des medialen Charakters der Brille bzw. der Sprache hebt die vorstrukturierende Macht dieser Medien für konkrete Wahrnehmungsakte nicht auf, aber es ermöglicht doch bestimmte Hypothesen über die Wirkungsweise und die Wirkungseffekte der Brille bzw. der Sprache, die um so verläßlicher sind, je besser unsere jeweiligen Spiegel und Spiegelungstechniken sind.

b) Die Relativität grammatischer Formen

Der Einfluß *grammatischer Muster* auf kognitive Operationen scheint unkontrollierbarer zu sein als der lexikalischer, weil sich die kognitive Qualität grammatischer Formen in reflexiven Denkschleifen nur sehr schwer vergegenständlichen läßt. Whorfs Untersuchungen zu den grammatischen Strukturen von Indianersprachen sind deshalb besonders interessant, weil sie uns auf Alternativen zu dem aufmerksam machen, was wir grammatisch für völlig selbstverständlich halten.

An drei Beispielen Whorfs soll exemplarisch gezeigt werden, daß die uns vertrauten grammatischen Strukturmuster ontologisch keineswegs selbstverständlich sind. Es handelt sich dabei um das Problem der Zuordnung von ontischen Phänomenen zu bestimmten *Wortarten*, um das Problem, welche grammatischen Differenzierungen im Bereich des *Verbs* vorgenommen werden können, und um das Problem, welche Rückwirkungen *Satzmuster* auf unsere Interpretation der Realität haben.

Normalerweise halten wir es für ganz natürlich, daß es die Wortarten *Substantiv*, *Verb* und *Adjektiv* gibt und daß diese Wortarten mit den ontischen Gegebenheiten *Substanz*, *Prozeß* und *Eigenschaft* korrespondieren. In Wahrheit sind *Substanz*, *Prozeß* und *Eigenschaft* aber keine objektiv gegebenen ontischen Sachverhalte, sondern ontologische Kategorien, d.h. praktikable *Interpretationsformen* für die Realität. Diese Interpretationsformen sind im europäischen Kulturkreis durch ihre grammatische Manifestation in unseren drei Grundwortarten allerdings so grundlegend geworden, daß sie uns in einem verstärkenden Rückkopplungsprozeß inzwischen dazu zwingen, alle lexikalischen Begriffsbildungen typologisch so zu organisieren, daß sie diesen drei ontologischen Interpretationskategorien eindeutig zugeordnet werden können. In unserer *Wortartentypologie* steckt so gesehen ein Stück *verdeckter Metaphysik*, die uns allerdings kaum auffällt.

Whorf behauptet nun nicht, daß die Metaphysik, die in der Wortartentypologie der indogermanischen Sprachen steckt, absurd sei, sondern nur, daß sie einen spezifischen *Denkzwang* ausübe, der erst dann faßbar werde, wenn man ihn mit dem Denkzwang vergleiche, der aus der verdeckten Metaphysik anderer Wortartentypologien resultiere. So verweist er darauf, daß es nicht zwingend sei, Phänomene, die wir mit den sprachlichen Zeichen *Blitz*, *Welle* oder *Flamme* bezeichneten, begriffstypologisch der Wortart *Substantiv* zuzuordnen, weil sie ontologisch eher als Prozesse denn als eigenständige Substanzen anzusehen seien. Er findet es deshalb auch angemessener, daß diese Phänomene in der Hopisprache einer Wortart zugeordnet werden, die eher Verbcharakter habe.[140]

Mit diesen Hinweisen versucht Whorf deutlich zu machen, daß die sprachliche Erfassung eines ontischen Phänomens mit einer bestimmten Wortklasse einen immanenten *Analogiezwang* ausübt, dieses Phänomen gedanklich so zu verstehen wie alle anderen Phänomene, die mit dieser Wortklasse erfaßt werden. Am deutlichsten dokumentiert sich dieser Analogiezwang darin, daß durch die Wahl der Wortklasse für die sprachliche Erfassung eines Phänomens zugleich mitbestimmt wird, welche *syntaktischen Rollen* diesem Phänomen in Aussagen zugeordnet werden können. Obwohl die Sprachen grammatische Verfahren für den Wortartwechsel entwickelt haben, ist nicht zu bezweifeln, daß die Zuordnung von ontischen Phänomenen zu spezifischen grammatischen Wortklassen eine vorstrukturierende Konsequenz für kognitive Prozesse hat. In diesem Zusammenhang ist auch festzuhalten, daß die Entstehung und grammatische Abgrenzung der drei Grundwortarten in den indogermanischen Sprachen das Ergebnis eines evolutionären Prozesses ist, der auch ganz anders hätte verlaufen können. Sprachen mit anderen syntaktischen Ordnungsstrukturen haben ganz andere Wortartentypologien entwickelt oder darauf verzichtet, Wortarten klar zu kennzeichnen. So kennt beispielsweise das Chinesische, das zum isolierenden Sprachtyp gehört, keine klare morphologische Kennzeichnung von Wortarten, was die flexible Verwendung von Wörtern in unterschiedlichen syntaktischen Rollen sehr erleichtert.

Die Möglichkeiten einiger indogermanischer Sprachen, durch den *bestimmten* Artikel relativ leicht Adjektive und Verben in Substantive zu transformieren und damit bestimmte Phänomene in andere ontologische Raster einzuordnen, ist durchaus konsequenzenreich. So ist beispielsweise immer wieder die These vertreten worden, daß die *griechische* und *deutsche* Sprachstruktur im Gegensatz zur *lateinischen* die Tendenz zu philosophischen Spekulationen besonders befördere, weil in ihnen durch die Existenz des bestimmten Artikels Substantivierungen sehr leicht zu bewerkstelligen seien. Phänomene, die ursprünglich als *Eigenschaften* oder *Prozesse* wahrgenommen würden, könnten durch Substantivierungen schnell zu eigenständigen *Substanzen* vergegenständlicht werden, über die sich dann leicht Wesensspekulationen anstellen ließen. Aus der Eigenschaft *gut* werde so *das Gute*, aus dem Prozeß *denken* werde *das Denken*. Sprachen, in denen bei der Substantivierung durch die Verwendung von Suffixen viel stärker in morphologische Grundstrukturen eingegriffen werde, sperrten sich dagegen sehr viel mehr gegen Tendenzen zu Wesensspekulationen.

Ein anderes sehr instruktives grammatisches Beispiel für die Exemplifizierung des Relativitätsprinzips ist die sprachliche Erfassung und Differenzierung des Phänomens *Zeit*. Gerade weil dieses Phänomen uns nicht direkt sinnlich wahrnehmbar ist, sondern nur indirekt über theoretische Konstrukte, ist es sehr interessant, welche lexikalischen und grammatischen Muster zu seiner sprachlichen Repräsentation und Aspektualisierung verwendet werden. Zu Recht hat Augustin[141] schon früh darauf verwiesen, daß die Zeit ein *Bewußtseinsphänomen* sei, was zugleich impliziert, daß sie ein kulturell recht unterschiedlich interpretierbares und konkretisierbares Phänomen ist.

In den meisten Kulturen hat man versucht, das Phänomen *Zeit* mit Hilfe von Raumkategorien zu fassen und zu differenzieren, wofür die *Raum-Zeit-Metaphorik* ein beredtes Zeugnis ablegt. Die abendländische Zeitvorstellung ist außerdem durch den *Kalender* und die *Uhr* sehr stark *linearisiert* und *quantifiziert* worden. Häufig wird allerdings vergessen, daß Kalender und Uhr Kulturprodukte sind, die die Zeit nicht nur messen, sondern zugleich auch vorstellungsmäßig *definieren*, weil sie die Erfahrungsformen festlegen, in denen uns Zeit begegnet und in denen wir uns Zeit bewußtseinsmäßig präsent machen können.

Die sprachlichen Raster, mit denen die verschiedenen Sprachen das Phänomen *Zeit* zu erfassen und zu spezifizieren versuchen und mit denen sie es natürlich zugleich auch definieren, sind zum Teil sehr ähnlich, weil die Zeit ein anthropologischer Grundfaktor ist, der alle menschlichen Lebensformen und Vorstellungsformen entscheidend prägt. Zum Teil sind die sprachlichen Raster für die Erfassung der Zeit aber auch sehr verschieden, weil sich im Laufe der kulturellen Evolution unterschiedliche Erkenntnisinteressen und Strategien bei der kognitiven und sprachlichen Objektivation und Differenzierung des Zeitphänomens herausgebildet haben, die sich über Rückkopplungsprozesse dann selber wieder stabilisieren können.

Whorf hat die These aufgestellt, daß die Hopi keine Zeitvorstellungen besäßen, die der der indogermanischen Sprachen und der abendländischen Kultur entsprächen. »*Kurz – die Hopisprache enthält weder ausdrücklich noch unausdrücklich eine Bezugnahme auf ›Zeit‹.*«[142] In Wirklichkeit stellen sich die Verhältnisse aber doch etwas komplizierter dar, als diese sehr pauschale Äußerung vermuten läßt. Whorf legt bei solchen Überlegungen den Zeitbegriff der *klassischen* Physik als Maßstab zugrunde und übersieht dabei, daß auch die indogermanischen Sprachen in ihren Tempusformen grammatische Differenzierungsraster für das Phänomen *Zeit* entwickelt haben, die nur teilweise mit dem linearisierten und quantifizierten Zeitbegriff der klassischen Physik, des Kalenders und der Uhr vergleichbar sind. In den lexikalischen und grammatischen Ordnungsmustern der indogermanischen Sprachen repräsentiert sich keineswegs ein homogener Zeitbegriff, sondern unterschiedliche Zeitbegriffe, je nach dem *historischen* Alter und der *funktionalen* Variabilität der jeweiligen Ordnungsmuster.

Wenn Whorf behauptet, daß Newton seinen Zeitbegriff als Derivat aus seiner Kultur und Sprache abgeleitet habe, so ist das nur teilweise richtig.[143] Ebenso gut kann man nämlich auch behaupten, daß Newtons Zeitbegriff das *Produkt* einer bestimmten Kultur- und Zivilisationsstufe ist und daß er nachträglich auf die Zeitvorstellungen Einfluß gewonnen hat, die sich schon vorher in der Lexik und Grammatik der indogermanischen Sprachen konkretisiert hatten. Wenn man von einer verborgenen Metaphysik in der Sprache spricht, dann darf man zumindest bei der schwachen Interpretation des sprachlichen Relativitätsprinzips nicht nur einen Einfluß der Sprache auf die Bildung metaphysischer Theorien annehmen, sondern muß umgekehrt auch einen Einfluß von metaphysischen Theorien auf das Verständnis von sprachlichen Ordnungsmustern anerkennen.

Gipper hat durch eigene Untersuchungen der Hopisprache deutlich gemacht, daß diese Sprache durchaus lexikalische und grammatische Ordnungsmuster für das Phänomen *Zeit* enthalte, die denen der indogermanischen Sprachen vergleichbar seien.[144] So hat er beispielsweise festgestellt, daß auch die Hopi Ausdrücke für *Zeitintervalle* hätten, die unserer Kategorie der Substantive entsprächen, und daß sich die Hopi deshalb das Phänomen *Zeit* durchaus auf ähnliche Weise wie wir vergegenständlichen könnten. Weiter hat er herausgefunden, daß in der Hopisprache *Raumadverbien* auch als *Zeitadverbien* verwendet werden könnten bzw. daß eine *Raum-Zeit-Metaphorik* vorhanden sei und daß die Hopi ein *zyklisches* Zeitverständnis hätten, das dem alter Bauernkulturen im indogermanischen Sprachbereich verwandt sei.

Obwohl es offenbar mehr Überschneidungen bei der sprachlichen Erfassung und Differenzierung von Zeit zwischen der Hopisprache und den indogermanischen Sprachen gibt, als Whorf in seiner polarisierenden Darstellungsweise zuzugestehen bereit ist, so läßt sich doch festhalten, daß sich in beiden Sprachtypen unterschiedliche *Differenzierungsstile* für die sprachliche Erfassung des Zeitphänomens herausgebildet haben. Diese unterschiedlichen Stile lassen sich im Hinblick auf die unterschiedlichen grammatischen Realisationsweisen des Verbs ganz gut beschreiben. Das in den grammatischen Verbformen der jeweiligen Sprache niedergelegte Wissen von Zeit ist anders, aber nicht völlig anders. Die massiven Unterschiede, die Whorf postuliert, sind zum Teil auch dadurch bedingt, daß er relativ unzutreffende Vorstellungen von den kognitiven Differenzierungsfunktionen der indogermanischen Tempusformen hatte.

Der *kognitive Gehalt* der Tempusformen der indogermanischen Sprachen läßt sich weder systematisch noch historisch auf befriedigende Weise nach dem Zeitkonzept der klassischen Physik oder dem chronologischen Zeitstufenkonzept von Vergangenheit, Gegenwart und Zukunft analysieren. Weinrich hat auf eindrucksvolle Weise gezeigt, daß sich die kognitive Leistung der Tempusformen ohne *modale, aktionale, psychologische* und *handlungstheoretische* Kategorien nicht zutreffend beschreiben läßt.[145] Das ist eigentlich auch nicht verwunderlich, weil sich die Tempusformen in historischen Epochen herausgebildet haben, in denen weder das chronologische Denken noch das Zeitkonzept der klassischen Physik aktuell waren.

Das Phänomen *Zeit* wurde im Bereich der indogermanischen Sprachen offenbar ebenso wie bei den Hopi zunächst nicht als eigenständige Größe mit den drei Dimensionen *Vergangenheit, Gegenwart* und *Zukunft* wahrgenommen, sondern nur indirekt in Form der gestuften *Aktualität* von Vorstellungsinhalten für die jeweilige Sprechsituation. Deshalb spielten für die Ausgestaltung des Tempussystems ursprünglich die Kategorien der *Aktionalität* (Verlauf, Abschluß), der *Aktualität* (Distanz, Unmittelbarkeit, Allgemeinheit) und des *Handelns* (Erzählen, Aussagen, Voraussagen) eine größere Rolle als die Kategorien, die sich auf chronologische Zeitstufen beziehen. Allerdings ist auch nicht zu leugnen, daß im Laufe der Entwicklung die Tempusformen immer mehr *chronologische* Implikationen bekommen haben, weil die Unterscheidung unterschiedlicher chronologischer Zeitstufen und Zeitrelationen kulturgeschichtlich immer wichtiger geworden ist.

Whorf glaubt feststellen zu können, daß das Realitätsverständnis der Hopi durch zwei oppositive metaphysische Kategorien grundlegend geprägt werde, die auch in den grammatischen Formen des Verbs deutlich zum Ausdruck kämen. Diese Kategorien bezeichnet er als »*manifestiert*« oder »*objektiv*« und als »*manifestierend*« oder »*subjektiv*«.[146] Das *Manifestierte* und *Objektive* umfasse alles, was den Sinnen zugänglich sei, unabhängig davon, ob es aktuell noch existiere oder nicht. Das *Sich-Manifestierende* oder das *Subjektive* umfasse alles, was in Form von Vorstellungen und

Gefühlen nur im Bewußtsein existiere oder existiert habe, was also zunächst nur geistig vorhanden sei, aber noch sinnliche Realität werden könne, da es der Idee nach ja schon existiere. Es ist nun offensichtlich, daß ontologische Grundanschauungen dieser Art sprachliche Ausdrucksformen brauchen, für die die Unterscheidung von Vergangenheit, Gegenwart und Zukunft zwar wichtig, aber keineswegs zureichend ist, weil dem Prozeß des *Werdens* von sinnlich faßbaren Sachverhalten mehr Aufmerksamkeit geschenkt wird, als der Zuordnung von Sachverhalten zu unterschiedlichen chronologischen Zeitstufen.

Vor dem Hintergrund dieser ontologischen Prämissen hat Whorf nun herausgestellt, daß die Verben der Hopisprache zwar keine unterschiedlichen Tempusformen im Sinne der indogermanischen Sprachen hätten, wohl aber unterschiedliche »*Gültigkeitsformen*« (validity-forms). [147] Diese Gültigkeitsformen dienten dazu, den spezifischen *Assertionscharakter* von Aussagen zu differenzieren, wobei auch der aktionale und modale Gehalt einer Äußerung berücksichtigt werde bzw. der Umstand, ob ein Sprecher ein Ereignis metainformativ als *berichtet* (reportive), als *erwartet* (expective) oder als *konstatiert* (nomic) akzentuieren wolle. Merkwürdigerweise, aber zugleich auch aufschlußreicherweise, verweist Whorf in einem späteren Aufsatz sogar darauf, daß diese drei Gültigkeitsformen mehr oder weniger den englischen Tempora entsprächen. [148] Damit wird deutlich, daß grammatische Ordnungsstrukturen aus pragmatischen Gründen doch relativ große Analogien zueinander aufweisen können.

Die *Berichtsform* dient nach Whorf dazu, Sachverhalte darzustellen, die in der Gegenwart faktisch existent sind oder in der Vergangenheit faktisch existent waren. Diese Verbform korrespondiere mit dem englischen Präteritum bzw. der englischen Verlaufsform. Die *Erwartungsform* diene dazu, Sachverhalte darzustellen, die faktisch noch nicht existent seien, aber existent werden könnten, bzw. die nur auf der Ebene der geistigen Antizipation existierten, nicht aber auf der der Sinne. Diese Form korrespondiere mit dem englischen Futur. Die *Konstatierungsform* diene schließlich dazu, solche Sachverhalte darzustellen, die keiner raum-zeitlichen Gültigkeitsbeschränkung unterlägen wie etwa Gesetze und Verhaltensnormen. Sie korrespondiere mit dem atemporalen englischen Präsens.

Wenn man nun von keinem rein chronologischen Zeitbegriff ausgeht, dann ist schwerlich zu leugnen, daß sich in den von Whorf konstatierten *Gültigkeitsformen* des Verbs in der Hopisprache durchaus ein Wissen von *Zeit* konkretisiert hat. In den Hinweisen Whorfs auf englische Übersetzungsmöglichkeiten kommt außerdem klar zum Ausdruck, daß es auch den indogermanischen Sprachen nicht fremd ist, das Phänomen *Zeit* über das Kriterium der *Aktualität* und *Gültigkeit* von Sachverhalten zum Sprechzeitpunkt zu objektivieren und zu differenzieren.

Daß die Qualifizierung der *Relevanz* von Ereignissen ein legitimes Mittel ist, um der Erfahrung von Zeit Ausdruck zu geben, exemplifiziert auch ein anderer Hinweis Whorfs. [149] Er konstatiert, daß das Chichewa, eine dem Zulu verwandte afrikanische Sprache, zwei unterschiedliche Vergangenheitsformen habe. Die eine Vergangenheitsform diene dazu, vergangene Ereignisse mit Resultaten oder mit Einflüssen auf die Gegenwart darzustellen, die andere Vergangenheitsform werde dazu benutzt, Ereignisse ohne faßbare Einflüsse auf die Gegenwart darzustellen, also Ereignisse, die weder direkt noch indirekt in der Gegenwart präsent sind, sondern nur im Gedächtnis. Eine ähnliche Differenzierungsintention repräsentiert sich in einigen indogermanischen Sprachen auch in dem Unterschied von Perfekt und Präteritum.

In diesem Zusammenhang ist nun auch der Tatbestand interessant, daß es im Altgeorgischen eine Verbform gegeben hat, die man als *Permansiv* oder als *Perpetualis* bezeichnet hat und die speziell dazu bestimmt war, *zeitlose* Wahrheiten zu formulieren, wie sie etwa in Aussagen über Gott oder in Sentenzen zum Ausdruck kommen sollen. Ebenso aufschlußreich ist, daß die Schambalasprache eine Verbform entwickelt hat, die nicht nur dazu dient, allgemeine Wahrheiten zu formulieren, wie sie sich etwa in Sprichwörtern dokumentieren, sondern auch dazu, erdichtete Erzählungen wie etwa Märchen von Erzählungen mit Realitätsbezug abzugrenzen.[150]

Neben dem Problem der Wortarten und Verbformen hat sich Whorf auch mit dem Problem der *Satzstruktur* beschäftigt. Ebenso wie Trendelenburg und Korzybski hat auch er herausgestellt, daß das *Subjekt-Prädikat-Schema* des indogermanischen Satzes nicht unmittelbar die Gliederung der Realität widerspiegele, sondern nur eine unter anderen Interpretationsformen für die Realität darstelle. Dieses Schema sei für die Erfassung bestimmter Realitätsstrukturen brauchbar, aber keineswegs für alle.

Das *Subjekt-Prädikat-Schema* verschafft nach Whorf den Substantiven bzw. den von ihnen bezeichneten Objekten und Sachverhalten eine ontologisch sehr problematische Vorzugsstellung. Dieses Schema führe nämlich zu der Annahme, daß Substantive selbständig bestehende Dinge bezeichneten, die ihrerseits dann wieder Träger von unselbständigen Prozessen oder Eigenschaften sein könnten. Diese Zuordnungsverhältnisse legten nahe, bei Prozessen immer nach handlungstragenden Instanzen Ausschau zu halten und auf diese Weise auch dort *Täter* zu vermuten, wo es keine gebe. Nur weil unsere Verben Subjekte vor sich haben müßten, läsen wir dauernd fiktive Täter in die Natur hinein und sähen auch dort Tätigkeiten, wo es eigentlich nur Zustände gebe oder Prozesse ohne Handlungssubjekte *(Es blitzt. Die Welle kommt.)*.[151]

Aus diesen Überlegungen zieht Whorf den Schluß, daß die Hopisprache, die es erlaube, Verben ohne Subjekte zu benutzen, für die sprachliche Darstellung bestimmter Phänomene angemessener sei als die indogermanischen Sprachen. In diesem Zusammenhang verweist er auch auf das Japanische, das es ermögliche, in einer Aussage zugleich zwei unterschiedliche Subjekte zu verwenden, was für die sprachliche Darstellung bestimmter Phänomene sehr vorteilhaft sei. Statt zu sagen – *Japan ist bergig* – könnten die Japaner formulieren – *Japan$_1$, Berg$_2$ (sind) viele* –.[152]

Das ausgeprägte *Subjekt-Prädikat-Schema* des indogermanischen Satzes führt nach Whorf nicht nur dazu, die Realität nach dem aristotelischen *Substanz-Akzidenz-Modell* bzw. nach dem *Agens-Actio-Modell* zu interpretieren, sondern auch dazu, *analytische* Denkprozesse gegenüber *synthetischen* zu begünstigen. Er betont, daß beispielsweise im Englischen bei der Kombination von Satzelementen eine starke Tendenz zur »mechanischen Mischung« (mechanical mixture) bestehe, bei der die einzelnen Satzelemente zwar aufeinander bezogen würden, aber dennoch in ihrer Eigenständigkeit klar erkennbar blieben. Das habe zur Konsequenz, daß auch die Referenzobjekte der einzelnen Satzelemente ebenfalls in ihrer Eigenständigkeit akzentuiert würden.

Im Unterschied dazu gibt es nun nach Whorf beispielsweise in den Indianersprachen der Shawnee und Nootka in der Syntax eine starke Neigung zu »*chemischen*« Syntheseformen (chemical compound). Deren Eigenart besteht darin, daß die Eigenständigkeit der Einzelelemente sich in den jeweiligen Verbindungen ganz verflüchtige. Daraus ergebe sich die Konsequenz, daß auch die Referenzobjekte der einzelnen Sprachelemente in ihrer Eigenständigkeit ganz verblaßten und in den neuen komplexen Vorstellungsbildern kaum noch faßbar seien. Die sprachlichen Elemente für syntaktische Konstruktionen würden nicht nur im Hinblick auf ihre konkreten Referenzobjekte ausgewählt, sondern auch im Hinblick auf die Fähigkeit dieser Elemente, sich auf sinnreiche Weise so miteinander verbinden zu lassen, daß neue brauchbare Gesamtvorstellungen entstehen könnten. Von dieser chemischen Synthese werde in der Syntax allerdings nicht ausschließlich Gebrauch gemacht, sondern durchaus auch von mechanischen Kombinationsformen. Im Prinzip stellten die *chemischen Satzstrukturen* aber wertvolle Möglichkeiten dar, *mechanische Denkweisen* zu überwinden, die sich in der modernen Naturwissenschaft mehr und mehr als problematisch erwiesen hätten.[153]

Diese drei Beispiele für die strukturbildende kognitive Kraft der grammatischen Muster *Wortart, Verbform* und *Satzschema* zeigen, daß das sogenannte *sprachliche Relativitätsprinzip* auch im Rahmen der schwachen Interpretation keineswegs eine randständige Bedeutung für die Erkenntnistheorie hat. In diesem Zusammenhang können vor allem drei Gesichtspunkte geltend gemacht werden.

Zum ersten ist festzuhalten, daß sich in allen konventionell stabilisierten sprachlichen Ordnungsmustern ein *Wissen* manifestiert, das sich evolutionär gebildet hat und das die genetische Grundlage für den Erwerb neuen Wissens ist. Zum zweiten ist zu bedenken, daß man nicht nur von der kognitiven Determinationskraft individueller lexikalischer und grammatischer *Ordnungsmuster* sprechen kann, sondern eine Abstraktionsebene höher auch von der kognitiven Determinationskraft des *Stils* oder der *Strategie* der Musterbildung (innere Sprachform). Zum dritten ist ein Faktor zu berücksichtigen, der in der bisherigen Diskussion über das sprachliche Relativitätsprinzip eigenartigerweise kaum eine Rolle gespielt hat, obwohl er von grundlegender Relevanz ist, nämlich der Faktor *Wahrnehmungszeit*. Die Intensität und das Ausmaß der vorstrukturierenden Kraft sprachlicher Muster für Denk- und Wahrnehmungsprozesse ist nämlich unabhängig von der Zeit, die für diese Prozesse und für reflexive Denkschleifen zur Verfügung steht, nicht sinnvoll zu diskutieren.

c) Die Sprache und die Drei-Welten-Lehre Poppers

Die Interdependenz von Sprache und Erkenntnis läßt sich auch im Rahmen der schon erwähnten *Drei-Welten-Lehre* Poppers diskutieren, die sich darum bemüht, die *Grundfaktoren* zu isolieren, die bestimmenden Einfluß auf unsere Erkenntnisprozesse und Erkenntnisinhalte nehmen. Zu diesem Zweck postuliert Popper, daß in allen kognitiven Prozessen drei kategorial klar unterscheidbare Welten miteinander korreliert würden.

Danach konstituiert sich die *Welt 1* aus den physikalischen Gegenständen, Zuständen und Ordnungen, die unabhängig von der Existenz eines erkennenden Subjekts gegeben sind. Die *Welt 2* konstituiert sich aus den aktuellen und bewußten Erlebnissen, psychischen Zuständen und Dispositionen des erkennenden Subjekts. Die *Welt 3* konstituiert sich aus den Erzeugnissen des menschlichen Geistes bzw. aus objektivierten Gedankeninhalten, wie sie sich in Theorien, Kunstwerken, sozialen Organisationsformen, aber auch in Zeichen und Zeichensystemen der unterschiedlichsten Art niedergeschlagen haben.[154]

Zu der Welt 3 rechnet Popper auch die *Sprache* als Inventar lexikalischer und grammatischer Differenzierungsmuster, in denen sich durch evolutionäre Siebungsprozesse ein Wissen angesammelt hat, das sich für die Bedürfnisse einer Kultur als praktikabel erwiesen hat. Obwohl diese Muster wie alle Bestandteile der Welt 3 vom Menschen selbst geschaffen worden seien, gewönnen sie nach ihrer objektiven Manifestation gegenüber ihren Erzeugern doch eine große Selbständigkeit und könnten in ihren Wirkungen von diesen nicht mehr voll überschaut und kontrolliert werden. Ontologisch könnte die Welt 3 durchaus als eine *eigenständige* Welt betrachtet werden, weil sich ein großer Teil der menschlichen Erkenntnisbemühungen darauf richte, das zu verstehen, was der Mensch selbst im Laufe seiner Geschichte geschaffen habe. Die kognitive Kraft der Sprache gehe weit über das Erkenntnisvermögen des einzelnen hinaus und wachse in einem sehr komplizierten Rückkopplungsprozeß mit sich selbst sowie mit der Welt 1 und der Welt 2.

Popper hebt nun nachdrücklich hervor, daß fast unser ganzes *subjektives Wissen*, also das, was in der Welt 2 als Welt des Bewußtseins aktuell präsent ist, von dem in der Welt 3 konkretisierten Wissen abhänge, daß all unsere Erkenntnisse bis in schlichte Wahrnehmungen hinein *theoriegetränkt* seien und daß alles Lernen darin bestehe, das vorhandene Wissen und die vorhandenen Dispositionen zu verändern und zu verbessern. Ganz im Sinne der evolutionären Erkenntnistheorie nimmt er sogar an, daß große Teile der objektiven Welt 3 mehr oder weniger als unbeabsichtigte Nebenprodukte entstanden seien. So sei beispielsweise die Sprache ebenso wie das Vogelnest »*ein unbeabsichtigtes Nebenprodukt von Handlungen*«, die sich ursprünglich auf ganz andere Ziele gerichtet hätten.[155] Aber auch aus der Verwendung der Sprache resultierten Nebenprodukte, die zunächst nicht intendiert worden seien. »*Die Dritte Welt ist zwar nicht identisch mit der Welt der sprachlichen Formen, aber sie entsteht zusammen mit der argumentativen Sprache: sie ist ein Nebenprodukt der Sprache.*«[156]

Als Menschenwerk ist die Welt 3 für Popper keine zeitenthobene platonische Ideenwelt, sondern eine sich geschichtlich wandelnde Welt, in der sich die genetische Evolution in einer *kulturellen Evolution* fortsetze. Die Welt 1 sei uns nie direkt zugänglich, sondern immer nur vermittelt durch die Muster und Schemata der Welt 3. Neutrale theoriefreie Sprachformen zur Beschreibung der Welt 1 gibt es nach Popper nicht, weil alle Sprachformen *Interpretationsmittel* und nicht Abbildungsmittel seien. Daraus ergebe sich, daß unsere Frage nach den *Voraussetzungen* unserer Erkenntnis, abgesehen von den biologischen Determinationsfaktoren, zunächst auf der Ebene der kulturell erarbeiteten *Deutungsmuster* abzuhandeln sei bzw. auf der Ebene der *Sprache* als der fundamentalsten Ebene der kulturellen Theoriebildung, die wir uns nur zum Teil explizit machen könnten. Das bedeutet, daß die Frage nach den Prämissen und der Struktur unserer Erkenntnis unweigerlich zu den Teilfragen führen muß, welches Wissen sich in den lexikalischen und grammatischen Formen *niedergeschlagen* hat, wie dieses Wissen auf den Erwerb weiteren Wissens *einwirkt* und auf welche Weise es selbst wiederum *veränderbar* ist.

Die These vom *Hintergrundscharakter* sprachlicher und insbesondere grammatischer Formen, die Whorf auch gestaltspsychologisch mit dem Konzept der Korrelation von *Figur* und *Grund* erläutert hat, nimmt Popper zustimmend zur Kenntnis. Wie Whorf ist auch er der Meinung, daß jeder Gebrauch der Sprache zugleich den Gebrauch einer *Theorie* impliziere. Allerdings denkt Popper wesentlich *dynamischer* als Whorf, weil er das ganze System von Wissen, das sich in der Sprache niedergeschlagen hat, in ständigen Wandlungsprozessen begriffen sieht, die den Prinzipien der kulturellen Evolution unterworfen sind. Da Whorf eher strukturanalytisch als kulturhistorisch denkt, spielt bei ihm der Gedanke keine Rolle, wie sich über die Verbesserung der Erkenntnismittel auch die Erkenntnisinhalte verbessern lassen.

Wenn nun aber alles *neue* Wissen relativ zu *altem* Wissen ist, dann scheinen wir auf unausweichliche Weise in einen Erkenntniszirkel zu kommen, der immer in sich selbst kreist. Auf der Ebene der reinen *Kontemplation* scheint dieser *circulus vitiosus* tatsächlich unaufhebbar zu sein, selbst wenn wir ihn zuweilen spiralförmig gestalten können. Wenn wir die Ebene der Kontemplation allerdings durch die Ebene der *Handlung* ergänzen, dann bietet sich ein anderes Bild, in dem der *circulus vitiosus* zu einem *circulus fructuosus* oder *virtuosus* werden kann. Im Handeln mit den Dingen der Welt 1 und den Produkten der Welt 3 eröffnet sich uns eine neue Erfahrungsebene, in der die kognitiven Strukturierungsmuster der Welt 3 zwar immer noch eine wichtige Funktion haben, aber ihre absolut beherrschende Rolle doch einbüßen.

In *Handlungsprozessen* erschließt sich uns eine neue Erfahrungsebene, die es uns ermöglicht, das in der Welt 3 objektivierte Wissen sowohl auf der Ebene der expliziten Theorien als auch auf der Ebene der Sprache zu prüfen und zu modifizieren. Wenn sich allerdings bestimmte *Handlungsstile* traditionell verfestigen und die allgemeinen Lebensumstände keine neuen Handlungsstile erzwingen, dann gibt es auch wenig Anregungen dazu, das in der Sprache niedergelegte Wissen zu verändern. Erst wenn das in der Sprache konkretisierte Differenzierungswissen sich für bestimmte Handlungsprozesse als unzureichend erweist, wird es verändert.

Da sich die Sprache in funktionaler Hinsicht als Hilfsmittel zur Verbesserung von Handlungsprozessen betrachten läßt, kann man Handlungsprozesse logisch auch als *Metaebene* der Sprache ansehen bzw. das Handlungswissen als *Metawissen* zum sprachlich konkretisierten Wissen. Das bedeutet, daß sich das in der Sprache niedergeschlagene Wissen im Prinzip nur dann ändert, wenn sich auch die *Handlungsformen* ändern, in denen es verwendet wird. Naturvölker, die in bestimmten Handlungsformen und Handlungsstilen beharren, können deshalb auch keine reflexive Distanz zu ihrer Sprache finden bzw. haben keine *Motive*, ihre Sprache zu ändern.

Wenn man nun die Sprache als Element von Handlungsprozessen betrachtet, die sich sowohl auf die Welt 1 als auch auf die Welt 3 richten können, dann gibt es keine Hinderungsgründe, die schwache Interpretation des sprachlichen Relativitätsprinzips

von Whorf zu akzeptieren. Die Sprache kann dann zwar als ein *fundamentaler* er-
kenntnisformender Faktor angesehen werden, aber eben nicht als der *einzige* Einflußfaktor. Ebenso wie andere Faktoren ist auch die Sprache in reflexiven Rückkopplungs-
schleifen thematisierbar und über Handlungsprozesse explizit und implizit modifizier-
bar. Allerdings ist einzuräumen, daß gerade die grammatischen Ordnungsmuster so
elementare kognitive Ordnungsfunktionen haben, daß sie sich hinsichtlich ihres kognitiven Gehaltes nur sehr schwer vergegenständlichen und verändern lassen.

Außerdem ist einzuräumen, daß sich der *kognitive Differenzierungsstil* einer Sprache, also ihre *innere Form*, sehr viel langsamer ändert als die *Produkte*, die dieser Stil
hervorbringt, denn dieser Differenzierungsstil bildet gleichsam eine fundierende Metaebene zu allen konkreten lexikalischen und grammatischen Mustern. Deshalb ist die
innere Form der Sprache, die auch zur Welt 3 gerechnet werden muß, gegen Veränderungsprozesse ungleich immuner und fällt als formender Faktor ungleich stärker ins
Gewicht als konkrete sprachliche Ordnungsmuster. Gleichwohl ist aber auch zu berücksichtigen, daß selbst dann die verschiedenen Sprachen relativ äquivalente kognitive Differenzierungsfunktionen erbringen können, wenn ihre *innere Form* und das
Inventar ihrer *kognitiven Ordnungsmuster* sehr unterschiedlich sind, weil alle sprachlichen Formen Teile eines Ganzen sind und weil ähnliche Differenzierungsfunktionen
mit sehr unterschiedlichen Mitteln und Verfahren realisiert werden können.

Die erkenntnisbeeinflussende Macht der Sprache läßt sich nur dann adäquat diskutieren, wenn zugleich das ganze *Gefüge* von *Zeichensystemen* und *Handlungsstilen*
einer Kultur ins Auge gefaßt wird. Zweifellos gibt es in jeder Sprache eine spezifische
verfestigte Metaphysik. Die Wirksamkeit dieser Metaphysik für die Strukturierung
von Erkenntnissen läßt sich aber nur dann richtig abschätzen, wenn man die anderen
Erkenntnismedien und Erkenntnisverfahren einer Kultur mit berücksichtigt und deren
interpretative Metarelation zur Sprache nicht aus den Augen verliert. Die Spannung
und Ambivalenz von Statik und Dynamik in der Sprache ist solange unaufhebbar, wie
die Sprache Medium in Handlungen und für Handlungen ist.

d) Die Funktion der ›Zeit‹ in metareflexiven Prozessen

Nach diesen Überlegungen wird nun auch verständlich, welche Rolle der Faktor *Wahrnehmungszeit* bei der Beurteilung der Wirksamkeit des sprachlichen Relativitätsprinzips hat. Solange sprachliche Ordnungsmuster in denjenigen Handlungsstrukturen
benutzt werden, für die sie entwickelt worden sind, stabilisieren und legitimieren sie
sich wechselseitig. Das gilt insbesondere dann, wenn schematisierte Handlungen unter
einem gewissen Zeitdruck ablaufen und dann weder das Bedürfnis noch die Chance
besteht, die Ziele einer Handlung und die darin verwendeten sprachlichen Mittel in
reflexiven Denkschleifen zu problematisieren.

Erst unter der Bedingung der *zeitgedehnten* Produktion und Rezeption sprachlicher
Zeichen, wie sie etwa in der schriftlich verwendeten Sprache möglich wird, ändert sich
die Situation grundlegend. Jetzt kann der *mediale* Charakter sprachlicher Formen
in reflexiven Denkprozessen ausdrücklich thematisiert werden, was wiederum aus-

schließt, daß es zu rein automatisierten semantischen Reaktionen auf sprachliche Zeichen kommen kann. Sachreflexionen und Sprachreflexionen können unter diesen Bedingungen wechselseitig ineinander übergehen.

Einen ersten, klassischen Ausdruck hat die Erfahrung, daß sich im zeitgedehnten Denken alle Wissensformen *auflösen* können, bei Augustin gefunden, und zwar aparterweise im Hinblick auf unsere Wissensformen für das Phänomen *Zeit* selbst. Im zeitgedehnten Denken lösen sich alle Denkmuster auf, die im schnellen, praktischen Denken fest sind und einen determinierenden Einfluß auf unsere kognitiven Prozesse ausüben. »*Was ist also ›Zeit‹? Wenn mich niemand danach fragt, weiß ich es; will ich einem Fragenden es erklären, weiß ich es nicht.*«[157]

In ganz ähnlicher Weise hat auch Valéry darauf aufmerksam gemacht, daß die *Zeit* ein bedeutender Einflußfaktor für kognitive Prozesse ist. Die Bedeutung eines Wortes sei vollkommen klar, »*wenn es in den Schnellzug eines gewöhnlichen Satzes gekoppelt ist*«, aber seine Bedeutung verwirre sich auf magische Weise, wenn wir es aus dem Umlauf zögen und für sich allein betrachteten. Er vergleicht dann Wörter mit *leichten Planken*, die über Bergspalten gelegt würden. Sie trügen die Menschen, solange sie rasch darüber hinweggingen. Sie erlaubten es aber nicht, auf ihnen zu tanzen, um ihren Widerstand auf die Probe zu stellen. »*Sie werden finden, daß wir die anderen nur verstehen und daß wir uns selbst nur verstehen dank der Schnelligkeit, mit der wir über die Worte hinweggehen.*«[158]

Augustin und Valéry beschreiben die Funktion der *Zeitdehnung* in Denkprozessen bzw. die Umwendung des Denkens auf seine eigenen Konstrukte und Medien zunächst nur negativ, weil sich dadurch ontologische und semantische Ordnungsmuster auflösen, die unter normalen Denkbedingungen problemlos kognitive Ordnungsfunktionen übernehmen können. Sie beschreiben nicht, wie sich unter den neuen Denkbedingungen wieder *neue* kognitive Ordnungsmuster bilden bzw. wie sich *Sinndimensionen* der alten Ordnungsmuster erschließen, die uns normalerweise verborgen bleiben. Wenn aber die Sprache keine absolut vorstrukturierende kognitive Macht für das Denken haben soll, dann ist die *Auflösung, Interpretation* und *Neukonstitution* sprachlicher Ordnungsmuster unter der Bedingung der *Zeitdehnung* unabdingbar.

Was Valéry hier im Hinblick auf die Semantik lexikalischer Ordnungsmuster beschrieben hat, gilt sicher in gleichem, wenn nicht in höherem Maße auch von grammatischen Ordnungsmustern. Allerdings kommen wir bei diesen nicht so leicht wie bei den lexikalischen Ordnungsmustern in die Gefahr, sie zu isolieren oder gar auf ihnen zu tanzen, um ihre Tauglichkeit auf die Probe zu stellen. Um sie für die Wahrnehmung zu isolieren, bedarf es zeitaufwendiger Spiegelungstechniken und komplizierter Spiegelungsinstrumente. Für die Entwicklung solcher Verfahren und Instrumente hat nur der Grammatiker und Philosoph Zeit, der mit sprachlichen Formen *experimentieren* kann, aber nicht derjenige, der sprachliche Formen zu lebenspraktischen Zwecken verwendet.

Die Erfahrung, daß die lexikalischen Brücken unter einem zusammenstürzen können, wenn man auf ihnen zu tanzen beginnt, gehört wohl inzwischen zur Lebenserfahrung aller. Die Erfahrung, daß auch die grammatischen Brücken unter einem zusammenbrechen können, wenn man auf ihnen zu tanzen beginnt, gehört dagegen wohl noch nicht zur allgemeinen Lebenserfahrung, weil die meisten Sprachbenutzer kein Bewußtsein davon haben, über welche grammatischen Brücken sie gehen. Deshalb können sie auch nicht dem Todestrieb frönen, in einem metareflexiven Tänzchen ihre Belastbarkeit zu prüfen.

Die Überlegungen und Bilder von Valéry machen eindrucksvoll klar, daß der Verlust der sprachlichen Unschuld und das Essen vom Baum der Grammatiktheorie zwar auf entscheidende Weise den vorstrukturierenden Einfluß der Sprache auf das Denken vermindern kann, daß gleichzeitig dadurch aber auch das Vertrauen in die Klarheit und Sicherheit einzelner Erlebnisinhalte zerstört werden kann. Diese *Ambivalenz* expliziten sprachlichen Wissens ist unaufhebbar und hat sowohl eine melancholische als auch eine stimulierende Auswirkung auf das Denken.

e) Beurteilungen des sprachlichen Relativitätsprinzips

Welch große Rolle die Faktoren *Zeitdehnung* und *Handlungserfahrung* für die Beurteilung des sprachlichen Relativitätsprinzips spielen, zeigen auch die Versuche zur empirischen Überprüfung von Whorfs Thesen. Brown und Lenneberg haben mit Hilfe von Tests zu prüfen versucht, welchen Einfluß die Benennbarkeit von Farben bzw. die Existenz von differenzierten Farbbegriffen im Lexikon einer Sprache auf das sichere und schnelle Identifizieren von Farben und Farbunterschieden hat. Sie haben Zuni-Indianer, die lexikalisch nicht zwischen *gelb* und *orange* unterscheiden, englischsprechende Amerikaner, die lexikalisch an diese Unterscheidung gewöhnt sind, und zweisprachige Zuni-Indianer mit einem Farberkennungstest konfrontiert. Dabei hat sich herausgestellt, daß die englischsprechenden Amerikaner keine Fehler machten, die einsprachigen Zuni-Indianer relativ oft *gelb* und *orange* verwechselten und die zweisprachigen Zuni-Indianer relativ wenig. Aus diesem Befund haben sie den Schluß gezogen, daß *Sprachmuster* nicht streng kausal die Wahrnehmung bzw. kognitive Prozesse beeinflussen, daß sie aber eine ökonomisierende *Formungskraft* für das Denken (moulder of thought) haben.[159]

Ein anderes Prüfungsexperiment für das sprachliche Relativitätsprinzip, das stärker in den grammatischen Bereich der Sprache hineinreicht, haben Carroll und Casagrande durchgeführt. Es bezieht sich auf Navaho-Kinder, die entweder nur Navaho oder nur Englisch sprachen. Ansatzpunkt für dieses Experiment war die Eigenart des Navaho, die Verben für die Handhabung von Gegenständen *(aufheben, fallen lassen, festhalten)* danach zu differenzieren, ob von der Aktion jeweils runde, lange, dünne oder biegsame Gegenstände betroffen sind. Diese Spracheigentümlichkeit zwingt nämlich Navaho-Kinder schon sehr früh dazu, die *Form* von Dingen klar zu unterscheiden, um die Sprache richtig handhaben zu können. Bei dem Vergleichstest stellte sich nun heraus, daß die Kinder, die nur Navaho sprachen, tatsächlich sehr viel früher als diejenigen, die nur Englisch sprachen, in der Lage waren, die Dinge nach Formunterschieden zu differenzieren. Die sonst bei Kindern übliche Differenzierung nach Farbunterschieden trat bei ihnen demgegenüber deutlich zurück. Allerdings wurde in einer Paralleluntersuchung auch festgestellt, daß Kinder der Mittelklasse aus Boston die Aufgaben zur

Formunterscheidung fast gleich gut gelöst haben wie die Kinder, die nur Navaho sprachen, was offenbar mit ihrer reichhaltigen Handlungserfahrung mit unterschiedlichen Spielzeugformen zusammenhing. [160]

Diese experimentelle Überprüfung des sprachlichen Relativitätsprinzips bestätigt weitgehend die ›schwache‹ Interpretation dieses Prinzips und zeigt gleichzeitig, daß die Vorstrukturierung des Wahrnehmens und Denkens durch Sprachmuster ergänzt und korrigiert werden kann, wenn genügend Zeit vorhanden ist und eine reiche Handlungserfahrung besteht. Für Unterscheidungen, an die wir sprachlich und handlungsmäßig nicht gewöhnt sind, benötigen wir einen höheren Zeitaufwand und eine höhere kognitive Anstrengung als für solche Unterscheidungen, auf die wir durch Sprache und Kultur schon eingestellt sind. In diesem Zusammenhang kann auch noch einmal an die These Jakobsons erinnert werden, daß die einzelnen Sprachen sich im wesentlichen durch das unterscheiden, »*was sie mitteilen* müssen, *und nicht durch das, was sie mitteilen* können«. Diese Auffassung Jakobsons harmoniert auch mit einer These Hocketts, nach der die Sprachen sich nicht so sehr durch das voneinander abheben, was in ihnen gesagt werden kann, sondern eher durch das, was in ihnen *relativ leicht* gesagt werden kann. [161]

Ein sehr aufschlußreiches Bild haben Glanzer und Clark entwickelt, um die Leitfunktion sprachlicher Ordnungsmuster in Wahrnehmungsprozessen zu beschreiben. Sie gehen dabei von der Frage aus, unter welchen Bedingungen ein äußerer Wahrnehmungsreiz kognitiv schnell und leicht und unter welchen langsam und schwer zu bewältigen ist. Zur Erhellung dieser Problemlage bieten sie ihre *Sprachschleifenhypothese* (verbal-loop-hypothesis) an. Nach dieser lassen sich diejenigen Wahrnehmungsreize kognitiv leicht und schnell bewältigen, für die die jeweiligen Personen schon konventionell stabilisierte sprachliche Ordnungsmuster hätten. Wenn es sprachliche Ordnungsmuster gebe, die gut auf bestimmte Wahrnehmungsreize paßten, erfolge eine rasche Identifizierung und Verarbeitung dieser Reize. Wenn es diese Ordnungsmuster nicht gebe, dann müßten zeitaufwendige kognitive Prozesse für die Reizerfassung und Reizverarbeitung realisiert werden, weil man sich ja nicht mehr auf *vorgebahnten* Wegen bewegen könne. Alte Ordnungsmuster müßten auf ihre Anwendbarkeit geprüft und neue Ordnungsmuster müßten entwickelt werden. [162]

Es ist nun offensichtlich, daß die Sprachschleifentheorie, nach der Wahrnehmungsreize um so schneller verarbeitet werden können, je geringer der *Versprachlichungsaufwand* für sie ist, als Erklärungsmodell besonders dann wichtig wird, wenn komplexe Wahrnehmungsreize vorliegen. Sprachliche Ordnungsmuster helfen dann, die verwirrende Fülle von Einzelreizen nach *Reizgestalten* zu ordnen. Die Wirksamkeit der Sprache für die Strukturierung von Denk- und Lernprozessen läßt sich dabei in einer doppelten Perspektive beschreiben.

Einerseits ist jeder Denk- und Lernprozeß dadurch bestimmt, daß versucht wird, Unbekanntes auf Bekanntes zurückzuführen bzw. daran anzuschließen. Das bedeutet, daß schon vorhandene lexikalische und grammatische Ordnungsmuster eine spezifische *Sogwirkung* entfalten, weil man versucht, Erfahrungsinhalte so zu ordnen, zu akzentuieren oder zu schematisieren, daß sie zu den schon vorhandenen Mustern passen. In dieser Perspektive betrachtet haben Denk- und Lernprozesse eine traditionsstabilisierende Tendenz, in der die vorgegebenen Ordnungsmuster der jeweiligen Muttersprache naturgemäß eine fundamentale Rolle spielen.

Andererseits ist aber auch zu berücksichtigen, daß in allen Denk- und Lernprozessen mit dem *Spieltrieb* eine gegenläufige Tendenz wirksam sein kann. In geistigen Prozessen gibt es nämlich immer auch eine elementare Neigung, nicht alle Erfahrungen und Vorstellungen in das Prokrustesbett schon vorhandener Ordnungskategorien zu stecken, sondern neue Denk- und Betrachtungsperspektiven zu entwerfen, wofür die Neigung von Kindern zu *Sprachspielen* und die Vorliebe von Erwachsenen zu *metaphorischem, poetischem* oder *ironischem* Sprachgebrauch ein beredtes Zeugnis ablegt. Das in der Welt 3 angesammelte Wissen kann auf diese Weise dann vermehrt und umstrukturiert werden.

Wenn der Mensch anthropologisch gesehen wegen seiner reduzierten Instinkte ein zum Lernen *verdammtes* Mängelwesen ist und wegen seiner genetisch angelegten geistigen Plastizität zugleich ein zum Lernen *befähigtes* Lebewesen, dann braucht er einerseits die *Führung* pragmatisch bewährter sprachlicher Ordnungsmuster, um lernen zu können, und andererseits die *Freiheit*, alle vorhandenen Ordnungsmuster geistig transzendieren zu können, um nicht auf die eingefahrenen Denkbahnen seiner Vorfahren beschränkt zu bleiben. Das Dilemma des Menschen, sich einerseits an sozial stabilisierte Ordnungsmuster binden zu müssen und sich andererseits ihrer vorstrukturierenden Macht nicht vollständig ausliefern zu dürfen, läßt sich nur dadurch erträglich gestalten, daß man für seine geistigen Bedürfnisse *unterschiedliche* Zeichensysteme entwickelt und benutzt und daß man innerhalb der verschiedenen Zeichensysteme die strukturierende Geltungskraft von Ordnungsmustern hierarchisiert bzw. sich überlappen läßt. Dadurch kann sich ein labiles Gleichgewicht von *Festigkeit* und *Variation* ergeben, das für alle geistigen Prozesse unabdingbar ist.

Solange man das sprachliche Relativitätsprinzip nur auf der Ebene der *Kontemplation* und der *Darstellungsfunktion* der Sprache betrachtet, verstrickt man sich in unlösbare logische Probleme, die alle auf das Münchhausenproblem hinauslaufen, ob man sich am eigenen Schopf aus dem Sumpf herausziehen kann bzw. ob man in einer bestimmten Sprache die vorstrukturierende Macht dieser Sprache für das Denken und Wahrnehmen qualifizieren kann. Diese logische Zirkelproblematik entschärft sich erst dann, wenn man die Sprache nicht mehr als geschlossenes System von kognitiven Ordnungsmustern ansieht, sondern als Inventar von geistigen Handlungswerkzeugen, deren spezielle *kognitive Funktionen* erst endgültig im konkreten *Sprachgebrauch* zugerichtet werden. Zu Recht verweist deshalb auch der Biologe von Bertalanffy darauf, daß die Gefangenen in Platons Höhlengleichnis in ihrem Denken nur solange durch ihre spezifische Wahrnehmungsperspektive determiniert werden, wie sie dem ganzen Spektakel als *Zuschauer* zusähen. In dem Moment aber, als sie entfesselt worden seien und als sie neue Wahrnehmungspositionen eingenommen hätten, hätten sie auch sofort die Bedingtheit und Relativität ihrer alten Wahrnehmungen durchschaut.[163]

Es ist nun allerdings auch zu berücksichtigen, daß wir das Problem der Determination des Denkens durch konventionalisierte Muster aller Art nicht grundsätzlich lösen, sondern nur entschärfen bzw. verschieben, wenn wir die Ebene des *Handelns* in unsere Überlegungen einbeziehen. Solange nämlich auch die *Handlungsformen* typisiert und schematisiert sind, in denen wir sprachliche Ordnungsmuster verwenden, solange bleibt auch die vorstrukturierende Macht dieser Muster für das Denken und Wahrnehmen erhalten. Ja, sie kann sich noch verstärken, wie das Beispiel der Fach- und Wissenschaftssprachen zeigt. Je weniger schematisiert Sprach- und Handlungsmuster aber sind, desto mehr entschärft sich das Determinationsproblem.

Für das Problem der logischen Zirkularität des Argumentierens bei der Erörterung des sprachlichen Relativitätsprinzips ist eine Anekdote aufschlußreich, die C. F. von Weizsäcker von Niels Bohr berichtet hat. [164] Dieser habe seiner Verwunderung darüber Ausdruck gegeben, wie es möglich sei, daß mit Hilfe von *schmutzigem* Spülwasser und *schmutzigen* Handtüchern ein *schmutziges* Glas *sauber* gemacht werden könne. Die Säuberung des schmutzigen Glases mit schmutzigen Hilfsmitteln, bei der ebenso wie in sprachtheoretischen Erörterungen Medium und Objekt teilweise zusammenfallen, ist offenbar nur deshalb erfolgreich, weil der *Schmutz* in den jeweiligen Kontexten auf jeweils unterschiedliche Weise an andere Phänomene gebunden ist, was sich dann für erfolgreiche Handlungsprozesse operativ ausnutzen läßt. Deshalb kann schließlich auch das Kunststück gelingen – wenn auch nicht *chemisch* rein, sondern nur *pragmatisch* rein – den Teufel mit dem Beelzebub auszutreiben.

Ähnlich wie man auch im Judo die Kraft des Gegners für den eigenen Handlungsprozeß nutzbar machen kann, um auf diese Weise den Gegner durch sich selbst zu Fall zu bringen, so läßt sich auch im Sprachgebrauch von der kognitiven Kraft und Bestimmtheit einzelner grammatischer Formen so Gebrauch machen, daß man sich auf dialektische Weise der *Determinationskraft* dieser Muster gerade dadurch entzieht, daß man sie präzise zur Wirkung kommen läßt. Ironische Sprechweisen, Witze und sprachlogische Paradoxien, wie sie in dem Kapitel über die Negationsmittel aufgezeigt worden sind, legen von dieser Möglichkeit ein beredtes Zeugnis ab.

9. Die Bewertung der sprachlichen Relativität aller Erkenntnis

Spätestens seit dem Rationalismus, wenn nicht schon seit der mittelalterlichen *grammatica speculativa*, ist das Bewußtsein dafür da, daß methodisch organisierte verläßliche Erkenntnisprozesse eine präzise Sprache und Grammatik erforderlich machen. Spätestens seit Hamann, der Romantik und Humboldt ist aber auch das Bewußtsein dafür da, daß die Sprache kein neutrales Hilfsmittel ist, um sprachunabhängige Gedanken intersubjektiv zu objektivieren und zu vermitteln, sondern daß sie ein Medium ist, das zur Formung von Denken und Wissen beiträgt. Deshalb ist es auch kein Wunder, daß die Sprache ein, wenn nicht *das* Thema aller philosophischen Richtungen des 20. Jahrhunderts geworden ist.

Der Zusammenhang von Sprache und Erkenntnis ist allerdings in sehr unterschiedlicher Weise thematisiert und problematisiert worden. Zum ersten gibt es Denktraditionen, die keine *grundsätzlichen* Diskrepanzen zwischen Seinsstrukturen, Denkstrukturen und Sprachstrukturen sehen und die deshalb problemlos vom Abbildcharakter der Erkenntnis bzw. von der Widerspiegelungsfunktion der Sprache sprechen können.

Zum zweiten gibt es Denktraditionen, die davon ausgehen, daß Seinstrukturen und Sprachstrukturen nicht in jedem Fall aufeinander passen, daß sie aber durch *geeignete* Maßnahmen in ein symmetrisches Verhältnis zueinander gebracht werden können. Zum dritten gibt es seit der Antike erkenntnisskeptische Denktraditionen, die sich immer stärker als *sprachskeptische* Traditionen präsentiert haben und die allen Formen sprachlich objektivierter Erkenntnisse tief mißtrauen. Zum vierten gibt es Denktraditionen, die davon überzeugt sind, daß sich unser gesamtes explizites Wissen auf den Gebrauch von Zeichen und damit letztlich auf den Gebrauch von Sprache gründet und daß deswegen alle Bemühungen um die *nackte* Wahrheit illusionär sind. Für diese Denktraditionen ist eine grundsätzliche Sprachskepsis ebenso steril wie ein naives Sprachvertrauen, weshalb sie sich auch darum bemühen, die spezifischen Leistungen der einzelnen Zeichensysteme für die Wissenskonstitution zu klären und kontrastiv voneinander abzusetzen.

Auf die beiden letzten Denktraditionen soll hier näher eingegangen werden. Exemplarisch für das *sprachskeptische* Denken soll die Position Nietzsches dargestellt werden, der die allgemeine Denkskepsis sprachskeptisch auf die Spitze getrieben hat. Exemplarisch für die *transzendentalphilosophische* Behandlung des Sprachproblems soll die Position Cassirers dargestellt werden, der ebenso wie Peirce den Denkansatz Kants so fortgeführt hat, daß er die Sprachbedingtheit von Erkenntnissen positiv bewerten kann.

a) Das negative Urteil Nietzsches

Nietzsches Sprach- und Grammatikkritik hat weitgehend eine aphoristische Form und wird meistens im Kontext einer allgemeinen Erkenntnisskepsis vorgetragen, die in einen grundsätzlichen Agnostizismus mündet, der eigentlich nur noch dem *Handeln* Sinnfunktionen zubilligt. Auf das bissigste mokiert sich Nietzsche über die landläufige Vorstellung, daß die Welt eine stabile Seinsordnung habe, die sich erkennen und sprachlich darstellen ließe. Für ihn ist alles im Wechsel der ewigen Wiederkehr begriffen, und die Sprache ist ihm eher ein Täuschungs- als ein Erkenntnismittel, weil sie gerade diesen Tatbestand zu verschleiern versuche.

Dieser Sprachskepsis gibt Nietzsche am prägnantesten in seinem Aufsatz *Über Wahrheit und Lüge im außermoralischen Sinne* Ausdruck.[165] Hier hebt er hervor, daß die Sprache täusche, weil sie durch ihre Begriffe das Nicht-Gleiche für gleich erkläre, weil sie durch ihre Begriffe eine nicht vorhandene Statik in die sich ständig wandelnde Welt projiziere, weil sie durch ihre Begriffe zur Begräbnisstätte der konkreten Anschauungen werde und weil sie durch ihre Begriffe die Illusion erzeuge, daß das erkennende Subjekt und das erkannte Objekt absolut getrennte Sphären seien. Eigentlich müsse in der Sprache alles metaphorisch verstanden werden, die Menschen hätten das nur vergessen und wollten es auch vergessen. Sie hätten einen wundersamen Trieb zur Wahrheit, der sich allerdings nur dann befriedigen lasse, wenn man sich blind den »usuellen Metaphern« anvertraue, was im Prinzip aber nichts anderes bedeute, als »*herdenweise in einem für alle verbindlichen Stile zu lügen*«.[166]

Aus dem Gefängnis seiner sprachlichen Konventionen kommt der Mensch nach Nietzsche nicht heraus, weil er einen unbesiegbaren Hang habe, sich täuschen zu lassen, was sich auch in seiner Sucht nach dem Schauspiel und den epischen Märchen zeige. In seinen Fiktionen fühle sich der Mensch frei, weil er hier seine »*Metaphern*« durcheinander werfen und die »*Grenzsteine der Abstraktionen*« verrücken könne. [167] Mythos und Kunst seien allerdings ehrlicher als der übliche Sprachgebrauch, weil sie ihren Fiktionalitätscharakter zu erkennen gäben und nicht den Anspruch erhöben, die Welt oder die Wahrheit abzubilden. Die theoretisch-begriffliche Sprache vertusche dagegen ihren Fiktionalitätscharakter. Wenn, entsprechend einem Bonmot, für einen Iren die Realität eine Illusion ist, die aus Mangel an Alkohol entsteht, dann ist für Nietzsche die Realität eine Illusion, die aus Mangel an Sprachskepsis hervorgeht.

Das vernünftige Denken ist für Nietzsche »*ein Interpretieren nach einem Schema, welches wir nicht abwerfen können*«. [168] Die Sprache als eine Sammlung von Denk-schemata werde deshalb zu einer Gewalt für sich, »*welche nun wie mit Gespensterar-men die Menschen faßt und schiebt, wohin sie eigentlich nicht wollen; sobald sie miteinander sich zu verständigen und zu einem Werk zu vereinigen suchen, erfaßt sie der Wahnsinn der allgemeinen Begriffe*«. [169]

Die in der Sprache versteckte Mythologie und Metaphysik macht sich für Nietzsche in der *Grammatik* noch stärker bemerkbar als in der Lexik, weil wir uns von den grammatischen Formen bewußtseinsmäßig kaum distanzieren könnten. Selbst Er-kenntnistheoretiker blieben in den »*Schlingen der Grammatik (der Volks-Metaphy-sik)*« hängen. [170] Schließlich sieht er sich sogar zu folgendem Stoßseufzer genötigt.

»Die ›Vernunft‹ in der Sprache: o was für eine alte betrügerische Weibsperson! Ich fürchte, wir werden Gott nicht los, weil wir noch an die Grammatik glauben... « [171]

Die Verknüpfung von Glauben an Gott und Glauben an die Grammatik ist nur auf den ersten Blick sehr erstaunlich. Nietzsche ist nämlich der Meinung, daß die Grammatik der indogermanischen Sprachen einen immanenten Zwang ausübe, allem Sein oder Geschehen eine Ursache zuzuordnen. Die Sprache gehöre »*ihrer Entstehung nach in die Zeit der rudimentärsten Form von Psychologie*«, über sie kämen wir in ein »*grobes Fetischwesen*« hinein, das überall »*Täter und Tun*« sehe, das an »*Willen als Ursache überhaupt*« glaube. [172] Das Täter-Tun-Schema, das uns ständig über das Subjekt-Prädikat-Schema der Grammatik suggeriert werde, hält Nietzsche für grundfalsch, weil es für ihn nur *Werdensprozesse* als Prozesse ewiger Wiederholung gibt, hinter der kein ursächlicher Wille stehe. Kausalrelationen projizierten wir nur über unsere Gram-matik in die Welt hinein.

»Aber es gibt kein solches Substrat; es gibt kein ›Sein‹ hinter dem Tun, Wirken, Werden; ›der Täter‹ ist zum Tun bloß hinzugedichtet – das Tun ist alles. Das Volk verdoppelt im Grunde das Tun, wenn es den Blitz leuchten läßt, das ist ein Tun-Tun: es setzt dasselbe Geschehen einmal als Ursache und dann noch einmal als deren Wirkung. Die Naturforscher machen es nicht besser, wenn sie sagen ›die Kraft bewegt, die Kraft verursacht‹ und dergleichen – unsere ganze Wissenschaft steht noch, trotz aller ihrer Kühle, ihrer Freiheit vom Affekt, unter der Verfüh-rung der Sprache und ist die untergeschobnen Wechselbälge, die ›Subjekte‹ nicht losgewor-den... « [173]

Für Nietzsche erklärt sich die »*wunderliche Familien-Ähnlichkeit alles indischen, grie-chischen und deutschen Philosophierens*« aus der Sprachverwandtschaft der jeweiligen Sprachen bzw. aus der unbewußten Führung des Denkens durch die ähnliche Gramma-tik. »*Philosophen des ural-altaischen Sprachbereichs (in dem der Subjekt-Begriff am schlechtesten entwickelt ist) werden mit großer Wahrscheinlichkeit anders ›in die Welt‹ blicken und auf andern Pfaden zu finden sein als Indogermanen oder Muselmän-ner.*« [174]

An eine vollständige Determination des Denkens durch die Sprache glaubt Nietzsche aber wohl nicht, denn sonst machte es keinen Sinn, daß er die Philosophie auffordert, sich endlich von der Gläubigkeit an die grammatischen Formen zu lösen bzw. sich aus der *Volks-Metaphysik* zu befreien. Offenbar liegt für ihn das Denken doch noch eine Stufe höher als die Mittel, derer es sich bedient.

> »Ist es denn nicht erlaubt, gegen Subjekt, wie gegen Prädikat und Objekt, nachgerade ein wenig ironisch zu sein? Dürfte sich der Philosoph nicht über die Gläubigkeit an die Grammatik erheben? Alle Achtung vor den Gouvernanten: aber wäre es nicht an der Zeit, daß die Philosophie dem Gouvernanten-Glauben absagte? – « [175]

Obwohl sich Nietzsche immer wieder über den seltsamen Trieb des Menschen zur *Wahrheit* mokiert, zeigt seine bissige Polemik gegen die falsche Volks-Metaphysik in der Grammatik, daß auch er diesem Triebe unterliegt. Mit den Fiktionen und Relativi-täten der Sprache kann er sich letztlich doch nicht abfinden, denn sonst müßte er wie der Mystiker konsequenterweise schweigen. Im Grunde strebt er aber nach einer Sprachverbesserung, d.h. nach einer Sprache und Grammatik mit einer besseren und weniger anachronistischen Metaphysik. Theoretisch möchte er sich mit »*Stufen der Scheinbarkeit*« zufrieden geben oder mit verschiedenen »*valeurs, um die Sprache der Malerei zu reden*«. [176] Praktisch ist er aber von diesem Relativismus im Hinblick auf die Wahrheit unseres Wissens und die Erkenntniskraft der Sprache keineswegs befrie-digt. Zumindest seine eigenen Aussagen über das Wahrheits- und Sprachproblem scheint er von seiner radikalen Sprachkritik auszunehmen, wie Mauthner bissig be-merkt hat. »*Sein Mißtrauen gegen die Sprache ist unbegrenzt; aber nur solange es nicht seine Sprache ist.*« [177]

Die Relativität des Denkens auf die Sprache ist für Nietzsche kein Beschreibungspro-blem, sondern angesichts seiner eigenen philosophischen Grundauffassungen vor allem ein Wertungsproblem. So griffig Nietzsches Polemiken gegen ein naives Sprachver-trauen auch sind, so nachdenklich muß stimmen, daß er seine prinzipielle Sprachskep-sis methodisch nicht auch gegen seinen eigenen Sprachgebrauch gerichtet hat. Dadurch wäre ihm wahrscheinlich nicht nur klar geworden, wie unfruchtbar eine totale Sprachskepsis ist, sondern auch deutlich geworden, daß er selbst die Determination des Denkens durch die Sprache dadurch entschärft hat, daß er begriffliche und bildliche bzw. poetische Aussageweisen auf virtuose Weise miteinander verknüpft hat.

b) Das positive Urteil Cassirers

Einen Kontrapunkt zu der tiefen Sprachskepsis Nietzsches, der die sprachliche Relativität unseres Denkens und Wissens nur als Täuschungs- und Trübungsphänomen zu begreifen vermag, bildet der Denkansatz Cassirers. Dieser hat die Symbol- bzw. Sprachgebundenheit unseres Denkens und Wissens noch viel nachdrücklicher als Humboldt nicht nur als eine unabänderliche Notwendigkeit, sondern sogar als eine *kreative Chance* verstanden. Im Rahmen eines ganz anderen ontologischen Denkmodells hat er die Idee der sprachlichen Relativität unserer Erkenntnisinhalte ebenso wie die Relativitätstheorie Einsteins erkenntnistheoretisch ausgesprochen positiv beurteilt. Dieses ontologische Denkmodell, in dem der *Relations-* und *Funktionsgedanke* die dominierende Rolle des aristotelischen *Substanzgedankens* abgelöst hat, soll kurz skizziert werden, weil sonst nicht verständlich wird, warum für Cassirer die Vorstellung von der Sprachgebundenheit unseres Denkens und Wissens kein Anlaß ist, in Resignation zu verfallen.

Von der Grammatik im engeren Sinne ist bei Cassirer wenig die Rede. Aber alles, was er über das Problem der *symbolischen Formen* bzw. über die *Sprache* sagt, läßt sich auch auf grammatische Formen beziehen, insofern diese wie alle anderen symbolischen Formen auch ein System spezifischer kognitiver Strukturierungsmuster darstellen.

Cassirers ontologisches und erkenntnistheoretisches Denken läßt sich auf zwei Motive zurückführen, nämlich auf die *Kritik* der traditionellen aristotelischen *Substanzenontologie*, in der er den Relationsgedanken verkümmert sieht, und auf die *Fortführung* der kantischen *Vernunftkritik*, in der seiner Meinung nach den Formen und Zeichen, mit denen die Vernunft arbeitet, zu wenig Aufmerksamkeit geschenkt wird. Diese Ausweitung des philosophischen Denkens von der Seins- und Vernunftanalyse auf die Analyse der Medien, mit denen die Vernunft operiert, gibt Cassirers Denken den Charakter einer *Kulturphilosophie* und bringt es in große Nähe zu der *Semiotik* von Peirce.[178]

Gegen den klassischen erkenntnistheoretischen Realismus aristotelischer Prägung macht Cassirer Front, weil er der Meinung ist, daß mit einer schlichten *Abbildtheorie* dem Erkenntnisproblem nicht wirklich beizukommen ist. Begriffe haben für ihn weniger abbildenden als *setzenden* Charakter, und gerade für das produktive und synthetisierende Moment in der bewußtseinsmäßigen Setzung von Gegenständlichkeit interessiert er sich besonders. Ganz im Sinne von Leibniz will Cassirer das Erkenntnisvermögen des Menschen nicht als einen passiven Spiegel, sondern als einen *»lebendigen Spiegel«* verstehen.[179]

Dieser erkenntnistheoretische Ansatz beinhaltet zweierlei. Einerseits impliziert er den Verzicht auf die Annahme fest vorgegebener ontischer Einheiten, weil davon ausgegangen wird, daß sich die Gegenstände unserer Erkenntnis je nach den konkreten Relationszusammenhängen unterschiedlich konstituieren. Andererseits impliziert er die These, daß wir uns die Gegenstände unserer Erkenntnis immer nur so bewußtseinsmäßig spiegeln können, wie es unsere kognitiven Spiegelungsinstrumente jeweils erlauben. Das bedeutet, daß die Idee einer *substantiell* wahren und *absolut* gültigen Erkenntnis zugunsten einer *funktionell* wahren und *relational* gültigen Erkenntnis aufgegeben werden muß und daß alle Erkenntnisinhalte nur im Rahmen der *Bezugsfelder* und *Objektivationsmittel* gültig sind, die für sie konkretisiert worden sind.

Ebenso wie Leibniz ist auch Cassirer der Auffassung, daß die »*Logik der Sachen*« nicht von der »*Logik der Zeichen*« getrennt werden dürfe. Aus den medialen Implikationen aller Erkenntnisinhalte ergibt sich für ihn, daß sich uns die Realität als konkret erfahrbare Wirklichkeit nicht in rein *passiven* Kontemplationen zu erkennen gibt, sondern vielmehr in *interpretierenden* Sinngebungsakten mit Hilfe von Zeichen der unterschiedlichsten Art. Das Zeichen dient nach Cassirer deshalb auch »*nicht nur dem Zweck der Mitteilung eines fertiggegebenen Gedankeninhalts, sondern ist ein Instrument, kraft dessen dieser Inhalt selbst sich herausbildet und kraft dessen er erst seine volle Bestimmtheit gewinnt*«. [180]

Cassirer definiert den Menschen als »*animal symbolicum*«, weil er sich vor allen anderen Lebewesen dadurch auszeichne, daß er für die Interpretation der Realität und die Repräsentation der Wirklichkeit auf sehr flexible Weise *Zeichen* bilden könne. Alle anderen Charakteristika des Menschen wie etwa Rationalität, Sozialität und Werkzeuggebrauch seien nur Implikationen der Fähigkeit zur Zeichenbildung. Durch seine Zeichen lebe der Mensch nicht mehr in einem »*bloß natürlichen Universum*« wie die Tiere, sondern in einem symbolisch interpretierten und vermittelten Universum, in dem er »*nichts erfahren oder erblicken kann, außer durch Zwischenschaltung dieser künstlichen Medien*«. [181)

In seiner *Philosophie der symbolischen Formen* hat Cassirer den groß angelegten Versuch unternommen, die unterschiedlichen Symbolisierungsstile darzustellen, die der Mensch zur Weltaneignung entwickelt hat. *Sprache, Mythos, Kunst, Religion* und *Wissenschaft* sind für ihn solche symbolischen Formen der Weltaneignung und Sinnkonstitution. Die symbolischen Formen sind für ihn allerdings nicht im Sinne Hegels immer umfassendere Selbstentfaltungsformen des Geistes in der Weise, daß etwa die Wissenschaft die faktische Erkenntnisleistung aller anderen Erkenntnisformen ganz in sich vereinigte, sondern sie sind gleichberechtigte Erkenntnisstile, die sich allerdings teilweise überlappen und fortführen können. Eine symbolische Form betrachtet Cassirer als ein »*Urphänomen des Geistes*« bzw. als eine »*besondere Art des Sehens*«, die »*ihre eigene Lichtquelle in sich birgt*«. [182]

> »Die Frage, was das Seiende an sich, außerhalb dieser Formen der Sichtbarkeit und Sichtbarmachung sein und wie es beschaffen sein möge: diese Frage muß jetzt verstummen. Denn sichtbar ist für den Geist nur, was sich ihm in einer bestimmten Gestaltung darbietet; jede bestimmte Seinsgestalt aber entspringt erst in einer bestimmten Art und Weise des Sehens, in einer ideellen Form- und Sinn*gebung*. « [183]

Das Phänomen der Kultur ist für Cassirer ganz eng mit der Eigentümlichkeit der verschiedenen symbolischen Formen als kreativen Interpretationsformen verbunden. »*Denn der Inhalt des Kulturbegriffs läßt sich von den Grundformen und Grundrichtungen des geistigen Produzierens nicht loslösen: das ›Sein‹ ist hier nirgends anders als im ›Tun‹ erfaßbar.*« [184]

Gegen die Konzeption Cassirers ist eingewandt worden, daß man die *Sprache* nicht als symbolische Form in eine Reihe mit Mythos, Kunst, Religion und Wissenschaft stellen könne, weil sie die anderen symbolischen Formen erst ermögliche, die sich ja weitgehend sprachlich artikulieren müßten. Insofern die Sprache als *forma formans* in allen geistigen Mustern nachwirkt, in denen sie verwendet wird, ist dieser Einwand berechtigt und spricht dafür, der Sprache logisch, genetisch und funktional eine *Sonderstellung* unter den symbolischen Formen einzuräumen. Insofern man seine Aufmerksamkeit aber darauf richtet, daß die natürliche Sprache unabhängig von ihrer Verwendung in anderen symbolischen Formen eine *besondere Strategie* der Weltinterpretation darstellt, über die der Geist ebenso hinausdrängt wie über andere Formen, die er sich selbst gesetzt hat, ist dieser Einwand nicht berechtigt. Die Sonderstellung der Sprache im Reich der symbolischen Formen hat Cassirer durchaus gesehen, denn er hat hervorgehoben, daß der unumgängliche Akt der Lösung der geistigen Aktivitäten von der Sprache sich »*als durch die Sprache selbst bedingt und als durch sie vermittelt*« darstelle. [185]

Die Motive für die Erzeugung von sprachlichen bzw. kognitiven Formen sieht Cassirer weniger in praktischen als in *geistigen* Handlungen verwurzelt. Aus dem Ineinander der verschiedenen Differenzierungsmotive ergibt sich für ihn die spezifische Form der Sprache, »*die jedoch nicht sowohl als Seinsform, als vielmehr als Bewegungsform, nicht als statische, sondern als dynamische Form zu fassen ist*«. Die grammatischen Wortklassen sind für ihn deshalb auch keine »*festen substantiellen Einheiten*«, sondern Formen, die »*sich gleichsam gegenseitig hervortreiben und gegenseitig abgrenzen*«.[186] Das ermögliche den einzelnen Sprachen dann auch, sehr individuelle grammatische Systeme auszubilden, wobei der Verzicht auf den Ausbau einer äußeren Grammatik eine Form des Ausbaus der inneren Grammatik sein könne.[187]

Ebenso wie es nach Auffassung Cassirers in der Erkenntnistheorie mißlinge, den Stoff rein von der Form abzuscheiden und als selbständigen Inhalt zu objektivieren, so mißlinge ein solches Vorhaben auch im Hinblick auf die Sprache. An einer Fülle von Beispielen zeigt er auf, in welch unterschiedlicher Weise in den einzelnen Sprachen die Phänomene *Zeit* und *Raum* sprachlich objektiviert und strukturiert werden und welch unterschiedliche *Differenzierungsstile* sich aus den anfänglichen *Basissetzungen* ergeben haben.[188] Angesichts dieser Verhältnisse läßt sich die These vertreten, daß für grammatische Systeme eine Abstraktionsstufe tiefer genau das gilt, was Cassirer generell für die Funktion von symbolischen Formen postuliert hat. Auch in der *Grammatik* der einzelnen Sprachen bzw. Sprachfamilien manifestieren sich unterschiedliche *Stile* der Kognition und Welterfassung, die im Hinblick auf ihre Prämissen, Zielsetzungen und Methoden nur als ganze miteinander verglichen werden können. Die kognitive Leistung einzelner grammatischer Formen läßt sich ebenso wenig sinnvoll gegeneinander aufrechnen wie einzelne Formen und Aussagen im Mythos, in der Kunst, in der Religion und in der Wissenschaft.

Klare gegenständliche Vorstellungen sind für Cassirer nicht die Anfangsdaten der Sprachbildung, sondern das Ziel lexikalischer und grammatischer Formbildungen. »*Die Sprache tritt nicht in eine Welt der fertigen gegenständlichen Anschauungen ein…, sondern sie ist selbst ein Mittel der Gegenstandsbildung.*«[189] Alles theoretische Erkennen nehme von sprachlichen bzw. symbolisch geformten Vorstellungswelten seinen Anfang. Alle Formen der Mystik, des Intuitionismus und des Sensualismus gingen fehl, wenn sie annähmen, es gebe eine Realität, die *unabhängig* von den Vergegenständlichungsweisen der symbolischen Formen faßbar sei. Cassirer vergleicht deshalb die konstitutive Funktion der Sprache für das Denken mit dem *Speer* des Amfortas in der Gralslegende. Die Wunden und Schmerzen, die die Sprache dem menschlichen Denken beibringe, könnten nur durch die Sprache selbst geheilt und gemildert werden. Der Mensch könne von der natürlichen Sprache zu der Sprache der Wissenschaft, Logik, Mathematik und Physik übergehen, aber der Notwendigkeit des symbolischen Denkens könne er nicht entfliehen. [190]

Sehr aufschlußreich für die Beurteilung der kognitiven Strukturierungskraft der Sprache ist auch eine These Cassirers zum Fremdsprachenerwerb. »*Die eigentliche Schwierigkeit beim Erlernen einer neuen Sprache besteht merkwürdigerweise nicht so sehr im Erlernen eines neuen Vokabulars und einer Grammatik als vielmehr im Vergessen der Muttersprache.*« [191] Die sprachlichen Formen der Muttersprache haben offenbar deshalb eine solche Langzeitwirkung, weil sie *fundamentale* Prämissen für geistige Aktivitäten setzen, die dann differenziert, ergänzt oder negiert werden. Diese Basisprämissen lassen sich in ihren Wirkungen funktional nach dem gestaltpsychologischen Konzept von *Grund* und *Figur* interpretieren oder nach dem biologischen der *Prägung*. Die Prägung wäre dann allerdings nicht als irreversibel zu verstehen wie bei den Tieren, aber als fundamental und traditionsbildend für unsere ganze geistige Vorstellungswelt.

Vor dem Hintergrund dieser Überlegungen läßt sich nun gut zeigen, warum die Einsicht in die sprachliche Relativität des Denkens und Erkennens bei Cassirer nicht wie bei Nietzsche in eine allgemeine erkenntnistheoretische Skepsis geführt hat. Dafür ist insbesondere auch eine frühe Abhandlung Cassirers zur *Relativitätstheorie* Einsteins sehr aufschlußreich. Hier hat Cassirer die Auffassung vertreten, daß die Relativitätstheorie Einsteins nicht als eine Theorie zu werten sei, die die Möglichkeit zu verläßlichen Erkenntnissen leugne, sondern die im Gegenteil aufzeige, wie man zu verläßlichen Erkenntnissen komme, was allerdings eine Modifikation des traditionellen Wahrheitsbegriffs erforderlich mache.

Cassirer hat herausgearbeitet, daß meist deswegen in einem negativen Sinne von der Relativität der Erkenntnis gesprochen werde, weil wir bei unseren Erkenntnisinhalten nicht sauber zwischen *Ding-* und *Wahrnehmungsbestandteilen* bzw. *Objekt-* und *Subjektanteilen* unterscheiden könnten. Aus dieser *globalen* Erkenntnisskepsis käme man nur heraus, wenn man akzeptiere, daß Erkenntnisinhalte sinnvoll nur so konstituiert werden könnten, daß sie eine Relation zu der *erkennenden Instanz* einschlössen. So ließe sich etwa die Farbe *blau* eigentlich nur im Hinblick auf die Differenzierungsfähigkeiten des Auges objektivieren bzw. andere Phänomene im Hinblick auf die dabei jeweils verwendeten Vergegenständlichungsverfahren. Wenn man auf diese Weise die *Erkenntnisverfahren* in den Erkenntnisbegriff selbst integriert, dann gewinnt die Wahrheitsproblematik natürlich einen ganz anderen Charakter, weil das Substanzdenken nun von einem Relations- und Funktionsdenken abgelöst wird.

Den Übergang von einer *Abbildtheorie* zu einer *Funktionstheorie* der Erkenntnis sieht Cassirer nirgends so klar erfaßt und ausgedrückt wie in der *Relativitätstheorie* von Einstein, weil diese Theorie versuche, die funktionale Verkettung von Elementen zu Systemen sowie die allgemeinen Konstitutionsbedingungen für die Objektivierung von Sachverhalten zu beschreiben.

>»Denn nicht, daß jedem wahr sei, was ihm erscheint, will die physikalische Relativitätstheorie lehren, sondern umgekehrt warnt sie davor, Erscheinungen, die nur von einem einzelnen bestimmten System aus gelten, schon für Wahrheit im Sinne der Wissenschaft, das heißt für einen Ausdruck der umfassenden und endgültigen Gesetzlichkeit der Erfahrung zu nehmen. Diese wird weder durch die Beobachtungen und Messungen eines Einzelsystems, noch selbst durch diejenigen beliebig vieler solcher Systeme, sondern nur durch die wechselseitige Zuordnung der Ergebnisse *aller* möglichen Systeme erreicht und gewährleistet.«[192]

Es ist nun offensichtlich, daß diese Interpretation des erkenntnistheoretischen Sinns der Relativitätstheorie Einsteins genau das illustriert, was Cassirer im Prinzip mit seiner *Philosophie der symbolischen Formen* angestrebt hat. Einerseits will er den Glauben an naive substanzorientierte Wirklichkeitsbegriffe zerstören und verdeutlichen, daß unsere Wirklichkeitsvorstellungen *Ergebnisse* der operativen und kognitiven Kraft symbolischer Formen sind. Andererseits will er mit ihr das Bewußtsein für den relationalen Zusammenhang der einzelnen Erkenntnisformen und Erkenntnisinhalte schärfen und verständlich machen, daß keine Objektivationsform von Wirklichkeit sich verabsolutieren darf, sondern daß sich alle *wechselseitig* erhellen. Der systematischen Philosophie stellt sich deshalb folgende Aufgabe.

>»Sie hat das *Ganze* der symbolischen Formen, aus deren Anwendung für uns der Begriff einer in sich gegliederten Wirklichkeit entspringt... zu erfassen und jedem Einzelnen in dieser Gesamtheit seine feste Stelle anzuweisen... Jede besondere Form würde sich freilich in dieser Auffassung gegenüber anderen relativieren; – aber da diese Relativierung durchaus wechselseitig ist, da keine Einzelform mehr, sondern nur deren systematische Allheit als Ausdruck der ›Wahrheit‹ und ›Wirklichkeit‹ zu gelten hätte, so würde diese Schranke, die sich damit ergibt, auf der andren Seite als eine durchaus immanente Schranke erscheinen; als eine solche, die sich aufhebt, sobald wir das Einzelne wieder auf das Ganze beziehen und im Zusammenhang des Ganzen betrachten.«[193]

Mit seiner *Philosophie der symbolischen Formen* will Cassirer dazu beitragen, *»eine Art Grammatik der symbolischen Funktion als solcher«* zu schaffen, die den Konstitutions- und Korrelationszusammenhang der einzelnen Symbolisierungsformen erfaßt bzw. ihren spezifischen *»Brechungsindex«* angibt.[194] Aus diesen Bemühungen ergibt sich allerdings ein logisches Stufungsproblem, insofern die philosophische Reflexion wieder eine Art *metasymbolische Form* ist, in der die Leistungen der untergeordneten symbolischen Formen qualifziert werden können.

Obwohl Cassirer die einzelnen Sprachen bzw. die grammatischen Systeme der einzelnen Sprachen nicht als eigenständige symbolische Formen qualifiziert hat, kann es im Prinzip keine gravierenden Einwände dagegen geben, nicht nur die Sprache im allgemeinen, sondern auch die einzelnen Sprachen bzw. ihre grammatischen Systeme als untergeordnete *symbolische Formen* zu begreifen. Dafür spricht, daß Cassirer immer wieder die unterschiedlichen sprachlichen Kognitionsstile benutzt hat, um seine Intentionen zu erläutern, und daß auch grammatische Muster kognitive Objektivationsmittel sind.

Wenn man das *sprachliche Relativitätsprinzip* Whorfs im Sinne des *Relativitätsver-ständnisses* von Cassirer versteht, dann ist daraus kein allgemeiner erkenntnistheoreti-scher Skeptizismus abzuleiten, sondern nur die alte semiotische Einsicht, daß alle Erkenntnis notwendigerweise *perspektivisch* organisiert sein muß und daß die Vorstel-lung einer medienfreien absoluten Erkenntnis illusorisch ist. Die kognitive Besonder-heit der lexikalischen und grammatischen Differenzierungsformen ist im Sinne Cassi-rers deshalb auch weniger als eine determinierende Schranke unseres Denkens und Wissens anzusehen, sondern eher als eine konstitutive Vorbedingung von Erkennt-nisprozessen überhaupt, weil es ohne die Konkretisierung *spezifischer* Wahrnehmungs-formen überhaupt keine Wahrnehmung für den Menschen geben kann.

Ebenso wie die Relativitätstheorie Einsteins dazu dient, den Raum- und Zeitbegriff auf einer höheren Ebene konstitutiv miteinander zu verschränken, so kann das Kon-zept der sprachlichen Relativität auf einer höheren Denkebene dazu dienen, den spezi-fischen erkenntniskonstitutiven Charakter der Sprache bzw. einzelner lexikalischer und grammatischer Formen herauszuarbeiten. Die *Besonderheit* der einzelnen Spra-chen wäre dann kein Makel, sondern eine unabdingbare Voraussetzung dafür, daß die Sprache überhaupt kognitive Funktionen wahrnehmen kann. Diesem Gedanken hat auch schon Humboldt Ausdruck gegeben, als er betonte, daß die »*Summe des Erkenn-baren*« zwischen allen Sprachen liege und daß der Mensch sich »*diesem rein objectiven Gebiete*« nicht anders als auf »*einem subjectiven Wege*« nähern könne bzw. daß »*die objective Wahrheit aus der ganzen Kraft der subjectiven Individualität hervorgeht*«, was nur »*mit und durch Sprache*« möglich sei. [195]

10. *Grammatische Ordnungsmuster und das Wahrheitsproblem*

Nietzsches prinzipielle Skepsis gegenüber dem Erkenntniswert und der Erkenntnis-funktion der überlieferten sprachlichen Ordnungsmuster und Cassirers Einsicht in die funktionale Notwendigkeit symbolischer Formen bzw. sprachlicher Ordnungsmuster für Erkenntnisprozesse überhaupt verdeutlichen, welches Gewicht das Phänomen *Sprache* bei der Frage nach der *Wahrheit* in der neueren Philosophie bekommen hat, nachdem das naive Sprachvertrauen verlorengegangen war und die Sprache als *trans-zendentaler* Faktor von Erkenntnisprozessen ernst genommen werden mußte. Um die sprachlichen und insbesondere die grammatischen Implikationen der Frage nach der Wahrheit aufzudecken, muß wahrheitstheoretisch problematisiert werden, auf welche sprachlichen *Ordnungsmuster* die Wahrheitsfrage überhaupt sinnvoll bezogen werden kann. [196]

Üblicherweise wird geltend gemacht, daß das Wahrheitsproblem sich erst auf der Ebene des *Satzes* ergebe bzw. auf der Ebene der *Propositionen*, denen ein Satz Aus-druck gibt, aber nicht auf der Ebene der sprachlichen Formen bzw. der kognitiven Muster, aus denen sich Sätze bzw. Propositionen konstituieren. Erst wenn man einem Gegenstand ein Prädikat zu- oder abspreche und damit eine Tatsache behaupte, ließe

sich die Wahrheitsfrage sinnvoll stellen. Isolierte Begriffe und kognitive Muster könnten wahrheitstheoretisch gar nicht sinnvoll qualifiziert werden, weil sie keinen Bezug
zu individuellen, empirisch faßbaren Tatsachen hätten.

Wenn man auf diese Weise argumentiert, dann entziehen sich auch grammatische
Zeichen der Wahrheitsfrage, weil sie ebensowenig wie lexikalische Zeichen Tatsachen-
behauptungen aufstellen. Als bloße kognitive Muster sind sie weder wahr noch falsch,
sondern höchstens mehr oder weniger praktikabel. Diese Beschränkung der Wahrheitsfrage auf die Ebene von *deskriptiven Behauptungssätzen* bzw. *Aussagen* ist methodisch sicher sinnvoll, weil ihr dadurch ein präziser Sinn gegeben wird und weil sich
der Wahrheitsanspruch von Aussagen relativ leicht überprüfen läßt.

Die Reduktion der Wahrheitsproblematik auf die Ebene von Aussagen entspricht
unserem alltäglichen Wahrheitsverständnis. Dieses hat seit Aristoteles eine lange philosophische Tradition und ist als *Korrespondenztheorie* oder *Adäquationstheorie* der
Wahrheit bekannt geworden. Nach diesen Theorien gelten Aussagen dann als wahr,
wenn das von ihnen erzeugte Vorstellungsbild mit faktisch gegebenen Tatsachen korrespondiert bzw. diese adäquat abbildet.

So brauchbar der Gedanke der Widerspiegelung der Realität auf der Ebene der
Aussagen für unsere alltäglichen Lebensbedürfnisse auch ist, so problematisch wird er,
wenn wir seine sprachtheoretischen Implikationen näher untersuchen. Es stellt sich
dann nämlich die Frage, wie wir die *Korrespondenz* von Aussagen und Tatsachen
sicher feststellen können, ein Problem, das insbesondere dann virulent wird, wenn wir
es mit Aussagen zu tun haben, die sich auf sinnlich nicht wahrnehmbare Sachverhalte
beziehen. Unter diesen Umständen wird dann nämlich sehr schnell deutlich, daß das
Wahrheitsproblem auch eine soziale Dimension hat und daß es ohne den *Konsensusge-
danken* nicht zureichend konkretisiert werden kann, was wiederum ein ganz neues
Licht auf die sprachtheoretischen Prämissen der Korrespondenztheorie der Wahrheit
wirft.

Es zeigt sich nämlich, daß die Beschränkung der Wahrheitsproblematik auf die
Ebene des Satzes bzw. der Aussage Ausdruck eines sprachtheoretischen Reflexions-
standes ist, in dem das Vertrauen in die kognitive Adäquatheit der vorhandenen
lexikalischen und grammatischen Ordnungsmuster unerschüttert ist und in dem sich
alle Aufmerksamkeit darauf konzentrieren kann, daß von den sprachlichen Ordnungsformen kein *täuschender* Gebrauch gemacht wird. Es wird aber nicht problematisiert,
ob die verwendeten sprachlichen Ordnungsmuster, aus denen sich Sätze bzw. Aussagen konstituieren, überhaupt brauchbar sind, um adäquate Korrespondenzrelationen
zu ontischen Tatsachen herzustellen. Ebenso wie man sich die Frage stellen kann, wie
es um die Verläßlichkeit einer Brücke bestellt ist, die aus unzuverlässigem Baumaterial
hergestellt worden ist, so kann man sich auch die Frage stellen, wie es um die Verläßlichkeit der Abbildungsfunktion von Aussagen steht, die aus ontologisch nicht ver-
trauenswürdigen sprachlichen Mitteln konstituiert worden sind.

Wenn wir unsere Aufmerksamkeit nicht mehr nur auf das Problem richten, ob
Aussagen Tatsachen richtig abbilden, sondern auch darauf, ob sich Tatsachen überhaupt *strukturanalog* durch sprachliche Ordnungsformen abbilden lassen, dann läßt
sich das Wahrheitsproblem nicht mehr auf die Ebene von Aussagen reduzieren, son-

dern muß auch auf der Ebene der *sprachlichen Ordnungsmuster* behandelt werden, aus denen sich Aussagen konstituieren. Dabei kann dann nicht nur die mögliche Darstellungsfunktion der einzelnen lexikalischen und grammatischen Ordnungsmuster näher ins Auge gefaßt werden, aus denen sich Sätze bzw. Aussagen bilden, sondern auch das Schema, das Sätzen bzw. Aussagen zugrunde liegt und das möglicherweise ja Ausdruck einer antiquierten Ontologie von Substanz und Akzidenz ist.

Im folgenden sollen nun drei erkenntnistheoretische *Modellbildungen* näher untersucht werden, um die wahrheitstheoretischen Implikationen des Grammatikproblems freizulegen. Es handelt sich dabei um die traditionelle *Korrespondenztheorie* der Wahrheit, die bis in die Gegenwart hinein eine große Aktualität hat, um die sogenannte *Widerspiegelungstheorie*, die als Variante der Korrespondenztheorie insbesondere in materialistischen Theoriebildungen eine große Rolle spielt, und um die *Konsensustheorie*, die im pragmatischen und semiotischen Denken einen hohen Stellenwert hat.

a) Die Korrespondenztheorie

In ihrer umfassendsten Form beinhaltet die Korrespondenztheorie der Wahrheit, daß ein Satz nur dann als *wahr* zu qualifizieren ist, wenn nicht nur sein *Aussageinhalt* bzw. seine Proposition mit einer faktisch existierenden Tatsache korrespondiert, sondern auch seine *Elemente* und seine *Form* eine ontische Korrespondenz haben. Am prägnantesten hat der frühe Wittgenstein in seiner schon vorgestellten Abbild- oder Isomorphietheorie des Satzes dieser Auffassung Ausdruck gegeben. Danach repräsentieren Elementarsätze ein »*Bild der Wirklichkeit*«, insofern in ihnen *Sprachstruktur* und *Sachstruktur* einander *analog* zu sein haben. Solche Sätze sollen nicht nur Tatsachen aussagen, sondern durch ihre Form auch *aufweisen*. Nach Wittgenstein können nämlich Elementarsätze logische Bilder von Tatsachen sein, weil die Möglichkeit des Satzes »*auf dem Prinzip der Vertretung von Gegenständen durch Zeichen*«, beruhe.[197] Obwohl Wittgenstein nie eindeutig geklärt hat, was als Elementarsatz anzusehen ist, so kann doch davon ausgegangen werden, daß sich sein Isomorphiepostulat nicht nur auf die Korrespondenz von lexikalischen Einheiten und Gegenständen bezieht, sondern auch auf die Korrespondenz von grammatischen Ordnungsformen und ontischen Gegebenheiten.

Wohlweislich hat Wittgenstein seine Isomorphietheorie des Satzes auf wissenschaftliche Elementarsätze beschränkt, weil sich sonst sehr schnell gezeigt hätte, daß sich dieses Konzept kaum aufrechterhalten läßt. Nur auf dieser Ebene kann man zeitweilig vergessen, daß die Sprache eher ein Interpretations- als ein Abbildungsmedium für die Realität ist. Tarski hat deshalb auch ausdrücklich betont, daß die *Korrespondenztheorie* der Wahrheit in einem exakten Sinn nur im Rahmen von *formalisierten Sprachen* angewendet werden kann, nicht aber im Rahmen der vagen natürlichen Sprache. »*Das Problem der Definition der Wahrheit hat einen präzisen Sinn und kann in strenger Form gelöst werden nur für die Sprachen, deren Struktur exakt bestimmt worden ist.*«[198] Das Dilemma der Korrespondenztheorie der Wahrheit besteht darin, daß man kein sicheres Verfahren angeben kann, um die Korrespondenz bzw. Isomorphie von Aussagen und Tatsachen zu prüfen. Die Präzisierung von Elementen und Relationen bietet zwar eine Hilfe, aber sie löst das Problem nicht.

Wenn man an der Korrespondenztheorie der Wahrheit als Grundlage einer realistischen Erkenntnistheorie festhält, dann kommt man um eine sprachtheoretische Konsequenz nicht herum. Man muß entgegen nominalistischen Denkpositionen annehmen, daß *lexikalische* und *grammatische* Muster nicht hypothetische Interpretationskonstrukte des Menschen sind, sondern sprachliche Ordnungsformen, die mit *ontischen* Ordnungsformen zumindest in wissenschaftlich gereinigten Sprachen *korrespondieren*. Streit kann es nur darüber geben, was der Begriff *Korrespondenz* beinhaltet, ob darunter eine direkte *Widerspiegelung* oder nur eine mehr oder weniger genaue *Entsprechung* zu verstehen ist.

Insgesamt muß aber daran festgehalten werden, daß die Korrespondenztheorie der Wahrheit sowohl im lexikalischen wie im grammatischen Bereich im Prinzip mit einem *ontosemantischen* Bedeutungskonzept arbeiten muß und sich mit *pragmatisch* orientierten Bedeutungskonzepten nicht zufrieden geben kann. Damit tauchen dann aber im Zusammenhang mit der Frage nach dem Wahrheitsgehalt grammatischer Ordnungsmuster wieder die gleichen Probleme auf, die schon in dem Kapitel *Semantik und Grammatik* erörtert worden sind. Man muß wieder unterscheiden zwischen grammatischen Mustern mit Bedeutung bzw. ontischer Korrespondenz und solchen ohne Bedeutung bzw. rein strukturierender Organisationsfunktion bei der Bildung komplexer Zeichen. Dabei bleibt dann nicht nur das Problem ungelöst, wo die genaue Grenzlinie zwischen beiden Typen grammatischer Formen verläuft, sondern auch, ob die strukturbildenden grammatischen Formen ontologisch wirklich so neutral sind, wie es auf den ersten Blick erscheint. Auch die Unterscheidung Admonis zwischen grammatischen Kategorien mit ontischen Bezügen zur Realität, mit interpretativen Bezügen zur Kommunikationssituation und mit Bezügen zu rein formalen Organisationsaufgaben löst diese Schwierigkeit nicht, sondern differenziert sie nur.

Die Korrespondenztheorie der Wahrheit kann von ihrer ganzen Anlage her den *medialen* und *interpretativen* Charakter sprachlicher Formen erkenntnistheoretisch nicht zureichend berücksichtigen. Sie muß sprachtheoretisch mehr oder weniger naiv bleiben, um nicht den Boden unter den Füßen zu verlieren. Seit ihren Anfängen lebt sie von dem Glauben, daß *Kosmos* und *Logos* nicht nur in einer irgendwie analogen, sondern in einer *symmetrischen* Beziehung zueinander stehen, und daß unsere lexikalischen und grammatischen Ordnungsformen Abbildungsformen sind, die die Realität gleichsam auf der Ebene der Sprache verdoppeln. Die Sprache wird von ihr immer nur in der Perspektive eines *Abbildungsinstrumentes* für Realität wahrgenommen, aber nicht in der Perspektive eines *Handlungsinstrumentes* für den Umgang mit der Realität.

Wie sehr die Korrespondenztheorie der Wahrheit den Blick auf die kognitive Leistung grammatischer Formen einzuengen vermag, soll ein Blick auf die *Kausalitätsproblematik* und das System der *Kausalkonjunktionen* exemplifizieren. Hier läßt sich gut demonstrieren, in welche Schwierigkeiten man gerät, wenn man den Wahrheitsgehalt komplexer Sätze nach der Korrespondenztheorie der Wahrheit qualifizieren will, weil

Kausalkonjunktionen eine ontologische Behauptung über den Typ des Zusammenhangs zwischen zwei empirischen Einzeltatsachen aufstellen *(Der Stein erwärmt sich, weil die Sonne scheint)*.

Zunächst stellt sich die philosophiegeschichtlich altbekannte Frage, ob *Kausalität* eine *Seinskategorie* oder eine *Denkkategorie* ist bzw. ein ontisches oder ein ontologisches Phänomen. Falls die Kausalität eine Seinskategorie ist, ergibt sich weiter die Frage, ob das System der Kausalkonjunktionen in den einzelnen Sprachen diese Seinskategorie adäquat subdifferenziert oder nicht. Wenn nämlich das System der Kausalkonjunktionen das ontische System der Kausalrelationen nicht adäquat wiedergibt, dann wird es problematisch, komplexen Sätzen einen positiven Wahrheitswert zuzubilligen, in denen Konjunktionen mit einem inadäquaten ontischen Abbildungsgehalt verwendet werden.

Im praktischen Alltagsbewußtsein ist es uns völlig selbstverständlich, die Kausalität als eine *Seinskategorie* anzusehen, weil uns kaum eine Ordnungsstruktur der Realität selbstverständlicher ist als das Ordnungsprinzip von Ursache und Wirkung. Aber schon Hume[199] hat nachdrücklich darauf aufmerksam gemacht, daß wir die *faktische* Existenz der kausalen Verknüpfung von zwei Einzeltatsachen empirisch nicht exakt nachweisen könnten, sondern allenfalls den räumlichen Zusammenhang und die zeitliche Abfolge von Einzelfaktoren konstatieren könnten *(Jedesmal, wenn die Sonne scheint, erwärmt sich der Stein)*. Diese These Humes, daß die Kausalität kein Gegenstand empirischer Erfahrung sei, sondern ein *Bedürfnis des Denkens*, hat das erkenntnistheoretische Denken nachhaltig verunsichert. Kant fühlt sich durch Humes Überlegungen aus seinem »*dogmatischen Schlummer*«[200] gerissen und genötigt, die Kategorie der Kausalität zu einer Kategorie *a priori* zu erklären, die nicht aus der Erfahrung stamme, sondern vielmehr dazu diene, Erfahrungen machen zu können. Konrad Lorenz ist Kant gefolgt und hat die Kausalität als eine *Denkform* bezeichnet, die sich auf evolutionäre Weise genetisch im Erkenntnisapparat des Menschen verankert habe, weil sie sehr brauchbar sei, um mit der Realität fertig zu werden.

Wenn wir mit Hume, Kant und Lorenz die Kategorie der Kausalität als eine *Interpretationskategorie* betrachten und berücksichtigen, daß auch in der Physik der Begriff der Kausalität möglichst zugunsten des Begriffs der *Funktion* vermieden wird bzw. Kausalität als statistisch sehr hohe Wahrscheinlichkeit verstanden wird, dann zeigt sich, welche wahrheitstheoretische Brisanz mit *Kausalkonjunktionen* im Kontext der Korrespondenztheorie verbunden ist. Kausalkonjunktionen gliedern die Relation von Ursache und Wirkung typologisch auf; offen bleibt aber, ob diese Differenzierungen ontisch gerechtfertigt oder nur praktisch verwendbar sind.

In der deutschen Sprache wird bei der Differenzierung von *Ursache-Wirkungs-Relationen* unterschieden zwischen *kausalen* Relationen im engeren Sinne *(weil, da)*, *konsekutiven* Relationen *(so daß)*, *finalen* Relationen *(damit)* und *konditionalen* Relationen *(wenn, falls)*. [201] Bei der Analyse des Funktionsprofils der einzelnen Konjunktionen fällt auf, daß viele doppeldeutig sind. So kann die Konjunktion *wenn* konditional oder temporal verstanden werden, während im Englischen hier klar unterschieden wird *(if, when)*.

Diese Doppeldeutigkeiten kann man als eine ärgerliche Polysemie betrachten, die in formalisierten Fachsprachen ausgemerzt werden muß, aber man kann sie auch als eine *realistische* Vagheit werten. Wenn konditionale und temporale Relationen zwischen zwei Tatbeständen nicht wohlgetrennte ontische Relationen sind, sondern nur pragmatisch motivierte *Interpretationshypothesen* über den möglichen Zusammenhang von zwei Tatbeständen, dann dürfen wir Konjunktionen semantisch nicht schärfer machen, als wir interpretatorisch rechtfertigen können. Der semantische Gehalt von Konjunktionen darf nicht *präziser* sein als die faktische Relation selbst, die mit ihr benannt werden soll. Wenn Konjunktionen informationstheoretisch vage oder doppeldeutig sind, so können sie gleichwohl ontischen Tatbeständen angemessen sein. Wir können theoretisch immer schärfere Grenzlinien postulieren, als faktisch vorhanden sind. Es ist nicht auszuschließen, daß sprachliche bzw. grammatische Differenzierungen die Komplexität der Realität in kategorialer oder in empirischer Hinsicht gerade deshalb verfehlen, weil sie feinere oder *schärfere* Typisierungen vornehmen, als tatsächlich gegeben sind oder sich sachlich begründen lassen.

Die beiden empirischen Tatbestände, daß jemand Wein trinkt und gute Laune hat, lassen sich auf sehr unterschiedliche Weise miteinander in Verbindung bringen, wobei jede Einzelinterpretation möglicherweise die tatsächlichen Gegebenheiten verzerrt, weil sie etwas ausschließt, was auch, wenn auch nicht dominant, gegeben ist. Die beiden Tatbestände lassen sich *kausal* verknüpfen *(Karl trinkt Wein, weil er gute Laune hat)*, *konditional* verknüpfen, *(Karl trinkt Wein, wenn er gute Laune hat)*, *konsekutiv* verknüpfen *(Karl trinkt Wein, so daß er gute Laune hat)* oder *final* verknüpfen *(Karl trinkt Wein, damit er gute Laune hat)*.

Wie sehr die Einschätzung der Adäquatheit einer Konjunktion in einer komplexen Aussage davon abhängt, welche ontologischen Grundauffassungen man hat, mag ein anderes Beispiel zeigen. Den komplexen Satz – *Eis ist spezifisch leichter als Wasser, damit es auf dem Wasser schwimmt* – werden wir normalerweise für einen abstrusen und falschen Satz halten, weil die finale Konjunktion *damit* eine unzutreffende Relation für den Zusammenhang von zwei empirischen Tatbeständen herstellt. Wenn man nun aber die Auffassung vertritt, daß die Realität das Ergebnis eines durchdachten Schöpfungsplanes sei, dann gewinnt die finale Verknüpfung an Plausibilität, weil andernfalls das Eis in den Seen auf den Grund absackte und dort alles Leben vernichtete.

Dieses Beispiel macht auch klar, welche Schwierigkeiten sich ergeben, wenn man den Wahrheitswert von Aussagen, die sich der empirischen Erfahrung und der sinnlichen Gewißheit entziehen, nach der Korrespondenztheorie der Wahrheit qualifizieren will. Um diese Schwierigkeiten zu umgehen, hat man die sogenannte *Kohärenztheorie* der Wahrheit entwickelt, die es ermöglicht, alle Aussagen als wahr zu bewerten, die nicht in einem logischen Widerspruch zu Norm- und Kontrollaussagen stehen, deren Wahrheit axiomatisch angenommen wird. Die Kohärenztheorie läßt sich in grammatisch und lexikalisch durchformalisierten Sprachen ganz gut anwenden, in der vagen natürlichen Sprache ist sie aber kaum verwendbar.

Außerdem ist zu beachten, daß die Kohärenztheorie der Wahrheit dem ideologischen und rein logischen Denken Vorschub leistet, weil sie das *Wahrheitsproblem* weitgehend zu einem *Deduktionsproblem* macht und weil sie das *hermeneutische* reflexive Denken einschränkt. Der kognitive Gehalt der grammatischen Ordnungsmuster wird automatisch zu den unantastbaren axiomatischen Grundtatbeständen des Denkens gerechnet, weil sonst das ganze Denksystem ins Rutschen käme.

b) Die Widerspiegelungstheorie

Eine spezifische Variante der Korrespondenztheorie der Wahrheit ist im marxistisch-materialistischen Denken in Form der sogenannten *Widerspiegelungstheorie* entwikkelt worden. Diese Widerspiegelungstheorie, die oft auch als *Abbildtheorie* bezeichnet wird, hat wichtige sprachtheoretische Implikationen und bietet einen guten Hintergrund, um die Erklärungskraft der Konsensustheorie der Wahrheit abschätzen zu können. Durch zwei Thesen, die in einer nicht geringen Spannung zueinander stehen, wird die traditionelle Korrespondenztheorie der Wahrheit in der sogenannten Widerspiegelungstheorie akzentuiert und modifiziert.

Einerseits wird in ihr im Rahmen einer *Adäquatheitsthese* grundsätzlich daran festgehalten, daß die objektive Realität im Denken erfaßt und sprachlich widergespiegelt werden kann, wobei es allerdings sehr unterschiedliche Auffassungen darüber gibt, was unter dem Begriff *Widerspiegelung* konkret zu verstehen ist. Fraglich ist nämlich, ob man den Inhalt der geistigen und sprachlichen Widerspiegelung als direktes *Abbild*, als bloße *Entsprechung* oder nur als *Ausdruck* der Realität verstehen soll. Kriterium der Wahrheit von geistigen Abbildern bzw. Aussagen bleibt aber in jedem Fall letztlich die *sinnliche Gewißheit* der empirischen Erfahrung.

Andererseits wird in ihr im Rahmen einer *Praxisthese* auch daran festgehalten, daß die Wahrheit der gedachten oder sprachlich objektivierten Abbilder der Realität sich weder in genauen Kontemplationen noch in logischen Deduktionen ergibt, sondern letztlich allein durch die *praktische Bewährung* in Handlungsprozessen. Die Praxisthese erweist sich für diesen Denkansatz auch deshalb als unverzichtbar, weil die physische, soziale und geistige Wirklichkeit als eine sich dialektisch verändernde Seinsordnung betrachtet wird, für deren geistige Widerspiegelung die alten kognitiven Muster immer wieder verändert werden müssen bzw. gänzlich neue zu entwickeln sind.

Die innere Spannung der Widerspiegelungstheorie besteht nun darin, daß der Wahrheitsbegriff einerseits an das Kriterium der sinnlichen Gewißheit bzw. Vereinbarkeit mit Grundüberzeugungen gebunden wird und andererseits an das der Zweckdienlichkeit und der historischen Adäquatheit. Es ist offensichtlich, daß diese Kriterien nicht notwendigerweise in Harmonie miteinander stehen müssen und daß sich das Problem stellt, welche Instanz im Zweifelsfall entscheidet, welchem Kriterium das größere Gewicht zukommen soll. Außerdem ist in diesem Zusammenhang zu berücksichtigen, daß alle sinnliche Erfahrung schon *theoriegetränkt* ist und daß die praktische Bewährung von geistigen Abbildern nur dann beurteilt werden kann, wenn man zuvor Einigkeit über die jeweiligen Handlungsziele und Differenzierungsinteressen erzielt hat.

Das Problem der getreuen Abbildung der Welt im Denken und Sprechen hat von Marx bis Schaff viele Varianten gefunden, bei denen die Sprache als erkenntnisbestimmender Faktor bzw. Medium in unterschiedlicher Weise berücksichtigt worden ist.

Marx und Engels lassen die Sprache aus der »*Notdurft des Verkehrs mit andern Menschen*« hervorgehen. [202] Gleichwohl erschöpft sich für sie die Sprache aber nicht in rein praktischen Zwecken, sondern vermag sich zu einer eigenen Welt zu verselbständigen, die in Spannung zu der tatsächlichen Realität geraten kann. So hätten beispielsweise die Philosophen nicht nur das Denken, sondern auch die Sprache »*zu einem eigenen Reich*« verselbständigt. »*Das Problem aus der Welt der Gedanken in die wirkliche Welt herabzusteigen, verwandelt sich in das Problem, aus der Sprache ins Leben herabzusteigen.*« [203]

Den Gedanken einer sich ideologisch verselbständigenden Sprache, die nicht mehr recht auf die Realität paßt, beziehen Marx und Engels aber wohl nur auf die lexikalische Ebene. Die *grammatischen* Ordnungsformen der Sprache gelten ihnen offenbar als *neutrale* logische Formen, die ideologisch unverdächtig sind. Dafür sprechen eine Reihe von beiläufigen Bemerkungen, denn explizit hat sich keiner von beiden mit dem Grammatikproblem auseinandergesetzt.

In der Aufzeichnung über eine Rede von Marx über die allgemeine Bildung in der modernen Gesellschaft heißt es, daß in den Schulen keine Lehrfächer eingeführt werden dürften, die eine Partei- oder Klassenauslegung durch die jeweiligen Lehrer zuließen. »*Nur Fächer wie Naturwissenschaften, Grammatik usw. könnten in den Schulen gelehrt werden.*« [204] Engels mokiert sich in einem Brief an Bebel über die utopischen Entwürfe von Weitling (»*darunter eine neue Grammatik, worin der Dativ als Erfindung der Aristokraten abgeschafft war*«). [205] In einem Brief an J. Bloch erklärt er, daß man sich lächerlich mache, wenn man alle historischen Tatbestände wie etwa die Existenz jedes deutschen Kleinstaats oder »*den Ursprung der hochdeutschen Lautverschiebung*« ökonomisch erklären wolle. [206]

Für die marxistischen Denkpositionen ist kennzeichnend, daß sie der Sprache zwar eine mehr oder minder große Eigenständigkeit zubilligen, daß sie in ihr aber keinen *eigenständigen* erkenntnistheoretischen oder geschichtlichen *Machtfaktor* sehen, weil sie die Sprache als eine funktionale Größe verstehen, die aus der Notdurft des Verkehrs bzw. der Arbeitsteilung hervorgegangen ist. Deshalb finden sich auch immer wieder scharfe Polemiken gegen Sprachtheorien des 19. Jahrhunderts, in denen die Sprache als ein eigenständiger Organismus angesehen wird, der sich nach immanenten Gesetzen fortentwickle.

In den Formen des marxistisch-materialistischen Denkens, in denen das Verhältnis von *Basis* und *Überbau* als kausales Bedingungsverhältnis und als universales Erklärungskonzept für geschichtliche Prozesse betrachtet wird, hat sich unabweisbar die Frage gestellt, ob die *Sprache* bzw. die *Grammatik* als *Kulturphänomen* dem *Überbau* zuzurechnen ist oder als *Produktivkraft* der *Basis*. Diese Frage ist einerseits deswegen theoretisch sehr brisant, weil sich die Sprache weder dem Überbau noch der Basis problemlos zuordnen läßt, und andererseits deswegen, weil die Zuordnungsschwierigkeiten Zweifel daran wecken können, ob das Konzept von Basis und Überbau wirklich ein *universales* Erklärungskonzept für geschichtliche Prozesse ist.

Zur Basis werden nach Marx und Engels die »*Gesamtheit der Produktionsverhältnisse*« gerechnet, die die »*ökonomische Struktur der Gesellschaft*« ausmachen. [207] Entsprechend der These, daß das Sein das Bewußtsein bestimme, nimmt Marx dann an, daß sich auf dieser Basis in Form von *juristischen, religiösen, philosophischen* und *künstlerischen* Theorien bzw. Denkweisen ein geistiger Überbau bilde, der sich in Korrelation mit den Veränderungen in der Basis historisch fortentwickle.

Für eine Zuordnung der Sprache zum *Überbau* spräche in diesem Denkansatz, daß sich in den lexikalischen und grammatischen Ordnungsmustern ein historisch entwikkeltes *Wissen* dokumentiert, das von dem Entwicklungsstand der Basis abhängt. Offensichtlich wird so etwas beispielsweise in denjenigen *lexikalischen* Begriffsbildungen, die sich auf historisch neu entstandene Sachverhalte beziehen oder die ideologischen Denkkonstrukten bestimmter gesellschaftlicher Klassen Ausdruck verleihen. Schwierig wird es für diesen Denkansatz dann allerdings, diejenigen sprachlichen Phänomene eindeutig als Überbauphänomene zu klassifizieren, denen man eine direkte Korrespondenz zu *ontischen* oder *logischen* Ordnungsstrukturen zubilligt bzw. die wegen ihrer *instrumentellen* Funktionen nicht als besonders ideologieträchtig gelten und die sich auch historisch als ziemlich resistent gegenüber Veränderungen in der Basis erwiesen haben.

Für eine Nähe, wenn auch vielleicht nicht für eine Zuordnung sprachlicher Ordnungsformen zur Basis spräche, daß sprachliche Zeichen irgendwie zu den *Produktivkräften* gehören, wenn auch nicht zu den *materiellen*, sondern zu den *geistigen*. Ebenso wie anderes Wissen sind auch die Sprachformen Produkte früherer Tätigkeiten, die wieder in den allgemeinen Produktionsverhältnissen wirksam werden.

Das Problem der Zuordnung der Sprache zum Überbau oder zur Basis verschärfte sich, als durch einige Nachfolger von Marx das Verhältnis von Basis und Überbau immer weniger als *dialektisches Entsprechungsverhältnis* und immer mehr als *kausales Bedingungsverhältnis* verstanden wurde. Als dann im Anschluß an sprachtheoretische Überlegungen von Marr in der Sowjetunion die Erwartung auftauchte, daß sich die russische Sprache als *Überbauphänomen* entscheidend ändern müsse, da die Oktoberrevolution ja eine neue *Basis* geschaffen habe, sah sich Stalin 1950 in einer Reihe von Prawda-Artikeln dazu genötigt, auf das Problem der Zuordnung der Sprache zum Überbau einzugehen.

Stalin vertrat in diesen Artikeln die Ansicht, daß die Sprache, abgesehen von einigen ideologieträchtigen Begriffen, nicht von einer Klasse *allein* hervorgebracht worden sei und deshalb auch nicht den Interessen einer einzigen Klasse diene. Da die Sprache als Verständigungsmittel der ganzen Gesellschaft nütze, ließe sich auch erklären, warum sie gleichermaßen einem *alten* absterbenden Überbau dienen könne als auch einem *neuen* bzw. den *Ausbeutern* und den *Ausgebeuteten*. Die Sprache sei gegenüber den gesellschaftlichen Klassen ebenso neutral wie beispielsweise die Maschinen als materielle Produktionsmittel. Als Produkt vieler Epochen lebe die Sprache auch unvergleichlich länger als jeder beliebige Überbau und jede beliebige Basis.[208] In den Nationalsprachen gebe es zwar klassengebundene Jargons und Dialekte, aber insgesamt könne die Sprache nicht zum Überbau gerechnet werden, da sie von der Kultur als Überbauphänomen klar zu trennen sei. »*Eine Kultur kann bürgerlich oder sozialistisch sein, die Sprache aber, als Verbindungsmittel der Gesellschaft, ist immer dem ganzen Volk gemeinsam und vermag der bürgerlichen wie auch der sozialistischen Kultur zu dienen.*«[209]

Insbesondere die Grammatik hält Stalin im Hinblick auf das Zuordnungsproblem zum Überbau für ein *neutrales* und nicht ideologieverdächtiges Phänomen. Sie habe sich zwar historisch entwickelt, aber sie repräsentiere, ähnlich wie die Mathematik, eigentlich nur ein Inventar logischer Relationsstrukturen. Zu diesem Urteil kann Stalin kommen, weil er seinen Grammatikbegriff auf rein *formale* Organisationsfunktionen in der Sprache reduziert hat und die kognitiven Interpretationsfunktionen grammatischer Ordnungsmuster gar nicht in den Blick bekommt.

»Die Grammatik (Morphologie und Syntaxis) ist eine Sammlung von Regeln für die Wortbeugung und für die Vereinigung der Wörter zu einem Satz ...
Eine Grammatik ist das Resultat einer langen, abstrahierenden Arbeit des menschlichen Denkens, ein Abbild der gewaltigen Erfolge des Denkens. Hierin erinnert die Grammatik an die Geometrie, die ihre eigenen Gesetze anbietet, die sie von konkreten Dingen abstrahiert, und die Dinge wie Körper, ohne konkrete Bedeutung betrachtet, die Beziehung zwischen den Dingen nicht als konkrete Beziehungen zwischen konkreten Dingen, sondern als Beziehungen der Körper überhaupt, frei von jeder konkreten Bedeutung, bestimmt.« [210]

Nach Stalin vollzieht sich die Entwicklung der Sprache nicht so wie die des Überbaus. Ihr Inventar von Formen werde nicht durch ein anderes ersetzt, sondern ohne revolutionäre Umbrüche kontinuierlich verbessert und präzisiert. Gleichwohl verwirft Stalin aber auch den Vorschlag Marrs, die Sprache den Produktionsmitteln zuzuordnen, weil er diese dadurch definiert wissen will, daß sie unmittelbar zur Erzeugung materieller Güter dienen. Das Zuordnungsdilemma löst Stalin mit der These: »*Die Sprache kann weder der Kategorie einer Basis noch der eines Überbaus zugerechnet werden.*« [211]

Diese These ist in mehrfacher Hinsicht unbefriedigend. Sie legt nahe, die Sprache als *neutrales Verständigungsmittel* zu betrachten und die *Grammatik* als Inventar von Formen zur Kennzeichnung *logischer Relationen*. Dabei wird übersehen, daß sich in den lexikalischen und grammatischen Formen ein kognitives Differenzierungswissen niedergeschlagen hat, das weniger Abbild- als Hypothesecharakter hat. Kultur und Sprache lassen sich sicher nicht so leicht voneinander trennen, wie es Stalin für möglich hält. Die politische Wunschvorstellung von dem totalen Umbruch bei politischen Revolutionen führt Stalin dazu, die spezifische vorstrukturierende Kraft der Sprache bzw. einzelner Sprachen ganz aus den Augen zu verlieren und insbesondere ihren grammatischen Formen den abstrakten Wahrheitscharakter geometrischer und logischer Relationen zuzuerkennen. Damit wird die Frage nach der Wahrheit einzelner grammatischer Formen im Sinne einer ontischen Adäquatheit von vornherein die fruchtbare Spitze abgebrochen, weil grammatische Formen nicht mehr als kognitive oder ontologische Hypothesen wahrgenommen werden. Außerdem verhindert dieser Denkansatz auch, zwischen *gattungsspezifischen* grammatischen Ordnungsmustern im Sinne grammatischer Universalien und *kulturspezifischen* grammatischen Ordnungsmustern zu unterscheiden und die Wahrheitsfrage im Hinblick auf grammatische Formen anthropologisch und historisch zu differenzieren.

Kofler hat gegen Stalin eingewandt, daß er seinen Blick auf die phonetisch-morphologische Seite der Sprache reduziere und ihre *geistige* und damit *ideologieträchtige* Seite ausklammere. Die Sprache gehöre zum Überbau und es sei »*unmarxistisch, in Bereichen des menschlich-historischen Seins sogenannte ›letzte‹ Gegebenheiten aufsu-*

chen zu wollen, die die Grenzen des gesellschaftlichen, also in der zwischenmensch-
lichen Beziehung existenten Seins überschreiten«. [212] Der Sprache könne nicht die
Dynamik abgesprochen werden, die auch konkreten Ideologien eigen sei. *»Wenn Marx*
gelegentlich sagt, ›die Ideen existieren nicht losgelöst von der Sprache‹, so ist es ebenso
wahr, daß die Sprache nicht losgelöst von den Ideen existiert. « [213]

Auf eine sehr differenzierte Weise hat Schaff die erkenntnistheoretischen Implikationen des Sprach- und Grammatikproblems aus marxistischer Sicht behandelt und dabei
ausdrücklich auf Überlegungen von Humboldt, Whorf und Weisgerber zurückgegriffen. Als Marxist und Materialist lehnt Schaff einerseits alle Auffassungen ab, die die
Sprache zu einem *autonomen* geistigen Gebilde verselbständigen wollen, das uns ein
bestimmtes Bild der Wirklichkeit aufzwinge. Andererseits wendet er sich aber auch
gegen alle Denkpositionen, die die *aktive Rolle* der Sprache in Erkenntnisprozessen
übersehen und in ihr nur ein neutrales Medium des Denkens, Darstellens und Mittei-
lens sehen. Seine Fassung der Widerspiegelungstheorie ermöglicht es, die Sprache als
ein historisch entwickeltes Produkt gesellschaftlicher Arbeitsprozesse zu begreifen,
»das genetisch und funktional mit der gesellschaftlichen Praxis *des Menschen zu-*
sammenhängt«. [214]

Schaff betont, daß man den Begriff *Widerspiegelung* im marxistischen Denken nicht
richtig verstehe, wenn man nicht seine *historische Genese* im Auge habe. Er sei nämlich
erstens ein Kampfbegriff gegen den *subjektiven Idealismus* gewesen, um hervorzuheben, daß es in Erkenntnisprozessen darum gehe, etwas zu erfassen, was unabhängig
vom Geist existiere, und zweitens ein Kampfbegriff gegen den *Agnostizismus* gewesen,
um zu betonen, daß die Welt erkennbar sei. Er plädiert dafür, den Begriff *Widerspiege-*
lung metaphorisch zu verstehen, um nicht in die Gefahr zu geraten, eine mechanische
Vorstellung von der Widerspiegelung zu entwickeln und den menschlichen Geist als
passiven Spiegel mißzuverstehen. Bei dieser Argumentation beruft er sich auch auf die
1. Feuerbachthese von Marx, nach der der Hauptmangel des alten Materialismus
darin bestanden habe, daß das Wirklichkeitsproblem nur unter der Form des Objekts
der Anschauung thematisiert worden sei, nicht aber subjektiv als menschlich-sinnliche
Tätigkeit und Praxis. [215]

Die Einbeziehung des *Tätigkeitsbegriffs* in die Erkenntnisproblematik gestattet es
Schaff dann, den Interpretationsbegriff für die Erkenntnistheorie fruchtbar zu machen.
Damit ist Schaff dann auch weniger weit von Cassirer entfernt, als er selbst zuzugeben
bereit ist, denn auch dieser hatte ja schon davon gesprochen, daß die Reflexion überall
mit dynamischen Motiven durchsetzt sei und daß sie *»ihre wesentlichen Antriebe*
niemals allein aus der Welt des Seins, sondern immer zugleich aus der des Tuns
empfängt«. [216] Allerdings darf in diesem Zusammenhang auch nicht vergessen werden, daß sich der *Tätigkeitsbegriff* bei Cassirer wesentlich von dem bei Marx und
Schaff unterscheidet, weil er genetisch nicht allein aus der Arbeit an der Materie
hergeleitet wird.

Die subjektive Einfärbung aller Ergebnisse von geistigen Widerspiegelungsprozessen
hängt für Schaff von dem Wissen ab, das die Menschen in ihrer Lebenspraxis im Laufe
von Generationen angesammelt und in den allgemeinen Formen sprachlicher Ordnungsmuster abgespeichert haben. *»Eben in diesem Sinne ist die Sprache gleichsam*

eine kondensierte Praxis, die auf diesem suggestivsten und einfachsten Weg in unsere aktuelle Erkenntnis eindringt. « [217]

Wenn man vor dem Hintergrund dieser Argumentation nach dem Wahrheitswert bzw. dem Abbildungswert lexikalischer und grammatischer Ordnungsmuster fragt, dann erweist es sich als notwendig, diesen Abbildungswert zu historisieren. Als Formen *kondensierter Praxis* spiegeln die sprachlichen Muster spezifische *Stufen* des handelnden und erkennenden Umgangs des Menschen mit der Realität wider. Sie sind dann weniger als direkte Abbilder ontischer Ordnungen anzusehen, sondern eher als Abbilder von Interpretationsmustern, die sich auf einer bestimmten historischen Entwicklungsstufe bei der praktischen Bewältigung der Realität als brauchbar erwiesen haben. Der Wahrheitsgehalt sprachlicher Ordnungsmuster kann unter diesen Prämissen nun eigentlich nicht mehr direkt auf ihrem Abbildungsgehalt von ontischen Ordnungsstrukturen gegründet werden, sondern muß auf ihre praktische Brauchbarkeit für aktuelle Handlungs- und Differenzierungsbedürfnisse bezogen werden. Um brauchbar zu sein, dürfen die sprachlichen Ordnungsmuster natürlich nicht gegenläufig zu Realitätsstrukturen sein, sondern müssen sich soweit wie möglich in ein Analogieverhältnis zu ihnen bringen.

Von seiner Denkposition aus muß Schaff natürlich eine ›starke‹ Interpretation des sprachlichen Relativitätsprinzips ablehnen, weil sich dabei die Sprache zu einer autonomen Macht verselbständigen würde. Eine ›schwache‹ Interpretation kann er aber durchaus akzeptieren, weil sie auch die Möglichkeit bietet, die sprachlichen Ordnungsmuster der Hopi materialistisch als Überbauphänomene aus deren spezifischen Lebensbedingungen abzuleiten. *»Die Wirklichkeit formt die Sprache, diese wiederum formt unser Bild von der Wirklichkeit.«* [218]

Die Fassung der Widerspiegelungstheorie bei Schaff ist sprachtheoretisch sehr interessant, aber wahrheitstheoretisch sehr kompliziert, weil sie für sprachliche Widerspiegelungsprozesse *zwei* unterschiedliche Bezugsbereiche annimmt. Einerseits hält er daran fest, daß die *objektive Realität* durch das Denken bzw. durch sprachliche Formen widergespiegelt werden kann, wenn auch in subjektiver Einfärbung und Brechung, was im Prinzip eine Symmetrie zwischen ontischen und sprachlichen Ordnungsstrukturen voraussetzt. Andererseits hebt er aber auch hervor, daß durch die in der Sprache entwickelten Ordnungsmuster die *Lebenspraxis* der Sprachbenutzer widergespiegelt werde, so daß Sprachanalysen zugleich als Analysen historischer Entwicklungsstufen sozialer Gruppen betrachtet werden können. Bei der Frage nach dem Abbildcharakter lexikalischer und grammatischer Ordnungsmuster wäre deshalb zu unterscheiden, ob wir uns für die *ontischen* Korrespondenzen dieser Muster interessieren oder für die *historisch-sozialen* Korrespondenzen, ob wir in ihnen ontische oder historisch-soziale Verhältnisse widergespiegelt sehen, ob wir in ihnen direkte Abbildungsmuster für die Realitätsstrukturen sehen oder Formen, die einen Hinweis darauf geben, wie die Menschen im Kontext einer bestimmten Lebenspraxis die Realität zu interpretieren versucht haben.

Die nachdrückliche Betonung der *subjektbedingten, praxisbedingten* und *handlungsbedingten* Anteile bei dem Ergebnis von sprachlichen Widerspiegelungsprozessen durch Schaff eröffnet die Möglichkeit, grammatische Ordnungsmuster als *kulturspezi-*

fische Interpretationsvarianten von ontischen Ordnungsstrukturen anzusehen, die sich in spezifischen Kontexten als praktikabel erwiesen haben. Eine solche Denkposition, die durchaus mit semiotischen Auffassungen harmoniert, ist im marxistischen Denken keineswegs selbstverständlich, obwohl sie geeignet ist, *wissenssoziologische* und *ideologiekritische* Überlegungen in grammatische Analysen einzubringen. Der historische und der ontische Bezug des Widerspiegelungsgedankens bei Schaff läßt sich unter diesen Umständen sogar so deuten, daß wir uns über die Analyse der Vielfalt von Praxisreflexen in den sprachlichen Ordnungsmustern auf hermeneutische Weise allmählich ein immer adäquateres und differenzierteres Modell der Realität erarbeiten können.

c) Die Konsensustheorie

Eine ganz andere Situation im Hinblick auf die Frage nach der Wahrheit grammatischer Formen ergibt sich, wenn wir das Wahrheitsproblem im Lichte der *Konsensustheorie* konkretisieren. Diese Theorie fängt eine Reihe von Schwierigkeiten auf, mit denen die Korrespondenztheorie und die Widerspiegelungstheorie zu kämpfen haben. Diese ergeben sich dadurch, daß das, was wir als *Realität* ansehen, uns nicht direkt zugänglich ist, sondern selbst schon ein *Produkt* von Interpretationsprozessen ist, daß Erkenntnisprozesse immer mit *Handlungsprozessen* verknüpft sind, daß Erkenntnisinhalte sich immer in traditionellen *Zeichensystemen* objektivieren und konkretisieren müssen und daß das Wahrheitsproblem immer auch eine *soziale Komponente* hat, weil Wahrheit nicht nur etwas mit individueller, sondern auch mit sozialer Anerkennung zu tun hat. Allerdings muß auch betont werden, daß die Konsensustheorie den üblichen Absolutheitsanspruch der Wahrheitsidee und die Hoffnung auf den Endgültigkeitscharakter bestimmter Erkenntnisinhalte untergräbt, weil sie die *pragmatischen, sozialen, historischen, medialen* und *methodischen* Implikationen der Wahrheitsproblematik nicht unterschlägt, sondern ausdrücklich thematisiert, und weil sie den Wahrheitsgedanken relativiert, was im Sinne des Relativitätsgedankens von Cassirer aber nicht unbedingt schrecken muß.

Die Konsensustheorie der Wahrheit, die oft auch als *pragmatische Theorie* der Wahrheit bezeichnet wird, versucht, das Wahrheitsproblem so zu konkretisieren, daß es nicht gleich in metaphysische und ontologische Spekulationen und Verstrickungen führt bzw. schwierige Überprüfungsprobleme aufwirft. Deshalb wird methodisch so vorgegangen, daß man zunächst zu klären versucht, unter welchen Bedingungen wir üblicherweise das Prädikat *wahr* benutzen bzw. unter welchen Bedingungen sich sinnvoll mit ihm operieren läßt.

William James ist der Meinung, daß wir das Prädikat *wahr* normalerweise auf solche Vorstellungen anwenden, die sich für unseren jeweiligen Denkhorizont als *unabweisbar* geltend machen bzw. die wir im Rahmen unserer Verifikationsmöglichkeiten als *gültig* ansehen.[219] Wichtig an dieser Bestimmung ist einerseits, daß der Wahrheitsbegriff nicht nur auf *Aussagen* anwendbar ist, sondern auch auf *Vorstellun-*

gen, Gedanken und *Ordnungsmuster* aller Art, und andererseits, daß der Besitz von wahren Gedanken nicht als Selbstzweck betrachtet wird, sondern im Dienste der Bewältigung und Befriedigung von Lebensbedürfnissen steht. Deshalb spielt für James auch nicht die Kategorie der Abbildung im Zusammenhang mit der Wahrheitsproblematik eine zentrale Rolle, sondern die der *Nützlichkeit* bzw. *Fruchtbarkeit.*

Die Verifikation von wahren Vorstellungen ist in dieser Denkperspektive sowohl auf explizite Weise über sozial anerkannte Prüfungsverfahren möglich, wie auf implizite Weise durch soziale Anerkennung, weshalb James auch zu dem Schluß kommt, daß die Wahrheit »*größtenteils vom Kredit*« lebe. »*Unsere Gedanken und Überzeugungen ›gelten‹ solange ihnen nichts widerspricht, so wie Banknoten solange gelten, als niemand ihre Annahme verweigert.*«[220] Das bedeutet, daß der Wahrheitsbegriff von James als regulativer Begriff zu verstehen ist, weil für ihn all das als *wahr* zu gelten hat, was uns bei der Bewältigung der Wirklichkeit weiterhilft und uns nicht in Widersprüche und Täuschungen verstrickt. Dieses Prüfungskriterium ist für James besonders wichtig, da die überwältigende Mehrheit unserer für *wahr* gehaltenen Ideen sich einer unmittelbaren, anschaulichen Verifikation entziehe und sich nur in komplexen Zusammenhängen bestätigen könne. Die Funktion der Wahrheitsvorstellung bestehe darin, befruchtend auf das Denken einzuwirken. Da das *Wahre* für James »*nichts anderes*« als das ist, »*was uns auf dem Wege des Denkens vorwärtsbringt*«, muß er den Wahrheitsbegriff notwendigerweise in Relation zu bestimmten geschichtlichen Erfahrungen und pragmatischen Denkbedürfnissen setzen.[221]

Für den pragmatischen Wahrheitsbegriff ist dreierlei typisch, was auch für die Frage nach der Wahrheit grammatischer Ordnungsmuster unmittelbar relevant ist. Zum ersten hat der Wahrheitsbegriff eine ausgeprägte *historische* Dimension, weil alle wahren Vorstellungen entsprechend unseren jeweiligen Erfahrungen revidierbar und verbesserbar sind, so daß das absolut Wahre nur der Punkt ist, gegen den alle aktuellen Wahrheiten konvergieren. Zum zweiten hat der Wahrheitsbegriff eine *funktionale* Dimension, weil wahre Vorstellungen sich im Lebensprozeß immer praktisch bewähren müssen. Zum dritten hat der Wahrheitsbegriff eine *soziale* Dimension, weil wahre Vorstellungen expliziter oder impliziter Anerkennung bedürfen und weil die Idee einer *individuellen* Wahrheit nicht akzeptabel ist.

Diese Pragmatisierung des Wahrheitsbegriffes hat viel Kritik ausgelöst, weil viele darin eine unangemessene Relativierung und Funktionalisierung der Wahrheitsidee sahen. Seine radikalste Ausformung hat der pragmatische Wahrheitsbegriff in der Gegenwart wohl in der *kybernetischen Wahrheitstheorie* gefunden, die die Kategorie der *Wirksamkeit* zum zentralen Wahrheitskriterium gemacht hat und die alle Informationen für *wahr* erklärt, die für die Realisation eines bestimmten Ziels optimal wirksam sind.

Obwohl sich die pragmatische bzw. kybernetische Wahrheitstheorie vom Abbildgedanken der traditionellen Korrespondenztheorie sehr weit entfernt zu haben scheint, so läßt sich in ihr der Abbildgedanke in einer spezifischen Abwandlung aber dennoch verwenden. *Wahr* im Sinne eines adäquaten Abbildes sind unter diesen Umständen dann nicht Vorstellungsinhalte, die auf der Ebene der Zeichen die Realität verdoppeln wollen, sondern Vorstellungsinhalte, die auf die Realität *passen*. Dementsprechend paßt dann ein Verhalten oder eine Vorstellung zu den Umständen oder einem Reali-tätsbereich nicht *»wie die Photographie zum Objekt, sondern wie der Schlüssel zum Schloß«.* [222] Der Versuch von James, den Wahrheitsbegriff von der Ebene der Kon-templation auf die Ebene der Handlung zu bringen und die Abbildproblematik zu funktionalisieren, hat historisch viele Parallelen. Goethe hat von der *Fruchtbarkeit* als Kriterium der Wahrheit gesprochen, die Marxisten verweisen immer wieder auf die *Praxis* als Kriterium der Wahrheit, die Lebensphilosophie hat sich immer wieder darum bemüht, den Wahrheitsbegriff zu *enttheoretisieren,* und Nietzsche hat sogar die These vertreten, daß die Wahrheit eine Form von *Irrtum* sei, ohne die die Menschen nicht *leben* könnten.

Für die Frage nach der Wahrheit *grammatischer* Ordnungsmuster ergeben sich aus der pragmatischen Konsensustheorie der Wahrheit eine Reihe von interessanten Denk-perspektiven. Die wahrheitstheoretische Beurteilung der kognitiven Qualität grammati-scher Ordnungsmuster wird in dieser Sichtweise von allem metaphysischen und ontosemantischen Ballast befreit, der insbesondere im Rahmen der Korrespondenz-theorie der Wahrheit hintergrundsmäßig immer aktuell ist. Wenn die kognitive Wahr-heit von Tempus-, Modus-, Genus-, Kasus-, Numerus-, Attributions- oder Prädika-tionsformen beurteilt werden soll, so muß nicht nach den ontischen Korrespondenzen dieser Formen bzw. nach den zulässigen Verifikationsmethoden zur Prüfung dieser Korrespondenzen gefragt werden. Es braucht nur noch beurteilt zu werden, welche Differenzierungsleistungen die einzelnen grammatischen Ordnungsmuster erbringen und ob sich diese kognitiven Differenzierungen in der Lebenspraxis der Sprachbenut-zer *gut* bewähren.

Unter diesen Umständen wird die Frage nach der Wahrheit grammatischer Ord-nungsmuster kulturell, historisch und funktional relativiert. Die wahrheitstheoretische Diskussion verschiebt sich dadurch weitgehend von grammatischen Einzelformen auf die Prämissen und Differenzierungsstrategien, aus denen diese Formen hervorgehen, und auf die Ziele, die mit ihnen realisierbar sind. Die Grammatik läßt sich dann weder mit der Logik identifizieren noch mit rein dezisionistischen Konventionen. Es eröffnet sich einerseits ein Weg, die spezifische Eigenart einzelner grammatischer Formen in ihren jeweiligen pragmatischen und kulturellen Kontexten zu erfassen, und anderer-seits ein Weg, um nach pragmatisch begründeten grammatischen Universalien Aus-schau zu halten bzw. um im kontrastiven Vergleich den Stellenwert der einzelnen Formen zu qualifizieren, damit auf diese Weise ein Sinn für das Feld entwickelt werden kann, das grammatische Formen zu strukturieren versuchen.

Unterschiede zwischen den grammatischen Ordnungsmustern bzw. den grammati-schen Systemen in den verschiedenen Sprachen haben so gesehen *zwei* Wurzeln. Zum einen ergeben sich Differenzen aus den unterschiedlichen *Lebensbedingungen* und kulturellen *Kontexten* der einzelnen Völker. Zum anderen ergeben sich Differenzen aus den mehr oder weniger willkürlichen *Anfangsentscheidungen* evolutionärer Pro-zesse, die nach dem Prinzip von Zufall und Notwendigkeit bestimmte Entwicklungsli-nien für grammatische Systeme festlegen. Was in der einen Sprache lexikalisch themati-siert wird, wird in der anderen grammatisch thematisiert, was in der einen Sprache durch selbständige grammatische Morpheme geregelt wird, das wird in der anderen durch unselbständige geregelt, was in der einen Sprache durch morphologische Mittel gelöst wird, das wird in der anderen durch topologische Mittel gelöst usw.

Wenn man im Rahmen dieses pragmatischen Denkansatzes nach der Wahrheit bzw. dem *Passungscharakter* grammatischer Ordnungsmuster fragt, dann ist diese Frage nicht im Hinblick auf eine isolierte grammatische Form zu beantworten, sondern nur im Hinblick auf das ganze Inventar von grammatischen Differenzierungsmustern für den jeweiligen Sachbereich.

Der *dezisionistische* Einschlag der pragmatischen Wahrheitstheorie ist immer wieder als unbefriedigend empfunden worden. Deshalb hat es große Anstrengungen gegeben, den *Konsensusbegriff* schärfer zu fassen und mit klareren Kriterien zu versehen. Insbesondere Habermas hat sich um eine präzise gefaßte Konsensustheorie der Wahrheit bemüht, in der der traditionelle Korrespondenzgedanke nicht ganz verschwindet.

Habermas begrenzt den Anwendungsbereich des Wahrheitsbegriffs zunächst auf die *Propositionen* in konstativen Sprechakten. Das Prädikat *wahr* soll nur solchen Aussagen zugeordnet werden, denen potentiell alle vernünftigen Leute zustimmen können, wenn sie Gelegenheit gehabt haben, in einem herrschaftsfreien Diskurs den Geltungsanspruch der jeweiligen Aussage zu prüfen. Das schließt aus, daß für jeden faktischen Konsens oder jede Mehrheitsentscheidung das Prädikat *wahr* verliehen werden kann.[223]

Bei diesem methodischen Verfahren, die Wahrheit von Äußerungsinhalten auf diskursivem Wege über die argumentative Problematisierung von Geltungsansprüchen festzustellen, ist nicht aus den Augen zu verlieren, daß Habermas im Gegensatz zu James *Wahrheit* nur als Eigenschaft von *Aussagen* betrachtet, die sich argumentativ *begründen* lassen, nicht aber von Informationen, Vorstellungen und Überzeugungen, die sich *bewährt* haben bzw. die man allgemein als akzeptabel ansieht. Den Wahrheitsbegriff will Habermas nicht an einen allgemeinen *Geltungsbegriff* binden, sondern nur an einen explizit thematisierten und argumentativ *begründeten Konsens*.

Diese Festlegung ist nun insofern wichtig, weil danach grammatische Ordnungsmuster nicht direkt in den Bereich fallen, auf den der Wahrheitsbegriff sinnvoll anwendbar ist. *Wahrheit* käme nicht grammatischen Formen als ontologisch oder pragmatisch passenden Abbildern der Realität zu, sondern nur Aussagen über die Abbildungsleistungen bzw. Differenzierungsfunktionen grammatischer Formen, die nach ausreichend kritischer Prüfung als konsensfähig betrachtet werden.

Habermas ist sich allerdings auch darüber im klaren, daß der Begriff der Wahrheit traditionell weitgehend als gleichbedeutend mit dem der *Vernünftigkeit* gebraucht wird und daß *Geltungsansprüche* nicht nur von dem propositionalen Gehalt konstativer Sprechakte ausgehen, sondern auch von *Normen* und *Bewertungen*, weshalb sich die Konsensustheorie der Wahrheit nicht nur auf explizite Aussagen erstrecken kann, sondern auch auf die Formen des nicht aussagegebundenen »*Hintergrundkonsensus*« ausgedehnt werden muß, den jedes »*funktionierende Sprachspiel*« braucht.[224] Bei diesen Überlegungen hat Habermas zwar nicht den impliziten Konsens über den Wahrheitsgehalt oder Funktionsgehalt grammatischer Formen im Auge, sondern eher Phänomene wie etwa die Wahrhaftigkeit des Sprechers, die einen nicht-diskursiven Geltungsanspruch in allen Kommunikationsprozessen stellen.

Man kann sich nun aber fragen, ob im Prinzip nicht alle *Mittel*, mit denen wir Aussagen konkretisieren und realisieren, hinsichtlich ihrer kognitiven Differenzierungsleistungen einen *impliziten Konsensusanspruch* stellen bzw. einen *Hintergrundkonsensus* erfordern. Bei der Beurteilung der Wahrheit einer Aussage streiten wir uns im Normalfall darüber, ob die verwendeten kognitiven Muster sachadäquat aufeinander bezogen sind, aber nicht darüber, ob sie überhaupt sachadäquat sind. Diesen Konsensus setzen wir in der Regel immer schon voraus. Falls wir diesen Konsensus in Frage stellen wollen, müssen wir etwaige Auseinandersetzungen auf einer ganz anderen logischen Ebene führen, auf der unsere Aufmerksamkeit nicht mehr der Struktur von Sachverhalten gilt, sondern den sprachlichen Mitteln, mit denen wir Sachverhalte sprachlich zu repräsentieren versuchen.

Wenn wir die Sprache verwenden, haben wir schon einen *impliziten Konsensus* über die *Brauchbarkeit* der benutzten grammatischen Ordnungsmuster vorausgesetzt und diese im Sinne von Habermas zwar nicht als *wahr*, aber doch als *richtig* anerkannt. Die kognitive Differenzierungskraft grammatischer Formen kann so den *konsensualen Hintergrundsnormen* funktionierender Sprachspiele zugeordnet werden. Erst im Rahmen einer philosophischen Sprachtheorie läßt sich dieser implizite Konsensus dann metareflexiv problematisieren und einem argumentativen Diskurs aussetzen.

Die Konsensustheorie der Wahrheit hat nach Habermas den Vorzug, die *Konsenssysteme*, mit deren Hilfe wir Erfahrungen machen, von den *Diskursen* zu unterscheiden, in denen Geltungsansprüche problematisiert und beurteilt werden. Grammatische Ordnungsmuster sind gute Beispiele dafür, daß wir kognitive Ordnungsmuster einerseits problemlos in Argumentationsprozessen verwenden können, weil sie durch einen *impliziten Richtigkeitskonsensus* legitimiert sind, daß wir andererseits aber auch in der Lage sind, diesen impliziten Richtigkeitskonsensus zum Thema einer an *Wahrheit* ausgerichteten *expliziten Konsensusbildung* zu machen. Dazu ist es dann allerdings notwendig, den unausgesprochenen sozialen Hintergrundkonsensus in Form von Aussagen explizit zu machen, was nicht leicht ist.

Habermas weigert sich zwar, die Angemessenheit kognitiver Schemata für spezifische Sachbereiche mit dem Begriff der Wahrheit zu qualifizieren, weil er den Wahrheitsbegriff allein dem Geltungsanspruch von Aussagen vorbehalten will, aber er schließt keineswegs aus, daß die Angemessenheit von kognitiven bzw. sprachlichen Mustern zum Gegenstand diskursiver Argumentation gemacht werden kann. Er hält eine Prüfung sprachlicher Darstellungsmittel sogar für notwendig, weil die *Adäquatheit* eines Sprachsystems eine der Bedingungen für die Wahrheit von Aussagen sei. Zwar hat Habermas bei diesen Überlegungen wohl hauptsächlich die lexikalischen Ordnungsmuster der Sprache im Auge, aber seine grundsätzliche These von dem metareflexiven Charakter aller Diskurse muß auch die Prüfung der Angemessenheit grammatischer Musterbildungen einschließen: »*Erkenntnisfortschritt vollzieht sich in Form einer substantiellen Sprachkritik.*« [225]

XI

Hermeneutik und Grammatik

Die Hermeneutik als Lehre vom Verstehen sinnhaltiger Texte bzw. als Theorie und Praxis der Interpretation ist mit der Grammatik auf mehrfache Weise eng verschränkt. Historisch und genetisch gehören die Begriffe *Hermeneutik* und *Grammatik* zusammen, weil der Begriff der Hermeneutik im 17. Jahrhundert aus dem der Grammatik hervorgewachsen ist, um für theologische Belange die Verstehensprobleme in religiös relevanten Texten zu präzisieren. Der umfangreiche antike und mittelalterliche Grammatikbegriff, der ungefähr dem entsprach, was wir heute als *Textwissenschaft* bezeichnen würden, erwies sich nämlich als zu grob, um die spezifischen Interpretationslehren in sich aufzunehmen, die in der Nachfolge des Humanismus und der Reformation nach und nach entstanden waren. Obwohl der Begriff der Hermeneutik ursprünglich als Sproßbegriff des sehr umfangreichen und unspezifischen Grammatikbegriffs anzusehen ist, kann er heute nicht mehr als Unterbegriff des Grammatikbegriffs betrachtet werden, weil dieser in der Neuzeit seinen Umfang entscheidend verringert hat.

Sachlich und systematisch gehören der Hermeneutik- und Grammatikbegriff zusammen, weil grammatische Formen einen wesentlichen Anteil an der Bildung von Sinnstrukturen in Texten haben und deshalb in jeder Theorie und Praxis der Textinterpretation zu berücksichtigen sind. Gerade über den Begriff des *grammatischen Zeichens* und die Frage nach seinen kognitiven und instruktiven Funktionen läßt sich die Hermeneutik leicht mit der Grammatik verschränken.

Das Erfassen und Verstehen grammatischer Zeichen bzw. die Frage nach dem Anteil grammatischer Zeichen an sprachlichen Sinnkonstitutionsprozessen stellt insbesondere deswegen ein Kernproblem der theoretischen und praktischen Hermeneutik dar, weil die grammatischen Zeichen und ihre sinnbildenden Funktionen in der Regel intuitiv über ein mehr oder weniger klar artikuliertes *Sprachgefühl* erfaßt werden und sich deshalb weitgehend der expliziten Kontrolle entziehen. Gerade weil grammatische Zeichen auf einer vorbewußten Ebene erfaßt und verstanden werden, sind sie hermeneutisch so interessant, denn sie scheinen unmittelbar mit dem Problem des *hermeneutischen Zirkels* zusammenzuhängen.

Wenn man den Operationsrahmen der Hermeneutik von der Interpretation von *Texten* auf die Interpretation des *Daseins* bzw. der *Welt* ausweitet, wie es im Anschluß an die Lebensphilosophie und die Philosophie Heideggers mehr und mehr üblich geworden ist, dann gehören Hermeneutik und Grammatik auch in einem funktionalen Sinne zusammen. Hinsichtlich ihres kognitiven Gehalts lassen sich grammatische Formen als Interpretationsformen für ontische, geistige oder soziale Sachverhalte verstehen, in denen sich historisch ein *Interpretationswissen* angesammelt hat bzw. an denen sich die geistige Verfaßtheit von Kulturen und Epochen erkennen läßt. Da dieser Problembereich aber schon in dem Kapitel über den Zusammenhang von *Erkenntnis und Grammatik* thematisiert worden ist, soll hier der Begriff der Hermeneutik in einem engeren Sinne allein auf die *Textinterpretation* bezogen werden, die auf einer bestimmten Ebene natürlich auch in ontologische und metaphysische Fragestellungen übergehen kann.

Das Verhältnis von Hermeneutik und Grammatik soll in zwei großen Ansätzen behandelt werden. Zum einen soll herausgearbeitet werden, welche *Erkenntnisinteressen* die Hermeneutik hat und welche spezifischen Probleme sich stellen, wenn man seine Aufmerksamkeit auf das Verstehen grammatischer Zeichen richtet. Dazu ist es notwendig, nicht nur auf das Problem des Sprachgefühls und seiner Funktion für den Einstieg in den hermeneutischen Zirkel des Verstehens einzugehen, sondern auch auf die Struktur des Gehirns bzw. auf die Struktur der neuronalen Prozesse, in denen sprachliche Informationen verarbeitet werden. Zum anderen soll untersucht werden, welche konkreten Probleme sich bei der *grammatischen Textanalyse* stellen und welche interpretatorischen Ziele dabei verfolgt werden können.

1. Begriff und Erkenntnisinteressen der Hermeneutik

Der Sache nach gibt es die Hermeneutik, seitdem durch die Schrift eine bestimmte Sprach- und Textform über Jahrhunderte hinweg konserviert werden konnte und deshalb späteren Generationen nicht mehr unmittelbar verständlich war, weil entweder die schriftlich fixierten *Sprachformen* im Laufe der Zeit unverständlich geworden waren oder die *Denkformen*, denen die jeweiligen Sprachformen Ausdruck gaben. Antriebskraft für die Entwicklung der Hermeneutik als Interpretationslehre ist so gesehen ein *Verständlichkeitsschwund* in der Sprache bzw. eine *Traditionskrise* im Denken, die beide dazu führen, daß Texte auslegungsbedürftig werden.

Die Erfahrung, daß Texte interpretationsbedürftig sind und nicht mehr intuitiv verstanden werden, schafft erst die Voraussetzung dafür, daß wir uns einzelne sprachliche Formen bewußtseinsmäßig vergegenständlichen können. Zu Zeiten der mündlichen Textüberlieferung hat es natürlich auch Veränderungen in der Sprache und im Denken gegeben, aber die Texte wurden in der Regel sukzessive den veränderten Sprach- und Denkformen angepaßt, so daß sie immer unmittelbar verständlich blieben und keiner besonderen Erläuterungen bedurften, um sprachliche oder geistige Traditionsbrüche zu überbrücken. Daß dabei auch der Sinn von Texten verändert werden konnte, versteht sich natürlich von selbst.

Durch die schriftliche Fixierung von Texten ergab sich dann aber eine neue Situation, die nicht nur zu sprachlichen *Fremdheitserlebnissen* und zur Entfaltung eines historischen Bewußtseins führte, sondern auch zur Entwicklung sehr unterschiedlicher *Textsorten* mit sehr differenzierten Geltungs- und Verstehensansprüchen. Spezifische Verstehenslehren mußten entwickelt werden, um die Spannungen zwischen den unterschiedlichen Sprach- und Denkformen in den verschiedenen Epochen oder innerhalb einer Epoche abzubauen, die sich mit der Pluralität kultureller Entwicklungen notwendigerweise ergeben hatten. Außerdem ist in diesem Zusammenhang zu berücksichtigen, daß das zeitgedehnte Lesen eines Textes erst die Voraussetzung dafür schuf, daß in Texten verschiedene Zeichen- und Informationsebenen unterschieden werden konnten und daß Phänomene wahrnehmbar wurden, die unter dem Zeitdruck der akustischen Rezeptionsbedingungen von Sprache gar nicht oder nur sehr vage wahrnehmbar waren.

In der Antike erwiesen sich Verstehenslehren bzw. Erläuterungen zuerst im Hinblick auf die Homerischen Epen, die Bibel und die kodifizierten Gesetze als notwendig, weil diese Texte durch ihre schriftliche Fixierung eigene Welten bildeten, die nicht mehr unmittelbar verständlich waren. In Alexandria legte man die Grundlagen für die *Philologie* und *Grammatik* im modernen Sinne, um Verstehenshilfen für alte Texte zu geben, um bruchstückhaft überlieferte Texte zu rekonstruieren und um die Normen des guten Sprachgebrauchs zu erfassen. Origines und Augustin entwickelten für theologische Belange die Theorie des *mehrfachen Schriftsinnes*, um die verschiedenen Sinnebenen der *biblischen* Aussagen zu erfassen (buchstäblich-geschichtlicher Sinn, moralischer Sinn, allegorisch-symbolischer Sinn, anagogisch-eschatologischer Sinn). In Rom wurden die Grundlagen für eine *juristische Hermeneutik* gelegt, um den Sinn von Gesetzen wörtlich, systematisch, genetisch oder finalistisch interpretieren zu können.

Einen besonderen Aufschwung nahm die hermeneutische Theoriebildung durch den Humanismus und die Reformation. Der Humanismus strebte danach, die antiken Texte in ihrer *ursprünglichen* Sprachform zu rekonstruieren und von allen Verunreinigungen aus der Überlieferungsgeschichte zu befreien, was genaue sprachgeschichtliche und grammatische Kenntnisse erforderlich machte. Luther pochte auf die *Autonomie* des Bibeltextes und wandte sich gegen alle Bibelinterpretationen, die sich nicht vom Bibeltext selbst her legitimieren konnten. Beide geistigen Bewegungen rückten das Prinzip der Autonomie des Textes und das Prinzip der Rekonstruktion der ursprünglichen Text- bzw. Autorintention in den Mittelpunkt des Interesses, was sehr genaue sprachliche Interpretationen erforderlich machte und ein umfassendes theoretisches *Sprachwissen* zur Voraussetzung hatte. Bezeichnend für die humanistische und reformatorische Hermeneutik war, daß immer schon Texte mit einer überschießenden *Sinnfülle* zugrunde gelegt wurden, so daß es nicht darum ging, ob ein Text überhaupt einen relevanten Sinn hatte, sondern vielmehr darum, wie die Sinnfülle des Textes kunstgerecht methodisch zu erschließen war.

Eine besondere methodische Verfeinerung erfuhr die Hermeneutik dann im Kontext der Romantik und der Entfaltung des *historischen* Bewußtseins. Der Theologe Schleiermacher und sein Schüler Boeckh haben im 19. Jahrhundert ein hermeneutisches Konzept entwickelt, das bis in die Gegenwart einen bestimmenden Einfluß ausgeübt hat und in dem das Problem der Grammatik eine zentrale Rolle spielt.

Schleiermacher unterscheidet grundsätzlich zwei Typen der Textauslegung, die konstruktiv miteinander zu verbinden sind, nämlich die *grammatische* und die *psychologische* Auslegung. [1] Unter der *grammatischen Auslegung* versteht er die genaue sprachliche Analyse und Erläuterung eines Textes. Entsprechend dem traditionellen Verständnis dient der Grammatikbegriff Schleiermachers nämlich dazu, Sprachkenntnisse aller Art zu erfassen.

Im Gegensatz zur grammatischen Auslegung zielt die *psychologische Auslegung* eines Textes darauf ab, die Mitteilungsintention eines Autors zu rekonstruieren. Für die psychologische Auslegung schlägt Schleiermacher zwei unterschiedliche Verfahren vor. Das »*divinatorische*« Verstehen hat sich darum zu bemühen, sich soweit wie möglich in das Denken des Verfassers einzufühlen und einen Text ganzheitlich zu verstehen, was die »*weibliche Stärke in der Menschenkenntnis*« ausmache. Das »*komparative*« Verstehen, das die »*männliche*« Stärke der Menschenkenntnis ausmache, habe sich darum zu bemühen, das Eigentümliche eines Inhalts dadurch besser zu erfassen, daß dieser Inhalt in der Relation der *Opposition* oder der *Analogie* mit anderen Inhalten verglichen werde.[2] Beide Verstehensweisen, die jeweils eine synthetische und eine analytische Tendenz beinhalten, lassen sich für Schleiermacher zwar methodisch trennen, in der Praxis der Textinterpretation müssen sie aber immer aufeinander bezogen werden.

Grundlage der Hermeneutik im allgemeinen und der grammatischen Auslegung im besonderen ist für Schleiermacher in der Denktradition des Humanismus eine genaue *Sprachkenntnis* und in der Denktradition Humboldts, in dessen Haus er freundschaftlich verkehrte, eine sensible *Sprachreflexion*, die zugleich eine verläßliche Kenntnis der Gegenstände einschließen muß, auf die sich die Sprache intentional richtet. Wie Humboldt ist auch Schleiermacher der Auffassung, daß sich ein Gedanke erst dann wirklich konkretisiere, wenn man ihn sprachlich fixiere, und daß die Sprache die einzige umfassende Vermittlerin zwischen Denkkraft und Denkkraft sei.

> »Ohne Worte ist der Gedanke noch nicht fertig und klar. Da nun die Hermeneutik zum Verstehen des Denkinhalts führen soll, der Denkinhalt aber nur wirklich ist durch die Sprache, so beruht die Hermeneutik auf der Grammatik, als der Kenntnis der Sprache.«[3]

Sprachkenntnis und Sprachreflexion sind für Schleiermacher deshalb in hermeneutischen Verfahren so unverzichtbar, weil er alle Sprachformen aus vereinfachenden *Schematisierungsprozessen* hervorgehen sieht. Beim Gebrauch der Sprache seien wir immer gezwungen, etwas *Individuelles* mit Hilfe von sprachlichen Formen zu erfassen und zu vermitteln, die eigentlich nur etwas *Allgemeines* repräsentierten. Die Kunst des Autors beruhe deshalb darauf, mit Hilfe von Sprachformen, die eigentlich etwas Allgemeines repräsentierten, etwas Individuelles auszudrücken, und die Kunst des Interpreten bestünde darin, aus allgemein orientierten Sprachformen das vom Autor individuell Intendierte zu erfassen.

Bei der Interpretation sprachlicher Formen ist nach Schleiermacher einerseits zu prüfen, ob Autor und Interpret den jeweiligen Sprachformen die gleichen Vorstellungen bzw. Schematisierungsprozesse zuordnen, und andererseits zu prüfen, ob die jeweiligen sprachlichen Formen und die mit ihnen verbundenen Schematisierungen das ausdrücken, was ausgedrückt werden soll. Das bedeutet, daß jede umfassende Textinterpretation in eine *Sprachkritik* übergehen kann, weil das in sprachlichen Formen konkretisierte Wissen ja inadäquat sein kann.

> »Die in der Sprache niedergelegte identische Konstruktion des Denkens ist keine vollständige Gewähr für die Richtigkeit desselben.
> Vieles muß hier verbessert werden ... Also auch in der Sprache gibt es Irrtum und Wahrheit;

auch ein unrichtiges Denken kann gemeinsam werden, so daß das Denken nicht mit dem Gedachten übereinstimmt...
Wird also die Sprache schon hervorgelockt durch den Prozeß des Schematisierens, so muß in diesem selbst schon eine Differenz und Relativität des Wissens liegen, welche sich in der Differenz der Sprachen ausdrückt.« [4]

Schleiermacher geht es in seiner Hermeneutik nicht nur um die Rekonstruktion der *Autorintention*, sondern zugleich auch um das *richtige* Verständnis der *Sachverhalte*, von denen die Rede ist. Deshalb ist die Sprachkritik ein konstitutiver Bestandteil aller hermeneutischen Bemühungen. Schleiermacher hat in seinen Überlegungen zur grammatischen Auslegung von Texten zwar noch nicht zwischen lexikalischen und grammatischen Zeichen in dem hier entwickelten Sinne unterschieden, er hätte diese Unterscheidung aber sicher akzeptiert. Grammatische Zeichen hätten sein Interesse sogar im besonderen Maß auf sich ziehen müssen, weil bei ihnen die *Schematisierungsprozesse* noch weiter vorangetrieben worden sind als bei lexikalischen Zeichen. Im Prinzip betrachtet Schleiermacher die Hermeneutik als eine Kunst, Mißverständnisse auf den verschiedenen Ebenen des Verstehens zu vermeiden. In einer strengen Praxis der Hermeneutik müsse man davon ausgehen, *»daß sich das Mißverstehen von selbst ergibt und das Verstehen auf jedem Punkt muß gewollt und gesucht werden«.* [5]
Schleiermachers Schüler Boeckh hat hervorgehoben, daß die eigentliche Aufgabe der Hermeneutik bzw. der Philologie *»das* Erkennen *des vom menschlichen Geist* Producirten, *d. h. des* Erkannten« zu sein habe. [6] Die griffige Formel Boeckhs vom *Erkennen des Erkannten* als Aufgabe der Philologie bzw. Hermeneutik hat zwei Bezugsebenen. Zum einen ist damit die Rekonstruktion des Wissens- und Denkzusammenhangs gemeint, dem der Autor Ausdruck geben wollte. Zum anderen ist mit dieser Formel aber auch gemeint, das Wissen zu erforschen, das sich in der Sprache als dem allgemeinsten *»Vehikel der Erkenntniss«* niedergeschlagen hat; *»denn in der That, wer die Sprache bis zu ihren letzten Fundamenten in ihrer Freiheit und Nothwendigkeit begriffen hat, welches die höchste und unermesslichste Aufgabe ist, der wird auch eben dadurch alles menschliche Erkennen erkannt haben; das allgemeine Organon des Erkennens muss doch auch vor allen Dingen erkannt werden.«* [7]
Die Überzeugung, daß durch Sprachanalysen ein exemplarischer Einblick in alle Arten von Erkenntnisprozessen zu gewinnen sei, weil durch sie die genetische Grundlage unserer Erkenntnismöglichkeiten aufgeklärt werde, steht auch hinter den Vorschlägen Boeckhs zur methodischen Differenzierung von einzelnen Interpretationsverfahren. Einerseits postuliert er ein Verstehen aus den »objectiven *Bedingungen des Mitgetheilten«*, wozu er die »grammatische *Interpretation«*, die sich am Wortsinn orientiert, rechnet und die »historische *Interpretation«*, die sich am Wortsinn im Bezug auf die realen Verhältnisse orientiert. Andererseits postuliert er ein Verstehen aus den »subjectiven *Bedingungen des Mitgetheilten«*, wozu er die »individuelle *Interpretation«*, die sich an den subjektiven Darstellungsintentionen orientiert, rechnet und die »generische *Interpretation«*, die sich an der Wahl und Variation von Darstellungsmitteln zur Realisierung individueller Zwecke orientiert. [8]
Die *grammatische* Interpretation als umfassende sprachliche Textanalyse erfordert umfassende historische und systematische Sprachkenntnisse. Nach Boeckh ist sich

nämlich der Produzent eines Textes im allgemeinen nicht bewußt, nach welchen Regeln der Grammatik und Stilistik er seine Texte herstellt, weil er dabei ein Wissen verwendet, das ihm nur in der Form des Sprachgefühls zur Verfügung steht. Der Interpret dagegen darf sich bei der Analyse von Texten nicht *allein* auf sein Sprachgefühl berufen, sondern muß sich bei seinen Argumentationen auch auf die Regeln der Grammatik und Stilistik beziehen.

> »Der Schriftsteller componirt nach den Gesetzen der Grammatik und Stilistik, aber meist nur bewusstlos. Der Erklärer dagegen kann nicht vollständig erklären ohne sich jener Gesetze bewusst zu werden; denn der Verstehende reflectirt ja; der Autor producirt, er reflectirt nur dann über sein Werk, wenn er selbst wieder gleichsam als Ausleger über demselben steht. Hieraus folgt, dass der Ausleger den Autor nicht nur eben so gut, sondern sogar besser noch verstehen muss als er sich selbst. Denn der Ausleger muss sich das, was der Autor bewusstlos geschaffen hat, zu klarem Bewusstsein bringen, und hierbei werden sich ihm alsdann auch Dinge eröffnen, manche Aussichten aufschliessen, welche dem Autor selbst fremd gewesen sind.«[9]

Die *grammatische* Interpretation bildet für Boeckh die Grundlage aller anderen Interpretationen, die zeitlich natürlich ineinanderlaufen können. Sie hat nämlich die Aufgabe *»jedes Sprachelement nach seiner* allgemeinen Grundbedeutung *und zugleich nach der* speciellen Einschränkung *derselben durch die* Zeit *und die* Sphäre der Anwendung *zu verstehen«.*[10] Das bedeutet, daß sich jeder Interpret Rechenschaft darüber abzulegen hat, welches kognitive und instruktive Differenzierungswissen sich in den einzelnen Sprachformen in den verschiedenen Epochen angesammelt hat und wie von diesem Wissen in der spezifischen Ausdruckssituation Gebrauch gemacht wird. Die grammatische Interpretation ist zwar für Boeckh die Grundlage aller Textinterpretation, sie bedarf aber gleichwohl der Hilfe der anderen Interpretationsweisen und muß zeitlich keineswegs immer am Anfang der Textauslegung stehen. *»Der objective Wortsinn an sich, wie ihn die grammatische Auslegung bestimmt, ist selbst das Resultat unausgesprochener Voraussetzungen, welche die historische Auslegung zu ermitteln hat.«*[11]

Die grammatische Auslegung ist vor allem deswegen ergänzungsbedürftig, weil der Sprechende nicht nur *»Organ der Sprache selbst«* ist, sondern die Sprache *»zugleich Organ der Sprechenden«.*[12] Der Sprechende muß sich beim Gebrauch der Sprache dem konventionalisierten Wissen anpassen, das in der Sprache niedergelegt ist, und die Sprache dennoch so gebrauchen, daß sie seinen individuellen Ausdrucksbedürfnissen gerecht werden kann. Aufgabe der *»grammatischen Kritik«* ist es deshalb zu prüfen, ob sprachliche Formen angemessen verwendet werden und ob ihr kognitiver Gehalt sachlich gerechtfertigt werden kann.[13]

Die hermeneutische Theoriebildung hat sich nach Schleiermacher und Boeckh auf vielfältige Weise fortentwickelt, wobei *psychologische, ideologiekritische, wissenssoziologische* und *zeichentheoretische* Gesichtspunkte hervorgetreten sind. In der Semiotik von Peirce sind hermeneutische Fragestellungen latent ständig vorhanden, weil es in ihr ja um das grundsätzliche Problem geht, alle möglichen Phänomene als potentielle Zeichen zu identifizieren und den Sinngehalt eines Zeichens in den anderer zu übersetzen bzw. mit dem anderer zu interpretieren.

Besondere Aufmerksamkeit hat in der Hermeneutik immer die These gefunden, daß ein Interpret einen Autor *besser* verstehen müsse, als dieser sich selbst verstanden habe. Ursprünglich stammt diese These wohl von Kant[14], bei dem mit ihr gemeint ist, daß ein Interpret die den jeweiligen Sachverhalten angemessenen Begriffe noch *schärfer* ausarbeiten könne, als es der Autor in seinem ersten Denkansatz gewöhnlich tun könne. Während in der Neuzeit diese These vornehmlich historisch, psychologisch oder wissenssoziologisch gerechtfertigt worden ist, liegt die Pointe bei Schleiermacher und Boeckh gerade darin, daß beide unter dem Einfluß der *Genieästhetik* der Meinung waren, daß sich der Schaffensprozeß des Autors weitgehend *vorbewußt* vollziehe und in seinen allgemeinen Strukturbedingungen erst vom Interpreten aufgeklärt werden könne. Dieser Begründungszusammenhang ist im Hinblick auf die Sinninterpretation grammatischer Zeichen besonders wichtig. Unabhängig von den Denkpositionen der Genieästhetik kann sicher angenommen werden, daß ein Autor sich bei der *Wahl* seiner grammatischen Zeichen weitgehend von einem mehr oder weniger vagen allgemeinen *Sprachgefühl* leiten läßt. Dem Interpreten obliegt es nun aber, die Struktur dieses allgemeinen Sprachgefühls aufzuklären, weil es ja nicht nur dazu dient, komplexe sprachliche Formen zu erzeugen, sondern auch den Ausgangspunkt dafür bietet, in den hermeneutischen Zirkel des Verstehens einzutreten.

Die beiden Stichworte *Sprachgefühl* und *hermeneutischer Zirkel* gehen natürlich weit über das Problem der Grammatik im engeren und weiteren Sinne hinaus. Dennoch sind sie geeignet, das Problem des sogenannten *Vorverständnisses* aus einer bestimmten Perspektive näher zu beleuchten. Dieses Problem hat nicht nur in der neueren Hermeneutikdiskussion eine große Rolle gespielt, sondern in der Gestalt der *Interpretanten-Problematik* auch in der Semiotik. Immer offensichtlicher ist nämlich geworden, daß sich Verstehensprozesse nicht linear von einer Stufe Null her entwickeln, sondern eine zirkuläre oder spiralhafte Struktur haben, weil sie auf Formen von Vorverständnissen aufbauen, die explizit nicht erschöpfend aufgeklärt werden können. Da nun grammatische Ordnungsmuster einen wichtigen Anteil bei der Bildung und den Auswirkungen von Vorverständnissen haben, soll hier in einem eigenen Ansatz geprüft werden, welche Bezüge die Stichworte *Sprachgefühl* und *hermeneutischer Zirkel* zur Grammatikproblematik haben.

2. *Sprachgefühl und hermeneutischer Zirkel*

Es wurde schon hervorgehoben, daß sich die Eigenart grammatischer Zeichen im Vergleich zu lexikalischen Zeichen phänomenologisch dadurch kennzeichnen läßt, daß sie im Vollzug von sprachlichen Verständigungsprozessen ganz unauffällig sind und daß sich ihr instruktives und kognitives Leistungsprofil nur schwer explizit konkretisieren läßt. Das liegt abgesehen von der morphologisch meist unselbständigen Erscheinungsweise grammatischer Zeichen offenbar vor allem daran, daß sie als metainformative Organisations- und Interpretationszeichen nicht unmittelbar zur Thematisierung unserer Denkgegenstände dienen und daß sich in ihnen ein Typ von Wissen repräsentiert, der den Hintergrund bzw. Untergrund unseres lexikalisch thematisierten Gegenstandswissens bildet.

Das Wissen von der Welt, das sich in lexikalischen Nennzeichen vergegenständlicht hat, können wir relativ leicht in eine propositionale Form bringen. Das geschieht beispielsweise, wenn wir den begrifflichen Gehalt von Wörtern nach Inhalt und Umfang definieren oder wenn wir festlegen, welche Prädikate oder Attribute sprachlich benannten Gegenständen zugeordnet werden können.

Demgegenüber läßt sich der *Typ* von Wissen, der sich in grammatischen Zeichen konkretisiert hat, nicht oder nur sehr unvollständig in eine propositionale Form bringen. Wir wissen üblicherweise zwar, wie grammatische Zeichen zweckdienlich zu gebrauchen sind, aber wir können das in der Regel nicht in Form von Aussagen erläutern oder begründen. Über grammatische Formen wissen wir immer sehr viel mehr, als wir explizit *aussagen* können. Unübliche oder gar falsche Verwendungsweisen grammatischer Zeichen fallen uns in der Muttersprache sofort auf, ohne daß wir angeben könnten, gegen welche Regeln dabei jeweils verstoßen wird.

Diese Beobachtungen haben dazu geführt, unser grammatisches Wissen als *intuitives* Wissen zu kennzeichnen und einem relativ vagen *Sprachgefühl* zuzuordnen. Grammatische Theorien und Aussagen sind dann mehr oder weniger erfolgreiche Versuche, unser intuitives grammatisches Handlungswissen explizit zu vergegenständlichen und aus einer nicht-propositionalen in eine propositionale Form zu überführen.

Die Idee eines intuitiven Wissens und die These, daß sich im sogenannten Sprachgefühl ein besonderer Typ von Wissen repräsentiere, steht in Spannung zu unserem gängigen *Wissensbegriff*. Dieser ist dadurch gekennzeichnet, daß nur das als Wissen anerkannt wird, was auch aussagbar ist bzw. in einer propositionalen Form vergegenständlicht werden kann. Das bedeutet, daß der Begriff des Wissens eigentlich nicht als Oberbegriff, sondern als Oppositionsbegriff zu dem des Gefühls oder der Intuition zu verstehen ist. Eine solche Beschränkung des Wissensbegriffs auf explizit aussagbares propositionales Wissen läßt sich methodisch durchaus rechtfertigen. Philosophen und Philologen haben aber gegen eine solche Einschränkung des Wissensbegriffs geltend gemacht, daß dadurch ein bestimmter Wissenstyp ungerechtfertigterweise verabsolutiert werde und daß es erkenntnistheoretisch fruchtbarer sei, kategorial unterschiedliche, aber ineinander verschränkte Formen des Wissens anzunehmen.

Wieland[15] hat herausgestellt, daß sich schon Platon darüber im klaren gewesen sei, daß es neben dem explizit aussagbaren *propositionalen Wissen* noch andere *Wissensformen* gebe, die ihren Ausdruck beispielsweise in dem adäquaten *Vollzug von Handlungen* fänden. Eine solche Form von Wissen läßt sich zwar partiell in eine propositionale Form bringen, im Prinzip ist es aber von einer so großen Komplexität, daß es weder in Form von Sätzen zureichend konkretisierbar ist noch in Form von Sätzen von einer Person auf eine andere übertragen werden kann. Es ist deshalb auch nicht lehrbar, sondern nur in Handlungsprozessen erwerbbar, weil es in diese so eingewachsen ist, daß es schwerlich von ihnen losgelöst werden kann, ohne sich entscheidend zu ändern.

So repräsentiert beispielsweise die *Fähigkeit* von Sokrates, Gespräche zu führen, andere in Widersprüche zu verwickeln oder zu Einsichten zu führen, eine Form von

Wissen, die sich in Gestalt von Sätzen kaum in ihrer spezifischen Eigenart repräsentieren läßt. Da sich dieses Wissen schwerlich *theoretisch* formulieren läßt, aber durchaus *praktisch* vorgeführt werden kann, dient die Form des *Dialogs* bei Platon auch einem doppelten Zweck. Zum einen soll in ihm das begriffliche bzw. *propositionale Wissen* über einen spezifischen Gegenstandsbereich differenziert werden, zum anderen soll in ihm das *nicht-propositionale Handlungswissen* des Sokrates exemplarisch vorgeführt werden. Im Hinblick auf den letzten Zweck ist es deshalb auch kein Mangel, wenn die platonischen Dialoge in Aporien enden, weil die abschließende Klärung von Sachfragen keineswegs ihr einziger Zweck ist.

Zur Differenzierung von unterschiedlichen Wissensformen haben sich leicht variante Terminologien eingebürgert. So unterscheidet man nicht nur zwischen dem *propositionalen* und dem *nicht-propositionalen* Wissen, sondern auch zwischen dem *diskursiven* und *intuitiven*, dem *figurativen* und *operativen*, dem *expliziten* und *impliziten* sowie dem *theoretischen* und *praktischen* Wissen. Ryle[16] hat zwischen *Wissen* (knowing that) und *Können* (knowing how) differenziert, um darauf aufmerksam zu machen, daß im Wissen üblicherweise die erfolgreiche Praxis der Theorie vorausgehe und daß man *intelligent* handeln könne, ohne die Prinzipien explizit zu kennen, nach denen man verfahre. So hätten wir alle die Grundregeln des Versteckspielens, der Grammatik und der Logik nicht durch theoretische Unterweisungen erlernt, sondern in erfolgreichen Handlungsprozessen.

Eine für das Grammatikproblem besonders wichtige Differenzierung von unterschiedlichen Wissensformen wird in der kognitiven Psychologie und in der Computertechnik gemacht, wo man zwischen einem *deklarativen* und einem *prozeduralen* Wissen unterscheidet.[17] Als *deklaratives* Wissen wird dasjenige Wissen bezeichnet, über das man bewußt verfügen kann und das sich, begrifflich objektiviert, gedächtnismäßig speichern läßt. Als *prozedurales* Wissen wird dasjenige Wissen bezeichnet, das uns befähigt, motorische und geistige Handlungen erfolgreich durchzuführen bzw. das deklarative Wissen praktisch zu verwenden.

Die Unterscheidung von deklarativem und prozeduralem Wissen taucht in der Computertechnik in der Unterscheidung von *Daten* und *Anweisungen* bzw. in der Unterscheidung von *Speicher* und *Verarbeitungsprogramm* wieder auf. Hier wird zugleich auch die logische Stufung und die funktionale Verknüpfung beider Wissensformen sehr evident. Was auf der einen logischen bzw. technischen Ebene noch als prozedurales Wissen für den Umgang mit Daten qualifiziert werden kann, läßt sich auf der nächsthöheren logischen und technischen Ebene wieder als deklaratives Wissen bzw. als Sammlung von Daten über operative Prozeduren betrachten, das dann wieder von einem prozeduralen Wissen *zweiter* Ordnung in seinen konkreten Verwendungsmöglichkeiten gesteuert werden kann. Gerade in der Computertechnik und den Strukturanalysen zu dem Problem der *künstlichen Intelligenz* wird deutlich, daß die Unterscheidung von deklarativem und prozeduralem Wissen ebenso wie die von Sprache und Metasprache sich nur *relational* begründen läßt.

Aus diesen Überlegungen zu dem funktionalen und logischen Zusammenhang von unterschiedlichen *Wissensformen* ist festzuhalten, daß wir unser nicht-propositionales Handlungswissen zur Bildung und zum Verstehen von Sätzen und Texten in Reflexionsprozessen logisch höherer Ordnung partiell wieder in eine propositionale Form bringen können, um es dann explizit kontrolliert zur Produktion und Rezeption komplexer Zeichen zu nutzen. In einem solchen Fall würde ein ehemals *prozedurales* Sprachwissen in die Form eines *deklarativen* Sprachwissens gebracht, wobei allerdings die Anwendung dieses neuen deklarativen Wissens höheren Typs wieder durch ein prozedurales Wissen höheren Typs reguliert würde, das dem, der es praktiziert, theoretisch nicht voll durchschaubar sein muß. Auf welcher Stufe wir unser propositionales und deklaratives Wissen auch explizit formulieren, seine konkrete Anwendung wird immer von einem impliziten Wissen reguliert, das einen nicht-propositionalen bzw. einen prozeduralen Charakter hat.

Diese Hinweise mögen genügen, um den Stellenwert des sogenannten Sprachgefühls in einer Grammatik- bzw. Sprachtheorie anzudeuten. Der Terminus *Sprachgefühl* dient uns offenbar dazu, die Gesamtheit unseres *prozeduralen Wissens* für die *Bildung* und situationsadäquate *Anwendung* komplexer *sprachlicher Formen* zu bezeichnen bzw. die Gesamtheit unseres prozeduralen Wissens zur spontanen *Bildung von Sinngestalten* in Verstehensprozessen. Dieses Sprachgefühl haben wir uns im Laufe unseres Spracherwerbs bei der aktiven und passiven Nutzung der Sprache erworben. Als praktisches Sprachwissen stellt es eine sehr komplizierte *Resultante* aus Gedächtnisinhalten, induktiven Analogieschlüssen und Sprachkonventionen dar, das die Sprachwissenschaft mit mehr oder minder großem Erfolg in eine propositionale Form zu bringen versucht. Als »*tacit knowing*« bzw. *implizites Wissen*[18] bildet es den *Urgrund*, aus dem unser ganzes theoretisches Wissen über die Sprache hervorwächst und ohne das die Adäquatheit bzw. Plausibilität grammatischer Theorien gar nicht zu beurteilen ist.

Als implizites Handlungswissen über den adäquaten aktiven und passiven Umgang mit sprachlichen Formen erstreckt sich das Sprachgefühl auf die *grammatische, lexikalische, stilistische* und *situative* Ebene des Sprachgebrauchs und ermöglicht uns intuitive Urteile über die sprachliche Richtigkeit oder situative Angemessenheit sprachlicher Formen. Es konstituiert sich aus der praktischen Umgangserfahrung mit der Sprache und kann durch theoretische Reflexionen nicht befördert oder gar erzeugt, sondern nur partiell in einer begrifflichen Form objektiviert werden. Wegen seiner semantischen Vagheit und seines nicht genau festlegbaren sprachtheoretischen Stellenwerts ist der Begriff des *Sprachgefühls* in der Sprachwissenschaft und Sprachpsychologie sehr umstritten.[19] Dennoch läßt sich auf ihn als *zusammenfassenden* Begriff für einen bestimmten Typ sprachlichen Wissens nicht verzichten.

Das Sprachgefühl ist auch kein Gefühl im üblichen Sinne, sondern eher ein mit *gefühlsartiger* Unmittelbarkeit funktionierendes *instinktartiges* Wissen. In ihm manifestiert sich ein komplexes ganzheitliches Sprachwissen, das sich offenbar aus der vorbewußten Fähigkeit unseres Gehirns zur Verrechnung von Einzelinformationen aufbaut und bei dem mit Analogieschlüssen gearbeitet wird, die sich einer begrifflichen und linearen Abbildbarkeit entziehen. Dieses Sprachgefühl ermöglicht uns nicht nur Urteile über die Sprachrichtigkeit und Verwendungsadäquatheit sprachlicher Formen, sondern ermöglicht uns auch, den komplexen Sinngehalt semantisch mehrschichtiger Sprachgebilde unmittelbar zu erfassen. Ohne das spontan arbeitende Sprachgefühl wären sprachliche Engführungen, wie sie in *metaphorischen, symbolischen, ironischen* oder *witzigen* Sprachformen vorliegen, gar nicht möglich, deren Charme sofort verblaßt, wenn ihre Struktur theoretisch und diskursiv aufgeklärt werden muß.

Strukturell hat das Sprachgefühl viel mit dem *Rechtsgefühl* gemeinsam. Auch im Rechtsgefühl hat sich ein komplexes Rechtswissen angesammelt, das sich als *Resultante* aus einem Rechtsverhalten intuitiv gebildet hat und das uns in der Regel befähigt, Recht und Unrecht ohne Kenntnis der einschlägigen Gesetze spontan zu unterscheiden. Besonders deutlich objektiviert sich dieses Rechtsgefühl, das auch als Kenntnis unformulierter Rechtsnormen interpretiert werden kann, wenn es in Spannung zu formulierten positiven Gesetzen gerät und der Konflikt zwischen Legitimität und Legalität aufbricht. Die objektive Existenz des Rechtsgefühls ist vielfach ja als so manifest empfunden worden, daß von einem *angeborenen* Rechtsempfinden oder gar *Naturrecht* gesprochen worden ist, welches die Gesetze nur explizit zu machen hätten.

Das Sprachgefühl geht weit über den Bereich der Sprachrichtigkeit hinaus und schließt das *Stilgefühl* ein, mit dem wir die Nuancen sprachlicher Sinngebilde erfassen bzw. den nicht-thematischen Nebensinn von Äußerungen. Mit ihm können wir intuitiv Zeichenstrukturen erfassen, die wir explizit gar nicht oder nur über sehr zeitaufwendige methodische Operationen identifizieren und interpretieren können. Insgesamt hat das Sprachgefühl eine erkenntnisantizipierende Kraft, weil es den Ausgangspunkt und das Kontrollinstrument jeder expliziten, methodisch organisierten Textinterpretation bildet.

Um den Stellenwert des Sprachgefühls für die Herstellung und das Verstehen von Texten näher zu kennzeichnen, ist es aufschlußreich zu wissen, mit welchem Grad an *Bewußtheit* Schriftsteller grammatische Zeichen für ihre Darstellungsintentionen auswählen. Dazu finden sich interessante Hinweise in Interviews, die mit zeitgenössischen Autoren im Hinblick auf das Problem des *Tempusgebrauchs* geführt worden sind. In den Äußerungen dieser Schriftsteller über ihre Tempuswahl fällt auf, daß alle aus dem Grammatikunterricht und insbesondere aus dem Lateinunterricht noch eine Menge theoretischen Wissens über die Funktionen der verschiedenen Tempusformen mit sich herumtragen, das allerdings im Hinblick auf das spezifische kognitive und instruktive Funktionsprofil der deutschen Tempusformen zum Teil sehr inadäquat ist. Wenn die Autoren mit diesem propositionalen Wissen *nachträglich* ihren Tempusgebrauch zu rechtfertigen versuchen, dann kommt es oft zu sehr peinlichen Argumentationen. Zum Glück scheinen die Autoren ihre Tempusformen ursprünglich nicht nach ihrem sprachtheoretischen Wissen ausgewählt zu haben, sondern eher nach ihrem viel sensibleren Sprachgefühl.

Günter Grass hat erklärt, daß er seine Tempuswahl nicht nach strengen grammatischen Regeln vornehme, sondern in Abhängigkeit davon, »*welches Klima*« er schaffen wolle. Rolf Hochhuth hat bekannt, daß er beim Schreiben von Dialogen auf »*Zeitprobleme*« überhaupt nicht achte, sondern sich Dialogpartien laut vorlese und seine Aufmerksamkeit nur darauf richte, ob jemand »*glaubhaft das ausspricht, was er sagen soll*«. Martin Walser hat gebeichtet: »*Ich habe ein völlig unreflektiertes, das heißt kein Verhältnis zur Grammatik. Ich hatte deswegen Angst, wenn ich hätte Sprachlehrer werden müssen, diese Probleme theoretisch meistern zu können.*«[20]

Diese Bekenntnisse der Schriftsteller sind nach den bisherigen Überlegungen nicht überraschend, weil wir gerade komplexe Handlungen nach Prinzipien organisieren, die uns explizit nicht bekannt sind, aber dennoch auf sehr differenzierte Weise wirksam sein können. Das ganzheitliche Wissen von der Sprache, das sich im Sprachgefühl dokumentiert, ist natürlich nicht gegen Unsicherheiten gefeit, weil die jeweilige Muttersprache kein homogenes Sprachsystem bildet, sondern viele regionale, soziale, funktionale, historische und individuelle Varietäten aufweist. Diese Sprachvarietäten können dem Sprachgefühl zum Problem werden, wenn sie sich nicht ergänzen, sondern in Konkurrenz zueinander treten.

So hat beispielsweise der oberdeutsche *Präteritumsschwund* dazu geführt, daß der Gebrauch des Perfekts und Präteritums im Hochdeutschen anders organisiert ist als in den oberdeutschen Mundarten, in denen das Perfekt durchaus als Erzähltempus verwendet werden kann. Das hat nun zur Folge, daß bei den oberdeutschen Schriftstellern das Sprachgefühl für den Tempusgebrauch, das sich aus der Mundart speist, in Diskrepanz zu dem gerät, das sich aus der Literatur- bzw. Schriftsprache speist. Diese Diskrepanzen zwischen zwei unterschiedlich ausgeprägten Sprachgefühlen hat etwa bei Peter Bichsel zu einem theoretisch sehr reflektierten Tempusgebrauch geführt. Er hat betont, daß er insbesondere den Gebrauch des Präteritums in seinen Texten genau kontrolliere, weil er dieses Tempus aus seiner Mundart nicht kenne, sondern nur aus der Schrift- bzw. Literatursprache.[21]

Das Sprachgefühl ist in der Regel recht vage, weil es sich aus sehr unterschiedlichen Quellen nährt. Aber diese *Vagheit* ist nicht nur negativ zu bewerten. Sie ist nämlich einerseits ein Garant dafür, daß das Sprachgefühl lebendig und veränderungsfähig bleibt, und andererseits ein Ansporn dafür, daß unser Bestreben nicht erlahmt, die Beiträge des Sprachgefühls für Sinnbildungsprozesse metareflexiv zu präzisieren. Das spontane, ganzheitliche Verstehen aus dem Sprachgefühl heraus hat immer eine Art *Vorstufencharakter* für das methodisch bewußte Verstehen.

Das interpretative Verfahren, daß ein über das Sprachgefühl erzeugtes komplexes, aber zugleich auch vages Vorverständnis von Äußerungen in zeitgedehnten Interpretationsprozessen nach und nach in eine präzisere und intersubjektiv nachvollziehbare Gestalt gebracht wird, ist als *hermeneutischer Zirkel* bekannt geworden. Ziel dieses Verfahrens ist es, innerhalb von Texten und über den Rahmen eines Textes hinaus das Verhältnis von Teil und Ganzem immer wieder neu festzulegen und zu interpretieren, um auf diese Weise die internen und externen Relationen eines Textes immer klarer herauszuarbeiten, damit er eine scharf konturierte Sinngestalt bekommt.

Das Bild des hermeneutischen Zirkels ist insbesondere den Logikern immer suspekt gewesen, weil es zu implizieren scheint, daß der Verstehensprozeß nur auf die *Präzisierung* von ›Vorurteilen‹ hinauslaufe oder auf die Explikation von intuitiven Vorverständnissen. Dieser Tatbestand stelle eigentlich ein logisches Dilemma dar, weil das, was zu verstehen sei, mit dem zusammenfalle, was vorausgesetzt werde, bzw. weil man nur das aus einem Text an Verständnis heraushole, was man vorher in einem Akt des Vorverständnisses schon hineingelegt habe. Angesichts dieser Argumentation wird von vielen deshalb auch bevorzugt, von einer *hermeneutischen Spirale* zu sprechen, um zu dokumentieren, daß das Verstehen zwar der Kreisbewegung bedarf, daß es sich dabei aber doch auch auf eine neue Ebene des Textverständnisses bringen kann.

Der Sache nach ist der hermeneutische Zirkel seit der Antike bekannt. Seine explizite Formulierung als Interpretationsprinzip hat er aber wohl erst Anfang des 19. Jahrhunderts bei dem klassischen Philologen Friedrich Ast gefunden. Er geht von der These aus, daß die Texte der antiken Schriftsteller in *dreifacher* Perspektive zu verstehen seien, nämlich auf *historische* Weise im Hinblick auf den Inhalt der Werke, auf *grammatische* Weise im Hinblick auf die Form oder Sprache der Werke und auf *geistige* Weise im Hinblick auf den Geist des Schriftstellers und den seiner Epoche. Das *geistige* Verständnis eines Werkes sei das wahre und höhere Textverständnis, das sich aus dem stofforientierten historischen und dem formorientierten grammatischen aufbaue. Im Hinblick auf die konkrete Struktur des Interpretationsprozesses kommt Ast zu folgender Überzeugung:

> »Das Grundgesetz alles Verstehens und Erkennens ist, aus dem Einzelnen den Geist des Ganzen zu finden, und durch das Ganze das Einzelne zu begreifen; jenes die analytische, dieses die synthetische Methode der Erkenntniss. Beide aber sind nur mit und durch einander gesetzt, eben so, wie das Ganze nicht ohne das Einzelne, als sein Glied, und das Einzelne nicht ohne das Ganze, als die Sphäre, in der es lebt, gedacht werden kann. Keines ist also früher, als das andere, weil beide sich wechselseitig bedingen und ein harmonisches Leben sind.«[22]

Asts Überlegungen lassen sich sowohl auf eine *kulturell* orientierte Ebene beziehen als auch auf eine *textuell* orientierte Ebene als auch auf den Zusammenhang zwischen beiden. In ihnen fällt mehrfach der Begriff des Zirkels, der andeutet, daß sich Ast der logischen Problematik seiner Verstehenstheorie sehr wohl bewußt war. Gleichzeitig machte er aber auch deutlich, daß sich Verstehensprozesse nicht streng linear von einem Nullpunkt aus entwickeln können und daß deshalb unter psychologischen Aspekten der Zirkel weniger problematisch ist als unter logischen, weil er eigentlich nur postuliert, daß das vage Vorwissen über einen Gegenstand im Verstehensprozeß in ein präziseres Endwissen gebracht wird.

Im Hinblick auf die *kulturelle* Anwendungsebene des hermeneutischen Zirkels ist einerseits zu berücksichtigen, daß man vom Geist einer Epoche immer schon etwas kennen muß, um den Geist eines einzelnen Werkes oder eines einzelnen Autors richtig zu erfassen, und andererseits, daß der Geist der Epoche nur aus dem Geist der einzelnen Werke und dem Geist der einzelnen Autoren zu erfassen ist. Im Hinblick auf die *textuelle* Anwendungsebene des hermeneutischen Zirkels ist einerseits zu berücksichtigen, daß man beim Verstehen sprachlicher Äußerungen auf das allgemeine Wissen angewiesen ist, das sich in den konventionalisierten sprachlichen Formen niedergeschlagen hat, und andererseits, daß sich der aktuelle Sinn einzelner Sprachformen erst aus dem Kontext ihres intentionalen Gebrauchs ergibt.

Das Verhältnis von Teil und Ganzem kann im Hinblick auf Texte und Äußerungen je nach Betrachtungsebene ganz unterschiedlich bestimmt werden, weil Teil und Ganzes nicht substantielle, sondern *relationale* Größen sind. Das Ganze kann ein komplexes Zeichengebilde (Text, Satz, Wort) sein, das sich aus einfacheren Zeichen als Teilen konstituiert. Das Ganze kann eine lexikalische Basisinformation sein, und die Teile können grammatische Interpretationsinformationen sein. Das Ganze kann aber auch ein komplexes oder elementares grammatisches Strukturmuster (Prädikationsschema,

Attributionsschema, Wortart) sein, und die Teile können die sprachlichen Einzelzeichen sein, die das jeweilige Strukturmuster exemplifizieren. In jedem Fall gewinnen sowohl das Ganze wie die jeweiligen Teile ihr aktuelles kognitives Profil erst aus den jeweiligen *Korrelationen,* in denen sie stehen. Das eine wird erst wahrnehmbar im Kontext des anderen.

Grammatische Zeichen müssen in allen Verstehensprozessen als sinnbildende Faktoren ernstgenommen werden, sei es, daß sie als sinnbildende Komponenten von umfassenderen Ganzheiten fungieren, oder sei es, daß sie selbst umfassende Ganzheiten bilden, die sich aus untergeordneten lexikalischen und grammatischen Zeichen konstituiert haben. In *textbezogenen* hermeneutischen Reflexionen lassen sich grammatische Zeichen durch explizite analytische Operationen hinsichtlich ihrer morphologischen Gestalt identifizieren und hinsichtlich ihrer sinnbildenden Funktionen qualifizieren. Spontane, vom Sprachgefühl her gesteuerte Sinnbildungsprozesse gewinnen dadurch schärfere Konturen und werden intersubjektiv besser begründbar. In *daseinsbezogenen* hermeneutischen Reflexionen läßt sich die Leistung grammatischer Zeichen bei der kategorialen Interpretation der Welt in einem erkenntnistheoretischen Denkhorizont thematisieren. Dadurch werden wir dann auf transzendentale Prämissen unseres Denkens aufmerksam gemacht, deren vorstrukturierende Kraft uns in alltäglichen, sachbezogenen Denkprozessen nicht mehr auffällt.

Der *hermeneutische Zirkel* bzw. die hermeneutische Spirale des Verstehens ist eigentlich nichts anderes als der genuine Ausdruck unserer Fähigkeit zum *reflexiven Denken* bzw. die notwendige Folge der *Vagheit, Flexibilität* und *Polyfunktionalität* unserer natürlichen Sprache. Er muß als eine natürliche Strukturform des Verstehens und als genuiner Ausdruck unseres kognitiven Apparates betrachtet werden, weil wir in der Lage sind, jeden Denkakt und jeden Denkinhalt auf einer Metastufe wieder zum Gegenstand neuer Denkakte und neuer Denkinhalte zu machen. Ganz natürlich ist es auch, daß jeder Verstehensprozeß eine immanente Tendenz hat, seinen eigenen Prozeß vom Verstehen von *Texten* über das Verstehen von *Situationen* auf das Verstehen der *Welt* und des *Denkens* hin auszuweiten. In diesem Zusammenhang ist auch zu berücksichtigen, daß semiotisch gesehen prinzipiell *alles* als Zeichen fungieren kann, was sinnvoll als Zeichen interpretiert werden kann, weshalb interpretative Zeichenprozesse (Semioseprozesse) kein sachliches, sondern nur ein methodisches Ende finden können.

Auf eine klassische und prägnante Weise hat der späte Wittgenstein zum Ausdruck gebracht, daß der hermeneutische Zirkel eine Grundgegebenheit menschlicher Existenz ist, weil all unser Wissen *zeichengebundenes* Interpretationswissen ist.

»Wenn man aber sagt: ›Wie soll ich wissen, was er meint, ich sehe ja nur seine Zeichen‹, so sage ich: ›Wie soll *er* wissen was er meint, er hat ja auch nur seine Zeichen‹. [23]

3. Gestaltpsychologie und Gehirnstruktur

Um die eigentümlichen Voraussetzungen und Strukturen des Sinnverstehens von komplexen sprachlichen Äußerungen näher aufzuklären, kann einerseits auf die Einsichten der Gestaltpsychologie zur Struktur von Wahrnehmungsprozessen zurückgegriffen werden und andererseits auf die neueren Forschungen zur Struktur unseres Gehirns bzw. zur Struktur der zerebralen Informationsverarbeitung. Sowohl die schon etwas ältere *Gestaltpsychologie* als auch die moderne *Gehirnphysiologie* vermögen uns wertvolle Aufschlüsse darüber zu geben, wie ganzheitliche Verstehensprozesse auf der Basis eines intuitiven Sprachgefühls mit methodisch regulierten Verstehensprozessen auf der Basis von expliziten Zeichenanalysen miteinander zusammenhängen.

a) Gestaltpsychologie und grammatische Zeichen

Die *Gestaltpsychologie*[24] hat sich zwar im wesentlichen mit optischen Wahrnehmungsprozessen beschäftigt, bei denen im Gegensatz zu sprachlichen Wahrnehmungsprozessen der Verlauf der Zeit keine so große Rolle spielt, weil die einzelnen Wahrnehmungsinhalte in höherem Maße simultan erfaßt werden können, aber dennoch sind ihre Einsichten für die Strukturanalyse sprachlicher Wahrnehmungsprozesse sehr aufschlußreich. Ähnlich wie bei der Erfassung von Bildern ganzheitliche, simultane Wahrnehmungsprozesse in sukzessive Wahrnehmungsprozesse von Einzelelementen übergehen können und umgekehrt, so können auch bei der Erfassung von Sätzen und Texten ganzheitliche und sukzessive Wahrnehmungsprozesse wechselseitig ineinander übergehen. In Sätzen werden beispielsweise sprachliche Einzelzeichen nacheinander geäußert, aber sie sollen alle simultan gelten, weil sie Bestandteile einer Aussage sind.

Die *Gestaltpsychologie* hat sich zu Beginn des 20. Jahrhunderts in Opposition zu der sogenannten *Elementenpsychologie* herausgebildet, die sehr stark in der Tradition des philosophischen Empirismus verwurzelt war. Die Elementenpsychologie hatte sich nach dem Vorbild des periodischen Systems der Elemente in der Chemie für die kleinsten geistigen Bausteine interessiert, aus denen sich komplexe geistige Einheiten bilden. Gegen die etwas mechanistischen Denkweisen in der Elementenpsychologie hat dann die Gestaltpsychologie zwei Thesen gesetzt, in denen auch Überlegungen von Aristoteles und Goethe zu Ganzheitsphänomenen berücksichtigt worden sind.

Im Rahmen der *Übersummativitätsthese* wird herausgestellt, daß sich komplexe Ganzheiten nicht rein linear und sukzessiv aus ihren Teilen aufbauen, sondern daß sie eigenständige Qualitäten darstellen, die sich nicht aus der Summe ihrer Teile ableiten lassen. Die nicht voraussagbare spezifische Qualität von Ganzheiten entstehe dadurch, daß aus dem konstruktiven Wechselverhältnis von Einzelteilen sich neue Qualitäten herausbildeten und daß die Einzelteile unterschiedliche Profile an sich hervortreten ließen, je nachdem in welche Kontexte man sie einbette.

Im Rahmen der *Primatsthese* wird herausgestellt, daß in Wahrnehmungsakten das Ganze seinen Teilen vorausgeht. Im Wahrnehmungsprozeß baue sich das Ganze nicht sukzessiv aus seinen Teilen auf, sondern die Teile ergäben sich erst aus der analytischen Zergliederung eines zunächst ganzheitlich wahrgenommenen Phänomens. In diesem Zusammenhang muß allerdings auch berücksichtigt werden, daß die Begriffe *Ganzes* und *Teil* für die Gestaltpsychologie *relationale* Begriffe sind und daß die jeweilige Betrachtungsebene festlegt, was jeweils als Ganzes oder als Teil betrachtet wird.

Beide Thesen der Gestaltpsychologie sind geeignet, wichtige Strukturphänomene sprachlicher Verstehensprozesse näher herauszuarbeiten. Die *Übersummativitätsthese* kann auf den komplexen Korrelationszusammenhang von lexikalischen Nennzeichen und grammatischen Organisations- bzw. Interpretationszeichen aufmerksam machen sowie verdeutlichen, daß der Sinn komplexer sprachlicher Zeichen nicht mechanisch aus dem Sinn einfacher sprachlicher Zeichen abgeleitet werden kann. Aus der konstruktiven Verknüpfung von Sprachzeichen unterschiedlichen Typs ergeben sich neue Sinngestalten, die aufgrund der sprachlichen Konventionen und Regeln nicht genau voraussagbar sind. Die *Primatsthese* kann darauf aufmerksam machen, daß die sprachlichen Einzelzeichen eigentlich keine vorgegebenen semantischen Bausteine mit stabiler Charakteristik sind, sondern mehr oder weniger flexible Bauelemente, die ihre spezifische semantische Charakteristik erst durch die Relationen bekommen, in die sie eingebettet werden. Natürlich haben die einzelnen sprachlichen Zeichen und Zeichentypen einen bestimmten Operationsrahmen, aber dieser ist zumindest in den natürlichen Sprachen so weit und hat so unscharfe Ränder, daß ihr aktuelles Sinnprofil sich jeweils sehr unterschiedlich gestalten kann, was Metaphern beispielsweise sehr gut exemplifizieren.

Wie sehr unsere Hypothesen über den Gesamtsinn einer sprachlichen Einheit dazu beitragen, das vage oder doppeldeutige Instruktionspotential grammatischer Zeichen spezifisch zu konkretisieren, zeigt sich bei Komposita, wo wir die Determinationsrelation des Bestimmungsgliedes zum Grundglied je nach den Sachgegebenheiten unterschiedlich präzisieren können *(Eisverkäufer, Straßenverkäufer)*. Aus umfassenden Sinnhypothesen leiten wir auch ab, ob wir eine spezifische semantische Einheit beispielsweise grammatisch als Präpositionalattribut oder als Adverbial interpretieren *(Karl holte Tante Auguste aus Amerika. Ich möchte den Kobold mit der Tarnkappe fangen.)*.

Als sinngebende Ganzheiten für lexikalische Einzelzeichen im Sinne der Gestaltpsychologie können auch *Textsorten, Satzglieder* oder *Tempusformen* gelten. In einer Fabel verbinden wir mit dem Worte *Fuchs* einen anderen Sinn als in einer amtlichen Bekanntmachung über Tollwut. In attributiver Stellung läßt sich das Adjektiv *grün* leichter metaphorisch verstehen als in prädikativer Stellung *(Der grüne Junge . . ./Der Junge ist grün.)*. In der Erzählform des Präteritums läßt sich ein Verb leichter metaphorisch verstehen als in der Urteilsform des Perfekts *(Ihr Auge schwamm in Tränen. Ihr Auge hat in Tränen geschwommen.)*. Grammatische Ordnungsmuster können als kommunikative Ordnungsmuster im Sinne von Ganzheiten einen *Erwartungshorizont* bzw. ein *Denkklima* schaffen, das prägenden Einfluß auf den konkreten Sinn lexikalischer Einzelzeichen auszuüben vermag.

Die Übersummativitäts- und die Primatsthese der Gestaltpsychologie machen ausdrücklich darauf aufmerksam, daß alle Verstehensprozesse *konstruktive* Prozesse sind, die nicht nur abhängig von der Struktur der jeweiligen Zeichenkonfigurationen sind, sondern auch von dem Sachwissen des Verstehenden und seiner Fähigkeit, Zeichen in ihrem sprachlichen und situativen Kontext sinngerecht zu interpretieren. Das Verstehen hat immer einen *Werkaspekt* und einen *Handlungsaspekt*. Einerseits wird jeder Verstehensprozeß durch die Instruktionen bestimmt, die mit allen lexikalischen und grammatischen Zeichen *konventionell* verbunden sind, andererseits aber auch durch die Fähigkeit des Interpreten, die *Intentionalität* einer Äußerung richtig zu erfassen und von hier aus das instruktive und kognitive Potential einzelner Zeichen auf spezifische Weise zu konkretisieren oder abzuwandeln.

Bei der Analyse von Sinngestalten spielen in der Gestaltpsychologie die korrelativen Begriffe *Gestaltqualität* und *Aktualgenese* eine zentrale Rolle. Beide lassen sich gut verwenden, um den Stellenwert von grammatischen Zeichen für Gestaltbildungsprozesse zu präzisieren. Die Qualität einer Gestalt kann sowohl von ihrer guten Identifizierbarkeit abhängig gemacht werden als auch von ihrer guten inneren Durchgliederung.

Eine Gestalt ist immer dann gut identifizierbar, wenn sie sich klar von dem absetzt, was nicht zu ihr gehört. Dieser Tatbestand wird in der Gestaltpsychologie üblicherweise als das Verhältnis von *Figur* und *Grund* beschrieben. Der Grund, von dem sich eine Figur absetzen muß, kann sowohl etwas Amorphes und Unstrukturiertes sein als auch eine andere Gestalt. Bezogen auf die sprachlichen Wahrnehmungsobjekte bedeutet das, daß *Texte, Sätze* und *Wörter* bzw. *Textsorten, Satztypen* und *Wortarten* sich morphologisch und semantisch klar von einem andersartigen Grund absetzen müssen, um gut identifizierbar zu sein. Grammatische Zeichen, die sich morphologisch und semantisch nicht klar gegen andere grammatische oder lexikalische Zeichen absetzen, verlieren dementsprechend an *Gestaltqualität*. Das trifft beispielsweise auf die Zeichen der latenten Grammatik zu, die sich morphologisch nicht direkt fassen lassen sowie auf diejenigen grammatischen Zeichen, die sich morphologisch nicht klar von anderen absetzen, was beispielsweise für manche Formen des Konjunktiv I bei schwachen Verben gilt, die identisch mit den entsprechenden Indikativformen sind. Es trifft aber auch auf grammatische Formen zu, die sich morphologisch zwar klar identifizieren lassen, die aber einen vagen kognitiven und instruktiven Gehalt haben, was beispielsweise für das Präsens, den Nominativ oder das Genitivattribut gilt.

Eine Gestalt ist gut durchgliedert, wenn ihre Teile ein hierarchisiertes Wirkungsgefüge bilden, in dem alle Elemente in einem funktionalen Wechselbezug miteinander stehen. Wellek spricht im Hinblick auf die Festigkeit eines Ordnungsgefüges von der *Gestaltgüte*, im Hinblick auf den Formenreichtum von der *Gestalthöhe* und im Hinblick auf die Sinnträchtigkeit von der *Gestalttiefe* eines Ganzheitsphänomens.[25] Sprachliche Gestalten haben immer dann eine hohe Qualität, wenn sie gut identifizierbare, vielfältig gegliederte und funktional aufeinander bezogene *Subzeichen* aufweisen. Grammatische Zeichen sind deshalb unverzichtbare Voraussetzungen für die Gestaltqualität eines Textes. Textstrukturierungsmittel der mündlichen Rede, wie sie etwa durch gestische, mimische und intonatorische Zeichen zum Ausdruck kommen können, müssen in schriftlich fixierten Texten durch Mittel der Grammatik und Interpunktion ersetzt werden.

Die Gestaltqualität sprachlicher Einheiten hängt eng mit ihrer *ästhetischen Qualität* zusammen. Sprachlichen Texten, in denen alle Textelemente zu einer durchstrukturierten Gestalt zusammengewachsen sind und in denen alle morphologisch faßbaren Formen als Zeichen interpretierbar sind, kann eine hohe ästhetische Qualität zugeschrieben werden, weil sie eine große Gestaltgüte, Gestalthöhe und Gestalttiefe bzw. Sinnträchtigkeit haben. Im Wahrnehmungsprozeß werden Gestalten hoher Qualität als *prägnant* erlebt, weil sie innerlich reich gegliedert sind und sich ihre Formen klar von einem Grund absetzen. [26] In der neueren Poetik werden lyrische Texte oft als *überstrukturiert* bezeichnet, weil in ihnen ein Maximum von Zeichentypen in Korrelation zueinander gesetzt werde (Lexik, Grammatik, Reim, Rhythmus, Bilder, Druckformen usw.). Lyrische Texte seien besonders sinnträchtig, weil in ihnen potentiell *alles* Zeichenfunktion habe.

Insbesondere Jakobson hat sich bei der Interpretation lyrischer Texte immer wieder darum bemüht, die gestaltbildenden Funktionen grammatischer Formen auf der morphologischen und semantischen Ebene herauszuarbeiten. Er konzentriert sich aber nicht nur auf den direkten Instruktionsgehalt grammatischer Zeichen, sondern auch auf die sinnbildenden Funktionen, die von der *Wiederholung*, der *Parallelisierung* oder der *Opposition* sprachlicher Formen unterschiedlichen Typs ausgehen. Damit will er die Analyse lyrischer Texte, die sich meist auf die Analyse tropischer und lautlicher Figuren konzentriert hat, durch die Analyse *grammatischer Figuren* ergänzen.

»Die in der morphologischen und syntaktischen Struktur der Sprache verborgenen Quellen der Poesie, kurz die Poesie der Grammatik und ihr literarisches Produkt, die Grammatik der Poesie, sind selten den Kritikern bekannt geworden und werden fast gänzlich von den Linguisten übersehen und doch meisterlich beherrscht von schöpferischen Schriftstellern. «[27]

Die Gestaltqualität eines Textes kann mehr oder weniger intuitiv wahrgenommen werden, aber als wirklich *prägnante* Gestalt läßt sich ein Text nur dann rezipieren, wenn man seine mehrdimensionale Durchformung ganz bewußt nachvollziehen kann. Die bewußte Präzisierung von ganzheitlichen, aber vagen Sinnhypothesen in zeitgedehnten Wahrnehmungsprozessen, die in der Hermeneutik als hermeneutischer Zirkel beschrieben wird, läßt sich mit dem parallelisieren, was in der Gestaltpsychologie als *Aktualgenese* bezeichnet wird. Obwohl die Gestaltpsychologie sich überwiegend mit bildlichen und nicht mit sprachlichen Wahrnehmungsprozessen beschäftigt hat, sind beide Prozesse doch sehr ähnlich strukturiert und können sich wechselseitig erhellen.

Der Terminus *Aktualgenese* [28] dient in der Gestaltpsychologie dazu, die *Dynamik* der Gestaltbildung zu beschreiben. Diese Dynamik ist dadurch gekennzeichnet, daß sich für den Wahrnehmenden im Wahrnehmungsprozeß aus einer intuitiv erfaßten, mehr oder weniger vagen *Vorgestalt* über *Zwischengestalten* eine durchstrukturierte prägnante *Endgestalt* bildet, die subjektiv eine Endgültigkeitsfarbe bekommt. Die Aktualgenese des Gestaltbildungsprozesses läßt sich als *Aufgliederungsprozeß* beschreiben, weil in ihr fortlaufend immer mehr Teile bewußt identifiziert und korreliert werden. Dieser Aufgliederungsprozeß in der Aktualgenese ist aber keineswegs nur ein analysierender *Zerlegungsprozeß*, sondern zugleich auch ein synthetisierender *Sinnstif-*

tungsprozeß, weil es in ihm nicht nur auf die Identifizierung von Teilen, sondern auch auf die funktionale Verknüpfung von Teilen ankommt.

Strukturell ist die Aktualgenese bei der Gestaltbildung von einer *Prägnanztendenz* bestimmt, die nach Wellek zwei komplementäre Dimensionen hat.[29] In der Aktualgenese nehme nämlich einerseits die *Schärfe* und *Ausgeprägtheit* einer Gestalt für den Betrachter zu und andererseits ihre *Sinnträchtigkeit* und *Bedeutungstiefe*. Diese Sinnträchtigkeit kann insbesondere dann hervortreten, wenn die konstituierte Gestalt nicht nur als sinnliches Faktum wahrgenommen wird, sondern zugleich als Zeichen noch *durchscheinend* für etwas anderes wird. Die Prägnanztendenz der Aktualgenese läßt sich auch so beschreiben, daß es in ihr darum geht, intuitiv erfaßte Wissensinhalte in eine diskursive Form zu bringen bzw. diffuse Komplexqualitäten in strukturierte Gestaltqualitäten zu transformieren. Dafür müssen sowohl bestimmte Voraussetzungen auf seiten der Wahrnehmungsobjekte vorliegen als auch auf seiten der Wahrnehmungssubjekte.

Das *zeitgedehnte* Verstehen sprachlicher Texte läßt sich gut als aktualgenetischer *Gestaltbildungsprozeß* beschreiben, bei dem eine mehr oder weniger vage und diffuse Vorgestalt in eine prägnantere Endgestalt transformiert wird bzw. bei dem ein komplexer Sinngehalt nach und nach so aufgegliedert wird, daß er begrifflicher Argumentation immer besser zugänglich wird. Insbesondere durch grammatische Analysen kann ein Text zuerst auf der *morphologischen* und dann auf der *semantischen* Ebene eine immer größere *Prägnanz* gewinnen, weil dabei immer mehr Zeichenstrukturen aufgedeckt und explizit in Beziehung zueinander gesetzt werden. Durch die methodische Konzentration der Aufmerksamkeit auf spezifische Zeichentypen und Zeichenkorrelationen lassen sich in Texten unterschiedliche *Sinnschichten* bzw. unterschiedliche *Kategorien von Informationen* ausmachen und in ihrem Korrelationszusammenhang beschreiben. Dadurch können Texte ein klares Sinnrelief bekommen, das in spontanen Verstehensprozessen nicht erreichbar ist. Die Konstitution einer solchen prägnanten Sinngestalt ist allerdings nicht nur abhängig von der Vielfalt und Dichte interpretierbarer Zeichenträger in einem Text, sondern auch von der Fähigkeit des Interpreten, Zeichenträger als Zeichen zu interpretieren.

b) Gehirnstruktur und Verstehensprozeß

Die Fähigkeit des Menschen, einen komplexen Sachverhalt spontan ganzheitlich zu erfassen, ihn analytisch in seine Teile zu zerlegen und die Teile wieder synthetisch aufeinander zu beziehen, ist für alle geistigen Operationen im Rahmen der Aktualgenese und des hermeneutischen Zirkels charakteristisch und ist aufs engste mit dem menschlichen Sprachvermögen verknüpft. Sie scheint eine faßbare biologische Grundlage in der *funktionellen Spezialisierung* der rechten und linken Großhirnhemisphäre in den ersten Lebensjahren zu haben, die sich in ausgeprägter Form allein beim Menschen evolutionär entwickelt hat.

In der Befähigung des menschlichen Großhirns, synthetische und analytische Geistesoperationen komplementär aufeinander zu beziehen, kommt ein Strukturprinzip zum Ausdruck, das in allen komplexen Systemen eine zentrale Rolle spielt. Es läßt sich als *Interaktionsprinzip* oder als *Dialogprinzip* bezeichnen und ist sowohl in *biologischen* als auch in *kulturellen* Systemordnungen anzutreffen. Im Reiche der *Natur* dokumentiert es sich beispielsweise im *Geschlechtsprinzip*, durch das nicht nur Handlungsprozesse motiviert und gesteuert werden, sondern durch das auch die Variation und Differenzierung von Arten auf enorme Weise gesteigert werden kann. Im Reiche der *Kultur* dokumentiert es sich in der kreativen Spannung *komplementärer Prinzipien* (Yin – Yang, Gefühl – Verstand, These – Antithese, Natur – Kultur). Auch für Verstehensoperationen hat man in unterschiedlichen Terminologien immer wieder *komplementäre* Verstehensprinzipien postuliert, die sich wechselseitig ergänzen und befruchten (wörtlich – bildlich, begrifflich – emotional, analytisch – synthetisch, digital – analog, diskursiv – intuitiv usw.).

Die Fähigkeit, Phänomene als Ganzheiten in schematisierter Form zu erfassen und darauf mit schematisierten Handlungsformen zu antworten, teilt der Mensch mit den Tieren, da es ein grundlegendes biologisches Überlebensprinzip darstellt. Die Fähigkeit, Phänomene in expliziten *Metareflexionen* in ihre konstitutiven Bestandteile zu zerlegen und sich Relationen zwischen Einzelelementen bewußt zu machen, ist offenbar eine spezifisch menschliche Fähigkeit, die mit der Instinktreduktion beim Menschen und mit seiner evolutionären Entwicklung zum Kulturwesen zusammenhängt. Die Reduktion der genetisch verankerten Handlungsmuster ist nämlich beim Menschen mit dem Zwang zum Lernen, zum individualisierten Wahrnehmen und zur Differenzierung von kognitiven Operationen gepaart. Dieser evolutionäre Weg hat dann nicht nur zur Entwicklung des menschlichen Großhirns geführt, sondern auch zu dessen funktioneller Spezialisierung.

Die Spezialisierung von Gehirnfunktionen hat in einem ersten Schritt allem Anschein nach zur Ausbildung des *Bewußtseins* geführt, d.h. zur Fähigkeit, einzelne Wahrnehmungsinhalte aus komplexen Wahrnehmungs- und Handlungsschemata herauszulösen und als individuelle Phänomene zu isolieren und zu objektivieren. In einem zweiten Schritt scheint sich dann das menschliche *Selbstbewußtsein* ausgebildet zu haben, d.h. die Fähigkeit, in einem theoretisch unendlichen Progreß auf Bewußtseinsinhalte *niederer* Stufe (Objektebene) mit Bewußtseinsakten logisch *höherer* Stufe (Metaebene) zu reagieren. Dadurch wird der Reiz-Reaktions-Mechanismus, durch den der Mensch ursprünglich biologisch in seine Umwelt eingepaßt war, ergänzt und zum Teil auch aufgehoben. Ohne die Hilfe der *Sprache* bzw. die Hilfe *künstlicher Zeichensysteme* ist nun aber weder die logische *Stufung* von Bewußtseinsinhalten und Bewußtseinsoperationen möglich noch die dementsprechende *Spezialisierung* von Gehirnfunktionen, weil die entsprechenden Bewußtseinsinhalte und Bewußtseinsoperationen einer *Objektivierung* durch Zeichen bedürfen, um sich voneinander absetzen zu können.

Im Laufe der Evolution scheinen sich die rechte und die linke Großhirnhemisphäre des Menschen auf die Erfassung bestimmter *Formen* von Informationen und auf die Ausbildung bestimmter *Stile* der Informationsverarbeitung spezialisiert zu haben, wodurch sich die Flexibilität kognitiver Operationen ungemein erhöht hat. Aufgrund der Analyse von Ausfallerscheinungen bei Verletzungen bestimmter Gehirnregionen und aufgrund von komplizierten Tests, die man an Menschen vorgenommen hat, bei denen man die Nervenverbindungen zwischen der rechten und der linken Gehirnhälfte (corpus callosum) durchtrennt hat, um epileptische Anfälle abzumildern, ergibt sich heute folgendes Bild von der funktionellen Spezialisierung der beiden Gehirnhälften. [30] Für das Grammatikproblem sind die Ergebnisse der Gehirnforschung deshalb so interessant, weil sich darin dokumentiert, auf welche Weise unterschiedliche Systeme dynamisch aufeinander einwirken können.

Die *linke Großhirnhemisphäre* scheint sich bei Rechtshändern (bei Linkshändern entsprechend umgekehrt) auf *begriffliche, analytische, sequentielle* und *explizit kontrollierbare* Denkoperationen spezialisiert zu haben, in denen einzelne Inhalte klar voneinander isoliert werden können. Die Operationen dieser Gehirnhälfte lassen sich recht gut durch Computer gegenwärtiger Bauart simulieren, weil die hier vorliegenden Informationsverarbeitungsprozeduren ebenso wie die der Computer nach der *zweiwertigen* Logik gesteuert werden. Im Prinzip ist auch das menschliche *Sprachzentrum* bei Rechtshändern der linken Großhirnhemisphäre zugeordnet, jedenfalls solange, wie man unter *Sprache* ein konventionalisiertes System von Begriffszeichen und grammatischen Kombinationsregeln versteht, mit denen man produktiv und rezeptiv bewußt operieren kann.

Die *rechte Großhirnhemisphäre* scheint sich bei Rechtshändern dagegen auf *ganzheitliche, analogisierende* und *intuitive* Denkoperationen spezialisiert zu haben, die sich nicht explizit kontrollieren lassen, weil sie eher räumlich *simultan* als zeitlich *linear* strukturiert sind und weil sie eher über ihre Ergebnisse als über ihre Verfahrensweisen objektiviert werden können. Diese Denkoperationen erweisen ihre besondere Kraft beispielsweise beim Wiedererkennen von Gesichtern, bei der Raumorientierung und bei der Lösung komplexer Koordinationsaufgaben. Die Operationen dieser Gehirnhälfte sind durch die gegenwärtigen Computer nicht zu simulieren, weil sie offenbar nicht befriedigend digitalisiert werden können.

Zunächst wurde angenommen, daß die *rechte* Gehirnhälfte gar nichts mit der *Sprache* zu tun habe und gleichsam *worttaub* sei. Diese These hat sich aber aus zwei Gründen nicht halten lassen. Zum einen hat sich experimentell gezeigt, daß die rechte Gehirnhälfte rudimentäre Sprachkapazitäten hat, die sich unter bestimmten Bedingungen auch fortentwickeln können. Zum anderen hat sich immer deutlicher herausgestellt, daß man das Phänomen *Sprache* nicht nur auf seine *begrifflichen, logischen* und *linearen* Aspekte reduzieren kann, sondern daß zu ihm auch *bildhafte, emotionale* und *intonatorische* Aspekte gehören, die sich durch die Wahrnehmungsweisen und Verarbeitungsstrategien der rechten Gehirnhälfte leichter erfassen lassen als durch die der linken. Vergleichsweise läßt sich sagen, daß die rechte Gehirnhälfte den Wald wahrnimmt, aber nicht die einzelnen Bäume, während die linke Gehirnhälfte vor lauter Bäumen den Wald nicht sieht.

Im vollentwickelten Gehirn scheinen beide Gehirnhälften in einer sich wechselseitig ergänzenden und kontrollierenden *Interaktion* miteinander zu stehen, so daß das Gehirn als ein System von interagierenden Subsystemen qualifiziert werden kann, die sich überlappen und ergänzen. Während die linke Gehirnhälfte in der Lage ist, aus gegebenen Informationen andere Informationen auf kontrollierte Weise abzuleiten, ist die rechte Gehirnhälfte in der Lage, auf eine explizit nicht voll nachvollziehbare Weise aus unendlich vielen Einzeldaten komplexe Sinngestalten zu synthetisieren, ein Verfahren, das gemeinhin mit den Begriffen *Intuition, Inspiration, Einfall* oder *Musenkuß* charakterisiert wird. Durch die dialogische Interaktion beider Gehirnhälften ist es möglich, daß sich immer wieder auf rational nicht voll kontrollierbare Weise komplexe Sinngestalten bilden, die *nachträglich* wieder hinsichtlich ihrer Elemente, Relationen, Prämissen, Implikationen und Konsequenzen analysiert werden können.

Unter dem Einfluß der Hochschätzung des rational kontrollierten Denkens ist die rechte Gehirnhälfte oft als *subdominante* Hälfte oder als Rest des Affenhirns im Menschen abgewertet worden. Selbst wenn man einräumt, daß die Operationsfähigkeiten dieser Hälfte älter sind als die der linken, daß sie viele Ähnlichkeiten mit den Informationsverarbeitungsprogrammen bei Tieren haben und daß sie meist recht vage Ergebnisse erbringen, so ist eine solche Bewertung doch recht problematisch.

Erstens ist zu berücksichtigen, daß die linke Gehirnhälfte sich in ihrem linearen, begrifflichen Denken evolutionär nur deshalb so entfalten und spezialisieren konnte, weil sie auf die *ganzheitlichen* Informationsverarbeitungsstrategien der rechten Gehirnhälfte *aufbauen* konnte. Ohne die komplementären Fähigkeiten der rechten Gehirnhälfte würden die der linken ihre pragmatische Tauglichkeit verlieren. Die rechte Gehirnhälfte ist offenbar nicht nur fähig, Teilergebnisse des begrifflichen Denkens gestalthaft ineinander zu integrieren, sondern auch in der Lage, hypothetisch vage Vorgestalten zu erzeugen, an denen sich das begriffliche Denken präzisierend abarbeiten kann. *Aktualgenese* und *hermeneutischer Zirkel* wären ohne die interagierenden und komplementären Gehirnhälften ebensowenig denkbar wie grammatische Einzelanalysen.

Zweitens ist darauf zu verweisen, daß die Formen der Informationsverarbeitung in der rechten Gehirnhälfte für die unmittelbaren Handlungsentscheidungen des Menschen lebenswichtiger sind als die der linken. Das läßt sich schon daran ablesen, daß sie nahezu *keine* Zeit beanspruchen und in elementaren Lebenssituationen wie etwa dem Erkennen von Gefahren zureichend genau arbeiten. Außerdem können die Ergebnisse der Denkoperationen der rechten Gehirnhälfte durch ihre spezifische Ganzheitlichkeit umfassende Dispositionen für Handlungen schaffen, die die linke Gehirnhälfte in der Blässe und Fragmentarität ihrer Teilgedanken kaum erreichen kann.

Drittens ist zu bedenken, daß sich in der Evolution durch die Entwicklung neuer Organe und Fähigkeiten der *Stellenwert* der alten ändert, weil ihnen in dem neuen Wirkungsgefüge veränderte operative Aufgaben zufallen. Das bedeutet, daß man die rechte Gehirnhälfte nicht einfach als subdominantes Affenhirn abtun kann, sondern danach fragen muß, welches *neue Funktionsprofil* ihr im Zusammenspiel mit dem neu entstandenen Funktionsprofil der linken Gehirnhälfte zugewachsen ist. So gesehen spricht viel für die Hypothese, daß die Entwicklung des *reflexiven Denkens* bzw. des Selbstbewußtseins nicht nur aus den Funktionen der linken Gehirnhälfte resultiert, sondern aus der *Funktionsspezialisierung* und *Interaktion* beider Gehirnhälften, durch die sich völlig neuartige Denkformen ergeben haben. Da Objektebene und Metaebene des Denkens relationale Größen sind, kann nämlich je nach Betrachtungs- und Funktionsperspektive sowohl das Denken der linken Gehirnhälfte kontrollierende *Metaebene* für das Denken der rechten Gehirnhälfte sein als auch umgekehrt.

Die geistigen Leistungen der beiden Gehirnhälften werden in den verschiedenen Kulturen oder innerhalb der einzelnen Kulturen offenbar unterschiedlich bewertet. Die im *Abendland* entwickelte Form von Philosophie und Wissenschaft hat eine besondere Wertschätzung für die Operationsverfahren der linken Gehirnhälfte entwickelt, was nicht zuletzt dazu geführt hat, für Kunst und Wissenschaft eigene Wahrheitsbegriffe zu entwickeln. In den *asiatischen* Kulturen scheint es dagegen eher eine besondere Wertschätzung der Denkoperationen der rechten Gehirnhälfte zu geben, da *Tao* in China, *Yoga* in Indien und *Zen* in Japan Techniken darstellen, mit denen im Denken die *Dominanz* der linken Gehirnhälfte zugunsten der rechten gebrochen werden soll.

Die funktionale Spezialisierung der beiden Großhirnhemisphären ist aus zweierlei Gründen so ausführlich geschildert worden. Einerseits scheint in *phylogenetischer* Hinsicht die Ausbildung grammatischer Zeichensysteme eine wichtige Rolle bei der funktionellen Spezialisierung der beiden Gehirnhälften gespielt zu haben und in onto-genetischer Hinsicht auch weiterhin zu spielen. Andererseits ist ohne die Kenntnis dieser zerebralen Hintergründe die *komplizierte Struktur* sprachlicher Verstehenspro-zesse nicht zureichend verständlich zu machen.

Nach dem hier entwickelten Konzept vollzieht sich die *Evolution* der Sprache so, daß am Anfang mit relativ undifferenzierten Lauteinheiten auf komplexe Sachverhalte Bezug genommen wird, wobei Darstellungs-, Ausdrucks- und Appellfunktion unauf-löslich ineinander verschränkt sind. Diese diffusen Ganzheiten, die sich in den soge-nannten *Einwortsätzen* repräsentieren, werden im Verlaufe der Sprachentwicklung dann durch Spracheinheiten abgelöst, die mit Hilfe von *lexikalischen* und *grammati-schen* Zeichen morphologisch und semantisch klarer durchstrukturiert sind. Da nun grammatische Zeichen in Opposition zu lexikalischen Zeichen entscheidend dazu bei-tragen, komplexe Ganzheiten präzisierend aufzugliedern, müssen sie als Faktoren qualifiziert werden, die in einer evolutionären Spirale einerseits aus der funktionalen Spezialisierung der beiden Gehirnhälften hervorgegangen sind und die andererseits diese Spezialisierung gefördert haben. Ohne die *funktionale Spezialisierung* des Zei-cheninventars ist jedenfalls die Entwicklung des diskursiven und analytischen Denkens undenkbar.

Zugleich muß aber auch berücksichtigt werden, daß die *grammatischen Zeichen* nicht Ergebnis zielgerichteter *Planung* sind, sondern sich gleichsam unterhalb der Schwelle des explizit kontrollierbaren Bewußtseins eingebürgert und systematisiert haben. Grammatische Zeichen sind zwar unverzichtbare Hilfsmittel des analytischen und sequentiellen Denkens, aber sie sind genetisch betrachtet keine alleinigen Produkte der linken Gehirnhälfte, sondern Produkte der *Interaktion* beider Gehirnhälften. Au-ßerdem wird ihre Nutzung im spontanen Sprechen und Verstehen nicht durch die linke Gehirnhälfte kontrolliert, sondern durch das Sprachgefühl, das sicher der rechten Gehirnhälfte zugeordnet werden muß.

Der Tatbestand, daß grammatische Zeichen für die Operationen der linken Gehirn-hälfte unverzichtbar sind, obwohl sie nicht allein von ihr erzeugt worden sind, und der Umstand, daß der Gebrauch grammatischer Zeichen in der spontanen Kommunika-tion offenbar von der rechten Gehirnhälfte gesteuert wird, obwohl er sich zumindest auch partiell von der linken Gehirnhälfte steuern läßt, zeigt, daß beide Gehirnhälften einen sehr *komplexen Funktionszusammenhang* bilden. Weder die Sprache noch die Grammatik kann *eindeutig* der einen oder der anderen Gehirnhälfte zugeordnet werden. Allerdings läßt sich die These vertreten, daß beide Gehirnhälften unterschiedliche, wenn auch *komplementäre* Strategien entwickelt haben, um die Sprache und Grammatik für ihre Zwecke zu nutzen.

Gerade weil die grammatischen Zeichen nicht dazu verdammt sind, im stummen Vorbewußtsein der rechten Gehirnhälfte zu verbleiben, sondern durchaus mit Hilfe reflexiver Denkanstrengungen in den Wahrnehmungs- und Operationsbereich der linken Gehirnhälfte gebracht werden können, rechtfertigt sich die Auffassung, daß die Zuständigkeitsbereiche beider Gehirnhälften sich überlappen, sich gegenseitig stimulieren und sich durch Lernprozesse verändern lassen. So ist durch die Entwicklung der Schrift beispielsweise das *explizite* Bewußtsein für *grammatische* Zeichen sicher enorm vergrößert worden. Grammatische Analysen und Grammatikunterricht müssen sicher auch als kulturelle Strategien angesehen werden, die analytischen Fähigkeiten der linken Gehirnhälfte auszubilden, da in ihnen das reflexive Denken besonders klar zum Ausdruck kommt.

Obwohl grammatische Zeichen und Ordnungsstrukturen durch methodische Anstrengungen sicher noch genauer zu erfassen sind als das gegenwärtig der Fall ist, wird der Anteil grammatischer Zeichen an Sinnkonstitutionsprozessen wohl nie *vollständig* rational kontrollierbar sein. In sprachlichen und insbesondere in ästhetischen Texten überlagern und verschränken sich so viele Einzelinformationen, daß diese sich ohne die Mithilfe des *Sprachgefühls* und ganzheitlicher Verstehensoperationen kaum zu komplexen Sinngestalten verschmelzen lassen. Der Anteil grammatischer Zeichen an komplexen Sinnbildungsprozessen läßt sich nachträglich zwar immer analytisch erhellen, aber wohl kaum gänzlich aufklären, weil explizite grammatische Analysen sich zwangsläufig auf Einzelelemente konzentrieren müssen und dabei immer mehr oder weniger den Wirkungszusammenhang aus den Augen verlieren, in den die Einzelinformationen eingebettet sind. In *linearen* Analysen können *simultane* Wirkungszusammenhänge nie vollständig abgebildet werden.

All das stützt die These, daß weder die Sprache noch die Grammatik in all ihren Einzelaspekten der linken Gehirnhälfte zugeordnet werden können, weil man erstens immer schon mehr verstehen muß als die Sprache, um sprachliche Äußerungen zu verstehen, und zweitens die Sinnstruktur einer sprachlichen Äußerung in der Regel so komplex ist, daß sie ohne die Hilfe der ganzheitlichen Informationsverarbeitungsstrategien der rechten Gehirnhälfte nicht zureichend erfaßt werden kann. Das Konzept der *Aktualgenese* bzw. des *hermeneutischen Zirkels* läßt sich deshalb auch als ein Versuch ansehen, die *Interaktion* beider Gehirnhälften zu beschreiben.

Die Interaktion der beiden Gehirnhälften im Verstehensprozeß läßt sich in semiotischer Denkperspektive auch als *Semioseprozeß* beschreiben. Durch eine kreative *Abduktion*[31] bzw. Sinnhypothese wird für ein komplexes sprachliches Zeichen zunächst ein mehr oder weniger vager Gesamtsinn erzeugt. Dieser Sinn wird dann mit Hilfe anderer Zeichen durch explizite Interpretationsprozesse präzisiert, so daß klarer durchstrukturierte Sinngestalten entstehen. Dieser Interpretationsprozeß ist im Prinzip unabschließbar, da in ihm auch immer wieder die eigenen *Interpretationsmittel* interpretiert werden müssen. Praktisch wird er aber abgebrochen, wenn durch die implizit vollzogenen Sinnbildungsoperationen der rechten Gehirnhälfte und durch die explizit vollzogenen Sinnbildungsoperationen der linken Gehirnhälfte Sinngestalten erzeugt worden sind, die praktisch als zureichend prägnant angesehen werden.

4. Informationsschichten in Texten

Die Überlegungen zur Hermeneutik, zum Sprachgefühl, zur Aktualgenese und zur Gehirnstruktur haben verdeutlicht, daß sprachbezogene Verstehensprozesse nicht als mehr oder weniger mechanische Decodierungsprozesse zu betrachten sind, die nach der Anwendung des entsprechenden Entschlüsselungsprinzips zu einem natürlichen Ende kommen. Zumindest in der polyfunktionalen natürlichen Sprache ist der Sinn von sprachlichen Äußerungen meist so komplex, daß er immer nur annäherungsweise ganz erfaßt werden kann. Deshalb muß davon ausgegangen werden, daß es unterschiedliche *Ebenen, Reichweiten* und *Prägnanzgrade* des Verstehens gibt und daß der Verstehensprozeß eigentlich nie zu einem *natürlichen* Abschluß kommt, sondern daß er in der Regel abgebrochen wird, wenn die jeweils aktuellen Verstehensbedürfnisse als befriedigt betrachtet werden.

Verstehensprozesse im Rahmen der natürlichen Sprache lassen sich nicht sinnvoll nach der Alternative von *Verstehen* und *Nicht-Verstehen* beurteilen, da immer mit vielfältigen Formen des *Teilverstehens, Andersverstehens* und *Mißverstehens* gerechnet werden muß. Alle Verstehensprozesse unterliegen einem *Sinnpostulat*, durch das nicht nur die *Ziele* des Verstehens konkretisiert werden, sondern auch die *Faktoren*, die in einen Verstehensprozeß einbezogen werden bzw. die *Gedächtnisinhalte*, die in ihm zu aktivieren sind. Verstehensprozesse sind im Prinzip kreative operative Prozesse, die nur aus pragmatischen Gründen mehr oder weniger stark schematisiert und reduziert werden können. Die Verwendung des Decodierungskonzeptes für die Analyse der Struktur von Verstehensprozessen verdeckt den Tatbestand, daß im Verstehen dialogische Prozesse auf verschiedenen Ebenen und zwischen verschiedenen Ebenen stattfinden bzw. daß sich komplizierte Interaktionsprozesse zwischen verschiedenen Systemen abspielen.

Obwohl Verstehensprozesse im Operationsrahmen der natürlichen Sprache im Prinzip weder abschließbar sind noch als Decodierungsprozesse streng methodisiert werden können, lassen sich doch grobe Modellvorstellungen dafür entwickeln, welche Strukturmerkmale sprachliche Verstehensprozesse prägen. Solche Modellvorstellungen, die zugleich auch als Grobraster für Textinterpretationen anzusehen sind, können sich an sehr unterschiedlichen Zielsetzungen orientieren. Deshalb sollen hier nur solche Modellvorstellungen näher erörtert werden, die mehr oder weniger sinnvoll auf *alle* Texttypen anwendbar sind und bei denen der Rückgriff auf *grammatische Zeichen* eine wichtige Rolle spielt.

Das Hauptinteresse soll sich dabei auf das Problem konzentrieren, wie sich in Texten *unterschiedliche Kategorien* von Informationen unterscheiden lassen, um den

Anteil grammatischer Zeichen bei der Konstituierung komplexer Inhalte zu erfassen.
Erst wenn man die Funktion grammatischer Zeichen für Gestalt- und Sinnbil-
dungsprozesse nachzeichnen kann, lassen sich *grammatische Analysen* zu fruchtbaren
Bestandteilen von *Stilanalysen* machen.

Die Konzepte für die Isolierung von verschiedenen Kategorien von Informationen in
Texten sind sehr vielfältig und weisen sehr unterschiedliche Differenzierungsgrade auf.
Obwohl sie von sehr unterschiedlichen Erkenntnisinteressen geprägt sind, überlappen
sie sich dennoch in vielerlei Hinsicht. Insgesamt sind sie alle geeignet, grammatischen
Analysen einen bestimmten Zuordnungsrahmen zu geben, in dem die spezifischen
Funktionen grammatischer Zeichen für Sinnbildungsprozesse aufgeklärt werden kön-
nen.

a) Information und Metainformation

Die kategoriale Unterscheidung einer komplexen Gesamtinformation eines Textes in
Information und *Metainformation* ist eine sehr abstrakte Unterscheidung. Sie dient in
erster Linie nicht dazu, die individuelle Sinngestalt eines Textes herauszuarbeiten,
sondern dazu, die innere *Architektur* von komplexen Zeichen bzw. Texten zu erhellen.
Die Unterscheidung von Information und Metainformation ist schon zu Beginn dieser
Untersuchung gemacht worden, um den logischen und funktionellen Status lexikalischer Zeichen gegenüber dem von grammatischen Zeichen abzusetzen. Dabei wurde
hervorgehoben, daß es in allen komplexen sprachlichen Einheiten Zeichen für *Größen*
geben muß und Zeichen für *Relationen* zwischen den Größen bzw. für die Qualifizierung des *Stellenwerts* von Größen. Die Unterscheidung von Information und Metainformation ist deshalb auch als die abstrakteste Unterscheidung von Informationskategorien anzusehen, die sich denken läßt. Sie muß subspezifiziert werden, um auf konkrete Weise hermeneutisch verwendbar zu sein.

Da die Unterscheidung von Information und Metainformation rein *relational* zu
verstehen ist, kann sie auf unterschiedlichen Betrachtungsebenen erfolgen, nämlich auf
der Ebene von *komplexen Wörtern*, von *mehrgliedrigen Satzteilen*, von *Sätzen* und von
Texten. Einerseits kann man dabei seine Aufmerksamkeit darauf lenken, welche Rolle
grammatische Zeichen spielen, um komplexen sprachlichen Einheiten eine *morphologische Kohärenz* zu geben. Hier stünden dann die grammatischen Zeichen mit vorwiegend *organisierender* Funktion im Mittelpunkt des Interesses. Andererseits kann man
seine Aufmerksamkeit aber auch darauf lenken, welche Rolle grammatische Zeichen
spielen, um komplexen sprachlichen Einheiten eine *semantische Kohärenz* zu geben,
und welchen Anteil sie an den selbstinterpretativen Strukturen komplexer Äußerungen
haben. Hier stünden dann die Zeichen mit vorwiegend *interpretativer* Funktion im
Mittelpunkt des Interesses.

Beide Betrachtungsperspektiven lassen sich leichter theoretisch als praktisch trennen, weil sie semiotisch und funktional gesehen natürlich eng zusammengehören.
Dennoch ist die Unterscheidung hermeneutisch zu rechtfertigen, weil sie aufzuklären

hilft, wie sich sowohl auf der morphologischen als auch auf der semantischen Ebene aus intuitiv erfaßten vagen Vorgestalten sukzessiv in zeitgedehnten Wahrnehmungsprozessen prägnantere Endgestalten herstellen lassen.

Bei den grammatischen Zeichen, die auf der morphologischen Ebene zur Kohärenz von komplexen sprachlichen Einheiten beitragen, sind texthermeneutisch vor allem diejenigen interessant, die die morphologische Kohärenz von *Satzgefügen* und *Texten* verbessern, weil hier der Gestaltungswille des Sprechers größer ist als auf der Ebene der *Wörter*, der *Satzglieder* und der *einfachen Sätze*. Zur morphologischen Kohärenz von Satzgefügen tragen insbesondere diejenigen grammatischen Zeichen bei, die zur Kennzeichnung hierarchischer Relationen verwendet werden können. Dazu können *Relativpronomen* dienen, die Attributsätze einleiten, inhaltlich *leere Konjunktionen*, die Subjekt- oder Objektsätze einleiten *(daß, ob)*, oder die *Stellung* des konjugierten Verbs am Ende des Satzes, die im Deutschen signalisiert, daß es sich um einen abhängigen Satz handelt. Diese grammatischen Mittel stellen sicher, daß Satzgefüge ein prägnantes morphologisches Relief bekommen, das die Voraussetzung für ein prägnantes semantisches Sinnrelief ist.

Lange Zeit galt der *Satz* als größte Einheit der grammatischen Analyse und damit auch als eigentlicher Gegenstand der morphologisch orientierten Grammatik, weil man nur auf dieser Ebene eine geregelte formale Verknüpfung zwischen sprachlichen Subeinheiten beobachten zu können glaubte. Die *Textlinguistik* hat aber überzeugend gezeigt, daß es auch jenseits der Satzgrenzen noch formale Verknüpfungsrelationen zwischen sprachlichen Einheiten gibt, die einem Text eine morphologische Kohärenz verleihen. Sie hat dargelegt, daß es nicht nur grammatische *Satzbildungsinstruktionen* gibt, sondern auch grammatische *Textbildungsinstruktionen*. Außerdem hat sie klargestellt, daß Texte eigentlich immer Exemplifikationen von *Textsorten* bzw. Kommunikationsmustern darstellen, die bestimmte Formeigentümlichkeiten aufweisen.

Wichtige grammatische Mittel zur Herstellung einer formalen Textkohärenz sind die vielfältigen vorwärts- und rückwärtsgewandten Verweisformen in Texten, die sich unter dem Stichwort *Textphorik* zusammenfassen lassen. [32] Die grammatischen Mittel der Textphorik registrieren wir als gestaltende Faktoren normalerweise nicht bewußt, wir werden aber sofort auf sie aufmerksam, wenn sie fehlen oder irreführend verwendet werden. Zu den Mitteln der Textphorik gehören die *Raum-* und *Zeitadverbien*, die für jeden Text eigene Raum- und Zeitraster herstellen bzw. eine eigene Raum- und Zeitdeixis, [33] die *Pronomen* und *Proformen* aller Art, die formale Rückbezüge zu schon genannten semantischen Einheiten herstellen, sowie die *bestimmten* und *unbestimmten Artikel*.

Die gestaltbildenden Funktionen der *Artikel* hat insbesondere Weinrich nach Vorarbeiten von Bühler herausgearbeitet. [34] Der *unbestimmte Artikel* beinhalte eine Instruktion an den Hörer, seine Aufmerksamkeit auf die *Nachinformation* zu konzentrieren, die zur Präzisierung des aktuellen Bedeutungsinhaltes eines Substantivs bzw. zur Identifizierung seines aktuellen Referenzobjektes in der noch folgenden Textpassage gegeben werde. Deshalb sei der unbestimmte Artikel auch das geeignete grammatische Mittel, um neue Personen oder Dinge in Texten einzuführen. Dagegen beinhalte der *bestimmte Artikel* vor einem Substantiv eine Instruktion an den Hörer, sich die

Vorinformation zu vergegenwärtigen, die über den Bedeutungsgehalt bzw. das Referenzobjekt des jeweiligen Substantivs in der vorangegangenen Textpassage schon gegeben worden sei. Die jeweiligen Nach- oder Vorinformationen könnten in der Regel den jeweiligen *Texten* entnommen werden, zuweilen aber auch dem *Situationskontext.* Wenn ein bestimmter Artikel ohne jede textuelle oder situative Vorinformation auftrete, dann müsse man sich an die allgemeine Vorinformation halten, die in dem konventionalisierten begrifflichen Gehalt des jeweiligen Substantivs vorliege.

Zu den grammatischen Mitteln, die auf der *semantischen Ebene* zur Textkohärenz bzw. Gestaltbildung beitragen, gehören diejenigen, die gleichsam *implizite* interpretative Aussagen über den Stellenwert explizit gegebener Aussagen machen. Auf exemplarische Weise läßt sich dieser Typ metainformativer grammatischer Zeichen zur Bildung prägnanter Textgestalten an *Konjunktionen* sowie an *Tempus-* und *Modusformen* beschreiben.

Konjunktionen sind grammatische Zeichen, die Einzelaussagen auf semantisch qualifizierte Weise aufeinander beziehen und die deshalb als *verdeckte* ›Aussagen‹ über den Zusammenhang von zwei gegebenen Aussagen zu werten sind. Sie lassen sich untergliedern in *nebenordnende Konjunktionen*, die Aussagen in additiver *(und)*, disjunktiver *(oder)*, restriktiver *(aber)* oder kausal-erläuternder Weise *(denn)* verbinden, und in *unterordnende Konjunktionen* (Subjunktionen), die eine Aussage auf semantisch spezifizierte Weise kausal, konditional, konsekutiv, konzessiv, final, temporal, modal oder adversativ mit einer anderen verbinden.[35]

Wenn man einen Text aus *hypotaktisch* verbundenen Aussagen so transformiert, daß nur noch *parataktisch* gereihte Einzelaussagen vorliegen, dann verliert er entscheidend an Gestaltprägnanz. Er behält zwar eine gewisse semantische Kohärenz, weil wir aus der Kenntnis der jeweiligen Situation und der Kenntnis der Welt die Relationen zwischen den einzelnen Aussagen als kausal, final, temporal usw. interpretieren, aber diese Interpretationen haben immer einen hypothetischen Charakter bzw. ermöglichen unterschiedliche Zuordnungsrelationen, was der semantischen Gestaltprägnanz nicht dienlich ist. Umgekehrt kann ein parataktisch organisierter Text durch explizite konjunktionale Verkettung seiner Einzelaussagen entscheidend an semantischer Prägnanz gewinnen. Konjunktional verkettete Texte sind *semantisch autonomer* als parataktisch organisierte Texte, weil sie weniger Interpretationshilfe von seiten der Situation bedürfen bzw. weniger Interpretationshypothesen des Hörers. Ob allerdings die vom Sprecher gewählten Konjunktionen den darzustellenden Sachverhalten dann angemessen sind oder nicht, ist noch eine andere Frage, weil die *semantische Prägnanz* zunächst nichts mit dem Problem der *sachlichen Adäquatheit* zu tun hat.

Die Auswahl der jeweiligen Konjunktionen entzieht sich in der Regel einer unmittelbaren sinnlichen Überprüfung und ist weitgehend von Plausibilitätsurteilen abhängig. Konjunktional verkettete Aussagen üben einen immanenten Zwang auf den Hörer aus, geistig genau die Sinngestalten nachzukonstruieren, die ein Sprecher intendiert hat. Das kann beispielsweise in argumentativen Texten sehr erwünscht sein, in poetischen Texten aber nicht unbedingt, denn hier kann die parataktische Verknüpfung von Aussagen durchaus ein Mittel sein, um eine ganz spezifische *Textsortenprägnanz* zu erzeugen. Wenn Kafka und Hemingway parataktische Aussagereihungen bevorzugen, dann verlieren ihre Texte zwar an Prägnanz auf der *analytisch-argumentativen* Sinnebene, sie gewinnen aber an Prägnanz auf der *ikonischen* bzw. *bildlichen* Ebene, weil unter diesen Umständen die jeweiligen Einzelsachverhalte nicht gleich in typisierte Relationen gebracht werden, sondern vielmehr durch den Verzicht auf explizite relationale Zuordnungen als *eigenständige* Größen besonders hervorgehoben werden.

Zu den besonders wirksamen metainformativen grammatischen Zeichen gehören auch die *Tempusmorpheme*, die hinsichtlich ihres Bezugsbereiches als *Satzmorpheme* zu kennzeichnen sind. Bestimmte Tempusformen wie etwa das *Präsens* und das *Präteritum* können möglicherweise sogar als *Textmorpheme* qualifiziert werden, weil sie eine große Affinität zu bestimmten Textsorten haben bzw. als Konstitutionsmerkmale für sie anzusehen sind. Besondere Verdienste um die Aufklärung der textkonstitutiven Funktionen von Tempusformen hat sich Weinrich erworben. Er hat zwei unterschiedliche Tempusgruppen unterschieden, denen er die Aufgabe zuweist, zwei unterschiedlich akzentuierte *Sinnwelten* aufzubauen, die er terminologisch als *besprochene* und *erzählte* Welt klassifiziert hat.[36]

Zu den Tempusformen der *besprochenen* Welt gehören nach dieser Theoriebildung das *Präsens* als Basistempus sowie das *Perfekt* und das *Futur I* und *Futur II*. Die Gemeinsamkeit dieser Tempusformen bestehe darin, daß sie den Hörer metainformativ dazu aufforderten, die jeweiligen Aussagen direkt auf seine aktuelle Lebenswelt bzw. auf die real gegebene Welt zu beziehen. Durch die wiederholt vom Sprecher verwendeten *besprechenden* Tempusformen stabilisiere sich beim Hörer für die jeweiligen Inhalte eine Rezeptionshaltung, die sich als *gespannt* charakterisieren lasse, weshalb diese Tempusformen ihren genuinen Platz auch in Dialogen, Berichten, Feststellungen und Sachanalysen hätten.

Zu den Tempusformen der *erzählten* Welt gehören nach Weinrich das *Präteritum* als Basistempus sowie das *Plusquamperfekt* und die *Konjunktiv-* bzw. *Konditionalformen*, die Weinrich ebenfalls in das Tempusparadigma einordnet, weil er chronologische Zeitdifferenzierungen nicht zu den zentralen Aufgaben der Tempusformen rechnet. Die Tempusformen der *erzählten* Welt will Weinrich als *Distanzsignale* gewertet wissen, die dem Hörer metainformativ signalisierten, daß die jeweiligen Aussageinhalte nur eine mittelbare Relevanz für seine aktuelle Lebenssituation hätten. Deshalb könne mit dem Gebrauch dieser Tempusformen auch eine Rezeptionshaltung stabilisiert werden, die sich als *entspannt* charakterisieren lasse. Infolgedessen fänden diese Tempusformen auch in allen Textsorten Verwendung, in denen das Moment des zusammenhängenden Erzählens und der ganzheitlichen Vorstellungsbildung eine zentrale Rolle spiele.

Aus dieser Argumentation wird auch verständlich, warum das Präteritum im Deutschen immer wieder als *Erzähl-* und *Erinnerungstempus* qualifiziert worden ist, das bei der Fiktionsbildung eine wichtige Rolle spiele. Käte Hamburger hat vom *epischen Präteritum* gesprochen, das in der erzählenden Literatur seine chronologischen Implikationen einbüße und sogar mit Adverbien der Gegenwart und Zukunft verbunden werden könne *(»Heute durchstreifte er zum letztenmal die europäische Hafenstadt, denn morgen ging sein Schiff nach Amerika«).*[37] Auch Thomas Mann hat darauf aufmerksam gemacht, daß mit dem Präteritum ein ganz spezifisches Rezeptionsklima hergestellt werden könne, als er im Vorsatz zum Zauberberg den Erzähler als den »*raunenden Beschwörer des Imperfekts*« bezeichnete.

Wenn man auf diese Weise die Tempusformen als Instruktionssignale wertet, durch die sich metainformativ der pragmatische Stellenwert von Basisinformationen spezifizieren läßt, dann wird auch verständlich, warum sich *Tempuswechsel* hervorragend dazu eignen, Denkperspektiven zu variieren bzw. das Sinnrelief von Äußerungen auf implizite Weise klarer herauszuarbeiten. So läßt sich beispielsweise das *Präsens* im Wechsel mit anderen Tempusformen als *Aktualitätssignal* verwenden, das *Präteritum* als *Distanzsignal* und das *Perfekt* als *Urteilssignal*.

Ein berühmtes Beispiel dafür, daß sich über den Wechsel der Tempusformen Betrachtungsperspektiven verändern lassen, stellt die letzte Passage aus Goethes *Werther* dar. Hier nutzt der am Ende eingeführte Erzähler die Möglichkeit des Tempuswechsels, um auf indirekte Weise metainformativ zu verdeutlichen, daß er aus der Rolle des distanziert darstellenden Erzählers in die des betroffen Stellungnehmenden überwechselt.

> »Der Alte folgte der Leiche und die Söhne, Albert vermocht's nicht. Man fürchtete für Lottes Leben. Handwerker trugen ihn. Kein Geistlicher hat ihn begleitet.«

Ebenso wie die Tempusmorpheme können auch die *Modusmorpheme* als *Satz-* bzw. *Textmorpheme* gekennzeichnet werden, mit denen sich der Geltungs- oder Aktualitätsgrad von Aussagen und Texten qualifizieren läßt.[38] Die metainformative Instruktionsinformation des *Indikativs* als der Grundform des modalen Modusparadigmas ist relativ unspezifisch und gewinnt erst in Opposition zu den beiden *Konjunktiven* als Sproßformen ihre spezifische Qualität. Die metainformative Instruktionsfunktion der einzelnen Modusformen tritt insbesondere dann prägnant hervor, wenn im Prinzip alle drei Modusformen verwendbar sind, was beispielsweise in explikativen Inhaltsätzen möglich ist *(Er führt sich auf, als ob er der Chef ist/sei/wäre)* oder in der abhängigen Rede, wenn durch ein Verb des Sagens und Denkens klargestellt ist, auf welche Instanz eine Information zurückgeht *(Man betonte, daß die Geschichte durch Klassenkämpfe vorwärts getrieben wird/werde/würde)*.

Der Gebrauch von *Indikativformen* in Opposition zum Gebrauch von Konjunktivformen signalisiert, daß ein Sprecher keine *Vorbehalte* gegen den Wahrheitsgehalt oder Geltungsanspruch einer Aussage zum Ausdruck bringen will bzw. sich selbst nicht als *Interpret* oder *Vermittler* eines Inhalts akzentuieren will. Psychologisch gesehen bewegt sich der Sprecher gleichsam nur in *einem* sachthematischen Denkhorizont bzw. will bei dem Hörer auch nur einen solchen aktivieren. Demgegenüber zeigt der Konjunktiv metainformativ an, daß der Sprecher sich in *zwei* Denkhorizonten bewegt bzw. beim Hörer *zwei* Denkhorizonte aktivieren will. Der eine Denkhorizont bezieht sich dabei auf die real oder gedanklich *gegebene Welt*, von der die Rede ist, und der andere auf die *Reflexionswelt*, aus der heraus man die jeweilige Gegenstandswelt als *vermittelt*, als *interpretiert* oder als bloß *hypothetisch* vorgestellt qualifiziert.

Der *Konjunktiv I* kann signalisieren, daß ein Sprecher einen Inhalt nur *referiert* und deshalb für seinen Wahrheitsgehalt nicht haftbar zu machen ist. Er übernimmt dann pragmatisch gesehen gleichsam die Funktion eines *Zitierzeichens*, mit dem der Sprecher seine Neutralität kennzeichnet. Außerdem kann der Sprecher durch den Konjunktiv I zum Ausdruck bringen, daß er eine natürliche räumliche oder zeitliche Distanz zu dem jeweiligen Aussageinhalt hat bzw. daß er ihn im Vergleich zur ursprünglichen Manifestationsform sprachlich umformuliert oder interpretativ gerafft hat. Der Konjunktiv I spielt im Deutschen eine große Rolle, weil er es ermöglicht, ganze Textpassagen aus formal selbständigen Sätzen durch das Konjunktivmorphem metainformativ als referiert zu kennzeichnen. Das ist beispielsweise im Französischen nicht der Fall, wo der Konjunktiv eines direkten Konjunktivauslösers bedarf und deshalb seinen genuinen Platz im abhängigen Satz hat.

Der *Konjunktiv II* kann in Opposition zum Konjunktiv I signalisieren, daß ein Sprecher dem Wahrheitsgehalt eines vermittelten Inhalts persönlich mit einem gewissen *Vorbehalt* gegenübersteht bzw. daß er den Hörer indirekt dazu auffordern möchte, diesen Wahrheitsgehalt zu problematisieren. Pragmatisch läßt sich deshalb der Konjunktiv II als ein *Skepsissignal* werten, mit dem der Geltungsanspruch einer Aussage relativiert werden soll. Deshalb hat Boost auch vorgeschlagen, die metainformative Qualität des Konjunktiv II von seinem impliziten *Negationspotential* her aufzuschlüsseln.[39] Das macht auch plausibel, warum der Konjunktiv II unter gewissen Umständen zur Kennzeichnung der Irrealität einer Aussage verwendet werden kann.

Sommerfeldt hat in einer empirischen Studie zum Modusgebrauch bei vermittelten Äußerungen in der DDR-Zeitung *Neues Deutschland* eindrucksvoll gezeigt, wie über den Modusgebrauch der *Geltungsanspruch* einer Primäräußerung auf verdeckte Weise metainformativ modalisiert werden kann.[40] Er hat festgestellt, daß bei der Wiedergabe fremder Rede von Personen aus den »*sozialistischen Ländern*« und den »*jungen Nationalstaaten*« das Verhältnis von Konjunktiv- und Indikativgebrauch rund 49% zu 51% betrage, wobei es sich überwiegend um den Konjunktiv I handele und in einigen Fällen um den Konjunktiv II als Ersatzform für den Konjunktiv I, wenn dieser sich morphologisch nicht von dem Indikativ unterscheide. Im Gegensatz dazu betrage bei der Wiedergabe fremder Rede von Vertretern aus »*imperialistischen Staaten*« das Verhältnis von Konjunktiv- und Indikativgebrauch rund 89% zu 11%, wobei der Konjunktiv II nicht überwiegend als Ersatzform für den Konjunktiv I verwendet werde.

Je weniger die Konjunktivformen benutzt werden müssen, um auf syntaktische Abhängigkeiten aufmerksam zu machen, und je mehr sich der konventionelle Zwang lockert, sie in der abhängigen Rede obligatorisch zu benutzen, wenn durch andere Mittel die ursprüngliche Herkunft einer Information klar signalisiert ist, desto mehr kann der Modus metainformativ als Mittel eingesetzt werden, um Inhalte in ihrem *Geltungsanspruch* aus der Sicht des Sprechers spezifisch zu qualifizieren. Das bedeutet dann, daß Äußerungen gerade dadurch eine spezifische Sinnprägnanz bekommen, daß in ihnen sachthematische und reflexionsthematische Informationen konstruktiv miteinander verschränkt werden.

Zu den metainformativen grammatischen Zeichen mit interpretativer Funktion lassen sich auch die unterschiedlichen *Negationsmorpheme* rechnen. Sie tragen zwar weniger dazu bei, eine Basisinformation interpretativ zu präzisieren, sondern haben eher die Funktion, Vorstellungsinhalte, die mit lexikalischen Mitteln erzeugt worden sind, als aktuell nicht gültig zu kennzeichnen. Deshalb scheint es auf den ersten Blick so, als ob sie geradezu eine gegenläufige Wirkung zu allen Gestaltbildungsprozessen entfalten würden. Diese Sichtweise ist aber aus ganz unterschiedlichen Gründen zu einfach.

Einerseits können nämlich Negationen durchaus zur Präzisierung von Vorstellungsbildern und Denkinhalten beitragen, weil sie zur *Kontrastbildung* dienen und konstitutiv für Denkoperationen sind, die sich nach einer *Entweder-Oder-Logik* organisieren. Denkinhalte können dadurch an Sinnschärfe, wenn auch nicht an Sinntiefe gewinnen, daß sie sich klar von anderen Denkinhalten abgrenzen und daß sie sinnvoll nach den beiden Wahrheitswerten *wahr* und *falsch* qualifiziert werden können. Dieser Typ von inhaltlicher Prägnanz bzw. *holzschnittartiger* Klarheit läßt sich vor allem mit Hilfe der *expliziten* Negationsmittel erzeugen, die für die zweiwertige Logik konstitutiv sind (*nicht, kein, un-* usw.). *Implizite* Formen der Negation, wie sie uns etwa in ironischen, metaphorischen oder fiktionalen Sprachformen begegnen, bei denen es um die Stufung von Negationsintensitäten oder um die Relativierung von Geltungsansprüchen geht, tragen dagegen metainformativ nicht dazu bei, diesen Typ von Prägnanz herzustellen.

Andererseits können Negationsmittel aller Art aber auch dazu benutzt werden, um neue Denkinhalte allmählich in Kontrast zu alten prozeßhaft zu präzisieren. Negationen tragen dann nicht zur Erhöhung der Prägnanz von konkreten Vorstellungsinhalten bei, sondern zur Erhöhung der Prägnanz von *Denkanstrengungen*, die zur Konstitution neuer Vorstellungsinhalte führen sollen. In diesem Fall werden Negationen in einer Denkbewegung dann dazu benutzt, um die alten Denkinhalte zu *Sprungbrettern* zu machen, mit deren Hilfe man sich auf eine neue Denkebene bringen kann, bzw. dazu, alte Denkinhalte so zu *verflüssigen*, daß man aus ihnen neue Sinngebilde herstellen kann. Die Bemühungen der Mystiker, sich über Negationen und Paradoxien prozessual dem Göttlichen zu nähern, und die Bemühungen der Romantiker, sich über Negationen aller Art von der einschränkenden Positivität der empirischen Realität zu lösen, sind Verfahren, die *gestaltbildende* Kraft von Negationen auf der Ebene von *Werdensprozessen* zu nutzen.

Die Unterscheidung von Information und Metainformation in Texten ist eine sehr abstrakte und rein strukturell orientierte Unterscheidung, um den *logischen* und *operativen* Stellenwert von unterschiedlichen Informationstypen herauszuarbeiten. Sie kann und muß durch Unterscheidungen ergänzt werden, die stärker inhaltlich orientiert sind.

b) Inhaltsaspekt und Beziehungsaspekt

Die Unterscheidung von Inhaltsaspekt und Beziehungsaspekt in der Kommunikation kommt nicht aus der Sprachwissenschaft, sondern aus der therapeutisch orientierten Psychologie. Sie bezieht sich ursprünglich nicht auf die Differenzierung von unterschiedlichen Informationskategorien in *verbalen Äußerungen*, sondern auf die Differenzierung von unterschiedlichen Informationskategorien in *komplexen Kommunikationsprozessen*, in denen neben verbalen auch gestische, mimische und intonatorische Zeichen wirksam werden. Im Hinblick auf solche komplexen Kommunikationsprozesse bezeichnet Watzlawick die durch *verbale* Zeichen vermittelte Information als den *Inhaltsaspekt* und die durch *averbale* oder *paraverbale* Zeichen vermittelte Information als den *Beziehungsaspekt* der Kommunikation, weil durch diese festgelegt werde, welcher pragmatische Stellenwert der verbal gegebenen Information zukommen soll. Logisch gesehen stellt deshalb der Beziehungsaspekt der Kommunikation eine *Metastufe* zum Inhaltsaspekt dar, weil in ihm gleichsam auf implizite Weise über das kommuniziert wird, was explizit geäußert wird. [41]

Die Unterscheidung von Inhalts- und Beziehungsaspekt hat Watzlawick getroffen, um die Ursachen psychischer Störungen besser erfassen zu können. Er hatte nämlich festgestellt, daß Menschen immer dann in eine diffuse Desorientierung geraten, wenn sie in Kommunikationsprozesse verwickelt sind, in denen die verbale Information im *Widerspruch* zur averbalen steht. Ein solcher Fall ist beispielsweise dann gegeben, wenn einem Kind verbal versichert wird, daß man es liebe, aber durch gestische, mimische oder intonatorische Zeichen gleichzeitig signalisiert wird, daß man nichts mit ihm zu tun haben wolle und daß es auf Distanz bleiben solle.

Obwohl die Unterscheidung von Inhalts- und Beziehungsaspekt in der Kommunikation ursprünglich dazu getroffen worden ist, um die unterschiedlichen Informationsleistungen *aller* am Kommunikationsprozeß beteiligten Zeichentypen *kategorial* und *funktional* zu qualifizieren, so läßt sich diese Unterscheidung gleichwohl auch dazu benutzen, um in Kommunikationsprozessen *innerhalb* der verbalen Zeichen unterschiedliche Informationsleistungen voneinander abzusetzen. Die Unterscheidung von Inhalts- und Beziehungsaspekt überschneidet sich hinsichtlich der logischen Stufung von Informationsinhalten teilweise mit der von Information und Metainformation. Gleichzeitig eröffnet sie aber auch eine zusätzliche, präzisierende Denkperspektive, weil sie den Stellenwert von Einzelinformationen nicht nur logisch qualifiziert, sondern auch *pragmatisch* nach ihrer Funktion beim Aufbau interpersonaler Beziehungen. In einer komplexen verbalen Gesamtinformation hat man dementsprechend dann zu unterscheiden zwischen den Einzelinformationen, die zum Aufbau einer spezifischen *Sachvorstellung* dienen, und den Einzelinformationen, die kenntlich machen, in welchen pragmatischen *Intentionszusammenhang* die jeweiligen Sachinformationen einzuordnen sind.

Aus diesen Überlegungen ergibt sich schon, daß es nicht möglich ist, den Inhaltsaspekt der Kommunikation mit den lexikalischen und den Beziehungsaspekt mit den grammatischen Zeichen zu identifizieren, weil diese Einteilung *quer* zu der von Lexikon und Grammatik liegt. Um den *Inhaltsaspekt* eines Textes zu erfassen, muß man seine Aufmerksamkeit auf alle lexikalischen und grammatischen Zeichen und Zeichenaspekte richten, die der *Darstellungsfunktion* der Sprache dienen bzw. der Bildung autonomer Form- und Sinneinheiten. Um den *Beziehungsaspekt* eines Textes zu erfassen, muß man dagegen seine Aufmerksamkeit auf alle Zeichen und Zeichenaspekte lenken, die *nicht* im Dienste der Darstellungsfunktion der Sprache stehen.

Lexikalische Zeichen können zur Konkretisierung des Beziehungsaspektes beitragen, weil sie nicht nur einen begrifflichen Sachinhalt haben, sondern auch eine *emotionale* Farbe oder einen *sozialen* Geruch, bzw. weil sie einem bestimmten *Jargon*, einer bestimmten *Stilschicht* oder bestimmten *Kontexten* angehören. Je nach der Wahl seiner lexikalischen Zeichen kann man deshalb seine Hörer provozieren, verunsichern, besänftigen und auf diese Weise eine spezifische Kommunikationssituation herstellen oder stabilisieren.

Bei den *grammatischen Zeichen* können insbesondere diejenigen zur Konkretisierung des Beziehungsaspektes der Kommunikation beitragen, durch die der Sprecher den *pragmatischen Stellenwert* von Sachinformationen qualifizieren kann, durch die er dem Hörer Anweisung geben kann, in welcher *psychischen Haltung* er Sachinformationen rezipieren soll, oder durch die klargestellt wird, welche Form von *Verantwortung* der Sprecher für den Wahrheitsgehalt einer Sachinformation übernimmt. Deshalb haben insbesondere diejenigen grammatischen Zeichen für den Aufbau des Beziehungsaspektes der Kommunikation eine große Bedeutung, mit denen sich Sachinformationen auf irgendeine Weise *modal* qualifizieren und abschatten lassen.

In mündlichen Sprachverwendungsformen und insbesondere in Dialogen spielen die genannten grammatischen Mittel zur Konkretisierung des Beziehungsaspektes naturgemäß eine größere und wichtigere Rolle als in schriftlichen Sprachverwendungsformen. In manchen schriftlich realisierten Textsorten wie etwa wissenschaftlichen Analysen wird sogar besondere Mühe darauf verwendet, alle lexikalischen und grammatischen Zeichen auszumerzen, die dazu dienen könnten, eine *besondere* Relation zwischen Autor und Leser aufzubauen bzw. dem Textproduzenten als individuelle Instanz Relief zu geben. Diese Aussonderung aller *beziehungsstiftenden* sprachlichen Mittel kann im Sinne eines dialektischen *Kippeffektes* allerdings auch wieder zum Aufbau eines *spezifischen Beziehungsaspektes* in der Kommunikation dienen. Dieser bestünde dann darin, daß angesichts der Autorität der Sache Autor und Leser in eine allgemeine Anonymität zu versinken haben und daß allein auf die Darstellungsfunktion der Sprache zu achten ist. Die häufige Verwendung von sprachlichen Mitteln, die zum Aufbau eines spezifischen Beziehungsaspektes beitragen können, würde dann als eine Form des Manierismus erscheinen. Die *Frequenz* von beziehungsstiftenden Mitteln in Texten ist je nach *Textsorte* sehr unterschiedlich. Liebesbriefe oder ironische Texte weisen offensichtlich eine höhere Frequenz auf als wissenschaftliche Abhandlungen.

Die sprachlichen Mittel bzw. Zeichen, mit denen sich zwischen Sprecher und Hörer jenseits der Ebene der Sachkommunikation noch eine *andere* Kommunikationsebene stiften läßt, lassen sich ebensowenig wie Ironiesignale katalogmäßig auflisten. Sie bilden kein *festes* Inventar, sondern ergeben sich oft erst aus der spezifischen kontextuellen Einbettung und Verwendung bestimmter sprachlicher Formen. Codevorstellungen helfen hier nicht weiter, weil in Kommunikationsprozessen nicht nur konventionalisierte Zeichen benutzt werden, sondern auch neue Zeichen gebildet werden. Dennoch lassen sich auf der Ebene der *interpretierenden* grammatischen Zeichen eine Reihe sprachlicher Formen namhaft machen, deren metainformative Qualität sie in besonderer Weise dafür prädestiniert, *beziehungsstiftende* Funktionen zu übernehmen bzw. ein spezifisches *Rezeptionsklima* für Sachinformationen zu erzeugen.

Die *Tempusformen* spielen beim Aufbau des Beziehungsaspektes vor allem wegen ihrer *modalisierenden* Sinnanteile eine wichtige Rolle, während ihre chronologischen und aktionalen Sinnanteile in diesem Zusammenhang ausgeklammert werden können. Dem *Präsens* kann eine beziehungsstiftende Kraft zugeschrieben werden, weil es wegen seiner *Vergegenwärtigungsfunktion* im Kontext einer präteritalen Erzählung dazu benutzt werden kann, um etwas szenisch zu dramatisieren und auf diese Weise die Rezipienten in eine größere *psychische Anspannung* zu versetzen *(Die Tür öffnete sich langsam, und der Gesuchte tritt ein)*. Dem *Präteritum* kann eine beziehungsstiftende Kraft zugeordnet werden, weil es wegen seiner *Erzählfunktion* die Rezipienten implizit zu *ganzheitlichen Vorstellungsbildungen* auffordert, bei denen sie sich von der wortwörtlichen Bedeutung der jeweils verwendeten sprachlichen Zeichen lösen können. Deshalb spielt das Präteritum in metaphorischen Aussagen auch eine wichtige Rolle *(Der Diamant spielte in allen Farben)*. Dem *Perfekt* kommt eine beziehungsstiftende Kraft zu, weil es wegen seiner *Urteilsfunktion* Aussagen einen *emphatischen Nachdruck* geben kann *(Du hast gemogelt)*. Dem *Futur I* kann eine beziehungsstiftende Kraft zugebilligt werden, weil es Aussagen nicht nur den Charakter der *Voraussage* gibt, sondern unter bestimmten Bedingungen auch den Charakter eines *persönlichen Versprechens* bzw. einer ethischen Verpflichtung *(Ich werde die Angelegenheit regeln)*.

Passivformen und passivähnliche Aussageformen können zur Konkretisierung des Beziehungsaspektes der Kommunikation beitragen, insofern sich durch sie das Agens eines Handlungsprozesses ausblenden läßt. Das kann einerseits zur Folge haben, daß die Aufmerksamkeit des Hörers auf das Resultat eines Prozesses gelenkt wird, andererseits aber auch, daß verschleiert wird, welcher Instanz die Verantwortung für eine Handlung zukommt. Falls Passivformen manipulativ zur Verschleierung von Handlungsinstanzen eingesetzt werden, läßt sich deshalb nicht nur von einer *täterabgewandten* Darstellungsweise, sondern sogar von einer *Täterverschweigung* sprechen *(Seit 5.45 Uhr wird zurückgeschossen)*.

Wichtige beziehungsstiftende Funktionen kommen auch den *Modusformen* des Verbs und hier insbesondere den Konjunktivformen zu. Durch den Gebrauch des Konjunktivs kann ein Sprecher einem Hörer signalisieren, daß er für den Wahrheitsgehalt einer Aussage kommunikationsethisch keine *Verantwortung* trägt, daß er nur eine *Hypothese* vorträgt oder daß er nur einen *Wunsch* äußert. Ein Sprecher kann den Moduswechsel ebenso wie den Tempuswechsel virtuos einsetzen, um sich mit dem Hörer implizit über den pragmatischen *Stellenwert* und *Geltungsanspruch* bestimmter Sachinformationen zu verständigen.

Zur metainformativen Charakterisierung des Geltungsanspruchs von Aussagen oder Aussageteilen und damit zur Konkretisierung des Beziehungsaspektes der Kommunikation lassen sich auch die sogenannten *Modaladverbien* verwenden. Modaladverbien bilden entsprechend der Abgrenzung des Dudens allerdings eine funktionell sehr inhomogene Gruppe von Wörtern, die teils den lexikalischen und teils den grammatischen Zeichen zugeordnet werden können. Um die Modaladverbien des Dudens semantisch und funktionell besser beschreiben zu können, kann man sie in *Modaladverbien* im engeren Sinne *(eilends, gern, blindlings* usw.), in *Modalwörter (vielleicht, schwerlich, vermutlich* usw.) und *Modalpartikeln (eigentlich, schon, auch, ja* usw.) untergliedern.

Die *Modaladverbien* im engeren Sinne eignen sich im Satz ebenso wie die Adjektive dazu, als *Modaladverbiale* die Besonderheit des vom Verb genannten Prozesses näher zu qualifizieren *(Konrad kommt eilends/schnell)*. Als sachverhaltsbezogene Modalisierungsmittel verbessern sie unsere Kenntnis von gegebenen Tatsachen und sind deshalb dem *Inhaltsaspekt* der Kommunikation zuzuordnen. Im Gegensatz zu den Modaladverbien im engeren Sinne lassen sich die *Modalwörter* und *Modalpartikeln* vielmehr dem *Beziehungsaspekt* der Kommunikation zuordnen, weil sie als implizite *persönliche* Kommentare, Stellungnahmen, Unterstellungen oder Einschätzungen eines Sprechers zu den von ihm geäußerten Sachverhalten zu werten sind *(Konrad kommt vermutlich/ schon)*. Als kommunikationsbezogene Modalisierungsmittel verbessern Modalwörter und Modalpartikeln nicht unsere Kenntnisse über die gegebenen Sachverhalte selbst, sondern unsere Kenntnisse über die *Stellung des Sprechers* zu den jeweiligen Sachverhalten.

Modalwörter können ähnlich wie Modusmorpheme des Verbs als *Satzmorpheme* angesehen werden, weil sie eine Stellungnahme des Sprechers zu der *ganzen* Aussage darstellen. Informationslogisch sind sie gleichsam Metaaussagen des Sprechers über eine Basisaussage *(Konrad kommt. Ich vermute das. / Konrad kommt vermutlich.)*. Syntaktisch können Modalwörter als *Satzadverbiale* klassifiziert werden, während Modaladverbien im engeren Sinne nur als *Prädikatsadverbiale* zu verwenden sind. Da Modalwörter nicht immer leicht von Modaladverbien im engeren Sinne und von Modalpartikeln abzugrenzen sind, werden sie meist in Form einer Beispielsliste präsentiert: *vielleicht, schwerlich, vermutlich, offensichtlich, wahrscheinlich, glücklicherweise, leider, hoffentlich, zweifellos* usw.

Die Modalpartikeln oder Abtönungspartikeln haben in pragmatischer Hinsicht ganz ähnliche Funktionen wie die Modalwörter, weil auch sie vom Sprecher benutzt werden können, um eine Basisinformation aus *seiner* Sicht metakommunikativ für den Hörer zu kommentieren. Im Gegensatz zu den Modaladverbien im engeren Sinne und den Modalwörtern ist ihre Satzgliedrolle aber im Rahmen der traditionellen Kategorien nicht klar zu bestimmen. Da ihnen aber insbesondere in Dialogen wichtige pragmatische Funktionen zukommen, haben sie in jüngster Zeit ein erhebliches Interesse auf sich gezogen.[42] Zu ihnen lassen sich beispielsweise folgende Wörter rechnen: *also, beinahe, bloß, eben, eigentlich, doch, ja, nämlich, nur, schon, sogar, überhaupt* usw.

Im Gegensatz zu den Modalwörtern, die ebenso wie die Modaladverbien im engeren Sinne noch als lexikalische Zeichen zu werten sind, müssen die *Modalpartikeln* wohl als *grammatische Zeichen* qualifiziert werden. Mit ihnen verknüpfen sich keine autonomen Vorstellungsinhalte mehr. Ähnlich wie Präpositionen und Konjunktionen können sie als *synsemantische Funktionswörter* erst in Verbindung mit lexikalischen Zeichen ihre Sinnfunktionen entfalten. Der Informationsgehalt von Modalpartikeln läßt sich im Gegensatz zu dem von Modalwörtern auch nicht so leicht in Form eines Metasatzes über einen Basissatz paraphrasicren, weil ihr Bezugsbereich recht vage ist und sich nach Situation und Intonation auch verschieben kann. Die Modalpartikeln können in der Regel nicht am Anfang eines Satzes stehen, weshalb sie auch im Sinne der Thema-Rhema-Relation kein thematisches Interesse auf sich zu ziehen vermögen.

Für hermeneutische Untersuchungen zum Beziehungsaspekt der Kommunikation sind Modalpartikeln deshalb so interessant, weil sie nicht so *offensichtlich* wie Modalwörter als metakommunikative Kommentare des Sprechers zu seinen jeweiligen Aussageinhalten wahrnehmbar sind und weil sie einen sehr diffusen Informationsgehalt haben, der sich erst im Kontext situativer, lexikalischer, grammatischer und intonatorischer Zeichen präzisiert. Da Modalpartikeln ein sehr breites pragmatisches Funktionsspektrum haben, können sie nicht nur im Rahmen der Frage nach dem Inhalts- und Beziehungsaspekt der Kommunikation erfaßt werden, sondern auch im Rahmen der Frage nach dem *Handlungsgehalt* oder der *Ausdrucksfunktion* sprachlicher Äußerungen.

In der normativ orientierten Stilistik werden die *Modalpartikeln* meist als Flickwörter oder gar als »*Läuse im Pelz unserer Sprache*«[43] bezeichnet. Diese Qualifizierung besteht zu Recht, wenn man Texten ausschließlich eine *Darstellungsfunktion* zuordnet und der Meinung ist, daß aus ihnen alle Informationen zu eliminieren sind, die uns Hinweise auf die Individualität und Sichtweise des Sprechers geben bzw. auf dessen Bemühungen, jenseits der reinen Sachkommunikation noch eine andere Kommunikationsebene aufzubauen. Solange man bei sprachlichen Äußerungen nur die Präzision von Sachdarstellungen und den empirischen Wahrheitsgehalt von Aussagen im Auge hat, haben Modalpartikeln kein Lebensrecht in Texten, weil sie von dem ablenken, was eigentlich thematisch ist.

Es ist nun aber offensichtlich, daß dieses Textideal zwar für bestimmte, meist schriftlich realisierte Textsorten akzeptabel ist, daß es aber keineswegs für alle Textsorten und insbesondere nicht für Dialoge gelten kann. Bestimmte Textsorten wie politische Reden, persönliche Briefe oder Gespräche verlören sogar ihre spezifische *Textsortenprägnanz*, falls man alle Modalpartikeln in ihnen ausmerzte. Dadurch würde nämlich der für diese Textsorten konstitutive Beziehungsaspekt der Kommunikation entscheidend geschwächt. Aus allen Äußerungen, in denen sich die Kommunikationsbedürfnisse der Menschen nicht auf den Inhaltsaspekt reduzieren lassen, sind Modalpartikeln nicht wegzudenken. Außerdem ist zu bedenken, daß durch Modalpartikeln die Aufnahme und Verarbeitung von Informationen sehr erleichtert werden kann. Durch sie lassen sich *Präsuppositionen* für das Verständnis von Aussagen herstellen, *Schlußfolgerungen* vorbereiten, *Argumentationen* strukturieren und *Blickrichtungen* akzentuieren.

In expliziten, methodisch organisierten Interpretationsprozessen kann die Frage nach den verwendeten Modalpartikeln dazu dienen herauszuarbeiten, welche *Hypothesen* ein Sprecher über die Situation oder den Kenntnisstand seiner Hörer vorab schon gemacht hat, welche *Präsuppositionen* Äußerungen zugrunde liegen oder welchen *Konsens* der Sprecher zwischen sich und seinen Hörern annimmt bzw. herstellen will *(Er ist ja Student. Das war vielleicht ein Reinfall. Findest du das etwa schön? Das mußt du doch zugeben!).* Insbesondere die Partikel *doch* hat die Funktion, den Hörer auf implizite Weise zur Annahme der Denkprämissen des Sprechers aufzufordern und ihn in dessen Denkhorizont hineinzuziehen.[44]

Gegen Einvernahmestrategien mittels Modalpartikeln kann sich ein Hörer nur schwer zur Wehr setzen, ohne das Kommunikationsklima zu stören oder unhöflich zu wirken. Wenn er sich wehrt, muß er nämlich den *Beziehungsaspekt* der bisherigen Kommunikation zum *Inhaltsaspekt* einer *neuen* Kommunikation machen und auf diese Weise die Geschäftsgrundlagen der bisherigen Kommunikation aufkündigen, was insbesondere dialogische Kommunikationsformen erheblich stören kann. In politischen Interviews werden oft Fragen gestellt, bei denen durch Modalpartikeln nicht nur implizit bestimmte Behauptungen aufgestellt werden, sondern auch bestimmte Antworten schon suggeriert werden *(Können Sie dieses Versprechen überhaupt einlösen? Sind Sie als Minister noch tragbar?).*

Auf Entscheidungsfragen dieses Typs kann der Befragte eigentlich nicht auf der jeweils thematisierten Inhaltsebene mit *ja* oder *nein* antworten, weil er damit implizit auch die *Präsuppositionen* akzeptierte, die der Fragende über die jeweils verwendeten Modalpartikeln in seinen Fragen konkretisiert hat. Der Befragte müßte in einem solchen Fall eigentlich darauf aufmerksam machen, daß der Fragende die Form der Frage dazu mißbraucht, um implizit Behauptungen aufzustellen. Eine solche Strategie ist kommunikationsethisch bedenklich, weil sie fruchtbare Dialoge im Keim zerstört.

Die Verwendung von Modalpartikeln in Dialogen ist natürlich nicht generell negativ zu bewerten, weil ihr Gebrauch auch *kommunikationserleichternde* Funktionen haben kann. Sie können nämlich dabei helfen, implizit auf die *Hintergrundsbeziehungen* hinzuweisen bzw. diese lebendig zu halten, aus denen die explizit thematisierten Kommunikationsinhalte hervorwachsen. Außerdem vermögen sie den argumentativen *Stellenwert* von Aussagen implizit zu charakterisieren, insofern mit ihnen verdeutlicht werden kann, ob eine Information einen *begründenden*, einen *erläuternden*, einen *affirmierenden*, einen *konstatierenden* usw. Charakter hat. Modalpartikel erfüllen so gesehen eine wichtige *gestaltgebende* Funktion, weil sie dabei helfen, den Inhaltsaspekt vom Beziehungsaspekt einer Kommunikation abzusetzen bzw. die Figur vom Grund.

Zur Konkretisierung des Beziehungsaspektes der Kommunikation können neben den hier erörterten sprachlichen Mitteln auch noch andere Mittel verwendet werden wie etwa die *Intonation*, die *Auswahl* und *Frequenz* von lexikalischen und grammatischen Zeichen oder die *Reihenfolge* von Informationen in Äußerungen. Die letzte Möglichkeit soll im Zusammenhang mit dem Problem der Reliefbildung in Texten noch näher erörtert werden.

c) Propositionaler Gehalt und illokutionäre Funktion

Die Unterscheidung von *propositionalem Gehalt* und *illokutionärer Funktion*, die aus der Sprechakttheorie[45] kommt, zielt darauf ab, die Handlungsimplikationen von Äußerungen herauszuarbeiten. Unter dem *propositionalen Gehalt* einer Äußerung werden all die Informationen verstanden, die sich in den *Propositionen* von Aussagen manifestieren. Unter der *illokutionären Funktion* einer Äußerung werden all die Informationen verstanden, die sich auf die *Handlungsintentionen* beziehen, die ein Sprecher synchron mit der Vermittlung eines bestimmten propositionalen Gehalts zu realisieren hofft. Während die Unterscheidung von Inhaltsaspekt und Beziehungsaspekt dazu dient, die grundsätzliche logische Unterscheidung von Information und Metainformation in einer *psychologischen* Perspektive näher zu präzisieren, dient die Unterscheidung von propositionalem Gehalt und illokutionärer Funktion dazu, die logische Grundunterscheidung von Information und Metainformation in einer *handlungstheoretischen* Perspektive genauer zu qualifizieren.

Die mit einer Äußerung verbundenen *Handlungsimplikationen* sind nicht leicht zu erfassen. Zwar kann ein Sprecher durch den Gebrauch von handlungsbezeichnenden Verben bzw. von sogenannten *performativen Formeln* seine Handlungsintentionen ausdrücklich metakommunikativ thematisieren *(Ich warne dich.../Ich behaupte, daß.../Ich rate dir...)*, aber in den meisten Fällen müssen die Handlungsimplikationen von Äußerungen intuitiv über das Sprachgefühl aus vielerlei sprachlichen und nicht-sprachlichen Zeichen unterschiedlichen Typs erschlossen werden. Da in schriftlich fixierten Texten die gestischen, mimischen und intonatorischen Zeichen wegfallen, um die Handlungsfunktionen von Äußerungen näher zu kennzeichnen, bekommen hier die interpretierenden grammatischen Zeichen wichtige Aufgaben bei der Kennzeichnung von Handlungsfunktionen.

Obwohl die Frage nach den Handlungsimplikationen von sprachlichen Äußerungen in der Sprachwissenschaft abgesehen von der Rhetorik erst relativ spät auf systematische Weise gestellt wurde, ist das Problem selbst natürlich uralt. Lange Zeit hat merkwürdigerweise die Abbildungsfunktion der Sprache im Mittelpunkt des sprachphilosophischen und sprachwissenschaftlichen Interesses gestanden, obwohl ihre *Handlungsfunktionen* wohl sehr viel älter sind. Die reinen Abbildungs- bzw. Darstellungsfunktionen der Sprache sind erst eine relativ späte Errungenschaft der kulturellen Evolution, die insbesondere durch die Entwicklung der Schrift sehr befördert worden sind.

Um die Handlungsimplikationen von sprachlichen Äußerungen ins Auge zu fassen und um zu verdeutlichen, warum grammatische Zeichen als *Indikatoren* für spezifische Handlungsfunktionen von Äußerungen fungieren können, muß etwas weiter ausgeholt werden. Insbesondere ist der Begriff des *sozialen Handelns* näher zu erläutern, der von Max Weber stammt und der in der *verstehenden Soziologie* eine große Rolle spielt. Durch diesen Begriff läßt sich nämlich plausibel machen, warum entwicklungsgeschichtlich die Handlungsfunktionen der Sprache ursprünglicher sind als die Abbildungsfunktionen.

Das *Handeln* zeichnet sich in Opposition zum bloßen *Verhalten* dadurch aus, daß es ein *intentionales Ziel* hat und daß es sich darum bemüht, zur Realisierung dieses Ziels *zweckdienliche Mittel* einzusetzen. Als *soziales Handeln* läßt sich ein bestimmter Typ von Handeln klassifizieren, der dadurch gekennzeichnet ist, daß er im *sozialen Raum* stattfindet und daß er als Handlungsmittel sozial konventionalisierte *Zeichen* unterschiedlicher Art verwendet.[46] Obwohl in der kulturellen Evolution für das soziale Handeln nach und nach sehr vielfältige Zeichen und Zeichensysteme entwickelt worden sind, ist die natürliche Sprache nach wie vor wohl das wichtigste Instrument für die Realisierung sozialer Handlungen.

Typisch für das soziale Handeln ist, daß es sich nicht auf ein direkt veränderbares physisches Objekt richtet, sondern auf ein anderes *menschliches Individuum* (alter ego), dessen aktuellen *Bewußtseinsstand* es zu verändern trachtet. Da es als Handlungsmittel *Zeichen* verwendet, kann es nicht unmittelbar wirksam werden, sondern muß von den jeweiligen Adressaten in seinen Intentionen erst *verstanden* werden, bevor es seine Ziele realisieren kann. Das bedeutet, daß alle sozialen Handlungsprozesse mit Prozessen der *Sinnsetzung* und des *Sinnverstehens* verbunden sind bzw. mit solchen der *Zeichenkonstitution* und der *Zeicheninterpretation*. Je ausschließlicher sich das soziale Handeln auf rein sprachliche Zeichen stützt, was durch die Entwicklung der Schrift sehr befördert worden ist, desto wichtiger wird es, die Handlungsimplikationen sprachlicher Zeichen genau zu kennen.

Kulturgeschichtlich ist festzuhalten, daß die Sprache ursprünglich nicht monologisch als autonomes Sinnbildungsinstrument zum Aufbau eigenständiger Vorstellungswelten benutzt worden ist, sondern dialogisch als ein Handlungsinstrument in komplexen sozialen Handlungen. »*In jedem Fall ist die erzählende Rede, wie wir sie in primitiven Gemeinschaften antreffen, primär eine Form sozialer Aktion, nicht ein bloßer Reflex des Denkens.*« [47]

Nach der Entwicklung der Schrift hat sich im Kontext des monologischen Sprachgebrauchs eine Teilfunktion der Sprache allmählich so verselbständigt, daß sie uns heute mehr oder weniger als Hauptfunktion erscheint, nämlich die *Abbildungs*- bzw. *Darstellungsfunktion*. Obwohl sprachliche Formen ursprünglich nur dazu dienten, sich einzelne Vorstellungsinhalte als Elemente von umfassenden sozialen Handlungen psychisch präsent zu machen, so wuchs ihnen insbesondere nach der Verwendung der Schrift doch mehr und mehr die Funktion zu, geschlossene *Vorstellungswelten* zu repräsentieren. Die evolutionäre Entwicklungstendenz, mit Hilfe sprachlicher Zeichen autonome Sinnwelten zu erzeugen, förderte die Idee, daß die Hauptfunktion der Sprache darin bestehe, die Realität abzubilden bzw. auf der Ebene der Zeichen zu verdoppeln. Mehr und mehr ging die Einsicht verloren, daß ursprünglich einzelne *Realitätselemente* nicht um ihrer selbst willen sprachlich benannt worden sind, sondern um soziale Handlungsprozesse erfolgreicher zu gestalten.

Wenn heute die Abbildungs- bzw. Darstellungsfunktion als Hauptfunktion der Sprache angesehen wird, so ist gleichwohl doch festzuhalten, daß der Gebrauch der Sprache zur reinen Repräsentation von Realitätsausschnitten, losgelöst von allen konkret faßbaren sozialen Handlungen, auf wenige schriftspezifische *Textsorten* wie beispielsweise wissenschaftliche Abhandlungen oder Sachbeschreibungen beschränkt ist. Im dialogischen Sprachgebrauch bzw. in politischen Reden, Flugblättern oder persönlichen Briefen tritt die Darstellungsfunktion der Sprache sicher nur als eine unter anderen Funktionen hervor.

In diesen Sprachverwendungsformen wird sehr deutlich, daß sprachlich erzeugte Vorstellungsinhalte nicht ihren Sinn in sich selbst tragen, sondern als Produkte von sozialen Teilhandlungen wieder als *Handlungsmittel* für übergeordnete soziale Handlungsziele eingesetzt werden, nämlich um einen anderen zu *informieren*, zu *überreden*, zu *warnen* usw. Die hierarchische Stufung von sozialen Handlungen und die Integration von sozialen Teilhandlungen in komplexe soziale Handlungen wirft das Problem auf, wie sich die verschiedenen Teilhandlungen analytisch voneinander trennen lassen. Das ist nicht leicht, weil das Ergebnis jeder sozialen Handlung im Prinzip wieder Element einer noch umfassenderen sozialen Handlung sein kann. Praktisch kommen wir allerdings meist mit der Unterscheidung von zwei Handlungsebenen aus.

Das Ergebnis des darstellenden Handlungsgebrauchs der Sprache repräsentiert sich in dem, was die Sprechakttheorie den *propositionalen Gehalt* einer Äußerung nennt. Das ist der Teil des Gesamtsinns einer Äußerung, der auf sinnvolle Weise mit der

Wahrheitsfrage in einem korrespondenztheoretischen Sinne konfrontiert werden kann. Daneben gibt es in einer Äußerung aber immer noch den Sinnanteil, der dazu bestimmt ist, darüber zu informieren, welche *Funktion* dem jeweiligen propositionalen Gehalt in *übergeordneten* sozialen Handlungsprozessen zukommen soll bzw. *warum* der jeweilige propositionale Gehalt einem anderen überhaupt mitgeteilt wird. Dieser Sinnanteil einer Äußerung, den die Sprechakttheorie als *illokutionäre Funktion* bezeichnet, ist der Wahrheitsfrage *nicht* zugänglich.

Die illokutionäre Funktion einer Äußerung entzieht sich deshalb der Wahrheitsfrage, weil Handlungen weder wahr noch falsch sein können, sondern nur *glücken* oder *nicht glücken* können. Sprachliche Handlungen lassen sich nur im Hinblick auf ihren Handlungserfolg bzw. im Hinblick auf den Einsatz von zweckdienlichen Mitteln für die Realisierung einer spezifischen illokutionären Funktion beschreiben. Dabei ist zu berücksichtigen, daß jede Äußerung automatisch mit der illokutionären Funktion verbunden ist, einem anderen etwas *mitzuteilen*, und daß nur die spezifische Abweichung von dieser Grundfunktion eigens angezeigt werden muß.

Die Mittel, mit denen die *spezifische* Handlungsqualität einer Äußerung metainformativ präzisiert werden kann, sind sehr vielfältig. Während schriftliche Äußerungen sich auf rein sprachliche Indikatoren beschränken müssen, können mündliche Äußerungen zusätzlich auch gestische, mimische und intonatorische Indikatoren verwenden. Auf jeden Fall spielen *grammatische Zeichen* aber immer eine wichtige Rolle, um die illokutionäre Funktion eines propositionalen Gehalts zu präzisieren. Zu berücksichtigen ist allerdings auch, daß die *illokutionären Indikatoren* für spezifische Sprechhandlungen nicht immer klar zu fassen sind und sich oft erst aus der besonderen Konstellation anderer Faktoren ergeben. Sie vermitteln auch nicht immer eine eindeutige Information über die Handlungsimplikation einer Äußerung, sondern machen bestimmte Interpretationen nur wahrscheinlicher als andere.

Als *grammatische Indikatoren* für spezifische Sprechhandlungen können zunächst wiederum die Tempus- und Modusmorpheme des Verbs angesehen werden. Wenn Weinrich das *Präsens* als *besprechendes* und das *Präteritum* als *erzählendes* Tempus bezeichnet, dann macht er ja nachdrücklich darauf aufmerksam, daß der Gebrauch der beiden Tempusformen mit ganz unterschiedlichen Handlungsimplikationen verbunden ist. Sofern man dem *Perfekt* eine *Urteilsfunktion* bzw. *Behauptungsfunktion* zuordnet und dem *Futur I* eine *Voraussagefunktion* bzw. *Vermutungsfunktion*, so sind damit zugleich auch spezifische Handlungsimplikationen dieser Tempusformen benannt.

Der *Konjunktiv I* kann anzeigen, daß der propositionale Gehalt einer Äußerung in die Handlung des *Zitierens*, *Referierens* oder der *Hypothesenbildung* eingebettet ist. Der *Konjunktiv II* kann verdeutlichen, daß der Sprecher die Wahrheit des propositionalen Gehalts seiner Aussage in *Zweifel* zieht oder gar *negiert*. Darüberhinaus läßt sich der Konjunktiv II auch als *Höflichkeitssignal* verwenden *(Wir könnten anfangen. Ich hätte gern ein Bier.)*. In diesem Fall wird die innere Negationskraft des *Konjunktiv II* nicht dazu benutzt, um den faktischen Realitätsgehalt einer Aussage zu relativieren, sondern um die *Direktheit* einer Aufforderungshandlung abzumildern. In ähnlicher Weise kann der *Konjunktiv II* auch dazu dienen, die in performativen Formeln thematisierten Handlungen in ihrer Direktheit abzuschwächen, was oft zu richtigen Höflichkeitsritualen ausgebaut wird *(Ich würde behaupten, daß ...).*

Neben den *Modalwörtern,* durch die beispielsweise die Sprechhandlungen des *Vermutens, Versicherns* oder *Bedauerns (vermutlich, sicher, leider)* recht klar angezeigt werden können, spielen auch die *Modalpartikeln* eine wichtige Rolle, um die illokutionäre Funktion von Äußerungen näher zu kennzeichnen.[48] Allerdings ist die konkrete indikatorische Leistung von Modalpartikeln sehr viel vager und mehrdeutiger als die von Modalwörtern. Dennoch läßt sich das indikatorische Funktionsspektrum von Modalpartikeln methodisch über Wegstreich- oder Austauschverfahren zureichend verdeutlichen und zugleich kenntlich machen, ob man mit einer Äußerung einer *Vermutung, Hoffnung, Resignation* usw. Ausdruck geben will *(Das Spiel ist wohl/ zwar/schon verloren).* Mit Modalpartikeln kann ein Sprecher sowohl seine eigene Denkverfassung offenbaren, als auch den Hörer durch die Handlungen des *Behauptens, Widersprechens, Zustimmens* usw. zu bestimmten Reaktionen anregen.

Modalpartikeln können auch dabei helfen, den Stellenwert von Einzelaussagen in einer komplexen Argumentationshandlung näher zu kennzeichnen. Als Indikatoren für illokutionäre Funktionen können sie anzeigen, ob etwas *erwähnt* wird, um es von anderem abzusetzen, ob etwas erinnernd *rekapituliert* wird, um die Prämissen eines Argumentationsschrittes zu vergegenwärtigen, ob etwas *eingeräumt* wird, aber im Prinzip für nicht relevant eingestuft wird usw. Wenn man in dem folgenden Text die Modalpartikeln tilgt, dann ergeben sich große Schwierigkeiten, eine kohärente Sinngestalt zu konstituieren, weil der *argumentative Stellenwert* von Einzelinformationen nicht mehr richtig eingeschätzt werden kann.

> *Schon* am frühen Nachmittag hatten wir unser Ziel erreicht, weil wir uns *bloß* einmal verlaufen hatten. Damit hatten wir *eigentlich* nicht gerechnet, da wir im Lesen von Karten *noch* sehr ungeübt waren und unsere Kondition *auch noch* nicht die allerbeste war.

Auch durch den Gebrauch von *Konjunktionen* bzw. durch hypotaktische Satzkonstruktionen kann ein Sprecher signalisieren, daß er nicht nur empirisch wahrnehmbare Tatsachen mitteilen will, sondern daß er den untergründigen Zusammenhang von Einzeltatsachen aufzudecken beabsichtigt bzw. mitteilen will, daß er nicht an Deskriptionen, sondern an Analysen interessiert ist. Wer *analysieren* und *argumentieren* will, muß Konjunktionen bzw. Subjunktionen benutzen, wer nur *schildern* will, kommt weitgehend ohne sie aus.

Auch den verschiedenen *Textsortentypen* kommen als sprachlichen bzw. grammatischen Zeichen handlungsspezifizierende Funktionen zu. Der propositionale Gehalt eines Satzes kann je nach Textsorte ganz andere *Handlungsimplikationen* haben. Formal deskriptive Sätze müssen keineswegs reine Beschreibungsfunktionen haben. In Werbeanzeigen ist mit Aussagesätzen in der Regel eine *Überredungsfunktion* verbunden. Die Aussagen einer Verfassung repräsentieren keine existierenden Tatsachen, sondern sollen die genannten Tatbestände erst herstellen. Da Verfassungssätze eine *Regulationsfunktion* haben, ist es sinnlos, sie mit der Wahrheitsfrage zu konfrontieren. Alle Sätze einer Predigt haben in der Regel eine *wertende* und *appellierende Funktion.* Die Aussageinhalte einer Fabel verstehen wir nicht als Tatsachenberichte aus dem

Tierreich, sondern als Strukturierung von komplexen Relationszusammenhängen, die auf analoge Weise menschliche Lebenszusammenhänge widerspiegeln sollen und die dabei zugleich eine *Belehrungs-* und *Unterhaltungsfunktion* wahrzunehmen haben.

Sofern man die *Negation* als eine spezifische Sprechhandlung betrachtet, kann man auch die vielfältigen *Negationsmittel* als Indikatoren für die illokutionäre Funktion eines propositionalen Gehalts ansehen. Genetisch sind die Negationsmittel offenbar aus zunächst sehr pauschalen Abwehr- und Zurückweisungsakten hervorgegangen. Das dokumentiert sich darin, daß Kinder zunächst gestische Negationsmittel verwenden und als erstes sprachliches Negationsmittel das Morphem *nein* verwenden, das sehr unspezifisch ganze Prozesse und Situationen negiert.

Systematisch gesehen müßte eigentlich jede Äußerung entweder mit einem bestätigenden *Affirmations-* oder mit einem verneinenden *Negationsmorphem* versehen werden.[49] Da die dauernde Verwendung von Affirmationsmorphemen sprachlich aber sehr unökonomisch wäre, so läßt sich darauf verzichten, sie morphologisch explizit zu repräsentieren. Man kann sich darauf beschränken, nur Negationen morphologisch zu kennzeichnen und Affirmationen als Standard anzusehen, der durch ein sogenanntes *Nullmorphem* angezeigt wird.

Die globale und pauschale Negation mit Hilfe des Negationsmorphems *nein* hat sich im Laufe der Sprachentwicklung sowohl im Hinblick auf den *Bezugsbereich* als auch im Hinblick auf die *Intensität* von Negationshandlungen entscheidend differenziert. Inzwischen gibt es selbständige Negationsmorpheme, die eine ganze Aussage negieren *(nie, niemals, nicht)* oder Aussageteile *(kein, nicht)*, sowie unselbständige Negationsmorpheme, die einzelne Wörter bzw. Begriffsbildungen negieren *(un-, miß-, -los, -leer* usw.). Die Intensität einer Negationshandlung läßt sich vielfältig stufen. Eine Negation kann nämlich die Aufforderung implizieren, einfache oder komplexe Vorstellungsinhalte geistig *durchzustreichen* bzw. mit einem Minuszeichen zu versehen, oder nur dazu auffordern, den üblichen Affirmationsanspruch einer einfachen oder komplexen Vorstellung zu *relativieren* bzw. nicht ganz ernst zu nehmen. Die sprachlichen Mittel zur Kennzeichnung von Negationshandlungen des letzten Typs, wie sie etwa in ironischen oder metaphorischen Redeweisen zum Ausdruck kommen, können sehr unterschiedlich sein. Negierende und modalisierende sprachliche Zeichen überschneiden sich in diesem Bereich sehr stark.

Im Prinzip ist jede Form der *Negation* als eine Negationshandlung aufzufassen, die dazu bestimmt ist, den üblichen *Affirmationsanspruch* eines propositionalen Gehalts *aufzuheben* oder zumindest in seinem Geltungsanspruch zu *relativieren*. Negationshandlungen werden sehr klar signalisiert, wenn wir *selbständige* Negationsmorpheme benutzen, um in Form von *Satznegationen* ganze Aussagen zu negieren *(Kunibert fällt nie vom Pferd)* oder in Form von *Sondernegationen* nur ein einziges Satzglied *(Kunibert hat kein Pferd)*.

Weniger auffällig sind diejenigen Negationshandlungen, bei denen *unselbständige* Negationsmorpheme verwendet werden, weil hier die Negationshandlung nicht die aktuelle Mitteilungsebene der Sprache betrifft, sondern die Ebene der *Wort-* bzw. *Begriffsbildung*, auf die die Mitteilungsebene aufbaut. Bei Wörtern bzw. Begriffen wie *Unsinn, arbeitslos* und *beunruhigend* ist aus der Negation von positiv gegebenen

Vorstellungsinhalten wieder ein neuer konkret faßbarer Vorstellungsinhalt erwachsen, dessen Entstehungsgeschichte und dessen Normhintergrund morphologisch noch gut faßbar sind. Derjenige, der eine Begrifflichkeit verwendet, die genetisch aus *Negationshandlungen* hervorgegangen ist, entfaltet sicher einen anderen Typ von kommunikativer Wirksamkeit und ein anderes geistiges Klima als derjenige, der nicht mit solchen Begriffsbildungen arbeitet.

Sehr deutlich dokumentiert sich dieses Problem beispielsweise in der *negativen Theologie* und in der *Mystik*. Hier wird nicht nur mit Satz- und Sondernegationen gearbeitet, um Gott oder um religiöse Erlebnisse sprachlich zu erfassen, sondern es werden immer wieder auch negierte Wort- bzw. Begriffsbildungen verwendet, um deutlich zu machen, daß sich bestimmte Phänomene einer direkten sprachlichen Darstellung entziehen. Das gleiche Verfahren dokumentiert sich auch in der Vorliebe der *Romantik* für negierte Attribute *(unendlich, unsagbar)*. Durch die Verwendung von Negationen ergeben sich sprachliche Handlungsprozesse, in denen der Sprecher den Hörer gleichsam ständig implizit dazu *auffordert*, sich von allen positiv gegebenen Erfahrungen und Vorstellungsinhalten zu *lösen*, um sich geistig dem anzunähern, was sprachlich nicht direkt repräsentierbar ist, sondern was nur über *Ausschlußverfahren* bzw. Negationen angedeutet werden kann.

Solange *Negationshandlungen* dem binären Schema von Negation und Affirmation unterliegen, sind die Indikatoren für Negationshandlungen auf den verschiedenen Abstraktionsebenen noch relativ gut faßbar. Schwieriger, aber auch interessanter wird es, wenn wir Negationshandlungen nicht mehr nach diesem vereinfachenden zweiwertigen Schema erfassen und beurteilen, sondern auch die *Relativierung* von Geltungsansprüchen unter die Negationshandlungen einreihen und somit auch die *Modalisierungsmittel* der Sprache als Negationsphänomene betrachten.

Solche *verdeckten* Negationshandlungen finden sich in *modalisierten* Aussageformen, in *ironischen* Sprachformen, in *Metaphern*, in *Übertreibungen*, in *Wortspielen* usw. Möglicherweise kann man sogar ganzen *Textsorten* ein Negationspotential zuschreiben, insofern beispielsweise *fiktive* Texte anders rezipiert werden müssen als expositorische Texte. Die sozialen Konventionen bzw. Indikatoren für relativierende und implizite Negationshandlungen sind ständig im Fluß und keineswegs so verläßlich wie die für explizite Negationshandlungen. Das führt leicht zu Mißverständnissen darüber, in welche Funktionszusammenhänge ein konkreter propositionaler Gehalt einzuordnen ist. Andererseits haben solche Negationsformen aber auch eine größere ästhetische Qualität, weil sie ähnlich wie analogisierende Redeweisen (Mythos, Gleichnis, Metapher) das individuelle Sinnbildungsvermögen intensiv anregen.

d) Sprachfunktionen und Inhaltskategorien

Die bisher erörterten drei Modelle zur Differenzierung von unterschiedlichen Informationsschichten in Texten waren *binär* orientiert (Information – Metainformation, Inhaltsaspekt – Beziehungsaspekt, propositionaler Gehalt – illokutionäre Funktion). Sie vereinfachen das Problem der unterschiedlichen Informationsschichten in Texten sehr stark, aber sie sind gerade deshalb bei der Textanalyse auch gut verwendbar. Die Reihe dieser binären Modelle läßt sich leicht durch weitere ergänzen, die allerdings für grammatische Analysen nicht so gut fruchtbar zu machen sind wie die drei schon erörterten.

So kann bei der Differenzierung von textuellen Inhaltskategorien auch unterschieden werden zwischen den *explizit gegebenen* Informationen, die sich in Wörtern und Sätzen repräsentieren, und den *implizit gegebenen* Informationen, die aus unselbständigen Morphemen resultieren und meist nur über das Sprachgefühl wahrgenommen werden, zwischen den *direkt gegebenen* Informationen und den *implikativ* bzw. *assoziativ induzierten* Informationen sowie zwischen den *wörtlichen* bzw. *begrifflichen* Informationen, die sich direkt aus dem kognitiven und instruktiven Gehalt lexikalischer und grammatischer Zeichen ableiten lassen, und den *bildlichen* bzw. *ikonischen* Informationen, die sich aus einer Zeichenrelation zweiter Ordnung ergeben.

Ikonische Informationen bilden sich in der Sprache so, daß zunächst mit lexikalischen und grammatischen Zeichen ein spezifischer Vorstellungsinhalt bzw. *Erstsinn* erzeugt wird und daß dann der jeweils erzeugte Vorstellungsinhalt zum Zeichenträger einer zweiten Zeichenrelation gemacht wird, mit dem ein *Zweitsinn* konstituiert wird. Beispiele dafür liefern Metaphern, Parabeln und Fabeln. Insbesondere im Mittelalter spielte die bildliche bzw. ikonische Informationsebene von Texten im Zusammenhang mit der Idee vom *Buch der Natur* in religiösen Zusammenhängen eine wichtige Rolle.

Wenn man die bisher vorgestellten binären Denkmodelle für die Unterscheidung von Informationsschichten oder Informationskategorien in Texten überwinden will, weil sie sehr stark typisieren und vereinfachen, dann kann man auch auf mehrdimensionale Modelle zurückgreifen. Darauf ist schon hingewiesen worden, als das Problem der *Bedeutung* sprachlicher Zeichen im Kontext der Frage nach der *Funktion* der Sprache erörtert worden ist. Allerdings muß in diesem Zusammenhang auch darauf geachtet werden, daß die Analysemodelle nicht so kompliziert werden, daß sie ihre Handhabbarkeit einbüßen, und daß sie auch für die Analyse grammatischer Zeichenstrukturen verwendungsfähig sind.

Ein sehr brauchbares und wissenschaftsgeschichtlich auch sehr wirksames Modell zur Differenzierung von Sprachfunktionen und Inhaltskategorien hat der Psychologe Karl Bühler ausgearbeitet, auf das schon mehrfach verwiesen worden ist.[50] Im Anschluß an Überlegungen Platons im Kratylos hat er das sogenannte *Organonmodell* entwickelt, in dem die Sprache als *Werkzeug* für die Realisierung von *drei* unterschiedlichen Funktionen thematisiert wird. *Sprecher, Hörer* und *Dinge* bzw. Sachverhalte sind für ihn die wesentlichen Faktoren, deren Korrelationsverhältnis durch sein Modell aufgeklärt werden soll.

Im Hinblick auf die Zuordnung der Sprache zu den *Dingen* spricht Bühler von einer *Darstellungsfunktion*, weil die sprachlichen Zeichen hier als *Symbole* für Repräsentationsaufgaben fungieren. Im Hinblick auf die Zuordnung der Sprache zum *Sprecher* spricht er von einer *Ausdrucksfunktion*, weil hier die sprachlichen Zeichen als *Symptome* für Kundgabefunktionen dienen. Im Hinblick auf die Zuordnung der Sprache auf den *Hörer* spricht er von einer *Appellfunktion*, weil hier die sprachlichen Zeichen als *Signale* eine Auslösefunktion haben. Einfache und komplexe sprachliche Zeichen können alle drei Funktionen *gleichzeitig* realisieren, unbeschadet der Tatsache, daß einzelne Funktionen jeweils dominieren können. Deshalb lassen sich durch sprachliche Einheiten auch gleichzeitig ganz *unterschiedliche* Kategorien von Informationen vermitteln.

In bezug auf den heutigen Sprachentwicklungsstand muß sprachsystematisch gesehen die *Darstellungsfunktion* der Sprache sicher als ihre *Hauptfunktion* angesehen werden, der sich die anderen Sprachfunktionen nur angliedern oder auflagern. Sprachgenetisch gesehen muß aber wohl die *Ausdrucks-* und *Appellfunktion* der Sprache als *primär* angesehen werden, weil diese beiden Funktionen auch schon in den Zeichensystemen der Tiere realisiert werden und weil auch Kinder die Wörter zunächst eher dazu benutzen, um Affekte und Wünsche zu äußern, als dazu, um Dinge und Sachverhalte zu benennen.

Für die Realisierung der Darstellungsfunktion der Sprache sind neben den *lexikalischen* Zeichen sowohl die organisierenden als auch die interpretierenden *grammatischen* Zeichen wichtig, weil ohne die Hilfe dieser Zeichen eine klare Darstellung komplexer Sachverhalte unmöglich ist. Während die *organisierenden* grammatischen Zeichen ohne Einschränkung der Darstellungsfunktion der Sprache zuzurechnen sind, müssen bei den *interpretierenden* grammatischen Zeichen vornehmlich diejenigen der Darstellungsfunktion zugeordnet werden, die nicht aus einer individuellen, sondern aus einer *überindividuellen* Perspektive den Informationswert anderer Zeichen zu qualifizieren versuchen, was etwa für *Präpositionen, Kasusmorpheme, Konjunktionen,* einen Teil der *Attribute* und *Adverbiale* sowie für die *Tempusmorpheme* hinsichtlich ihrer *chronologischen* Differenzierungsfunktionen zutrifft.

Die Zuordnung der interpretierenden grammatischen Zeichen zur Darstellungsfunktion rechtfertigt sich auch schon deswegen, weil Bühler die Darstellungsfunktion der Sprache nicht in einem ontosemantischen Sinne als direkte Widerspiegelung ontischer Einheiten versteht, sondern als Repräsentation von unseren individuellen oder sozial konventionalisierten Vorstellungsbildern von ontischen Einheiten. Sprachliche Zeichen dienen nach Bühler dazu, das darzustellen, was wir für die Realität *halten* oder was wir uns mit Hilfe unserer Phantasie als potentielle Realität *ausdenken* können, aber nicht dazu, die Realität an sich abzubilden. Im Rahmen der Darstellungsfunktion ist die Spache insbesondere im wissenschaftlichen Sprachgebrauch intentional zwar auf die *Abbildung* der Realität ausgerichtet, aber diesen Anspruch kann sie der Sache nach nur *annäherungsweise* einlösen. Wenn man diese ontologische Denkposition teilt, dann ist es auch kein Problem, die *Konjunktionen* der Darstellungsfunktion der Sprache zuzuordnen, obwohl schon mehrfach betont worden ist, daß sie im Prinzip mehr oder weniger plausible *Interpretationshypothesen* für den Relationszusammenhang von Einzelsachverhalten darstellen.

Wie wichtig grammatische Zeichen für die Darstellungsaufgaben der Sprache im Sinne Bühlers sind, wird deutlich, wenn wir den *Informationsgehalt* eines grammatisch durchstrukturierten *Textes* in ein *Bild* bzw. eine *Bildfolge* umzusetzen versuchen. Dann wird offenbar, daß mit Hilfe der Sprache *Relationszusammenhänge* explizit dargestellt werden können, die sich jeder *visuellen* Darstellung oder Wahrnehmbarkeit entziehen. Umgekehrt zeigt sich bei der Versprachlichung von Bildern und Bildfolgen, welche vielfältigen Möglichkeiten wir haben, *Relationszusammenhänge*, die sich in Bildern nur sehr vage andeuten lassen, durch *grammatische Zeichen* zu präzisieren. Ob die jeweiligen grammatischen Interpretationen dann allerdings adäquat sind oder nicht, ist ein Problem für sich. Auf jeden Fall helfen sie aber, Darstellungen semantisch präziser zu machen und unübersichtliche Komplexität und Vagheit zu reduzieren.

Für die Konkretisierung der *Ausdrucksfunktion* der Sprache gibt es abgesehen von den *intonatorischen Zeichen* in der mündlichen Sprachverwendung, den *Interjektionen (ah, oh)* und den *Flüchen* eigentlich keine *eigenständigen* sprachlichen Zeichen. In der Regel lagert sich die Ausdrucksfunktion sprachlicher Zeichen der Darstellungsfunktion irgendwie auf. Das dokumentiert sich bei lexikalischen Zeichen etwa darin, daß viele Wörter emotional spezifisch *getönt* sind *(verscheiden, sterben, krepieren)*, so daß die Wahl und die Frequenz bestimmter Wörter bzw. sprachlicher Bilder symptomatisch auf den Ausdruckswillen bzw. die innere Verfaßtheit eines Sprechers hindeuten.

Die *grammatischen Zeichen*, die zur Konkretisierung der Ausdrucksfunktion der Sprache beitragen, sind sehr vielfältig. Das beginnt damit, daß sogar der *Mangel* an grammatischen Zeichen als ein spezifisches sprachliches Ausdruckszeichen zu werten ist. So kann beispielsweise die *elliptische Redeweise* oder die *Nichtvollendung* grammatischer Konstruktionen ein Symptom für die hochgradige Erregung des Sprechers sein, die ihm nur noch eruptive und grammatisch nicht durchgeformte Äußerungen möglich macht. Ebenso wie der Mangel an grammatischen Zeichen Rückschlüsse auf die Verfaßtheit des Sprechers gestattet, so ermöglichen auch die *Quantität, Qualität* und *Frequenz* grammatischer Zeichen Rückschlüsse auf den Ausdruckswillen oder die Ausdrucksmöglichkeiten eines Sprechers. Die Verwendung *hypotaktischer* und *parataktischer* Satzkonstruktionen ergibt ebenso Hinweise auf die Denkstrukturen oder den Ausdruckswillen eines Sprechers wie der Gebrauch von *Negationen* oder *negationshaltigen Wortbildungen*. Auch die *Tempus-, Genus-* und *Modusmorpheme* kann ein Sprecher dazu benutzen, seiner individuellen Wahrnehmungs- und Denkperspektive Ausdruck zu geben. Die schon mehrfach erwähnten *Modalpartikeln* eignen sich besonders gut dazu, um seinem Staunen *(Das war vielleicht ein Gewitter)* oder seiner Überraschung *(Sind die Blumen etwa von Dir?)* Ausdruck zu verleihen.

Die *Appellfunktion* der Sprache dient dazu, andere mit Hilfe der Sprache zu einem bestimmten Verhalten zu veranlassen. Für die Konkretisierung dieser Funktion lassen sich sowohl lexikalische wie grammatische Mittel verwenden. Dabei ist zu beachten, daß die Appellfunktion ebenso wie die Ausdrucksfunktion meist eng mit der Darstellungsfunktion der Sprache verquickt ist und daß der situative Kontext in hohem Maße mitbestimmt, welche konkreten Appellfunktionen einzelnen sprachlichen Zeichen zukommen. Neben den offensichtlich grammatischen Mitteln für die Konkretisierung der Appellfunktion (Imperativ, Fragesatz) gibt es vielfältige grammatische Mittel, die potentiell dazu beitragen können, appellierend auf einen Hörer einzuwirken. Alle grammatischen Zeichen, die potentiell als *Indikatoren* für die *illokutionären Funktionen* sprachlicher Äußerungen dienen können, lassen sich auch zur Konkretisierung der *Appellfunktion* der Sprache verwenden, seien es nun die *Tempus-, Genus-* und *Modusmorpheme* des Verbs, die *Modalwörter* und *Modalpartikeln* oder die *Konjunktionen*. Sofern man bei der Appellfunktion der Sprache nicht nur die Auslösung eines *praktischen* Verhaltens im Auge hat, sondern auch die eines *geistigen* Verhaltens, dann läßt sich sogar allen grammatischen Zeichen eine *immanente Appellfunktion* zuordnen. Im Sinne der Instruktionssemantik können sie ja generell als *Signale* verstanden werden, die den Hörer dazu auffordern, lexikalische Zeichen in einer bestimmten Weise zu verstehen bzw. miteinander in Beziehung zu setzen. Als *metainformative* Zeichen sind grammatische Zeichen dann gleichsam schon definitionsgemäß zentrale Bestandteile der Appellfunktion der Sprache. Gleichwohl schließt das natürlich nicht aus, daß sie aufgrund ihres kognitiven Gehaltes auch noch eine Darstellungsfunktion haben und aufgrund ihrer symptomatischen Rückbezüge auf den Sprecher auch noch eine Ausdrucksfunktion.

In der Nachfolge Bühlers sind vielfältige Versuche unternommen worden, noch differenziertere Funktionsspektren für die Sprache auszuarbeiten. Die wohl wichtigsten und weiterführendsten Vorschläge dafür stammen von Popper und Jakobson.

Popper hat das dreigliedrige Funktionsspektrum Bühlers in einer leicht abgewandelten Terminologie mit der Einführung der »*argumentativen Funktion*« der Sprache zu einem viergliedrigen erweitert.[51] Die »*expressive Funktion*« und die »*Signalfunktion*« teile die menschliche Sprache als niedere Funktionen mit den tierischen Zeichensystemen. Mit der »*deskriptiven Funktion*« und der »*argumentativen Funktion*« habe sie aber zusätzlich noch höhere Funktionen entwickelt.

Bei der *argumentativen* Verwendung der Sprache geht es nach Popper nicht bloß um die sprachliche Darstellung von Sachverhalten, sondern um die Darstellung von Sachverhalten unter der *regulativen Idee der Wahrheit*. Das bedeutet, daß zur argumentativen Funktion der Sprache, die sich evolutionär als letzte Sprachfunktion herausgebildet hat, alle sprachlichen Formen beitragen, die *analytische* und *synthetische* Denkprozesse erleichtern und präzisieren helfen bzw. die es ermöglichen, logische Operationen durchzuführen und darzustellen. Die sprachlichen Mittel zur Konkretisierung dieser Funktion sind sehr vielfältig.

Zum einen wird die argumentative Funktion der Sprache dadurch gefördert, daß auf dem Gebiet der Lexik klar definierte *Begriffshierarchien* entwickelt werden, so daß die Überordnung, Unterordnung und Implikation von Begriffen eindeutig geregelt ist. Außerdem müssen alle Wörter auf ihre *denotativen* Funktionen beschränkt werden und von allen unübersichtlichen Konnotationen, situativen Einbindungen und ikonischen Funktionsmöglichkeiten befreit werden. Da all das in den *formalisierten Wissenschaftssprachen* angestrebt wird, eignen sich diese zum argumentativen Sprachgebrauch auch besser als die natürliche Sprache mit all ihren Vagheiten.

Zum anderen wird die argumentative Funktion der Sprache dadurch gefördert, daß die *metainformativen* sprachlichen Ordnungsstrukturen übersichtlich formalisiert werden, womit wir dann auf die *grammatischen* Voraussetzungen des argumentativen Sprachgebrauchs stoßen. Einerseits läßt sich das dadurch realisieren, daß in den konkreten Sprachgebrauch immer wieder interpretierende *Metasätze* eingeschoben werden, durch die Begriffe definiert, der Stellenwert von Aussagen präzisiert oder Verfahrensweisen thematisiert werden. Andererseits läßt sich das dadurch bewerkstelligen, daß alle sprachlichen Mittel intensiv genutzt werden, die klare *grammatische* bzw. *logische Relationen* zwischen den einzelnen Sinneinheiten herstellen.

Zu den grammatischen Zeichen und Ordnungsstrukturen, die in diesem Sinne die argumentative Funktion der Sprache befördern, gehören die *Attribute* in allen ihren Variationen, weil sie die Begriffsumfänge ihrer Bezugsbegriffe verringern und dadurch ihren Begriffsinhalt präzisieren. Weiter wird die argumentative Funktion der Sprache gestärkt durch *Kasusmorpheme*, weil diese die syntaktischen Rollen einzelner Vorstellungsinhalte in Sinnbildungsprozessen anzeigen, durch *Tempusformen*, sofern sie chronologische und aktionale Differenzierungen vornehmen, durch *Modalverben*, weil sie ontologisch Modalitätsstrukturen präzisieren, und durch *Konjunktionen* bzw. Subjunktionen, weil diese die logischen Relationen zwischen Aussagen konkretisieren. Weniger konstitutiv für die Argumentationsfunktion der Sprache sind alle kommunikationsbezogenen Modalisierungsmittel, weil sie zwar für die Strukturierung des Kommunikationsprozesses selbst eine wichtige Rolle spielen, aber keine Relationen zu der regulativen Idee der Wahrheit aufweisen, die für Popper den Normhintergrund für die Argumentationsfunktion der Sprache bildet.

Von ganz besonderer Bedeutung für die argumentative Funktion der Sprache sind alle *Negationsmittel*, insofern sie in logischen Prozessen *operativ* gleichsam als *Minuszeichen* verwendet werden können. Dagegen sind alle Negationsmittel, die den *Geltungsanspruch* von Einzelinformationen nur mehr oder weniger stark *relativieren*, für die Konkretisierung der argumentativen Sprache nicht brauchbar, während sie für die nicht-argumentative ironische und poetische Sprache wieder sehr wichtig sind. In Argumentationsprozessen müssen wir mit einer strengen Alternative von *Affirmation* und *Negation* bzw. mit einer *zweiwertigen Logik* arbeiten, weil sonst der Wahrheitsgehalt von Aussagen nicht eindeutig in einem korrespondenztheoretischen Sinne zu qualifizieren ist.

Popper betrachtet die Argumentationsfunktion der Sprache als die höchste der vier Sprachfunktionen und ist der Auffassung, »*daß die argumentative Funktion der Sprache das vielleicht wirksamste Instrument der biologischen Anpassung geschaffen hat, das je im Verlauf der organischen Entwicklung aufgetreten ist*«.[52] Dieses Urteil Poppers ist sicher richtig im Hinblick auf die unmittelbaren pragmatischen Funktionen der Sprache bei der Bewältigung der Welt. Fraglich ist aber, ob der rein argumentative Sprachgebrauch auch der *geistig* anspruchsvollste ist oder ob nicht andere Formen einen höheren Anspruch an die *Flexibilität* kognitiver Operationen stellen. Möglicherweise kommen im ästhetischen Sprachgebrauch die komplexen geistigen Funktionsmöglichkeiten der Sprache besser zum Ausdruck als im rein argumentativen Sprachgebrauch, und möglicherweise hat der vage und polyfunktionale ästhetische Sprachgebrauch die geistige Flexibilität des Menschen evolutionär mehr gefördert als der argumentative.

Unbestreitbar ist allerdings, daß der argumentative Sprachgebrauch zu geistigen Sinngebilden von großer *Gestaltschärfe* führt und daß er für die *praktische* Beherrschung der realen, sozialen und geistigen Welt *unverzichtbar* ist. Ob die größere Gestaltschärfe des argumentativen Sprachgebrauchs zugleich auch zu einer größeren *Gestalttiefe* führt, ist keineswegs selbstverständlich. Die *Gestaltprägnanz* des argumentativen Sprachgebrauchs ist möglicherweise *eindimensional*, weil sie vornehmlich an der Schärfe und Eindeutigkeit von sprachlichen Sinngestalten interessiert ist, aber nicht an deren *Sinnträchtigkeit* und *mehrdimensionaler* Komplexität. Aufschlußreich ist nämlich in diesem Zusammenhang, daß viele Philosophen und Naturwissenschaftler ihren begrifflichen Sprachgebrauch bei der Vermittlung komplexer Erkenntnisinhalte immer wieder aufgegeben haben und in *Mythen, Gleichnissen* und *Metaphern* weitergesprochen haben. Das ist immer wieder als *Verrat* an der argumentativen Rationalität gebrandmarkt worden, es ist aber vielleicht auch ein Ausdruck eines sprachsensiblen *Realismus*, der der argumentativen Sprache viel, aber eben nicht *alles* zutraut.

Jakobsons[53] Differenzierung von *sechs* Sprachfunktionen ist sprachtheoretisch und hermeneutisch vor allem deshalb so interessant, weil er den *poetischen* Sprachgebrauch zu einer eigenständigen Sprachfunktion aufgewertet hat. Von seinen sechs Sprachfunktionen entsprechen die *referentielle*, die *emotive* und die *konative* im großen und ganzen der Darstellungs-, Ausdrucks- und Appellfunktion Bühlers. Seine *phatische* Funktion bezieht sich auf alle Sprachverwendungsmöglichkeiten, die dazu dienen, die Aufmerksamkeit eines Hörers zu erregen bzw. die Leistungsfähigkeit des jeweiligen Kommunikationskanals zu prüfen. Seine *metasprachliche* Funktion bezieht sich auf die Möglichkeit der Sprache, explizite Metaaussagen über Basisinformationen zu machen. Dabei denkt er vorzugsweise an die Möglichkeit, Begriffe zu definieren sowie Sätze und Texte zu interpretieren, also an Funktionsmöglichkeiten der Sprache, die beim Spracherwerb eine große Rolle spielen und die bei Aphasikern zum Teil verlorengehen können.

Die von Jakobson postulierte *poetische* Sprachfunktion ist für die hier thematisierten Probleme aus mehreren Gründen besonders interessant. Diese Sprachfunktion konkretisiert sich dann, wenn wir die Sprache nicht dazu benutzen, um einen empirischen Realitätsausschnitt sprachlich zu repräsentieren, sondern dann, wenn wir die Sprache dazu verwenden, eine *autonome Vorstellungs- und Sinnwelt* zu erzeugen, die höchstens mittelbar etwas mit der empirischen Welt zu tun hat. Auf exemplarische Weise kommt die poetische Sprachfunktion in der *fiktionalen Literatur* zum Ausdruck, sie ist aber auch in *spielerischen Sprachformen* aller Art anzutreffen. Im poetischen Sprachgebrauch wird nach Jakobson das Interesse an der empirischen Referenz von Aussagen aufgelöst oder zumindest herabgesetzt, was dazu führt, daß wir von unserem Wissen über bestimmte empirische Fakten keine entscheidenden Verstehenshilfen mehr erwarten. Dagegen steigt das Interesse an der Sprache als einem autonomen Sinnbildungsinstrument und an Zeichenformen und Zeichenstrukturen, die auf einer nichtbegrifflichen Ebene zur Bildung komplexer Sinngestalten beitragen (Reim, Alliteration, Klangfarbe, Parallelismus, Wiederholung usw.).

Da die poetische Sprache aus der Kenntnis der direkten empirischen Referenzebene sprachlicher Formen keine sinnbildende Hilfe erwarten kann und da in ihr alles mit Hilfe von verbalen und paraverbalen Mitteln ausgedrückt werden muß, spielen in ihr *grammatische* Sinnbildungsmittel natürlicherweise eine wichtige Rolle, weil sie ja dabei helfen, die Sprache semantisch *autonomer* zu machen und von ihren situativen Einbindungen zu emanzipieren. Das heißt nun allerdings nicht, daß in der poetischen Sprache möglichst viele und möglichst präzise grammatische Zeichen verwendet werden müssen, sondern nur, daß die *Organisations-* und *Interpretationskraft* grammatischer Zeichen für Sinnbildungsprozesse intensiv genutzt werden muß. Da in der poeti-

schen Sprache die Wahl grammatischer Zeichen noch weniger als in anderen Sprachverwendungsformen dem Zufall unterliegt, darf sie ganz besondere hermeneutische
Aufmerksamkeit beanspruchen und muß als Sinnbildungsfaktor ganz besonders ernst
genommen werden.

Das letzte Denkmodell zur Unterscheidung von Sprachfunktionen und Inhaltskategorien, das hier erörtert werden soll, stammt von Ungeheuer[54]. In diesem Modell,
das offensichtlich von Bühlers Organonmodell inspiriert worden ist, spielt das Problem
grammatischer Informationen explizit keine konstitutive Rolle. Dennoch ist es geeignet, grammatischen Analysen im Rahmen der Textinterpretation einen ganz spezifischen Stellenwert zuzuordnen.

Ungeheuer nimmt in seinem Denkmodell Bezug auf die sogenannte *Inhaltsanalyse*
(content analysis), die in Amerika während des Zweiten Weltkrieges entwickelt worden ist, um aus den in Rundfunk und Zeitungen des nationalsozialistischen Deutsch-
lands explizit verbreiteten Informationen andere Informationen abzuleiten, die eigentlich gar nicht verbreitet werden sollten. Zu diesem Zweck hatte man spezifische
Methoden entwickelt, um zwischen den Zeilen zu lesen bzw. um Nachrichten gegen
den Strich ihrer eigentlichen Informationsintention wahrzunehmen. Aus der Tatsache,
daß bestimmte Nachrichten nicht verbreitet wurden, daß sie spezifisch gefiltert wurden
oder daß sie in bestimmte Kontexte gestellt wurden, versuchte man Rückschlüsse auf
die allgemeine Stimmungslage zu ziehen und die eigentlichen Motive und Intentionen
propagandistischer Strategien aufzudecken. Angeregt durch die Konzepte der sogenannten Inhaltsanalyse postuliert Ungeheuer für Texte dann drei unterschiedliche
Inhaltskategorien, die er terminologisch neutral als *primären, sekundären* und *tertiären Inhalt* bezeichnet.

Der *primäre Inhalt* eines Textes basiert im wesentlichen auf der *Darstellungsfunktion* der Sprache und konstituiert sich nach Ungeheuer aus allen Informationen, die
sprachlich explizit repräsentiert sind und die sich auf das durchgehende Thema bzw.
die durchgehende Argumentation des Textes beziehen. Dieser primäre Inhalt läßt sich
dadurch erschließen, daß man seine Aufmerksamkeit auf die *denotative* Bedeutung der
verwendeten lexikalischen Zeichen richtet sowie auf die *Instruktionsfunktionen* der
grammatischen Zeichen, soweit sie als organisierende grammatische Zeichen zur Bildung komplexer sprachlicher Gebilde beitragen und soweit sie als interpretierende
grammatische Zeichen Informationen auf eine sachverhaltsbezogene Weise modalisie-
ren.

Zum *sekundären Inhalt* eines Textes rechnet Ungeheuer alle Informationen, die mit
der *Ausdrucksfunktion* der Sprache zusammenhängen und die uns Hinweise darauf
geben, wie ein Sprecher zu dem von ihm vermittelten primären Inhalt steht bzw.
welchen Anschein er in dieser Hinsicht erwecken will. Sofern der Sprecher darüber
nicht explizite metakommunikative Aussagen macht, kann dieser Inhalt indirekt über
die Interpretation der *Art und Weise* der *Präsentation* des Primärinhalts erschlossen
werden. Für die Konkretisierung dieses Sekundärinhalts sind vor allem die spezifische
Wortwahl zu berücksichtigen sowie die Quantität und Qualität der kommunikationsbezogenen grammatischen Modalisierungsmittel wie etwa die Tempus- und Modusmorpheme, die Modalwörter, die Modalpartikeln, die relativierenden Negationsmittel

und die Ironiesignale, die sich zuweilen erst aus der spezifischen Konstellation anderer sprachlicher Formen ergeben.

Zum *tertiären Inhalt* eines Textes rechnet Ungeheuer alle Informationen, die sich dadurch ergeben, daß ein Rezipient die in einem Text tatsächlich gegebenen Informationen in umfassende *Wissenszusammenhänge* einordnet und dabei durch Vergleichs- und Schlußfolgerungsprozesse neue Informationen *induziert*, die im Text zwar nicht explizit auffindbar sind, die aber mit Hilfe des Textes doch *vermittelt* werden können oder sollen. Bei der Konstitution des tertiären Inhalts eines Textes spielen alle Faktoren eine Rolle, die zur *Appellfunktion* der Sprache beitragen, aber *zusätzlich* sind auch noch *Faktoren* zu berücksichtigen, die sich auf den allgemeinen systematischen und historischen Wissensstand des Rezipienten beziehen und auf dessen interpretative Sensibilität. Zur Konstitution des tertiären Inhalts muß auch auf die Indikatoren der illokutionären Funktion von Äußerungen Bezug genommen werden und auf die situative und pragmatische Einbettung von Texten. Der *tertiäre* Inhalt eines Textes kann ebenso wie der sekundäre je nach Vorwissen, sprachlicher Sensibilität und kreativer Hypothesenbildung bei den einzelnen Rezipienten erheblich differieren, weil er *Konstitut* interpretativer Akte ist, die auf relativ vagen sprachlichen Konventionen aufbauen.

Im Hinblick auf die Identifizierung der sinnbildenden Kraft von interpretierenden grammatischen Zeichen in Texten ist nun wichtig, daß nach Ungeheuer Texte so *umformuliert* werden können, daß der *primäre* Inhalt *identisch* bleibt, daß aber sein sekundärer und tertiärer Inhalt verändert werden können. Einen invarianten primären Inhalt kann man beispielsweise dadurch mit varianten sekundären und tertiären Inhalten kombinieren, daß man im Rahmen der stilistisch gegebenen Möglichkeiten die *Tempus-, Genus-* und *Modusmorpheme* der Verben ändert, daß man *Modalwörter* und *Modalpartikeln* ändert oder tilgt, daß man *parataktische* durch *hypotaktische* Ordnungsformen ersetzt oder umgekehrt, daß man *Attribute* und *Adverbiale* in *Attributs-* und *Adverbialsätze* umformt oder umgekehrt, daß man *Subjekte* und *Objekte* in *Subjekt-* und *Objektsätze* transformiert oder umgekehrt, daß man relativierende *Negations-* und *Ironiesignale* tilgt oder einarbeitet, daß man *begriffliche* Redeweisen durch *metaphorische* ersetzt oder umgekehrt usw. Durch stilistische Variationen verändern wir zwar die Sinngestalt des ganzen Textes, aber sein *denotativer* Inhalt kann davon im Prinzip unberührt bleiben.

Unsere Fähigkeit, jede nicht-thematische Einzelinformation eines Textes metareflexiv zum expliziten Gegenstand der Reflexion zu machen, erlaubt es uns, in methodisch regulierten Interpretationsprozessen den *sekundären* und *tertiären Inhalt* eines Textes so zu *paraphrasieren*, daß er zum *primären Inhalt* des jeweiligen Interpretationstextes wird. Grammatische Textinterpretationen lassen sich im Rahmen des Modells von Ungeheuer deshalb als Versuche kennzeichnen, die nicht-thematischen impliziten Informationen eines Textes im Rahmen von definierten Erkenntnisinteressen auf methodisch reflektierte Weise *thematisch* und *explizit* zu machen. Theoretisch hilft dieses Modell dabei, die Komplexität intuitiver Verstehensprozesse aufzuklären. Praktisch hilft es dabei, einem über das Sprachgefühl schon vage erfaßten Textsinn über analytische und synthetische Interpretationsprozesse eine prägnantere Endgestalt zu geben.

Interessante Ansätze zur systematischen Erfassung der Funktionen grammatischer Informationen bei der Konstituierung komplexer Sinngebilde hat neuerdings auch Peter von Polenz entwickelt.[55] Unter dem programmatischen Ordnungsbegriff *Satzsemantik* versucht er, Grundbegriffe auszuarbeiten, die uns befähigen sollen, *zwischen den Zeilen* zu lesen. Bei diesen Bemühungen entwickelt er zwar keine Informationstypologie, die zu methodischen Interpretationsstrategien ausgebaut werden könnte, aber eine Reihe von grammatischen Denkperspektiven, die uns dazu befähigen können, nicht-thematische Inhalte von Sätzen und Texten besser zu erfassen.

5. *Reliefbildung und Aufmerksamkeitslenkung*

Während das vorangegangene Kapitel klären sollte, nach welchen Kriterien in Texten unterschiedliche *Kategorien* von Informationen voneinander getrennt werden können und welche Rolle grammatische Zeichen bei der Konkretisierung bestimmter Informationskategorien spielen, soll dieses Kapitel klären helfen, welche Funktionen grammatische Zeichen haben, um auf indirekte Weise metainformativ die *kommunikative Relevanz* von einzelnen Vorstellungsinhalten beim Aufbau komplexer Sinneinheiten zu qualifizieren. Das Erkenntnisinteresse gilt dabei dem Problem, wie komplexen Sinneinheiten mit grammatischen Mitteln eine *Reliefstruktur* gegeben werden kann, durch die deutlich wird, welche Informationsgehalte zum *Hauptthema* gehören und welche zum *Nebenthema* bzw. welche in den Vordergrund der Aufmerksamkeit treten sollen und welche in den Hintergrund.

Das Problem der *Reliefbildung* und *Aufmerksamkeitslenkung* verweist uns wieder auf das schon erörterte gestaltpsychologische Prinzip von *Figur* und *Grund*. Wie jede Figur einen Grund braucht, aus dem sie hervorwächst und von dem sie sich kontrastiv abhebt, so braucht auch jeder thematische Informationsinhalt einen umfassenden nicht-thematischen Informationsinhalt, aus dem er hervorwächst und von dem er sich kontrastiv abhebt. Ebenso wie *Herr* und *Knecht* ein dialektisches Paar bilden, bei dem der eine den anderen mitkonstituiert, so bilden auch die *thematische* und die *nicht-thematische* Information eines Textes ein dialektisches Paar.

Was in einer komplexen Sinneinheit wie einem Satz oder Text besonders wichtig ist, läßt sich natürlich auch durch explizite Metasätze kenntlich machen. In der Regel wird das aber auf implizite Weise durch grammatische Zeichen und Zeichenkonstellationen realisiert, deren Instruktionsgehalt wir über das Sprachgefühl erfassen und verwerten. Diese verdeckten metainformativen Instruktionen lassen sich nur mit großer Mühe bewußtseinsmäßig präsent machen, weil sie in der Regel nicht auf einzelne, morphologisch gut faßbare grammatische Zeichen zurückgehen, sondern sich meist als *Resultanten* aus der Konstellation bestimmter grammatischer Zeichen ergeben bzw. aus dem geregelten Wechsel solcher Zeichen. Dazu kommt noch, daß sich die Relation von Figur und Grund bzw. von thematisch und nicht-thematisch oder weniger thematisch auf unterschiedlichen Abstraktionsebenen ins Auge fassen läßt, nämlich auf der Ebene

der *Wortbildung,* der *Satzgliedbildung,* der *Satzbildung* und der *Textbildung.* Wenn
also von Reliefbildung und Aufmerksamkeitslenkung die Rede ist, dann muß man
immer festlegen, auf welche Abstraktionsebene man sich bezieht.

Hier soll das Hauptaugenmerk auf die *Satz-* und *Textebene* gerichtet werden, wobei
das Problem der Reliefbildung und Aufmerksamkeitslenkung unter drei Gesichtspunkten näher untersucht werden wird. Zum ersten soll nach den grammatischen Mitteln
gefragt werden, die dazu dienen, *Haupt-* und *Nebeninformationen* metainformativ zu
kennzeichnen. Zum zweiten soll nach den grammatischen Mitteln gefragt werden, die
dabei helfen, spezifische *Wahrnehmungsperspektiven* aufzubauen, die ein Rezipient im
Prinzip zwar gedanklich transzendieren kann, auf die er sich aber immer einlassen
muß, um überhaupt Sinneinheiten zu konkretisieren. Zum dritten soll danach gefragt
werden, welchen Einfluß die *lineare Abfolge* von Sinneinheiten auf die Struktur und
das Ergebnis von Sinnbildungsprozessen hat bzw. wie weit die *zeitliche Sukzession* von
Sinneinheiten als ein *grammatisches* Sinnbildungsmittel zu verstehen ist.

a) Hauptinformation und Nebeninformation

Die Unterscheidung von Haupt- und Nebeninformation bzw. Vordergrunds- und Hintergrundsinformation dient dazu, die Einzelinformationen, aus denen sich komplexe
Sinngebilde aufbauen, hierarchisch zu stufen, um den *thematischen Kern* einer Sinngestalt von dem *Zusammenhang* abzusetzen, in dem er wahrgenommen werden soll. Da
wir nicht in der Lage sind, völlig isolierte Einzelphänomene wahrzunehmen, und alle
Wahrnehmungsinhalte automatisch in eine kontrastive, ergänzende oder genetische
Relation zu anderen setzen, ist jeder Wahrnehmungsinhalt für uns in einen Kontext
verstrickt, in dem er erst zu dem wird, was er ist oder sein soll.

Der Psychologe und Phänomenologe Gurwitsch postuliert für das *Bewußtseinsfeld,*
in dem sich einzelne Bewußtseinsinhalte konkretisieren, eine dreigliedrige konzentri-
sche Ordnungsstruktur. Er unterscheidet bei komplexen Bewußtseinsinhalten erstens
das *Thema,* das zu einer bestimmten Zeit im Mittelpunkt der Aufmerksamkeit steht,
zweitens das *thematische Feld,* das sich aus allen Gegebenheiten konstituiert, die im
Hinblick auf ein Thema als kopräsent und bedeutsam angesehen werden, und drittens
den *Rand,* dem alle Gegebenheiten zugeordnet werden, die keine unmittelbare Relevanz für das Thema haben, sondern nur den allgemeinen Hintergrund bilden, vor dem
etwas wahrgenommen wird. [56]

Die von Gurwitsch postulierte *Reliefstruktur* von Bewußtseinsinhalten muß sich
irgendwie auch in Sätzen und Texten widerspiegeln, wenn diese dazu dienen sollen,
Bewußtseinsinhalte sprachlich zu konkretisieren bzw. anderen zu vermitteln. Es muß
Mittel geben, das *Relevanzprofil* komplexer sprachlicher Sinneinheiten metainformativ
zu qualifizieren. Abgesehen von den expliziten Metasätzen gibt es eine Reihe von
grammatischen Zeichen und Zeichenkonstellationen, die auch zur Reliefbildung von
Äußerungen beitragen können.

So kann der geregelte Wechsel von *Tempus-* und *Modusformen* unter anderem auch dazu benutzt werden, um die *Relevanz* einer Aussage relativ zu einer anderen näher zu bestimmen. Entscheidendes für die Erhellung der Funktionsmöglichkeiten von Tempus- und Modusformen für die Reliefbildung von Sätzen und Texten hat Weinrich geleistet.[57] Da nach Weinrich die Tempus- und Modusformen unterschiedlichen psychischen Sprechhaltungen Ausdruck geben können, insofern sie die Handlungen des *Besprechens* oder des *Erzählens* anzeigen und dadurch dem Hörer unterschiedliche Alarmstufen signalisieren, präzisieren sie auch unterschiedliche *Aktualitätsgrade* von Informationsinhalten für eine spezifische Kommunikationssituation.

Die Tempusformen der *besprochenen Welt* (Präsens, Perfekt, Futur) kennzeichnen die jeweiligen Mitteilungsinhalte als zur *Hauptinformation* gehörig und die Tempusformen der *erzählten Welt* (Präteritum, Plusquamperfekt, Konjunktiv bzw. Konditional) als zur *Nebeninformation* gehörig. Unmittelbar reagieren soll ein Hörer auf die besprechenden Aussageinhalte, während die erzählenden Aussageinhalte nur dazu dienen, das thematische Feld für das jeweilige Thema aufzubauen *(Im vorigen Jahr informierten wir Sie mehrfach über den Stand der Verhandlungen, jetzt sind die Entscheidungen gefallen)*.

In geschichtlichen Darstellungen läßt sich durch den Tempuswechsel ein kommunikatives *Relief* herstellen, das es uns erleichtert, den Stellenwert einzelner Aussagen richtig einzuordnen. Das *Perfekt* kann uns signalisieren, daß der Historiker aus zeitlicher Distanz einen Prozeß im Hinblick auf seine Ergebnisse für die Folgezeit *beurteilen* will. Das *Präteritum* kann uns signalisieren, daß er empirische Tatsachen erzählend *rekonstruieren* will. Das *Präsens* kann uns signalisieren, daß er einen Vorgang in zeitenthobener Strukturanalyse wesensmäßig *bestimmen* will.

»Die Französische Revolution hat die in der Entwicklung der abendländischen Völker seit einem halben Jahrtausend vorbereiteten und herangewachsenen Kräfte zunächst in Frankreich ins Leben übergeführt und dann das übrige Europa nach dem neuen Bilde aufs tiefste umgestaltet. Indem sie den Versuch unternahm, ein Vernunftideal zu verwirklichen, konnte sie dieses Ziel nur teilweise und nur eine kurze Zeit lang erreichen, und ihr Werk wurde an so manchen Stellen wieder rückgängig gemacht durch Napoleon, an andern dagegen von ihm in mächtiger Weise gefördert und weitergeführt. So ist die Französische Revolution in ihrem endgültigen und weltgeschichtlichen Ergebnis eine gewaltige Zusammenfassung und Verwirklichung vieler in der Vergangenheit ruhenden Möglichkeiten, und sie ist zugleich eine Weltbewegung von unerhörtem Ausmaß.«[58]

In der Opposition zum Präsens kann das *Präteritum* zuweilen sogar die Funktion des *Konjunktivs* übernehmen und dazu dienen, bestimmte Aussagen als *referiert* zu kennzeichnen. Der Gebrauch des Präteritums als Ersatzform für den Konjunktiv hat den Vorteil, daß der Duktus der Darstellung und die Unmittelbarkeit der Vorstellungsbildung erhalten bleibt, was bei einem Moduswechsel nicht möglich wäre, und daß durch den Tempuswechsel der *Stellenwert* von Einzelinformationen doch unterschiedlich qualifiziert werden kann. Ein interessanter Tempusgebrauch in diesem Sinne findet sich bei Golo Mann. Bei der Darstellung der Hauptthesen Oswald Spenglers geht er von dem Präsens in einem metainformativen Satz zu einem *erzählenden* Präteritum über und schließlich zu einem *referierenden* Präteritum als Ersatzform für den Konjunktiv I.

»Sein Grundgedanke läßt sich in wenigen Sätzen ausdrücken. Kulturen, behauptete er, entstehen und vergehen wie organische Wesen. Was anderen Kulturen schon geschehen war, das stand nun der europäisch-amerikanischen bevor, der Tod. Vorher waren jedoch noch einige interessante Dinge zu erwarten. Jede Kultur ging, wenn sie dem Ende nahe kam, durch die Phase der ›Zivilisation‹: Technisierung, Zusammenballung der Massen in riesigen Städten, Herrschaft des Geldes. Dem entsprach im Politischen die Demokratie: ...«[59]

Der *Konjunktiv* ist das gängigste Mittel, um *referierte* Hintergrundsinformationen von *aktuellen* Vordergrundsinformationen abzusetzen. Sein Gebrauch empfiehlt sich immer, wenn es notwendig ist, die kommunikationsethischen Verantwortlichkeiten für den Wahrheitsgehalt von Aussagen klar zu kennzeichnen, bzw. wenn es darauf ankommt zu signalisieren, daß ein Rezipient bestimmte Informationsinhalte anders zu werten und zu verarbeiten hat als üblicherweise.

Ein illustratives Beispiel dafür, daß Tempus- und Modusmorpheme eine wichtige Rolle spielen können, um metainformativ den pragmatischen *Stellenwert* von Einzelinformationen zu kennzeichnen, bilden die Vorschriften für die sprachliche Abfassung *juristischer Schriftsätze*. Diese Vorschriften sind insbesondere deshalb so interessant, weil sie sich wohl evolutionär in der juristischen Praxis als praktikabel erwiesen haben und nicht sprachtheoretischen Erwägungen entsprungen sind.

Juristische Schriftsätze sind dadurch gekennzeichnet, daß in sie Informationen eingehen, die kategorial einen ganz unterschiedlichen *pragmatischen* Stellenwert haben können. Sie können sich erstens auf die *Sache* beziehen, um die es geht (Sachstand), zweitens auf die *Behauptungen*, die die Parteien über den Sachstand vorbringen (Streitstand), drittens auf die *Anträge* der Parteien zu dem Verfahren und viertens auf Probleme, die sich auf das *Beweisverfahren* selbst beziehen. Die kategoriale Zugehörigkeit der jeweiligen Informationsinhalte kann natürlich nicht allein durch Tempus- und Modusmorpheme ausreichend signalisiert und qualifiziert werden, dennoch erleichtern die *Konventionen* über den Tempus- und Modusgebrauch in juristischen Schriftsätzen Verstehensprozesse zumindest im Sinne einer präzisierenden Redundanz ungemein. Berg hat im Rahmen seiner Überlegungen zu der Form von Gutachten und Urteilen folgende Grundsätze formuliert.[60]

Bei der Darstellung des *Sachstandes* (Geschichtserzählung) sei bei unbestrittenen Tatsachen der *Indikativ* zu verwenden. Falls bestrittene Tatsachen in die Geschichtserzählung aufgenommen würden, müßten sie durch Zwischenbemerkungen (*»angeblich«*) kenntlich gemacht werden. Standardtempus für die Geschichtserzählung sei das *Präteritum*. Das *Perfekt* und *Präsens* sei nur dann zu verwenden, wenn aktualisierende Bezüge zur Gegenwart hergestellt würden oder ein gegenwärtig noch andauernder Zustand geschildert würde (*»Der Kläger kaufte vom Beklagten am ... einen Lieferwagen. ›Er hat‹ den Vertrag mit Schreiben vom ... wegen arglistiger Täuschung angefochten.«*).

Die *strittigen Behauptungen* der Parteien zum Sachstand (Streitstand) seien im *Konjunktiv* vorzubringen, zumal dann, wenn man auf die Verwendung von Vorspannsätzen verzichte und den Streitstand in formal selbständigen Sätzen vortrage. Bei der Darstellung größerer unstrittiger Abschnitte könne ebenso wie in der Geschichtserzählung der *Indikativ* benutzt werden. Bei der Wiedergabe von Handlungen, die sich auf das aktuell *zuständige Gericht* bezögen, sei das *Präsens* zu benutzen *(»Der Kläger trägt vor . . .«)*. Bei der Wiedergabe von Handlungen, die sich auf die Vorinstanz bezögen, sei das Perfekt zu verwenden *(»Der Kläger hat behauptet . . .«)*.

Bei der Darstellung des Beweisverfahrens sei der *Beweisbeschluß* im *Perfekt* mitzuteilen, während die einzelnen *Beweisthemen* in der indirekten Rede im *Konjunktiv* wiederzugeben seien *(»Das Gericht hat Beweis erhoben, ob . . .«)*. Bei der *Darstellung* der Beweisaufnahme sei der *Konjunktiv* zu verwenden, wenn die *Aussagen* von Zeugen, Sachverständigen oder Parteien wiedergegeben würden, und der *Indikativ*, wenn es sich um *eigene Wahrnehmungen* des Gerichts handele *(»Der Zeuge hat bekundet, er habe gesehen . . .«)*.

Diese detaillierten Vorschriften zum Tempus- und Modusgebrauch in juristischen Schriftsätzen scheinen auf den ersten Blick etwas überzogen zu sein. Auf den zweiten Blick erweisen sie sich aber als sehr zweckdienlich und sprachökonomisch. Gerade weil es in solchen Texten nicht darauf ankommt, durch sprachliche Zeichen ein einschichtiges Sinngebilde zu erzeugen, sondern darauf, ein komplexes *mehrschichtiges* Sinngebilde herzustellen, in dem klar gekennzeichnet ist, welche Informationen als wahr anerkannt worden sind, wer für den Wahrheitsgehalt von bestimmten Informationen verantwortlich ist, wer welche Informationen wie beurteilt, welche Ziele und Folgen mit Informationen und Interpretationen von Informationen verbunden sind usw., ist es außerordentlich wichtig, Konventionen zu entwickeln und zu respektieren, durch die der *pragmatische* Stellenwert von Einzelinformationen so klar wie möglich *metainformativ* qualifiziert werden kann.

Ein weiteres grammatisches Mittel, um komplexen Sinngebilden ein spezifisches Relevanzrelief zu geben und um Informationsinhalte nach Thema und thematischem Feld zu strukturieren, bilden Satzgefüge in ihrer komplizierten Ordnung von *Hauptaussagen* und abhängigen *Nebenaussagen*. Bei einer *parataktischen* Reihung von Aussagen müssen wir die hierarchische Ordnung von Einzelaussagen hypothetisch erschließen. Bei einer *hypotaktischen* Ordnung von Aussagen gibt uns der Produzent einer Äußerung dagegen explizite Instruktionen darüber, in welchen Sinnrelationen die einzelnen Aussagen zueinander stehen.

Im Deutschen wird die formale *Abhängigkeit* einer Aussage von einer anderen in der Regel durch besondere *Einleitungspartikel* (Konjunktionen bzw. Subjunktionen, Relativpronomen), durch die *Endstellung* des konjugierten Verbs (Verbum finitum) oder durch die Verwendung des *Konjunktivs* signalisiert. Durch solche *Subordinationssignale* können sehr komplizierte hierarchische Relationen zwischen Einzelaussagen hergestellt werden, weil subordinierte Aussagen wieder durch andere subordinierte Aussagen erläutert werden können. Dadurch kann es zur Bildung komplizierter Satzgefüge kommen, in denen es Nebenaussagen ersten, zweiten, dritten usw. Abhängigkeitsgrades gibt und bei denen die Subordination außerdem noch attributiv, temporal, modal, kausal usw. qualifiziert sein kann.

Weinrich interpretiert im Kontext seiner Überlegungen zur Reliefbildung und zum Tempus die für das Deutsche typische *Endstellung* des Verbs im abhängigen Satz sogar als ein *Quasitempus*, insofern dadurch eine Information metainformativ als *Hintergrundinformation* qualifiziert werden könne. Durch den Wechsel des Verbs von der

Zweitstelle zur Endstelle im Satz werde im Deutschen das Gleiche bewirkt, was im Französischen mit der Vertauschung eines Passé simple gegen ein Imparfait bewirkt werden könne, nämlich die Differenzierung von auffälliger Vordergrundsinformation und unauffälliger Hintergrundsinformation. [61]

Zu der Reliefbildung in Sätzen trägt auch die Wahlentscheidung bei, ob eine bestimmte Einzelinformation morphologisch in Form einer *impliziten* oder einer *expliziten* Prädikation repräsentiert wird bzw. in Form eines *Satzgliedes* oder eines *Gliedsatzes*. Von einer *expliziten* Prädikation läßt sich dann sprechen, wenn die Determination eines *Gegenstandsbegriffs* durch einen *Bestimmungsbegriff* syntaktisch durch eine *Subjekt-Prädikat-Relation* repräsentiert wird, und von einer *impliziten* Prädikation dann, wenn diese Determination in der Form einer *Adverbial-* oder *Attributsrelation* repräsentiert wird *(Konrad wurde verurteilt, weil er gestohlen hatte. Konrad wurde wegen Diebstahls verurteilt. / Die Rede, die lustlos vorgetragen wurde, brachte keinen Stimmungsumschwung. Die lustlos vorgetragene Rede brachte keinen Stimmungsumschwung.)*.

Als *Satzglied* wird eine Information unmittelbar in eine andere integriert und verschmilzt mit ihr dann zu einer komplexen Gesamtinformation. Als *Gliedsatz* bekommt eine Information dagegen ein viel stärkeres Eigengewicht, weil sie morphologisch und sprachrhythmisch von der jeweiligen Hauptinformation klar abgehoben wird. Außerdem ist zu beachten, daß ein Mitteilungsinhalt in einem Gliedsatz notwendigerweise *dynamisiert* wird, weil er mit Hilfe eines Verbs als eigenständiger *Prozeß* dargestellt werden muß, während er in einem Satzglied notwendigerweise als ein *statischer* Inhalt akzentuiert werden muß, weil man hier auf Substantive und Adjektive zurückzugreifen hat.

b) Perspektivierung von Informationsinhalten

Neben der Differenzierung von Haupt- und Nebeninformation trägt auch die Perspektivierung von Informationsinhalten auf entscheidende Weise zur Ausbildung des spezifischen Sinnreliefs von Texten bei. Ebenso wie der Maler seine darzustellenden Gegenstände nicht vollständig abbilden kann, sondern nur hinsichtlich der *Aspekte*, die sich aus der Wahl der jeweiligen Betrachtungsperspektive ergeben, so kann auch der Textproduzent seine darzustellenden Sachverhalte nicht vollständig sprachlich repräsentieren, sondern nur hinsichtlich der Aspekte, die sich aus der Wahl seiner Betrachtungsperspektive ergeben. Unter *Perspektivierung* von Informationsinhalten in Texten wird deshalb der Tatbestand verstanden, daß bei jeder sprachlichen Darstellung eines Sachverhalts die jeweils intendierten Gegenstände von einem bestimmten *Aspekt* her erschlossen werden müssen und daß sie notwendigerweise in eine ganz bestimmte *Relation* zu anderen gebracht werden müssen.

Die Herausarbeitung von Zugangsaspekten für Gegenstände bzw. die Perspektivierung von Informationsinhalten stellt im Prinzip eine Interpretation dar, in der die jeweiligen Darstellungsgegenstände an die Wahrnehmungsmöglichkeiten eines betrachtenden Subjekts angepaßt bzw. dessen Blickwinkel unterworfen werden. Einerseits büßen sie dadurch etwas von ihrer *Selbstmächtigkeit* und *Autarkie* ein, weil an ihnen zunächst nur das wahrnehmbar ist, was wahrnehmbar sein soll. Andererseits gewinnen sie dadurch aber auch an Konkretheit, weil die *Reduktion* von Wahrnehmungsmöglichkeiten zugleich eine *Konzentration* des Blicks auf bestimmte Wahrnehmungsinhalte ermöglicht.

Der Tatbestand, daß in jedem Bild und in jedem Text die jeweiligen Wahrnehmungsgegenstände perspektiviert werden müssen, wird uns als spezifisches *Interpretationsproblem* meist nicht bewußt, weil wir uns gar keine anderen als perspektivisch geordnete Wahrnehmungssituationen denken können. Als Menschen mit einer bestimmten Position in Raum und Zeit und bestimmten, genetisch angelegten und kulturell erarbeiteten Erkenntnisinteressen sind wir gewohnt, alles perspektivisch und aspektuell wahrzunehmen. Eine ›göttliche‹ Wahrnehmungssituation, in der wir einen Sachverhalt gleichsam total in all seinen Aspekten zugleich wahrnehmen können, ist uns verwehrt.

Die Perspektivität unserer Wahrnehmung und die Aspektualität unserer Erkenntnis ist prinzipiell nicht aufhebbar. Rombach hat deshalb betont, daß alles, was zur Wahrnehmungswelt gehört, in Perspektiven erscheinen muß. »*Perspektivität ist der* Realismus *der Wahrnehmung.*« [62] Ebenso hat Schweitzer herausgearbeitet, daß alle *Wahrnehmungsbilder* notwendigerweise an die Position des wahrnehmenden Subjekts angepaßt sind. Da sie nicht direkt der Realität entsprächen, könnten sie auch nur einen *zeichenhaften* Zugang zu ihr eröffnen. »*Das Wahrnehmungsbild ist wie eine Hieroglyphe, aus der wir von früh an die Wirklichkeit abzulesen gelernt haben.*« [63]

Der Perspektivität der Wahrnehmung können wir uns nicht entziehen, aber wir können uns dieses Phänomen metareflexiv bewußt machen. Dadurch eröffnet sich uns dann die Möglichkeit, unsere jeweiligen *Wahrnehmungsgegenstände* von unseren jeweiligen *Wahrnehmungsweisen* zu unterscheiden und uns vor Augen zu führen, daß ein einzelner Wahrnehmungsgegenstand nicht durch ein einziges Wahrnehmungsbild erschöpfend erfaßt werden kann. Das Bewußtsein der Perspektivität jeder Wahrnehmung weckt daher das Bedürfnis nach unterschiedlichen Wahrnehmungsweisen für dieselben Gegenstände.

Wenn man in dieser Weise jeden Wahrnehmungsprozeß als einen perspektivisch geordneten Selektions- und Akzentuierungsprozeß betrachtet und die *Perspektivität* als eine *apriorische* Bedingung für die Möglichkeit der optischen und kognitiven Wahrnehmung von Inhalten ansieht, dann läßt sich die *Perspektive* funktionell als eine *symbolische Form* im Sinne Cassirers betrachten, obwohl Cassirer selbst eine solche Sichtweise noch nicht in Betracht gezogen hat. Die Relativität der Wahrnehmung, die uns das perspektivische Sehen auferlegt, ist die Voraussetzung dafür, daß wir überhaupt geordnet wahrnehmen können. Rombach hat deshalb auch nachdrücklich darauf aufmerksam gemacht, daß die *perspektivische Reduktion* bei der Wahrnehmung von Gegenständen kein Mangel sei, sondern erst die Voraussetzung dafür, daß ein Gegenstand für uns in der Wahrnehmung eine spezifische *Prägnanz* gewinnen kann. Je allgemeiner eine Perspektive sei, desto leerer und ferner werde er uns. Gerade der Entzug von Aspekten konzentriere den Blick, schaffe eine größere Realitätsdichte und

verweise auf die Notwendigkeit, weitere Wahrnehmungsperspektiven zu entwikkeln. [64]

In der Semiotik von Peirce sind die erkenntnistheoretischen Implikationen der
Perspektivität unserer Wahrnehmungen und Zeichen mit Hilfe des Interpretantenkon-
zeptes thematisiert worden. Mit dem Begriff des *Interpretanten* hat Peirce versucht, die
Interpretationsperspektive zu erfassen, in der in einer Zeichenrelation auf ein Objekt
Bezug genommen wird bzw. ein Objekt konstituiert wird. *Zeichen* sind für ihn deshalb
auch Medien, um die Realität *perspektivisch* interpretiert wahrzunehmen.

Die kognitiven Implikationen der Perspektivität unserer Wahrnehmungen lassen
sich auf exemplarische Weise an optischen Wahrnehmungsprozessen herausarbeiten
und dann analogisch im Hinblick auf Wahrnehmungsprozesse aller Art verallgemei-
nern. [65] Wenn wir einen Gegenstand sehen, dann sehen wir immer nur seine Vorder-
seite. Seine Hinterseite müssen wir uns aus unserem Wissen geistig ergänzen. Deshalb
verweist jeder Wahrnehmungsinhalt auf etwas *anderes*, was nicht direkt wahrnehmbar
ist, was aber durch das Wahrgenommene aktiviert wird. Jede konkrete Wahrnehmung
fordert zu einer Ergänzung und Vervollkommnung auf, und nach dem Abschluß eines
Wahrnehmungsprozesses wissen wir oft nicht mehr genau, was wir tatsächlich gesehen
haben und was wir automatisch ergänzt haben, um eine vollständige Wahrnehmungsgestalt zu erzeugen.

Diese Einseitigkeit der menschlichen Wahrnehmung hat Nietzsche dazu veranlaßt,
das Perspektivische für »*die Grundbedingung alles Lebens*« zu halten und folgenden
Ratschlag zu erteilen: »*Du solltest die* notwendige *Ungerechtigkeit in jedem Für und
Wider begreifen lernen, die Ungerechtigkeit als unablösbar vom Leben, das Leben
selbst als* bedingt *durch das Perspektivische und seine Ungerechtigkeit.*« [66]

Wenn die Perspektivität unserer Wahrnehmung auch prinzipiell nicht aufhebbar ist,
weil wir eine leibgebundene Existenz in Raum und Zeit haben, so ist doch jede *einzelne*
Wahrnehmung dadurch aufhebbar, daß wir die Position unseres Leibes zu dem jeweiligen Wahrnehmungsgegenstand verändern. Dadurch, daß wir um einen Gegenstand,
beispielsweise eine Skulptur, herumgehen, nehmen wir etwas Neues wahr und veran-
kern gleichzeitig die alten Wahrnehmungsinhalte in unserem Gedächtnis. Aus den
sukzessiven Einzelwahrnehmungen können wir uns nachträglich dann ein relativ geschlossenes Vorstellungsbild von dem jeweiligen Gegenstand entwickeln, das jede konkrete Einzelwahrnehmung transzendiert.

Komplizierter wird das Problem der Perspektivität im Hinblick auf *Bilder*. Hier
treffen wir auf Strukturverhältnisse, die denen der Wahrnehmung von *Sätzen* und
Texten sehr viel ähnlicher sind als die Wahrnehmung von konkreten Gegenständen.
Bei Bildern müssen wir unterscheiden zwischen unserer Perspektive auf das Bild als
Bestandteil der empirischen Welt und unserer Perspektive auf die im Bild dargestellten
Gegenstände als Bestandteilen einer fiktiven Welt. Wenn wir um ein Bild herumgehen,
dann nehmen wir nicht neue Aspekte der in dem Bild dargestellten Gegenstände wahr,
sondern nur neue Aspekte des Bildträgers. Für die auf dem Bild dargestellten Gegenstände hat der Maler ein für allemal unsere *Wahrnehmungsperspektive* festgelegt, und
durch die Bewegung unseres Leibes können wir uns keine neue Sichtweise auf die
jeweiligen Gegenstände verschaffen.

Diese medial bedingte *Reduktion* unserer Wahrnehmungsmöglichkeiten für die im Bild dargestellten Gegenstände hat zwei Konsequenzen. Einerseits führt sie zu einer *Konzentration* auf die im Bild *festgelegte* Wahrnehmungsperspektive für die dargestellten Gegenstände. Andererseits zwingt sie dazu, das tatsächlich *Wahrgenommene* interpretativ durch unser Wissen zu *ergänzen*. Je mehr ein Maler festlegt, welche Aspekte der Gegenstände wir wahrnehmen sollen, und je klarer er etwa durch eine zentralperspektivische Darstellung bzw. durch die Staffelung und die Größenverhältnisse der Gegenstände einen bestimmten Betrachtungspunkt für die Bildinhalte festlegt, desto mehr kann er ungewollt oder gewollt einen dialektischen *Kippeffekt* befördern. Wenn die Dinge schon konsequent perspektivisch geordnet sind und wenn wir uns durch die Bewegung unseres Leibes nicht mehr neue Aspekte der Gegenstände erschließen können, dann müssen wir uns *geistig* bewegen, um die jeweils gegebenen Wahrnehmungsperspektiven zu ergänzen. Das phänomenal Gegebene müssen wir *phänomenologisch* interpretieren und vervollständigen. Die konsequent durchstrukturierte Perspektivität in Bildern kann uns dazu anregen, das Phänomen der Perspektivität zu thematisieren und damit partiell zu transzendieren.

Die *zentralperspektivische* Durchstrukturierung eines ganzen Bildraumes und die einheitliche Aspektualisierung aller Gegenstände auf einen festgelegten *Wahrnehmungspunkt* hin ist uns seit der Renaissance vertraut, sie ist aber keineswegs selbstverständlich, sondern zugleich auch ein Ausdruck für den *Herrschaftsanspruch* des Subjekts über die Objektwelt. In mittelalterlichen Bildern begegnet uns zwar auch das Phänomen der Perspektivität, aber in ihnen kann es zu einer solchen Ausprägung von Perspektivität kommen, die nicht zentralperspektivisch organisiert ist bzw. nicht optischer Natur ist.

So können beispielsweise die in einem Bild dargestellten Gegenstände jeweils aus einem anderen Blickwinkel dargestellt sein, so daß sie sich einer einheitlichen *Raumperspektive* widersetzen und eben dadurch ihre Eigenständigkeit akzentuieren. Auf einem Bild können dieselben Personen in unterschiedlichen Lebensaltern dargestellt werden, so daß die einheitliche *Zeitperspektive* des Bildes zugunsten unterschiedlicher Zeitperspektiven verlorengeht. Die Größe der Personen kann nach ihrem sozialen Rang festgelegt werden und nicht nach ihrer Position im Raum, so daß eine eigenständige *Relevanzperspektive* in anderen Perspektivierungen entstehen kann.

Im Hinblick auf sprachliche *Texte* wird das Problem der Perspektivität noch komplizierter als bei Bildern, weil die medialen Verhältnisse noch komplexer werden. Da in Texten die Dinge nicht optisch, sondern *sprachlich* bzw. *begrifflich* präsentiert werden, tritt die räumliche Perspektivität zurück und wird nur noch als Sekundärphänomen auf der Ebene geistiger Vorstellungsbilder aktuell. Dadurch, daß die Gegenstände unserer Wahrnehmung über Begriffsmuster in unsere Vorstellung gerufen werden müssen, entsteht eine *kognitive Perspektivität*, weil der Aufbau unserer Vorstellungsbilder entscheidend davon abhängt, mit welchen *begrifflichen* Mustern und in welcher *methodischen* Organisation unsere Vorstellungsbilder erzeugt werden. Durch die Verwendung von Begriffsmustern können wir die Dinge nicht mehr nur als reine *Anschauungsdinge* wahrnehmen, sondern müssen sie zugleich auch immer als *Wissensdinge* erfassen.

Sprachliche Zeichen nehmen wir üblicherweise so wahr, daß wir uns auf ihren semantischen Sinngehalt konzentrieren. Wenn in der _konkreten Poesie_ die Sprache so benutzt wird, daß wir uns auf die _lautlichen, rhythmischen, morphologischen_ oder _graphischen_ Aspekte der sprachlichen Einheiten konzentrieren müssen, dann sind wir wahrnehmungsmäßig zunächst verunsichert, weil uns diese _Perspektivierung_ sprachlicher Zeichen ganz ungewohnt ist.

Neben der semantischen Perspektivierung hat auch die _zeitliche_ Perspektivierung von Wahrnehmungsgegenständen in der Sprache eine große Bedeutung. In welcher Reihenfolge wir Einzelvorstellungen wahrnehmen bzw. ob wir sie in Form der _Mitschau, Rückschau_ oder _Vorschau_ erfassen, spielt für unsere Vorstellungsbildung eine wichtige Rolle. Die zeitliche Perspektivierung von Gegenständen und Prozessen hat nämlich Einfluß darauf, in welchen _Korrelationen_ wir die jeweiligen Einzelphänomene wahrnehmen, welche _Kausalrelationen_ wir annehmen und was wir jeweils als _Grund_ bzw. als _Figur_ betrachten.

Ebenso wie ein Bild auf einer _ersten_ Wahrnehmungsebene jeden Betrachter dazu zwingt, die jeweiligen Gegenstände so wahrzunehmen, wie der Maler sie für ihn perspektiviert hat, so zwingt uns auch ein Text auf einer ersten Wahrnehmungsebene dazu, die Dinge und Ereignisse so zu sehen, wie sie der Autor kognitiv perspektiviert hat. Erst auf einer _zweiten_ Wahrnehmungsebene können wir die Wahrnehmungsbedingungen der ersten Ebene metareflexiv auf ihre Implikationen und Konsequenzen hin thematisieren und die uns zunächst auferlegte Perspektivierung von Informationsinhalten geistig _ergänzen, interpretieren_ und _transzendieren_. Das hatte wohl auch Lichtenberg im Auge, als er zwischen »_passivem_« und »_aktivem_« Lesen unterschied und die folgende These vertrat: »_Ein Buch ist ein Spiegel, wenn ein Affe hineinsieht, so kann kein Apostel herausgucken._« [67]

Bei der _Perspektivierung_ von Wahrnehmungsinhalten in Texten können wir eine _kompositorische,_ eine _lexikalische_ und eine _grammatische_ Ebene unterscheiden. Die _kompositorische Ebene_ fällt am deutlichsten ins Auge, weil sie die _Makroebene_ des Textes betrifft und im wesentlichen die _erzählerischen_ Präsentationsformen umfaßt (Mitschau, Rückschau, auktoriales Erzählen, personales Erzählen, Ich-Erzählung, direkte Rede, indirekte Rede, erlebte Rede, Außensicht, Innensicht usw.). Weniger auffällig ist die Perspektivierung auf der _lexikalischen Ebene,_ weil sie die _Mikroebene_ des Textes betrifft. Je nach dem Abstraktionsgrad des verwendeten Vokabulars _(Säugetier, Hund, Spitz)_ und je nach dem Konnotationsrahmen der jeweiligen Begriffe _(Verteidigungsminister, Kriegsminister)_ werden unsere zusätzlichen Informationserwartungen für die jeweiligen Vorstellungsinhalte spezifisch perspektiviert. Je reichhaltiger ein _Wortfeld_ für einen bestimmten Sachbereich ist, desto genauer läßt sich der Blick auf Einzelsachverhalte mit lexikalischen Mitteln perspektivieren.

Die Ebene der _grammatischen_ Perspektivierung eines Textes läßt sich nicht immer eindeutig von der _lexikalischen_ Perspektivierung absetzen, weil gerade im Bereich der Adverbien die Grenze zwischen Grammatik und Lexik schwer zu ziehen ist. Das wird besonders deutlich bei der Perspektivierung der Raum- und Zeitvorstellungen in einem Text. Je eindeutiger sich ein Text als eine _autonome_ Sinnwelt konstituiert, desto notwendiger wird es, daß in ihm Raum und Zeit perspektiviert werden.

Für den Aufbau der *Raumorientierung* bei der Rezeption von Textinhalten spielen vor allem *Lokaladverbien (hier, dort)* und *lokale Präpositionen (auf, vor, hinter)* eine zentrale Rolle. Über sie kann der Betrachtungspunkt fixiert werden, von dem der Rezipient die jeweiligen Dinge und Prozesse wahrnehmen soll. Die Perspektivierung des *Vorstellungsraumes* und der *Vorstellungszeit* ist als eine Kategorie *a priori* jeder Textkonstitution zu werten, da uns Wahrnehmungsprozesse ohne Raum- und Zeitorientierung schlechterdings nicht vorstellbar sind.

Für den Aufbau der *Zeitorientierung* in Texten spielen *Zeitadverbien (heute, gestern, morgen), Zeitpräpositionen (vor, seit, nach), Zeitkonjunktionen (als, bevor, während)* und *Tempusformen* hinsichtlich ihrer *chronologischen* Aspekte eine wichtige Rolle. Durch diese Mittel wird es möglich, Ereignisse im Hinblick auf einen gesetzten zeitlichen Fixpunkt zu ordnen bzw. relativ zueinander hinsichtlich ihrer *Gleichzeitigkeit, Vorzeitigkeit* und *Nachzeitigkeit*. Dadurch ergibt sich eine chronologische Strukturordnung für Einzelereignisse, die nicht nur unabdingbar für eine geordnete Vorstellungsbildung ist, sondern auch notwendig ist, um Hypothesen über den inneren Zusammenhang von Ereignissen zu entwickeln (Kausalität, Finalität).

Die Fähigkeit der Sprache, in Texten eigenständige Vorstellungswelten mit eigener Raum- und Zeitperspektivierung aufzubauen, erscheint uns heute ganz selbstverständlich. In Wirklichkeit hat es aber einer langen *kulturellen* Entwicklung bedurft, um die sprachlichen Mittel für die Realisierung einer eigenständigen Zeit- und Raumorientierung in Texten zu entwickeln. Solange nämlich die Sprache nicht dazu benutzt worden ist, *eigenständige* Vorstellungswelten aufzubauen, sondern nur dazu diente, Einzelhinweise in einer allen gemeinsamen Situation zu geben, war es nicht notwendig, das System der sprachlichen Mittel für die Raum- und Zeitperspektivierung besonders differenziert auszugestalten. Erst als die Sprache mehr und mehr als autonomes Sinnbildungsmittel genutzt wurde, erwies sich das als notwendig.

Diese Entwicklung ist durch die Entfaltung der *fiktionalen* Literatur besonders gefördert worden. In einem langen Prozeß hat sich die Dichtung vom Mythos und von der Geschichtserzählung gelöst und für ihre Gebilde einen *eigenen Raum* und eine *eigene Zeit* konstituiert. Lange Zeit sind deshalb die Dichter immer wieder mit dem Vorwurf der *Lüge* konfrontiert worden, weil sie in ihren Werken den Raum und die Zeit der sozialen Gruppe verlassen haben, in der sie lebten.

Je mehr die Sprache dazu genutzt wurde, Sinnrelationen in bloß gedachten Räumen und Zeiten aufzubauen, desto notwendiger wurde es, die Mittel zur Raum- und Zeitperspektivierung zu differenzieren. *Raumpräpositionen* wurden zugleich als *Zeitpräpositionen* benutzt *(vor, nach, zwischen)*. Die *relativen* Tempusformen *Plusquamperfekt* und *Futur II* wurden als spezielle Zeitperspektivierungsmittel entwickelt, um den Abschluß eines Geschehens nicht auf den Sprechzeitpunkt zu beziehen, sondern auf einen gesetzten *Betrachtungszeitpunkt* in der Vergangenheit oder in der Zukunft.

Zu den *grammatischen* Mitteln der *kognitiven* Perspektivierung von Informationsinhalten müssen auch die *Negationsformen* der Sprache gerechnet werden, die sprachlogisch gesehen nicht der Seinsthematik, sondern der Reflexionsthematik zuzurechnen sind. Die *Perspektivierungsfunktionen* und die *Perspektivierungseffekte* von Negationen können dabei sehr unterschiedlich ausfallen.

Zum ersten können Negationen dabei helfen, die unendlich vielen Einzeldinge und Einzelerfahrungen kognitiv dadurch zu strukturieren, daß wir sie *binär* nach zwei Kategorien ordnen, wobei die eine Kategorie positiv bestimmbar ist, während die andere Kategorie nur als Negation der ersten erscheint *(eßbar – nicht eßbar, schuldig – unschuldig)*. Solche binären Wahrnehmungsperspektivierungen erweisen sich insbesondere dann als sehr brauchbar, wenn wir Einzelphänomene nicht in ihrer individuellen Besonderheit zu erfassen versuchen, sondern wenn wir sie nur grob klassifizieren wollen, um Wahrnehmungen für *Handlungsentscheidungen* zu vereinfachen. Das Mittel der Negation ist so gesehen ein unverzichtbares Mittel, um die Komplexität der Welt und die Vielfalt der Phänomene kognitiv auf die Aspekte hin zu vereinfachen, die *effektives* Handeln ermöglichen.

Zum zweiten lassen sich Negationen dazu verwenden, bewußtseinsmäßig einen *Vorstellungshintergrund* zu entwerfen, vor dem sich die thematische Information kontrastiv als *Figur* abheben kann. In diesem Fall erweist sich die Negation als eine Darstellungstechnik, durch die die Wahrnehmung von bestimmten Inhalten kognitiv vorstrukturiert wird, weil die jeweilige thematische Information auf bestimmte Kontexte hin perspektiviert wird *(Das war nicht Mord, sondern Totschlag)*.

Zum dritten läßt sich durch die Verwendung von Negationen der Wahrnehmungsprozeß eines Rezipienten dadurch entscheidend beeinflussen, daß ihm zwar ein spezifischer *Ausgangspunkt* bzw. *Horizont* für die Vorstellungsbildung genannt wird, daß ihm aber alle Informationen vorenthalten werden, die zu einer konkreten Vorstellungsbildung führen können *(Es gibt keinen Krieg)*. Obwohl der jeweilige Informationsinhalt hinsichtlich seiner *faktischen* Realität negiert wird, bekommt er durch seine bloße Thematisierung eine unabweisbare *psychische Präsenz* und perspektiviert alle weiteren Informationen auf diese Hintergrundsvorstellung. Was einmal benannt worden ist, läßt sich trotz Negation psychisch nicht mehr *auslöschen* und wirkt auf die kognitive Perspektivierung aller folgenden Wahrnehmungen ein.

Der Umstand, daß durch die Negation von A dieses A bewußtseinsmäßig gleichwohl präsent bleibt, ja daß über Negationen überhaupt erst auf einen Denkinhalt *aufmerksam* gemacht werden kann, der sonst gar nicht auffiele, wirft die Frage auf, was bei Negationen *Figur* und was *Grund* ist. In der Regel wird man den *negierten* Vorstellungsinhalt als *Hintergrund* für das betrachten, was *eigentlich* mitgeteilt werden soll. Diese Betrachtungsweise trifft sicher zu, wenn das, worum es thematisch eigentlich geht, dann auch *wirklich* genannt wird. Wenn aber eine Vorstellung negiert wird, ohne daß ein positiv gegebener Vorstellungsinhalt genannt wird, dann ergibt sich eine andere Situation. In diesem Fall bleibt die *negierte* Vorstellung die einzig faßbare *Vorstellungsfigur*, die sich von einem sehr diffusen Feld anderer Möglichkeiten absetzt. Die negierte Vorstellung wird unter diesen Umständen dann zum eigentlichen Thema der Äußerung perspektiviert.

Diese Argumentation läßt sich auch noch informationspragmatisch absichern. Negationen benutzen wir üblicherweise, um *Informationsunsicherheiten* in einer bestimmten Situation zu reduzieren. Wir negieren nicht das, was sowieso unwahrscheinlich ist, sondern nur das, was sinnvollerweise zu vermuten ist, aber *faktisch* nicht gegeben ist. So gesehen ist der Gebrauch von Negationsformen nicht nur ein Mittel des

Sprechers, um die Wahrnehmungen eines Hörers kognitiv und thematisch zu perspektivieren, sondern auch ein Indiz dafür, wie der Sprecher die jeweilige Situation einschätzt und welche Informationserwartungen er beim Hörer voraussetzt.

Typische grammatische Mittel für die Perspektivierung von Wahrnehmungen und die Relationierung von Aussageinhalten im Sinne des Verhältnisses von Figur und Grund sind natürlich auch alle abhängigen Nebensätze. *Relativsätze* und *Konjunktionalsätze* geben in der Regel die Bedingungen an, unter denen die *Hauptaussagen* Geltungskraft beanspruchen können bzw. konstituieren die Denkperspektiven, in denen wir ihren Informationsgehalt zu beurteilen haben. Insbesondere im wissenschaftlichen oder argumentativen Sprachgebrauch, in dem alle Aussagen nur im Rahmen bestimmter Bedingungen Geltungskraft beanspruchen dürfen, zeigt sich, daß Nebenaussagen eine unverzichtbare perspektivierende Funktion für den Geltungsanspruch von Hauptaussagen haben.

c) Abfolge von Informationen

Es ist ganz offensichtlich, daß die zeitliche *Abfolge* von Informationen eine entscheidende Rolle bei der *Reliefbildung* und *Aufmerksamkeitslenkung* in Texten spielt. Allerdings ist es keineswegs leicht, diese Erfahrung theoretisch zu erfassen und auf das Grammatikproblem zu beziehen. Man sieht sich nämlich vor das Problem gestellt, entweder davon auszugehen, daß der Reihenfolge sprachlicher Einheiten Reihenfolgemuster zugrunde liegen, die einen besonderen Typ grammatischer Zeichen bilden, oder anzunehmen, daß die Reihenfolge sprachlicher Einheiten Ordnungsstrukturen eigenständigen Typs darstellen, die grammatische Ordnungsstrukturen bei Sinnbildungsprozessen ergänzen. Der Faktor *Zeit* wäre dann neben den Faktoren *Lexik, Grammatik* und *Intonation* als eigenständige Ordnungskraft in der Sprache anzusehen. Funktionell gesehen ließen sich aber durchaus die Faktoren *Zeit* und *Intonation* auch dem Ordnungsfaktor *Grammatik* unterordnen.

Die grundlegende Bedeutung des Faktors *Zeit* für die Konstitution sprachlicher Sinngestalten hat schon Lessing in seinem Laokoon-Aufsatz herausgearbeitet, als er betonte, daß die eigentliche Aufgabe des *Malers* darin bestehe, den *Raum* zu bewältigen, und die des *Dichters* darin, die *Zeit* zu bewältigen. Das Problem der sprachlichen Bewältigung der Zeit stellt sich auf zwei Ebenen. Einerseits muß man geeignete sprachliche Darstellungsformen entwickeln, um das Phänomen *Zeit* zu differenzieren und unterschiedliche Phasen von Prozessen chronologisch richtig aufeinander zu beziehen. Andererseits muß man das Problem lösen, wie man in dem *Zeitraum*, der für eine Äußerung zur Verfügung steht, die einzelnen Informationen aufeinander folgen läßt. Diesem Problembereich soll hier die Hauptaufmerksamkeit gelten.

Das Phänomen *Zeit* spielt für die Strukturierung von Texten eine große Rolle, weil die Sprache dem Prinzip der *Linearität* unterliegt und originär nicht auf das Auge, sondern auf das Ohr bezogen ist. Abgesehen von bestimmten grammatischen Informationen müssen sprachliche Sinneinheiten in der Regel nacheinander wahrgenommen werden und können nicht synchron erfaßt werden. Die *Zeit* ist deshalb eine Kategorie *a priori* um sprachliche Einzelzeichen zu komplexen Zeichen bzw. Sprachgestalten zu verbinden. Ähnlich wie Melodien sind auch Sätze und Texte *Verlaufsgestalten* in der Zeit bzw. *Zeitgestalten*, bei denen aus Sukzessionsstrukturen Sinnstrukturen resultieren.

Das Eigentümliche dieser Zeitgestalten ist nun, daß sie zu ihrem Aufbau zwar ein bestimmtes Quantum Zeit verbrauchen und daß die Abfolge von Elementen in ihnen auch eine sinnkonstitutive Funktion hat, daß sie aber im Rückblick für unser Bewußtsein als Sinngestalten existieren, in denen der Fluß der Zeit eigentlich keine Rolle mehr spielt. Unser kognitiver Apparat scheint so organisiert zu sein, daß wir die Zeit immer nur in Form von *Zeitquanten* bzw. *Zeitgestalten* wahrnehmen können. Deshalb ist auch immer wieder hervorgehoben worden, daß der Satz zu seiner Realisierung zwar eine gewisse Spanne der allgemeinen Zeit verbrauche, daß in ihm aber die Sukzession der Zeit gleichsam aufgehoben werde, weil alle Glieder gleichzeitig gültig seien. Der Satzsinn ergibt sich nicht sukzessiv aus den verwendeten Zeichen, sondern erst am Ende der Äußerung des Satzes aus einem *synthetisierenden* geistigen Akt, in dem die *linearen, lexikalischen, grammatischen* und *intonatorischen* Ordnungsstrukturen des Satzes zu *einer* Sinngestalt verbunden werden.

Das Bestreben, unsere Wahrnehmung von Zeit bzw. von Geschehensabläufen in Form von Zeitquanten oder besser Zeitgestalten zu organisieren, dokumentiert sich auch darin, daß wir unsere Erfahrung von Geschichte nach *Epochen* gliedern. Epochen stellen für uns Zeitgestalten dar, in denen die verändernde Macht der Zeit aufgehoben zu sein scheint. Epochen bzw. Zeitgestalten sind nicht a priori gegeben, sondern konstituieren sich für uns dadurch, daß wir nach bestimmten Gesichtspunkten historische Sinneinheiten bilden, die sich zwar linear gebildet haben, bei denen die *Abfolge* der einzelnen Ereignisse für unsere Betrachtungsweise aber keine Rolle mehr spielt, weil alle Phänomene so wahrgenommen werden, als ob sie einen *synchronen* Interaktionszusammenhang darstellten.

Obwohl Zeitgestalten psychisch nicht mehr als Verlaufsgestalten erlebt werden, wenn sie einmal konstituiert worden sind, so wird ihre *Sinnstruktur* doch davon mitbestimmt, wie sie sich einmal *sukzessiv* aufgebaut haben. Das beruht auf der psychologischen Binsenweisheit, daß jede neue Information im Lichte der schon vorhandenen Information wahrgenommen und verarbeitet wird. Dieser psychologische Mechanismus wirkt sich in den einzelnen Sprachen als Sinnbildungsfaktor unterschiedlich aus, weil die Reihenfolge von sprachlichen Einheiten je nach Sprache und Sprachtyp mehr oder weniger rigide geregelt ist.

In den *nicht-flektierenden* Sprachen mit ihrem Mangel an morphologisch klar faßbaren grammatischen Morphemen wird die Reihenfolge sprachlicher Einheiten oft genutzt, um die *syntaktischen* Rollen sprachlicher Einheiten in Satzmustern grammatisch zu kennzeichnen. Wenn sich auf diese Weise die Abfolge sprachlicher Einheiten der individuellen Variation entzieht, dann läßt sich ihre lineare Anordnung nicht mehr als Instrument *stilistischer* Sinnbildungsstrategien benutzen. Das schließt aber natürlich nicht aus, grammatisch obligatorische Reihenfolgemuster sprachtypologisch als Hinweise auf spezifische Denkformen und Sinnbildungsstrategien zu interpretieren, die sich in den einzelnen Sprachen niedergeschlagen haben bzw. die ihren Benutzern nahegelegt werden.

In den *flektierenden* Sprachen, in denen die Reihenfolge der sprachlichen Zeichen vergleichsweise frei ist und eher psychologischen als grammatischen Bedingungsfaktoren unterliegt, läßt sich die Anordnung der Abfolge sprachlicher Einheiten als wichtiger Faktor für die Feindifferenzierung von Sinngestalten nutzen. Solange die Reihenfolge der sprachlichen Einheiten im Satz nicht auf obligatorische Weise grammatisch geregelt ist, hat die Abfolge der Satzglieder zwar keinen Einfluß auf den propositionalen Gehalt einer Äußerung, wohl aber auf die Ausprägung des Sinnreliefs dieser Äußerung bzw. auf die Art und Weise, wie ein Rezipient einen Sachverhalt wahrnimmt und zu einer *Sinngestalt* ausformt. Aus der Anordnung und Reihenfolge von Einzelinformationen lassen sich deshalb nicht nur Rückschlüsse auf die aktuellen Denkstrukturen und Mitteilungsintentionen des jeweiligen Produzenten ziehen, sondern auch Hinweise darauf gewinnen, ob er komplexe Sachverhalte sprachlich so strukturieren kann, daß sie für den jeweiligen Rezipienten leicht wahrnehmbar sind.

Das Problem der Reihenfolge von Einzelinformationen in Äußerungen läßt sich auf unterschiedlichen Ebenen diskutieren. Auf der Ebene der *Wortbildung* spielt es sprachtypologisch, auf der Ebene der *Satzbildung* sowohl sprachtypologisch als auch sprachpsychologisch und auf der Ebene der *Textbildung* überwiegend sprachpsychologisch eine große Rolle. Während das Reihenfolgeproblem auf der *sprachtypologischen* Ebene weitgehend als *grammatischer* Sinnbildungsfaktor zu werten ist, kann es auf der sprachpsychologischen Ebene als *stilistischer* Sinnbildungsfaktor betrachtet werden, der auf die Feinstrukturierung des Sinnreliefs sprachlicher Äußerungen Einfluß nimmt.

Bei der Wortbildung besteht das Grundmuster für die Abfolge von Informationen darin, daß *zuerst* eine *Basisvorstellung* vermittelt wird und *anschließend* die *Zusatzinformation*, die interpretierend und spezifizierend darauf bezogen ist. Das dokumentiert sich beispielsweise darin, daß abgesehen von Präfixen grammatische Morpheme und Ableitungsmorpheme in der Regel an eine lexikalische Grundeinheit angehängt werden. Da diese Regelung informationspsychologisch sehr plausibel erscheint, ist es um so erstaunlicher, daß in den germanischen Sprachen und insbesondere im Deutschen bei der Bildung von *Komposita* ein ganz anderer Weg eingeschlagen wird.

Bei deutschen Komposita bildet sprachlogisch gesehen das zweite Glied das *Basisglied* und das erste Glied das spezifizierende *Bestimmungsglied (Arbeitstisch)*. Das Französische hat dagegen kein solches Reihungsverfahren entwickelt. Es plaziert das Bestimmungsglied mit Hilfe von spezifizierenden Präpositionen hinter das Basisglied *(table de travail)*. Denkpsychologisch bietet sich für diesen Tatbestand folgende Deutung an.

Das Deutsche hat im Gegensatz zum Französischen bei der Wort- bzw. Begriffsbildung eine starke *synthetisierende* Tendenz. Es versucht, Einzelbegriffe so zu neuen Begriffseinheiten zu verschmelzen, daß in den neuen Gesamtvorstellungen die ursprünglichen Einzelvorstellungen kaum noch faßbar sind. Dagegen versucht das Französische bei der Bildung komplexer Gesamtvorstellungen, durchschimmern zu lassen, aus welchen Einzelvorstellungen sie sich jeweils gebildet haben. Das beste Mittel dafür ist natürlich, die Konstitutionselemente komplexer Vorstellungen *mor-*

phologisch klar voneinander zu trennen und Relationen durch Präpositionen explizit zu kennzeichnen. Deshalb ist der französischen Sprache auch immer wieder eine *analytische* Grundtendenz zugeschrieben worden.

Ähnliche Verhältnisse wie bei der Komposition haben wir im Deutschen und Französischen auch bei der *adjektivischen Attribution*. Im Deutschen treffen wir hier auf eine *Prädetermination*, weil das spezifizierende Adjektiv vor das jeweilige Bezugselement gesetzt wird, dem es sich allerdings flektionsmäßig anzupassen hat. Dadurch entsteht ebenso wie bei der Komposition eine starke Tendenz, zwei Einzelvorstellungen synthetisch zu einer Gesamtvorstellung zu verschmelzen. Im Französischen gibt es dagegen bei der adjektivischen Attribution sowohl eine *Prä-* als auch eine *Postdetermination*, so daß hier die Position des Attributs in bestimmten Grenzen als spezifizierendes Sinnbildungsmittel genutzt werden kann.

Das adjektivische Attribut wird im Französischen üblicherweise den Bezugselementen nachgestellt *(la table ronde)*, was wiederum eine analytische Tendenz impliziert. Ontologisch läßt sich das so interpretieren, daß das Französische bestrebt ist, *Substanz* und *Akzidenz* klar voneinander zu trennen und dieses Ordnungskonzept mit Hilfe morphologischer Mittel ständig im Bewußtsein lebendig zu halten. Das Deutsche ist dagegen bei der Positionierung des Attributs eher *wahrnehmungspsychologisch* als ontologisch orientiert, weil es zuerst das nennt, was zuerst ins Auge fällt, nämlich die äußeren Eigenschaften des jeweiligen Phänomens, und dann das, worauf sich diese beziehen *(Der runde Tisch)*.

Nun kann es im Französischen allerdings bei den Attributen auch eine *Prädetermination* geben, wenn es sich um sehr gebräuchliche, sehr kurze oder sehr allgemein charakterisierende Adjektive handelt, die sich relativ leicht mit dem Bezugselement zu einer komplexen Vorstellung verbinden lassen. Dadurch ergibt sich dann die Möglichkeit, in den grammatischen Grauzonen, in denen die Stellung des Attributs nicht eindeutig geregelt ist, durch die Positionierung des Attributs spezifische Sinndifferenzierungen zu erreichen *(l'enfant pauvre = das mittellose Kind; le pauvre enfant = das bedauernswerte Kind).* [68] Ebenso wie sich im Deutschen Adjektive in attributiver Stellung leichter metaphorisch verwenden lassen als in prädikativer Stellung *(Der grüne Junge / Der Junge ist grün)*, so lassen sich auch im Französischen prädeterminierende Attribute leichter metaphorisch nutzen als postdeterminierende *(un homme grand = ein hochgewachsener Mann; un grand homme = ein bedeutender Mann)*.

Auf der Ebene des Satzes kann die spezifische Sukzession von sprachlichen Einheiten um so besser als Sinnbildungsmittel eingesetzt werden, je weniger aus den jeweiligen Stellungspositionen grammatische Instruktionen resultieren. Bei der Festlegung der Reihenfolge kann man sich entweder eher *sach-* oder eher *wahrnehmungsanalytisch* orientieren. Wenn man sich *sachanalytisch* orientiert, wird man reale Sachverhalte bei der sprachlichen Darstellung so aufzugliedern versuchen, daß man zuerst das nennt, was man ontologisch als Basis des jeweiligen Sachverhalts ansieht, und dann das, was man für besonders charakteristisch hält. Diese Denkorientierung läßt sich durch die ontologischen Denkmodelle von *Ursache* und *Wirkung* oder von *Substanz* und *Akzidenz* gut exemplifizieren. Grammatisch bedeutet das, daß man zuerst das Subjekt zu nennen hat und dann das Prädikat sowie die Objekte und Adverbiale.

Wenn man sich bei der Festlegung der Reihenfolge von Satzelementen *wahrneh-mungsanalytisch* orientiert, dann muß man die Informationsabfolge so strukturieren, daß man zuerst den *Ausgangspunkt* der jeweiligen Vorstellungsbildung nennt und dann das, was diese Ausgangsvorstellung zu einer Gesamtvorstellung *ergänzen* soll. Die Sukzession von Informationen ist dann kein Abbild angenommener ontischer Strukturordnungen mehr, sondern eher ein Abbild von tatsächlichen oder angestrebten Wahrnehmungsstrukturen, die sowohl chronologisch als auch psychologisch geprägt sein können. Das bedeutet, daß zunächst immer das mitgeteilt wird, was die Aufmerksamkeit zuerst erregt hat bzw. worauf sie sich bei einem Rezipienten zuerst richten soll, und dann das, was präzisierend und ergänzend darauf zu beziehen ist.

Um die sinnbildende Funktion der zeitlichen Abfolge von Elementen in Äußerungen in einem wahrnehmungsanalytischen Sinne näher zu beschreiben, hat sich das *Thema-Rhema-Konzept* bewährt, das Amman eingeführt hat und das von Boost und Beneš weiter präzisiert worden ist.[69] Dieses Konzept läßt sich gut verwenden, um die sinnbildenden Funktionen der Informationsabfolge bei der Bildung von Satzgliedern, Sätzen, Satzgefügen und Texten zu beschreiben.

Das *Thema-Rhema-Konzept* geht grundsätzlich davon aus, daß sich in komplexen Äußerungseinheiten grammatische Ordnungsstrukturen im engeren Sinne und informationspsychologische Ordnungsstrukturen überlagern. Darauf haben auch schon Georg von der Gabelentz und Hermann Paul hingewiesen, als sie zwischen dem *grammatischen* und dem *psychologischen* Subjekt bzw. Prädikat unterschieden haben und die grammatischen Determinationsrelationen in einem Satz von den psychologischen abgehoben haben wollten.[70] Das *psychologische Subjekt* ist für beide das, was in einer Äußerung zuerst mitgeteilt wird und deshalb zwangsläufig den Ausgangspunkt des Sinnbildungsprozesses ausmacht, und das *psychologische Prädikat* das, worauf sich nach der Bildung der Ausgangsvorstellung anschließend die Aufmerksamkeit richtet bzw. richten soll. Grammatisches und psychologisches Subjekt bzw. Prädikat können zusammenfallen, aber sie müssen es nicht, wenn es beispielsweise die jeweilige Sprache zuläßt, daß Objekte und Adverbiale an den Anfang eines Satzes gestellt werden können.

Wenn man diese Betrachtungsweise akzeptiert, dann ist jede Äußerung durch eine bestimmte *Informationsspannung* gekennzeichnet. Die jeweils erste Information löst auf ganz natürliche Weise eine spezifische Erwartungsspannung aus, die durch die Folgeinformationen dann befriedigt werden muß.

Im Thema-Rhema-Konzept wird deshalb das zeitlich *zuerst* geäußerte Glied einer komplexen sprachlichen Sinneinheit *Thema* genannt, wobei es keine Rolle spielt, welchen grammatischen oder syntaktischen Status dieses Glied hat. Je nach Analyseebene kann diese Einheit ein *Wort*, ein *Satzglied*, ein *Satz* oder gar ein *Textabschnitt* sein. Das Thema stellt für den Sinnbildungsprozeß gleichsam eine Art *Exposition* dar, deren Inhalt vom Sprecher entweder frei gesetzt wird oder deren Inhalt aus den schon gegebenen Informationen wieder aufgenommen wird, um die Basis für neue Informationen abzugeben.

Das *zweite* Glied einer Äußerung, dessen Umfang ebenfalls je nach Analyseebene variieren kann, bildet dann das *Rhema*. Informationspsychologisch stellt es den Teil der Äußerung dar, der die vom Thema erzeugte Erwartungsspannung zu lösen hat und der die ganze Äußerung zu einer relativ geschlossenen Sinngestalt machen soll. Das Rhema repräsentiert so gesehen die eigentliche *Neuigkeit* in einer Äußerung.

Auf der Ebene des *Satzes* läßt sich die sinnbildende Kraft der Thema-Rhema-Gliederung am besten an Sprichwörtern demonstrieren, weil diese relativ autonome Sinngebilde sind, die nur mittelbar mit dem jeweiligen sprachlichen oder situativen Kontext zusammenhängen.

> Man fängt Mäuse mit Speck.
> Mäuse fängt man mit Speck.
> Mit Speck fängt man Mäuse.

Je nachdem, ob man bei diesem Sprichwort ein pronominales Subjekt, ein Objekt oder ein Adverbial auf die Thema-Position setzt, ergibt sich für es eine ganz andere intentionale Stoßrichtung bzw. ein ganz anderes Sinnrelief. Das bedeutet, daß die einzelnen Varianten auch ganz unterschiedlichen Kommunikationssituationen oder Kommunikationsintentionen zuzuordnen sind. In der ersten Variante geht es *thematisch* um das handelnde *Individuum*, in der zweiten um *Mäuse* und in der dritten um *Speck*. In diesem Zusammenhang ist allerdings auch zu beachten, daß sich im mündlichen Sprachgebrauch die thematischen Setzungen auch durch intonatorische Akzentuierungen kennzeichnen lassen. Da das im schriftlichen Sprachgebrauch nicht möglich ist, spielt hier die Thema-Rhema-Gliederung eine ganz besonders wichtige Rolle.

Bei der Betrachtung von *Satzgefügen* wird deutlich, daß in eine übergeordnete Thema-Rhema-Relation eine untergeordnete eingebettet werden kann, ebenso wie in eine übergeordnete Attributsrelation eine untergeordnete eingebettet werden kann. In Satzgefügen kann ein vorausgestellter Hauptsatz Thema sein und ein nachgestellter Nebensatz Rhema. Ebenso gut kann aber auch ein vorangestellter Nebensatz Thema sein und ein nachgestellter Hauptsatz Rhema. *Grammatische* Abhängigkeitsstrukturen können, aber müssen nicht mit *informationspsychologischen* Abhängigkeitsstrukturen übereinstimmen. Innerhalb eines Nebensatzes kann eine Konjunktion bzw. ein Pronomen Thema für die nachfolgende Information als Rhema sein.

> Der Minister trat zurück, weil er Geld veruntreut hatte.
> Weil er Geld veruntreut hatte, trat der Minister zurück.

Auf der Betrachtungsebene des *Textes* stellt sich die Thema-Rhema-Gliederung noch komplizierter dar als auf der Ebene des Satzgefüges. Je nach Abstraktionsebene und Textstruktur kann die Überschrift, der Einleitungssatz oder das Einleitungskapitel als *Thema* des Textes fungieren, das eine Erwartungsspannung für das noch mitzuteilende *Rhema* des Textes zu wecken hat. Wenn ein Märchen mit der Formel beginnt – *Es war einmal...* – oder ein Roman mit dem Satz – *»Ich bin nicht Stiller!«* – so wird dadurch unsere Erwartungsspannung für das Kommende auf ganz spezifische Weise perspektiviert. Diese Sätze haben einen *kommunikativen* Stellenwert, der über ihren *propositionalen* Aussagegehalt weit hinausgeht.

In Texten zeigt sich auch sehr deutlich, daß die Thema-Rhema-Gliederung ein wichtiges Strukturprinzip der *kommunikativen Dynamik* und *Progression* darstellt.

Diese konstituiert sich dadurch, daß in Texten auf geordnete Weise von *gesetzten* bzw. *bekannten* Informationsinhalten zu *neuen* Informationsinhalten übergegangen werden muß, um einen kontinuierlichen Sinnbildungsprozeß zu ermöglichen. Das bedeutet, daß die Information, die beispielsweise in dem ersten Satz eine neue Information war, in dem zweiten Satz als Thema bzw. als eine bekannte Information verwendet werden kann, die sich wiederum durch eine neue Information als Rhema spezifizieren läßt usw.

Diese kommunikative Progression bzw. Dynamik, bei der die *rhematische* Information des ersten Satzes zur *thematischen* Information des zweiten werden kann, erleichtert den Verstehensprozeß ungemein, weil auf ganz kontinuierliche Weise der *Informationsfaden* fortgesponnen wird. Bei der thematischen Wiederaufnahme rhematischer Information aus dem vorangegangenen Satz müssen nicht immer die gleichen lexikalischen Zeichen wieder verwendet werden. Es genügt, wenn direkt oder indirekt auf die jeweiligen Vorstellungsinhalte Bezug genommen wird, sei es durch Proformen, durch übergeordnete bzw. untergeordnete Begriffe oder durch Implikationen und Konsequenzen, die sich aus den jeweiligen Vorstellungsinhalten ergeben.

Um die sinnstiftende Kraft der Thema-Rhema-Gliederung in Texten voll zu nutzen, muß sich der Textproduzent metareflexiv auf den *Denkhorizont* und den *Wissensstand* der möglichen Textrezipienten einstellen, um die Informationsabfolge so zu gestalten, daß sie leicht aufzunehmen ist. Insbesondere im schriftlichen Sprachgebrauch haben Kinder meist große Schwierigkeiten, Texte so zu gestalten, daß sie leicht rezipierbar sind. Sie setzen beim Adressaten oft Kontextinformationen voraus, die dieser gar nicht haben kann, und verwenden wenig Mühe darauf, eine kontinuierliche kommunikative Textprogression herzustellen.

Um zu demonstrieren, daß Texte, die nach dem *Thema-Rhema-Prinzip* strukturiert sind, sich sehr viel reibungsloser verstehen lassen als solche, die diesem Prinzip nicht folgen, sondern alle Sätze nach dem *Subjekt-Prädikat-Prinzip* ordnen, lassen sich im Anschluß an Beneš die folgenden beiden Texte anführen:

Kleisthenes teilte Attika im Jahre 509 v.Chr. in zehn Phylen. Angehörige aller Vermögensgruppen gehörten zu jeder Phyle. Die Aristokraten waren in keiner Phyle in der Überzahl. Ihre Macht war dadurch sehr eingeschränkt.

Im Jahre 509 v.Chr. teilte Kleisthenes Attika in zehn Phylen. Zu jeder Phyle gehörten Angehörige aller Vermögensgruppen. In keiner Phyle waren die Aristokraten in der Überzahl. Dadurch war ihre Macht sehr eingeschränkt.

XII

Vom Sinn grammatischen Wissens

Wenn man nach dem Sinn grammatischer *Kenntnisse* und grammatischer *Reflexionsfähigkeit* fragt, dann läßt sich eine brauchbare Antwort nur dann geben, wenn man anthropologisch ansetzt und zugleich zu beantworten sucht, welche *Formen des Wissens* es überhaupt gibt und welche *geistigen Kräfte* der Mensch bei sich auszubilden hat. Die Frage nach dem Sinn der Beschäftigung mit der Grammatik sollte außerdem in die umfassendere Frage nach dem Sinn der theoretischen Beschäftigung mit der Sprache integriert werden, weil die Philosophie der Grammatik den *harten Kern* der Philosophie der Sprache bildet. Das muß ganz nachdrücklich betont werden, weil es in der Regel intellektuell zwar als besonders schick gilt, sich an der Sprachproblematik interessiert zu zeigen, es aber meist schon für ein Symptom absonderlicher Kauzigkeit angesehen wird, sich für das Grammatikproblem zu interessieren.

Die Antwort auf die Frage nach dem Sinn grammatischen Wissens setzt eine Klärung der Frage voraus, welche *Wissensformen* es überhaupt gibt und welche anthropologische Relevanz sie haben. Einen guten Ansatzpunkt zur Klärung dieses Problembereichs bietet die *Typologie* von Wissensformen, die Max Scheler in ausdrücklicher Opposition zu rein positivistischen und pragmatischen Theorien des Wissens entwickelt hat. Er hat sich bemüht, eine Theorie des Wissens zu entwickeln, die entgegen aller positivistischen Fortschrittsgläubigkeit und entgegen allen utilitaristischen Nützlichkeitserwägungen *anthropologisch, kulturhistorisch* und *wissenssoziologisch* verankert ist. Sie richtet ihr Hauptaugenmerk darauf, die menschlichen Wissensbedürfnisse aufzuklären und die Formen, in denen sie sich manifestieren können.

Scheler unterscheidet drei große Wissensformen, die er als *Herrschaftswissen, Bildungswissen* und *Erlösungswissen* bezeichnet.[1] Jede dieser Wissensformen bedürfe eines besonderen Stils, um sich entfalten und konkretisieren zu können. Obwohl Scheler diese Wissensformen prinzipiell als gleichermaßen relevant für das menschliche Leben betrachtet und keine Wissensform die andere zu ersetzen vermag, so stuft er sie dennoch im Hinblick auf ihren Universalitätsanspruch hierarchisch in aufsteigender Linie vom Herrschaftswissen über das Bildungswissen zum Erlösungswissen, weil er den verschiedenen Wissensformen unterschiedliche Funktionen in *Werdensprozessen* zuordnet. Das Herrschaftswissen diene der praktischen Umbildung der Welt, das Bildungswissen dem Werden der Person und das Erlösungswissen der Entfaltung des Wesensgrundes der Welt.

Diese hierarchische Stufung der Wissensformen ist für Scheler wichtig, weil für ihn das Phänomen *Bildung* eine Kategorie des *Seins* ist und nicht eine Kategorie des *Wissens*. Bildung besteht für ihn nicht nur aus der Menge von verfügbaren Daten und Vorstellungsinhalten, sondern vor allem auch aus *Fähigkeiten, Prozessen* und *Akten,* die sich insgesamt zu einem einheitlichen Mikrokosmos integrieren. Gerade weil Scheler Bildung nicht mit Ausbildung für spezifische Leistungsanforderungen identifizieren will, sieht er sich gezwungen, verschiedene Wissenstypen zu unterscheiden und in ihrem Zusammenwirken zu beschreiben. Dabei räumt er ein, daß die verschiedenen Kulturkreise den jeweiligen Wissensformen eine je unterschiedliche Relevanz zugebilligt haben. In Indien habe das *Erlösungswissen* eine zentrale Stellung eingenommen, im alten China und Griechenland das *Bildungswissen* und im Abendland seit dem 12. Jahrhundert das *Herrschaftswissen*.

Unter *Herrschaftswissen*, das zuweilen auch *Leistungswissen* oder *Arbeitswissen* genannt wird, versteht Scheler eine Wissensform, die zur praktischen Bewältigung der Welt unerläßlich ist. Dieses Wissen sei zugleich Ursache und Folge der arbeitsteiligen Gesellschaft und habe sich in der Neuzeit so ausgeweitet, daß eigens künstliche Zeichensysteme entwickelt werden mußten, um seine Ergebnisse und Operationen konkretisieren zu können. Das Herrschaftswissen sei das Wissen der Wissenschaften, das in den Augen der Positivisten allein Existenzberechtigung habe, weil es nicht nur die wahre Welt abbilde, sondern sie auch beherrschbar mache.

Unter *Bildungswissen* versteht Scheler eine Wissensform, die dazu beitrage, daß sich eine Person zu einem einheitlichen *Mikrokosmos* entfalten kann. Es konstituiere sich vor allem im Umkreis der Philosophie bzw. im Umkreis eines Denkens, das das Staunen noch nicht verlernt habe. Diese Wissensform sei nicht darauf aus, Gesetze zu formulieren, die es erlauben, konkrete Phänomene vorauszusagen und zu beherrschen, sondern strebe an, sich Wissensinhalte zu konstituieren, welche vor allen konkreten Erfahrungen liegen, die zur Beherrschbarkeit der Welt ausgewertet werden können. Das Bildungswissen ist für Scheler, wie er im Anschluß an Meinong hervorhebt, kein »*Erfahrungswissen*«, sondern ein »*Erfahrenheitswissen*«[2], für das unmittelbare Verwertungsgesichtspunkte irrelevant sind. Dennoch ist für ihn das Bildungswissen aber keineswegs ein Wissen um des Wissens willen. Diese Maxime hält er mit Epikur für eine pure Selbstsuggestion von Gelehrteneitelkeit. Der finale ontische Sinn des Bildungswissens besteht in seinem Beitrag für die Entwicklung der *Person*. Es sei in seinem Wesen unaufdringlich und unsensationell, weil es als »*docta ignorantia*« immer auch das mitdenke, was es nicht wisse, und seine Ehrfurcht vor dem Filigran der Dinge bewahre. Es sei ein *Erschließungswissen*, insofern es sich bemühe, die Welt von einem spezifischen Standpunkte her zu verstehen. Zur Rechtfertigung dieser Argumentation beruft sich Scheler auf Aristoteles, für den die Menschenseele alles sei, und auf Goethe, der als Person die Idee des Bildungswissens repräsentativ verkörpert habe, weil es ihm gelungen sei, sich auf exemplarische Weise zu einem Mikrokosmos zu entfalten.

Unter *Erlösungswissen* versteht Scheler eine Wissensform, die im Prinzip religiöser Natur ist, weil sie Aufschluß über den Daseinsgrund der Welt und der Dinge zu geben versuche und somit auch über die Grundprinzipien des Werdens der Welt. Es könne auf die beiden anderen Wissensformen Einfluß nehmen, aber diese nicht ersetzen, weil es nicht unmittelbar zur Beherrschung der Welt und zur Ausbildung der Person beizutragen vermöge. Gleichwohl sei es aber wichtig, weil es die letzten *Orientierungspunkte* für Sinninterpretationen zur Verfügung stelle.

Aus diesen Überlegungen Schelers zur Wissenstypologie wird deutlich, daß der

Begriff des *Herrschaftswissens* bzw. *Arbeitswissens* interessant ist, um den Sinn *grammatischer Kenntnisse* näher zu beschreiben, und der Begriff des *Bildungswissens*, um den Sinn *grammatischer Reflexionen* und *Reflexionsfähigkeiten* näher zu qualifizieren. Der Begriff des *Erlösungswissens* ist dagegen für grammatische Problemzusammenhänge im engeren Sinne nicht so relevant. Er wäre höchstens dann aktuell, wenn es um das grundsätzliche sprachphilosophische Problem geht, ob sich die letzten und höchsten Dinge überhaupt *sprachlich* artikulieren lassen oder ob sie sich nur in der Negation von Sprache und sprachlichen Ordnungen andeuten lassen, was etwa mystische Strömungen in der Form des Schweigens oder in paradoxen Redeweisen praktiziert und thematisiert haben.

Um die Frage nach dem Sinn grammatischen Wissens in ihren verschiedenen Dimensionen näher aufzuklären, sollen drei Problemkreise näher betrachtet werden. In einem ersten Ansatz soll untersucht werden, welchen *Zweck* konkrete grammatische Kenntnisse haben bzw. nach welchen Kriterien sie konkretisiert werden müssen, damit sie als Arbeitswissen oder Leistungswissen praktisch verwendbar sind. In einem zweiten Ansatz soll erörtert werden, welcher allgemeine *Bildungssinn* in der Beschäftigung mit grammatischen Problemen steckt und welche Gesichtspunkte bei grammatischen Reflexionen wichtig werden. In einem dritten Ansatz soll schließlich näher auf den *didaktischen Sinn* des Grammatikunterrichts eingegangen werden, weil der eigentliche Ort der Beschäftigung mit der Grammatik nach wie vor der Grammatikunterricht ist. Hier werden wir in der Regel mit dem Phänomen Grammatik bekannt gemacht, und hier entscheidet sich, in welchen Perspektiven wir dieses Phänomen wahrnehmen bzw. wahrnehmen können. Eine Philosophie der Grammatik kann deshalb nicht darauf verzichten, auf die *didaktischen* Dimensionen des Grammatikbegriffs einzugehen, weil sich hier die *praktischen, philosophischen* und *anthropologischen* Dimensionen des Grammatikproblems miteinander verschränken.

1. *Der praktische Sinn grammatischer Kenntnisse*

Wenn hier nach dem praktischen Sinn grammatischer Kenntnisse gefragt wird, dann geht es nicht um den Wert des intuitiven grammatischen *Handlungswissens*, das sich in Form des Sprachgefühls artikuliert, sondern um den Wert des expliziten grammatischen *Gegenstandswissens*, das sich in Form grammatischer Begriffe artikuliert. Natürlich ist auch das grammatische Handlungswissen ein Herrschafts- und Arbeitswissen, weil es unerläßlich ist, um Gedanken intersubjektiv nachvollziehbar zu formulieren, mit Sprache auf andere einzuwirken und Sprache zu verstehen. Das kognitive Differenzierungswissen, das sich im Bestand der grammatischen Formen einer Sprache evolutionär angesammelt hat und über das wir intuitiv mehr oder weniger gut verfügen, ist ein Leistungswissen, ohne das wir die Kommunikationsaufgaben in unserer Kultur nicht mehr bewältigen können.

Da der praktische Wert des intuitiven grammatischen Handlungswissens außer Zweifel steht, soll sich hier das Interesse auf das explizite und begrifflich stabilisierte grammatische Gegenstandswissen konzentrieren, dessen *praktischer* Wert keineswegs unumstritten ist, wie der anhaltende Streit über den Sinn des Grammatikunterrichts in der Muttersprache und in den Fremdsprachen zeigt. Die Auseinandersetzung über den praktischen Wert begrifflich fixierter grammatischer Kenntnisse läßt sich nur dann sinnvoll führen, wenn mindestens zwei *Bedingungsfaktoren* zureichend präzisiert sind. Erstens ist zu klären, für welche *Aufgaben* explizite Grammatikkenntnisse unverzichtbare Formen von Arbeitswissen sind. Zweitens ist zu klären, *wie* grammatische Kenntnisse sachlich strukturiert sein müssen, um als Arbeitswissen praktisch genutzt werden zu können.

Explizite Grammatikkenntnisse brauchen alle Personen, die ihre Handlungsprozesse nicht nur mit Sprache begleiten, sondern die ihre Handlungsprozesse mit Sprache *realisieren*. Alle, die Sprache aktiv oder passiv benutzen müssen, um ihrer Arbeit nachzugehen, bzw. alle, die Texte herstellen und verstehen müssen, brauchen begriffliche Grammatikkenntnisse, wenn sie das *Funktionsspektrum* ihres Arbeitsinstrumentes und ihres Arbeitsgegenstandes nicht nur vage erfühlen, sondern explizit kennenlernen wollen. Einfache Arbeitsinstrumente kann man sicher bis zu einem gewissen Grade im Rahmen eines intuitiven Wissens zweckdienlich verstehen und verwenden, aber sehr komplexe Arbeitswerkzeuge wird man kaum meisterlich benutzen können, wenn man nicht auch ein explizites Gegenstandswissen von ihnen hat.

Der kulturgeschichtliche Prozeß der Arbeitsteilung hat dazu geführt, daß bestimmte Berufsgruppen in sehr hohem und zuweilen ausschließlichem Maße auf die Sprache als *Arbeitswerkzeug* angewiesen sind (Lehrer, Journalisten, Theologen, Juristen, Historiker usw.). Je mehr allein mit der Sprache gearbeitet wird, desto notwendiger werden explizite Grammatikkenntnisse, um sprachliche Mißverständnisse zu lokalisieren und zu analysieren, um Sprache ökonomisch und gezielt zu verwenden und um verdeckte Sinndimensionen von Texten zu erfassen. Da wir nach dem Erwerb der Schrift alle in Situationen kommen, in denen wir die Sprache als autonomes Sinnbildungsinstrument verwenden, kommt niemand um ein Minimum expliziter Grammatikkenntnisse herum, das wir uns normalerweise im Zusammenhang mit dem Schrifterwerb aneignen. Das beginnt mit Kenntnissen über grammatische Wortklassen und endet mit Kenntnissen über die Gestaltung von spezifischen Textsorten.

Für die praktische Handhabung der Sprache sind allerdings nur diejenigen Grammatikkenntnisse nützlich, die *pragmatischen* Erkenntnisinteressen entspringen. Grammatikkenntnisse, die nur dazu befähigen, sprachliche Einheiten nach rein morphologischen oder distributionellen Kriterien zu segmentieren und zu klassifizieren, wie es beispielsweise der amerikanische Strukturalismus anstrebte, sind für die Verbesserung des praktischen Sprachgebrauchs wertlos.

Wertvoll im Sinne eines Arbeitswissens sind nur solche Formen grammatischer Kenntnisse, die *morphologische* und *funktionale* Gesichtspunkte bei der grammatischen Begriffsbildung eng miteinander verzahnen. Alle anderen Formen grammatischen Wissens können für Spezialberufe wie etwa den des Linguisten nützlich sein, für die die Sprache nicht nur Arbeitsmittel, sondern auch Arbeitsgegenstand ist, sie sind aber für alle anderen Berufsgruppen unbrauchbar.

Im Hinblick auf einen pragmatisch und semiotisch verstandenen Grammatikbegriff, der die *Form-Funktions-Korrelation* in den Mittelpunkt seiner Aufmerksamkeit stellt, entschärft sich auch die alte Kontroverse über den Wert *deskriptiver* und *normativer* Grammatikkenntnisse, weil sich unter Funktionsgesichtspunkten diese Opposition von selbst auflöst. Die Frage nach der Funktion grammatischer Formen ist natürlich zunächst immer deskriptiv zu beantworten, aber sie bekommt automatisch normative Konsequenzen, wenn sie durch die Frage nach der *Wirksamkeit* des Sprachgebrauchs ergänzt wird. Wer Sprache sozial wirksam einsetzen will, der muß sich an sprachliche *Konventionen* auf der Ebene der *Lexik, Grammatik* und *Pragmatik* binden, wobei natürlich einzuräumen ist, daß es unterschiedliche Grade der Verbindlichkeit von sprachlichen Konventionen gibt.

Wenn man den Funktionswert expliziter grammatischer Kenntnisse des funktional orientierten Typs für das Arbeitswissen beschreiben will, dann ergeben sich eine Fülle von Fragestellungen und Denkhorizonten. Da auf diese nicht im einzelnen eingegangen werden kann, soll hier versucht werden, den praktischen Wert grammatischer Kenntnisse in drei großen Perspektiven zu thematisieren, nämlich im Hinblick auf ihren Nutzen für die Fähigkeit zur *Metakommunikation* bzw. *Extrakommunikation*, im Hinblick auf ihren Nutzen für den nicht-intuitiven *Fremdsprachenerwerb* und im Hinblick auf ihren Nutzen für eine effektive aktive und passive *Sprachverwendung*.

Grammatische Kenntnisse, die sich in einer verläßlichen Begrifflichkeit niedergeschlagen haben müssen, sind unerläßliche Voraussetzungen für einen besonderen Typ von Metareflexion, der sich nach Ungeheuer auch als *Extrakommunikation* bezeichnen läßt.[3] Als Sonderform der Metakommunikation ist die Extrakommunikation dadurch gekennzeichnet, daß man sich nicht in einer realen Kommunikationssituation metainformativ über den Sinn der jeweils verwendeten Sprachmittel verständigt, um *aktuelle* Verstehensprobleme zu beheben, sondern dadurch, daß man sich metareflexiv auf analytische Weise losgelöst von der konkreten Kommunikation mit der *Leistungskraft* von Sprachformen beschäftigt. Jede wissenschaftliche Sprachanalyse hat deshalb einen extrakommunikativen Charakter, aber auch alle Reflexionssituationen, in denen die Sprache als Sprache ausdrücklich ins Zentrum der Aufmerksamkeit gerückt wird.

Jeder, der in zeitgedehnter Form Texte herstellt oder interpretiert, gerät gewollt oder ungewollt immer wieder aus allgemeinen metakommunikativen Sprachreflexionen in spezielle extrakommunikative Sprachreflexionssituationen, in denen Sprache als *Zeichenproblem* thematisch wird. Das betrifft nicht nur den Sprachwissenschaftler, sondern auch den Juristen, der sich mit der sprachlichen Struktur juristischer Aussagen und Texte beschäftigt, den Theologen, der die Leistungsfähigkeit der Sprache für religiöse Aussagen prüft, oder den Computerfachmann, der den Informationsgehalt von Sätzen der natürlichen Sprache in Computersprachen umsetzen muß.

Explizite grammatische Kenntnisse des funktionalen Typs ermöglichen uns zu erkennen, daß sich der Sinn eines Textes in der natürlichen Sprache nicht auf eine *einzige* kategoriale Ebene reduzieren läßt, was die technischen Modellierungen von Informationsprozessen leicht unterschlagen. Diese Tendenz wird beispielsweise deutlich, wenn die Funktionen der Tempusformen allein auf ihre chronologischen Differenzierungsfunktionen reduziert werden. Die *Deskription* von Sprachformen und Sprachfunktionen, die *Analyse* von kommunikativen Mißverständnissen, die methodische *Interpreta-*

tion von Texten, die *Erfassung* der Historizität der Sprache usw. sind ohne differenzierte grammatische *Begrifflichkeit* nicht möglich. Grammatische Begriffe sind natürliche *Arbeitsmittel*, um mit der Komplexität der Sprache und des Sprachgebrauchs in der arbeitsteiligen Gesellschaft nach Erfindung der Schrift fertig zu werden.

Grammatische Kenntnisse, die zu metakommunikativen bzw. extrakommunikativen *Analyseprozessen* in der Muttersprache befähigen, sind natürlich auch unerläßliche Voraussetzungen dafür, *Fremdsprachen* auf einem nicht-intuitiven Wege zu erlernen. Ohne eine gefestigte grammatische Begrifflichkeit ist es unmöglich, Analogien und Differenzen zwischen der Ordnungsstruktur einer Fremdsprache und der Muttersprache zu erkennen. Was an grammatischen Phänomenen begrifflich nicht erfaßt werden kann, bleibt verborgen oder ist nur sprachgefühlsmäßig wahrzunehmen, da die *Benennbarkeit* eine wichtige Voraussetzung für die *Unterscheidbarkeit* sprachlicher Phänomene ist.

Ein offensichtliches Problem für den Nutzen von Grammatikkenntnissen für den Fremdsprachenunterricht ist allerdings, daß eigentlich für jede Sprache ein *eigenes* Inventar grammatischer Differenzierungsbegriffe erarbeitet werden müßte, weil das Inventar grammatischer Formen und Funktionen selbst in verwandten Sprachen nicht deckungsgleich miteinander ist. Da grammatische Formen und Funktionen evolutionär entwickelte Gebilde sind, stecken sie voller historischer Besonderheiten und systematischer Inkonsequenzen. Deshalb sind alle Versuche von vornherein zum Scheitern verurteilt, eine *differenzierte* Universalgrammatik für alle Sprachen zu entwickeln.

Wenn die Idee *grammatischer Universalien* sich auch nicht auf einer Abstraktionsebene aufrechterhalten läßt, von der direkt eine universal verwendbare grammatische Begrifflichkeit abgeleitet werden kann, so doch auf einer Denkebene, auf der sich grammatische Universalien *anthropologisch* und *funktional* begründen lassen. Durch die genetisch bedingten kognitiven Operationsformen aller Menschen und durch die Differenzierungsbedürfnisse, die sich aus der sozialen Natur des Menschen ergeben, sind in allen Sprachen analoge, wenn auch nicht symmetrische Ordnungsstrukturen entstanden, die *elementaren* grammatischen Begriffen eine relativ universale Geltungskraft ermöglichen. So gibt es sicher in allen Sprachen sprachliche Ausdrucksformen für die Phänomene *Modalität, Temporalität, Kausalität, Pronominalität, Attribution* usw., aber keineswegs deckungsgleiche Systeme zur Subdifferenzierung dieser grammatischen Grundkategorien. Im Hinblick auf die Notwendigkeit expliziter Grammatikkenntnisse für den Fremdsprachenunterricht bedeutet das, daß man sich ständig bewußt sein muß, daß die gleichen grammatischen Termini im Hinblick auf die verschiedenen Sprachen mit einem potentiell unterschiedlichen begrifflichen Inhalt zu füllen sind. Beispielsweise hat der Terminus *Perfekt* im Deutschen und Lateinischen einen sehr unterschiedlichen grammatischen Inhalt. Dennoch ist es durchaus nützlich, für die einzelnen Sprachen auf eine individuelle grammatische Terminologie zu verzichten, wenn man sich bewußt ist, daß universell verwendbare grammatische Termini zunächst nur eine grobe Annäherung an grammatische Tatbestände ermöglichen und daß ihr begrifflicher Inhalt *sprachspezifisch* immer präzisiert werden muß.

Für den Fremdsprachenerwerb ist ein explizites grammatisches Wissen insbesondere nach der Pubertät unverzichtbar, wenn die Fähigkeit rapide sinkt, eine andere Sprache auf intuitive Weise zu erlernen, und das Bedürfnis steigt, sich die *Differenzen* zwischen Muttersprache und Fremdsprache *begrifflich* bewußt zu machen. Imitation und Sprachgefühl spielt beim Fremdsprachenerwerb zwar immer eine wichtige Rolle, aber keineswegs immer in dem gleichen Maße. Alle Versuche der letzten Jahre, im Fremdsprachenunterricht chemisch rein die *einsprachige* Methode zu praktizieren, haben sich zumindest auf den höheren Altersstufen deshalb als relativ ineffektiv und unökonomisch erwiesen.

Die Frage nach dem Wert expliziter grammatischer Kenntnisse für eine effektive aktive und passive Sprachbeherrschung korreliert das Grammatikproblem mit dem *Stilproblem*. Von alters her hat es deshalb auch eine normative und präskriptive Grammatik im Dienste des Rhetorikunterrichts gegeben, die sprachliche Ordnungsmuster zu differenzieren versuchte, um ihren Gebrauch präskriptiv regeln zu können. Dabei hat man sowohl Ordnungsmuster auf der Ebene des Satzes als auch solche auf der Ebene des Textes ins Auge gefaßt. Die Kenntnis grammatischer Formen und Funktionen sollte die Formulierung von pragmatisch wirksamen Texten erleichtern und die Erlernung von *Funktionalstilen* befördern. Natürlich lassen sich pragmatisch wirksame Texte mit einem adäquaten Funktionalstil auch ohne explizite Grammatikkenntnisse auf der Basis eines sensiblen Sprachgefühls herstellen, aber Lern- und Lehrprozesse, die nur nach dem Analogie- und Imitationsprinzip verfahren, sind gegenüber regelorientierten Lern- und Lehrprozessen meistens sehr zeitaufwendig und unökonomisch. Die zitierten Anweisungen von Berg für den funktionsgerechten Tempus- und Modusgebrauch in juristischen Schriftsätzen haben das wohl einleuchtend exemplifiziert.

Für die Belange des Sprachverstehens und der Hermeneutik bedarf der Nutzen grammatischer Kenntnisse wohl keiner ausführlichen Begründung mehr. Ohne begrifflich fixierte Grammatikkenntnisse ist eine *argumentative* Textinterpretation undenkbar, die in der Lage ist, in Texten kategorial unterschiedliche Informationsschichten zu identifizieren, Texte gegen den Strich ihrer eigentlichen Informationsabsichten zu lesen und die Grenzen sprachlicher Sinnkonstitutionsprozesse zu thematisieren. Daß dafür nicht nur systematische, sondern auch historische Grammatikkenntnisse notwendig sind, versteht sich von selbst.

Bei aller Hochschätzung begrifflicher Grammatikkenntnisse als besonderen Formen von Herrschafts-, Leistungs- oder Arbeitswissen darf allerdings nicht vergessen werden, daß die theoretisch ausgearbeiteten grammatischen Begriffe die grammatische Wirklichkeit der Sprache nur annäherungsweise richtig erfassen, weil alle Theorie die Realität notwendigerweise vereinfachen und schematisieren muß. Explizite *Grammatikkenntnisse* machen das *Grammatikgefühl* nicht überflüssig, sondern können es nur ergänzen und präzisieren. Grammatischen Formen darf nicht mechanisch eine bestimmte pragmatische Funktion zugeschrieben werden, sondern nur ein *Funktionspotential*, das sich je nach Kontext im aktuellen Gebrauch auf unterschiedliche Weise konkretisieren und nutzen läßt.

Wenn man über explizite grammatische Kategorien verfügt, dann fällt es leichter, nicht nur den sachlichen Inhalt eines Textes wahrzunehmen, sondern auch die kognitiven Anstrengungen des Autors, die zur sprachlichen Konkretisierung dieses Inhalts geführt haben. Jede Textwahrnehmung, in der es nicht nur um den propositionalen Gehalt eines Textes geht, sondern auch um seine Genese und Intention bzw. um seine kultur- und sprachspezifischen Implikationen, muß auf grammatische Analysebegriffe zurückgreifen.

Der Erwerb der *Schrift* und der Erwerb von *expliziten Grammatikkenntnissen* gehören historisch, genetisch und funktional zusammen. Wenn argumentiert wird, daß bisher keine Kulturnation auf den schulischen Grammatikunterricht und die Vermittlung einer elementaren grammatischen Begrifflichkeit verzichtet habe, dann wirkt das auf den ersten Blick als argumentative Rechtfertigung für den Grammatikunterricht natürlich recht hilflos. Gleichwohl thematisiert dieser Hinweis aber eine wichtige historische Erfahrung. Wer das komplexe Arbeitsinstrument Sprache nicht bis zu einem gewissen Grade auch *theoretisch* begreift, der kann es unter den Schönwetterbedingungen des mündlichen Sprachgebrauchs möglicherweise funktional verwenden, aber unter den erschwerten Rahmenbedingungen des schriftlichen Sprachgebrauchs wird er Schwierigkeiten haben, es als *autonomes* Arbeitsinstrument zu beherrschen und als Arbeitsmedium zu durchschauen.

2. *Der philosophische Sinn grammatischer Reflexionen*

Wenn man sich in philosophischer Perspektive mit dem Phänomen *Grammatik* beschäftigt, dann geht es nicht um die Vermehrung und Präzisierung unserer positiven grammatischen Kenntnisse, sondern um den philosophischen Wert unserer *grammatischen Reflexionsfähigkeit* und die anthropologische Funktion des *grammatischen Wissenserwerbs*. Das bedeutet, daß das primäre Interesse den Voraussetzungen, Zielen, Implikationen und Funktionen grammatischer Reflexionen und grammatischen Wissens gilt.

Nach einer altehrwürdigen Überzeugung ist die Philosophie keine Lehre, sondern eine Haltung, die sich als Liebe zur Weisheit charakterisieren läßt und deren Grundlage darin zu sehen ist, daß sie mit dem Staunen über das beginnt, was dem Alltagsbewußtsein völlig selbstverständlich ist. Daraus ergibt sich, daß die Philosophie eigentlich immer ein *Störfaktor* ist, weil sie gerade das zum Problem erklärt, was im Vollzug des praktischen Lebens gar kein Problem ist, und weil sie das naive Vertrauen in den Wert unseres expliziten und impliziten Wissens dadurch erschüttert, daß sie nach den *Prinzipien* und *Prämissen* dieses Wissens fragt. So betrachtet ist die Philosophie dann auch keine Wissenschaft unter anderen Wissenschaften, sondern eine Instanz, die die Voraussetzungen und die Kohärenz unseres konkreten und positiven Wissens aufzuklären versucht sowie die Reichweite und den Erkenntnisanspruch der einzelnen Wissenschaften.

Es ist nun offensichtlich, daß die Philosophie, wenn sie die Grundlagen, Möglichkeiten und Formen unseres Wissens zu erfassen versucht, sich nicht nur mit den Ordnungsstrukturen und Formen der Vernunft und des Denkens zu beschäftigen hat, sondern auch mit den Ordnungsstrukturen und Formen des *Mediums*, in dem sich

Wissen konkretisieren und intersubjektiv verfügbar machen läßt. Deshalb ist es auch folgerichtig, wenn im 20. Jahrhundert die *Sprache* in nahezu allen philosophischen Richtungen zu einem zentralen Thema geworden ist und zuweilen sogar der Begriff der Philosophie mit dem der Sprachphilosophie identifiziert worden ist. Da die Philosophie der Grammatik zum Herzblut jeder Sprachphilosophie gehört, läßt sich die Frage nach dem philosophischen Sinn grammatischer Reflexionen in exemplarischer Weise zugleich als Frage nach dem Sinn sprachlicher Reflexionen überhaupt verstehen. Obwohl heftig umstritten ist, wie weit sich ein System selbst aufklären kann, ist unbestritten, daß sprachliche und insbesondere grammatische Reflexionen einen Beitrag zur Selbstaufklärung des Denkens leisten und somit eine genuine philosophische Relevanz haben.

Die Fähigkeit, philosophische bzw. grammatische Reflexionen auf fruchtbare Weise vollziehen zu können, gehört auf ganz repräsentative Weise zu dem, was Scheler das *Bildungswissen* genannt hat. Im Gegensatz zum Arbeitswissen ist das Bildungswissen kein statisches Gegenstandswissen, sondern ein dynamisches Handlungswissen, das intentional darauf ausgerichtet ist, mit den positiv gegebenen Inhalten des Arbeitswissens auf qualifizierte Weise umgehen zu können, weil man deren Entstehungsgeschichte und Reichweite überschaut. Das Bildungswissen ist deshalb für Scheler auch eine unabdingbare Vorbedingung für die Entfaltung von Persönlichkeiten.

Wenn man sich nun näher mit dem Problem beschäftigt, welchen Beitrag grammatische Reflexionen leisten können, um ein dynamisch zu verstehendes Bildungswissen zu konstituieren und zu entfalten sowie den Hintergrund unserer empirischen Kenntnisse aufzuklären, dann treten eine Reihe von Fragen ins Bewußtsein, die in den vorangegangenen Kapiteln bereits thematisiert worden sind. Dennoch sollen sie hier noch einmal kurz formuliert werden, um die Spannweite dieses Problems zu vergegenwärtigen. Fragen dieser Art wären beispielsweise: Welchen *Erkenntnis-* und *Bildungswert* hat die Fähigkeit zu grammatischen Reflexionen? In welchem historischen und systematischen *Rahmen* haben sich grammatische Reflexionen zu bewegen und welche *Gesichtspunkte* sind für sie konstitutiv? Was leisten grammatische Reflexionen für die *Selbstaufklärung* des Denkens? Können grammatische Reflexionen dabei helfen, mit dem Problem der *Relativität* unseres Wissens fertig zu werden? In welchem *Ausmaß* entsprechen Ordnungsformen der Grammatik allgemeinen Ordnungsformen des Denkens? Warum sind grammatische Ordnungsformen einerseits tyrannische *Setzungen* für den Gebrauch der Sprache und andererseits notwendige *Voraussetzungen* für die Nutzung der Sprache als Sinnbildungsmittel?

Die Frage nach der Selbstaufklärung des Denkens durch grammatische Reflexionen verweist uns auf die Philosophie Hegels, weil dieser wie wohl kein anderer die *Selbstaufklärung des Geistes* in den Mittelpunkt seines philosophischen Interesses gestellt hat. Sicherlich läßt sich darüber streiten, ob die Selbstaufklärung des Geistes Ziel und Sinn der individuellen und allgemeinen Geschichte des Menschen ist, nicht zu streiten ist allerdings über den Tatbestand, daß dieses Problem die *Bildungsgeschichte* des Abendlandes tief geprägt hat. Hegels Konzept der Selbstaufklärung des Geistes nimmt ausdrücklich auf das Grammatikproblem Bezug und versucht, seinen Stellenwert für das allgemeine Bildungsproblem zu kennzeichnen. Selbst wenn man Hegels Sprachkonzept und seinen Thesen zur philosophischen Bildungsfunktion grammatischer Reflexionen nicht vollständig zustimmt, so wird man zugeben müssen, daß seine Überlegungen entscheidend zur Erhellung dieses Problemfeldes beitragen können.

a) Hegels Philosophie der Grammatik

Für Hegel ist d(*Geist* das wesentliche Bestimmungskriterium für den Menschen, weil dieser es ihm unmöglich mache, so wie das Tier im Zustand der *Unmittelbarkeit* zur Welt zu verharren. Gerade weil der Mensch wisse, daß er Tier bzw. Naturwesen sei, höre er auf, ein solches zu sein, und konstituiere sich als geistiges Wesen, das die Schranken der Natur durchbreche. *Sprache* und *Arbeit* sind für Hegel die entscheidenden Faktoren, die es dem Menschen ermöglichen, sich aus den Banden der Natur zu lösen und eine *geistige* Existenzform zu verwirklichen, in der sich der Geist vom Banne der unmittelbaren Anschauungen lösen und seine produktive Negationskraft entfalten könne.

Das entscheidende Hilfsmittel, mit dem der Geist die sinnliche Gewißheit als erste, aber arme Wahrheit transzendieren kann, ist für Hegel die *Sprache*. Während die sinnliche Gewißheit den Menschen im Banne der reinen Unmittelbarkeit zu den Dingen der Welt verharren lasse, gestatte es die Sprache, den Schritt vom Individuellen zum Allgemeinen zu vollziehen. Das Geben von Namen und die Subsumierung des einzelnen unter Begriffe ermögliche dem Menschen die Herrschaft über die Welt. »*Die Sprache ist Ertötung der sinnlichen Welt in ihrem unmittelbaren Dasein . . .*«[4]. In der Sprache komme es zu einer Vertilgung der Unmittelbarkeit der Anschauung, worin sich die produktive Negativität des Geistes dokumentiere.

Litt hat hervorgehoben, daß für Hegel die Sprache eine erste und gleichsam natürliche Erscheinungsform des Geistes sei, weil sie wie dieser eine »*übergreifende*« Funktion habe.[5] Wegen dieser strukturellen Analogie könne die Sprache dem Geist als *Organ* und *Medium* dienen. Je umfassender Geist und Sprache auf die Welt übergriffen, desto reicher könnten sie sich selbst entfalten, stufen und erhellen bzw. bei sich selbst sein. Der Geist kann sich mit Hilfe der Sprache mit sich selbst *vermitteln*, weil sie seine einzelnen Manifestationsformen zu konkretisieren und zu stabilisieren vermag, über die er dann in Form dialektischer Negationen hinausschreiten kann.

Die Hochschätzung der Sprache als Medium und Organ des Geistes legt die Vermutung nahe, daß Hegel die Sprache als Manifestation des *objektiven* oder *absoluten Geistes* betrachtet haben könnte ähnlich wie das *Recht*, den *Staat*, die *Kunst* oder die *Religion*. Merkwürdig ist dann allerdings, daß Hegel, der den verschiedenen Manifestationsformen des Geistes jeweils eigene Untersuchungen widmete, ausgerechnet die Sprache davon ausgenommen hat. Das hat die Forschung irritiert und zum Teil zu der These geführt, daß Hegel nicht ausreichend über die Sprache reflektiert habe und daß ihm entgangen sei, daß die Sprache das eigentliche Thema seiner ganzen Philosophie hätte sein müssen.

Solche Spekulationen hat Bodammer[6] zurückgewiesen und statt dessen betont, daß Hegel sich sehr wohl zureichend Rechenschaft vom Status der Sprache abgelegt habe und daß er sie ganz *bewußt* aus der Reihe seiner Untersuchungen zu den objektiven Gestalten des Geistes ausgeschlossen habe. Nach Hegel habe sich nämlich die Philosophie vordringlich mit den geschichtlichen Formen des Vernünftigen zu beschäftigen, in denen der Geist bewußt daran gearbeitet habe, sich eine *objektive Form* zu geben wie beispielsweise im *Recht*, im *Staat*, in der *Religion* oder in der *Kunst*. Die Sprache sei für Hegel im Prinzip ein *vorgeschichtliches* Phänomen, da sie keine *bewußt* geschaffene Selbstrepräsentation des Geistes in einer objektiven Form darstelle. Da die Sprache für Hegel ebenso wie die natürliche Sittlichkeit zur Vorgeschichte des sich seiner selbst bewußten Geistes gehöre, sei es nur natürlich, daß er sie nicht in einem eigenen Werke thematisiert habe, sondern immer nur im Zusammenhang mit den objektiven Formen, in denen der Geist die Rinde seiner Natürlichkeit durchbreche und sich zum Bewußtsein seiner selbst führe. Die Sprache selbst stelle keine objektive Gestalt des Geistes dar, sondern helfe nur, geistige Gehalte in der Gestalt von Gesetzen, religiösen Texten oder Dichtungen zu objektivieren.

Diese Skizzierung des Sprachproblems bei Hegel war notwendig, um abschätzen zu können, warum er der Sprache bzw. den grammatischen Reflexionen einen so vieldeutigen Stellenwert im Prozeß der geschichtlichen Selbstentfaltung des Geistes zugeordnet hat. Interessant ist nämlich, daß Hegel in seiner *Philosophie der Geschichte* die Sprache zwar als *»Tat der theoretischen Intelligenz im eigentlichen Sinne«* qualifiziert und hervorhebt, daß die Grammatik das *»Werk des Denkens«* sei, *»das seine Kategorien darin bemerklich macht«*, daß er gleichzeitig aber im Hinblick auf den geschichtlichen Entfaltungsprozeß der Vernunft auch von einer *»Voreiligkeit der Sprache«* spricht, die als theoretische Tat *»in das Trübe einer stummen Vergangenheit«* eingebettet bleibe.[7]

Zu der These von der *»Voreiligkeit der Sprache«* im Selbstentfaltungsprozeß des Geistes sieht sich Hegel auch deswegen genötigt, weil er konzidieren muß, daß die Sprachen der Völker schon voll ausgebildet waren, als diese aus der Phase der Vorgeschichte in die Phase der *Geschichte* eintraten, in der sie dann auf bewußte Weise gestalterisch tätig geworden sind. In Übereinstimmung mit der zeitgenössischen Sprachwissenschaft und mit Bezug auf Humboldt räumt Hegel sogar ein, daß sich die einzelnen Sprachen in der Phase der Geschichte nicht mehr verfeinert hätten, sondern im Gegenteil insbesondere auf der Ebene der Grammatik verarmt seien.[8]

Aus diesem Tatbestand schließt Hegel dann, daß die *Vernunft* in ihrem Entfaltungsprozeß der Sprache und Grammatik immer weniger bedürfe und sich immer unabhängiger von ihrer ursprünglichen Nährmutter machen könne. In der Sprache bzw. in der Grammatik mache sich die Vernunft in ihren Kategorien zwar bemerkbar, aber da die Vernunft die Sprache in ihrer vorgeschichtlichen Phase entwickelt habe, könne sie sich ihrer selbst in der Sprache noch nicht bewußt werden, sondern nur in den Werken, die sie mit Hilfe der Sprache konstituiere.

Obwohl sich für Hegel das Denken im Prinzip also geschichtlich von den Ordnungsformen der Sprache und Grammatik immer mehr emanzipiert hat, sind für ihn sprachliche und insbesondere grammatische Analysen wichtig, um die Grundformen des Denkens kennenzulernen. Grammatische Analysen fallen für ihn dabei unter die logischen Analysen, weil er die Logik ähnlich wie auch Peirce als die umfassende Lehre von den Formen und Verfahren des Denkens verstanden wissen will. In seiner zweiten Vorrede zur *Wissenschaft der Logik* hebt Hegel deshalb hervor, daß das alltägliche Denken von einer »*natürlichen Logik*« strukturiert werde. Aufgabe der logischen Wissenschaft sei es, die Denkbestimmungen, »*die überhaupt unseren Geist instinktartig und bewußtlos durchziehen*« und die selbst dann noch unbeachtet blieben, wenn sie in die Sprache hereinträten, zum Bewußtsein zu bringen.[9]

Das Studium der Grammatik bietet nach Hegel demjenigen, der in das Reich der Logik und der bewußten Abstraktionen eindringen will, eine erste und grundlegende Einstiegsmöglichkeit. »*Er kann durch die Grammatik hindurch den Ausdruck des Geistes überhaupt, die Logik erkennen.*«[10] Das Studium der Grammatik ist ein Weg in die Logik, weil es dabei hilft, die *vorbewußten* natürlichen Denkformen aufzuklären, aus denen sich die bewußten Denkformen geschichtlich entwickelt haben. Außerdem gewöhne das Studium der Grammatik daran, sich mit Abstraktionen zu beschäftigen und von allen konkreten Einzelerscheinungen abzusehen, was nach Hegel charakteristisch für das Reich der Logik ist. »*Das System der Logik ist das Reich der Schatten, die Welt der einfachen Wesenheiten, von aller sinnlichen Konkretion befreit. Das Studium dieser Wissenschaft, der Aufenthalt und die Arbeit in diesem Schattenreich ist die absolute Bildung und Zucht des Bewußtseins.*«[11]

Sprache und Grammatik sind für Hegel nicht deckungsgleich mit der Vernunft, sondern nur Mittel, derer sich die Vernunft bedient. Deshalb kann es für ihn eine Determination des Denkens durch die Sprache nur im *Frühstadium* der Entfaltung der Vernunft geben. Da der Geist aber schon tätig gewesen sei, bevor er sich geschichtlich seiner selbst bewußt geworden sei, geht Hegel davon aus, daß in der Sprache und insbesondere in der Grammatik etwas Vernünftiges und Logisches hinterlegt worden ist.

Bei dem Bemühen, durch das Studium der Grammatik das in der Sprache hinterlegte Logische zu erfassen und auf diese Weise dem Geist Einsicht in seine eigene Geschichte und seine eigenen Kategorien zu geben bzw. ihn zum Bewußtsein seiner selbst zu führen, spielen für Hegel die Kategorien *Entfremdung* und *Arbeit* eine zentrale Rolle. Diese beiden Kategorien sind für ihn zugleich Grundkategorien jeder *theoretischen Bildung*. Einerseits müsse der Geist im Bildungsprozeß nämlich immer wieder die Erfahrung der Entfremdung von seinen eigenen Denkformen machen, weil er nur so die instinktmäßigen Formen des Denkens überwinden könne, andererseits sei der Geist im Bildungsprozeß dazu aufgerufen, die Erfahrung der Entfremdung auf einer höheren Reflexionsstufe immer wieder durch Denkanstrengungen zu überwinden.

In seiner zweiten Nürnberger Gymnasialrede hat Hegel betont, daß insbesondere diejenigen Stoffe als Bildungsgegenstände dienen könnten, die den Charakter des »*Nicht-Unmittelbaren*« und »*Fremdartigen*« hätten, weil die »*Entfremdung*« die »*Bedingung der theoretischen Bildung*« sei.[12] Erst das Fremdartige rege unsere geistigen Vorstellungs- und Ordnungskräfte an und lasse die *Arbeit* als konstitutive Kategorie von Bildungsprozessen hervortreten. Deshalb darf die Kategorie der *Entfremdung* für das Bildungsgeschehen auch nicht negativ bewertet werden, denn der Geist kann sich auf einer höheren Stufe nur wiederfinden und sich selbst erfassen, wenn er sich auf einer niedrigeren Stufe zuvor von sich selbst entfernt hat. Da der Geist nach Hegel nur im Kampf mit sich selbst zu seinem eigenen Begriff kommen könne, sei er »*stolz und voll von Genuß in dieser Entfremdung seiner selbst.*« [13]

Im Erlernen der *alten* und *toten* Sprachen sieht Hegel ein vorzügliches Bildungsmittel für den Geist, weil sich dabei die *bildungsträchtigen* Entfremdungs- und Arbeitsprozesse voll entfalten könnten. Dadurch, daß man beim Erlernen der alten Sprachen seine ganze Aufmerksamkeit darauf richten könne, ihren grammatischen Bau zu erfassen, und zunächst von allen unmittelbaren kommunikativen Funktionen abstrahiere, werde die natürliche geistige Unmittelbarkeit zur Sprache aufgehoben und ihr instinktmäßiger Gebrauch bzw. ihr instinktmäßiges Verstehen ausgeschlossen. Gerade weil man sich den alten Sprachen auf eine *nicht-natürliche* Weise nähere und sie sich durch diese Zugangsweisen verfremde, könne man die logischen Formen erfassen, die der Geist auf noch unbewußte Weise in ihnen hinterlegt habe. Die Chance, sich durch grammatische Analysen die Sprache zu verfremden, ergibt sich natürlich auch in der Muttersprache, wenn wir unser intuitives natürliches Sprachgefühl auf Begriffe zu bringen versuchen.

In der von Hegel entwickelten Denkperspektive ist es auch folgerichtig, wenn er in der *Mechanik* des Erwerbs von alten Sprachen keinen Nachteil, sondern durchaus einen Vorteil sieht, weil gerade dadurch die Kategorien der *Entfremdung* und der *Arbeit* deutlicher hervortreten können. Das Lernen von isolierten Vokabeln und grammatischen Regeln zwinge nämlich einerseits dazu, sich ganz von der empirischen Welt abzuwenden sowie sich ganz auf die abstrakten Formen zu ihrer Erfassung zu konzentrieren, und andererseits dazu, ständig das Gedächtnis und die Vorstellungskraft zu aktivieren, um sich die potentiellen Sachverhalte geistig präsent zu machen, auf die die sprachlichen Formen bezogen werden können. Modern gesprochen ließe sich sagen, daß unter diesen Wahrnehmungsbedingungen die Sprache als *kommunikatives* Werkzeug verblaßt, aber sich gleichzeitig als *kognitives* Werkzeug profiliert. Durch das Erlernen fremder Sprachen kommt es nach Hegel außerdem zu einer Verfremdung der Muttersprache, weil die Ordnungsformen der Muttersprache im Kontrast mit den Fremdsprachen ihren Natürlichkeitscharakter einbüßen. Dadurch bietet sich aber auch die Chance, die Muttersprache im Kontrast mit fremden Sprachen bewußt kennenzulernen.

Den Grammatikstudien räumt Hegel einen ganz spezifischen Bildungswert ein, weil durch sie das *Formdenken* bzw. das *reflexive Denken* in besonderer Weise geschult wird. Da sich für Hegel in den grammatischen Formen noch stärker als im Vokabular vorbewußte und instinktive Formen des Geistes repräsentieren, ist für ihn das Studium der Grammatik ganz besonders geeignet, um den Geist in seinem geschichtlichen und individuellen Entfaltungsprozeß zu fördern. Da grammatische Reflexionen dem Geist Einsicht in seine eigenen Konstitutionsbedingungen gewähren und ihn dazu anregen, das auf den Begriff zu bringen, was er vorbewußt schon immer irgendwie weiß, ist für Hegel das Studium der Grammatik der *Anfang* philosophischer Bildung schlechthin und zugleich eine Einführung in das Reich der Logik, in der das begreifende und nicht das räsonierende Denken im Mittelpunkt steht.

Das *räsonierende* Denken ist für Hegel das Verstandesdenken, in dem mit vorgegebenen Formen gearbeitet wird und Abstraktionen als natürlich hingenommen werden.

Das *begreifende* Denken ist dagegen das Vernunftdenken, das als dialektisches Denken die *Voraussetzungen* des Verstandesdenkens aufzuklären versucht und damit auch die Struktur der Abstraktionen, die diesem zugrunde liegen. Das Vernunftdenken ist deshalb das Ziel aller Bildung, weil in ihm der Geist seine eigene Subjektivität überwinden kann. Dieses Vernunftdenken läßt sich für Hegel mit Hilfe grammatischer Analysen und Reflexionen besonders gut entfalten. In seiner 2. Nürnberger Gymnasialrede kommt er deshalb auch zu folgendem Schluß.

> »Mit diesem mechanischen Momente der Spracherlernung verbindet sich ohnehin sogleich das *grammatische Studium*, dessen Wert nicht hoch genug angeschlagen werden kann, denn es macht den Anfang der logischen Bildung aus, – eine Seite, die ich noch zuletzt berühre, weil sie beinahe in Vergessenheit gekommen zu sein scheint. Die Grammatik hat nämlich die Kategorien, die eigentümlichen Erzeugnisse und Bestimmungen des Verstandes zu ihrem Inhalte; in ihr fängt also der Verstand selbst an, *gelernt* zu werden. Diese geistigsten Wesenheiten, mit denen sie uns zuerst bekannt macht, sind etwas höchst Faßliches für die Jugend, und wohl nichts Geistiges ist faßlicher als sie; denn die noch nicht umfassende Kraft dieses Alters vermag das Reiche in seiner Mannigfaltigkeit nicht aufzunehmen; jene Abstraktionen aber sind das ganz Einfache. Sie sind gleichsam die einzelnen Buchstaben, und zwar die Vokale des Geistigen, mit denen wir anfangen, um es buchstabieren und lesen zu lernen ...
> Indem wir durch die grammatische Terminologie uns in Abstraktionen bewegen lernen und dies Studium als die elementarische Philosophie anzusehen ist, so wird es wesentlich nicht bloß als Mittel, sondern als Zweck – sowohl bei dem lateinischen als bei dem deutschen Sprachunterricht – betrachtet ... Das grammatische Erlernen einer *alten* Sprache hat zugleich den Vorteil, anhaltende und unausgesetzte Vernunfttätigkeit sein zu müssen; ...Somit aber findet ein beständiges Subsumieren des Besonderen unter das Allgemeine und Besonderung des Allgemeinen statt, als worin ja die Form der Vernunfttätigkeit besteht. – Das strenge grammatische Studium ergibt sich also als eines der allgemeinsten und edelsten Bildungsmittel.«[14]

Das grammatische Studium ist für Hegel deswegen eine *elementarische Philosophie* und eines der allgemeinsten und edelsten Bildungsmittel, weil es auf exemplarische Weise die Funktion philosophischer Reflexion verdeutlicht. *Philosophische* Reflexion hat nämlich nach Hegel für die Erkenntnis und für die geistige Bewältigung der Welt im allgemeinen dieselbe Aufgabe wie die *grammatische* Reflexion für die Erkenntnis und geistige Bewältigung der Sprache im besonderen. Sie soll das ins Licht des expliziten Bewußtseins bringen bzw. das begreifen, was wir unreflektiert wissen und praktizieren. Demgemäß genügt es Hegel dann auch nicht mehr, die Philosophie als Liebe zur Weisheit bzw. zum Wissen zu definieren, weil sie die Aufgabe hat, wirkliches Wissen zu erzeugen, in dem sie das Wissen aus dem Zustand des *An-sich* in den Zustand des *Für-sich* überführt. Dadurch, daß die Philosophie das vorbewußte Wissen bewußt macht, wird dieses im Sinne von Hegels Sprachgebrauch *aufgehoben*, d.h. auf eine höhere Stufe gebracht und dort bewahrt.

Grammatische Reflexionen und grammatische Kenntnisse gewährleisten so gesehen keineswegs direkt, daß man die Sprache auf spontane Weise besser praktisch nutzen kann, aber sie helfen, die Sprache als Inventar geistiger Ordnungsformen zu begreifen und ihre Funktionen und Implikationen zu durchschauen. Durch das Studium der Grammatik lernt man, was es heißt, Kategorien zu haben, Kategorien zu bilden und sich in Abstraktionen zu bewegen. Das Studium der Grammatik hat für Hegel deshalb einen Zweck in sich, weil es die Selbstentfaltung des Geistes zum Bewußtsein seiner selbst fördert. Die Entfremdung von der Sprache in grammatischen Reflexionen ist eine notwendige Voraussetzung dafür, auf einer *höheren* Stufe wieder mit der Sprache vertraut zu werden, weshalb sie dialektisch gesehen auch als eine Form der Befreiung zu werten ist.

Bei aller Wertschätzung des philosophischen Sinns des Studiums der alten Sprachen und grammatischer Reflexionen übersieht Hegel natürlich nicht, daß die Bildung auch noch eine *stoffliche* Seite hat. Deshalb ist für ihn das grammatische Sprachstudium nicht nur ein Selbstzweck zur Entfaltung des Vernunftdenkens, sondern auch ein unabdingbares Mittel, um sich die Inhalte fremder Kulturen anzueignen und an diesen Inhalten das philosophische Denken weiter zu entfalten.

Mit einer ähnlichen Zielsetzung wie Hegel, aber in einer bildkräftigeren Sprache hat sich auch Jean Paul in seiner *Levana-Abhandlung* über den Bildungswert grammatischer Studien und Reflexionen geäußert. Für ihn ist die Sprache »*das Scheidewasser des Chaos*«. Das Erlernen einer fremden Sprache hat für ihn abgesehen von allem praktischen Nutzen auch den Vorteil, »*geistige Gymnastik*« zu sein. Im Studium der Grammatik werde das reflexive Denken eingeübt, das dazu befähige, die Formen des Denkens für einen bestimmten Inhalt auf einer höheren Bewußtseinsstufe selbst zum Inhalt einer Denkanstrengung zu machen.

> »Freilich bildet das Wörterbuch fremder Wörter wenig; ausgenommen insofern sich daran die eignen schärfer abschatten; aber die Grammatik – als die Logik der Zunge, als die erste Philosophie der Reflexion – entscheidet; denn sie erhebt die Zeichen der Sachen selbst wieder zu Sachen und zwingt den Geist, auf sich zurückgewendet, seine eigne Geschäftigkeit des Anschauens anzuschauen, d.h. zu reflektieren; ...
>
> Dem unreifen Alter wird aber dieses Zurück-Erkennen leichter durch die Grammatik einer fremden Sprache als durch die der eignen, in die Empfindung tiefer verschmolzen – daher logisch-kultivierte Völker erst an einer fremden Sprache die eigne konstruieren lernten und Cicero früher in die griechische Schule ging als in die lateinische; ...jeder gute Grammatiker... ist ein partieller Philosoph; und nur ein Philosoph würde die beste Grammatik schreiben.« [15]

b) Der Bildungswert grammatischer Studien

Wenn man im Anschluß an die exemplarischen Überlegungen Hegels und Jean Pauls zum Bildungswert grammatischer Reflexionen versucht, dieses Problemfeld systematisch aufzugliedern, dann bieten sich drei Argumentationslinien an, nämlich eine *erkenntnistheoretisch*, eine *soziologisch* und eine *biologisch* orientierte. Diese drei Argumentationslinien kreuzen sich immer wieder, weil sich im Prinzip alle drei mit den *anthropologischen* Implikationen des Grammatikproblems auseinanderzusetzen haben, wenn auch aus je eigenen Blickwinkeln.

Die *erkenntnistheoretisch* bzw. *bewußtseinsphilosophisch* ausgerichtete Argumentationslinie steht in der von Hegel radikalisierten abendländischen Denktradition, nach der es die vornehmste Aufgabe des Denkens sei, seine eigenen Voraussetzungen und Formen aufzuklären, d.h. sich seiner selbst bewußt zu werden. Wenn man diese Aufgabe für die Grundaufgabe der Philosophie hält, dann ist klar, daß alle Formen der *Transzendentalphilosophie* einen ihrer Hauptgegenstände in der Sprache bzw. der

Grammatik finden müssen, wobei es keine Rolle spielt, ob man nun die Sprache in die Phase der *Vorgeschichte* oder in die Phase der *Geschichte* des sich selbst bewußt werdenden Geistes verlegt. Auf diesen Tatbestand hat auch schon Hamann in seiner Metakritik der Transzendentalphilosophie Kants hingewiesen, als er hervorhob, daß die Sprache »*das einzige erste und letzte Organon und Kriterion der Vernunft, ohne ein ander Creditiv als* Ueberlieferung *und* Usum«[16] sei, und in einem Brief an Herder bekannte: »*Vernunft ist Sprache, Logos; an diesem Markknochen nag' ich und werde mich zu Tod drüber nagen. Noch bleibt es immer finster über dieser Tiefe für mich: ich warte noch immer auf einen apokalyptischen Engel mit einem Schlüßel zu diesem Abgrund.*«[17]

Wenn Sprache und Denken sich überschneiden, Strukturanalogien zueinander aufweisen und sich wechselseitig bedingen bzw. auseinander hervortreiben, dann eignet sich die Sprache und die Grammatik wie kein anderer Gegenstand dazu, einen *Einstieg* in die Erkenntnistheorie und Bewußtseinsphilosophie zu finden und über die Struktur der Sprache die Struktur der Vernunft aufzuklären. Sprachliche Formen lassen sich dann nicht nur als erkenntnisermöglichende und erkenntnisbestimmende Faktoren beschreiben, sondern aus der Struktur der Sprache lassen sich außerdem Hinweise auf die Struktur der Vernunft gewinnen, eben weil die Sprache das differenzierteste Manifestationsmedium unserer Vernunft ist. Mit den *Strukturanalogien* von Sprache und Bewußtsein hat sich in umfassender Form Gerhard Frey[18] beschäftigt, ohne dabei allerdings in diesem Kontext die spezifische Opposition von Lexik und Grammatik in der Sprache zu thematisieren.

In dem *Wechselspiel* von intentio recta und intentio obliqua in sprachlichen Äußerungen, in der hierarchischen *Stufung* von Information und Metainformation bzw. von System und Metasystem, in der *Spannung* von begrifflichen und bildlichen Vorstellungsinhalten, in der *Perspektivierung* von Sachverhalten, in der *Kontrastierung* von Figur und Grund, im *Operieren* mit einer mehrwertigen Logik, in der Möglichkeit, in einem unendlichen *Regreß* immer wieder reflexiv auf sich selbst Bezug nehmen zu können, usw. treffen wir auf Strukturanalogien zwischen Sprache und geistigen Prozessen aller Art. Das muß auch so sein, weil die natürliche Sprache das universalste und flexibelste Zeichensystem ist, in dem sich geistige Prozesse konkretisieren können, und weil die natürliche Sprache auch die letzte interpretative Metasprache für alle Zeichensysteme ist, deren sich die Vernunft bedienen kann.

Die spezifische Opposition von Lexik und Grammatik bzw. von Nennformen und Interpretationsformen in der Sprache exemplifiziert auf eindrucksvolle Weise das *dialogische* Grundprinzip des Denkens, das immer wieder auf seine eigenen Erzeugnisse reagieren kann, weshalb es von Platon auch als Gespräch der Seele mit sich selbst charakterisiert worden ist. Die analytischen und synthetischen Operationsformen des Denkens und die reflexive Struktur unseres Wissens lassen sich in grammatischen Analysen so klar herausarbeiten wie wohl nirgends sonst.

Die *soziologisch* orientierte Argumentationslinie zur Klärung des Bildungswertes grammatischer Studien konzentriert sich darauf, die sozialen Implikationen des Grammatikproblems herauszuarbeiten bzw. kenntlich zu machen, daß man über grammatische Analysen etwas über die *soziale* Natur des Menschen lernen kann. Sprache und

Grammatik erscheinen in diesem Denkansatz als *soziale Objektivgebilde* bzw. *soziale Institutionen*, derer der Mensch bedarf, um als Kulturwesen existieren zu können. Einen solchen Denkansatz hat vor allem Gehlen entwickelt, als er im Anschluß an Herder die These vertrat, daß der Mensch wegen seiner *»Weltoffenheit«* und *»Instinktreduktion«* solcher sozialen Institutionen bedürfe, um überleben zu können. [19]

Landmann hat diesen soziologischen Denkansatz kulturgeschichtlich akzentuiert und hervorgehoben, daß der Mensch zugleich *Schöpfer* und *Geschöpf* seiner Kultur sei. Als genuines Kulturwesen könne der Mensch nicht ohne die Hilfe seiner *Kulturschemata* existieren, weil er trotz aller Möglichkeiten zur Entfaltung seiner Individualität letztlich doch keine selbständige Plastik sei, sondern nur ein *»Halbrelief«*, das durch die Kulturschemata von hinten gehalten werde. Die *Kulturformen* seien gleichsam nach außen verlagerte Lebensorgane des Menschen, deren besonderer Vorteil darin bestehe, daß sie eine größere Plastizität und Flexibilität hätten als seine biologisch-genetischen Organe und Denkschemata. [20]

Nun kann man sicher die Sprache im allgemeinen und die Grammatik im besonderen als eine *soziale Institution* ansehen bzw. als eine Sammlung von Kulturschemata, in der sich ein historisch erarbeitetes kollektives Wissen angesammelt hat, das es dem Menschen erleichtert, mit seiner physischen und sozialen Umwelt fertig zu werden. Da die grammatischen Ordnungsmuster zugleich eine Entlastungs- und eine Ordnungsfunktion haben, sind sie historisch sowohl notwendig als auch veränderungsfähig. Der einzelne kann diese Formen nicht ändern, aber er kann ihren Variationsspielraum so nutzen, daß sie sich allmählich verändern. Grammatische Reflexionen können sicher helfen, den Verwendungsspielraum grammatischer Formen besser kennenzulernen und sie anhand ihrer Entstehungsgeschichte als Kulturformen zu würdigen, in denen die früheren Generationen ihr praktisch erarbeitetes *Differenzierungswissen* an uns weitergegeben haben. Dadurch kann unsere Fähigkeit verbessert werden, die eigene Kultur zu verstehen und für eine fremde sensibel zu werden.

Wenn man die natürliche Sprache als eine fundamentale Kulturinstitution ansieht, die den Menschen erst zum Menschen macht, dann wird man sich kaum damit begnügen, sie nur praktisch zu beherrschen, ohne theoretisch Auskunft über sie geben zu können. Popper hat deshalb auch nachdrücklich hervorgehoben, daß ein wesentlicher Teil der Bewußtseinsanstrengung des Menschen (Welt 2) bzw. das Hauptproblem der Geisteswissenschaften darin bestehe, die sozialen und kulturellen Objektivgebilde zu *verstehen*, die er selbst bewußt oder unbewußt im Laufe seiner Geschichte hervorgebracht habe. [21] Die Interpretation der eigenen Schöpfungsprodukte hat für den Menschen nach Popper nicht nur eine wichtige psychische Funktion, weil er sich in diesem Prozeß seiner eigenen sinnbildenden Kräfte bewußt werden kann, sondern außerdem noch eine wichtige kulturhistorische Funktion, weil dadurch im Denken *Rückkopplungsprozesse* ausgelöst werden, die das Wachstum der geistigen Objektivgebilde in der Welt 3 anregen.

Bei solchen kulturellen Rückkopplungsprozessen im Denken bilden grammatische Formen sicher nur einen kleinen Anteil, weil sie auf den ersten Blick als natürliche Grundkonstanten der Sprache angesehen werden. Aber gerade weil sich die grammatischen Formen der historischen Veränderung zu entziehen scheinen, ist es um so wichti-

ger, sich ihre *Historizität* und *Sozialität* bewußt zu machen und sich ihre anthropologischen und gemeinschaftsbildenden Funktionen zu vergegenwärtigen. Solche Überlegungen können dann auch *wissenssoziologisch* oder *ideologiekritisch* ausgerichtet
werden. Auf die Postulierung von Kausaldeterminationen im strengen Sinne sollte man
dabei allerdings verzichten, weil hier die Relationszusammenhänge so vielschichtig
sind, daß sie mit einem einzigen theoretischen Modell schwerlich zu erfassen sind.

Die durch grammatische Formen vorgenommenen Interpretationen und Perspektivierungen unserer Wirklichkeitswahrnehmung sind zunächst einmal deskriptiv zu erfassen und dann vorsichtig auf ihre sozialen Implikationen hin zu interpretieren. Wenn
bestimmte Sprachen über die Struktur ihrer Grammatik dazu zwingen, bestimmte
Differenzierungen in jedem Äußerungsakt vorzunehmen, dann wird man sicher davon
ausgehen dürfen, daß dadurch die sozialen Gruppen, die sich der jeweiligen Sprachen
bedienen, auch ein spezifisch ausgeprägtes Denk- und Wahrnehmungsprofil bekommen. Was ständig differenziert werden muß, ist geistig auch ständig präsent. Was
grammatisch differenziert wird, ist in der Regel von grundlegenderer Ordnungsfunktion als das, was lexikalisch differenziert wird. Je stärker sich das Verhältnis von
grammatischen und lexikalischen Systemordnungen in den verschiedenen Sprachen
unterscheidet, desto schwerer werden sie direkt ineinander übersetzbar und desto
stärker differieren die geistigen Welten, denen sie Ausdruck geben.

In allen grammatischen Reflexionen ergibt sich die wissenschaftstheoretisch sehr
interessante Frage, welche *methodologischen* Konsequenzen aus dem Tatbestand zu
ziehen sind, daß die Sprachen historisch erarbeitete und gewachsene soziale Objektivgebilde sind. Beispielsweise kann man daraus den Schluß ziehen, daß die *grammatischen* Analysen letztlich *soziologische* Analysen sind. Der Soziologe Durkheim hat
nämlich die These aufgestellt, daß die eigentlichen Gegenstände soziologischer Analysen die *sozialen Tatsachen* seien, die sich in Form von Kollektivvorstellungen bzw.
sozial verbindlichen Konventionen manifestierten. Zur wesentlichen Charakteristik
von sozialen Tatsachen gehöre, daß sie ein von den Individuen unabhängiges Eigenle-
ben entwickelten und auf diese einen äußeren Zwang ausübten. Obwohl Durkheim
sich im klaren darüber ist, daß soziale Tatsachen nur als psychische Phänomene
existieren, leitet er aus seinen Überlegungen die methodologisch höchst bedeutsame
Tatsache ab, soziale Tatsachen »*wie Dinge zu betrachten*«. [22]

Ohne direkt auf Durkheim zu verweisen, aber wohl in Kenntnis seiner Theorie, hat
auch de Saussure die Sprache als *soziale Tatsache* (fait social) betrachtet. [23] Ein
solcher Ansatz ist sicher legitim, um neben der ontologischen auch die *soziale* Dimension von Lexik und Grammatik ins Auge zu bekommen. Ähnlich wie in der Soziologie
Durkheims ergibt sich aus diesem methodischen Ansatz aber das Problem, daß sich die
sozialen Objektivgebilde gleichsam unter der Hand zu *Urphänomenen* verselbständigen und nicht mehr in ihrer historischen und funktionalen Bedingtheit und Variabilität
gesehen werden. Das erleichtert zwar systemorientierte grammatische Analysen, läßt
aber alle anderen Problembereiche leicht aus den Augen entschwinden, die direkt oder
indirekt mit dem Sprach- und Grammatikproblem verbunden sind.

Unter einer solchen methodologischen Vorgabe kann dann leicht eine Sprachvorstel-
lung entstehen, in der die Sprache perspektivisch als *statisches Systemgebilde* (Ergon,

langue) wahrgenommen wird und nicht als *wirkende Kraft* (Energeia). Den grammatischen und lexikalischen Formen wird unter diesen Umständen dann leicht ein sozialer Zwangscharakter zugeordnet, der eine ›starke‹ Interpretation des sprachlichen Relativitätsprinzips nahelegt und der die reflexiven Denkprozesse abschattet, die mit dem Gebrauch der Sprache einhergehen können. Es ergibt sich dann die merkwürdige Situation, daß gerade durch diese Form der soziologischen Sprachbetrachtung die grammatischen Formen der Sprache enthistorisiert sowie in ihrem dialektischen und medialen Charakter bei der Wirklichkeitsbewältigung verfehlt werden.

So wichtig es ist, in grammatischen Reflexionen und in der grammatischen Theoriebildung den sozialen Zwangscharakter grammatischer Ordnungsformen herauszuarbeiten, so gefährlich ist es, grammatische Formen nur in dieser Perspektive wahrzunehmen und ihre universalen, pragmatischen und variablen Aspekte zu übersehen. Die soziologisch orientierte Argumentationslinie zum Bildungswert grammatischer Studien muß sich deshalb notwendigerweise auch mit einer *ideologiekritischen* und einer *wissenssoziologischen* Komponente anreichern. Einerseits hat sie sich auf das Problem zu konzentrieren, welche historischen und sozialen Faktoren die Entwicklung bestimmter grammatischer Ordnungsmuster begünstigt haben, um die Grammatikgeschichte auch von der Sozialgeschichte her zu beleuchten. Andererseits hat sie dafür Sorge zu tragen, daß grammatische Formen nicht als soziale Objektivgebilde im Sinne eigenständiger Realitäten betrachtet werden, deren historische, soziale und funktionale Relationszusammenhänge zu vernachlässigende Größen sind. Wenn grammatische Reflexionen durch methodologische Entscheidungen auf ein positivistisch gut handhabbares Grammatikmodell reduziert werden, dann verfehlt man ihre anthropologischen Bildungsfunktionen.

Die *biologisch* orientierte Argumentationslinie zur Klärung der Bildungsfunktion von grammatischen Reflexionen kann soweit ausgedehnt werden, daß sie erkenntnistheoretische und soziologische Fragestellungen einbezieht, weil das Bewußtsein und die Sozialität des Menschen biologisch-genetische Grundlagen haben. Diese weite Orientierung wird hier allerdings nicht zugrunde gelegt. Das Interesse soll sich darauf konzentrieren herauszuarbeiten, welchen Bildungswert die praktische und theoretische Auseinandersetzung mit grammatischen Ordnungsformen für die phylogenetische Entwicklung des Menschen gehabt hat und für die ontogenetische weiterhin hat.

Biologisch gesehen ist zunächst zu betonen, daß *hierarchisierte* Systeme und *selbstreflexive* Denkformen relativ späte Produkte der biologischen und kulturellen Evolution sind und daß die Fähigkeit zu lernen, d.h. genetisch fixierte Wissens- und Handlungsmuster durch individuell erworbene zu ergänzen, beim Menschen ausgeprägter ist als bei allen anderen Lebewesen. Das *Lernen* ist für den Menschen nicht nur eine praktische Notwendigkeit, um das erarbeitete Kulturwissen zu tradieren, sondern unabhängig von seinen jeweiligen Inhalten auch ein konstitutives Strukturmerkmal des Menschen selbst.

Unabhängig davon, ob man Lernprozesse im Sinne der platonischen Anamnesislehre als *Wiedererinnerungsprozesse*, im Sinne der Entelechielehre als *Entfaltungsprozesse* oder im Sinne der Handlungslehre als *Strukturierungsprozesse* versteht, in jedem Fall werden Lernprozesse nicht nur von ihren Ergebnissen und Zwecken her legitimiert, sondern auch durch den *Prozeß* selbst, der sich in den Lernvorgängen konkretisiert. Das Lernen hat deshalb immer eine *pragmatische* und eine *anthropologische* Dimension. Die genetische Entspezialisierung des Menschen für bestimmte ökologische Nischen und Lebensformen ist mit der *Notwendigkeit* korreliert, sich das Wissen früherer Generationen in Lernvorgängen anzueignen und die Flexibilität des Denkens für Informationsverarbeitungsprozesse ständig zu verbessern. Dabei muß nicht nur die Sprache zu einem optimal verwendungsfähigen Werkzeug ausgestaltet werden, sondern auch das Denken in die Lage versetzt werden, mit diesem Werkzeug so flexibel wie möglich umzugehen.

Das Lernen ist für den Menschen nicht nur eine pragmatische, sondern auch eine anthropologische und biologische Notwendigkeit, weil in Lernprozessen *Kräfte* und *Fähigkeiten* entfaltet werden, die sich keineswegs auf die Sachbereiche beschränken, an denen sie entwickelt worden sind. Das bedeutet, daß den *Formen* des Lernens mindestens ebenso viel Aufmerksamkeit zu schenken ist wie seinen *Zielen* und *Inhalten*. Rombach hat das Lernen wegen seiner anthropologischen Implikationen sogar als ein Konstituens der *»Seinsverfassung menschlichen Daseins«* überhaupt bezeichnet bzw. als ein *»Existenzial«* des Menschen.[24] Das Lernen als Vorgang, genetische Ordnungsstrukturen durch kulturelle zu konkretisieren und zu ergänzen, hat deshalb auch nicht nur etwas mit *Arbeit* und *Verfremdung* zu tun, sondern auch etwas mit *Spiel* und *Freiheit*, da es sowohl definierten Zwecken dienen kann als auch einen Sinn in sich *selbst* trägt. Da das Lernen auf seinen Spielcharakter nicht gänzlich verzichten kann, ist es sicher auch gerechtfertigt, das Lernen anthropologisch als eigenständigen Bereich zwischen *Arbeit* und *Spiel* einzuordnen.

Die Lust am Lernen, die zugleich ein Hinweis auf die biologisch-anthropologische Notwendigkeit des Lernens ist, dokumentiert sich am offensichtlichsten darin, daß alle Kinder einen zunächst relativ undifferenzierten Lernhunger haben, daß sie intensive Lernprozesse durchaus als Spiel realisieren können und daß ihre Gehirnentwicklung irreversibel geschädigt wird, wenn sie insbesondere in der frühen Jugend ihren Lernhunger durch die Reduktion ihrer Wahrnehmungsmöglichkeiten nicht befriedigen können. Beim Lernen sind zunächst die jeweiligen Lerninhalte weniger wichtig als die Tatsache, daß in den Lernprozessen selbst *Widerstände, Fremdheiten* und *Vagheiten* überwunden werden und sich aus Einzelelementen und vagen Vorgestalten durchstrukturierte Sinngestalten bilden.

Lernprozesse sind im Prinzip *Anpassungsvorgänge* individueller lebender Systeme an übergeordnete physische und kulturelle Systemordnungen, was man sowohl phylogenetisch als auch ontogenetisch näher analysieren kann. Diese Anpassungsvorgänge können ein sehr unterschiedliches Ausmaß und eine sehr unterschiedliche Qualität haben und von der Erlernung praktischer Fähigkeiten bis zu komplexen Theoriebildungen und Metareflexionen reichen. Wenn Kinder in die Phase der *Warum-Fragen* kommen, dann zeigt sich darin, daß sich ihr reflexives Denken zu entfalten beginnt und sie sich nicht mehr mit bloßen Wahrnehmungen zufrieden geben, sondern wissen wollen, was hinter diesen steht.

Konrad Lorenz hat das zum Lernen verdammte und befähigte Leben, das beim Menschen eine ganz spezifische Qualitätsintensität erreicht hat, immer wieder als einen »*wissenserzeugenden Prozeß*« beschrieben, der auf den grundlegenden Prinzipien »*Struktur*« und »*Freiheit*« aufbaue. Das Prinzip der *Struktur* betreffe die Notwendigkeit von allen lebenden Systemen, Wissen in relativ stabilen Formen *niederzulegen*, und das Prinzip der *Freiheit* betreffe die Notwendigkeit, alle verfestigten Wissensstrukturen wieder *auflösen* zu können, um neue und funktionalere zu bilden. Seiner Meinung nach gehört deshalb sowohl der Konservativismus wie die Bilderstürmerei zum menschlichen Leben und Lernen.[25] Außerdem hat er auch immer wieder betont, daß der Mensch eine Kreatur der *Natur* und der *Kultur* sei und daß er entblößt von aller kulturellen Erbschaft kein glücklicher Wilde im Sinne der Hoffnungen Rousseaus wäre, sondern ein bedauernswerter Krüppel, der nicht sprechen und denken könnte.

Systemtheoretisch gesehen ist das Lernen ein Prozeß, in dem *Strukturordnungen* hergestellt oder verändert bzw. in dem Systeme vertikal und horizontal in unterschiedlichen Variationen ineinander integriert oder aufeinander bezogen werden. Lernen ist deshalb nur dann möglich, wenn bestimmte Systemordnungen noch gar nicht vorhanden sind oder eine präzisierungsbedürftige Unschärfe aufweisen. Wenn alles schon geordnet ist, gibt es für Lernprozesse keine immanente Motivation mehr.

Wenn man vor dem Hintergrund dieser Überlegungen zum biologischen und anthropologischen Status von Lernprozessen die Frage nach dem Bildungswert der Beschäftigung mit der Grammatik stellt, dann lassen sich vielleicht drei unterschiedliche Argumentationsebenen unterscheiden. Diese Ebenen betreffen den anthropologischen Sinn des *intuitiven grammatischen Wissens*, den des *expliziten grammatischen Wissens* und den der *grammatischen Wissensbildung* bzw. *Reflexionsfähigkeit*.

Die Erfahrungen mit den sogenannten ›*Wolfskindern*‹ bzw. mit vernachlässigten Kindern haben gezeigt, daß Heranwachsende in ihren kognitiven Fähigkeiten und Entwicklungsmöglichkeiten irreversibel geschädigt werden, wenn sie in den ersten Lebensjahren keine *Sprache* erlernen bzw. den Umgang mit komplexen *Zeichensystemen* wie etwa einer taktilen Zeichensprache.[26] Das ist offenbar dadurch zu erklären, daß das Großhirn des Menschen im Gegensatz zu dem stammesgeschichtlich älteren Stammhirn und Zwischenhirn bei der Geburt weithin eine *Leerform* darstellt, die besonders in den ersten Lebensjahren hinsichtlich ihrer künftigen Operationsmöglichkeiten entscheidend geprägt wird. Da das Großhirn genetisch gesehen keine festen Reaktionspläne hat und für keine speziellen Einzelzwecke vorgesehen ist, kann es Zwecken dienen, die der Mensch sich nach und nach in der kulturellen Evolution gesetzt hat. Das Großhirn ist zwar funktionell nicht unabhängig von den Basisordnungen insbesondere des Zwischenhirns, aber es hat vergleichsweise große Freiheitsspielräume.

Neurologisch impliziert die Lernfähigkeit des Großhirns, daß die Zahl und Struktur der Verbindungskontakte zwischen den einzelnen Nervenzellen (Synapsen) nicht genetisch vorgegeben sind, sondern sich im Verlaufe von Lernprozessen erst bilden. Man nimmt an, daß die Zahl der synaptischen Verbindungen zwischen den Nervenzellen abhängig von der Reizmenge und der Reizvielfalt ist, die in den ersten Lebensjahren zu verarbeiten sind. Außerdem scheint es auch zur Ausbildung von neuronalen ›*Trampelpfaden*‹ bei der Reizverarbeitung zu kommen, weil diejenigen Synapsen, die häufig erregt werden, ihre Übertragungsfähigkeit steigern können. Trotz identischer Reize kann es deswegen bei den einzelnen Individuen zu sehr unterschiedlichen neuronalen Operationen im Großhirn kommen, weil die Verschaltungsstrukturen und die bevorzugten Erregungsbahnen der Nervenzellen individuell unterschiedlich ausgebildet sind. [27]

Diese neuronalen Verhältnisse erklären biologisch, warum die Menschen eine natürliche Tendenz haben, gerne so zu denken, wie sie schon früher gedacht haben. Im Laufe des Lebens stabilisieren sich nämlich mit den synaptischen Verschaltungen der Neuronen auch die kognitiven Strategien zur Verarbeitung von Informationen. Was sich einmal subjektiv bewährt hat, wird immer wieder praktiziert. Das Lernen hat deshalb auch ein *Janusgesicht*. Einerseits ist es die Voraussetzung dafür, daß wir unsere kognitiven Prozesse vielfältig variieren können und daß wir Informationen nicht nach so festen und groben Schemata wie die Tiere verarbeiten müssen. Andererseits führen erfolgreiche Lernprozesse auf ganz natürliche Weise dazu, daß sich bestimmte Denkmuster und Denkstrategien im Laufe der Zeit so verfestigen, daß sie *unorthodoxe* Denkoperationen immer mehr erschweren. Die Jugend wird deshalb immer die Chance und das Vorrecht haben, gegen den Strich des Üblichen zu denken und auch denken zu können, weil ihre kognitiven Operationen noch nicht so ›vorgebahnt‹ und ›eingeschliffen‹ sind wie die der älteren Generation. Das schließt allerdings nicht aus, daß die Häresien der einen Generation schon wieder die Orthodoxien der nächsten sind.

Aus diesen neuronalen Tatbeständen resultieren wichtige Konsequenzen für die Bildungsfunktion sprachlichen Wissens auf den verschiedenen Explizitheitsstufen. Man wird davon ausgehen können, daß allein der *praktische Umgang* mit einem so komplizierten und mehrdimensionalen Zeichensystem wie der Sprache ›klug‹ macht, weil im Umgang mit der Sprache die Nervenzellen des Großhirns intensiv dazu angeregt werden, viele Synapsen zu bilden und vielfältige Erregungsmuster für die Zeichen- und Informationsverarbeitung zu entwickeln. Je *komplexer* das Zeichensystem ist, mit dem das Großhirn arbeiten muß, je *vielfältiger* die Korrelationen sind, die mit diesem Zeichensystem konkretisiert werden können, desto größere *operative Flexibilität* kann das Großhirn gewinnen. Diese operative Flexibilität, die das Großhirn im Prozeß des Spracherwerbs ausbildet, kann dann auch für Aufgaben genutzt werden, die keine sprachliche Basis haben.

In diesem Zusammenhang ist nämlich zu beachten, daß allein der Umgang mit komplexen und in sich reich differenzierten Zeichensystemen zur Vermehrung der Synapsen in der Prägungsphase des Gehirns führt. Das praktische und emotionale Interesse an bestimmten Denkgegenständen kann natürlich auch zu der Vermehrung bzw. Ausprägung bestimmter synaptischer Verbindungen führen, aber zugleich kann dieses praktische und emotionale Interesse auch bestimmte Dominanzen bei der Bildung von Erregungsmustern begünstigen, was wiederum die Tendenzen zum ›konservativen‹ Denken verstärkt. Gerade formale Denkoperationen bzw. Denkoperationen, die zwar in sich methodisch stringent sind, deren *Ziele* aber spielerisch variiert werden können, scheinen deshalb für die Ausbildung vielfältig verschalteter Gehirnzellen einen großen stimulativen Effekt zu haben, weil sie nicht unter der Diktatur eines eindeutigen Zweckes stehen.

Aus diesen Überlegungen läßt sich nun ableiten, daß gerade der frühzeitige und

intensive *Umgang* mit sprachlichen Zeichensystemen die Ausbildung der allgemeinen
Intelligenz und Denkfähigkeit sehr fördert, weil es dabei zur Bildung von Synapsen
und synaptischen Mustern kommt, die auf andere Weise in dieser Reichhaltigkeit nicht
konkretisiert werden können. Die Verwendung einer lexikalisch und grammatisch
reduzierten ›Babysprache‹, die manche Eltern im Umgang mit ihren Kindern praktizieren, hat deshalb auch einen negativen Effekt auf die kognitive Entwicklung der Kinder.
Gerade der immanente Zwang, auf eine vorerst noch intuitive Weise grammatisches
Handlungswissen zu erwerben und zu praktizieren, hat offenbar eine wichtige allgemeine Bildungsfunktion, weil dadurch die synaptischen Voraussetzungen für formale
und reflexive Denkprozesse entscheidend gefördert werden. Der praktische Umgang
mit metainformativen grammatischen Zeichen scheint so gesehen dazu beizutragen,
die neuronalen Grundlagen für explizite metareflexive Prozesse zu legen. Wenn Hegel
von der *instinktmäßigen Logik* in der Sprache und Grammatik spricht, die zwar noch
aus der Vorgeschichte der Vernunft stamme, aber gleichwohl die bewußten Operationen der Vernunft mitbestimme, dann hat er offenbar einen ähnlichen Problemzusammenhang im Auge.

In diesem Zusammenhang kann möglicherweise der praktischen Beherrschung komplizierter *Schriftsysteme* wie etwa der japanischen Schrift ein ähnlicher neuronaler
Bildungswert zugeschrieben werden wie der Beherrschung komplizierter sprachlicher
Systeme. Die japanische Schrift ist deshalb so kompliziert, weil sie nicht nur wegen der
Vielzahl der Schriftzeichen große Anforderungen an das Gedächtnis stellt, sondern
weil sie sich aus kategorial sehr unterschiedlichen Subsystemen zusammensetzt, die auf
eine hochdifferenzierte Weise miteinander korreliert werden müssen. Einerseits besteht
die japanische Schrift aus *Begriffszeichen* (Kanji), die weitgehend aus der chinesischen
Schrift übernommen worden sind. Andererseits mußten für die japanische Schrift
zusätzlich noch *Silbenzeichen* (Kana) entwickelt werden, weil das Japanische im Gegensatz zum Chinesischen keine isolierende, sondern eine agglutinierende Sprache ist,
in der Affixe eine große Rolle spielen. Aber nicht genug damit. Bei den phonetisch
orientierten Schriftzeichen unterscheidet man außerdem noch zwischen einem System
für die Repräsentation von grammatischen Affixen und einem System für die Repräsentation von Namen.[28]

Es ist nun offensichtlich, daß die Beherrschung dieses überaus komplizierten Schriftsystems einen großen Teil der Arbeitskraft und Zeit japanischer Schüler bindet, weil
komplizierte analytische und synthetische Denkoperationen impliziter und expliziter
Art notwendig sind, um dieses System praktisch zu beherrschen. Aber gerade darin
könnte ein nicht zu unterschätzender allgemeiner Bildungswert liegen. Ebenso wie
durch die Mathematik können durch dieses Schriftsystem vielleicht formale Denkoperationen gefördert werden, die wegen ihrer emotionalen Neutralität keine festen Erregungsbahnen im Gehirn stabilisieren. Möglicherweise werden dadurch Synapsen und
synaptische Korrelationsmuster gebildet, die später für Denkprozesse ganz anderen
Typs und Inhalts gut genutzt werden können.

Im Laufe der jugendlichen Entwicklung sinkt die Bereitschaft immer mehr, die
handlungsmäßige Beherrschung komplexer Systeme schon als befriedigend zu empfinden. Das Bedürfnis wächst, das *intuitive Handlungswissen* auch zu einem *begrifflichen*

Gegenstandswissen zu machen und isolierte Fähigkeiten und Wissensinhalte auf umfassende Wissenssysteme bzw. Theorien zu beziehen. Insbesondere nach der Pubertät verstärkt sich die Neigung zu diesen Denkformen, die die Voraussetzungen für ein methodisch kontrolliertes wissenschaftliches Denken sind. In dieser Phase der kognitiven Entwicklung kann dann der theoretischen Beschäftigung mit der Grammatik ein ganz spezifischer Bildungswert zukommen.

Grundsätzlich ist diese Phase des Denkens dadurch gekennzeichnet, daß nichts akzeptiert wird, was sich nicht im Rahmen bestimmter Grundüberzeugungen als berechtigt ausweisen kann. Alles, was sich nur durch Tradition oder Gefühl legitimieren kann, ist deshalb vehementer Kritik ausgesetzt oder zumindest großem Mißtrauen. Da gleichzeitig nun aber auch die Hypothesenfreudigkeit wächst, kann der begrifflichen Analyse grammatischer Systemordnungen potentiell eine wichtige allgemeine Bildungsfunktion zufallen. Dafür lassen sich die folgenden Gründe geltend machen.

Nach Abschluß des Spracherwerbs ist die intuitive Beherrschung der grammatischen Ordnungsstruktur der Sprache im Prinzip gegeben. Die Existenz des *Sprachgefühls* bzw. *Grammatikgefühls* ist allerdings in doppelter Hinsicht eine intellektuelle *Provokation*. Einerseits wird es zum Ärgernis, weil es unbezweifelbar funktionskräftig ist und dennoch nicht begrifflich klar erfaßt und durchschaut werden kann. Andererseits eignet es sich gut dazu, die Erklärungskraft von Ordnungsbegriffen auszuprobieren, weil der zu strukturierende Bereich jedermann bekannt und zugänglich ist und im Prinzip nur das explizit erklärt werden muß, was man intuitiv ohnehin schon weiß.

Diese doppelte intellektuelle Provokation, die das intuitiv gegebene grammatische Handlungswissen auf das begriffliche Denken ausübt, kann insbesondere deswegen eine wichtige allgemeine Bildungsfunktion haben, weil an einem relativ überschaubaren Gegenstand *theoretisches Denken* eingeübt werden kann, das dann in analoger Form auch auf andere Gegenstandsbereiche übertragen werden kann. Gerade im Hinblick auf grammatische Zeichen und Strukturordnungen läßt sich gut exemplifizieren, was *begriffliches, funktionales, korrelatives* und *hypothetisches* Denken heißt. Die Ausarbeitung eines expliziten grammatischen Wissens hat so gesehen dann auch eine *wissenschaftspropädeutische* Funktion, weil es auf exemplarische Weise zeigt, wie theoretische Begriffe und Theorien zustande kommen können.

Insofern grammatische Analysen nicht nur ein Exempel für das theoretische Denken sind, sondern auch für das reflexive Denken, in das jedes theoretische Denken einmünden muß, stoßen wir auf eine dritte Ebene des Bildungssinns grammatischen Wissens und grammatischer Reflexionen. Jedes konsequent analytische Denken kann nicht bei der Analyse von Wahrnehmungsinhalten stehenbleiben, sondern muß zur Analyse der *Wahrnehmungsformen* und *Erkenntnismedien* voranschreiten, mit denen wir Wahrnehmungsinhalte konstituieren. Alle erkenntnistheoretischen Überlegungen müssen deshalb in sprachtheoretische Metareflexionen übergehen, wenn man die These akzeptiert, daß die lexikalischen und grammatischen Formen der Sprache unsere grundlegenden Erkenntnismedien sind. Wenn das Wissen einen immanenten Drang hat, seine eigenen Konstitutionsbedingungen zu durchschauen, dann kann es das Phänomen *Grammatik* nicht ausklammern. Eine Erkenntniskritik, die ihren Namen verdient, kann sich nicht auf die Aufklärung der biologischen, psychischen und sozioökonomischen Determinationsfaktoren des Denkens beschränken, sondern muß auch die *zeichentheoretischen* und insbesondere die *grammatischen* Determinationsfaktoren in ihre Überlegungen einbeziehen. Die Sprachphilosophie muß genuiner Bestandteil jeder Form von Transzendentalphilosophie sein.

In sprachphilosophischen und insbesondere in grammatischen Reflexionen läßt sich die Fähigkeit zur *Metareflexion* ausbilden und zugleich demonstrieren, daß das Denken sich seine eigenen Manifestationsformen durch bestimmte Spiegelungs- und Kontrastierungstechniken auf einer Metastufe bewußt machen kann. Selbst wenn man der Meinung ist, daß nur das praktisch verwertbare Wissen wertvoll ist, dann wird man unter anthropologischen Gesichtspunkten zugeben müssen, daß auch die Schulung reflexiver Denkoperationen in grammatischen Reflexionen einen praktischen Bildungswert hat. Dadurch kann nämlich ein bestimmter Typ kognitiver Operationen neuronal vorgebahnt und möglicherweise sogar vorgeprägt werden, der unabdingbar geworden ist, um den gegenwärtigen Differenzierungsgrad der Kultur und Zivilisation kognitiv bewältigen zu können.

3. *Der didaktische Sinn des Grammatikunterrichts*

Auf eine sehr pointierte und provokativ fruchtbare Weise hat Konrad Gaiser in Analogie zu der Titelfrage einer Erzählung Tolstois, wieviel Erde der Mensch brauche, die Frage gestellt: »*Wieviel Grammatik braucht der Mensch?*« [29] Tolstoi kommt in seiner Erzählung über einen Bauern, der seinen Landhunger schließlich mit dem Tode bezahlt, zu dem Ergebnis, daß der Mensch nur soviel Erde brauche, um ihm ein Grab zu schaufeln. Gaiser kommt hinsichtlich seiner Frage zu dem Ergebnis, daß die Schüler sehr viel weniger Grammatik brauchten, als diejenigen glaubten, die davon lebten, Grammatiken zu schreiben oder Grammatik zu unterrichten. An expliziten grammatischen Kenntnissen sei nahezu nichts »*wirklich lebensnotwendig*«, weshalb das Studium der Grammatik nur den Liebhabern vorbehalten bleiben sollte. »*Gegen die Grammatik ist damit nichts gesagt: die Beschäftigung mit ihr ist für den wissenschaftlich und zugleich sprachlich Interessierten so anregend wie für den Musiker das genauere Studium der Harmonielehre.*« [30]

Gaisers grundsätzliche Skepsis gegen den *Sinn* und *Umfang* des Grammatikunterrichts hat eine lange Tradition und einen berechtigten inhaltlichen Ansatz. Je mehr das theoretische Grammatikwissen anschwillt und je mehr Menschen an Schule und Hochschule durch die Beschäftigung mit der Grammatik ernährt werden, desto problematischer wird der Umfang und Inhalt des Grammatikunterrichts. Bevor man allerdings nach der *Quantität* des von der Schule zu vermittelnden grammatischen Wissens fragt, sollte man nach der *Qualität* des Grammatikbegriffs fragen, der dem Grammatikunterricht zugrunde gelegt wird. Didaktisch interessant ist nicht, *wieviel* grammatisches Wissen der Mensch braucht, sondern *welches* grammatische Wissen er braucht.

Die Skepsis gegen den Bildungswert eines rein *morphologisch* und *normativ* ausgerichteten Grammatikunterrichts sitzt tief. Auch Hegels Kategorie der *Entfremdung* und seine Hoffnung auf die stimulierende Wirkung des mechanischen Lernens für die dialektische Selbstentfaltung des Geistes wird man im Kontext des Grammatikunterrichts allenfalls in homöopathischen Dosen didaktisch goutieren können. Ein interessantes Bekenntnis zur Wirkung eines solchen Grammatikunterrichts hat Goethe abgelegt:

> »Die Grammatik mißfiel mir, weil ich sie nur als ein willkürliches Gesetz ansah; die Regeln schienen mir lächerlich, weil sie durch so viele Ausnahmen aufgehoben wurden, die ich alle wieder besonders lernen sollte. Und wäre nicht der gereimte angehende Lateiner gewesen, so hätte es schlimm mit mir ausgesehen; doch diesen trommelte und sang ich mir gern vor.«[31]

Ein dezidierter Gegner des traditionellen Grammatikunterrichts war auch Jacob Grimm. Sein *organischer* Sprachbegriff, in dem alle Aufmerksamkeit auf die Entfaltung, das Wachstum, die Selbstorganisation und die Individualität der einzelnen Sprachen gerichtet war, brachte Grimm in eine klare Opposition zu allen logisch und normativ orientierten Grammatikkonzeptionen, die sich für den Grammatikunterricht natürlich leichter verwenden ließen als die historisch-deskriptive Grammatik, die er im Auge hatte. In seiner Vorrede zur *Deutschen Grammatik* findet er deshalb sehr deutliche Worte hinsichtlich des vermeintlichen Wertes des Grammatikunterrichts für die Sprachbildung.

> »den geheimen schaden, den dieser unterricht, wie alles überflüssige, nach sich zieht, wird eine genauere prüfung bald gewahr. ich behaupte nichts anders, als dasz dadurch gerade die freie entfaltung des sprachvermögens in den kindern gestört und eine herliche anstalt der natur, welche uns die rede mit der muttermilch eingibt und sie in dem befang des elterlichen hauses zu macht kommen lassen will, verkannt werde... wichtig und unbestreitbar ist hier auch die von vielen gemachte beobachtung, dasz mädchen und frauen, die in der schule weniger geplagt werden, ihre worte reinlicher zu reden, zierlicher zu setzen und natürlicher zu wählen verstehen, weil sie sich mehr nach dem kommenden inneren bedürfnis bilden, die bildsamkeit und verfeinerung der sprache aber mit dem geistesfortschritt überhaupt sich von selbst einfindet und gewisz nicht ausbleibt. jeder Deutsche, der sein deutsch schlecht und recht weisz, d.h. ungelehrt, darf sich, nach dem treffenden ausdruck eines Franzosen: eine selbsteigene, lebendige grammatik nennen und kühnlich alle sprachmeisterregeln fahren lassen.«[32]

Grimms Plädoyer gegen einen normativ orientierten Grammatikunterricht und seine Hoffnung, daß die praktische *Sprachbeherrschung* am besten über das *Sprachgefühl* zu verbessern sei, das sich gleichsam von selbst in sprachintensiven Situationen ausbilde, muß didaktisch sicher sehr ernst genommen werden. Dennoch befriedigt eine solche Argumentation nicht, sofern man unter *Grammatik* mehr versteht als die Lehre von der Morphologie der Sprache und unter *Grammatikunterricht* mehr als die Vermittlung grammatischer Begriffe und Regeln.

Wenn man im Grammatikunterricht einerseits ein *Arbeitswissen* vermitteln will, das den produktiven und rezeptiven Umgang mit der Sprache verbessert, und andererseits der Beschäftigung mit dem Phänomen *Grammatik* einen grundsätzlichen, allgemeinen Bildungswert zubilligt, dann müssen *Ziele, Inhalte* und *Formen* des Grammatikunterrichts genauer reflektiert werden. Hinsichtlich der Frage nach dem Sinn des muttersprachlichen Grammatikunterrichts lassen sich vielleicht drei große Problembereiche unterscheiden. Erstens ist zu klären, in welchen allgemeinen *Bildungszusammen-*

hang man den Grammatikunterricht stellen kann. Zweitens ist zu klären, welcher *Grammatikbegriff* für den Grammatikunterricht fruchtbar ist. Drittens ist zu klären, wie man den Grammatikunterricht *methodisch* zu organisieren hat, damit er den Sinn bekommen kann, den man ihm geben möchte.

Die allgemeinen Begründungszusammenhänge für den Grammatikunterricht sind im Rahmen der *Didaktik* als der Lehre von den Unterrichtsinhalten und Unterrichtszielen zu erörtern. In ihr gibt es allerdings sehr unterschiedliche Konzepte, weil die Auffassungen darüber, was Bildung sei und was man im Unterricht anzustreben habe, naturgemäß sehr divergieren. Gleichwohl lassen sich drei große Bildungskonzepte namhaft machen, in deren Rahmen das Problem des Grammatikunterrichts sinnvoll diskutiert werden kann, nämlich das *material*, das *formal* und das *kategorial* orientierte Bildungskonzept.[33]

Das *material* orientierte Bildungskonzept stellt sich die Aufgabe, die objektiven Grundlagen und Inhalte einer Kultur zu erfassen, um daraus dann ableiten zu können, welche Inhalte im Unterricht zu vermitteln sind, um den Funktions- und Traditionszusammenhang einer Kultur zu sichern. Nun ist offensichtlich, daß in der Schule nur die ganz besonders repräsentativen und funktionalen Inhalte einer Kultur vermittelt werden können, die eine *Schlüsselfunktion* für die Aneignung anderer Inhalte haben. Im Rahmen dieses Bildungskonzeptes ist in der didaktischen Analyse dann zu entscheiden, welches grammatische Wissen als *funktionales* Arbeitswissen zu gelten hat und wie solche Entscheidungen nach allgemeinen und beruflichen Gesichtspunkten zu differenzieren sind. Außerdem ist zu klären, welche *Schlüsselfunktionen* grammatisches Wissen für den Erwerb anderen Wissens haben kann.

In der Denkperspektive des materialen Bildungskonzeptes hat sich der muttersprachliche Grammatikunterricht im Prinzip als ein *Dienstleistungsunterricht* zu organisieren und zu strukturieren, sei es im Hinblick auf die Vorbereitung des Fremdsprachenunterrichts, sei es im Hinblick auf die Analyse und Produktion schriftlicher Texte. Die Inhalte und Ziele des Grammatikunterrichts werden im Rahmen dieses Bildungskonzeptes nach rein *pragmatischen* Gesichtspunkten festgelegt, weil grammatisches Wissen vor allem als Arbeitswissen interessant ist. Der nach diesem Bildungskonzept organisierte Grammatikunterricht hat immer wieder mit Motivationsproblemen zu kämpfen, weil im Prinzip auf Vorrat gelernt wird, d.h. für künftige Sprachgebrauchssituationen.

Der *Lernprozeß* wird im Rahmen des materialen Bildungskonzeptes eigentlich nur *methodisch* als Weg zu einem Ziel reflektiert, aber nicht *inhaltlich* als ein Prozeß, der selbst zum Unterrichtsziel gehört. Die scharfe Trennung von Inhalt und Methode, die bei diesem didaktischen Denkansatz für den Grammatikunterricht angestrebt wird, ist sicher hilfreich, um das Interesse perspektivisch klar auf bestimmte Problembereiche zu konzentrieren. Dabei darf aber nicht übersehen werden, daß das Ziel des Grammatikunterrichts sich nicht auf die Vermittlung grammatischer Analysekategorien und grammatischer Regeln für die Herstellung funktional wirksamer Texte beschränken muß, sondern auch darin bestehen kann, reflexive Denkprozesse einzuüben. Wenn nun aber die Entwicklung solcher Fähigkeiten auch zu den Zielen des Grammatikunterrichts gehört, dann wird die scharfe didaktische Trennung von Inhalten und Methoden für den Grammatikunterricht problematisch, weil das Ziel des Grammatikunterrichts ja nicht nur in der Vermittlung positiver Grammatikkenntnisse besteht, sondern auch in der Förderung der grammatischen Reflexionsfähigkeit als Einübung in das reflexive Denken.

Im Gegensatz zu dem material orientierten Bildungskonzept, welches das Arbeitswissen in den Mittelpunkt seines Interesses stellt, widmet das *formal* orientierte Bildungskonzept gerade denjenigen Problemzusammenhängen seine Aufmerksamkeit, die Scheler mit dem Begriff des *Bildungswissens* thematisiert hat. In diesem Bildungskonzept stehen nicht die Sachgegenstände als Sachgegenstände im Mittelpunkt der Aufmerksamkeit, sondern als Gegenstände, an denen die geistigen *Kräfte* der Schüler sich ausbilden können. Sachwissen wird nicht so sehr als pragmatisch verwertbares Wissen angestrebt, sondern als notwendige Grundlage für die Realisierung kognitiver Operationen. Bei der Stärkung der geistigen Kräfte kann dabei das Hauptaugenmerk entweder auf die allgemeine Ausbildung ›geistiger Muskeln‹ gerichtet werden oder auf die Ausbildung *methodischer Fertigkeiten* im Umgang mit komplexen Problemen. Grundsätzlich besteht in diesem Bildungskonzept die didaktische Hoffnung, daß Kräfte und Methoden, die an einem Gegenstand entwickelt worden sind, auch auf andere Gegenstände *übertragbar* sind.

Aus der Denkperspektive des formalen Bildungskonzeptes ergibt sich für den Grammatikunterricht eine ganz andere Problemkonstellation als aus der des materialen Bildungskonzeptes. Es geht nun vordringlich nicht um den Erwerb direkt verwertbarer grammatischer Kenntnisse und Termini, sondern um die methodische und begriffliche Bewältigung eines komplexen Problembereiches, nicht so sehr um das konkret faßbare grammatische Wissen selbst, sondern um das, was beim Erwerb dieses Wissens geschult und entwickelt wird. Dieser Ansatz zwingt dazu, Inhalte und Methoden des Grammatikunterrichts in einem geschlossenen Korrelationszusammenhang zu reflektieren.

Angesichts dieser Zielsetzungen des formalen Bildungskonzeptes kann man sich natürlich fragen, ob man das Training geistiger Kräfte nicht erfolgreicher gestalten kann, wenn man weniger spröde Gegenstände auswählt als die Grammatik, zu der die Schüler kaum eine emotionale Grundspannung entwickeln können, die den Lernprozeß von selbst fortzeugt. Im Rahmen des formalen Bildungskonzeptes ist die Sprödigkeit und Widerständigkeit der Gegenstände nun aber keineswegs ein grundsätzliches Hindernis für die Entfaltung geistiger Fähigkeiten, sondern eher ein methodisches Problem für die *Zündung* von Lernprozessen. Der Mangel an emotionaler Grundspannung zu den jeweiligen Lerngegenständen verleitet die Schüler nämlich nicht zu vorschnellen Bewertungen und Strukturierungen, sondern erleichtert es, die Gegenstände *methodisch* auf mühsame Weise von innen her kennenzulernen. Dieser *Arbeitsprozeß* zur Überwindung von Fremdheitserlebnissen, der auf einer intellektuellen Provokation beruht, vermag dann aber durchaus wieder ein emotionales Spannungsverhältnis zu den jeweiligen Gegenständen zu schaffen. Das humanistische Gymnasium hat, angeregt durch solche Gedankengänge, deshalb auch dem expliziten Grammatikunterricht zum Erwerb der alten Sprachen und dem Mathematikunterricht einen ganz besonderen Bildungswert zugeschrieben, weil bei diesen Unterrichtsgegenständen die Kategorien der *Fremdheit*, der *Arbeit* und des *Lernens* klar hervortreten können, die man generell als Grundkategorien des Bildungsprozesses ansah.

Das formale Bildungskonzept ist gerade im Zusammenhang mit seinen praktischen Auswirkungen im Grammatikunterricht im Verlaufe der Zeit sehr in Verruf geraten. Das hat nicht nur etwas mit seinem prinzipiellen Denkansatz zu tun, sondern vor allem auch mit den Problemen, die sich bei seiner *praktischen* Umsetzung ergeben haben. Es ist nämlich offensichtlich, daß formale Bildungskonzepte immer Gefahr laufen, in reinen Übungsmechanismen zu erstarren. Wenn aber Lernverfahren schematisiert werden und sich nicht immer wieder neu an widerständigen Gegenständen strukturieren, dann können formale Bildungskonzepte auf einer anderen Ebene paradoxerweise leicht wieder in materiale umschlagen, weil nun statt materieller Sachkenntnisse bestimmte Terminologie- und Verfahrenskenntnisse zu materialen Unterrichtsinhalten werden. Hinsichtlich des Grammatikunterrichts kann das bedeuten, daß der Erwerb und die Anwendung von grammatischen Termini schon als zureichendes Ziel des Grammatikunterrichts betrachtet werden, ohne daß die Frage gestellt wird, welchen *übergreifenden* Bildungssinn die grammatische Analysefähigkeit haben soll und wie grammatische Analysen zu gestalten sind, damit sie diesen bekommen können.

Das formale Bildungskonzept ist im Kontext des Grammatikunterrichts auch dadurch problematisch geworden, daß zum Teil logische und grammatische Regeln miteinander identifiziert worden sind. Diese Identifizierung ist nicht zwingend, aber sie stellt sich natürlich immer dann leicht ein, wenn sich grammatische Ordnungsbegriffe stabilisieren und sich unter der Hand zu logischen und ontologischen Begriffen verfestigen. Im Prinzip hat das formale Bildungskonzept eine solche Tendenz eigentlich zu bekämpfen, weil es besonderen Wert darauf legen muß, grammatische Begriffe als *operationale Denkformen* anzusehen, und allen Bestrebungen Widerstand zu leisten hat, sie logisch oder ontologisch als *Seinsformen* zu betrachten. Dieses Bildungskonzept muß gerade darauf achten, daß grammatische Begriffe nicht zum Selbstzweck werden oder als Manifestationen eines unbezweifelbaren Basiswissens angesehen werden. Statt dessen muß es anstreben, grammatische Begriffe immer wieder zu Gegenständen von reflexiven Denkanstrengungen zu machen.

Das materiale und das formale Bildungskonzept haben zweifellos Schwächen, die sich gerade bei den didaktischen Entscheidungen zeigen, die in ihrem Bezugsrahmen im Hinblick auf die Inhalte und Formen des Grammatikunterrichts gefällt werden können. Sie verführen nämlich entweder dazu, das Heil darin zu suchen, ein ganz bestimmtes grammatisches Inhaltswissen zu kanonisieren und zu schematisieren, oder dazu, angesichts der Idee der allgemeinen Schulung geistiger Kräfte alle möglichen grammatischen Analyseverfahren didaktisch zu rechtfertigen. Beide Konzepte haben zweifellos aber auch didaktische Stärken, weil man einerseits durch sie dazu gezwungen wird, begründete Entscheidungen darüber zu fällen, welchen grammatischen Wissensinhalten man lebenspraktische Relevanz zuordnet und welchen nicht, und weil man andererseits durch sie darauf aufmerksam gemacht wird, daß der *Bildungswert* des Grammatikunterrichts sich nicht in dem erschöpft, was als abfragbares grammatisches Gegenstandswissen aus ihm hervorgeht.

In dem Bemühen, die fruchtbaren Aspekte des materialen und formalen Bildungskonzeptes aufzunehmen, ohne ihre jeweiligen Schwächen wirksam werden zu lassen, hat Klafki den Begriff der »*kategorialen Bildung*« geprägt, der für die Erhellung des Bildungswertes des Grammatikunterrichts sehr hilfreich ist. Dieses Konzept zielt darauf ab, den Bildungsbegriff so zu dynamisieren, daß einerseits die Wirkung der materialen Unterrichtsinhalte auf die geistige Welt der Schüler thematisiert wird und andererseits die Formen, in denen sich geistige Inhalte konkretisieren lassen. *Kategoriale Bildung* im Sinne Klafkis liegt nämlich immer dann vor, wenn sich der Mensch seine Wirklichkeit durch Ordnungskategorien strukturieren und verfügbar machen kann und wenn er sich eben durch diesen Arbeitsprozeß auch für seine Wirklichkeit öffnet. [34]

Die Idee der kategorialen Bildung muß notwendigerweise den *Lernprozeß* in den Mittelpunkt des Interesses stellen und darauf achten, daß der Vorgang der *Kategorienbildung* sich immer im Rahmen einer kreativen *Subjekt-Objekt-Spannung* vollzieht. Wenn Piaget[35] Denk- und Verstehensprozesse immer wieder als Prozesse der *Gleichgewichtsbildung* (Äquilibration) beschrieben hat, in denen das Individuum einerseits versuchen muß, Erfahrungen in schon vorhandene Ordnungsmuster einzuordnen bzw. von ihnen her zu deuten (Assimilation), und andererseits versuchen muß, seine eigenen Ordnungsmuster so umzustrukturieren, daß mit ihnen die jeweiligen Erfahrungen kognitiv bewältigt werden können (Akkomodation), dann wird in einer anderen Terminologie der Bildungsprozeß ebenso wie bei Klafki als ein selbstregulierender Prozeß beschrieben, der im Prinzip eine *übergreifende* Ordnungsstruktur haben muß. Immer muß Sorge dafür getragen werden, daß das *Inhaltslernen* zugleich ein *Strukturierungslernen* ist und daß *Faktum* und *Horizont* als korrelative Begriffe verstanden werden.

Wichtig für das Konzept der kategorialen Bildung und für die didaktische Begründung des Grammatikunterrichts ist, daß das Lernen zwischen *Spiel* und *Arbeit* als den beiden grundlegenden Aktivitätsformen des Menschen eingeordnet wird, worauf insbesondere Guyer nachdrücklich hingewiesen hat.[36] Mit der Arbeit habe das Lernen die Merkmale der *Anstrengung*, der strengen *Zielorientierung* und des praktischen *Nutzens* gemeinsam und mit dem Spiel die Freude am *Vollzug* von Tätigkeiten, am *Überwinden* von Schwierigkeiten und Widerständen bei Strukturierungsprozessen sowie an unorthodoxen *Umwegen* und überraschenden *Hypothesen*. Während es im Arbeitsprozeß primär um die Veränderung und Beherrschung der Dinge gehe und im Spielprozeß primär um den Umgang und Dialog mit den Dingen, gehe es im Lernprozeß primär um die Veränderung des jeweiligen Individuums bzw. um die Erweiterung seiner Fähigkeiten, seines Wissens und seines geistigen Horizonts.

Das Konzept der kategorialen Bildung kann sich deshalb so fruchtbar auf die Konzipierung des Grammatikunterrichts auswirken, weil es dazu anregt, seine Aufmerksamkeit darauf zu richten, wie grammatische Ordnungsbegriffe erzeugt werden, welcher kognitive Gehalt ihnen zukommt und welche analytischen Funktionen sie haben. Der Erwerb bzw. die Vermittlung grammatischer *Wissensinhalte* rechtfertigt sich didaktisch immer dann, wenn ihnen in einem doppelten Sinne eine *Schlüsselfunktion* zukommt. Einerseits muß das explizite grammatische Wissen das intuitive grammatische Wissen so adäquat wie möglich repräsentieren und als Arbeitswissen pragmatisch gut verwendbar sein. Andererseits muß das grammatische Wissen dazu befähigen, sich neue Wissensinhalte zu erschließen und das alte Wissen besser zu verstehen, bzw. dazu beitragen, geistige Kräfte zu entfalten, die auch für ganz andere Zielsetzungen genutzt werden können.

Das Konzept der kategorialen Bildung hat sowohl für die Konstitution eines didaktisch sinnvollen Grammatikbegriffs wichtige Konsequenzen als auch für die methodischen Verfahren im Grammatikunterricht selbst. Die *Formen* des Grammatikunterrichts haben in diesem Konzept nämlich nicht nur eine *methodische*, sondern auch eine *didaktische* Relevanz, weil durch sie mitentschieden wird, wie das Phänomen Grammatik in den Wahrnehmungshorizont der Schüler tritt und welche geistigen Kräfte im Grammatikunterricht beansprucht und angeregt werden.

Es ist offensichtlich, daß im Rahmen des Konzeptes der kategorialen Bildung alle rein morphologisch, logisch oder normativ orientierten Grammatikbegriffe unbrauchbar sind, weil sie den Blickwinkel für grammatische Phänomene so einengen, daß aus der Beschäftigung mit ihnen keine wirklichen Bildungsfunktionen mehr resultieren können. Dagegen scheint der hier entwickelte semiotisch orientierte Grammatikbegriff didaktisch sehr sinnvoll zu sein. Da er die *Form-Funktions-Korrelation* in den Mittelpunkt seines Interesses stellt und sowohl nach dem *kognitiven Gehalt* als auch nach den *instruktiven Funktionen* grammatischer Zeichen fragt, ist er geeignet, die Grundlage eines Grammatikunterrichts zu bilden, der sich an dem kategorialen Bildungskonzept ausrichtet. Dafür lassen sich vor allem drei Gründe ins Feld führen.

Erstens zwingt der semiotisch orientierte Grammatikbegriff auf immanente Weise dazu, die *morphologische Grundlage* grammatischer Zeichen zu identifizieren bzw. Kriterien zu entwickeln, die das ermöglichen, was große analytische Denkanstrengungen erforderlich macht. Außerdem ist zu klären, wie lexikalische und grammatische Zeichen voneinander abzugrenzen sind, wie sprachliche Ordnungssysteme ineinandergreifen, welchen Komplexitätsgrad grammatische Zeichen haben können und nach welchen Erkenntnisinteressen sprachliche Phänomene analysiert und grammatische Begriffe gebildet werden können.

Zweitens regt der semiotisch orientierte Grammatikbegriff dazu an, in weit gefächerte *reflexive Denkprozesse* einzutreten und das allgemeine Sprachbewußtsein so zu schärfen, daß die Sprache als Medium der Erkenntnis und des Denkens faßbar wird. Die organisierende und interpretative Funktion grammatischer Zeichen für lexikalische Zeichen muß thematisiert und spezifiziert werden, und der Zusammenhang des kognitiven Gehaltes grammatischer Zeichen mit ontologischen Fragestellungen muß reflektiert werden. In jedem Fall zwingt die Frage nach den Funktionen grammatischer Zeichen auf der morphologischen, der semantischen und der erkenntnistheoretischen Ebene dazu, in relationale Denkprozesse einzutreten, die sich zwar methodisch regulieren und präzisieren lassen, deren Spannweite und Bezüge aber prinzipiell nicht eingrenzbar sind.

Drittens ermöglicht der semiotisch orientierte Grammatikbegriff, daß im Grammatikunterricht die Kategorie des *Lernens* so zur Geltung kommen kann, daß sie ihre anthropologische Relevanz unverkürzt entfalten kann. Das ist möglich, weil dieser Grammatikbegriff das Grammatikproblem nicht auf den Bereich der Morphologie, der Norm oder der Regel verkürzt, sondern immanent immer dazu auffordert, geistige

Strukturordnungen aller Art mit dem Sprach- und Grammatikproblem in Verbindung zu bringen. Dadurch können kreative Lern- bzw. Strukturierungsprozesse in Gang gesetzt werden, in denen eine Balance zwischen Arbeit und Spiel bzw. Assimilation und Akkomodation eingehalten werden kann.

Wenn man nun in einem letzten Ansatz nach der didaktischen Relevanz bzw. dem Bildungswert *methodischer Verfahren* im Grammatikunterricht fragt, dann läßt sich dieser Problembereich am besten dadurch erhellen, daß man einige Prinzipien nennt, die für die Organisation des Grammatikunterrichts eine konstitutive und regulative Funktion haben sollten. Als solche strukturbildenden Prinzipien lassen sich das *verfremdende*, das *operative*, das *genetische* und das *funktionale* Prinzip ansehen.

Das *verfremdende Prinzip* spielt für den muttersprachlichen Grammatikunterricht eine besonders wichtige Rolle, weil die Schüler schon über ein intuitives grammatisches Handlungswissen verfügen und deshalb das Phänomen *Grammatik* als möglichen oder sinnvollen Lerngegenstand gar nicht wahrnehmen. Deshalb muß zunächst alle Anstrengung darauf ausgerichtet werden, grammatischen Formen den Status der *Selbstverständlichkeit* zu nehmen und sie als Wahrnehmungsgegenstände so zu verfremden und zu isolieren, daß sie als Erkenntnisgegenstände in den *Fragehorizont* des Schülers geraten. Das läßt sich dadurch bewerkstelligen, daß durch unübliche Verwendung grammatischer Zeichen Widersprüche, Doppeldeutigkeiten und Kontraste erzeugt werden, denen der immanente Aufforderungscharakter zukommt, nach der Ursache der jeweiligen Turbulenzen zu suchen. Solche Gegenstandsverfremdungen sind Realisationsweisen des Prinzips der »*originalen Begegnung*«, das Roth als unabdingbar für die Organisation von produktiven Lernprozessen angesehen hat.[37] Es ist schon von Sokrates praktiziert worden, um Phänomene als Phänomene sichtbar zu machen. Roth betont deshalb auch zu Recht, daß die erste Hilfe beim Lernen aus den wahrgenommenen Schwierigkeiten und Widersprüchen selbst resultiere, weil nichts für Lernprozesse so motiviere, wie das Streben, im Chaos Sinn zu stiften. Deshalb muß im muttersprachlichen Grammatikunterricht zunächst auf dosierte Weise eine kognitive Verwirrung hergestellt werden, um die ordnungsstiftenden geistigen Kräfte der Schüler zu aktivieren.

Das *operative Prinzip* soll dazu ermutigen, an der Sprache und mit der Sprache Operationen vorzunehmen, um auf diese Weise Probleme zu orten, zu strukturieren und zu lösen. Operationen an und mit der Sprache haben ebenfalls einen immanenten Aufforderungscharakter, weil sie dazu anregen, Veränderungen zu diagnostizieren, Ziele, Methoden und Ergebnisse von Operationen metareflexiv zu beurteilen und alle Teiloperationen auf übergeordnete Sinnzusammenhänge zu beziehen. Dieses Prinzip verdeutlicht auch, daß sich das Denken als verinnerlichtes Sprechen betrachten läßt und daß viele Phänomene erst dann sichtbar werden, wenn man die Haltung der reinen *Kontemplation* zugunsten der des *Handelns* aufgibt. Außerdem eröffnet das operative Prinzip insbesondere dem *Spieltrieb* einen größeren Raum.

Das *genetische Prinzip*, durch das man das verfremdende und das operative Prinzip fruchtbar aufeinander beziehen kann, ist insbesondere durch Wagenschein ausgearbeitet worden.[38] Er hat dem *genetischen Lehren* gegenüber dem *darlegenden Lehren* lernpsychologisch eindeutig den Vorzug gegeben. Das genetische Lehren sei dadurch gekennzeichnet, daß es einen Wissensbestand nicht so vermitteln wolle, wie er nach einem langen Forschungsprozeß abschließend systematisiert worden sei, sondern so, daß den Schülern nachvollziehbar werde, wie er sich allmählich *herausgebildet* habe. Dadurch werde beim genetischen Lehren zwar mehr Zeit als beim darlegenden Lehren verbraucht, weil auch Umwege und Irrwege mitzugehen seien, aber zugleich komme es auf diese Weise auch zu einer besseren *Einwurzelung* des jeweiligen Wissens, weil zu frühe und zu blutleere Abstraktionen verhindert würden. Lernpsychologisch gesehen werde nur das Wissen zu einem festen individuellen Besitz, das gegen *Widerstände* erarbeitet worden sei und dessen *Entstehungsgeschichte* für den Schüler auch nachvollziehbar bleibe. Hinsichtlich des Grammatikunterrichts hat das genetische Prinzip zur Konsequenz, daß die Schüler nicht mit einem Wust von grammatischen Begriffen überschüttet werden, die sich in einer über zweitausendjährigen Forschungstradition herausgebildet haben, sondern daß ihnen in einem verkürzten und didaktisch-methodisch arrangierten Verfahren die *Entstehungsgeschichte* grammatischer Begriffe bzw. die *Probleme* grammatischer Begriffsbildung einsichtig gemacht werden. Die Schüler müssen zuerst einmal die *Fragen* verstehen, die zur Bildung grammatischer Begriffe und Theorien geführt haben, bevor sie mit den *Antworten* der Grammatikforschung bekannt gemacht werden. Der Ausarbeitung von Fragestellungen muß deshalb im Grammatikunterricht mindestens ebensoviel Zeit und Aufmerksamkeit gewidmet werden wie der Vermittlung von grammatischem Gegenstandswissen und Arbeitswissen.

Das *funktionale Prinzip* beinhaltet, daß auf systematische Weise der *Werkzeugcharakter* grammatischer Zeichen deutlich gemacht wird. Der Grammatikunterricht muß so angelegt werden, daß die *organisierenden*, die *interpretierenden* und die *kognitiven* Funktionen grammatischer Formen in den Mittelpunkt gestellt werden und daß zugleich die Bezüge von grammatischen Fragestellungen zu Problemen des Verstehens, des Erkennens, des Handelns und der kulturellen Evolution hergestellt werden. Das bedeutet, daß die Strukturierungskraft des funktionalen Prinzips für den Grammatikunterricht sich auf das Problem der *Grammatikkritik*, der sprachlichen *Relativität*, der *Stilistik* und der *Textsortenbildung* erstreckt. Außerdem kann es für alle Fragen fruchtbar gemacht werden, die das Problem der geistigen Perspektivierung von Wahrnehmungsinhalten betreffen sowie der Text- und Daseinshermeneutik.

Zwischen den Fachwissenschaften und der Philosophie hat sich im Laufe der Zeit eine gewisse Arbeitsteilung entwickelt. Von den *Fachwissenschaften* erwarten wir, daß sie unser Wissen über einen Gegenstandsbereich so erweitern, systematisieren und explizit machen, daß es als *Arbeitswissen* brauchbar wird. Von der *Philosophie* erwarten wir, daß sie dabei hilft, die *Grenzen* eines Gegenstandsbereiches abzuklären, daß sie uns Hinweise gibt, auf welche *Weise* und mit welchen *Zielen* wir Wissen erzeugen können, und daß sie den *Stellenwert* der jeweiligen Wissensinhalte qualifiziert.

Das bedeutet, daß die Philosophie eines Gegenstandsbereiches zugleich auch immer eine Philosophie der *Wissenschaft* von diesem Gegenstandsbereich sein muß. Als eine Form von Metawissenschaft muß sie nämlich klären, in welchen *Perspektiven* die jeweilige Fachwissenschaft auf ihren Gegenstand blicken kann, welche *Aspekte* des Gegenstandes sie jeweils wahrnehmen kann und welchen *Erklärungsanspruch* die Kategorien stellen können, mit denen sie arbeitet. Das impliziert, daß die Philosophie ständig die *Grenzen* der Fachwissenschaft überschreiten muß, weil sie sonst nicht kenntlich machen kann, was Grenzen sind und was hinter Grenzen liegt. Das genuine Ziel der Philosophie besteht also immer darin, ein *Erschließungs-* bzw. *Bildungswissen* zu erarbeiten.

Hier wurde versucht, das Phänomen *Grammatik* dadurch als *Wahrnehmungsgegenstand* zu konkretisieren, daß es in seinen vielfältigen Aspekten gezeigt wurde bzw. daß Hinweise darauf gegeben wurden, in welchen *Perspektiven* und *Korrelationen* es fachwissenschaftlich näher betrachtet werden kann. Dabei wurden mit Absicht keine endgültigen Grenzlinien um dieses Phänomen gezogen, sondern das Hauptaugenmerk darauf gerichtet, die *Grenzzonen* der Grammatik zu erhellen, in denen dann die Fachwissenschaften entsprechend ihren Erkenntnisinteressen und methodischen Prämissen *Grenzlinien* ziehen können. Dadurch sollte klar gemacht werden, daß die Grammatik nicht nur ein Gegenstand der Sprachwissenschaft im engeren Sinne ist, sondern daß sie potentiell Gegenstand *vieler* Wissenschaften sein kann und daß ihr im Reiche der Wissenschaften keine Randexistenz zukommt.

Die Philosophie der Grammatik hat als Philosophie der Sprache im Gegensatz zu anderen Formen der Philosophie eines bestimmten Gegenstandsbereiches mit einer besonderen Schwierigkeit zu kämpfen, die für die Form dieser Philosophie von großer Bedeutung ist. Die Philosophie der Sprache bzw. der Grammatik muß sich nämlich immer der Tatsache bewußt sein, daß ihr *Gegenstandsbereich* zugleich das *Medium* ist, mit dem dieser Gegegenstandsbereich dargestellt und strukturiert wird. Dadurch geraten alle Argumentationen in die Gefahr, sich in einen paradoxen Zirkel zu verstricken und sich wie Münchhausen am eigenen Schopf aus dem Morast aller Schwierigkeiten zu ziehen. Deshalb wurde dem Problem viel Aufmerksamkeit und Anstrengung gewidmet, den *paradoxen Erkenntniszirkel* in eine *hermeneutische Erkenntnisspirale* zu verwandeln und durch vielfältige Spiegelungs- und Distanzierungstechniken das *Medium* wahrnehmbar zu machen, in dem man sich bewegt bzw. das man benutzt. Dadurch sollte einerseits verdeutlicht werden, daß wir das Medium *Sprache* bzw. *Grammatik* zum Denken ebenso notwendig brauchen wie der Vogel die Luft zum Fliegen und der Fisch das Wasser zum Schwimmen, und andererseits einsichtig gemacht werden, daß die Sprache als Sinnbildungsmedium so flexibel genutzt werden kann, daß mit ihr metareflexiv ihre eigene Struktur aufgeklärt werden kann.

Eines der Verfahren, im Gebrauch der Sprache die Gebundenheit unseres Denkens an die Sprache, wenn auch nicht an Zeichen, partiell aufzuheben und die begriffliche Sinnbildungsebene der Sprache metareflexiv zu transzendieren, ist die *bildliche* Verwendungsweise der Sprache. Darunter wird die Möglichkeit verstanden, mit Hilfe konventionalisierter sprachlicher Zeichen spezifische sachliche *Vorstellungsbilder* zu erzeugen, die dann ihrerseits auf einer Zeichenebene 2. Ordnung eine Zeichenfunktion ikonischer Art übernehmen können. Die kognitive Kraft dieser ikonischen Zeichen können wir in der Regel *spontan* verstehen, wenn wir die Struktur des Sachverhaltes kennen, der in der ikonischen Zeichenrelation zum *Zeichenträger* gemacht worden ist.

In dieser bildlichen Nutzungsweise von Sprache verzichten wir darauf, ein Phänomen auf die übliche Weise begrifflich genau zu lokalisieren und zu strukturieren, sondern versuchen nur, es kraft *Analogie* in seinen komplexen Grundstrukturen annäherungsweise zu erfassen. Da wir bei diesem Sprachgebrauch die begriffliche und argumentative Verwendungsweise der Sprache aufgeben und die strukturierende Kraft der Sprache auf einer ganz anderen Ebene und in einer ganz anderen Ausrichtung nutzen, entschärft sich auch das logische Münchhausenproblem, die Struktur und die Funktion eines Systems mit den Mitteln desselben Systems aufzuklären, denn in diesem Fall wird das Medium Sprache in seiner *begrifflich* orientierten Realisationsweise durch das Medium Sprache in seiner *bildlich* orientierten Realisationsweise erhellt.

Die bildliche Verwendungsweise von Sprache hat gegenüber der begrifflichen bzw. diskursiven eine große Schwäche, aber auch eine große Stärke. Ihre *Schwäche* besteht darin, daß sie notwendigerweise *vage* bleiben muß und keine große informative Präzision besitzt, daß sie etwas andeutet, aber nichts aussagt und kategorial einordnet. Ihre *Stärke* besteht darin, daß sie ihre strukturierende Ordnungskraft auf einer eigenständigen Ebene entfaltet und deshalb *metainformativ* zur Interpretation der diskursiven Verwendungsweise von Sprache eingesetzt werden kann. Ebenso wie sich die geistige Ordnungskraft optischer und sprachlicher Bilder begrifflich interpretieren läßt, so läßt sich auch die geistige Ordnungskraft der diskursiv verwendeten Sprache bildlich interpretieren.

Darüber hinaus haben Bilder als metareflexive Interpretationsmittel noch eine besondere Charakteristik, die sich im Hinblick auf bestimmte Interpretationsaufgaben als besonders vorteilhaft erweist. Da Bilder in sich sehr komplexe Korrelationen aufweisen und sich nicht aus Subelementen mit einem sozial verhältnismäßig fest konventionalisierten Informationsgehalt aufbauen, kommt ihnen eine *kreative Vagheit* zu, die es gestattet, ihre interpretative Strukturierungskraft auf sehr flexible Weise *situationsspezifisch* zu konkretisieren. Je nach den von uns akzentuierten und thematisierten Merkmalen und Korrelationen des jeweiligen Bildes können wir kraft *Analogie* auch an den zu interpretierenden Phänomenen neue Merkmale und Korrelationen wahrnehmen.

Gerade weil Bilder in einem sehr hohen Maße selbst interpretationsfähig und interpretationsbedürftig sind, stellen sie potentiell sehr *kreative*, wenn auch nicht sehr präzise Interpretationsmittel dar. Bei ihrer Verwendung tauschen wir nämlich nicht gleich die Teufel der einen normierten Denkmuster gegen die Beelzebuben der anderen normierten Denkmuster ein. Wir haben die Chance, die kognitive *Erschließungskraft* unseres Interpretationsmittels unseren jeweiligen Differenzierungsbedürfnissen anzupassen und uns auch von unvermuteten *Analogien* überraschen zu lassen. Damit ist nichts gegen den methodischen Wert einer lexikalisch und grammatisch normierten Sprache gesagt, sondern nur etwas für die *Ergänzungsbedürftigkeit* dieser Realisationsweise von Sprache.

Da Bilder sehr komplexe Korrelationsverhältnisse repräsentieren und erschließen wollen, können sie sowohl am *Anfang* als auch am *Ende* einer diskursiven Argumentation stehen. Bilder können nämlich einerseits durch ihre *Vagheit* das lexikalisch und grammatisch durchstrukturierte Denken provozieren bzw. anregen und andererseits durch ihre *Komplexität* und *Integrationskraft* transzendieren. Das Denken in Bildern läßt sich deswegen nicht nur als eine komplementäre Form des grammatisch geregelten Denkens in Begriffen betrachten, sondern auch als eine spezifische Form von *nichtdiskursiver* Argumentation.

Nachdem bisher das dialektische Spannungs- und Bedingungsverhältnis von Sprache bzw. Grammatik und Denken auf vielfältige Weise in diskursiver Form erörtert worden ist, rechtfertigt es sich deshalb am Ende durchaus, dieser Darstellungsform einmal abzuschwören und sich der *Suggestions-, Integrations-* und *Erhellungskraft* von Bildern zu überantworten. Diese Bilder, die sich sowohl auf die *Sprache* im allgemeinen als auch auf die *Grammatik* im besonderen beziehen lassen, stammen von Klopstock, Wittgenstein und Frege. Sie thematisieren auf eindrucksvolle Weise, daß unser Denken zwar nicht in einem direkten und absoluten Sinne sprach- und grammatikgebunden ist, daß es aber sehr wohl *zeichengebunden* ist und daß es deshalb auch auf *grammatische Zeichen* im Prinzip nie verzichten kann.

»Wie dem Mädchen, das aus dem Bade steigt, das Gewand anliegt, so solt es die Sprache dem Gedanken...«[1]

»Die Ergebnisse der Philosophie sind die Entdeckung irgendeines schlichten Unsinns und Beulen, die sich der Verstand beim Anrennen an die Grenzen der Sprache geholt hat. Sie, die Beulen, lassen uns den Wert jener Entdeckung erkennen.«[2]

»Die Zeichen sind für das Denken von derselben Bedeutung wie für die Schiffahrt die Erfindung, den Wind zu gebrauchen, um gegen den Wind zu segeln. Deshalb verachte niemand die Zeichen! von ihrer zweckmäßigen Wahl hängt nicht wenig ab.«[3]

Anmerkungen

Vorwort

1 E.R. Curtius, Das mittelalterliche Bildungssystem und die Grammatik, Romanische Forschungen 60, 1947, S. 4. E.R. Curtius, Europäische Literatur und lateinisches Mittelalter, 1969, S. 38ff.
2 Platon, Theaitet 155 d, Werke Bd. 4.
3 Ein Distichon von Novalis verheißt: »Einem gelang es – er hob den Schleyer der Göttin zu Sais – Aber was sah er? Er sah – Wunder des Wunders – Sich Selbst.« Novalis, Schriften, Bd. 1, S. 110.

I Der Problemzusammenhang

1 G.Ch. Lichtenberg, Schriften und Briefe, Bd. 1, S. 260, E 493.
2 F. Schlegel, Kritische Schriften, 1964, S. 31.
3 H. Rausch, Theoria, 1982, S. 35ff.
4 A. Augustinus, Confessiones/Bekenntnisse, 1966, S. 629, Buch 11, 14.17.
5 F. Nietzsche, Werke Bd. 2, S. 820.
6 H. Rombach, Substanz, System, Struktur, 1965–66. H. Rombach, Strukturontologie, 1971.
7 I. Kant, Kritik der reinen Vernunft B 672 und B 711, Werke Bd. 4, S. 565 und 592.

II Geschichte des Grammatikbegriffs

1 Th.S. Kuhn, Die Struktur wissenschaftlicher Revolutionen, 1976.
2 S. Kierkegaard, Entweder-Oder, Werke, S. 33. Den Hinweis auf dieses Bild verdanke ich den vortrefflichen Lesefrüchten von Peter Rusterholz.
3 H. Steinthal, Geschichte der Sprachwissenschaft bei den Griechen und Römern, 1971, Bd. 2, S. 165. F. Hoffmann, Über die Entwicklung des Begriffs der Grammatik bei den Alten, 1891.
4 H. Steinthal, Geschichte der Sprachwissenschaft bei den Griechen und Römern, 1971, Bd. 2, S. 181ff. J. Pinborg, Classical antiquity: Greece, Current Trends in Linguistics, 13, 1975, S. 103ff. R.H. Robins, Dionysius Thrax and the western grammatical tradition. Transactions of the Philological Society, 1957/58, S. 70ff.
5 P.T. Schmidt, Die Grammatik der Stoiker, 1979, S. 42ff.
6 E. Siebenborn, Die Lehre von der Sprachrichtigkeit und ihren Kriterien, 1976, S. 118ff.
7 H. Steinthal, Geschichte der Sprachwissenschaft bei den Griechen und Römern, 1971, Bd. 1, S. 357ff., Bd. 2, S. 121ff.
8 Vgl. Anmerkung 1 im Vorwort.
9 H. Roos, Sprachdenken im Mittelalter, Classica et Mediaevalia, 9, 1948, S. 200–215. H. Roos, Stellung der Grammatik im Lehrbetrieb des 13. Jahrhunderts, in: Artes liberales, hrsg. v. J. Koch, 1959, S. 94–106.
10 H.W. Enders, Sprachlogische Traktate des Mittelalters und der Semantikbegriff, 1975, S. 80ff. J. Pinborg, Logik und Semantik im Mittelalter, 1972, S. 43ff.

11 G.L. Bursill-Hall, The Middle Ages., Current Trends in Linguistics, 13, 1975, S. 211.
M. Grabmann, Die Entwicklung der mittelalterlichen Sprachlogik, Philosophisches Jahrbuch der Görresgesellschaft, 35, 1922, S. 121–135.
12 Ph. Boehner, The realistic conceptualism of William Ockham, in: Collected articles on Ockham, ed. by E.M. Buytaert, 1958, S. 156–174.
13 J. Pinborg, Die Entwicklung der Sprachtheorie im Mittelalter, 1967, S. 180ff.
14 F. Bacon, Neues Organon, 1870, § 38ff.
15 F. Bacon, De augmentis scientiarum, Works, Vol I, S. 653ff. Vgl. auch K.-O. Apel, Die Idee der Sprache, 1980, S. 294.
16 A. Arnauld, C. Lancelot, Grammaire générale et raisonnée 1660, suivie de la logique ou l'art de penser 1662, 1972. A. Arnauld, Die Logik oder die Kunst des Denkens, 1972.
17 N. Chomsky, Cartesianische Linguistik, 1971.
18 E. Lenneberg, Biologische Grundlagen der Sprache, 1972.
19 J. Grimm, Vorrede zur deutschen Grammatik, Kleinere Schriften, Bd. VIII, 1966, S. 35.
20 H. Paul, Prinzipien der Sprachgeschichte, 1975, S. 263, vgl. auch S. 1ff.
21 F. de Saussure, Grundfragen der allgemeinen Sprachwissenschaft, 1967, S. 160.
22 R. Carnap, Überwindung der Metaphysik durch logische Analyse der Sprache, Erkenntnis, 2, 1931, S. 219–241.
23 A. Meillet, Linguistique historique et linguistique générale, 1965, S. VIII.

III Phänomenologie und Grammatik

1 M. Heidegger, Sein und Zeit, 1963, S. 35.
2 H. Rombach, Phänomenologie des gegenwärtigen Bewußtseins, 1980, S. 187. Vgl. auch Kap. XI. 5b in diesem Buch.
3 H.-G. Gadamer, Wahrheit und Methode, 1965, S. 232.
4 M. Heidegger, Sein und Zeit, 1963, S. 68.

IV Semiotik und Grammatik

1 Ch.S. Peirce, Collected Papers (CP), 5.211, 5.257, 8.12.
2 Ch.S. Peirce, CP 5.402, 5.438, 5.460, 5.464, 5.467.
3 Platon, Kratylos 387 a, 388 c, Werke Bd. 2.
4 Ch.S. Peirce, CP 5.253, 5.313.
5 Ch.S. Peirce, CP 5.47 »...it is well to remember that every single truth of science is due to the affinity of the human soul to the soul of the universe, imperfect as that affinity no doubt is.« Vgl. auch CP 1.121, 1.316, 2.750.
6 Ch.S. Peirce, CP 8.328–332, 5.44ff., 5.66ff.
7 Ch.S. Peirce, CP 2.228, 8.343. Vgl. auch W. Köller, Der sprachtheoretische Wert des semiotischen Zeichenmodells, in: Zeichen, Text, Sinn, hrsg. v. K.H. Spinner, 1977, S. 7–77.
8 Ch.S. Peirce, CP 3.457.
9 S.D. Kaznelson, Sprachtypologie und Sprachdenken, 1974, S. 103.
10 W. v.Humboldt, Gesammelte Schriften, Bd. 5, S. 319 und 462.
11 S.D. Kaznelson, Sprachtypologie und Sprachdenken, 1974, S. 98ff.
12 B.L. Whorf, Sprache, Denken, Wirklichkeit, 1963, S. 114ff./Language, thought and reality, 1974, S. 69ff.
13 W. Köller, Semiotik und Metapher, 1975, S. 117ff. Eine Ausnahme von diesem Prinzip läßt sich vielleicht im Tempusbereich feststellen, wo Weinrich von einer Tempus-Metaphorik spricht. Vgl. H. Weinrich, Tempus, 1971, S. 190ff.
14 A. Wellek, Ganzheitspsychologie und Strukturtheorie, 1969, S. 49ff.
15 A.S. Eddington, The nature of the physical world, 1930, S. 103ff.

16 W. v. Humboldt, Gesammelte Schriften, Bd. 7 S. 233/Werke Bd. 3, S. 631.
17 J. H. Lambert, Philosophische Schriften, 1964/1965, Bd. 2, Semiotik, S. 33 § 54.
18 W. v. Humboldt, Gesammelte Schriften, Bd. 5, S. 438–439.
19 I. M. Bocheński, Die zeitgenössischen Denkmethoden, 1971, S. 59 ff.
20 G. Frey, Sprache – Ausdruck des Bewußtseins, 1965.
21 J. L. Austin, Zur Theorie der Sprechakte, 1972, S. 27 ff.
22 E. Oksaar, Spracherwerb im Vorschulalter, 1977, S. 189 ff.
23 E. Husserl, Logische Untersuchungen, 1968, Bd. 2, Teil 1, S. 312.
24 M. Glanzer, Grammatical category: A rote learning and word association analysis, Journal of Verbal Learning and Verbal Behavior, 1, 1962, S. 31–41.
25 H. Wissemann, Die Rolle des Grammatischen beim Verstehen des Satzsinnes, Indogermanische Forschungen, 66, 1961, S. 1–9.
26 K. Bühler, Sprachtheorie, 1960, S. 79 ff.
27 K. Bühler, a. a. O., S. 75.
28 R. Jakobson, Zwei Seiten der Sprache und zwei Typen aphatischer Störungen, in: R. Jakobson, Aufsätze zur Linguistik und Poetik, 1974, S. 117–141.

V *Semantik und Grammatik*

 1 N. Chomsky, Syntactic structures, 1971, S. 93.
 2 H. Weinrich, Wieviele Bedeutungen hat eine grammatische Form? Zeitschrift für französische Sprache und Literatur, 1985, S. 225.
 3 K. Bühler, Sprachtheorie, 1960, S. 28 ff.
 4 R. Jakobson, Linguistik und Poetik, in: Strukturalismus in der Literaturwissenschaft, hrsg. v. H. Blumensath, 1972, S. 121 ff.
 5 J. R. Searle, Sprechakte, 1973, S. 48 ff.
 6 P. Watzlawick u. a., Menschliche Kommunikation, 1974, S. 53 ff.
 7 W. v. Humboldt, Gesammelte Schriften, Bd. 7, S. 46 / Werke, Bd. 3, S. 418.
 8 L. Wittgenstein, Philosophische Untersuchungen, 1967, § 43.
 9 H. Paul, Prinzipien der Sprachgeschichte, 1975, S. 263, § 180.
10 L. Hjelmslev, Principes de grammaire générale, 1928, S. 25, 164 und 88.
11 W. Schmidt, Zur Theorie der funktionalen Grammatik, Zeitschrift für Phonetik, Sprachwissenschaft und Kommunikationsforschung, 22, 1969, S. 142.
12 S. D. Kaznelson, Sprachtypologie und Sprachdenken, 1974, S. 113.
13 W. Admoni, Der deutsche Sprachbau, 1970, S. 5.
14 W. Admoni, a. a. O., S. 6.
15 W. Admoni, Der Status der verallgemeinerten grammatischen Bedeutung im Sprachsystem, Potsdamer Forschungen, Reihe A, H. 20, 1977, S. 31 ff. W. Admoni, Grundlagen der Grammatiktheorie, 1971, S. 63 ff. Ähnlich auch W. Schmidt, Zur Theorie der funktionalen Grammatik, Zeitschrift für Phonetik, Sprachwissenschaft und Kommunikationsforschung 22, 1969, S. 145 ff.
16 K. B. Lindgren, Paradigmatische und syntagmatische Bindungen im heutigen Deutsch, Neuphilologische Mitteilungen, 4, 1974, S. 527–551.
17 W. Admoni, Der deutsche Sprachbau, 1970, S. 5 und 106 ff.
18 S. D. Kaznelson, Sprachtypologie und Sprachdenken, 1974, S. 113 ff., S. 51.
19 G. Helbig, Studien zur deutschen Syntax, Bd. 1, 1983, S. 13.
20 Ch. J. Fillmore, Plädoyer für Kasus, in: Kasustheorie, hrsg. v. W. Abraham, 1971, S. 1–118.
21 J. Hänel, Zum Problem der grammatischen Bedeutung, 1975, S. 267.
22 G. Helbig, Studien zur deutschen Syntax, Bd. 2, 1983, S. 21.
23 J. Hänel, Zum Problem der grammatischen Bedeutung, 1975, S. 314 ff.
24 A. Schaff, Sprache und Erkenntnis, 1964, S. 159 ff. W. Lorenz/G. Wotjak, Zum Verhältnis von Abbild und Bedeutung, 1977, S. 41 ff. Marx-Engels-Werke, Bd. 3, S. 5.
25 W. Köller, Funktionaler Grammatikunterricht, 1986, S. 43 ff.

26 E. Sapir, Die Sprache, 1961, 81 ff.
27 W. Schmidt, Grundfragen der deutschen Grammatik, 1977, S. 39 ff.
28 W. v. Humboldt, Über den Dualis, Gesammelte Schriften, Bd. 6, S. 4 ff. / Werke, Bd. 3, S. 113 ff.
29 H. Weinrich, Sprache in Texten, 1976, S. 163 ff.
30 K. Bühler, Sprachtheorie, 1960, S. 79 ff.
31 E. Cassirer, Philosophie der symbolischen Formen, Bd. 1, 1964, S. 176 ff. B.L. Whorf, Sprache, Denken, Wirklichkeit, 1963, S. 102 ff.
32 H. Weydt (Hrsg.), Aspekte der Modalpartikeln, 1977, G. Helbig/W. Kötz, Die Partikeln, 1981.
33 W. Köller, Funktionaler Grammatikunterricht, 1986.
34 K. Boost, Neue Untersuchungen zum Wesen und zur Struktur des deutschen Satzes, 1964, S. 26 ff.
35 H. Glinz, Die innere Form des Deutschen, 1973, S. 162 ff.
36 Ch. J. Fillmore, Plädoyer für Kasus, in: Kasustheorie, hrsg. v. W. Abraham, 1971, S. 1–118. Fillmore unterscheidet z. B. bei den sogenannten Tiefenkasus Agentiv, Instrumental, Faktitiv, Lokativ, Objektiv usw. Varianten und Revisionen dieses Ansatzes hat Fillmore später beigesteuert. Ch. J. Fillmore, The case for case reopened, in: Grammatical relations, ed. by P. Cole/J.L. Morgan, 1977, S. 59–82.
37 S. J. Schmidt, Texttheorie, 1973, S. 55. H. Weinrich, Sprache in Texten, 1976, S. 11 ff., 77 ff.
38 H. Weinrich, Sprache in Texten, 1976, S. 78.
39 K. Bühler, Sprachtheorie, 1960, S. 107.
40 H. Weinrich, Tempus, 1971, S. 211 ff. K. Hamburger, Die Logik der Dichtung, 1968, S. 59 ff.

VI *Feldgedanke und Grammatik*

1 W. v. Humboldt, Gesammelte Schriften, Bd. 4, S. 14–15 / Werke, Bd. 3, S. 10.
2 G. Kandler, Die ›Lücke‹ im sprachlichen Weltbild, in: Sprache – Schlüssel zur Welt, hrsg. v. H. Gipper, 1959, S. 260 ff.
3 J. Trier, Altes und Neues vom sprachlichen Feld, in: Wortfeldforschung, hrsg. v. L. Schmidt, 1973, S. 459 ff.
4 L. Weisgerber, Grundzüge der inhaltsbezogenen Grammatik, 1971, S. 178 ff.
5 G. Kandler, Die ›Lücke‹ im sprachlichen Weltbild, in: Sprache – Schlüssel zur Welt, hrsg. v. H. Gipper, 1959, S. 269. Zur Wortfeldtheorie vgl. auch: H. Geckeler, Strukturelle Semantik und Wortfeldtheorie 1971. R. Hoberg, Die Lehre vom sprachlichen Feld, 1973.
6 Vgl. die Ausführungen Weinrichs über die Tempus-Metaphorik. H. Weinrich, Tempus, 1971, S. 190.
7 K.-E. Sommerfeldt/G. Starke (Hrsg.), Grammatisch-semantische Felder der deutschen Sprache der Gegenwart, 1984, S. 26 ff.
8 R. Jakobson, Form und Sinn, 1974, S. 55–67.
9 W. Köller, Funktionaler Grammatikunterricht, 1986, S. 43 ff.
10 H. Fränkel, Grammatik und Sprachwirklichkeit, 1974, S. 147 ff.

VII *Evolution und Grammatik*

1 A. Schleicher, Die Darwinsche Theorie und die Sprachwissenschaft, in: Sprachwissenschaft des 19. Jahrhunderts, hrsg. v. H.H. Christmann, 1977, S. 88, 104.
2 C. Bresch, Zwischenstufe Leben, 1977, S. 269 ff.
3 J.P. Süßmilch, Versuch eines Beweises..., 1766, S. 18. »Da nun aber die Sprache ein Werk des Verstandes und einer nicht gemeinen Vernunft ist, so folget nothwendig, daß der, oder die Erfinder der ersten Sprache sich schon in dem Gebrauche einer Sprache haben befinden

müssen, indem sie das nothwendige Mittel der Vernunft ist, oder sie haben die Sprache nicht erfinden und nach den Gründen der Vollkommenheit und Ordnung bilden können.«

4 H. v.Ditfurth, Der Geist fiel nicht vom Himmel, 1976, S. 40.
5 G. Vollmer, Was können wir wissen? Bd. 1, 1985, S. 57–115.
6 J.G. Herder, Sprachphilosophische Schriften, 1964, S. 163ff.
7 Vgl. Anmerkung 1.
8 O. Spengler, Der Untergang des Abendlandes, 1963, S. 29, 140, 144.
9 L. Frobenius, Paideuma, Umrisse einer Kultur- und Sittenlehre, 1953, S. 9ff.
10 A. Gehlen, Der Mensch, 1978, S. 79ff.
11 J.G. Herder, Sprachphilosophische Schriften, 1964, S. 18.
12 M. Landmann, Der Mensch als Schöpfer und Geschöpf der Kultur, 1961, S. 16–22.
13 M. Landmann, a.a.O., S. 34.
14 M. Landmann, Fundamentalanthropologie, 1984, S. 115.
15 K.R. Popper, Objektive Erkenntnis, 1974, S. 81ff.
16 K.R. Popper, a.a.O., S. 179.
17 K.R. Popper, a.a.O., S. 134.
18 F.A. v.Hayek, Freiburger Studien, 1969, S. 206ff. F.A. v.Hayek, Recht, Gesetzgebung und Freiheit, Bd. 1, Regeln und Ordnung, 1980, S. 57ff.
19 W. v.Humboldt, Gesammelte Schriften, Bd. 7, S. 38 / Werke, Bd. 3, S. 410.
20 Vgl. dazu F.A. v.Hayek, Recht, Gesetzgebung und Freiheit, Bd. 1, Regeln und Ordnung, 1980. B. Rehfeldt, Die Wurzeln des Rechts, 1951. P. Stein, Regulae iuris, 1966. S. Gagnér, Studien zur Ideengeschichte der Gesetzgebung, 1960.
21 B. Rehfeldt, Die Wurzeln des Rechts, 1951, S. 68ff.
22 J.G. Herder, Sprachphilosophische Schriften, 1964, S. 3.
23 J.G. Herder, a.a.O., S. 18, 23–24.
24 K.R. Popper, Objektive Erkenntnis, 1974, S. 262.
25 R. Jakobson, Linguistik und Poetik, in: Strukturalismus in der Literaturwissenschaft, hrsg. v. H. Blumensath, 1972, S. 124.
26 M. Schanz, Die analogisten und anomalisten im römischen recht, Philologus, 42, 1884, S. 309–318.
27 F.A. v.Hayek, Freiburger Studien, 1969, S. 101ff.
28 H.S. Simon, The architecture of complexity, Proceedings of the American Philosophical Society, 106, 1962, S. 470.
29 L. v.Bertalanffy, Problems of life, 1952, S. 134.
30 J.G. Fichte, Von der Sprachfähigkeit und dem Ursprunge der Sprache, Sämtliche Werke, Bd. 8, S. 339.
31 K. Bühler, Sprachtheorie, 1960, S. 155.
32 C. und W. Stern, Kindersprache, 1975, S. 179.
33 K. Bühler, Sprachtheorie, 1960, S. 72–74.
34 L.S. Wygotski, Denken und Sprechen, 1971, S. 119ff.
35 E.H. Lenneberg, Biologische Grundlagen der Sprache, 1972, S. 407.
36 G. Höpp, Evolution der Sprache und der Vernunft, 1970, S. 10ff.
37 M.D.S. Braine, The ontogeny of english phrase structure: The first phrase, Language, 39, 1963, S. 1–13.
38 H. Paul, Prinzipien der Sprachgeschichte, 1975, S. 121.
39 W. v.Humboldt, Gesammelte Schriften, Bd. 7, S. 72 / Werke Bd. 3, S. 448.
40 W. Wundt, Völkerpsychologie, Bd. 2, 1921, S. 242ff.
41 J.G. Herder, Sprachphilosophische Schriften, 1964, S. 50. »So muß, je ursprünglicher die Sprache ist, desto weniger Grammatik in ihr sein, und die älteste ist nur das vorangezeigte Wörterbuch der Natur!«
W. v.Humboldt, Gesammelte Schriften, Bd. 4, S. 301 / Werke, Bd. 3, S. 50. »Je mehr sich eine Sprache von ihrem Ursprung entfernt, desto mehr gewinnt sie, unter übrigens gleichen Umständen, an Form.«
42 W. v.Humboldt, Gesammelte Schriften, Bd. 4, S. 308 / Werke Bd. 3, S. 57.

43 W. Schröder, Zur Passivbildung im Althochdeutschen, Beiträge zur Geschichte der deutschen Sprache, 77, 1955, S. 1–76. H. Rupp, Zum ›Passiv‹ im Althochdeutschen, ebenda, 78, 1956, S. 265–286.

44 W. Köller, Funktionaler Grammatikunterricht, 1986, S. 122 ff.

45 M. Kartagener, Zur Struktur der hebräischen Sprache, Studium Generale, 15, 1962, S. 39.

46 B. Strecker, Spekulative Sprachgeschichte und die Idee einer funktionalen Grammatik, Sprache und Literatur in Wissenschaft und Unterricht, 1984, S. 34–42.

47 H. Maeder, Versuch über den Zusammenhang von Sprachgeschichte und Geistesgeschichte, 1945. Zu nennen wäre auch eine Arbeit Brinkmanns, die einen solchen Anspruch aber nicht methodisch verfolgt. H. Brinkmann, Sprachwandel und Sprachbewegungen in althochdeutscher Zeit, 1931.

48 H. Jensen, Der sprachliche Ausdruck für Zeitauffassungen, insbesondere am Verbum, Archiv für die gesamte Psychologie, 101, 1938, S. 289–336. E. Cassirer, Philosophie der symbolischen Formen, Bd. 1, 1964, S. 175.

49 A. Schmitt, Entstehung und Entwicklung von Schriften, 1980, S. 232 ff.

50 H. Brinkmann, Sprachwandel und Sprachbewegungen in althochdeutscher Zeit, 1931, S. 1 ff.

51 H. Jensen, Der sprachliche Ausdruck für Zeitauffassungen, insbesondere am Verbum, Archiv für die gesamte Psychologie, 101, 1931, S. 289–336.

52 H. Fränkel, Grammatik und Sprachwirklichkeit, 1974, S. 171.

53 H. Maeder, Versuch über den Zusammenhang von Sprachgeschichte und Geistesgeschichte, 1945, S. 86 ff.

54 Die wohl erste ausführliche Thematisierung des Problems findet sich bei Kalepky und Bally. Th. Kalepky, Zur französischen Syntax, Zeitschrift für romanische Philologie, 23, 1899, S. 491–513. Ch. Bally, Le style indirect libre en français moderne, Germanisch-Romanische Monatsschrift, 4, 1912, S. 549–556, 597–606.

55 Th. Mann, Gesammelte Werke in 12 Bdn. Frankfurt 1960, Bd. 1, S. 391.

56 F. K. Stanzel, Theorie des Erzählens, 1979, S. 248.

57 G. Flaubert, Madame Bovary, Stuttgart 1985, S. 201. Das Original lautet: »Elle se répétait: J'ai un amant! un amant! se délectant à cette idée comme à celle d'une autre puberté qui lui serait survenue. Elle allait donc enfin posséder ces plaisirs de l'amour, cette fièvre de bonheur dont elle avait désespéré. Elle entrait dans quelque chose de merveilleux, où tout serait passion, extase, délire ...«

58 »Ainsi, dès cette première faute, dès cette première chute, elle fait la glorification de l'adultère, elle chante le cantique de l'adultère, sa poésie, ses voluptés. Voilà, Messieurs, qui pour moi est bien plus dangereux, bien plus immoral que la chute elle-même!« G. Flaubert, Œuvres complètes, Madame Bovary, Mœurs de province, Paris 1930, Edition Louis Conard, Procès, S. 566.

59 H. R. Jauß, Literaturgeschichte als Provokation der Literaturwissenschaft, in: Rezeptionsästhetik, hrsg. v. R. Warning, 1975, S. 151. Auf die zu grobe und ungenaue Argumentation von Jauß, die durch seine eigenen Zitate nicht gedeckt wird, hat mich Angela Reiss aufmerksam gemacht, der ich auch entscheidende Hinweise für die hier vorgetragene Beurteilung des Falls verdanke.

60 W. Wieland, Die aristotelische Physik, 1970, S. 141 ff.

61 Ph. Boehner, The realistic conceptualism of William Ockham, in: Collected articles on Ockham, ed. by E. M. Buytaert, 1958, S. 156–174.

62 H. Rombach, Substanz, System, Struktur, Bd. 1, 1965, S. 82 ff.

63 A. Arnauld/C. Lancelot, Grammaire générale et raisonée, 1660/1972, S. 103, Kapt. XIV.

64 W. v. Humboldt, Gesammelte Schriften, Bd. 6, S. 179–180 / Werke, Bd. 3, S. 224–225.

65 W. v. Humboldt, Gesammelte Schriften, Bd. 4, S. 27 / Werke, Bd. 3, S. 20.

66 L. Wittgenstein, Philosophische Untersuchungen, 1967, § 18.

67 D. Bickerton, Roots of language, 1981. D. Bickerton, Kreolensprache, Spektrum der Wissenschaft, 1983. H. 9, S. 110–118.

68 D. Bickerton, Kreolensprache, Spektrum der Wissenschaft, 1983, H. 9, S. 117.

69 D. Bickerton, a. a. O., S. 117.

70 D. Bickerton, a.a.O., S. 117.
71 D. Bickerton, a.a.O., S. 117.

VIII *Schrift und Grammatik*

 1 Aristoteles, Kategorien, Lehre vom Satz, 1974, S. 95, Kap. 1. »Es sind also die Laute, zu denen die Stimme gebildet wird, Zeichen der in der Seele hervorgerufenen Vorstellungen, und die Schrift ist wieder ein Zeichen der Laute. Und wie nicht alle dieselbe Schrift haben, so sind auch die Laute nicht bei allen dieselben.«
    F. de Saussure, Grundfragen der allgemeinen Sprachwissenschaft, 1967, S. 28. »Sprache und Schrift sind zwei verschiedene Systeme von Zeichen; das letztere besteht nur zu dem Zweck, um das erstere darzustellen.«
 2 O. Spengler, Der Untergang des Abendlandes, 1963, S. 738.
 3 H. D. Thoreau, Walden, 1945, S. 133.
 4 J. Derrida, Grammatologie, 1983, S. 506, vgl. auch S. 33, 245 ff.
 5 B. Rensch, Das universale Weltbild, 1977, S. 143.
 6 A. Reiss, Schriftgeschichte und Denkentwicklung, 1986, S. 16 ff.
 7 A. Schmitt, Entstehung und Entwicklung von Schriften, 1980.
 8 K. Bühler, Sprachtheorie, 1960, S. 370.
 9 L. S. Wygotski, Denken und Sprechen, 1971, S. 228.
10 P. Ricœur, Die Schrift als Problem der Literaturkritik und philosophischen Hermeneutik, in: Sprache und Welterfahrung, hrsg. v. J. Zimmermann, 1978, S. 67.
11 P. Ricœur, a.a.O., S. 72.'
12 P. Ricœur, a.a.O., S. 74.
13 K. Bühler, Sprachtheorie, 1960, S. 79 ff. W. Kallmeyer u.a., Lektürekolleg zur Textlinguistik, Bd. 1, 1974, S. 177 ff.
14 N. F. Bravo, Geschichte der indirekten Rede im Deutschen vom siebzehnten Jahrhundert bis zur Gegenwart, Deutsche Sprache, 1980, S. 97–132.
15 W. Köller, Funktionaler Grammatikunterricht, 1986, S. 156 ff.
16 L. S. Wygotski, Denken und Sprechen, 1971, S. 223 ff.
17 J. Piaget, Theorien und Methoden der modernen Erziehung, 1978, S. 202 ff. H. G. Furth, Intelligenz und Erkennen, 1976, S. 55 ff.
18 N. Dittmar, Soziolinguistik, 1973, S. 21 ff.
19 G. Schulz, Über dürftige Syntax im restringierten Kode, Zeitschrift für Literaturwissenschaft und Linguistik, 2, 1972, S. 97–116.
20 B. L. Whorf, Sprache, Denken, Wirklichkeit, 1963, S. 12 und 20.
21 W. Köller, Semiotik und Metapher, 1975, S. 187 ff.
22 A. Wellek, Das Prägnanzproblem der Gestaltpsychologie und das ›Exemplarische‹ in der Pädagogik, Zeitschrift für experimentelle und angewandte Psychologie, 6, 1959, S. 731.
23 K. Gerth, Aufgliederung – ein Prinzip der Sprachentwicklung des Kindes, in: Die Sprache des Kindes, hrsg. v. H. Helmers, 1969, S. 353–368.
24 A. A. Leont'ev, Psycholinguistische Einheiten und die Erzeugung sprachlicher Äußerungen, 1975, S. 180.
25 W. v. Humboldt, Gesammelte Schriften, Bd. 5, S. 121 / Werke Bd. 3, S. 98.
    »Die logische Theilung, welche die Gedankenverknüpfung auflöst, geht aber nur bis auf das einfache Wort. Die Spaltung dieses ist das Geschäft der Buchstabenschrift. Eine Sprache, die sich einer andren Schrift bedient, vollendet daher das Theilungsgeschäft der Sprache nicht, sondern macht einen Stillstand, wo die Vervollkommnung der Sprache weiter zu gehen gebietet.« W. v. Humboldt, Gesammelte Schriften, Bd. 5, S. 114 / Werke Bd. 3, S. 90.
26 F. Coulmas, Alternativen zum Alphabet, in: Schrift, Schreiben, Schriftlichkeit, hrsg. v. K. B. Günther/H. Günther, 1983, S. 171 ff.
27 P. Greenfield, Oral and written language, Language and Speech, 1972, S. 109–178.
28 Zum Problem der Auswirkungen der Schrift auf die phylogenetische und ontogenetische

Entwicklung kognitiver Denkoperationen vgl. A. Reiss, Schriftgeschichte und Denkentwicklung, 1986, S. 59 ff.
29 J.S. Bruner/D.R. Olson, Symbole und Texte als Werkzeuge des Denkens, in: Die Psychologie des 20. Jahrhunderts, Bd. 7, 1977, S. 306–321. D.R. Olson/J.S. Bruner, Learning through experience and learning through media, in: Media and symbols, ed. by D.R. Olson, 1974, S. 125–150.
30 W. Rösler, Die Entdeckung der Fiktionalität in der Antike, Poetica, 12, 1980, S. 283–319.
31 J. Anderegg, Fiktion und Kommunikation, 1973. J. Anderegg, Sprache und Verwandlung, 1985.
32 E.A. Havelock, Preface to Plato, 1963, S. 197 ff.
33 E.A. Havelock, a.a.O., S. 134 ff.
34 R. Jakobson, Poesie der Grammatik und Grammatik der Poesie, in: R. Jakobson, Aufsätze zur Linguistik und Poetik, 1974, S. 249.
35 M. McLuhan, Die magischen Kanäle, 1968, S. 93 ff.
36 N. Postmann, Wie amüsieren uns zu Tode, 1985, S. 40.

IX Logik und Grammatik

1 I. Kant, Werke, Bd. 3, S. 21, B.IX.
2 F. Mauthner, Beiträge zu einer Kritik der Sprache, Bd. 1, 1969, S. 422.
3 G. Révész, Die Trias, 1957.
4 C.F. v. Weizsäcker, Der Garten des Menschlichen, 1978, S. 303.
5 G. Günther, Die aristotelische Logik des Seins und die nichtaristotelische Logik der Reflexion, Zeitschrift für philosophische Forschung, 12, 1958, S. 360–407. G. Günther, Das Problem der transklassischen Logik, Sprache im technischen Zeitalter, 1965, H. 16, S. 1287–1308.
6 H. Gipper, Bausteine zur Sprachinhaltsforschung, 1969, S. 135–214.
7 E. Coseriu, Sprache, Strukturen, Funktionen, 1970, S. 15 ff.
8 W. Stegmüller, Sprache und Logik, Studium Generale, 9, 1956, S. 57–77.
9 I. Kant, Kritik der reinen Vernunft, Werke Bd. 4, S. 529 ff, B. 620 ff.
10 P. Meinhold, Luthers Sprachphilosophie, 1958, S. 39 ff.
11 A. Tarski, Der Wahrheitsbegriff in den formalisierten Sprachen, Studia Philosophica 1, 1935, S. 266.
12 K. Bühler, Sprachtheorie, 1960, S. 65.
13 Ch.S. Peirce, CP 2.227 »Logic, in its general sense is... only another name for *semiotic.*«
14 Ch.S. Peirce, Writings, Vol I, 1982, S. 322. »Logic therefore deals with thought only in so far as the latter is a representation.«
15 Ch.S. Peirce, CP 1.539. »Now it may be that logic ought to be the science of Thirdness in general.«
16 Ch.S. Peirce, CP 5.44 ff, 8.328 ff.
17 Ch.S. Peirce, CP 5.89.
18 Ch.S. Peirce, CP 2.7, 2.66.
19 Ch.S. Peirce, CP 2.1, 2.66, 2.197–199, 4.241, 5.129–131.
20 Ch.S. Peirce, CP 2.3, 2.186, 2.773, 2.178.
21 Ch.S. Peirce, CP 5.145, 6.474.
22 Ch.S. Peirce, CP 5.145, 5.171, 6.475.
23 Ch.S. Peirce, CP 5.145, 5.171.
24 Ch.S. Peirce, CP 5.47, 5.173, 5.181, 5.196.
25 C. Bresch, Zwischenstufe Leben, 1977, S. 165 ff. K.R. Popper/J.C. Eccles, Das Ich und sein Gehirn, 1982, S. 453 ff.
26 F. Kafka, Die Erzählungen, Frankfurt 1961, S. 291. Ein Hinweis auf die Problematik findet sich auch bei W. Kraft, Franz Kafka, Frankfurt 1968, S. 175.
27 F. Nietzsche, Werke, Bd. 3, S. 883.
28 F. Nietzsche, Werke, Bd. 3, S. 526 und 886.

29 F. Nietzsche, Werke, Bd. 3, S. 539, vgl. auch S. 500.

30 F. Nietzsche, Werke, Bd. 2, S. 1048.

31 I.M. Bocheński, Die zeitgenössischen Denkmethoden, 1971, S. 59 ff.

32 R. Posner, Semiotische Paradoxien in der Sprachverwendung, in: Zeichenprozesse, hrsg. v. R. Posner/H.-P. Reinecke, 1977, S. 115 ff. P. Watzlawick u.a., Menschliche Kommunikation, 1974, S. 79 ff.

33 H.W. Enders, Sprachlogische Traktate des Mittelalters und der Semantikbegriff, 1975, S. 80 ff.

34 A. Augustinus, Der Lehrer, 1958, S. 27, Kap. 5.14.

35 G. Ungeheuer, Kommunikative und extrakommunikative Betrachtungsweise in der Phonetik, in: G. Ungeheuer, Sprache und Kommunikation, 1972, S. 37 ff.

36 Th. Litt, Mensch und Welt, 1948, S. 217 ff.

37 H. Weinrich, Sprache in Texten, 1976, S. 90 ff.

38 L. Wittgenstein, Philosophische Untersuchungen, 1967, § 550.

39 N. v. Kues, Die belehrte Unwissenheit, 1964, S. 97–101.

40 N. v. Kues, a.a.O., S. 113.

41 D. Wellershoff, Die Verneinung als Kategorie des Werdens, in: Positionen der Negativität, hrsg. v. H. Weinrich, 1975, S. 219–233.

42 L. Carroll, Alice hinter den Spiegeln, Insel Taschenbuch 1980⁴, S. 96, Kap. 7.

43 M. Heidegger, Was ist Metaphysik?, 1960, S. 26–27.

44 R. Carnap, Überwindung der Metaphysik durch logische Analyse der Sprache, Erkenntnis, 2, 1931, S. 219–241.

45 M. Heidegger, Was ist Metaphysik?, 1960, S. 33 und 34. Vgl. zu diesem Problembereich auch J. Taubes, Vom Adverb ›nichts‹ zum Substantiv ›das Nichts‹, in: Positionen der Negativität, hrsg. v. H. Weinrich, 1975, S. 141–153.

X *Erkenntnis und Grammatik*

1 Aristoteles, Kategorien, Lehre vom Satz, 1974, S. 45.

2 I. Kant, Kritik der reinen Vernunft, Werke, Bd. 3, S. 119, B107.

3 A. Trendelenburg, Geschichte der Kategorienlehre, 1846, S. 18 ff., 33 ff.

4 A. Trendelenburg, a.a.O., S. 33.

5 H. Steinthal, Geschichte der Sprachwissenschaft bei den Griechen und Römern, Bd. 1, 1971, S. 199.

6 H. Steinthal, a.a.O., Bd. 1, S. 204.

7 H. Steinthal, a.a.O., Bd. 1, S. 212–213.

8 A.H. Sayce, Introduction to the science of language, Vol. 2, 1880, S. 329.

9 F. Mauthner, Beiträge zu einer Kritik der Sprache, 1969, Bd. 3, S. 4.

10 F. Mauthner, a.a.O., S. 7.

11 B.L. Whorf, Sprache, Denken, Wirklichkeit, 1963, S. 36, 41.

12 K. Oehler, Peirce als Interpret der aristotelischen Kategorien, Semiosis, 9, 1984, S. 25 ff.

13 Ch.S. Peirce, CP 6.96. »But Aristotle was by many lengths the greatest intellect that human history has to show.«

14 W. Wieland, Die aristotelische Physik, 1970, S. 52 ff.

15 W. Wieland, a.a.O., S. 145.

16 Aristoteles, Kategorien, Lehre vom Satz, 1974, S. 95, Lehre vom Satz, Kap. 1.

17 E. Coseriu, Die sprachlichen (und die anderen) Universalien, in: Sprachtheorie, hrsg. v. B. Schlieben-Lange, 1975, S. 127–161.

18 W. Stegmüller, Glaube, Wissen und Erkennen. Das Universalienproblem einst und jetzt, 1965, S. 48–118. Ph. Boehner, The realistic conceptualism of William Ockham, in: Collected articles on Ockham, ed. by E.M. Buytaert, 1958, S. 156–174. W.M. Thorburn, The myth of Occam's razor, Mind, 27, 1918, S. 345–353.

19 H. Rombach, Substanz, System, Struktur, Bd. 1, 1965, S. 57 ff.

20 Zitiert nach H. Arens, Sprachwissenschaft. Der Gang ihrer Entwicklung von der Antike bis zur Gegenwart, Bd. 1, 1974, S. 48.

21 R.H. Robins, Ancient and mediaeval grammatical theory in Europe, 1971, S. 70 ff. G.L. Bursill-Hall, The Middle-Ages, Current Trends in Linguistics, 13, 1975, S. 179 ff.

22 A. Arnauld/C. Lancelot, Grammaire générale et raisonée 1660 suivie de la logique ou l'art de penser 1662, 1972. A. Arnauld, Die Logik oder die Kunst des Denkens, 1972.

23 A. Arnauld/C. Lancelot, Grammaire générale et raisonée..., 1972, S. 30, Kap. II. A. Arnauld, Die Logik oder die Kunst des Denkens, 1972, S. 95.

24 N. Chomsky, Aspekte der Syntax-Theorie, 1969, S. 44 ff.

25 D. McNeill, The aquisition of language, 1970, S. 73 ff.

26 H. Seiler, Das linguistische Universalienproblem in neuer Sicht, 1975, S. 12.

27 H. van den Boom, Eine Explikation des linguistischen Universalienbegriffs, in: Language universals, hrsg. v. H. Seiler, 1978, S. 71.

28 J. Habermas, Was heißt Universalpragmatik? in: Sprachpragmatik und Philosophie, hrsg. v. K.-O. Apel, 1976, S. 174–272.

29 O. Funke, Zum Weltsprachenproblem in England im 17. Jahrhundert, 1929.

30 E. Cassirer, Das Erkenntnisproblem, 1974, Bd. 2, S. 141 ff. F. Schmidt, Leibnizens rationale Grammatik, Zeitschrift für philosophische Forschung, 9, 1955, S. 657–663. A. Heinekamp, Sprache und Wirklichkeit nach Leibniz, in: History of linguistic thought and contemporary linguistics, ed. by H. Parret, 1976, S. 518–570.

31 W. Lenders, Kommunikation und Grammatik bei Leibniz, in: History of linguistic thought and contemporary linguistics, ed. by H. Parret, 1976, S. 571–592.

32 B. Russell, Die Philosophie des logischen Atomismus, 1976, S. 265.

33 L. Wittgenstein, Tractatus logico-philosophicus, 1968, 1.1

34 L. Wittgenstein, a.a.O., 4.01.

35 L. Wittgenstein, a.a.O., 4.0312.

36 L. Wittgenstein, a.a.O., 4.121.

37 L. Wittgenstein, Philosophische Untersuchungen, 1967, § 109, 124.

38 R. Carnap, Überwindung der Metaphysik durch logische Analyse der Sprache, Erkenntnis, 2, 1931, S. 219–241.

39 R. Carnap, Die Aufgaben der Wissenschaftslogik, Einheitswissenschaft, H. 3, 1934, S. 9.

40 R. Carnap, a.a.O., S. 8.

41 R. Carnap, Überwindung der Metaphysik durch logische Analyse der Sprache, Erkenntnis, 2, 1931, S. 238.

42 C.F. v. Weizsäcker, Die Einheit der Natur, 1981, S. 47 und 60.

43 N. v. Kues, De coniecturis/Mutmaßungen, 1971, S. 39–40.

44 F. Bacon, Neues Organon, 1870, § 38 ff. F. Bacon, De augmentis scientiarum, Works Vol I, S. 653 ff.

45 G. Vico, Die neue Wissenschaft über die gemeinschaftliche Natur der Völker, 1965, S. 171 ff.

46 H.H. Christmann, Beiträge zur Geschichte der These vom Weltbild der Sprache, 1967. H.H. Christmann, Neue Beiträge zur Geschichte der These vom Weltbild der Sprache, in: Logos Semantikos, hrsg. v. H. Geckeler, Bd. 1, 1981, S. 87–99.
U. Ricken, Sprache, Anthropologie, Philosophie in der frz. Aufklärung, 1984, S. 210 ff. O. Funke, Zur Frühgeschichte des Terminus ›(innere) Sprachform‹, in: Beiträge zur Einheit von Bildung und Sprache im geistigen Sein, hrsg. v. G. Haselbach/G. Hartmann, 1957, S. 289–294.

47 J.P. Süßmilch, Versuch eines Beweises..., 1766, S. 5, 10, vgl. auch S. 18.

48 J.G. Sulzer, Anmerkungen über den gegenseitigen Einfluß der Vernunft in die Sprache und der Sprache in die Vernunft, in: J.G. Sulzer, Vermischte Schriften 1798. Bd. 1, S. 200.

49 J.G. Sulzer, a.a.O., S. 198.

50 J.G. Herder, Sprachphilosophische Schriften, 1964, S. 73.

51 J.G. Herder, a.a.O., S. 51 und 53.

52 J.G. Herder, a.a.O., S. 136–137.

53 J.G. Herder, a.a.O., S. 184 und 186.

54 J.G. Hamann, Schriften zur Sprache, 1967, S. 222.
55 Vgl. G. Baudler, ›Im Worte sehen‹, Das Sprachdenken Johann Georg Hamanns, 1970, S. 14.
56 H. Gipper/P. Schmitter, Sprachwissenschaft und Sprachphilosophie im Zeitalter der Romantik, 1979, S. 45 ff.
57 W. Oesterreicher, Wem gehört Humboldt?, in: Logos Semantikos, hrsg. v. H. Geckeler, Bd. 1, 1981, S. 117–135.
58 W. v. Humboldt, Gesammelte Schriften, Bd. 7, S. 49, vgl. auch Bd. 5, S. 441/Werke Bd. 3, S. 421.
59 W. v. Humboldt, Gesammelte Schriften, Bd. 5, S. 374.
60 W. v. Humboldt, Gesammelte Schriften, Bd. 4, S. 21/Werke, Bd. 3, S. 16.
61 W. v. Humboldt, Gesammelte Schriften, Bd. 4, S. 27/Werke, Bd. 3, S. 19–20.
62 W. v. Humboldt, Gesammelte Schriften, Bd. 7, S. 42/Werke, Bd. 3, S. 414–415.
63 W. v. Humboldt, Gesammelte Schriften, Bd. 7, S. 60/Werke, Bd. 3, S. 434. Vgl. auch Gesammelte Schriften, Bd. 5, S. 387.
64 W. v. Humboldt, Gesammelte Schriften, Bd. 7, S. 51/Werke, Bd. 3, S. 424.
65 W. v. Humboldt, Gesammelte Schriften, Bd. 7, S. 45–46/Werke, Bd. 3, S. 418.
66 H. Gipper/P. Schmitter, Sprachwissenschaft und Sprachphilosophie im Zeitalter der Romantik, 1979, S. 82. E. Cassirer, Die Sprache und der Aufbau der Gegenstandswelt, Bericht über den 12. Kongreß der dt. Gesellschaft für Psychologie, 1932, S. 138.
67 W. v. Humboldt, Gesammelte Schriften, Bd. 5, S. 455.
68 W. v. Humboldt, Gesammelte Schriften, Bd. 7, S. 49 und 50/Werke, Bd. 3, S. 422 und 423.
69 W. v. Humboldt, Gesammelte Schriften, Bd. 5, S. 455.
70 W. v. Humboldt, Gesammelte Schriften, Bd. 1, S. 322. Vgl. auch S. 315.
71 W. v. Humboldt, Gesammelte Schriften, Bd. 4, S. 305/Werke, Bd. 3, S. 54.
72 W. v. Humboldt, Gesammelte Schriften, Bd. 6, S. 337.
73 W. v. Humboldt, Gesammelte Schriften, Bd. 6, S. 301/Werke, Bd. 3, S. 365.
74 W. v. Humboldt, Gesammelte Schriften, Bd. 6, S. 374.
75 W. v. Humboldt, Gesammelte Schriften, Bd. 5, S. 462.
76 W. v. Humboldt, Gesammelte Schriften, Bd. 5, S. 465–466.
77 W. v. Humboldt, Gesammelte Schriften, Bd. 4, S. 310 und 312/Werke, Bd. 3, S. 60 und 62.
78 W. v. Humboldt, Gesammelte Schriften, Bd. 6, S. 391.
79 W. v. Humboldt, Gesammelte Schriften, Bd. 5, S. 451.
80 W. v. Humboldt, Gesammelte Schriften, Bd. 6, S. 393.
81 W. v. Humboldt, Gesammelte Schriften, Bd. 5, S. 396, Bd. 6, S. 183/Werke, Bd. 3, S. 228.
82 W. v. Humboldt, Gesammelte Schriften, Bd. 7, S. 263/Werke, Bd. 3, S. 663.
83 W. v. Humboldt, Gesammelte Schriften, Bd. 5, S. 321.
84 A. Kracke, Chinesisch als Gegenbild indogermanischer Sprachen, Altsprachlicher Unterricht, 4, 1961, S. 26–57.
85 W. v. Humboldt, Gesammelte Schriften, Bd. 6, S. 142/Werke, Bd. 3, S. 179.
86 W. v. Humboldt, Gesammelte Schriften, Bd. 5, S. 461, Bd. 6, S. 392. Vgl. auch Bd. 5, S. 321–322.
87 W. v. Humboldt, Gesammelte Schriften, Bd. 5, S. 323.
88 H.H. Holz, Sprache und Welt, 1953, S. 100 ff. Holz weist nicht nur auf die Rolle des Stils für die Strukturierung von Gedankengängen im Chinesischen hin, sondern untersucht auch, welche Bedeutung der Mangel an expliziten grammatischen Formen im Chinesischen für die Logik hat.
89 W. v. Humboldt, Gesammelte Schriften, Bd. 5, S. 377.
90 W. v. Humboldt, Gesammelte Schriften, Bd. 5, S. 466.
91 H. Gipper, Bausteine zur Sprachinhaltsforschung, 1969, S. 215–279.
92 A. Forke, Die Gedankenwelt des chinesischen Kulturkreises, 1927, S. 18 ff.
93 R. Jakobson, Form und Sinn, 1974, S. 71.
94 W. v. Humboldt, Gesammelte Schriften, Bd. 5, S. 122/Werke, Bd. 3, S. 99.
95 W. v. Humboldt, Gesammelte Schriften, Bd. 5, S. 467.
96 L. Weisgerber, Grundzüge der inhaltsbezogenen Grammatik, 1971, S. 276, vgl. auch S. 28.

97 L. Weisgerber, a.a.O., S. 38ff. und 63ff.

98 L. Weisgerber, a.a.O., S. 71, vgl. auch S. 103.

99 L. Weisgerber, a.a.O., S. 90.

100 W. v.Humboldt, Gesammelte Schriften, Bd. 4, S. 420.

101 L. Weisgerber, Die vier Stufen in der Erforschung der Sprachen, 1963, S. 16ff.

102 L. Weisgerber, Grundzüge der inhaltsbezogenen Grammatik, 1971, S. 285.

103 L. Weisgerber, a.a.O., S. 17.

104 L. Weisgerber, a.a.O., S. 95.

105 L. Weisgerber, Die sprachliche Gestaltung der Welt, 1973, S. 300ff.

106 L. Weisgerber, a.a.O., S. 352ff. Vgl. zu diesem Problem auch H. Herrfahrdt, Die innere Sprachform des Japanischen im Vergleich mit den indogermanischen Sprachen, Wörter und Sachen, 19, 1938, S. 165–176.

107 L. Weisgerber, Die vier Stufen in der Erforschung der Sprachen, 1963, S. 233ff.

108 J. Grimm, Deutsche Grammatik, Bd. IV, 1967, S. 3.

109 L. Weisgerber, Die vier Stufen in der Erforschung der Sprachen, 1963, S. 215ff.

110 L. Weisgerber, a.a.O., S. 229.

111 H. Kolb, Der inhumane Akkusativ, Zeitschrift für deutsche Wortforschung, 16, H. 3, 1960, S. 168–177. Vgl. auch G. Helbig, Geschichte der neueren Sprachwissenschaft, 1973, S. 156–159.

112 L. Weisgerber, Grundzüge der inhaltsbezogenen Grammatik, 1971, S. 33.

113 G. Helbig, Geschichte der neueren Sprachwissenschaft, 1973, S. 138ff.

114 A. Schaff, Sprache und Erkenntnis, 1964, S. 173.

115 G. Helbig, Geschichte der neueren Sprachwissenschaft, 1973, S. 144.

116 A. Schaff, Sprache und Erkenntnis, 1964, S. 146.

117 A. Korzybski, Science and sanity, 1973, S. 369ff. Zu dem Gesamtzusammenhang vgl. auch K. Bühring, Allgemeine Semantik: Sprachkritik und Pädagogik, 1973.

118 A. Korzybski, a.a.O., S. 24.

119 A. Korzybski, a.a.O., S. XXVII.

120 A. Korzybski, a.a.O., S. 90–91.

121 A. Korzybski, a.a.O., S. 58.

122 A. Korzybski, a.a.O., S. 86.

123 St. Chase, The tyranny of words, 1938. A. Rapoport, Bedeutungslehre, 1972. S.I. Hayakawa, Sprache im Denken und Handeln, o. J.

124 A. Korzybski, Science and sanity, 1973, S. 89.

125 A. Korzybski, a.a.O., S. 188f.

126 A. Korzybski, a.a.O., S. 191ff.

127 A. Korzybski, a.a.O., S. 93, 194, 202.

128 A. Korzybski, a.a.O., S. 387.

129 B.L. Whorf, Sprache, Denken, Wirklichkeit, 1963, S. 75/Language, thought, and reality, 1974, S. 135.

130 B.L. Whorf, a.a.O., dt., S. 12, engl., S. 212.

131 B.L. Whorf, a.a.O., dt., S. 12, engl., S. 214. »We are thus introduced to a new principle of relativity, which holds that all observers are not led by the same physical evidence to the same picture of the universe, unless their linguistic backgrounds are similar, or can in some way be calibrated.«

132 B.L. Whorf, a.a.O., dt., S. 20, engl., S. 221. »From this fact proceeds what I have called the ›linguistic relativity principle‹, which means, in informal terms, that users of markedly different grammars are pointed by their grammars toward different types of observations and different evaluations of externally similar acts of observation, and hence are not equivalent as observers but must arrive at somewhat different views of the world.«
Da das englische Adjektiv ›linguistic‹ sowohl ›sprachlich‹ als auch ›sprachwissenschaftlich‹ bedeuten kann, hätte in der deutschen Übersetzung besser der Terminus ›sprachliches Relativitätsprinzip‹ verwendet werden sollen und nicht der Terminus ›linguistisches Relativitätsprinzip‹.

133 B.L. Whorf, a.a.O., dt., S. 9, engl., S. 209.
134 B.L. Whorf, a.a.O., dt., S. 58, engl., S. 256.
135 B.L. Whorf, a.a.O., dt., S. 20 und 21, engl., S. 221.
136 B.L. Whorf, a.a.O., dt., S. 101, engl., S. 159.
137 K. Bühler, Sprachtheorie, 1960, S. 65.
138 H. Weinrich, Tempus, 1971, S. 190ff.
139 M. Wandruszka, Die Mehrsprachigkeit des Menschen, 1979.
140 B.L. Whorf, Sprache, Denken, Wirklichkeit, 1963, S. 14/Language, thought, and reality, 1974, S. 215.
141 A. Augustinus, Confessiones/Bekenntnisse, 1966, S. 641ff, Buch 11.20ff.
142 B.L. Whorf, Sprache, Denken, Wirklichkeit, 1963, S. 102/Language, thought, and reality, 1974, S. 58.
143 B.L. Whorf, a.a.O., dt., S. 94, engl., S. 153.
144 H. Gipper, Gibt es ein sprachliches Relativitätsprinzip?, 1972, S. 212ff.
145 H. Weinrich, Tempus, 1971.
146 B.L. Whorf, Sprache, Denken, Wirklichkeit, 1963, S. 104ff./Language, thought, and reality, 1974, S. 59ff.
147 B.L. Whorf, a.a.O., dt., S. 85, engl., S. 144.
148 B.L. Whorf, Language, thought and reality, 1974, S. 113. »These translate, more or less, the English tenses.« In die deutsche Übersetzung ist dieser Aufsatz (Some verbal categories of Hopi) nicht aufgenommen worden.
149 B.L. Whorf, a.a.O., dt., S. 68, engl., S. 265.
150 H. Jensen, Der sprachliche Ausdruck für Zeitauffassungen, insbesondere am Verbum, Archiv für die gesamte Psychologie, 101, 1938, S. 332.
151 B.L. Whorf, Sprache, Denken, Wirklichkeit, 1963, S. 65/Language, thought, and reality, 1974, S. 262.
152 B.L. Whorf, a.a.O., dt., S. 67, engl., S. 264.
153 B.L. Whorf, a.a.O., dt., S. 35ff., engl., S. 236ff.
154 K.R. Popper, Objektive Erkenntnis, 1974, S. 88ff., 123ff., 178ff., K.R. Popper/J.C. Eccles, Das Ich und sein Gehirn, 1982, S. 61ff.
155 K.R. Popper, Objektive Erkenntnis, 1974, S. 134.
156 K.R. Popper, a.a.O., S. 156. Vgl. Kap. VII.4. dieses Buches.
157 A. Augustinus, Confessiones/Bekenntnisse, 1966, S. 629, Buch 11.14.
158 P. Valéry, Dichtkunst und abstraktes Denken, in: Französische Poetiken, Teil II, hrsg. v. F.-R. Hausmann u.a., 1978, S. 363–364.
159 R.W. Brown/E.H. Lenneberg, A study in language and cognition, Journal of Abnormal and Social Psychology, 49, 1954, S. 461ff.
160 J.B. Carroll, Die linguistische Relativitätshypothese, in: Psycholinguistik, hrsg. v. H. Halbe, 1976, S. 396ff.
161 R. Jakobson, Form und Sinn, 1974, S. 159. Ch.F. Hockett, Chinese versus English: An exploration of the Whorfian theses, in: Language and culture, ed. by H. Hoijer, 1971, S. 122. »Languages differ not so much as to what *can* be said in them, but rather as to what it is *relatively easy* to say.«
162 M. Glanzer/W.H. Clark, The verbal-loop-hypothesis: Conventional figures, American Journal of Psychology, 77, 1964, S. 621–626.
163 L. v. Bertalanffy, An essay on the relativity of categories, Philosophy of Science, 22, 1955, S. 256.
164 C.F. v. Weizsäcker, Diskussionsbeitrag, in: 6. Deutscher Kongreß für Philosophie München 1960, 1962, S. 236.
165 F. Nietzsche, Werke, Bd. 3, S. 309–322.
166 F. Nietzsche, Werke, Bd. 3, S. 314.
167 F. Nietzsche, Werke, Bd. 3, S. 320.
168 F. Nietzsche, Werke, Bd. 3, S. 862.
169 F. Nietzsche, Werke, Bd. 1, S. 387–388.

170 F. Nietzsche, Werke, Bd. 2, S. 222.
171 F. Nietzsche, Werke, Bd. 2, S. 960.
172 F. Nietzsche, Werke, Bd. 2, S. 959.
173 F. Nietzsche, Werke, Bd. 2, S. 790.
174 F. Nietzsche, Werke, Bd. 2, S. 584.
175 F. Nietzsche, Werke, Bd. 2, S. 600.
176 F. Nietzsche, Werke, Bd. 2, S. 600.
177 F. Mauthner, Beiträge zu einer Kritik der Sprache, 1969, Bd. 1, S. 366.
178 H. Paetzold, Ernst Cassirers ›Philosophie der symbolischen Formen‹ und die neuere Entwicklung der Semiotik, in: Zeichenkonstitution, hrsg. v. A. Lange-Seidl, Bd. 1, 1981, S. 90–100.
179 E. Cassirer, Die Sprache und der Aufbau der Gegenstandswelt, Bericht über den 12. Kongreß der deutschen Gesellschaft für Psychologie, 1932, S. 135.
180 E. Cassirer, Philosophie der symbolischen Formen, Bd. 1, 1964, S. 18.
181 E. Cassirer, Was ist der Mensch?, 1960, S. 39 und 40.
182 E. Cassirer, Wesen und Wirkung des Symbolbegriffs, 1976, S. 82.
183 E. Cassirer, a.a.O., S. 79.
184 E. Cassirer, Philosophie der symbolischen Formen, Bd. 1, 1964, S. 11.
185 E. Cassirer, a.a.O., Bd. 3, S. 385.
186 E. Cassirer, a.a.O., Bd. 1, S. 237, 238.
187 E. Cassirer, a.a.O., Bd. 1, S. 283.
188 E. Cassirer, a.a.O., Bd. 1, S. 149 ff.
189 E. Cassirer, Die Sprache und der Aufbau der Gegenstandswelt, Bericht über den 12. Kongreß der deutschen Gesellschaft für Psychologie, 1932, S. 138.
190 E. Cassirer, The influence of language upon the development of scientific thought, Journal of Philosophy, 39, 1942, S. 322, 326, 327.
191 E. Cassirer, Was ist der Mensch?, 1960, S. 170.
192 E. Cassirer, Zur Einstein'schen Relativitätstheorie, 1921, S. 56.
193 E. Cassirer, a.a.O., S. 119.
194 E. Cassirer, Philosophie der symbolischen Formen 1964, Bd. 1, S. 19, Bd. 3, S. 3.
195 W. v. Humboldt, Gesammelte Schriften, Bd. 4, S. 27/Werke, Bd. 3, S. 20.
196 G. Skirbekk (Hrsg.) Wahrheitstheorien, 1977. B. Puntel, Wahrheitstheorien in der neueren Philosophie, 1978.
197 L. Wittgenstein, Tractatus logico-philosophicus, 1968, 4.0312.
198 A. Tarski, Die semantische Konzeption der Wahrheit und die Grundlagen der Semantik, in: Wahrheitstheorien, hrsg. v. G. Skirbekk, 1977, S. 149.
199 D. Hume, Ein Traktat über die menschliche Natur, Bd. 1, Über den Verstand, 1978, S. 99 ff.
200 I. Kant, Werke, Bd. 5, S. 118.
201 E. Rudolph, Zusammenhänge von Kausalität und kausalen Satzgefügen, Deutsche Sprache, 1976, S. 193–206.
202 Marx-Engels-Werke (MEW), Bd. 3, S. 30.
203 MEW, Bd. 3, S. 432.
204 MEW, Bd. 16, S. 564.
205 MEW, Bd. 37, S. 118.
206 MEW, Bd. 37, S. 464.
207 MEW, Bd. 13, S. 8.
208 J. Stalin, Marxismus und Fragen der Sprachwissenschaft, 1972, S. 24–26.
209 J. Stalin, a.a.O., S. 36.
210 J. Stalin, a.a.O., S. 39–40.
211 J. Stalin, a.a.O., S. 51.
212 L. Kofler, Marxismus und Sprache, in: L. Kofler, Stalinismus und Bürokratie, 1970, S. 146.
213 L. Kofler, a.a.O., S. 158.
214 A. Schaff, Sprache und Erkenntnis, 1964, S. 148.
215 A. Schaff, a.a.O., S. 157–159.

216 E. Cassirer, Philosophie der symbolischen Formen, Bd. 1, 1964, S. 257.

217 A. Schaff, Sprache und Erkenntnis, 1964, S. 172–173.

218 A. Schaff, Einführung in die Semantik, 1973, S. 319.

219 W. James, Der Wahrheitsbegriff des Pragmatismus, in: Wahrheitstheorien, hrsg. v. G. Skirbekk, 1977, S. 35–58.

220 W. James, a.a.O., S. 41.

221 W. James, a.a.O., S. 49.

222 C.F. v. Weizsäcker, Die Einheit der Natur, 1981, S. 339.

223 J. Habermas, Wahrheitstheorien, in: Wirklichkeit und Reflexion, hrsg. v. H. Fahrenbach, 1973, S. 218ff. J. Habermas/N. Luhmann, Theorie der Gesellschaft oder Sozialtechnologie, 1971, S. 123ff., 222ff.

224 J. Habermas, a.a.O., S. 220.

225 J. Habermas, a.a.O., S. 250.

XI Hermeneutik und Grammatik

1 F.D.E. Schleiermacher, Hermeneutik und Kritik, 1977, S. 79ff, 101ff.

2 F.D.E. Schleiermacher, a.a.O., S. 169.

3 F.D.E. Schleiermacher, a.a.O., S. 77.

4 F.D.E. Schleiermacher, a.a.O., S. 460–461.

5 F.D.E. Schleiermacher, a.a.O., S. 92.

6 A. Boeckh, Enzyklopädie und Methodenlehre der philologischen Wissenschaften, 1966, S. 10.

7 A. Boeckh, a.a.O., S. 12.

8 A. Boeckh, a.a.O., S. 83.

9 A. Boeckh, a.a.O., S. 87.

10 A. Boeckh, a.a.O., S. 98.

11 A. Boeckh, a.a.O., S. 112.

12 A. Boeckh, a.a.O., S. 125.

13 A. Boeckh, a.a.O., S. 179.

14 I. Kant, Werke, Bd. 3, S. 320, Kritik der reinen Vernunft A.314.

15 W. Wieland, Platon und die Formen des Wissens, 1982, S. 224ff.

16 G. Ryle, Der Begriff des Geistes, 1982, S. 26ff.

17 M. Oswald / V. Gadenne, Wissen, Können und künstliche Intelligenz, Sprache und Kognition, 3, 1984, S. 173–184.

18 M. Polanyi, Tacit knowing: Its bearing on some problems of philosophy, Review of Modern Physics, 34, 1962, S. 601–616. M. Polanyi, Implizites Wissen, 1985.

19 H.-M. Gauger / W. Oesterreicher / H. Henne / M. Geier / W. Müller, Sprachgefühl? Vier Antworten auf eine Preisfrage, 1982. F. Kainz, Psychologie der Sprache, Bd. 4, 1967, S. 296–393.

20 P.A. Bloch (Hrsg.), Der Schriftsteller und sein Verhältnis zur Sprache, 1971, S. 167, 182 und 198.

21 P.A. Bloch, a.a.O., S. 25 und 27.

22 F. Ast, Grundlinien der Grammatik, Hermeneutik und Kritik, 1808, S. 178–179.

23 L. Wittgenstein, Philosophische Untersuchungen, 1967, § 504.

24 F. Weinhandl (Hrsg.), Gestalthaftes Sehen, 1974. A. Wellek, Ganzheitspsychologie und Strukturtheorie, 1969.

25 A. Wellek, a.a.O., S. 153.

26 W. Köller, Der Peircesche Denkansatz als Grundlage für die Literatursemiotik, in: Literatursemiotik, Bd. 1, hrsg. v. A. Eschbach, W. Rader, 1980, S. 49ff.

27 R. Jakobson, Linguistik und Poetik, in: Strukturalismus in der Literaturwissenschaft, hrsg. v. H. Blumensath, 1972, S. 142.

28 C.F. Graumann, Aktualgenese, Zeitschrift für experimentelle und angewandte Psychologie, 6. 1959, S. 410–448.

J. Linschoten, Aktualgenese und heuristisches Prinzip, ebenda, 6, 1959, S. 449–473. J. Voigt, Aktualgenese im Denkprozeß, ebenda, 6, 1959, S. 496–507.

29 A. Wellek, Das Prägnanzproblem der Gestaltpsychologie und das ›Exemplarische‹ in der Pädagogik, Zeitschrift für experimentelle und angewandte Psychologie. 6. 1959, S. 722–736.

30 M.S. Gazzaniga, The split brain in man, Scientific American, 1967, Vol. 217, Nr. 2, S. 24–29. R.W. Sperry/B. Preilowski, Die beiden Gehirne des Menschen, Bild der Wissenschaft, 9, 1972, S. 921–927. J.C. Eccles, Brain, speech and consciousness, Die Naturwissenschaften, 60, 1973, S. 167–176. K. Popper/J.C. Eccles, Das Ich und sein Gehirn, 1982. F. Seitelberger, Neurobiologische Aspekte der Intelligenz, in: Die Evolution des Denkens, hrsg. v. K. Lorenz und F.M. Wuketits, 1983, S. 167–197. S.P. Springer/G. Deutsch, Linkes-rechtes Gehirn, 1987.

31 Zum Problem der Abduktion bei Peirce: W. Köller, Der Peircesche Denkansatz als Grundlage für die Literatursemiotik, in: Literatursemiotik, Bd. 1, hrsg. v. A. Eschbach und W. Rader, 1980, S. 42ff. Vgl. auch Kap. IX.2 dieses Buches.

32 W. Kallmeyer u.a., Lektürekolleg zur Textlinguistik, 1974, Bd. 1, S. 177ff.

33 K. Bühler, Sprachtheorie, 1960, S. 79ff.

34 H. Weinrich, Sprache in Texten, 1976, S. 163–176. K. Bühler, Sprachtheorie, 1960, S. 303ff.

35 U. Engel, Subjunktion, in: Mélanges pour Jean Fourquet, 1969, S. 85–100.

36 H. Weinrich, Tempus, 1971, S. 18ff.

37 K. Hamburger, Die Logik der Dichtung, 1968, S. 65.

38 W. Köller, Funktionaler Grammatikunterricht, 1986, S. 131ff.

39 K. Boost, Die mittelbare Feststellungsweise, Eine Studie über den Konjunktiv, Zeitschrift für Deutschkunde, 54, 1940, S. 289.

40 K.E. Sommerfeldt, Zur Parteilichkeit bei der Wiedergabe vermittelter Äußerungen. Zeitschrift für Phonetik, Sprachwissenschaft und Kommunikationsforschung, 25, 1972, S. 366–395.

41 P. Watzlawick u.a., Menschliche Kommunikation, 1974, S. 53ff.

42 H. Weydt (Hrsg.), Aspekte der Modalpartikeln, 1977.
H. Weydt (Hrsg.), Die Partikeln der deutschen Sprache, 1979.
H. Weydt (Hrsg.), Partikeln und Interaktion, 1983.
M. Doherty, Epistemische Bedeutung, 1985.

43 L. Reiners, Stilkunst, 1976, S. 340.

44 R. Rath, ›Doch‹ – eine Studie zur Syntax und kommunikativen Funktion einer Partikel, Deutsche Sprache, 1975, S. 222–242.

45 J. Searle, Sprechakte, 1973, S. 48ff, 192ff.

46 A. Schütz, Der sinnhafte Aufbau der sozialen Welt, 1974, S. 24ff.

47 B. Malinowski, Das Problem der Bedeutung in primitiven Sprachen, in: C.K. Ogden/I.A. Richards, Die Bedeutung der Bedeutung, 1974, S. 347.

48 G. Helbig, Partikeln als illokutive Indikatoren im Dialog, Deutsch als Fremdsprache 13, 1979, S. 30–44.

49 H. Weinrich, Sprache in Texten, 1976, S. 78ff.

50 K. Bühler, Sprachtheorie, 1960, S. 24ff.

51 K. Popper, Objektive Erkenntnis, 1974, S. 137ff.

52 K. Popper, a.a.O., S. 263.

53 R. Jakobson, Linguistik und Poetik, in: Strukturalismus und Literaturwissenschaft, hrsg. v. H. Blumensath, 1972, S. 121ff.

54 G. Ungeheuer, Inhaltliche Grundkategorien sprachlicher Kommunikation, in: G. Ungeheuer, Sprache und Kommunikation, 1972, S. 121ff.

55 P. v.Polenz, Deutsche Satzsemantik, Grundbegriffe des Zwischen-den-Zeilen-Lesens, 1985.

56 A. Gurwitsch, Das Bewußtseinsfeld, 1975, S. 46ff.

57 H. Weinrich, Tempus, 1971, S. 91ff.

58 F. Schnabel, Deutsche Geschichte im neunzehnten Jahrhundert, Freiburg 1964, Bd. 1, S. 138.

59 G. Mann, Deutsche Geschichte des 19. und 20. Jahrhunderts, Frankfurt 1960, S. 713.

60 H. Berg, Gutachten und Urteil, 1977, S. 142ff.

61 H. Weinrich, Tempus, 1971, S. 150. H. Weinrich, Textgrammatik der französischen Sprache, 1982, S. 168.

62 H. Rombach, Phänomenologie des gegenwärtigen Bewußtseins, 1980, S. 187.
63 B. Schweitzer, Vom Sinn der Perspektive, 1953, S. 8.
64 H. Rombach, Phänomenologie des gegenwärtigen Bewußtseins, 1980, S. 189ff.
65 C.F. Graumann, Grundlagen einer Phänomenologie und Psychologie der Perspektivität, 1960.
66 F. Nietzsche, Werke, Bd. II, S. 566, Bd. I, S. 443.
67 G.Ch. Lichtenberg, Schriften und Briefe, Bd. 1, S. 247, 272.
68 H. Weinrich, Textgrammatik der französischen Sprache, 1982, S. 352ff.
69 H. Amman, Die menschliche Rede, 1974, S. 140ff. K. Boost, Neue Untersuchungen zum Wesen und zur Struktur des deutschen Satzes, 1964, S. 26ff. E. Beneš, Thema-Rhema-Gliederung und Textlinguistik, in: Festgabe für H. Glinz, 1973, S. 42–62.
70 G. von der Gabelentz, Die Sprachwissenschaft, 1972, S. 369ff. H. Paul, Prinzipien der Sprachgeschichte, 1975, S. 124ff. § 87.

XII Vom Sinn grammatischen Wissens

1 M. Scheler, Die Wissensformen und die Gesellschaft, Gesammelte Werke, Bd. 8, S. 200ff. M. Scheler, Späte Schriften, Gesammelte Werke, Bd. 9, S. 85ff.
2 M. Scheler, Späte Schriften, Gesammelte Werke, Bd. 9, S. 108.
3 G. Ungeheuer, Kommunikative und extrakommunikative Betrachtungsweise in der Phonetik, in: G. Ungeheuer, Sprache und Kommunikation, 1972, S. 37ff.
4 G.W.F. Hegel, Werke, Bd. 4, S. 52, Texte zur philosophischen Propädeutik, § 159.
5 Th. Litt, Mensch und Welt, 1948, S. 214.
6 Th. Bodammer, Hegels Deutung der Sprache, 1969, S. 7ff., 141ff., 239ff.
7 G.W.F. Hegel, Werke, Bd. 12, S. 85–86, Vorlesungen über die Geschichte der Philosophie.
8 G.W.F. Hegel, Werke, Bd. 10, S. 272, Enzyklopädie der philosophischen Wissenschaften § 459.
9 G.W.F. Hegel, Werke, Bd. 5, S. 26 und 30, Wissenschaft der Logik.
10 G.W.F. Hegel, Werke, Bd. 5, S. 53, a.a.O.
11 G.W.F. Hegel, Werke, Bd. 5, S. 55, a.a.O.
12 G.W.F. Hegel, Werke, Bd. 4, S. 321, Gymnasialreden.
13 G.W.F. Hegel, Werke, Bd. 12, S. 76, Vorlesungen über die Geschichte der Philosophie.
14 G.W.F. Hegel, Werke, Bd. 4, S. 322–323, Gymnasialreden.
15 J. Paul, Werke, Bd. 5, S. 828 und 831, Levana § 131.
16 J.G. Hamann, Schriften zur Sprache, 1967, S. 222.
17 J.G. Hamann, Briefwechsel, Bd. 5, S. 117. Brief an Herder vom 8. 8. 1784.
18 G. Frey, Sprache – Ausdruck des Bewußtseins, 1965.
19 A. Gehlen, Der Mensch, 1978, S. 79ff.
20 M. Landmann, Der Mensch als Schöpfer und Geschöpf der Kultur, 1961, S. 16ff.
21 K. Popper, Objektive Erkenntnis, 1974, S. 182ff.
22 E. Durkheim, Die Regeln der soziologischen Methode, 1976, S. 105 und 115.
23 W. Köller, Der sprachtheoretische Wert des semiotischen Zeichenmodells, in: Zeichen, Text, Sinn, hrsg. v. K.H. Spinner, 1977, S. 19ff. C. Bierbach, Sprache als »Fait social«, 1978.
24 H. Rombach, Anthropologie des Lernens, in: Der Lernprozeß, hrsg. v. Willmann-Institut, 1969, S. 42.
25 K. Lorenz, Knowledge, beliefs and freedom, in: Hierarchically organized systems in theory and practice, ed. by P.A. Weiss, 1971, S. 232.
26 L. Malson/J. Itard/O. Mannoni, Die wilden Kinder, 1972. R.M. Zingg, Feral man and extreme cases of isolation, American Journal of Psychology, 53, 1970, S. 487–517. A. Schmitt, Helen Keller und die Sprache, 1954.
27 C. Bresch, Zwischenstufe Leben, 1977, S. 179ff.
28 A. Schmitt, Entstehung und Entwicklung von Schriften, 1980, S. 232ff.
29 K. Gaiser, Wieviel Grammatik braucht der Mensch?, in: Zur Didaktik der deutschen Grammatik, hrsg. v. H.G. Rötzer, 1973, S. 1–15.

30 K. Gaiser, ebenda, S. 1.

31 J.W. von Goethe, Goethes Werke, Hamburger Ausgabe, Bd. 9, S. 32, Dichtung und Wahrheit I Teil, 1. Buch.

32 J. Grimm, Kleinere Schriften, Bd. VIII, 1966, S. 30–31.

33 H. Blankertz, Theorien und Modelle der Didaktik, 1975. W. Klafki, Studien zur Bildungstheorie und Didaktik, 1975.

34 W. Klafki, Studien zur Bildungstheorie und Didaktik, 1975, S. 44ff.

35 J. Piaget, Theorien und Methoden der modernen Erziehung, 1978, S. 231.

36 W. Guyer, Wie wir lernen, 1967, S. 69ff.

37 H. Roth, Pädagogische Psychologie des Lehrens und Lernens, 1965, S. 111.

38 M. Wagenschein, Zum Problem des genetischen Lehrens, Zeitschrift für Pädagogik, 12, 1966, S. 305–330.

Schlußbemerkungen

1 F.G. Klopstock, Werke, Bd. VII, 1, S. 66, Guter Rath der Aldermänner.

2 L. Wittgenstein, Philosophische Untersuchungen, 1967, § 119.

3 G. Frege, Begriffsschrift, 1964, S. 107.

Literaturverzeichnis

Admoni, Wladimir: Der deutsche Sprachbau, München 1970³.
– Grundlagen der Grammatiktheorie, Heidelberg 1971.
– Grammatiktheorien in ihrer Anwendung auf das heutige Deutsch, Jahrbuch 1971 des Instituts für deutsche Sprache, Düsseldorf 1972, S. 55–76.
– Der Bedeutungsgehalt der grammatischen Formen im Sprachunterricht, Jahrbuch 1974 des Instituts für deutsche Sprache, Düsseldorf 1975, S. 83–94.
– Der Status der verallgemeinerten grammatischen Bedeutung im Sprachsystem, in: Potsdamer Forschungen, Pädagogische Hochschule Karl Liebknecht, Reihe A, H. 20, S. 27–45, Potsdam 1977.
Ammann, Hermann: Vom doppelten Sinn der sprachlichen Formen, Sitzungsberichte der Heidelberger Akademie der Wissenschaften, phil. hist. Klasse, 1920, Heidelberg 1920.
– Die menschliche Rede, Darmstadt 1974⁴.
Anderegg, Johannes: Fiktion und Kommunikation, Ein Beitrag zur Theorie der Prosa, Göttingen 1977².
– Sprache und Verwandlung, Zur literarischen Ästhetik, Göttingen 1985.
Apel, Karl-Otto: Die Idee der Sprache in der Tradition des Humanismus von Dante bis Vico, Bonn 1980³.
Arens, Hans: Sprachwissenschaft, Der Gang ihrer Entwicklung von der Antike bis zur Gegenwart, 2 Bde., Frankfurt 1974.
Arnauld, Antoine: Die Logik oder die Kunst des Denkens, Darmstadt 1972.
Arnauld, A./Lancelot, C.: Grammaire générale et raisonnée, 1660, suivie de la logique ou l'art de penser, 1662, Genève 1972.
Aristoteles: Kategorien, Lehre vom Satz, (Peri hermeneias), Hamburg 1974.
Ast, Friedrich: Grundlinien der Grammatik, Hermeneutik und Kritik, Landshut 1808.
Augustinus, Aurelius: Der Lehrer, De magistro liber unus, Paderborn 1958.
– Confessiones / Bekenntnisse, München 1966³.
Austin, John L.: Zur Theorie der Sprechakte (How to do things with words), Stuttgart 1972.
Bacon, Francis: Works, ed. by J. Spedding, R.L. Ellis, D.D. Heath, London 1857.
– Neues Organon, hrsg. v. A. Kirchmann, Berlin 1870.
Bally, Charles: Le style indirect libre en français moderne, Germanisch-Romanische Monatsschrift 4, 1912, S. 549–556, 597–606.
Barwick, Karl: Probleme der stoischen Sprachlehre und Rhetorik, Abhandlungen der sächsischen Akademie der Wissenschaften, phil.-hist. Klasse, 49, H. 3, Berlin 1957.
– Remmius Palaemon und die römische ars grammatica, Leipzig 1922, Nachdruck Hildesheim 1967.
Batori, Istvan S. .: Die Grammatik aus der Sicht kognitiver Prozesse, Tübingen 1981.
Baudler, Georg: ›Im Worte sehen‹, Das Sprachdenken Johann Georg Hamanns, Bonn 1970.
Becker, Karl Ferdinand: Ausführliche deutsche Grammatik als Kommentar zur Schulgrammatik, 2 Bde., Prag 1870², Nachdruck Hildesheim, New York, 1969.
– Organism der Sprache, Frankfurt 1841², Nachdruck Hildesheim, New York 1970.
Beneš, Eduard: Die funktionale Satzperspektive, Deutsch als Fremdsprache, 4, 1967, S. 23–28.
– Thema-Rhema-Gliederung und Textlinguistik, in: Studien zur Texttheorie und Grammatik, Festgabe für H. Glinz, Düsseldorf 1973, S. 42–62.
Berg, H.: Gutachten und Urteil, Stuttgart 1977¹⁰.

Berger, P.L./Luckmann, Th.: Die gesellschaftliche Konstruktion der Wirklichkeit, Eine Theorie der Wissenssoziologie, Frankfurt 1980.

Bertalanffy, Ludwig von: Problems of life, London 1952.

– An essay on the relativity of categories, Philosophy of Science, 22, 1955, S. 243–263.

Bickerton, Derek: Roots of language, Ann Arbor 1981.

– Kreolensprachen, Spektrum der Wissenschaft, 1983, H. 9, S. 110–118, aus: Scientific American, July 1983.

Bierbach, Christine: Sprache als ›Fait social‹, Tübingen 1978.

Blankertz, Herwig: Theorien und Modelle der Didaktik, München 1975⁹.

Bloch, Peter André (Hrsg.): Der Schriftsteller und sein Verhältnis zur Sprache, dargestellt am Problem der Tempuswahl, Bern, München 1971.

Bocheński, I.M.: Die zeitgenössischen Denkmethoden, München 1971⁵.

Bodammer, Theodor: Hegels Deutung der Sprache, Interpretationen zu Hegels Äußerungen über die Sprache, Hamburg 1969.

Boeckh, August: Enzyklopädie und Methodenlehre der philologischen Wissenschaften, hrsg. v. E. Bratuschek, Leipzig 1886², Nachdruck Stuttgart 1966.

Boehner, Philotheus: The realistic conceptualism of William Ockham, in: Collected articles on Ockham, ed. by E.M. Buytaert, New York, Louvain, Paderborn 1958, S. 156–174.

Boom, Holger van den: Eine Explikation des linguistischen Universalienbegriffs, in: Language universals, hrsg. v. H. Seiler, Tübingen 1978, S. 59–78.

Boost, Karl: Die mittelbare Feststellungsweise. Eine Studie über den Konjunktiv, Zeitschrift für Deutschkunde, 54, 1940, S. 284–294.

– Neue Untersuchungen zum Wesen und zur Struktur des Satzes, Berlin 1964⁵.

Braine, M.D.S.: The ontogeny of english phrase structure: the first phrase, Language, 39, 1963, S. 1–13.

Bravo, Nicole Fernandes: Geschichte der indirekten Rede im Deutschen vom siebzehnten Jahrhundert bis zur Gegenwart, Deutsche Sprache 1980, S. 97–132.

Breckle, Herbert E.: Die Bedeutung der ›Grammaire générale et raisonnée‹ – bekannt als Grammatik von Port-Royal – für die heutige Sprachwissenschaft, Indogermanische Forschungen, 72, 1967, S. 1–21.

Bresch, Carsten: Zwischenstufe Leben, Evolution ohne Ziel?, München 1977.

Bridgeman, P.W.: Operational analysis, Philosophy of Science, 5, 1938, S. 114–131.

Brinkmann, Hennig: Sprachwandel und Sprachbewegungen in althochdeutscher Zeit, Jena 1931.

– Die deutsche Sprache, Gestalt und Leistung, Düsseldorf 1971².

Bröcker, Walter: Über die Prinzipien a priori einer allgemeinen Grammatik, Zeitschrift für romanische Philologie, 63, 1943, S. 367–383.

Brown, R.W./Lenneberg, E.H.: A study in language and cognition, Journal of Abnormal and Social Psychology 49, 1954, S. 454–462.

Bruner, Jerome S.: Going beyond the information given, in: Contemporary approaches to cognition, A symposium held at the University of Colorado, Cambridge Mass. 1957, S. 41–59.

Bruner, J.S./Olson, D.R.: Symbole und Texte als Werkzeuge des Denkens, in: Die Psychologie des 20. Jahrhunderts, Bd. 7, Zürich 1977, S. 306–320.

Bühler, Karl: Sprachtheorie, Stuttgart 1960².

Bühring, Karin: Allgemeine Semantik: Sprachkritik und Pädagogik, Düsseldorf 1973.

Bursill-Hall, G.L.: The Middle Ages, in: Current Trends in Linguistics, 13, 1975, ed. by Th.S. Sebeok, The Hague, Paris 1975, S. 179–230.

Carnap, Rudolf: Überwindung der Metaphysik durch logische Analyse der Sprache, Erkenntnis 2, 1931, S. 219–241.

– Die Aufgabe der Wissenschaftslogik, Einheitswissenschaft, Heft 3, Wien 1934.

Carroll, John B.: Die linguistische Relativitätshypothese, in: Psycholinguistik, hrsg. v. H. Halbe, Darmstadt 1976, S. 392–400.

Cassirer, Ernst: Das Erkenntnisproblem in der Philosophie und Wissenschaft der neueren Zeit, 4 Bde., Nachdruck Darmstadt 1973ff.

– Zur Einstein'schen Relativitätstheorie, Erkenntnistheoretische Betrachtungen, Berlin 1921.

– Philosophie der symbolischen Formen, 3 Bde., Nachdruck Darmstadt 1964[4].
– Die Sprache und der Aufbau der Gegenstandswelt, Bericht über den 12. Kongreß der deutschen Gesellschaft für Psychologie Hamburg, Jena 1932, S. 134–145.
– Wesen und Wirkung des Symbolbegriffs, Darmstadt 1976.
– The influence of language upon the development of scientific thought, Journal of Philosophy, 39, 1942, S. 309–327.
– Was ist der Mensch? Versuch einer Philosophie der menschlichen Kultur, Stuttgart 1960.
Chase, Stuart: The tyranny of words, New York 1938.
Cherubim, Dieter: Grammatik und Sprachkritik, Osnabrücker Beiträge zur Sprachtheorie, 27, 1984, S. 155–187.
Chomsky, Noam: Syntactic structures, The Hague, Paris 1971[9].
– Aspekte der Syntax-Theorie, Frankfurt 1969.
– Cartesianische Linguistik, Tübingen 1971.
Christmann, Hans Helmut: Beiträge zur Geschichte der These vom Weltbild der Sprache, Abhandlungen der Akademie der Wissenschaften und Literatur Mainz, Geistes- und sozialwiss. Klasse, 1966, Nr. 7, Mainz 1967.
– Neue Beiträge zur Geschichte der These vom Weltbild der Sprache: ›Praktische‹ Anwendungen in Frankreich und Deutschland am Ende des 18. Jahrhunderts, in: Logos Semantikos, Studia linguistica in honorem Eugenio Coseriu, hrsg. v. H. Geckeler, Berlin 1981, Bd. 1, S. 87–99.
Coseriu, Eugenio: Über Leistung und Grenzen der kontrastiven Grammatik, in: Jahrbuch des Instituts für deutsche Sprache 1969, Düsseldorf 1970, S. 9–30.
– Sprache, Strukturen und Funktionen, Tübingen 1970.
– Semantik und Grammatik, in: Jahrbuch des Instituts für deutsche Sprache 1971, Düsseldorf 1972, S. 77–89.
– Die sprachlichen (und die anderen) Universalien, in: Sprachtheorie, hrsg. v. B. Schlieben-Lange, Hamburg 1975, S. 127–161.
– Logizismus und Antilogizismus in der Grammatik, in: E. Coseriu, Sprachtheorie und allgemeine Sprachwissenschaft, München 1975, S. 210–233.
Coulmas, Florian: Alternativen zum Alphabet, in: Schrift, Schreiben, Schriftlichkeit, hrsg. v. K.B. Günther/H. Günther, Tübingen 1983, S. 169–190.
Curtius, Ernst Robert: Das mittelalterliche Bildungssystem und die Grammatik, Romanische Forschungen, 60, 1947, S. 1–26.
– Europäische Literatur und lateinisches Mittelalter, Bern, München 1969[7].
Derrida, Jacques: Grammatologie, Frankfurt 1983.
Ditfurth, Hoimar von: Der Geist fiel nicht vom Himmel. Die Evolution unseres Bewußtseins, Hamburg 1976.
Dittmar, Norbert: Soziolinguistik, Frankfurt 1973.
Doherty, Monika: Epistemische Bedeutung, Studia Grammatica XXIII, Berlin 1985.
Durkheim, Emile: Die Regeln der soziologischen Methode, Neuwied 1976[4].
Eccles, John C.: Brain, speech and consciousness, Die Naturwissenschaften, 60, 1973, S. 167–176.
Eddington, A.S.: The nature of the physical world, Cambridge 1930.
Eisenberg, Peter: Grundriß der deutschen Grammatik, Stuttgart 1986.
Enders, Heinz W.: Sprachlogische Traktate des Mittelalters und der Semantikbegriff, München, Paderborn, Wien 1975.
Engel, Ulrich: Subjunktion, in: Mélanges pour Jean Fourquet, München, Paris 1969, S. 85–100.
Erkenbrecht, Ulrich: Marx' materialistische Sprachtheorie, Kronberg 1973.
Fichte, Johann Gottlieb: Von der Sprachfähigkeit und dem Ursprunge der Sprache, Sämtliche Werke, Leipzig 1924, Bd. VIII, S. 301–341.
Fillmore, Charles J.: Plädoyer für Kasus, in: Kasustheorie, hrsg. v. W. Abraham, Frankfurt 1971, S. 1–118.
– The case for case reopened, in: Grammatical relations, ed. by P. Cole/J.L. Morgan, New York 1977, S. 59–82.
Forke, Alfred: Die Gedankenwelt des chinesischen Kulturkreises, München, Berlin 1927.

Fränkel, Hermann: Grammatik und Sprachwirklichkeit, München 1974.

Frankenberg, Hartwig: Konjunktionale Verkettung und prädikative Reduktion in einem linguistischen Textmodell, Linguistische Berichte, 14, 1971, S. 51-59.

Frege, Gottlob: Begriffsschrift und andere Aufsätze, hrsg. v. I. Angelelli, Darmstadt 1964[2].

Freundlich, Rudolf: Über die logische und semantische Struktur implikativer Begriffe der natürlichen Sprache, in: Logik und Sprache, hrsg. v. A. Menne/G. Frey, Bern, München 1974, S. 119−127.

Frey, Gerhard: Sprache − Ausdruck des Bewußtseins, Stuttgart 1965.

Frobenius, Leo: Paideuma, Umrisse einer Kultur- und Sittenlehre, Düsseldorf 1953[3].

Funke, Otto: Zum Weltsprachenproblem in England im 17. Jahrhundert, Heidelberg 1929.

− Zur Frühgeschichte des Terminus ›(innere) Sprachform‹, in: Beiträge zur Einheit von Bildung und Sprache im geistigen Sein. Festschrift zum 80. Geb. von Ernst Otto, hrsg. v. G. Haselbach/G. Hartmann, Berlin 1957, S. 289−294.

Furth, Hans G.: Intelligenz und Erkennen. Die Grundlagen der genetischen Erkenntnistheorie Piagets, Frankfurt 1976.

Gabelentz, Georg von: Die Sprachwissenschaft, Tübingen 1972[2].

Gadamer, Hans-Georg: Wahrheit und Methode, Tübingen 1965[2].

Gagnér, Sten: Studien zur Ideengeschichte der Gesetzgebung, Stockholm, Uppsala, Göteborg 1960.

Gaiser, Konrad: Wieviel Grammatik braucht der Mensch?, in: Zur Didaktik der deutschen Grammatik, hrsg. v. H.G. Rötzer, Darmstadt 1973, S. 1−15.

Gauger, H.-M./Oesterreicher, W./Henne, H./Geier, M./Müller, W.: Sprachgefühl? Vier Antworten auf eine Preisfrage, Heidelberg 1982.

Gazzaniga, M.: The split brain in man, Scientific American, 1967, Vol. 217, Nr. 2, S. 24−29.

Geckeler, Horst: Strukturelle Semantik und Wortfeldtheorie, München 1971[2].

Gehlen, Arnold: Der Mensch, Seine Natur und seine Stellung in der Welt, Wiesbaden 1978[12].

Gerth, Klaus: Aufgliederung − ein Prinzip in der Sprachentwicklung des Kindes, in: Zur Sprache des Kindes, hrsg. v. H. Helmers, Darmstadt 1969, S. 353−368.

Giesecke, Michael: Schriftsprache als Entwicklungsfaktor in Sprach- und Begriffsgeschichte, in: Historische Semantik und Begriffsgeschichte, hrsg. v. R. Kosellek und K.-H. Stierle, Stuttgart 1979, S. 262−302.

Gipper, Helmut: Bausteine zur Sprachinhaltsforschung, Düsseldorf 1969[2].

− Gibt es ein sprachliches Relativitätsprinzip? Untersuchungen zur Sapir-Whorf-Hypothese, Frankfurt 1972.

Gipper, H./Schmitter, P.: Sprachwissenschaft und Sprachphilosophie im Zeitalter der Romantik, Tübingen 1979.

Givón, Talmy: On understanding grammar, New York, San Francisco, London 1979.

Glanzer, Murray: Grammatical category: A rote learning and word association analysis, Journal of Verbal Learning and Verbal Behavior, 1, 1962, S. 31−41.

Glanzer, M./Clark, W.H.: The verbal-loop hypothesis: Conventional figures, American Journal of Psychology, 77, 1964, S. 621−626.

Glinz, Hans: Die innere Form des Deutschen, Bern, München 1973[6].

− Die Begründung der abendländischen Grammatik durch die Griechen und ihr Verhältnis zur modernen Sprachwissenschaft, Wirkendes Wort, 7, 1956/57, S. 129−135.

− Grammatik und Sprache, in: Das Ringen um eine neue deutsche Grammatik, hrsg. v. H. Moser, Darmstadt 1969[2], S. 42−60.

Goethe, Johann Wolfgang von: Goethes Werke, Hamburger Ausgabe, Hamburg 1964[5].

Grabmann, Martin: Die Entwicklung der mittelalterlichen Sprachlogik (Tractatus de modis significandi), Philosophisches Jahrbuch der Görresgesellschaft, 35, 1922, S. 121−135.

Graumann, C.F.: Aktualgenese, Zeitschrift für experimentelle und angewandte Psychologie, 6, 1959, S. 410−448.

− Grundlagen einer Phänomenologie und Psychologie der Perspektivität, Berlin 1960.

Greenfield, Patricia M.: Oral or written language: The consequences for cognitive development in Africa, the United States and England, Language and Speech, 1972, S. 109−178.

Grimm, Jakob: Kleinere Schriften, Werke Bd. VIII, Hildesheim 1966.

– Deutsche Grammatik, Bd. IV, Nachdruck Hildesheim 1967.

Günther, Gotthard: Die aristotelische Logik des Seins und die nicht-aristotelische Logik der Reflexion, Zeitschrift für philosophische Forschung, 12, 1958, S. 360–407.

– Das Problem einer transklassischen Logik, Sprache im technischen Zeitalter, 1965, H. 16, S. 1287–1308.

Gurwitsch, Aaron: Das Bewußtseinsfeld, Berlin, New York 1975.

Guyer, Walter: Wie wir lernen, Zürich, Stuttgart 1967[5].

Habermas, Jürgen: Wahrheitstheorien, in: Wirklichkeit und Reflexion, Walter Schulz zum 60. Geb., hrsg. v. H. Fahrenbach, Pfullingen 1973, S. 211–265.

– Was heißt Universalpragmatik?, in: Sprachpragmatik und Philosophie, hrsg. v. K.-O. Apel, Frankfurt 1976, S. 174–272.

Habermas, J./Luhmann, N.: Theorie der Gesellschaft oder Sozialtechnologie, Frankfurt 1971.

Hänel, Johannes: Zum Problem der grammatischen Bedeutung, Diss. (Masch.), Potsdam 1975.

Hamann, Johann Georg: Schriften zur Sprache, hrsg. v. J. Simon, Frankfurt 1967.

– Briefwechsel, hrsg. v. W. Ziesemer und A. Henkel, Frankfurt 1955–1979.

Hamburger, Käte: Die Logik der Dichtung, Stuttgart 1968[2].

Hartmann, Peter: Theorie der Grammatik, The Hague 1963.

Havelock, Eric A.: Preface to Plato, Cambridge, Mass. 1963.

Hayakawa, S.I.: Sprache im Denken und Handeln, Darmstadt o.J., 4. Aufl., Verlag Darmstädter Blätter.

Hayek, Friedrich A. von: Freiburger Studien, Gesammelte Aufsätze, Tübingen 1969.

– Der Primat des Abstrakten, in: Das neue Menschenbild, hrsg. v. A. Koestler, J.R. Smythies, Wien, München, Zürich 1970, S. 300–313.

– Die Theorie komplexer Phänomene, Tübingen 1972.

– Die drei Quellen menschlicher Werte, Tübingen 1979.

– Recht, Gesetzgebung und Freiheit, Bd. 1, Regeln und Ordnung, München 1980.

Hegel, Georg Wilhelm Friedrich: Werke in 20 Bänden, Frankfurt 1970 (Suhrkamp)

Heidegger, Martin: Sein und Zeit, Tübingen 1963[10].

– Was ist Metaphysik?, Frankfurt 1960[8].

Heinekamp, Albert: Sprache und Wirklichkeit nach Leibniz, in: History of linguistic thought and contemporary linguistics, ed. by H. Parret. Berlin, New York 1976, S. 518–570.

Helbig, Gerhard: Geschichte der neueren Sprachwissenschaft unter dem besonderen Aspekt der Grammatik-Theorie, München 1973[2].

– Partikeln als illokutive Indikatoren im Dialog, Deutsch als Fremdsprache, 13, 1976, S. 30–44.

– Semantik als Erklärungshintergrund für morphosyntaktische Erscheinungen, Linguistische Studien, Reihe A, Arbeitsberichte, 107, Leipzig 1983, S. 47–62.

– Studien zur deutschen Syntax, 2 Bde., Leipzig 1983.

Helbig, G./Kötz, W.: Die Partikeln, Leipzig 1981.

Herder, Johann Gottfried: Sprachphilosophische Schriften, hrsg. v. E. Heintel, Hamburg 1964[2].

Herrfahrdt, Heinrich: Die innere Sprachform des Japanischen im Vergleich mit den indogermanischen Sprachen, Wörter und Sachen, 19, 1938, S. 165–176.

Hjelmslev, Louis: Principes de grammaire générale, Kopenhagen 1928.

Hoberg, Rudolf: Die Lehre vom sprachlichen Feld, Düsseldorf 1973[2].

Hockett, Charles F.: Chinese versus English: An exploration of Whorfian theses, in: Language in culture, ed. by H. Hoijer, Chicago, London 1971[7], S. 106–123.

Höpp, Gerhard: Evolution der Sprache und der Vernunft, Berlin, Heidelberg, New York 1970.

Hörmann, Hans: Psychologie der Sprache, Berlin, Heidelberg, New York 1970[2].

– Meinen und Verstehen, Frankfurt 1976.

Hoffmann, Friedrich: Über die Entwicklung des Begriffs der Grammatik bei den Alten, Programm des Königlichen Friedrichs-Kollegiums zu Königsberg i. Pr., Nr. 7, 1891, S. 1–18.

Holz, Hans Heinz: Sprache und Welt, Probleme der Sprachphilosophie, Frankfurt 1953.

Humboldt, Wilhelm von: Gesammelte Schriften, hrsg. v. der Königlich Preußischen Akademie der Wissenschaften von A. Leitzmann, Berlin 1903 ff., Nachdruck Berlin 1968.

- Werke in fünf Bänden, hrsg. v. A. Flitner, K. Giel, Darmstadt 1963[3].
Hume, David: Ein Traktat über die menschliche Natur, Bd. I, Über den Verstand, Hamburg 1978.
Husserl, Edmund: Logische Untersuchungen, 2 Bde., Tübingen 1968[5].
Iser, Wolfgang: Der Akt des Lesens, München 1976.
Jakobson, Roman: Parts and wholes in language, in: Parts and wholes, ed. by D. Lerner, New York, London 1963, S. 157–162.
- Linguistik und Poetik, in: Strukturalismus in der Literaturwissenschaft, hrsg. v. H. Blumensath, Köln 1972, S. 118–147.
- Zwei Seiten der Sprache und zwei Typen aphatischer Störungen, in: R. Jakobson: Aufsätze zur Linguistik und Poetik, München 1974, S. 117–141.
- Poesie der Grammatik und Grammatik der Poesie, in: R. Jakobson: Aufsätze zur Linguistik und Poetik, München 1974, S. 247–260.
- Form und Sinn, München 1974.
Jakobson, R./Pomorska, K.: Poesie und Grammatik, Dialoge, Frankfurt 1982.
James, William: Der Wahrheitsbegriff des Pragmatismus, in: Wahrheitstheorien, hrsg. v. G. Skirbekk, Frankfurt 1977, S. 35–58.
Jauß, Hans Robert: Literaturgeschichte als Provokation der Literaturwissenschaft, in: Rezeptionsästhetik, hrsg. v. R. Warning, München 1975, S. 126–162.
Jespersen, Otto: Die Sprache, ihre Entwicklung und Entstehung, Heidelberg 1925.
- The philosophy of grammar, London 1968[10].
Jensen, Hans: Der sprachliche Ausdruck für Zeitauffassungen, insbesondere am Verbum, Archiv für die gesamte Psychologie, 101, 1938, S. 289–336.
Kainz, Friedrich: Psychologie der Sprache, 5 Bde., Stuttgart 1967[4].
Kalepky, Theodor: Zur französischen Syntax, Zeitschrift für romanische Philologie, 23, 1899, S. 491–513.
- Zum ›style indirect libre‹ (verschleierte Rede), Germanisch-Romanische Monatsschrift, 5, 1913, S. 608–619.
Kallmeyer, W./Klein, W./Meyer-Hermann, R./Netzer, K./Siebert, H.J.: Lektürekolleg zur Textlinguistik, 2 Bde., Frankfurt 1974.
Kandler, Günther: Die ›Lücke‹ im sprachlichen Weltbild, in: Sprache – Schlüssel zur Welt, Festschrift für Leo Weisgerber, hrsg. v. H. Gipper, Düsseldorf 1959, S. 256–270.
Kant, Immanuel: Werke in 12 Bänden, hrsg. v. W. Weischedel, Frankfurt 1978[2].
Kartagener, Manes: Zur Struktur der hebräischen Sprache, Studium Generale, 15, 1962, S. 31–39.
Kaznelson, S.D.: Sprachtypologie und Sprachdenken, München 1974.
Kierkegaard, Sören: Werke, hrsg. v. H. Diem und W. Rest, Köln 1968[2].
Klafki, Wolfgang: Studien zur Bildungstheorie und Didaktik, Weinheim, Basel 1975.
Klopstock, Friedrich Gottlieb: Werke und Briefe, hrsg. v. A. Beck u.a., Berlin, New York 1975.
Kofler, Leo: Marxismus und Sprache, Zu Stalins Untersuchung ›Über den Marxismus in der Sprachwissenschaft‹, in: L. Kofler: Stalinismus und Bürokratie, Berlin, Neuwied 1970. S. 115–182.
Köller, Wilhelm: Semiotik und Metapher, Untersuchungen zur grammatischen Struktur und kommunikativen Funktion von Metaphern, Stuttgart 1975.
- Der sprachtheoretische Wert des semiotischen Zeichenmodells, in: Zeichen, Text, Sinn, Zur Semiotik des literarischen Verstehens, hrsg. v. K.H. Spinner, Göttingen 1977, S. 7–77.
- Der Peircesche Denkansatz als Grundlage für die Literatursemiotik, in: Literatursemiotik, Bd. 1, hrsg. v. A. Eschbach/W. Rader, 1980, S. 39–63.
- Funktionaler Grammatikunterricht, Tempus, Genus, Modus: Wozu wurde das erfunden?, Hannover 1986[2].
- Dimensionen des Metaphernproblems, Zeitschrift für Semiotik, 8, 1986, S. 379–410.
Kolb, Herbert: Der inhumane Akkusativ, Zeitschrift für deutsche Wortforschung, 16, 1960, H. 3, S. 168–177.

Korzybski, Alfred: Science and sanity, An introduction to non-aristotelian systems and general semantics, Lakeville 1973[5].

Koschmieder, Erwin: Zur Bestimmung der Funktion grammatischer Kategorien, Abhandlungen der Bayrischen Akademie der Wissenschaften, phil. hist. Abt., NF H. 25, München 1945.

Kracke, Arthur: Chinesisch als Gegenbild zu indogermanischen Sprachen, Altsprachlicher Unterricht, 4, 1961, S. 26–57.

Kues, Nikolaus von: Die belehrte Unwissenheit, Buch I, Hamburg 1964.

– De coniecturis / Mutmaßungen, Hamburg 1971.

Kuhn, Thomas S.: Die Struktur wissenschaftlicher Revolutionen, Frankfurt 1976[2].

Kutschera, Franz von: Sprachphilosophie, München 1975[2].

Lambert, Johann Heinrich: Philosophische Schriften, hrsg. v. H.-W. Arndt, Neues Organon, Leipzig 1764, Nachdruck Hildesheim 1965.

Landmann, Michael: Der Mensch als Schöpfer und Geschöpf der Kultur, München, Basel 1961.

– Fundamental-Anthropologie, Bonn 1984[2].

Lenders, Winfried: Kommunikation und Grammatik bei Leibniz, in: History of linguistic thought and contemporary linguistics, ed. by H. Parret, Berlin, New York 1976, S. 571–592.

Lenneberg, Eric H.: Biologische Grundlagen der Sprache, Frankfurt 1972.

Leont'ev, A.A.: Psycholinguistische Einheiten und Erzeugung sprachlicher Äußerungen, München 1975.

Leuninger, Helen: Scholastische und transformationelle Sprachtheorie, Ein Beitrag zur Theorie der allgemeinen Grammatik, Diss. Frankfurt 1969.

Lewandowski, Theodor: Pragmatische Aspekte in Grammatiken des Deutschen, Wirkendes Wort, 1983, H. 6, S. 342–351.

Lichtenberg, Georg Christoph: Schriften und Briefe, hrsg. v. F.H. Mautner, Frankfurt 1983.

Liebrucks, Bruno: Sprache und Bewußtsein, 6 Bde., Frankfurt 1964ff.

Lindgren, Kaj B.: Paradigmatische und syntagmatische Bindungen im heutigen Deutsch, Neuphilologische Mitteilungen, 4, 1974, S. 527–551.

Linschoten, Johannes: Aktualgenese und heuristisches Prinzip, Zeitschrift für experimentelle und angewandte Psychologie, 6, 1959, S. 449–473.

Litt, Theodor: Mensch und Welt, Grundlinien einer Philosophie des Geistes, München 1948.

Lorenz, Konrad: Die Rückseite des Spiegels, Versuch einer Naturgeschichte menschlichen Erkennens, München 1977.

– Knowledge, beliefs and freedom, in: Hierarchically organized systems in theory and practice, ed. by Paul A. Weiss, New York 1971, S. 231–262.

Lorenz, K./Wuketits, F.M. (Hrsg.): Die Evolution des Denkens, München, Zürich 1983.

Lorenz, W./Wotjak, G.: Zum Verhältnis von Abbild und Bedeutung, Berlin 1977.

Lorenzen, Paul: Logik und Grammatik, Mannheim 1965.

Maeder, Hannes: Versuch über den Zusammenhang von Sprachgeschichte und Geistesgeschichte, Zürich 1955.

Malinowski, Bronislaw: Das Problem der Bedeutung in primitiven Sprachen, in: C.K. Ogden/ I.A. Richards, Die Bedeutung der Bedeutung, Frankfurt 1974, S. 323–384.

Malson, L./Itard, J./Mannoni, O.: Die wilden Kinder, Frankfurt 1972.

Marty, Anton: Über das Verhältnis von Grammatik und Logik, in: Symbolae Pragenses, Festgabe der Deutschen Gesellschaft für Altertumskunde in Prag, Prag, Wien, Leipzig 1893, S. 99–126.

– Über die Scheidung von grammatischem, logischem und psychologischem Subjekt resp. Prädicat, Archiv für systematische Philosophie, 3, 1897, S. 174–190 und 294–333.

– Untersuchungen zur Grundlegung der allgemeinen Grammatik und Sprachphilosophie, Halle 1908, Nachdruck Hildesheim, New York 1976.

Marx, K./Engels, F.: Marx – Engels – Werke, Berlin 1956ff.

Mauthner, Fritz: Beiträge zu einer Kritik der Sprache, 3 Bde., Leipzig 1923[3], Nachdruck Hildesheim 1969.

McCawley, James D.: Thirty million theories of grammar, London 1982.

McLuhan, Marshall: Die magischen Kanäle, Düsseldorf, Wien 1968.

Meillet, A.: Linguistique historique et linguistique générale, Paris 1965.

Meinhold, Peter: Luthers Sprachphilosophie, Berlin 1958.

Nietzsche, Friedrich: Werke in drei Bänden, hrsg. v. Karl Schlechta, München 1973[7].

Novalis: Schriften, hrsg. v. P. Kluckhohn, R. Samuel, Stuttgart 1977[3].

Oehler, Klaus: Peirce als Interpret der aristotelischen Kategorien, Semiosis 9, 1984, S. 24–36.

Oesterreicher, Wulf: Wem gehört Humboldt?, Zum Einfluß der französischen Aufklärung auf die Sprachphilosophie der deutschen Romantik, in: Logos Semantikos, Studia linguistica in honerem Eugenio Coseriu, hrsg. v. H. Geckeler, Berlin, New York, Madrid 1981, Bd. 1, S. 117–135.

Ogden, C.K./Richards, I.A.: Die Bedeutung der Bedeutung, Frankfurt 1974.

Oksaar, Els: Spracherwerb im Vorschulalter, Einführung in die Pädolinguistik, Stuttgart 1977.

Olson, D.R./Bruner, J.S.: Learning through experience and learning through media, in: Media and symbols, The forms of expression, communication and education, ed. by D.R. Olson, Chicago 1974, S. 125–150.

Oswald, M./Gadenne V.: Wissen, Können und künstliche Intelligenz, Eine Analyse der Konzeption des deklarativen und prozeduralen Wissens, Sprache und Kognition 3, 1984, S. 173–184.

Otto, Ernst: Stand und Aufgabe der allgemeinen Sprachwissenschaft, Berlin 1965[2].

Paetzold, Heinz: Ernst Cassirers ›Philosophie der symbolischen Formen‹ und die neuere Entwicklung der Semiotik, in: Zeichenkonstitution, Akten des 2. Semiotischen Kolloquiums Regensburg 1978, hrsg. v. A. Lange-Seidl, Berlin, New York 1981, Bd. 1, S. 90–100.

Paul, Hermann: Prinzipien der Sprachgeschichte, Tübingen 1975[9].

Paul, Jean: Werke, hrsg. v. N. Miller, München 1963.

Peirce, Charles Sanders: Collected Papers, Vol 1–6, ed. by Ch. Hartshorne and P. Weiss, 1931–35, second printing 1960, Vol. 7–8 ed. by A.W. Burks, 1958, Cambridge Harvard University Press.

– Writings of Charles S. Peirce, A chronological edition, Vol I, 1857–1866, ed. by M.H. Fisch, Bloomington 1982.

Pfeiffer, Rudolf: Geschichte der Klassischen Philologie von den Anfängen bis zum Ende des Hellenismus, München 1978.

Piaget, Jean: Theorien und Methoden der modernen Erziehung, Frankfurt 1978.

Pinborg, Jan: Die Entwicklung der Sprachtheorie im Mittelalter, Münster, Kopenhagen 1967.

– Logik und Semantik im Mittelalter, Stuttgart, Bad Cannstatt 1972.

– Classical antiquity: Greece, Current Trends in Linguistics, 13, 1975, ed. by Th.A. Sebeok, The Hague, Paris 1975, S. 69–126.

Platon: Sämtliche Werke, in der Übersetzung von F. Schleiermacher, Reinbeck bei Hamburg 1959ff.

Polanyi, Michael: Tacit knowing: its bearing on some problems of philosophy, Review of Modern Physics, 34, 1962, S. 601–616.

– Implizites Wissen, Frankfurt 1985.

Polenz, Peter von: Deutsche Satzsemantik, Grundbegriffe des Zwischen-den-Zeilen-Lesens, Berlin, New York 1985.

Popper, Karl R.: Objektive Erkenntnis, Ein evolutionärer Entwurf, Hamburg 1974[2].

– Conjectures and refutations, The growth of scientific knowledge, London 1974[4].

Popper, K.R./Eccles, J.C.: Das Ich und sein Gehirn, München 1982[2].

Porzig, Walter: Der Begriff der inneren Sprachform, Indogermanische Forschungen, 41, 1923, S. 150–169.

– Die Methoden der wissenschaftlichen Grammatik, Der Deutschunterricht, 9, 1957, H. 3, S. 5–12.

Posner, Roland: Semiotische Paradoxien in der Sprachverwendung, Am Beispiel von Sternes ›Tristram Shandy‹, in: Zeichenprozesse, hrsg. v. R. Posner, H.-P. Reinecke, Wiesbaden 1977, S. 109–128.

Postman, Neil: Wir amüsieren uns zu Tode, Frankfurt 1985.

Puntel, Bruno L.: Wahrheitstheorien in der neueren Philosophie, Darmstadt 1978.

Rapoport, Anatol: Bedeutungslehre, Darmstadt 1972.

Rath, Rainer: ›Doch‹ – Eine Studie zur Syntax und kommunikativen Funktion einer Partikel, Deutsche Sprache, 1975, S. 222–242.

Rausch, Hannelore: Theoria, Von ihrer sakralen zur philosophischen Bedeutung, München 1982.

Rehfeldt, Bernhard: Die Wurzeln des Rechts, Berlin 1951.

Reiners, Ludwig: Stilkunst, Ein Lehrbuch deutscher Prosa, München 1976.

Reiss, Angela: Schriftgeschichte und Denkentwicklung, Kassel 1986.

Rensch, Bernhard: Das universale Weltbild, Evolution und Naturphilosophie, Frankfurt 1977.

Révész, Geza: Die Trias, Analyse der dualen und trialen Systeme, Bayrische Akademie der Wissenschaften, phil.-hist. Klasse, Sitzungsberichte, 1956, H. 10, München 1957.

Ricken, Ulrich: Sprache, Anthropologie, Philosophie in der französischen Aufklärung, Berlin 1984.

Ricœur, Paul: Die Schrift als Problem der Literaturkritik und philosophischen Hermeneutik, in: Sprache und Welterfahrung, hrsg. v. J. Zimmermann, München 1978, S. 67–88.

Riedl, Rupert: Die Strategie der Genesis, Naturgeschichte der realen Welt, München, Zürich 1980[2].

– Biologie der Erkenntnis, Die stammesgeschichtlichen Grundlagen der Vernunft, Berlin, Hamburg 1981[3].

– Evolution und evolutionäre Erkenntnis, Zur Übereinstimmung der Ordnung des Denkens und der Natur, in: Die Evolution des Denkens, hrsg. v. K. Lorenz und F.M. Wuketits, München, Zürich 1983, S. 146–166.

– Die Spaltung des Weltbildes, Biologische Grundlagen des Erklärens und Verstehens, Berlin, Hamburg 1985.

Robins, R.H.: Dionysius Thrax and the western grammatical tradition, Transactions of the Philological Society, Oxford 1957/58, S. 67–106.

– Ancient and mediaeval grammatical theory in Europe, Port Washington, London 1971[2].

Rösler, Wolfgang: Die Entdeckung der Fiktionalität in der Antike, Poetica 12, 1980, S. 283–319.

– Schriftkultur und Fiktionalität, Zum Funktionswandel der griechischen Literatur von Homer bis Aristoteles, in: Schrift und Gedächtnis, Archäologie der literarischen Kommunikation, hrsg. v. A. und J. Assmann und Ch. Hardmeier, München 1983, S. 109–122.

Rombach, Heinrich: Substanz, System, Struktur, Die Ontologie des Funktionalismus und der philosophische Hintergrund der modernen Wissenschaft, 2 Bde., Freiburg, München 1965/66.

– Anthropologie des Lernens, in: Der Lernprozeß, Biologie, Psychologie, Anthropologie des Lernens, hrsg. v. Willmann-Institut, Freiburg, Basel, Wien 1969, S. 3–46.

– Phänomenologie des gegenwärtigen Bewußtseins, Freiburg, München 1980.

Roos, H.: Sprachdenken im Mittelalter, Classica et Mediaevalia, 9, 1948, S. 200–215.

– Stellung der Grammatik im Lehrbetrieb des 13. Jahrhunderts, in: Artes liberales, hrsg. v. J. Koch, Köln, Leiden 1959, S. 94–106.

Roth, Heinrich: Pädagogische Psychologie des Lehrens und Lernens, Hannover 1965[8].

Rudolph, Elisabeth: Zusammenhänge von Kausalität und kausalen Satzgefügen, Deutsche Sprache, 1976, S. 193–206.

Rupp, Heinz: Zum ›Passiv‹ im Althochdeutschen, Beiträge zur Geschichte der deutschen Sprache, 78, 1956, S. 265–286.

Russell, Bertrand: Die Philosophie des logischen Atomismus, München 1976.

Ryle, Gilbert: Der Begriff des Geistes, Stuttgart 1982.

Sapir, Edward: Die Sprache, München 1961.

Saussure, Ferdinand de: Grundfragen der allgemeinen Sprachwissenschaft, Berlin 1967[2].

Sayce, A.H.: Introduction to the science of language, 2 vol., London 1880.

Schaff, Adam: Sprache und Erkenntnis, Wien, Frankfurt, Zürich 1964.

– Einführung in die Semantik, Hamburg 1973.

Schanz, M.: Die analogisten und anomalisten im römischen recht, Philologus 42, 1884, S. 309–318.

Scheler, Max: Die Wissensformen und die Gesellschaft, Gesammelte Werke, Bd. 8, Bern, München 1960[2].

– Späte Schriften, Gesammelte Werke, Bd. 9, Bern, München 1976.

Schleicher, August: Die Darwinsche Theorie und die Sprachwissenschaft, in: Sprachwissenschaft des 19. Jahrhunderts, hrsg. v. H.H. Christmann, Darmstadt 1977, S. 85–108.

Schleiermacher, F.D.E.: Hermeneutik und Kritik, hrsg. und eingeleitet von M. Frank, Frankfurt 1977.

Schmidt, Franz: Leibnizens rationale Grammatik, Zeitschrift für philosophische Forschung, 9, 1955, S. 657–663.

Schmidt, Rudolf T.: Die Grammatik der Stoiker, Braunschweig 1979.

Schmidt, Siegfried J.: Texttheorie, München 1973.

Schmidt, Wilhelm: Zur Theorie der funktionalen Grammatik, Zeitschrift für Phonetik, Sprachwissenschaft und Kommunikationsforschung, 22, 1969, S. 135–151.

– Grundfragen der deutschen Grammatik, Eine Einführung in die funktionale Sprachlehre, Berlin 1977[5].

– Zum Funktionsbegriff in der neueren Linguistik, insbesondere in der funktional-kommunikativen Sprachbeschreibung, Zeitschrift für Phonetik, Sprachwissenschaft und Kommunikationsforschung 35, 1982, S. 9–18.

Schmitt, Alfred: Helen Keller und die Sprache, Münster, Köln 1954.

– Entstehung und Entwicklung von Schriften, Köln, Wien 1980.

Schröder, Werner: Zur Passiv-Bildung im Althochdeutschen, Beiträge zur Geschichte der deutschen Sprache 77, 1955, S. 1–79.

Schütz, Alfred: Der sinnhafte Aufbau der sozialen Welt, Eine Einleitung in die verstehende Soziologie, Frankfurt 1974.

Schulz, Gisela: Über dürftige Syntax im restringierten Kode, Zeitschrift für Literaturwissenschaft und Linguistik, 2, 1972, S. 97–116.

Schweitzer, Bernhard: Vom Sinn der Perspektive, Tübingen 1953.

Searle, John R.: Sprechakte, Ein sprachphilosophischer Essay, Frankfurt 1973.

Seiler, Hansjakob: Das linguistische Universalienproblem in neuer Sicht, Rheinisch-westfälische Akademie der Wissenschaften, G 200, Opladen 1975.

Seitelberger, Franz: Neurobiologische Aspekte der Intelligenz, in: Die Evolution des Denkens, hrsg. v. K. Lorenz und F. Wuketits, München, Zürich 1983, S. 167–196.

Siebenborn, Elmar: Die Lehre von der Sprachrichtigkeit und ihren Kriterien, Studien zur antiken normativen Grammatik, Amsterdam 1976.

Simon, Herbert A.: The architecture of complexity, Proceedings of the American Philosophical Society, 106, 1962, S. 467–482.

Skirbekk, Gunnar (Hrsg.): Wahrheitstheorien, Eine Auswahl aus den Diskussionen über Wahrheit im 20. Jahrhundert, Frankfurt 1977.

Slobin, Dan I.: Einführung in die Psycholinguistik, Kronberg 1974.

Sommerfeldt, Karl-Ernst: Das Zusammenwirken von phonetischen, grammatikalischen und lexikalischen Mitteln, Deutschunterricht (Berlin), 19, 1966, H. 3, S. 167–174.

– Zur Parteilichkeit bei der Wiedergabe vermittelter Äußerungen, Zeitschrift für Phonetik, Sprachwissenschaft und Kommunikationsforschung, 15, 1972, S. 366–395.

– Zu den Arten grammatischer Bedeutungen, Zeitschrift für Phonetik, Sprachwissenschaft und Kommunikationsforschung, 35, 1982, S. 79–85.

Sommerfeldt, K.-E./Starke, G. (Hrsg.): Grammatisch-semantische Felder der deutschen Sprache der Gegenwart, Leipzig 1984.

Spengler, Oswald: Der Untergang des Abendlandes, München 1963.

Sperry, R.W./Preilowski, B.: Die beiden Gehirne des Menschen, Bild der Wissenschaft, 9, 1972, S. 921–927.

Springer, S.P./Deutsch, G.: Linkes-rechtes Gehirn: Funktionelle Asymmetrien, Heidelberg 1987.

Stalin, J.: Marxismus und Fragen der Sprachwissenschaft, München 1972[2].

Stanzel, Franz K.: Theorie des Erzählens, Göttingen 1979.

Stegmüller, Wolfgang: Sprache und Logik, Studium Generale, 9, 1956, S. 57–77.

– Das Universalienproblem einst und jetzt, in: W. Stegmüller: Glaube, Wissen, Erkennen. Das Universalienproblem einst und jetzt Darmstadt 1965[2], S. 48–118.

Stein, Peter: Regulae Iuris, Edinburgh 1966.

Steinthal, H.: Grammatik, Logik und Psychologie, Ihre Prinzipien und ihr Verhältnis zueinander, Berlin 1855, Nachdruck Hildesheim 1968.

– Geschichte der Sprachwissenschaft bei den Griechen und Römern mit besonderer Rücksicht auf die Logik, Bd. 1, Berlin 1890[2], Bd. 2 Berlin 1891[2], Nachdruck Hildesheim, New York 1971.

Stern, Clara und William: Die Kindersprache, Eine psychologische und sprachtheoretische Untersuchung, Darmstadt 1975, Nachdruck von 1928[4].

Steube, Anita: Erlebte Rede aus linguistischer Sicht, Zeitschrift für Germanistik, 6, 1985, S. 389–406.

Strecker, Bruno: Spekulative Sprachgeschichte und die Idee der Funktionalen Grammatik, Sprache und Literatur in Wissenschaft und Unterricht, 1984, S. 34–42. .

Süßmilch, Johann Peter: Versuch eines Beweises, daß die erste Sprache ihren Ursprung nicht vom Menschen, sondern allein vom Schöpfer erhalten habe, Berlin 1766.

Sulzer, Johann George: Anmerkungen über den gegenseitigen Einfluß der Vernunft in die Sprache und der Sprache in die Vernunft, in: J.G. Sulzer: Vermischte Schriften, Leipzig 1782[2], Bd. 1, S. 168–200 (verfaßt 1767).

Tarski, Alfred: Der Wahrheitsbegriff in den formalisierten Sprachen, Studia Philosophica, 1, 1935, S. 261–405.

– Die semantische Konzeption der Wahrheit und die Grundlagen der Semantik, in: Wahrheitstheorien, hrsg. v. G. Skirbekk, Frankfurt 1977, S. 140–188.

Taubes, Jacob: Vom Adverb ›nichts‹ zum Substantiv ›das Nichts‹, Überlegungen zu Heideggers Frage nach dem Nichts, in: Positionen der Negativität, Poetik und Hermeneutik Bd. VI, hrsg. v. H. Weinrich, München 1975, S. 141–153.

Thorburn, W.M.: The myth of Occam's razor, Mind, 27, 1918, S. 345–353.

Thoreau, Henry David: Walden, Zürich 1945.

Trabant, Jürgen: Apeliotes oder der Sinn der Sprache, Wilhelm von Humboldts Sprach-Bild, München 1986.

Trendelenburg, Adolf: Geschichte der Kategorienlehre, Berlin 1846.

Trier, Jost: Altes und Neues vom sprachlichen Feld, in: Wortfeldforschung, hrsg. v. L. Schmidt, Darmstadt 1973, S. 451–464.

Ungeheuer, Gerold: Kommunikative und extrakommunikative Betrachtungsweisen in der Phonetik, in: G. Ungeheuer: Sprache und Kommunikation, Hamburg 1972[2], S. 37–50.

– Inhaltliche Grundkategorien sprachlicher Kommunikation, in: G. Ungeheuer: Sprache und Kommunikation, Hamburg 1972[2], S. 115–125.

Valéry, Paul: Dichtkunst und abstraktes Denken, in: Französische Poetiken, Teil II, hrsg. v. F.-R. Hausmann u.a., Stuttgart 1978, S. 361–392.

Vico, Giambattista: Die Neue Wissenschaft über die gemeinschaftliche Natur der Völker, Nach der Ausgabe von 1744 übersetzt und eingeleitet von E. Auerbach, Berlin 1965.

Voigt, Johannes: Die Aktualgenese im Denkprozeß, Zeitschrift für experimentelle und angewandte Psychologie, 6, 1959, S. 496–507.

Vollmer, Gerhard: Evolutionäre Erkenntnistheorie, Stuttgart 1975.

– Was können wir wissen?, Beiträge zur evolutionären Erkenntnistheorie, 2 Bde., Stuttgart 1985.

Vossler, Karl: Grammatik und Sprachgeschichte oder das Verhältnis von ›richtig‹ und ›wahr‹ in der Sprachwissenschaft, in: K. Vossler, Gesammelte Aufsätze zur Sprachphilosophie, München 1923, S. 1–19.

– Über grammatische und psychologische Sprachformen, in: K. Vossler: Gesammelte Aufsätze zur Sprachphilosophie, München 1923, S. 105–151.

Wagenschein, Martin: Zum Problem des genetischen Lehrens, Zeitschrift für Pädagogik, 12, 1966, S. 305–330.

Wandruszka, Mario: Die Mehrsprachigkeit des Menschen, München, Zürich 1979.

Watzlawick, P./Beavin, J.H./Jackson, D.D.: Menschliche Kommunikation; Formen, Störungen, Paradoxien; Bern, Stuttgart, Wien 1974[4].

Weinhandl, Ferdinand (Hrsg.): Gestalthaftes Sehen, Ergebnisse und Aufgaben der Morphologie, Zum 100jährigen Geburtstag von Christian von Ehrenfels, Darmstadt 1974[3].

Weinrich, Harald: Tempus, Besprochene und erzählte Welt, Stuttgart, Berlin, Köln, Mainz 1971[2].

– Sprache in Texten, Stuttgart 1976.

– Textgrammatik der französischen Sprache, Stuttgart 1982.

– Wieviele Bedeutungen hat eine grammatische Form?, Zeitschrift für französische Sprache und Literatur, 1985, H. 3, S. 225–238.

Weisgerber, Leo: Grundzüge der inhaltsbezogenen Grammatik, Düsseldorf 1971[4].

– Die sprachliche Gestaltung der Welt, Düsseldorf 1973[4].

– Die vier Stufen in der Erforschung der Sprachen, Düsseldorf 1963.

– Grammatik im Kreuzfeuer, in: Das Ringen um eine neue deutsche Grammatik, hrsg. v. H. Moser, Darmstadt 1969[2], S. 4–20.

Weizsäcker, Carl Friedrich von: Diskussionsbeitrag, in: 6. Deutscher Kongreß für Philosophie München 1960, Meisenheim 1962, S. 236–244.

– Der Garten des Menschlichen, Beiträge zur geschichtlichen Anthropologie, München 1978[4].

– Die Einheit der Natur, München 1981[2].

Wellek, Albert: Das Prägnanzproblem der Gestaltpsychologie und das ›Exemplarische‹ in der Pädagogik, Zeitschrift für experimentelle und angewandte Psychologie, 6, 1959, S. 722–736.

– Ganzheitspsychologie und Strukturtheorie, Zwölf Abhandlungen zur Psychologie und philosophischen Anthropologie, Bern, München 1969[2].

Wellershoff, Dieter: Die Verneinung als Kategorie des Werdens, in: Positionen der Negativität, Poetik und Hermeneutik Bd. VI, hrsg. v. H. Weinrich, München 1975, S. 219–233.

Weydt, Harald (Hrsg.): Aspekte der Modalpartikeln, Studien zur deutschen Abtönung, Tübingen 1977.

– (Hrsg.): Die Partikeln der deutschen Sprache, Berlin 1979.

– (Hrsg.): Partikeln und Interaktion, Tübingen 1983.

Whorf, Benjamin Lee: Language, thought, and reality, Cambridge Mass. 1974[11].

– Sprache, Denken, Wirklichkeit, Beiträge zur Metalinguistik und Sprachphilosophie, Reinbek bei Hamburg 1963.

Wieland, Wolfgang: Die aristotelische Physik, Untersuchungen über die Grundlegung der Naturwissenschaft und die sprachlichen Bedingungen der Prinzipienforschung bei Aristoteles, Göttingen 1970[2].

– Platon und die Formen des Wissens, Göttingen 1982.

Wissemann, Heinz: Die Rolle des Grammatischen beim Verstehen des Satzsinnes, Indogermanische Forschungen, 66, 1961, S. 1–9.

Wittgenstein, Ludwig: Tractatus logico-philosophicus, Logisch-philosophische Abhandlung, Frankfurt 1968[5].

– Philosophische Untersuchungen, Frankfurt 1967.

Wundt, Wilhelm: Völkerpsychologie, Bd. 1, 2, Die Sprache, Leipzig 1921[4].

Wygotski, L.S.: Denken und Sprechen, Frankfurt 1971[2].

Ziegler, Jürgen: Satz und Urteil, Untersuchungen zum Begriff der grammatischen Form, Berlin, New York 1984.

Zingg, R.M.: Feral man and extreme cases of isolation, American Journal of Psychology, 53, 1940, S. 487–517.

Sachregister